2021

总第二十三卷

恩施土家族苗族自治州年鉴

· ENSHI TUJIA & MIAO AUTONOMOUS PREFECTURE YEARBOOK ·

《恩施土家族苗族自治州年鉴》编纂委员会 编

方志出版社
Publishing House of Local Records

图书在版编目（CIP）数据

恩施土家族苗族自治州年鉴．2021 /《恩施土家族苗族自治州年鉴》编辑委员会编．--北京：方志出版社，2021.12

ISBN 978-7-5144-4886-3

Ⅰ.①恩… Ⅱ.①恩… Ⅲ.①恩施土家族苗族自治州—2021—年鉴 Ⅳ.①Z526.32

中国版本图书馆 CIP 数据核字（2021）第258787号

恩施土家族苗族自治州年鉴（2021）

编　　者：	《恩施土家族苗族自治州年鉴》编纂委员会
责任编辑：	李　静
出 版 者：	方志出版社 地址　北京市朝阳区潘家园东里9号（国家方志馆4层） 邮编　100021 网址　http://www.zgfzcb.cn
发　　行：	方志出版社图书经销中心 电话　（010）67110500
经　　销：	各地新华书店
印　　刷：	武汉金海德印刷有限公司
开　　本：	889×1194　1/16
印　　张：	27
字　　数：	943
版　　次：	2021年12月第1版　　2021年12月第1次印刷
印　　数：	001～600册

ISBN 978-7-5144-4886-3　　**定价：**200.00元

《恩施土家族苗族自治州年鉴》编纂委员会

《恩施土家族苗族自治州年鉴(2021)》编辑人员

主　　编	周辉军
常务副主编	覃遵国
副 主 编	马兹河　黄　琴　李　锦
	龙新松　梁卫民
编　　辑	梁卫民　廖兆琦(特聘)

编辑说明

一、《恩施土家族苗族自治州年鉴》是由恩施土家族苗族自治州（简称恩施州）人民政府主办，《恩施土家族苗族自治州年鉴》编纂委员会编纂，恩施州档案馆（史志研究中心）组织编写的年度资料性文献。

二、《恩施土家族苗族自治州年鉴（2021）》以马克思列宁主义、毛泽东思想、邓小平理论、“三个代表”重要思想、科学发展观、习近平新时代中国特色社会主义思想为指导，坚持辩证唯物主义和历史唯物主义的立场、观点和方法。记述2020年度全州各地、各部门的基本情况和各项事业发展现状，力求全面反映全州社会主义现代化建设的基本面貌和发展进程，反映全州全面推进经济建设、政治建设、文化建设、社会建设、生态文明建设所取得的进步与成效，为促进恩施州经济社会发展提供基本资料和历史借鉴。除卷首彩页和部分特载资料外，记述时限均为2020年1月1日至12月31日。

三、本年鉴采用分类编辑法，设类目、分目、条目三个层次，部分分目下设子分目，条目为收录资料信息的基本单元，条目标题加【 】表示。本卷设29个类目：特载、大事记、恩施州概览、中国共产党恩施州委员会、恩施州人民代表大会、恩施州人民政府、中国人民政治协商会议恩施州委员会、纪检监察、民主党派、群众团体、法治、军事、经济管理、农业和农村经济、工业、商贸、经济开发、金融、交通 邮政 通信、住房和城乡建设、生态环境、科学技术、教育、文化 体育 旅游 、卫生、社会生活、县（市）、人物、附录。

四、本卷年鉴所载资料均由各县（市）和州各部门撰写，并经各单位负责审定报送，机构负责人名录以2020年12月底为准，所采用图片由各撰稿单位提供。

五、本卷年鉴中省指湖北省、州指恩施土家族苗族自治州（简称恩施州）。统计数据因来源、口径、方式、时间的不同，可能存在差异。凡涉及有关国民经济和社会发展的主要数据以恩施州统计局公布的统计资料为准。

六、本卷年鉴原则上使用法定计量单位，考虑到实际工作需要和方便读者实际使用，部分记叙中计量单位仍保留少量市制。

恩施土家族苗族自治州地图

中国地图出版社有限公司 恩施土家族苗族自治州档案馆 联合编制 审图号：恩施州S（2021）03号

湖北星斗山国家级自然保护区一角——水杉林

（湖北星斗山国家级自然保护区管理局 供稿）

湖北星斗山国家级自然保护区一角——佛宝山

（吴 迪摄）

2020年1月6日，湖北（恩施）招商推介会暨上海市湖北商会、上海市湖北恩施商会2020新春联谊会在上海国际会议中心举行

（郑　霓 摄）

2020年1月19日，“光耀恩施——2018—2019感动恩施年度人物致敬礼”在州文化中心大剧院举行

（州广播电视台 供稿）

2020年3月10日，恩施市屯堡乡马者村的手工制茶师在制作恩施玉露茶

（杨顺丕 摄）

2020年5月10日，恩施州500千伏建始变电站投产送电

（杨志英 摄）

2020年5月19日，恩施州生态环境局利川市分局在利川市凉雾乡向清江投放鱼苗

（任茂盛 摄）

2020年5月，恩施州举办恩施硒茶斗茶赛暨首个国际茶日系列活动，图为硒茶斗茶大赛评审现场

（李小明 摄）

2020年6月18日，恩施高新区一角

（恩施高新区 供稿）

2020年7月30日，恩施州举行2020年优化营商环境专场电视问政

（州广播电视台 供稿）

2020年8月29日，在恩施市白杨坪镇洞下槽村举行的土家女儿会迎亲场景

（杨顺丕 摄）

2020年9月，利川市柏杨坝镇乡村文明之花志愿服务队被全国妇联表彰为“抗击新冠肺炎疫情全国三八红旗集体”，图为该志愿服务队集体

（利川市柏杨坝镇政府办公室 供稿）

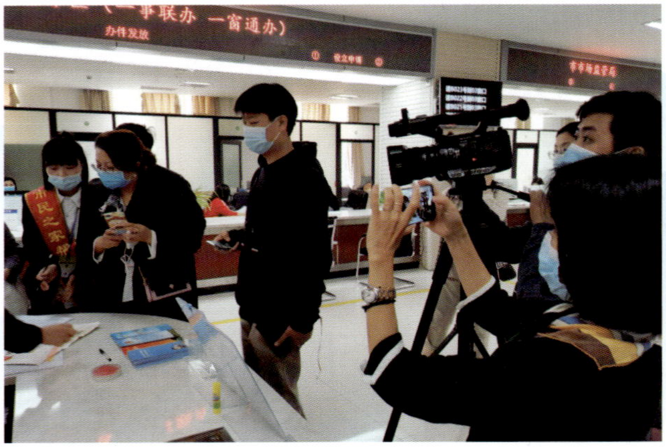

2020年9月24—25日，9家中央媒体记者到恩施州开展“商标注册便利化改革提质增效记者体验行”活动

（州市场监督管理局 供稿）

2020年9月29日，恩施州公共图书馆阅读推广联盟在宣恩县沙道沟镇举办“与爱同行 相约乡读——2020全民阅读推广暨文化扶贫下基层”活动

（州图书馆 供稿）

2020年10月，在利川市举办的2020中国红茶高质量发展峰会上，参会人员品鉴利川红茶“冷后浑”

（熊 亮 摄）

2020年10月，2020年秋季开始招生的恩施高中芳华中学校区

（周德斌 摄）

2020年10月1日，恩施州中心医院金龙院区投入使用

（州中心医院 供稿）

2020年10月18日，民革恩施州委调研组到恩施市机场路社区开展基层治理调研

（民革恩施州委员会办公室 供稿）

2020年10月29—31日，第六届武汉国际电子商务暨“互联网”产业博览会举行，恩施州组织企业参展

（州商务局 供稿）

2020年11月，丝弦锣鼓在位于建始县的国家AAAA级旅游景区野三峡旅游区（蝴蝶岩）展演

（建始县非物质文化遗产保护中心 供稿）

2020年12月2日，利川市忠路镇杨家坡有机茶种植基地

（陈小林 摄）

恩施州利川腾龙洞景区

（利川腾龙洞景区 供稿）

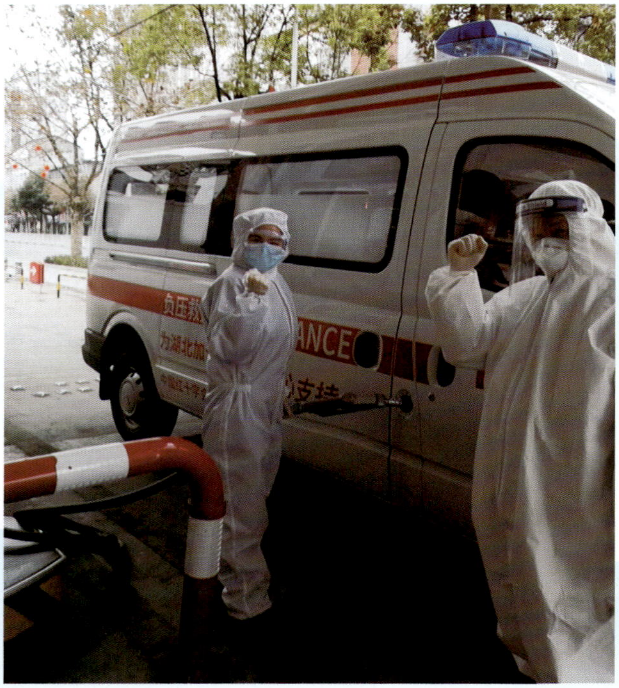

2020年2月10日，中国石化恩施石油分公司航空路加油站为救护防疫车辆保障油品供应

（中石化恩施石油分公司 供稿）

2020年2月，突如其来新冠肺炎疫情防控期间，驻村“尖刀班”组织为群众运送生活物资

（州市场监督局 供稿）

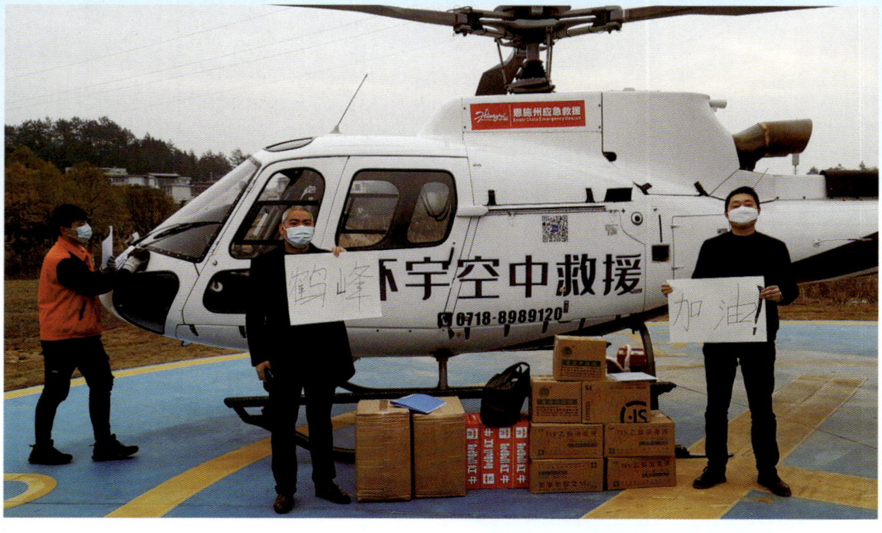

2020年2月，湖北民族大学科技学院党员教师联系协调直升机将爱心物资空运到鹤峰县城

（湖北民族大学科技学院 供稿）

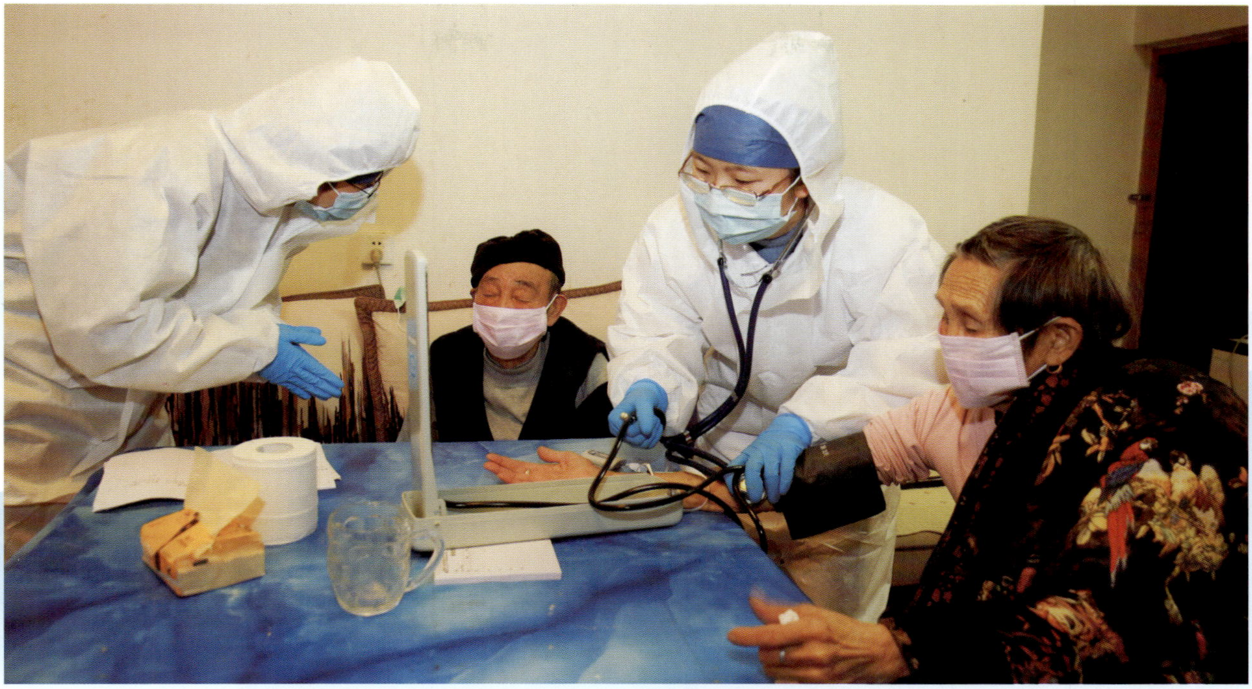

2020年2月25日，州中心医院驻社区义诊服务点启动并开展入户服务

（州中心医院 供稿）

2020年2月27日，新冠肺炎疫情防控期间，恩施州采取有力措施保障农副产品供应，物质供应充足，价格总体平稳，图为恩施享买乐超市舞阳坝店

（杨月明 摄）

2020年3月6日，中国储备粮管理集团有限公司为恩施州捐赠600吨粮油物资

（张明志 摄）

2020年3月7日，党员干部下沉社区为居民服务

（州民宗委 供稿）

2020年3月24日，恩施人民送别千里驰援恩施抗疫的天津医疗队

（省民族歌舞团 供稿）

2020年3月30日，湖北民族大学附属民大医院驰援武汉金银潭医院的医护人员顺利完成任务返回恩施

（湖北民族大学附属民大医院 供稿）

2020年4月5日，利川市新冠肺炎疫情防控工作人员为公共场所消毒

（利川市疾病预防控制中心 供稿）

2020年4月7日，天津市卫健委与恩施州人民政府签订《卫生健康事业支援合作框架协议书》，打造“带不走的医疗队”

（州卫健委 供稿）

2020年5月10日，恩施职业技术学院进行校园环境消杀

（恩施职业技术学院 供稿）

2020年8月，恩施州在科技活动周活动中开展新冠肺炎疫情防控知识讲座

（州科技局 供稿）

2020年9月16—17日，恩施州卫健系统新冠肺炎疫情防控“技能大比武”活动

（州卫健委 供稿）

2020年10月29日，恩施州抗击新冠肺炎疫情表彰大会召开

（梅 珂 摄）

2020年7月17日，恩施城遭遇近五十年一遇大洪水

（谭兴菊 摄）

2020年7月17日，咸丰县抗洪抢险救灾现场

（鲍贻广 摄）

2020年7月19日，党员干部下沉恩施市街道清除淤泥和垃圾

（杨顺丕 摄）

2020年7月22日，特大暴雨造成恩施市屯堡乡马者村沙子坝滑坡现场

（杨顺丕 摄）

2020年7月26日，建始县长梁镇新时代文明实践站联合相关单位组织200余人的志愿者队伍，参加灾后重建工作

（刘 磊 摄）

2020年4月，巴东县官渡口晴帆园易地搬迁安置小区

（巴东县易迁办 供稿）

2020年8月，宣恩县沙道沟镇松坪易地搬迁安置点

（宣恩县易迁办 供稿）

2020年3月19日，鹤峰县铁炉白族乡集中安置点旁的“双平鞋业”扶贫车间

（州政府扶贫办 供稿）

2020年8月11日，恩施市汇力帮帮家政有限公司培训月嫂，劳务输送到杭州等地

（谢 顺 摄）

2020年6月，国网巴东县供电公司开展光伏扶贫电站管理员技能培训

（杨志英 摄）

2020年11月13日，滨江区·建始县东西部扶贫协作消费扶贫产品展在杭州市滨江举办

（州政府扶贫办 供稿）

2020年11月，脱贫攻坚期间修通的鹤峰县渔山村通村公路

（杨顺丕 摄）

2020年4月8日，鹤峰县鑫农茶业有限公司电商直播工作人员在鹤峰县走马镇木耳山茶园进行电商直播

（杨顺丕 摄）

2020年4月27日，省民族歌舞团谋划帮扶建始县官店镇长岭村合作社土豆产业发展

（省民族歌舞团 供稿）

建始县花坪镇“关口葡萄”丰收

（田大林 摄）

2020年6月，南坪乡田园综合体“稻鱼共生”产业扶贫基地

（利川市农业农村局 供稿）

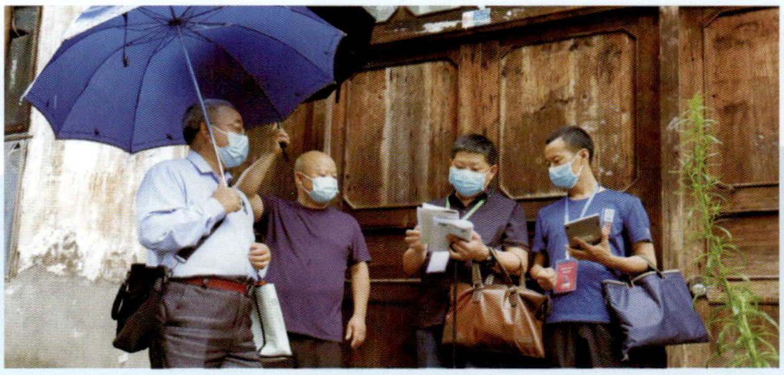

2020年7月23日，脱贫攻坚普查中，恩施市普查工作组在利川市汪营镇开展普查

（州调查队 供稿）

2020年8月，全国脱贫攻坚创新奖获得者来凤县农园果蔬专业合作社理事长向辉（左一）在产业致富带头人培训班上授课

（州政府扶贫办 供稿）

2020年10月16日，省民族歌舞团荆楚“红色文艺轻骑兵”小分队走进咸丰县高乐山镇白岩村

（省民族歌舞团 供稿）

鹤峰县大岭农村公路
（鹤峰县交通运输局 供稿）

宣恩县椒园至石马段“四好农村路”
（宣恩县交通运输局 供稿）

建恩高速公路恩施大峡谷互通
（王关正 摄）

宣鹤高速公路匡家坳大桥

（宣恩县交通运输局 供稿）

2020年6月30日，恩施机场开通福州——恩施——兰州航线

（恩施机场公司 供稿）

2020年11月，宜巴高速公路神农溪大桥与正在建设中的郑万高铁神农溪大桥

（黄 海 摄）

巴东港砂石集并中心码头

（州港航局 供稿）

2020年10月1日，宜万铁路高坪火车站建成运营

（侯　康摄）

黔张常铁路咸丰段

（李　玮摄）

目录

特载

大事记

恩施州概览

中国共产党恩施州委员会

综　述

重要会议

领导调研督查

州委办公室

组织工作

宣传工作

精神文明建设

统战工作

保密工作

政策研究工作

深化改革工作

机关党的建设

网络安全和信息化

机构编制管理

信访工作

外事及港澳工作

老干部工作

中国人民政治协商会议 恩施州委员会

纪检监察

民主党派

中国国民党革命委员会恩施州委员会

中国民主同盟恩施州委员会

中国民主建国会恩施州委员会

中国民主促进会恩施州总支部委员会

中国民主农工党恩施州委员会

群众团体

恩施州总工会

共青团恩施州委

恩施州妇女联合会

恩施州科学技术协会

恩施州工商业联合会

恩施州文学艺术界联合会

恩施州残疾人联合会

恩施州红十字会

法　　治

政法委及综治

公　安

军 事

经济管理

农业和农村经济

保险业

交通　邮政　通信

交　通

住房和城乡建设

科学技术

教　育

文化 体育 旅游

综 述

文化艺术

文艺演出与文化展馆

旅　游

市场营销

卫　　生

卫生管理

生物医药产业集群建设

重点医院

社会生活

民政工作

社会保障

住房公积金

退役军人事务

老龄工作

居民生活

县（市）

恩施市

利川市

建始县

巴东县

附 录

Contents

Features

Chronicle of Events

Overview of Enshi Tujia and Miao Autonomous Prefecture

CPC Enshi Prefectural Committee

Enshi Prefectural People's Congress

Enshi Prefectural People's Government

CPPCC Enshi Prefectural Committee

Discipline Inspection and Supervision

Democratic Parties

Mass Organizations

Law

Military Affairs

Economic Management

Agriculture and Rural Economy

Industries

Commerce and Trade

Economic Development

Finance

Transportation, Postal Services and Telecommunication

Housing and Urban and Rural Construction

Ecological Environment

Science and Technology

Education

Culture, Sports and Tourism

Health

Civil Life

Cities and Counties

Figures

Appendix

特　载

Features

深入贯彻省委十一届七次全会精神　奋力开创恩施高质量发展新局面

——柯俊在州委七届八次全体（扩大）会议上的报告

（2020 年 8 月 4 日）

主要经济指标逐月向好。上半年，实现地区生产总值 450.27 亿元，同比下降 16.1%，居全省第 2 位；规模以上工业增加值同比下降 15.1%，居全省第 3 位；一般公共预算收入 29.73 亿元，同比下降 32.3%，居全省第 6 位，其他主要指标逐月收窄。

疫情防控取得决定性成果。紧盯“降低感染率、病亡率，提高收治率、治愈率”目标，建立务实高效调度机制抓统筹，下沉农村、社区“尖刀班”抓排查，采取最严管控措施抓阻隔，集中优势医疗资源抓救治，多渠道筹集物资抓保障，做到应隔尽隔、应收尽收、应检尽检、应治尽治，全州感染率 0.74/万，收治率 100%，治愈率 97.22%。

脱贫攻坚成果持续巩固。全州 8 个县（市）实现整体脱贫摘帽。深入推进“六个提升”工程[1]，聚焦未脱贫户、监测户、边缘户，实施“一户一策”精准帮扶，确保按期稳定脱贫，防止返贫致贫。扎实开展消费扶贫、直播带货等活动，累计销售农副产品 84.96 亿元。杭恩东西部扶贫协作落实资金 3.88 亿元，实施项目 200 个。

重大项目加速推进。宜鹤、建恩高速正式通车。江坪河水电站 1 号机组投产发电。恩施机场迁建、沿江高铁宜昌至涪陵段等一批交通重点项目前期工作取得突破性进展。郑万高铁巴东段、宜万铁路高坪站等在建项目加快推进。全州新签约亿元以上产业项目 69 个，总投资额 156.5 亿元；新开工亿元以上产业项目 45 个。

营商环境不断优化。紧盯“全国一流、全省领先”目标，大力实施优化营商环境“十项行动”[2]，当好服务企业的“店小二”。再下放州级行政审批服务事项 16 项，200 项服务事项实现“全程网办”、40 个高频事项实现“掌上办”、50 个事项实现“一事联办”，州、县（市）政务服务事项可网办率达到 99.5%。

抗洪救灾有序推进。今年全州共发生 10 轮强降雨，恩施州城遭遇五十年一遇、建始县遭遇超百年一遇特大洪水，恩施市沙子坝发生大型滑坡形成堰塞湖，全州共 157 万余人次受灾。在省委、省政府的坚强领导下，全州党员干部率先垂范、冲锋在前，8 个县（市）亲如兄弟、风雨同舟，广大群众精诚团结、守望相助，取得防汛救灾阶段性胜利。目前电力、通信、市政等基础设施全面恢复，州城供水达到正常水平，沙子坝滑坡体总体稳定，核灾、安置等工作有序开展。

党的建设全面加强。坚持以党的政治建设为统领，切实增强“四个意识”、坚定“四个自信”、做到“两个维护”。严格落实意识形态工作责任制，全面加强互联网和思想文化类阵地管理。深化村党组织书记县级备案管理，对229个软弱涣散村党组织实行“一村一策”整顿。广泛凝聚各方力量，组织各民主党派积极促进多党合作、政党协商。认真落实“三个区分开来”[3]要求，运用“四种形态”[4]处理党员干部2394人次，其中一、二种形态占比93.9%。

近期，党中央召开政治局会议、党外人士座谈会和企业家座谈会，省委召开十一届七次全会、市州主要负责同志座谈会，对当前及今后一段时期的工作作了安排部署。我们要深入学习贯彻党中央决策部署和省委、省政府工作要求，主动作为、奋发有为、担当善为，切实推动各项决策部署在恩施落实落地落细。下面，我强调五个方面工作：

一、强化底线思维、做到慎终如始，打好常态化疫情防控“持久战”

新冠肺炎疫情突如其来，在党中央、省委的坚强领导下，我们深入学习贯彻习近平总书记关于疫情防控重要讲话和重要指示批示精神，按照“坚定信心、同舟共济、科学防治、精准施策”的总要求，压实最严防控责任、采取最严排查管控、实行最严隔离治疗、执行最严防控纪律，取得了疫情防控决定性成果。

防控成果来之不易，根本在于习近平总书记英明指挥、掌舵领航，在于省委、省政府坚强领导、精准施策，在于社会各界大爱无疆、倾力支援，在于全州干部群众勠力同心、英勇奋战，充分彰显了习近平新时代中国特色社会主义思想的理论优势、党的领导的政治优势和中国特色社会主义的制度优势。

作为疫情防控的组织者、亲历者、参与者，经历这次信念大考、意志大考、能力大考，我们深切体会到，取得疫情防控决定性成果，必须始终紧绷思想之弦，高度敏锐、保持定力、敢于担当。面对突如其来的新冠肺炎疫情，我们清醒认识疫情快速蔓延的严峻态势，坚持一切服从疫情防控需要，想在先、谋在前，不犹豫、不观望、不怕丢“帽子”，严防死守、阻击疫情。必须抓实防范之策，决策快、出手早、策略活、措施硬、执行强。我们建立了“先一线调研、后碰头会商、再统筹调度”机制，召开22次疫情防控视频调度会，快速决策、精准施策；坚持力量早集结，1.97万名“尖刀班”成员正月初一中午12点前下沉驻点村、1.5万名机关干部职工正月初五下沉社区、2.5万名干部职工正月初七就近参与防控。坚持患者早发现、早救治，加大核酸检测力度，做到应检尽检、愿检尽检、能检尽检。州城两家三甲医院从一开始就集中救治重症、危重症患者，指导县（市）开展轻症和疑似患者救治，有效提升了治愈率、降低了病亡率；因时因势调整防控策略，前期采取“外防输入、内防扩散”，中期采取“外防输入、内防遗漏”，当前采取“外防输入、内防反弹”，环环相扣、步步推进，有效控制了传染源、切断了传播途径，未发生社区流行；坚持以硬措施打硬仗，把防护资源和救治力量集中到抗疫一线，极大保障了人民群众的身体健康和生命安全；把疫情防控作为映照干部形象作风的“镜子”、衡量干部业绩担当的“尺子”、锻炼干部能力素养的“锤子”，做到哪里有疫情、哪里有群众，哪里就有党组织的坚强领导、党员干部的战斗身影。实践充分证明，全州党员干部有信念、有能力、有水平，关键时刻能打大仗、打硬仗、打胜仗。

大战还在继续、大考仍在进行。当前疫情防控已进入常态化阶段，全州上下要慎终如始、再接再厉，继续发扬特别能吃苦、特别能战斗、特别能奉献的“战疫”精神，积极做好秋冬季疫情可能反弹的应对准备，持续巩固拓展疫情防控决定性成果。

（一）思想之弦再绷紧。当前，全省公共卫生应急响应级别已由二级调整为三级，我州连续5个多月无新增本地确诊病例，但响应级别调整不等于疫情警报解除、“零新增”不等于“零风险”。各级各部门要时刻绷紧疫情防控的思想之弦，强化“撑伞发展”意识，做好较长时间常态化防控的思想准备和工作准备，坚持疫情防控与经济社会发展同步部署、同步推进、同步检查、同步考核，全力做好常态化防控各项工作。

（二）防控措施再落细。我多次强调，“疫情防控必须严而又严、细而又细，防控绝不能‘放空’”。要加强监测预警。完善传染病监测哨点布局，构建以哨点医院为核心的监测网络。严格落实预检分诊和首诊负责制，建立多渠道监测预警机制。加强医疗机构和疾控机构之间的信息推送、会商分析和风险评估，做到可疑病例、临床异常现象快速发现、及时报告。

（三）防控责任再压实。严密的责任体系是做好防控工作的重要保证。要坚持常态化精准防控和局部应急处置有机结合，抓牢常态监测、多点触发、人物同防等关键环节，进一步压紧压实属地、部门、单位、个人“四方责任”。保持各级党政主要负责人任指挥长的应急响应组织架构和疫情防控指挥体系，坚持属地管理、分级负责，谁主管、谁负责，把疫情防控网织得更紧更密更牢。高度关注肺结核、艾滋病等其他传染病，早监测、早发现、早报告、早治疗。各级各部门特别是“一把手”要本着对人民群众生命健康高度负责的精神，做到守土有责、守土担责、守土尽责。纪检监察机关要加强跟踪督办，确保有责必担、失责必究、追责必严。

二、坚持党建引领、夯实基层基础，打好城乡基层治理“组合拳”

基层治理是国家治理的基石。近年来，我州积极探索“一统三治六体系”基层治理模式[5]，大力推动平安恩施建设，人民群众满意度不断提高、获得感不断增强。但这次疫情大考也暴露了我们在社会治理、应急能力建设等方面的突出短板。全州上下要旗帜鲜明加强党的领导，把党的建设贯穿基层治理全过程、各方面，坚持重心下移、力量下沉、资源下沉，全力以赴抓基层、打基础，不断提升城乡基层治理能力水平。

（一）健全治理体系。要树立“全周期管理”意识，着力完善城乡基层治理体系，发挥乡镇、街道、社区在基层治理中的前沿哨所作用。要做强街道。恩施市、利川市、恩施高新区要调整优化街道机构设置，实行街道职责准入制度，统筹设立党群服务、便民服务、综合执法、应急管理等综合平台，让街道把工作重心转移到基层党组织建设上来，转移到公共服务、公共管理和公共安全上来，转移到为经济社会发展营造良好环境上来。其他6县（市）要比照标准，同步在城关镇探索推进管理体制改革。要夯实社区。建立健全社区党组织领导下的居委会、业委会、物业企业等共同参与的协同治理机制。推进社区“大党委”规范化运行，依托网格建立党支部，依托楼栋和小区建立党小组，将党的组织建在社区治理链条上。深化社区（村）党组织书记县级党委备案管理，选优配强“领头雁”。建立社会化、职业化、专业化的社区工作者队伍，打造一支关键时刻拉得出、顶得上的志愿服务队伍。要提升乡村。健全乡镇党委工作运行机制，优化乡镇机构设置，增强乡镇政府公共服务职能，构建“县乡联动、功能集成、反应灵敏、扁平高效”的综合指挥体系。加强村党组织基本队伍、基本活动、基本阵地、基本制度、基本保障建设，常态化整顿软弱涣散村党组织，长效化选派村党组织“第一书记”，持续增强农村基层党组织组织力、凝聚力和战斗力。

（二）打造“尖刀班”名片。“尖刀班”是我州在战贫战疫战洪中攻坚拔寨、决战决胜的创新之举、取胜之道，要持续深化巩固拓展，把“尖刀班”打造成恩施基层治理新名片。社区治理“尖刀班”要突出“党建引领”，帮助社区党组织加强自身建设，提升组织力；聚焦“两个重点”，切实做好矛盾风险排查化解、突发事件应急处置。要科学统筹州、县（市）直机关企事业单位党组织和在职党员，按照“街道吹哨、部门报道，社区吹哨、党员报到”要求，常态化下沉街道社区并在治理中发挥积极作用，实现宣传群众、摸排信息、服务居民、维护平安、群防群控、文明创建“六个进楼入户”。农村精准扶贫“尖刀班”要按照“四个不摘”[6]要求，继续深化“八个到村到户”[7]，确保贫困群众稳定脱贫、不返贫；全程全员参与农村基层治理，把支部带强、把支书带优、把党员带好，积极做好矛盾纠纷排查化解、突发应急事件处置等工作，确保农村和谐稳定。

（三）完善平安建设体制机制。充分发挥党委平安建设领导小组统揽作用，严格落实联防联控工作机制，切实把“风险联排、矛盾联调、治安联防、问题联治、平安联建”各项措施落到实处。积极开展市域社会治理现代化试点，项目化推进社会治安防控体系建设。进一步充实乡镇综治中心、司法所、派出所力量，强化辅警、司法辅助人员、戒毒社工、网格员等人员的各项保障，逐步实现基层社会工作者由县级统招、统管、统训、统用。大力完善多元化解矛盾机制，乡镇设立矛盾纠纷综合调解机构、村（社区）建立人民调解组织、行业主管部门成立专业调解组织、法庭落实诉调对接。扎实开展“百日攻坚”行动，深入推进“开门接访、领导下访、书记陪访”活动，继续实行重大矛盾问题书记、州长“双签双交办”[8]，切实推动重点积案化解销号。完善重点人常态排查、归口负责、动态列管工作机制，坚决防止发生个人极端案事件。集中治理工程招投标、金融信贷、交通运输等领域行业乱象，铲除黑恶势力和腐败问题滋生土壤，全面完成扫黑除恶“六清”[9]任务，建立常态长效机制。大力推进政法信息化和雪亮工程建设，着力提升综治和平安建设信息化水平。

三、突出问题导向、补齐短板弱项，织牢织密公共卫生“防护网”

近年来，我们深入开展“三医联动”[10]改革，加快推进县域医共体建设，严格实行分级诊疗制度，加大基础设施建设力度，精心培养医疗卫生人才队伍，全州医疗卫生服务能力得到较大提升。但这次疫情也暴露了我州基层医疗卫生服务体系薄弱、疾病预防控制体系不健全、乡镇卫生院和社区卫生服务中心医疗服务能力亟待增强等问题。我们要着力补短板、强弱项、稳基础、提能力，整体谋划、系统重塑、全面提升，织牢织密公共卫生“防护网”，切实守护好人民群众生命安全和身体健康。

（一）改革疾病预防控制体系。预防是最经济最有效的健康策略。要完善网络体系。加快完善以州疾控中心为核心、县（市）疾控中心为骨干、二级及以上医疗机构为依托、基层医疗卫生机构为网底、全社会协同参与的疾病预防控制工作网络，形成上下联动分工协作机制。要实现功能协调。州疾控中心重点强化突发公共卫生事件应急处置、健康危害因素监测与干预、检验检测、辖区公共卫生信息分析利用；县（市）疾控中心重点强化疾病预防控制和健康管理的组织实施、技术指导、监测评估、流行病学调查；二级及以上医疗机构和乡镇卫生院（社区卫生服务中心）设立公共卫生科，承担疾病报告、医院感染控制、健康教育与健康促进、死因监测等工作。要着力补短堵漏。加强医防协同，强化疾控机构行政管理职能，明确各级医疗机构疾病预防控制职责，推动疾病预防控制体系和医疗救治体系实现“人员通、信息通、资源通、监督监管相互制约”。建强基础设施，实施利川、咸丰、来凤疾病预防控制中心整体搬迁项目，推进恩施、巴东、宣恩疾病预防控制中心改扩建项目，建设州卫生应急指挥与保障大楼。建好专业队伍，州、县

（市）卫健部门设立公共卫生总师，同级卫健部门领导班子副职兼任疾控中心主任，疾控中心设立公共卫生首席专家，落实“公益一类保障和公益二类管理”“两个允许”[11]“提升高级岗位、职称比例”等编制、人事政策，按照常住人口的1.75/万统筹核定使用疾控中心人员编制。支持湖北民族大学、恩施职院开设公共卫生与预防医学专业。将公共卫生应急培训纳入干部教育体系。要强化保障措施。落实应急医疗救助制度，完善医保异地结算机制，提高对基层医疗机构的支付比例，实现公共卫生服务和医疗服务有效衔接。构建纵向贯通国家、省、州、县（市）、乡镇（街道）、村（社区），横向联通相关部门和医疗机构、公共卫生机构的重大疫情信息平台，推进基层公共卫生应急信息与传染病直报系统融合。

（二）提升公共卫生服务能力。我们要针对疫情防控中暴露出来的问题，着眼难点痛点、补齐短板弱项，全面提升公共卫生服务能力。要提升核酸检测能力。州疾控中心要加快建设P3实验室和移动P2实验室，各县（市）10月底前建成两家负压P2实验室，保证常规状态下日均1.5万份、应急状态下日均4万份的核酸检测能力。加强检验人员配备和培训，完善优化检测流程和操作规范，加强生物安全管理和质量控制。要提升流行病学调查能力。加强流调队伍建设，公安、州政务服务和大数据管理局等有关部门配合参与，全州组建300人以上的精准流调队伍。注重医疗机构内临床流调。要提升基层服务能力。大力推进州、县、乡、村四级医疗卫生体系建设，完善“基层首诊、双向转诊、急慢分治、上下联动”的分级诊疗机制，加强县域医共体建设，推动公共卫生服务与医疗服务高效协同、无缝衔接。加快实施“一村一名大学生村医”计划，加大社区全科医生、村医培训力度，落实收入待遇、养老保险等政策，确保基层医疗人才队伍稳定。要持续开展爱国卫生十大行动。推动爱国卫生工作进机关、进社区、进村庄、进学校、进企业，实施医疗卫生、体育健身、环境保护、食品药品安全、心理干预等综合治理，努力实现“共建共享、全民健康”。

（三）提升应急医疗救治水平。疫情防控，基础在防、关键在治，我们要立足平时、着眼战时，全面加强应急医疗救治能力建设。要提升重大疫情医疗救治能力。加快建设州中心医院公共卫生临床中心和县（市）独立传染病大楼，新建医疗机构要按照传染病医院（病区）标准规范建设。完成乡镇卫生院（社区卫生服务中心）发热门诊标准化建设。构建以州中心医院、民大医院为龙头，其他二级及以上医疗机构为枢纽、基层医疗机构为网底的医疗救治网络。落实省、州属医疗机构对县（市）的重大疫情救治“1+3”“1+5”[12]包保指导巡诊制度，实现分级分层分流救治。要提升紧急医学救援能力。州级2022年底前、县（市）2025年底前建成独立运行的指挥型急救中心，每个乡镇设立1个急救站。加强装备配置，加快州、县、乡三级急救信息系统标准化建设和紧急医学救援队伍建设。要提升中西医协同救治能力。推动中医药全程参与传染病防治和重大疾病救治工作。加强中药材资源、硒资源应用研究，加快推进生物医药产业集群建设，全力做强做大中医药产业、大健康产业。

四、做好“六稳”工作、落实“六保”任务，稳住经济发展“基本盘”

在“六稳”基础上提出“六保”，是党中央作出的重大决策，是应对各种风险挑战的基本保证。上半年，全州经济指标逐月回升，发展态势逐步向好，但大部分指标增速还是负数，没有实现“时间过半任务过半”。我们必须筑牢“稳”的基础、守住“保”的底线、增强“进”的动力，稳住经济发展“基本盘”。

（一）抓项目促投资。项目是发展的第一载体，投资是增长的第一动力，没有项目投资，疫后重振和高质量发展就无从谈起。要提高谋划深度。抢抓“十四五”规划编制机遇，精心谋划一批打基础、补短板、强功能、利长远的重大项目，全力挤进国家和省规划“笼子”。重点围绕新型城镇化明确的4个方面17项建设任务和我省新基建17条意见，深度谋划项目，着力提高“两新一重”[13]项目占比。按照可准入、可落地、可申报、可持续的要求，认真做好项目前期工作，确保项目早落地、早建成。要加大争取力度。深研中央支持湖北的一揽子政策，“财税支持17条”“支持中小微企业18条”“促进经济社会发展30条”，把政策支撑与恩施发展紧密结合起来，争取恩施机场迁建、沿江高铁渝恩宜段、安恩张铁路、恩黔铁路、恩施旅游观光铁路、巴张高速、三峡翻坝高速西延线、清江流域生态环境综合治理等重大项目尽快落地。对照省委、省政府《工作清单》中明确的108项工作任务，加强与国家部委、省直单位的对接汇报，全力以赴跑项目、争资金。要加快建设速度。按照“开工项目抓进度、在建项目抓竣工、竣工项目抓投产、投产项目抓达效”的要求，全力实施160个州级重点项目。宣咸高速、恩施职院迁建、州农科院农博园等9个未开工项目要倒排工期、挂图作战、按期开工，达翔产业园、洲际食品（恩施）生产基地建设、唐崖土司城址保护和利用、利川龙船水乡景区提档升级、巴东绿葱坡滑雪场等已开工项目要加力提速、强力推进、尽早竣工。

（二）抓实体稳预期。全面聚焦疫情灾情冲击下企业“存活难、盈利难、壮大难”等问题，千方百计为企解难、帮企纾困、稳企达产，真正让实体经济干得有信心、有希望、有力量。要千方百计稳企达产。紧盯水电、烟草、建材、电子信息等重点行业、支柱产业，专班负责、跟踪服务、定向帮扶，全力稳住龙头企业。聚焦产业链协同复工达产，逐条梳理重点产业链供应端的薄弱环节，“一链一策”强化保障，切实稳住产业链。全面落实惠企援企“红包雨”，持续减负降本，让更多企业站起来、活下去、发展好。进一步加大因疫因汛受损个体工商户、小微企业的金融支持力度，帮助渡过难关，尽快复工复产。要千方百计招商引资。坚持招商引资“一号工程”和“一把手工程”不动摇，严格按照“守住生态底线、突出择商选资、补齐产业短板”思路，瞄准关键环节、锁定目标客户，大力引进一批技术含量高、成长性好、关联性强、带动力大的项目，确保今年新开工亿元以上产业项目100个、新投产亿元以上产业项目60个。要千方百计提振消费。认真落实“促消费30条”“促商业消费25条”等政策措施，深入开展预算单位旅游扶贫、消费扶贫等活动，用足用活消费券、“优惠包”等手段，引导消费需求释放。支持融合化在线教育、互联网医疗等加快发展，鼓励小店经济、夜市经济等规范发展，努力促进新型消费。抢抓国家恢复跨省团队旅游、调整景区限量措施机遇，加快推进旅游企业达产达效，促进旅游消费尽快恢复。

（三）抓环境激活力。营商环境是疫后重振、高质量发展的突破口。我们要对标国内营商环境最高标准和自贸区改革创新最新成果，打造“全国一流、全省领先”营商环境。要转变思想观念。聚焦当前工作中的难点堵点痛点，深入开展大调研、大讨论、大整改，从思想层面查找问题、剖析根源，用头脑“风暴”和作风“革命”，推动在思想上率先形成“最优营商环境”。要坚持效果导向。坚持企业感受为“第一感受”，加快建设“一朵云”[14]、形成“一张网”[15]，强力推进“一网通办”、“一事联办”“一次办好”，最大程度利企便民。坚持市场评价为“第一评价”，尊重所有市场主体，不搞地方保护、指定交易、市场壁垒，推行“双随机一公开”联合监管，做到“十不准十必须”[16]，最大限度减少对企业的干扰。坚持群众满意为“第一标准”，严厉打击损害企业权益的违法行为，全面清理政府合同履约情况，决不允许出现“新官不理旧账”，最大力度保护投资者权益。要从严问责问效。以零容忍态度，大力整治不作为、慢作为、乱作为，通报一批典型案例、查处一批重点案件、解决一批损害群众和企业利益的突出问题。持续开展优化营商环境电视问政，通过揭丑亮短，回应群众关切、整顿工作作风、倒逼问题整改。

（四）抓民生兜底线。越是困难时期，越要兜住民生底线。要巩固脱贫成果。紧盯“两不愁三保障”[17]薄弱环节，紧扣全州未脱贫人口和存在返贫风险对象，做好脱贫攻坚扫尾工作，做到底线不破、“后墙”不倒、不拖全国全省后腿。建立稳定脱贫“331”工作模式，重点聚焦产业、就业、创业“三业”，织密边缘易致贫户监测网、脱贫不稳定户监测网、因疫因灾致贫返贫户监测网“三网”，开发一套“防贫保险”产品，持续巩固脱贫成果。要全力保障就业。实施好就业优先政策，扎实做好高校毕业生、下岗失业人员、农民工和退役军人等重点群体就业工作，动态消除“零就业家庭”。持续开展农村劳动力技能培训、招引劳动力密集型企业、发展扶贫车间，拓宽群众就业渠道，切实保住千家万户的“饭碗”。要办好民生实事。统筹抓好教育、社保、医疗、养老、住房保障等民生事业，关爱特殊困难群众，做好兜底保障，让他们感受到党和政府的温暖。

五、保持战时状态、发扬战时作风，展现合力攻坚“精气神”

今年是全面建成小康社会决胜之年，“十三五”规划收官之年。打好灾后重建突击战、脱贫攻坚收官战、常态化疫情防控持久战、经济复苏攻坚战任务艰巨繁重。越是大战大考，越需要担当精神和斗争意志。我们要时刻保持战时状态、战时作风，以敢打必胜、一往无前的战斗意志和精神状态攻坚克难、砥砺前行。

（一）做到绝对忠诚。千条万条，忠诚是第一条。对党忠诚，不能只停留在口头表态上，要落实到一个个具体行动中。全州上下要始终把“两个维护”作为最高政治准则和根本政治规矩，对“国之大者”做到心中有数，真正弄清楚党中央在关心什么、强调什么，深刻领会什么是党和国家最重要的利益、什么是最需要坚定维护的立场，贯彻党中央决策部署不讲条件、不打折扣。要坚持全州“一盘棋”，“州委、州政府的工作部署一定要出得了舞阳坝”，下级必须服从上级，绝不允许将局部利益、部门利益凌驾于整体利益之上、游离于工作大局之外，确保政令畅通、步调一致。

（二）练就过硬本领。习近平总书记指出，“这次疫情防控工作中，一些领导干部的治理能力和专业能力明显跟不上，必须引起高度重视”。我们要有的放矢加强干部思想淬炼、政治历练、实践锻炼、专业训练，精准选配具有专业能力、专业精神的干部，提升专业部门领导班子专业化水平。要持续选派党员干部到东部发达地区、省直中直单位挂职学习，培养一批“能干事、会干事、干成事”的复合型人才。要大力开展柔性引才，实施学历提升工程，推动在外优秀人才“资智回归”。要在脱贫攻坚、疫情防控、防汛救灾、项目建设、招商引资、信访维稳一线考察、识别、使用干部，让更多年轻干部到困难最突出、情况最复杂、矛盾最尖锐的地方，经风雨、见世面、长才干、壮筋骨，努力成为解决矛盾问题的能手。

（三）锤炼务实作风。应勇书记多次强调，“实事求是很重要，实事求是不容易，但最后还要实事求是”。各级领导干部要坚持“实”的作风，主动作为、奋发有为、担当善为，全力以赴把恩施的政治生态搞好、用人导向搞正、干部作风搞实、发展环境搞优。要驰而不息纠治形式主义官僚主义，持续巩固“基层减负年”成果，进一步为基层降压减负、让基层干部轻装上阵。要认真践行“一线工作法”，弘扬“钉钉子回脚”精神，进一步推动各级领导干部在一线发现问题、研究问题、解决问题、教导方法。要牢固树立“人民至上”理念，进一步强化“家”的意识，拿出更大的干劲、拼劲、韧劲转作风、敢担当、善作为、抓落实，推动各项工作取得更好实效。

同志们，幸福美好的生活，不是等得来、喊得来的，而是拼出来、干出来的。让我们更加紧密地团结在以习近平同志为核心的党中央周围，在省委的坚强领导下，真抓实干、埋头苦干，坚决夺取疫情防控和经济社会发展“双胜利”，奋力开创恩施高质量发展新局面！

名词解释：

〔1〕“六个提升”工程：产业就业提升工程、基础设施提升工程、公共服务提升工程、人居环境提升工程、社会治理提升工程、基层党建提升工程。

〔2〕优化营商环境“十项行动”：思想大解放、政务服务效能大提升、数据互联共享专项行动、招投标和政府采购治理、规范中介服务、创优金融环境、优化公共服务、诚信体系建设、优化监管服务、保护企业合法权益。

〔3〕三个区分开来：即把干部在推进改革中因缺乏经验、先行先试出现的失误和错误，同明知故犯的违纪违法行为区分开来；把上级尚无明确限制的探索性试验中的失误和错误，同上级明令禁止后依然我行我素的违纪违法行为区分开来；把为推动发展的无意过失，同为谋取私利的违纪违法行为区分开来。

〔4〕四种形态：第一种，党内关系要正常化，批评和自我批评要经常开展，让咬耳扯袖、红脸出汗成为常态；第二种，党纪轻处分和组织处理要成为大多数；第三种，对严重违纪的重处分、作出重大职务调整应当是少数；第四种，而严重违纪涉嫌违法立案审查的只能是极少数。

〔5〕“一统三治六体系”基层治理模式：坚持以党建为统领，强化基层自治、法治保障、德治引领，完善治安防控、矛盾化解、民生保障、公共安全、科技支撑、组织保障六大体系。

〔6〕四个不摘：摘帽不摘责任、不摘政策、不摘帮扶、不摘监管。

〔7〕八个到村到户：精准识别佐证到村到户、基础设施提升到村到户、特色产业发展到村到户、人居环境整治到村到户、惠民政策落实到村到户、项目资金统筹到村到户、干部力量下沉到村到户、开展群众工作到村到户。

〔8〕双签双交办：对疑难复杂信访问题，由州委、州政府主要负责人双签字，双向交办给县（市）党委、政府主要负责人和州直部门党委（党组）负责人，双向落实责任，动态跟踪督办。

〔9〕扫黑除恶“六清”：线索清仓、案件清结、黑财清底、逃犯清零、伞网清除、行业清源。

〔10〕三医联动：医保体制改革、卫生体制改革与药品流通体制改革联动。

〔11〕两个允许：允许医疗卫生机构突破现行事业单位工资调控水平，允许医疗服务收入扣除成本并按规定提取各项基金后主要用于人员奖励。

〔12〕“1+3”“1+5”包保指导巡诊：“1+3”即湖北民族大学附属民大医院负责鹤峰县、咸丰县、巴东县3个县医疗救治指导。“1+5”即州中心医院负责恩施市、利川市、建始县、宣恩县、来凤县5个县（市）医疗救治指导。

〔13〕两新一重：新型基础设施建设，新型城镇化建设，交通、水利等重大工程建设。

〔14〕一朵云：恩施州政务云。

〔15〕一张网：湖北政务服务网。

〔16〕十不准十必须：系湖北省委办公厅、省政府办公厅印发《弘扬“店小二”精神“十必须十不准”》通知的具体内容。

〔17〕两不愁三保障：不愁吃、不愁穿，义务教育、基本医疗、住房安全有保障。

（州委政研室 供稿）

政府工作报告

——2021年1月19日在州八届人大五次会议上

州　长　刘芳震

一、“十三五”时期经济社会发展回顾

“十三五”是恩施州发展进程中进步最快、变化最大、群众得实惠最多的时期之一，面对艰巨的发展任务和各种风险挑战，全州上下坚持以习近平新时代中国特色社会主义思想为指导，全面贯彻党的十九大和十九届二中、三中、四中、五中全会精神，在省委、省政府和州委的坚强领导下，切实增强“四个意识”、坚定“四个自信”、做到“两个维护”，加压奋进、砥砺前行，进行了艰苦卓绝的斗争、战胜了前所未有的挑战、取得了来之不易的成绩。

——脱贫攻坚取得历史性成就。109万贫困人口脱贫，729个贫困村出列，8个县（市）均达到贫困县退出标准和条件，绝对贫困和区域性整体贫困问题得到历史性解决，中国特色社会主义制度优势在武陵大山充分彰显，自治州即将迎来从全域贫困到全面小康的历史性跨越。

——州域经济实力迈上新台阶。经济总量跨越千亿元大关，达到1117.7亿元，在全省排名前进两位，居第11位。三次产业结构由18.3∶30.1∶51.6调整为18.1∶22.6∶59.3，产业结构不断优化，新的主导产业茁壮成长。企业类市场主体达到6.3万户，市场主体总量达到33万户，是“十二五”末的1.77倍，增幅位居全省第2位。

——城乡面貌发生新变化。县县通高速，村村通硬化路，6个县（市）通铁路。州城常住人口超过50万，跻身中等城市行列。农村变化日新月异，广大农民群众吃上放心水、用上稳定电、连上互联网、住进安全房，生产生活条件极大改善。

——生态文明建设取得新成效。提前3年创建为国家生态文明建设示范州，县城空气质量平均优良率达到95%，水环境质量稳定达标，森林覆盖率由63.1%提高到66%，连续5年在生态省建设考核中获优秀等次。

——对外开放实现新突破。恩施海关通关，一类航空口岸开放，20条航线直飞国内外，恩施机场年旅客吞吐量接近150万人次。恩施高新区建设扎实推进。招商引资突破历史，立讯精密、达翔电子、国药集团等一批国内500强、行业领军企业落地恩施。

——人民生活水平得到新提高。民生支出占比始终保持在80%以上。城乡居民人均可支配收入分别达到30930元、11887元，年均分别增长6.9%、8.3%，农民收入增幅连续5年稳居全省前3位。

“十三五”时期，恩施知名度、美誉度显著提升。相继荣获全国民族团结进步创建示范州、全国双拥模范城等一批国家级称号。“旅游＋扶贫”、农民工工资治欠保支“4+3”工作模式[1]、教育信息化等一批恩施经验在全国推广。探索形成了农村和社区“尖刀班”、“双吹哨双报到”[2]等一批行之有效的恩施做法。硒博会、国际茶业大会、中国马铃薯大会等一批重要会议在我州成功举办。老英雄张富清被授予“共和国勋章”和“时代楷模”称号，一批先进集体和个人获得国家级表彰。

五年来，我们主要做了以下工作：

（一）全力以赴打好“三大攻坚战”。举全州之力决战贫困，2438个精准扶贫“尖刀班”扎根基层，杭州市、中直省直单位、兄弟市及社会各界大力支持，整合768亿元资金投入农村，聚焦“六个精准”[3]“五个一批”[4]，深入实施“八个到村到户”[5]“六个清零”[6]“六个全覆盖”[7]，“水电路网房”等短板全面补齐，“两不愁三保障”全面实现，连续5年在全省扶贫开发工作成效考核中位居前列，连续2年在国家东西部扶贫协作考核中获得“好”的等次。全力打好污染防治攻坚战，沿江化工企业全面“关改搬转”，长江、清江出州断面水质持续优于国家考核标准，州城空气质量达到国家二级标准，“四个三”重大生态工程[8]提前完成，中央、省生态环保督察反馈问题有效整改。坚决防范化解金融风险、社会风险、安全风险，“躲避峡”等重大灾害事故得到稳妥处置，类金融机构监管出清成效明显，未发生区域性和系统性风险。

（二）坚定不移打造“四大产业集群”。生态文化旅游业实力稳步提升。恩施市、利川市跻身国家全域旅游示范区，腾龙洞晋级国家AAAAA级旅游景区，AAAA级旅游景区实现县（市）全覆盖，高山滑雪等新产品竞相涌现，康养游等新业态持续升温，恩施旅游稳步向全域、全季、全业态迈进，游客满意度连续3年位居全省第1位。硒食品精深加工业加快发展。以“恩施玉露”“利川红”为代表的一批恩施硒食品知名度、市场认可度大幅提高，硒食品精深加工业产值达到 150 亿元。生物医药产业链不断延伸。中药材基地标准化、规模化发展，引进 33 家生物医药企业，生物医药产值达到 150 亿元。清洁能源产业持续壮大。页岩气实现工业试采，江坪河水电站、板桥风电并网发电，清洁能源总装机容量达到 460 万千瓦。

（三）统筹推进城乡协调发展。聚力打通交通大动脉，黔张常铁路、利万高速、宣鹤高速、建恩高速建成通车，高速公路、铁路通车里程分别达到 588 公里、307 公里，比“十二五”时期分别提高 39%、22%。坚持规划州管、州市共建，高标准推进州城建设，金龙大道、高旗大道、旗峰大道等 28 条城市道路建成通车，清江带状公园等 24 个城市游园建成开园，“一江一古城”城市画卷逐步铺开。坚持以景区标准建设县城，各县（市）城区更加宜居宜游宜业，咸丰大道、建始大道、利川城南大道等一批城市主干道，鹤峰八峰公园、来凤酉水滨江公园等一批城市公园，宣恩“仙山贡水”、巴东“巫峡口”等一批城市风景区相继建成，成功创建国家级城市品牌 13 个、省级城市品牌 21 个。坚持突出特色、完善功能，一批特色小城镇竞相发展，乡镇污水处理厂、垃圾中转站实现全覆盖，城镇化率由 39.98%提高到 47.1%。试点推进乡村振兴，一批中国美丽示范乡村、全国乡村旅游重点村和中国美丽休闲乡村陆续建成，洞下槽、二官寨等一批美丽村庄成为热门“打卡地”。

（四）全面深化改革开放创新。纵深推进供给侧结构性改革，淘汰 83 家煤炭等落后产能企业，减税降费 66.2 亿元。更大力度简政放权，营商环境持续优化，“一事联办”“一网通办”走在全省前列。农业农村、投融资、国有企业等领域改革取得新进展，多项改革经验在中央和省级媒体推介。多层次资本市场加快发展，145 家企业在新三板和四板挂牌，连续 12 年获评“湖北省金融信用州”。大力推进创新驱动发展，建成 9 家国家级科技孵化平台、3 家博士后科研工作站，新增 39 家高新技术企业。对外开放步伐加快，162 个亿元以上产业招商项目建成投产，出口市场拓展至 83 个国家（地区），有进出口实绩的企业达到 53 家，自营出口比重由 8.4%提高到 51.1%。

（五）全心全意增进民生福祉。全力以赴稳就业，统筹推进社会保险参保扩面，就业、社保综合指数位居全省第 1 位。各类教育均衡发展，公办幼儿园实现乡镇全覆盖，义务教育入学率、初中三年巩固率达到 100%。创新实施定向委培机制，补充农村教师 6603 名、医生 2584 名。公共卫生服务体系建设全面加强，州中心医院综合实力跻身全国自治州第一名、地市医院百强，县乡医疗机构设施设备升级达标，村卫生室“空白村”清零。文体事业繁荣发展，一批图书馆、博物馆、非遗馆陆续建成，新建村（社区）综合文化服务中心 101 个，宣恩水上运动会、巴东长江冬泳等“一县一品”体育赛事蓬勃开展。住房保障不断加强，改造棚户区 9.32 万套，建成保障性安居工程 6.58 万套（户）。志愿服务和慈善事业健康发展，毕兹卡社工项目入围全国“志愿扶贫 50 佳案例”。国防“智慧动员”建设全面启动。“扫黑除恶”成效明显，“雪亮工程”完成全国试点任务，安全生产和食品药品安全形势稳中向好。

（六）持之以恒加强政府自身建设。始终把加强党的建设作为首要政治要求，牢牢把握政府工作政治方向，牢牢把握意识形态工作主动权。认真开展“两学一做”学习教育和“不忘初心、牢记使命”主题教育。严格落实中央八项规定精神。着力推进法治政府建设，自觉接受人大依法监督、政协民主监督及各方面监督，办理人大议案 3 件、代表建议 656 件、政协提案 886 件。开展诚信体系建设专项行动，政府失信机构、无分歧欠款双清零，政府诚信承诺、合同清理全覆盖。切实为基层减负，会议、文件大幅压减。持续开展“电视问政”，加大履职尽责督查力度，政府执行力明显提高。

与此同时，国防动员、人民防空、民兵预备役、退役军人管理服务、双拥工作进一步加强。民族宗教、外事侨务、对台、工会、共青团、妇女、儿童、老龄、红十字会、残联、工商联、统计调查、审计、广播电视、移民后扶、地震、气象、档案、史志、机要保密、供销、邮政、通信等工作都取得了新成绩。

各位代表，刚刚过去的 2020 年，是恩施历史上极其特殊、极不平凡的一年。

这一年，新冠肺炎疫情突如其来，我们坚持人民至上、生命至上，全力打好疫情防控阻击战，坚决守护人民群众生命安全和身体健康。在州委的坚强领导下，建立务实高效调度机制抓统筹，组建“尖刀班”下沉抓排查，采取最严管控措施抓阻隔，集中优势医疗资源抓救治，多渠道筹集物资抓保障，天津市等省市千里驰援，全州各族人民群防群控，取得了“在全省感染率最低、确诊病例率先清零，病亡率低、治愈率高”的决定性成果。疫情平稳后，我们全面落实常态化防控措施，争取 18.2 亿元资金补强公共卫生短板，科学精准实施“人物地”同防，全州自 2020 年 2 月 29 日起无新增确诊病例，为全省、全国疫情防控作出了恩施贡献。

这一年，汛情灾情历史罕见，我们坚持靠前指挥、沉着应对，全力打好防汛救灾突击战，努力把灾害造成的损失降到最低。近 5 万名“尖刀班”成员和下沉社区干部奔赴一线，驻恩解放军指战员、武警部队官兵、民兵预备役人员闻令而动，公安、电力、交通、通讯、消防、城管等部门全员上阵，社会各界守望相助，有效应对恩施城区五十年一遇、建始县超百年一遇特大洪灾，成功处置恩施市沙子坝地质滑坡灾害。全州紧急转移安置 13.14 万人，群众生活得到妥善安排，灾后重建有序推进，防灾救灾取得决定性胜利。

这一年，8 个县（市）要脱贫摘帽，我们坚持“不摘贫帽、就摘官帽”，全力打好脱贫攻坚收官战，确保如期兑现庄严承诺。狠抓“六大提升工程”[9]，探索建立稳定脱贫“331”工作模式[10]，精准帮扶剩余贫困人口、脱贫监测户和边缘户，坚决防止因疫因灾致贫返贫。动员全州干部职工和社会各界开展消费扶贫，千方百计稳定群众收入，6 个县（市）进入“扶贫 832”平台[11]成交额前十名，农产品销售额突破 150 亿元。脱贫普查数据通过国家验收，全州脱贫攻坚交出高质量答卷。

这一年，疫后重振任务艰巨，我们坚持“一手打伞、一手干活”，全力打好疫后重振经济发展战，牢牢稳住经济基本盘。精准对接中央和省一揽子支持政策，争取中省预算内及专项债券资金 50.84 亿元，统筹 1.62 亿元财政资金助力复工复产，企业产能恢复率等指标位居全省前列。增贷助企和减税降费双向发力，率先建立“企业金融服务方舱”，为 1088 家企业发放贷款近 30 亿元，减税降费 14 亿元，一大批企业渡过难关。全州经济恢复好于预期，多项指标排名全省前列，地区生产总值增幅位居全省第 1 位，规模以上工业增加值、农村居民人均可支配收入实现正增长，增幅分别位居全省第 1 位和第 3 位。

这一年，民生保障压力巨大，我们坚持民生优先、以人为本，全力打好民生保卫战，牢牢兜住民生底线。政府带头过“紧日子”，在年初预算基础上一般性支出再压减 15%，增加民生支出 12%。累计发放社会救助资金、临时救助资金 14.6 亿元。“点对点、一站式”服务 44.3 万人返岗就业，城镇新增就业 4.2 万人。全面开展风险隐患排查化解“百日攻坚”行动，积极化解疫后综合症，社会大局和谐稳定。

各位代表，我们取得的成绩来之不易。这是习近平新时代中国特色社会主义思想科学指引的结果，是省委、省政府和州委正确领导的结果，是州人大、州政协监督支持的结果，是全州人民奋力拼搏、社会各界鼎力支持的结果。在此，我代表州人民政府，向全州广大干部群众，向各位人大代表、政协委员，向所有关心、支持和参与恩施发展的驻恩单位和各界人士，表示衷心的感谢！特别要向在战疫战洪战贫中作出重大贡献的广大医务工作者、疾控工作人员、驻恩解放军指战员、武警部队官兵、民兵预备役人员、公安民警、应急救援人员、“尖刀班”成员、社区工作者、志愿者们，以及支援恩施的北京市、天津市、杭州市、武汉市等省市和社会各界人士，致以崇高的敬意和衷心的感谢！

各位代表，在总结成绩的同时，我们也清醒认识到，全州经济社会发展中还存在一些困难和问题。主要是：受宏观经济和疫情灾情等影响，地区生产总值、固定资产投资、社会消费品零售总额等主要经济指标没有完成“十三五”规划目标；州域经济缺龙头引领，各县（市）产业趋同，发展不充分不平衡仍然是最大的州情；工业化水平低，产业基础薄弱，创新能力较弱；城乡发展差距较大，农业产业现代化水平不高，社会事业发展欠账较多；少数政府部门和工作人员思想不解放，开放意识、干事能力、专业水平还有待提升。对于这些困难和问题，我们一定高度重视，采取有效措施，切实加以解决。

二、“十四五”时期的主要目标任务和二〇三五年远景展望

根据《中共恩施州委关于制定国民经济和社会发展第十四个五年规划和二〇三五年远景目标的建议》，州政府制定了《恩施州国民经济和社会发展第十四个五年规划和二〇三五年远景目标纲要（草案）》，已印发各位代表，这里对主要内容简要报告。

（一）关于“十四五”时期发展的指导思想

根据州委《建议》，恩施州“十四五”时期经济社会发展的指导思想是：高举中国特色社会主义伟大旗帜，深入贯彻党的十九大和十九届二中、三中、四中、五中全会精神，坚持以马克思列宁主义、毛泽东思想、邓小平理论、“三个代表”重要思想、科学发展观、习近平新时代中国特色社会主义思想为指导，统筹推进“五位一体”总体布局、协调推进“四个全面”战略布局，坚持新发展理念，坚持稳中求进工作总基调，以推动高质量发展为主题，以深化供给侧结构性改革为主线，以改革创新为根本动力，以满足人民日益增长的美好生活需要为根本目的，积极融入新发展格局和全省“一主引领、两翼驱动、全域协同”[12]区域发展布局，厚植生态底色，加快绿色崛起，大力建设世界硒都·中国硒谷，奋力打造“两山”实践创新基地、全国优质休闲康养基地，努力创建国家级承接产业转移示范区、国家全域旅游示范区、全国民族团结进步示范区，全力推进生态文化旅游、硒食品精深加工、生物医药、清洁能源四大产业集群（简称“一谷、两基地、三示范区、四大产业集群”）建设，积极培育新兴产业，谱写新时代恩施高质量发展新篇章，全面开启社会主义现代化建设新征程。

（二）关于二〇三五年远景目标和“十四五”时期发展目标

《规划纲要（草案）》一并提出了二〇三五年远景目标和“十四五”时期经济社会发展目标。

二〇三五年远景目标是：全州综合实力大幅跃升，经济总量突破 4000 亿元，力争在 2020 年基础上翻两番，人均 GDP 接近全省平均水平，建成全国先进自治州，建成富裕恩施、绿色恩施、开放恩施、法治恩施、幸福恩施。

“十四五”时期经济社会发展的主要目标是：地区生产总值年均增长 7%；固定资产投资年均增长 12%；社会消费品零售总额年均增长 11%；规模以上工业增加值年均增长 20%以上；地方一般公共预算收入年均增长 11.6%；城镇常住居民人均可支配收入年均增长 7%，农村常住居民人均可支配收入年均增长 8%。全州经济发展取得新成效，改革开放取得新突破，社会文明程度得到新提高，生态文明建设实现新进步，民生福祉达到新水平，州域治理效能得到新提升。

（三）关于“十四五”时期的主要任务

《规划纲要（草案）》对今后五年我州经济社会发展作出了全面部署，提出了具体任务和政策措施。主要有 12 个方面：壮大实体经济，发展现代产业体系；完善基础设施，构建现代网络体系；优化区域布局，提高新型城镇化水平；优先发展农业农村，全面推进乡村振兴；建设绿色恩施，创建“两山”实践创新基地；实施创新驱动，增强发展新动能；推进全面开放，打造内陆开放重要节点；全面深化改革，激发新发展活力；繁荣民族文化，推动民族团结进步；坚持以人为本，增进人民群众福祉；完善治理体系，推进州域治理现代化；加强组织领导，强化规划实施保障。

实现以上目标和任务，必须把握以下几点：

始终坚持党的全面领导。坚决贯彻落实党中央决策部署，不折不扣推动省委、省政府和州委工作要求落地见效。在关键时刻紧紧依靠党的领导，把制度优势转化为治理效能。

始终坚持以人民为中心。把人民群众放在心中最高位置，把人民群众满意作为最高标准，做到发展为了人民、发展依靠人民、发展成果由人民共享。切实为人民群众办实事、解难事，以实际行动诠释以人民为中心的发展理念。

始终坚持新发展理念。自觉践行新发展理念，积极融入新发展格局和“宜荆荆恩”〔13〕城市群，着力构建“一核支撑、两翼并进、全域协同”〔14〕区域发展布局，形成推动恩施州高质量发展的板块支撑和动力系统。

始终坚持深化改革开放。以思想破冰引领改革突围，坚定不移吃“改革饭”、走“开放路”、打“创新牌”，着力破除制约高质量发展、高品质生活、高效能治理的体制机制障碍，持续增强发展活力。

始终坚持系统观念。加强前瞻性思考、全局性谋划、战略性布局、整体性推进，统筹疫情防控和经济社会发展、供给侧和需求侧、市场和政府、发展和安全，着力固根基、扬优势、补短板、强弱项，实现发展质量、结构、规模、速度、效益、安全相统一。

各位代表，《规划纲要（草案）》经大会讨论通过后，将成为我州“十四五”发展的宏伟蓝图，也标志着我们开启了全面建设社会主义现代化新征程。时代赋予我们重任，人民寄予我们厚望。我们坚信，在州委的坚强领导下，只要我们咬定目标、凝心聚力、脚踏实地、接续奋斗，规划蓝图一定能够圆满实现！

三、奋力实现“十四五”良好开局

2021年是“十四五”规划的开局之年，也是开启全面建设社会主义现代化新征程、向第二个百年奋斗目标进军的起步之年。我们将把握新发展阶段，贯彻新发展理念，服务构建新发展格局，在慎终如始抓好常态化疫情防控前提下，全力以赴推动疫后重振和高质量发展，确保“十四五”开好局，以优异成绩庆祝建党100周年！

今年全州经济社会发展的主要预期目标是：地区生产总值增长10%；固定资产投资增长12%；社会消费品零售总额增长15%；规模以上工业增加值增长10%；地方一般公共预算收入增长26%；城镇新增就业2.8万人；城镇常住居民人均可支配收入增长10%，农村常住居民人均可支配收入增长10.5%；安全生产、节能减排、环境质量全面完成省定目标任务。

我们将重点抓好十个方面的工作：

（一）牢牢把握高质量发展主题，加快推进特色产业提档升级

推动生态文化旅游业加快复苏。加强旅游复苏政策支持，确保旅游业恢复到疫情之前70%的水平。加快推进国家全域旅游示范区和世界知名旅游目的地建设，推动景区“3A升4A、4A升5A、5A提品质”，支持恩施大峡谷、恩施土司城等景区延伸开发，加快咸丰唐崖土司城、恩施青云崖、宣恩土家泛博物馆等旅游项目建设，全力推进腾龙洞大峡谷地质公园申报创建世界地质公园，力争新增国家全域旅游示范区1个、国家AAAA级旅游景区1家以上。大力改善旅游交通条件，推进景区停车场、旅游集散中心、游客服务中心智能化改造，完善“一部手机游恩施”服务功能及配套设施，加快智慧旅游建设。推动武陵山周边地区、“宜荆荆恩”城市群旅游线路互通、市场互补，加强旅游精准营销，巩固拓展旅游市场。大力发展乡村旅游、冰雪旅游，加强民宿规范管理，支持发展高端民宿。

推动硒食品精深加工业迈向中高端。加快全域土壤硒资源普查成果转化应用，开展硒有机食品认证和硒产品原产地认证，新制定涉硒地方标准10件以上。高水平办好第六届“硒博会”、中国茶业科技年会。加快推动中科院硒科研成果转化落地，着力推进硒蛋白产业化。加强涉硒食品企业的引进和培育，支持硒保健食品和功能食品研发生产，力争硒食品精深加工业产值达到170亿元以上。

推动生物医药延伸产业链。引导中药材标准化种植、加工，培育壮大道地药材骨干品牌，夯实国家级道地药材主产区地位。加快武汉国家生物产业基地·恩施生物产业园、国家级中药材质量监督检验检测中心建设，支持一正药业等重点企业发展壮大，积极引进国内外医药龙头企业，加快形成种植加工、研发生产、检验检测、流通销售全产业链，力争生物医药全产业链产值达到160亿元以上。

推动清洁能源扩大产能。加快构建以页岩气为重点，水电、风电、光电、生物质能等多元发展的清洁能源产业格局。力争页岩气利川区块实现工业化开发、咸丰区块取得工业气流、建始—巴东区块实现勘探突破。开工建设淋溪河水电站，建成走马风电场、峡口塘水电站。开展煤层气资源潜力评价，推进地热资源调查及综合利用。积极发展生物质能，推进农村沼气高效利用。力争页岩气年产能达到2亿方，新增清洁能源装机容量10万千瓦以上。

推动新兴产业集群发展。支持恩施高新区和各县（市）建设专业园区，大力发展电子信息、先进制造、新型建材等产业。围绕龙头骨干企业落子布局，支持立讯精密、达翔电子等企业扩大产能，引进和培育一批上下游配套企业。州财政安排2000万元专项资金，实施新一轮企业技改和设备更新。力争新增规模以上工业企业60家、“两化”融合〔15〕省级试点示范企业8家。

推动现代服务业业态升级。聚焦建设“全国优质休闲康养基地”，以“旅游+”“+旅游”理念培育康养消费业态，支持建设一批健康小镇、康养基地。推动商旅文体融合发展，支持商业综合体、步行街、运动健身中心等消费场所建设，大力发展假日经济、夜间经济。促进线上线下消费融合，培育壮大直播电商、在线教育、互联网医疗等新业态新模式。全面落实扩大消费的各项政策，稳定汽车、家电、餐饮住宿、住房等传统消费。

（二）巩固拓展脱贫攻坚成果，全面开启乡村振兴新征程

推进脱贫攻坚与乡村振兴有效衔接。严格落实“四个不摘”要求，把握5年政策过渡期，保持主要帮扶政策总体稳定，巩固提升“两不愁三保障”成果。完善稳定脱贫“331”工作模式，健全防止返贫动态监测和帮扶机制，对易返贫致贫人口实施常态化监测，持续精准施策。做好易地扶贫搬迁后续扶持，强化基础设施和公共服务配套，提升“扶贫车间”等吸纳就业能力，加强扶贫项目资产管理和监督。做好财政投入、金融服务、土地保障、人才智力等政策衔接，健全领

导体制、工作体系和考核机制，以更有力的举措、汇聚更强大的力量推进乡村振兴。

稳定农业生产和农产品供给。坚持藏粮于地、藏粮于技，坚决遏制耕地“非农化”、防止“非粮化”，严防死守耕地红线，新建高标准农田26万亩。分区域落实粮食生产任务，确保粮食播种面积稳定在550万亩、产量稳定在145万吨以上，确保面积不减少、产量不降低。提升“菜篮子”保供水平，蔬菜面积稳定在200万亩以上。推进畜牧业健康发展，持续抓好非洲猪瘟防控和生猪保供稳价，出栏生猪400万头以上。建立完善农业技术服务体系，强化农技服务，扎实做好农业防灾减灾工作。

加快提升农业产业化水平。大力发展绿色有机农业，围绕茶、烟、蔬、药、果、畜，实施一批特色产业基地标准化改造，提升单产能力。大力开展“一村一品+”行动，加快发展新型农业经营主体和服务主体，新增“一村一品+”示范村16个、规模以上农业龙头企业24家，争创省级以上现代农业产业园6个。加强种质资源和地理标志品牌保护利用，保护好“恩施玉露”“利川红”“贡米贡茶”等本土珍品，推进“恩施硒茶”等国家级品牌、“恩施黑猪”等区域公用品牌创建，新增“两品一标”认证产品40个。建立健全农产品质量安全监管和追溯体系，积极创建国家农产品质量安全州。全力推动硒品出山，持续抓好“扶贫832”平台网络销售、硒品入杭入京入津，让农民更多分享产业增值收益。

大力实施乡村建设行动。强化村庄规划编制管理和风貌引领，加强传统村落集中连片保护，分类推进乡村建设。启动“四县五乡”[16]高山片区乡村振兴试点规划编制。加快农村基础设施提档升级，推进乡镇双通道进出和行政村双车道提升，完善农村公路安保设施，全面推进危桥改造，持续开展“四好农村路”示范创建。实施农村电网改造、乡村电气化提升、农村饮水安全提标升级工程，抓好恩施市杨柳溪、建始县蛇皮洞和巴东县田家坪水库等重点水源工程建设。建立健全农村“水电路网房”及环保设施长效管护机制。深入开展农村人居环境整治，实施乡村清洁行动，推进垃圾收集清运体系全覆盖，新建改建农村户厕1.4万户，建设美丽乡村示范村100个。深入推进“三乡”工程[17]，鼓励各类人员返乡下乡创业。加强农村思想道德建设，推动移风易俗。推进农村殡葬改革，加快建设城乡公益性殡葬服务设施。

深化农业农村改革。深入推进农业供给侧结构性改革，全面完成农村集体产权制度改革，稳慎推进农村宅基地改革，完成恩施市宅基地“三权分置”改革[18]全国试点工作。建好农村综合产权交易平台，探索推进农村经营性集体建设用地入市，引导农村土地有序流转，促进适度规模经营。

（三）全力推进重点项目建设，精准扩大有效投资

确保项目谋划深度。紧盯国家“两新一重”[19]、疫后支持湖北一揽子政策和湖北疫后重振补短板强功能“十大工程”等投资导向，精心谋划一批重点项目，按照“有政策支持、有资金来源、有土地保障、有审批可能”的原则，做深做实项目前期工作，提升储备项目质量，确保储备项目投资规模保持在1500亿元以上。

增强项目争取力度。大力争取中省预算内投资、政府债券和专项补助资金。加快沿江高铁宜昌至涪陵段、恩施机场迁建等重大项目开工前期工作，全力争取安恩张铁路、恩黔铁路纳入国家及省“十四五”规划。

加大项目建设强度。全年实施重点项目180个，完成投资248亿元。实施一批重大交通项目，开工建设利咸高速、建恩北高速和国省道、普通公路“建养一体化”[20]等项目，加快郑万高铁、鹤峰东高速、宣咸高速等项目建设进度。实施一批重大产业项目，开工建设莱大师、恩施欢乐硒谷、利川市集萃高新生命科技产业园等项目，加快推进达翔电子二期、来凤县硒食品精深加工产业园、野三关高山硒养旅游度假区等项目。实施一批重大生态保护项目，开工建设姚家坪水利枢纽工程，加快推进巴东县城长江干流库岸综合整治、宣恩县生态环境综合提升、咸丰县老城区污水处理等项目。实施一批重大民生项目，开工建设恩施职院整体迁建、民族体育运动中心、州档案馆等项目，建成州中心医院公共卫生临床中心及辅检大楼、州委党校新校区等项目。实施一批新基建项目，新建5G基站2000个以上，加快电动汽车充电设施布局，争取长江经济带一体化国家大数据中心布局恩施州。

提升项目服务温度。继续推行领导包联项目机制，强化项目精细化服务和调度，全力保障项目建设资金、用地等要素需求。扎实开展“比抓强促”[21]，在全州形成大抓项目、抓大项目的浓厚氛围，确保项目早开工、早竣工、早见效。

（四）持续优化营商环境，打造新的比较优势和核心竞争力

打造高效便捷的政务环境。深化“放管服”改革，承接落实好国家和省取消、调整、下放的行政职权事项。无差别全面实施市场准入负面清单制度，推动“一业一证”[22]改革。聚焦高效办成一件事，再造办理流程，推行“告知承诺”“超时默认、自动用印”，加快“一网通办、一窗通办、一事联办、全州通办”，推动政务服务县乡村一体化，实现200个以上高频事项跨县（市）通办。全面推行“753”改革[23]，实施工程建设项目并联审批，建立施工图分类审查制度，取消低风险项目审查。推行工业用地“标准地”[24]出让。实现不动产登记智能审批。

打造公平竞争的市场环境。建立营商环境问题投诉联动处理机制，加快中小企业服务中心建设，办好企业家沙龙，当好服务企业的“店小二”。引导金融机构优化金融产品供给，创新政银企线上融资服务模式，支持更多企业在新三板、四板挂牌，力争企业主板上市破零。规范整顿中介服务，全面推行电子化招标投标、异地评标，大力开展评定分离改革。健全包容审慎监管，加快实现从“严进宽管”向“宽进严管”转变。扎实推进供给侧结构性改革，统筹推进财税金融、国资国企、商事制度、要素市场化配置等重点领域改革，全面激发市场活力。

打造依法办事的法治环境。全面推行行政执法“三项制度”[25]，加强行政执法监督和法治督察，提升市场主体司法保护和服务水平，做到法无授权不可为、

法定职责必须为。深化诚信政府建设，持续深入开展"新官不理旧账"、政府失信行为等专项治理，确保依法作出的承诺和签订的合同全面兑现履约。深入推进信用信息安全共享应用，完善失信约束制度，依法依规实施失信惩戒。

打造循环畅通的开放环境。对标国际惯例、世行标准和自贸区标准，认真贯彻落实外商投资法，完善外商投资促进和便利化措施，建立健全外商投资服务机制。以国际视野建好大通关平台，大力支持恩施海关、边检建设发展，持续提升通关便利水平。营造"人人都是营商环境"社会氛围，引导形成开放包容的社会心态，形成"你发财我发展、你创业我就业"的开放创业环境。

（五）立足区域发展新布局，扎实推进新型城镇化

做强州城，增强一核支撑力。大力实施"强州城"战略，强化州城龙头地位，全面提升州城核心竞争力和辐射带动力。加快"六纵五横四环"[26]城市路网、出口路、人行道改造等重点工程建设，推进龙凤大道、叶挺路人行道改造、硒都大道绿化、栖凤公园、清江民族学校等"五个三"重点项目[27]建设。提前谋划空间布局和产业布局，规划机场快速通道、恩高宣一体化城际大通道，启动空铁临港新区建设前期工作，加快推进"三区双城"（恩施高新区、空铁临港新区、国家级承接产业转移示范区，恩施州城、宣恩县城）一体化发展，聚力打造"一核支撑"。

建好县城，增强县域发展承载力。坚持规划引领，按照AAAA级以上景区标准建设县城。支持建始、鹤峰、咸丰、巴东等城区"一城多镇"建设。推动县际快速通道建设，提升互联互通水平，加快构建建巴鹤、利咸来"两翼并进"格局。实施城区生态修复和功能完善工程，开展城区河道、库岸综合整治，完善城区应急备用水源、防洪排涝、垃圾污水处理设施，加快恩施、利川、来凤生活垃圾焚烧发电项目建设，推进厨余垃圾处理全覆盖。实施城市更新行动，改造174个老旧小区、846套棚户区。加快智慧城市建设，完善综合服务功能，深入推进产城融合，发展壮大县域经济。

擦亮小城镇，增强乡镇发展活力。全面落实"擦亮小城镇"建设三年行动[28]，以人居环境整治为重点，推动生产、生活、生态环境全面提升，打造一批配套完善、宜居宜业、特色鲜明的特色小城镇。支持乡镇培育壮大核心支柱产业，全面激发乡镇活力，真正把乡镇建成城乡融合的纽带、乡村振兴的龙头、服务农民的区域中心，加快实现"全域协同"。推进"口子镇"建设，支持野三关镇完善城镇功能、提升承载能力，打造我州融入"宜荆荆恩"城市群的重要链接点和东部桥头堡。

（六）更大力度扩大开放，加快融入新发展格局

全方位开放合作。深度对接"一带一路"、长江经济带和西部大开发等国家战略。积极融入"宜荆荆恩"城市群，以旅游合作、交通建设、行政审批等为切入点，建立高效合作会商机制。全面落实"山川协作"工程[29]，争取建设一批协作平台和协作产业园区。主动对接成渝地区双城经济圈，加强与万州、黔江、湘西等地区多层次交流合作。推进外贸"三项工程"[30]和"破零攻坚"[31]，力争新增出口实绩企业15家、出口过500万美元企业5家，进出口总额增长10%。

强力实施招商引资"一号工程"。按照"突出产业、聚焦工业、引链建群、绿色发展"思路，紧扣创建国家级承接产业转移示范区目标，瞄准东部产业转移地区、对口支援地区、成渝地区，坚持主要领导带头，开展以商招商、产业链招商、委托招商，着力招引一批重大产业项目，力争全年新开工、新投产亿元以上产业项目分别达到110个、60个。强化签约项目落地服务，确保2018年以来招商项目落地率达到50%以上。

加快构建现代流通体系。提档升级铁路货运和港口基础设施，基本建成海关铁路监管区，谋划建设保税物流中心，对接渝新欧、汉新欧班列物流，加快构建国际航线、铁路班列、长江水运等多通道协同流通体系。在州城规划建设武陵山区综合物流中心、县（市）建设物流配送中心、乡镇建设物流站点、农村推进"村村建邮站、村村通快递"。新建一批物流园、专业市场及冷链物流设施，培育一批物流龙头企业，力争新增限上商贸流通企业100家。

（七）聚力打造高水平发展引擎，增强高质量发展新动能

打造创新平台。聚焦"州域经济重要增长极"定位，完善恩施高新区发展规划和"1+8"管理机制，优化功能布局和空间布局，推动创新等高端要素向高新区聚集，全力创建国家高新区。完善园区水电路气网、工业污水处理等基础设施，建设适度规模标准厂房，实现"标准地"常态化供应，强化企业孵化和公共服务功能，增强高新投、政信担保公司实力，提升高新区承接产业转移能力。以园区为载体探索"飞地经济"[32]模式，创新利益共享机制。加快建设硒研发技术创新平台、湖北恩施道地药材产业技术研究院，推进硒食品、生物医药产品公共中试平台建设，新增科技创新平台20家以上。

完善创新机制。围绕产业链打造创新链，引导州内高校院所科研力量向主导产业倾斜，推动与更多国家级、省级创新团队合作，开展产业技术难题攻关。建立健全科研成果转化落地机制。强化企业创新主体地位，支持中小企业与高校、科研院所开展合作，组建创新联合体，建设恩施技术大市场。完善科技企业培育机制，建立高新技术企业培育后备库，申报高新技术企业35家。

聚集创新人才。大力实施"硒谷英才"计划，开展"能人返乡、专家联姻、博士引进"三项行动，在杭州等城市探索建设"人才飞地"，积极引进高层次创新人才、产业领军人才，用好本地人才，吸引人才回流。支持事业单位科研人员创新创业。加强知识产权保护。推进科技人员薪酬制度改革，完善人才评价和分配激励机制，提高科研人员成果转化收益分享比例。

（八）推动"两山"理论实践创新，在新的起点上推进绿色恩施建设

积极创建"两山"实践创新基地。持续提升"绿水青山"颜值，确保环境空气质量优良天数比例保持在95%以上、水环境质量达标率保持100%。加快实

现“金山银山”价值，着力构建“两山”转化制度体系，探索开展生态系统价值核算、生态产品价值实现机制试点，推进自然资源资产确权登记，积极开展排污权、碳汇交易。健全市场化、多元化生态补偿机制，在州内清江流域实施横向生态补偿，确保生态补偿类收入占比稳步提高。积极开展生态文明创建，新创建国家生态文明建设示范县（市）1个，确保示范县（市）达到5个。

继续打好污染防治攻坚战。切实抓好中央、省生态环保督察反馈问题和交办信访件整改。持续打好蓝天保卫战，推进“散乱污”企业、柴油货车、扬尘污染、秸秆垃圾露天焚烧等治理，确保空气质量稳居全省前列。持续打好碧水保卫战，加强工业污染、城镇生活污染源治理，深入推进长江、清江入河排污口专项整治，全面治理城市黑臭水体。持续打好净土保卫战，加强土壤污染状况详查，实行耕地环境质量分类管理，开展涉重金属行业排查整治，实施土壤酸化治理44万亩。推进农业面源污染防治，保持化肥农药零增长。

加强国土空间规划管控。完成州县国土空间规划编制和报批工作，健全国土空间开发保护制度，切实抓好规划执行和监督。建立自然资源节约集约高效利用考核机制，完成低效用地再开发专项规划编制和地块“标图建库”，盘活存量土地，探索开展农村闲置宅基地整理复垦。深入推进河库长制，全面落实长江、清江“十年禁捕”。严格落实《恩施州山体保护条例》，巩固山长制，推行林长制，加强自然保护地管理和古树名木、野生动物保护，分区域推进林相、林分改造，植树造林9.88万亩，完成4191亩裸露山体生态修复。

（九）全力保障和改善民生，不断提升人民群众幸福指数

加强就业和社会保障。坚持就业优先战略，全面落实“稳就业”一揽子政策，抓好高校毕业生、退役军人、农民工、城镇困难人员等重点群体就业工作，做好重点企业用工保障服务。实施“技能提升行动”，举办首届“劳动职业技能大赛”，打造“恩施月嫂”“恩施厨娘”等劳务品牌。持续推进全民参保扩面专项行动，加强工伤预防工作，完善工伤保险州级统筹。促进房地产市场平稳健康发展，规范发展长租房市场，加大困难群众住房保障力度。加强农村留守儿童、妇女、老人关爱服务，建立特殊困难群体定期探访制度。着力提升养老服务水平，实施城企联动普惠养老专项行动。以服务失能、部分失能特困人员为主，每个县（市）启动建设1所专业照护养老服务机构。

优先发展教育事业。大力推进学前教育普及普惠，提升公办幼儿园幼儿占比和普惠园覆盖率。实施义务教育薄弱环节改善与能力提升项目，推动义务教育均衡发展。扩大学位供给，持续化解“大班额”[33]难题，按照普职比大体相当要求扩充中职学位。支持湖北民族大学建设全国知名的高水平应用型民族大学，支持湖北恩施学院建设应用技术型大学。组建恩施州职业教育集团，加快构建现代职业教育体系。积极推进特殊教育事业发展。支持和规范民办教育发展，加强校外培训机构监管。深化考试招生制度改革，稳步推进教育评价和督导改革。

加快发展卫生健康事业。扎实抓好常态化疫情防控，强化“人物地”同防，确保防控不松懈、疫情不反弹、秩序不打乱、发展不停步。健全医防协同机制，完善监测预警、物资储备、应急医疗救治网络。依托州中心医院打造武陵山医疗中心，支持县级综合医院加强感染、呼吸、重症等专科建设，鼓励民营医疗机构健康发展。深化医药卫生体制改革，推进医药耗材带量联合采购，加强医联体、医共体建设，巩固完善分级诊疗制度。落实基层卫生人才三年培训计划，继续定向委培农村医学生。加强健康科普知识宣传，提升全面健康素养，关注青少年心理健康问题。推进托育机构建设，提高优生优育服务水平。

着力提高公共文化服务质量。推进武陵山区（鄂西南）土家族苗族文化生态保护实验区建设，深入挖掘民族文化、红色文化、抗战文化，加强文物保护利用和文化遗产保护传承。加快“四馆三场两中心”[34]建设，完善农村文化基础设施，推进文化数字化、智慧化。加强新时代文明实践中心、县级融媒体中心建设，建强用好基层宣传思想文化阵地。加强乡村文化队伍建设。全面实施新全民健身示范工程，支持开展“一县一品”赛事活动，举办恩施州第九届运动会。

推进社会治理体系和治理能力建设。处理好恢复经济和防范风险关系，完善金融风险监测预警机制，严控政府债务风险。开展自然灾害风险普查。积极推动应急管理综合执法改革，开工建设应急管理“一中心两基地”[35]和州民兵训练基地，持续推进国防“智慧动员”建设，切实加强应急管理和应急应战能力。深入推进安全生产专项整治“三年行动”，开展安全生产标准化达标创建和重点行业领域在线监测系统建设，抓好重点领域、重点区域隐患排查整治，有效遏制安全生产事故。全面落实食品药品安全“四个最严”[36]要求。建立常态化扫黑除恶机制，集中治理涉诈涉毒问题。坚持和完善“尖刀班”常态化参与基层治理机制，健全四级矛盾层级化解和人民调解、行政调解、司法调解联动机制，持续深化律师“三进”[37]，抓好信访维稳工作，确保社会大局和谐稳定。

扎实做好国防教育、双拥共建、人民防空等工作，加强退役军人服务管理保障，巩固促进军政军民团结。依法做好统计、调查工作，统筹做好民族宗教、外事侨务、对台、工会、共青团、妇女、儿童、老龄、红十字会、慈善、残联和工商联等工作，进一步加强广播电视、移民后扶、地震、气象、档案、史志、机要保密、邮政、通信等工作，促进各项事业全面进步。

（十）全面提高政府服务效能，建设人民满意政府

深化党的建设。坚持以党的建设统领政府工作，把不忘初心、牢记使命作为永恒课题，深学笃用习近平新时代中国特色社会主义思想。牢固树立“四个意识”、坚定“四个自信”、做到“两个维护”，始终在思想上政治上行动上同以习近平同志为核心的党中央保持高度一致。严守党的政治纪律和政治规矩，以实际行动诠释对党绝对忠诚。

推进法治建设。把法治作为推进治理体系和治理能力现代化的重要依托，自觉运用法治思维和法治方式推进政府工作。全面实施“八五普法”，加强重要领域政府立法，拓宽公众参与立法渠道。严格执行重

大行政决策程序暂行条例、行政机关负责人出庭应诉制度，持续推进政务公开。认真落实州人大及其常委会的决议决定，主动接受人大依法监督、政协民主监督及各方面监督，主动听取民主党派、人民团体和社会各界意见建议，提高人大议案、代表建议和政协提案办理质量。

强化作风建设。深入推动思想大解放，实施“干部队伍素质提升工程”，不断增强“八项本领”[38]，提高“七种能力”[39]，努力成为服务构建新格局的行家里手。持之以恒落实中央八项规定精神，更大力度纠治形式主义、官僚主义。努力发扬为民服务孺子牛、创新发展拓荒牛、艰苦奋斗老黄牛精神，在新的征程中披荆斩棘、开拓创新、坚毅前行。

加强廉政建设。坚决扛牢全面从严治党主体责任，认真履行党风廉政建设“一岗双责”。全面落实意识形态工作责任制。坚持过“紧日子”，进一步压减一般性支出，完善财力保障和绩效管理机制，提高财政保基本民生、保工资、保运转能力。加强工程招投标、政府采购等重点领域监管，注重审计和巡视巡察结果运用，从源头上预防和治理腐败，确保干部清正、政府清廉、政治清明。

名词解释：

〔1〕农民工工资治欠保支“4+3”工作模式：即实施农民工工资准备金、银行代发、实名制信息化管理、银行授信代偿“四项制度”和建立联席会议机制、追责问责机制、失信惩戒机制“三项机制”。

〔2〕双吹哨双报到：街道吹哨、部门报到，社区吹哨、党员报到。

〔3〕六个精准：扶贫对象精准、措施到户精准、项目安排精准、资金使用精准、因村派人精准、脱贫成效精准。

〔4〕五个一批：发展生产脱贫一批、易地搬迁脱贫一批、生态补偿脱贫一批、发展教育脱贫一批、社会保障兜底一批。

〔5〕八个到村到户：干部力量下沉到村到户、精准识别佐证到村到户、基础设施提升到村到户、特色产业发展到村到户、人居环境整治到村到户、项目资金安排到村到户、惠民政策落实到村到户、群众工作深入到村到户。

〔6〕六个清零：安全饮水问题清零、危房改造任务清零、涉贫信访问题清零、补短板项目建设清零、集体经济空壳村清零、各类问题整改清零。

〔7〕六个全覆盖：产业就业全覆盖、惠民政策全覆盖、走访贫困全覆盖、人居环境整治全覆盖、乡风文明引领全覆盖、基层党建提升全覆盖。

〔8〕“四个三”重大生态工程：省委、省政府从2018年起，用3年时间推进“厕所革命”、精准灭荒、乡镇生活污水治理和城乡生活垃圾无害化处理4项重大生态工程。

〔9〕六大提升工程：产业就业提升工程、基础设施提升工程、公共服务提升工程、人居环境提升工程、社会治理提升工程、基层党建提升工程。

〔10〕稳定脱贫“331”工作模式：聚焦产业、就业、创业“三业”，织密边缘易致贫户监测网、脱贫不稳定户监测网、疫后灾后致贫返贫户监测网“三网”，开发一套“防贫保险”产品，简称“331”。

〔11〕“扶贫832”平台：贫困地区网络销售平台（“832”是指全国832个国家级贫困县）。

〔12〕一主引领、两翼驱动、全域协同：省委十一届八次全会提出着力构建“一主引领、两翼驱动、全域协同”的区域发展布局：“一主引领”就是充分发挥武汉作为国家中心城市、长江经济带核心城市的龙头引领和辐射带动作用；充分发挥武汉城市圈同城化发展及对湖北全域的辐射带动作用。“两翼驱动”就是推动“襄十随神”“宜荆荆恩”城市群由点轴式向扇面型发展，打造支撑全省高质量发展的南北列阵，形成“由点及面、连线成片、两翼齐飞”的格局。“全域协同”，就是要大力推进以县城为重要载体的城镇化建设，整体推动县域经济发展，做大做强块状经济。

〔13〕宜荆荆恩：宜昌、荆门、荆州、恩施。

〔14〕一核支撑、两翼并进、全域协同：州委七届九次全会提出着力构建“一核支撑、两翼并进、全域协同”的区域发展布局：“一核支撑”即打造恩施市、恩施高新区、宣恩县州域经济发展内核；“两翼并进”即以建始、巴东、鹤峰为东翼和以利川、咸丰、来凤为西翼，打造助推全州高质量发展的东西两翼；“全域协同”强调做实全州“一盘棋”，支持各县（市）大力发展县域经济。

〔15〕“两化”融合：工业化、信息化融合。

〔16〕四县五乡：四县为恩施市、鹤峰县、宣恩县、建始县；五乡为恩施红土、新塘，鹤峰中营，宣恩椿木营，建始官店等五乡镇。

〔17〕“三乡”工程：市民下乡、能人回乡、企业兴乡工程。

〔18〕宅基地“三权分置”改革：2018年中央一号文件提出，完善农民闲置宅基地和闲置农房政策，探索宅基地所有权、资格权、使用权“三权分置”，落实宅基地集体所有权，保障宅基地农户资格权和农民房屋财产权，适度放活宅基地和农民房屋使用权。

〔19〕两新一重：新型基础设施建设，新型城镇化建设，交通、水利等重大工程建设。

〔20〕普通公路“建养一体化”：通过打捆项目包方式向社会公开招标，选择专业企业承担项目包的总承包施工以及交工验收后一定年限的公路养护工作。县（市）政府依据合同、项目建设及养护的绩效评估情况，分期向中标企业支付合同费用。养护期满后，项目养护工作交由地方政府承担。

〔21〕比抓强促：比招商、抓项目、强产业、促进位。

〔22〕一业一证：优化行业准入业务流程，将一个行业准入涉及的多张许可证整合为一张“行业综合许可证”，大幅压减审批环节和时限，简化审批手续。

〔23〕“753”改革：政府投资项目审批时间70个工作日内；一般社会投资项目50个工作日内；带方案出让土地的社会投资项目压缩到30个工作日内。

〔24〕标准地：把每一块建设用地的规划条件、投资强度、能耗标准、环境标准、亩均税收等予以明确，带着“标准”一起出让，实现“拿地即开工”。

〔25〕行政执法“三项制度”：执法全过程记录制

度、重大执法决定法制审核制度、行政执法公示制度。

〔26〕六纵五横四环：六纵——龙凤大道；高旗大道+火车站站前路；旗峰大道+土司路+市府路+航空大道+解放路；施州大道；金桂大道+土桥大道+舞阳大道+东风大道+连珠大桥；金龙大道。五横——枫香大道+青树林一号路；金凤大道；金山大道；民族路+土桥大道+马鞍山路；人民路+中山路+五峰山隧道。四环——沪渝高速和银北高速形成的高速外环；G209环城公路东西外环；由金龙大道、火车站站前路、高旗大道、中山路、五峰山隧道构成的内环；由金桂大道、土桥大道、民族路、工农路、土司路、旗峰大道、金凤大道构成的内环。

〔27〕“五个三”重点项目：三条新建市政道路（高旗大道1标段、龙凤大道、蔡家河路）、三条人行道改造（解放路、人民路、叶挺路）、三条道路绿化美化（旗峰大道改扩建段，209绕城线5、6标，硒都大道1标）、三座城市公园建设（高新广场公园、连珠公园、栖凤公园）、三所新建学校（清江民族学校、松树坪小学、硒谷小学）。

〔28〕“擦亮小城镇”建设三年行动：以建制镇（不含城关镇）、乡、独立于城区外的街道建成区为主要对象，全面实施以补齐规划缺失、公共环境、基础设施、公共服务、城镇风貌、产业发展、治理水平等七方面短板为主要内容的美丽城镇建设行动。

〔29〕“山川协作”工程：湖北省组织省内相对发达县（市、区）与欠发达县（市）开展产业协作，发挥各自比较优势，促进各类要素合理流动和高效集聚，增强欠发达县（市）“造血”功能和自我发展能力，在区域协作中逐步解决发展不平衡不充分问题，加快推进全省区域协调发展。试点期为2021—2025年，与“十四五”规划同步实施。

〔30〕外贸“三项工程”：骨干企业龙头工程、成长企业壮大工程、开口企业实绩工程。

〔31〕破零攻坚：对只备案不出口企业实现实绩零的突破。

〔32〕飞地经济：两个相互独立、经济发展存在落差的行政地区打破原有行政区划限制，通过跨空间的行政管理和经济开发，实现两地资源互补、经济协调发展的一种区域经济合作模式。

〔33〕大班额：按照国家规定标准，56人以上为大班额，66人以上为超大班额。

〔34〕四馆三场两中心：文化馆、图书馆、非遗馆、博物馆，剧场、国有院团排练场、文体广场，乡镇综合文化服务中心、村（社区）综合文化服务中心。

〔35〕应急管理“一中心两基地”：州应急管理保障中心、州应急救援综合训练基地和州应急救援物资储备基地。

〔36〕食品药品安全“四个最严”：最严谨的标准、最严格的监管、最严厉的处罚、最严肃的问责。

〔37〕律师“三进”：进信访大厅、进疑难案件、进乡村社区。

〔38〕八项本领：习近平总书记2017年10月18日在十九大报告中提出的本领要求。具体是指：学习本领、政治领导本领、改革创新本领、科学发展本领、依法执政本领、群众工作本领、狠抓落实本领、驾驭风险本领。

〔39〕七种能力：习近平总书记在2020年秋季学期中央党校（国家行政学院）中青年干部培训班开班式上对干部特别是年轻干部提出的能力要求。具体是指：政治能力、调查研究能力、科学决策能力、改革攻坚能力、应急处突能力、群众工作能力、抓落实能力。

（州委政研室 供稿）

大事记

Chronicle of Events

1 月

4—7 日 政协恩施州第八届委员会第四次会议召开。

5—8 日 恩施州第八届人民代表大会第四次会议召开。

6 日 第四次全国经济普查总结表彰会在北京召开，州政府第四次全国经济普查领导小组办公室被国务院第四次全国经济普查领导小组表彰为“第四次全国经济普查先进集体”。

同日 恩施硒圣植物科技有限公司获得由重庆金质质量认证有限公司权威认证的全国首张富有机硒产品认证证书。

8 日 州八届人民政府第四次全体（扩大）会议召开。

9 日 省委第十三考核组对恩施州落实省委重要工作开展检查考核，州委书记柯俊代表州委述职述廉。

10 日 恩施州举行“光纤宽带通村到户、4G 网络全域覆盖”测试验收发布会，州电信公司、州移动公司、州联通公司、州铁塔公司汇报近两年在脱贫攻坚中的信息基础设施建设成就。

14 日 省人民政府公布第六批省级非物质文化遗产代表性项目名录和扩展项目名录，恩施州有代表性项目名录 1 项：传统音乐类宣恩县的宣恩花锣鼓；扩展项目名录 5 项：民俗类恩施州的婚俗（土家族传统婚俗），传统技艺类利川市的红茶制作技艺（利川红茶制作技艺）、鹤峰县的红茶制作技艺（鹤峰宜红茶制作技艺），传统舞蹈类建始县的龙舞（花坪火龙），传统美术类来凤县的民间绣活（土家绣花鞋垫）。

15 日 中央电视台摄制组走进来凤县，拍摄“国家勋章和国家荣誉称号”系列公益宣传片《张富清篇》。

同日 全州冬春季重点传染病防控工作视频会议召开，培训病毒性肺炎的诊断和治疗，不明原因肺炎监测、排查、管理等内容。

19 日 光耀恩施——2018—2019“感动恩施”年度人物致敬礼举行，获奖人物是：张富清，邹炜、李勇，王海涛，王凌云，杨玉霞，杨胜伟，陈泽维，易满成，段丙英，谭建华。

同日 “崇尚人人体育·共创美好生活”全民健身赛事活动——湖北省高山滑雪锦标赛在巴东县绿葱坡滑雪场举行。

20 日 湖北省打击“非法集资”工作领导小组通报 2019 年防范和处置非法集资平安建设考评结果，恩施州获评全省优秀等次。

同日 首届全国山桐子国家创新联盟发展座谈会暨山桐子国家创新联盟成立大会在利川市沙溪乡举行。

21 日 全州新型冠状病毒感染的肺炎（简称新冠肺炎）疫情防控工作电视电话会议召开，第一时间安排部署全州疫情防控工作。州委常委会会议审议通过《恩施州新型冠状病毒感染的肺炎疫情防控工作方案》。

22 日 全州新冠肺炎疫情防控工作第一次视频调度会议召开，安排部署疫情防控工作。发布致全州居民的一封信，公布全州发热门诊和定点医院名单及联系方式。恩施州疫情防控领导小组调整为恩施州疫情防控指挥部。

24 日 州委要求，全州各级各部门驻村工作队、尖刀班成员于 2020 年 1 月 25 日（正月初一）12：00 前驻村，按照州、县、乡三级党委、政府工作部署，积极协助村“两委”做好新冠肺炎疫情防控工作。

26 日 州委办印发文件，充实调整恩施州新型冠状病毒感染的肺炎疫情防控指挥部组成人员、工作机构及职责。指挥部下设办公室及疫情防控、医疗救治、宣传引导、物资保障、应急处置、督导检查 6 个工作组。

2月

1日 援鄂医疗队恩施州分队疾控专家团队10人（天津市4人，广西壮族自治区、吉林省、黑龙江省各2人）到恩施州，分别对口支援州本级、利川市、巴东县、来凤县各疾控中心实验室开展新冠病毒核酸检测。

同日 全州首例新冠肺炎确诊病例治愈出院。

3日 明确实行新冠肺炎救治州级医院分片包干指导制度，即“1+5”“1+3”分片区包干工作机制，州中心医院负责恩施市、利川市、建始县、宣恩县、来凤县5个县（市）医疗救治指导，湖北民族大学附属民大医院负责鹤峰县、咸丰县、巴东县3个县医疗救治指导。

同日 恩施“抗疫”公益宣传片《等你回家》发布。

4日 恩施疫情防控物资空中运输线开通。

5日 华大基因为州中心医院、州疾控中心捐赠3000人份新型冠状病毒核酸检测试剂盒。

8—10日 全州282人参加建设武汉雷神山医院。

9日 州新冠肺炎疫情防控指挥部印发《关于切实加强市场保供工作的通知》。

10—11日 恩施梭布垭景区和恩施地心谷景区相继发布公告，决定自2020年恢复营业起至2020年12月31日，针对天津市民（凭身份证）和全国所有医护人员（凭资格证）实行旅游门票全免政策。

12日 根据国家卫生健康委印发的《省际对口支援湖北省除武汉以外地市新型冠状病毒肺炎防治工作方案的通知》，119人组成的天津对口支援恩施医疗队到达恩施，并为恩施捐赠N95口罩、护目镜、医用防护服等物资。

13日 天津医疗支援队9个医疗小组带足7天以上医疗防护物资到州12个定点医院开展新冠肺炎防治工作。

19日 恩施州借助“互联网+”等技术手段，运用5G技术完成天津、四川、恩施三方远程会诊，进一步加强危重症病例救治。

25日 恩施州首例捐献血浆的新冠肺炎康复患者收到中国红十字基金会恒大救助基金慰问金和致敬状。

26日 天津支援恩施州医疗专家组在州中心医院医疗团队配合下，首次使用ECMO技术抢救一例新冠肺炎危重患者。

28日 恩施州第一家口罩生产企业恩施金凰新材料有限公司口罩生产线调试完毕，开始生产。

同日 组织专家组对全州新冠肺炎医疗救治定点医院、乡镇卫生院发热门诊进行第二轮督导检查。

3月

3日 恩施州推行“湖北健康码”。

5日 全州首例新冠肺炎危重症患者治愈出院。

6日 “恩施战疫”疫情防控平台在全州试推行。全州疑似病例清零。

7日 州发改委、国网恩施供电公司联合发出《关于组织引导企业安装使用“网上国网”App的通知》，支持企业复工复产。

17日 恩施境内所有在院新冠肺炎确诊病例全部出院。

18日 500余名恩施籍农民工经过防疫安全检查后，乘动车到浙江绍兴返岗复工。州就业扶贫直通车分别从恩施市、咸丰县出发，运送务工人员到杭州市萧山区、余杭区返岗就业。136名宣恩籍工人乘大巴车到浙江温岭务工。

21日 东西部协作扶贫专列D2248次动车运送千余名恩施籍务工人员返回杭州就业。

23日 州城首批恢复8条主要公交线路，71台公交车投入运营。

24日 恩施州举行仪式欢送天津支援恩施医疗队106名队员离开恩施。

25日 恩施火车站正式恢复运营。

26日 教育部、国家语言文字工作委员会公布中国语言资源保护奖评审结果。州语言文字工作委员会办公室获评“中国语言资源保护工程先进集体”。

27日 位于宣恩县的恩施硒茶交易市场开市，签订春茶供销合同近2000万元。

29日 恩施机场正式复航，首批恢复杭州、西安、南京航线。

3月 省科技厅启动首批14个创新型县（市、区）建设，建设周期为3年，恩施市以科技支撑生态文明为主题名列其中。

4月

1日 安徽菜大师集团与恩施高新区签订7亿元投资协议，菜大师（恩施）硒都农贸产业园项目落户恩施高新区。

3日 重庆中国旅行社（集团）有限公司、湖北万景旅游开发有限公司、湖北伍家台旅游发展有限公司签订文化旅游项目开发协议，萨玛长潭侗乡民俗文化体验及漂流项目启动。

7日 天津市卫健委与州政府举行仪式，签订《卫生健康事业支援合作框架协议》。

8日 天津援恩医疗队最后一批队员28人撤离。

同日 “中国荆楚味 湖北农产品”促销活动启动，州委常委、副州长李岩走进京东公益直播的“京源助农·买光湖北货”活动直播间，为恩施硒茶代言。

12日 恩施州召开中央脱贫攻坚专项巡视“回头看”反馈意见整改部署暨州脱贫攻坚指挥部2020年第一次视频调度会，部署反馈意见整改和当前脱贫攻坚、农业农村重点工作。

13日 由杭州市商务局、杭州市对口支援和区域合作局、杭州市农业农村局、黔东南州商务局、恩施州商务局联合主办的“电商助农·杭州行动”活动启动。

同日 州总工会印发《2020年恩施州各级工会开展消费扶贫助力脱贫攻坚实施方案》。

14日 经省人民政府批准，同意利川市撤销文斗乡，设文斗镇。

15日 全州校园安全生产专业委员会会议召开。举行学校复学复课新冠肺炎疫情防控和突发事件应急处置模拟演练。

同日 恩施州中小企业培训服务中心启动运行。

16日 科技部印发2020年度国家备案众创空间的通知，恩施女儿城众创空间名列其中。

18日 恩施州通过抖音直播，带领网友“硒”游恩施，活动由州政府主办，州农业农村局、州文化和旅游局、州商务局、州广播电视台等单位承办。

20日 工业和信息化部副部长王江平到恩施州调研，了解新冠肺炎疫情对农特产品加工、工业产品生产的影响，研究推动制造业产业链上下游企业协同复工复产。

21日 恩施州召开“比招商、抓项目、强产业、促进位”工作暨州新冠肺炎疫情防控工作第十八次视频调度会。

27日 州政府举行2020年度电力市场化交易政策启动仪式。

28日 天津市视频连线举办“津城献爱心·精准助脱贫——天津市消费扶贫云签约”活动，恩施州参与并设立分会场。

同日 恩施州人民政府主办“一红一绿 香飘世界”大型直播活动。

29日 农业农村部公布110个国家现代农业科技示范展示基地，恩施州国家现代农业科技示范展示基地（武陵山）、国家现代农业科技示范展示基地（来凤）名列其中。

30日 农业农村部发布2020年第一批农产品地理标志登记产品公告，咸丰县茶叶协会申请的唐崖茶名列其中，划定的地域保护范围为咸丰县所辖高乐山镇、清坪镇、唐崖镇、活龙坪乡、小村乡、黄金洞乡、大路坝区工委、曲江镇、坪坝营镇、朝阳寺镇共计10个乡（镇、区工委）190个行政村。地理坐标为北纬29°19′28″—30°02′54″，东经108°43′33″—109°00′09″。

4月 鹤峰县燕子镇、咸丰县清坪镇名列农业农村部、财政部公布的2020年农业产业强镇建设名单。

同月 中国社会扶贫网发布《全国扶贫产品目录》（第一批），巴东县、恩施市、鹤峰县、建始县、来凤县、利川市、咸丰县7个县（市）的169种产品入选。

5月

3日 州中心医院团委书记李子明被共青团中央表彰为“全国优秀共青团干部”，鹤峰县第一高级中学高一（6）班共青团员部姗姗被表彰为“全国优秀共青团员”，咸丰县第一中学团委被表彰为“全国五四红旗团委（团工委）”，恩施职业技术学院人文教育学院团总支被表彰为“全国五四红旗团支部（团总支）”。

4日 团省委公布2020年“湖北向上向善好青年”名单，坚守新冠肺炎救治一线的巴东县人民医院感染科护师宋秀慧被评为“爱岗敬业好青年”；在三峡大学就读、带瘫痪母亲上学的利川青年学生杨玉霞被评为“崇德守信好青年”。

6日 恩施州高三年级（含中职、技工学校毕业年级）统一开学，2.6万余名学生返校复课。

8日 省总工会对2019年全省劳动竞赛先进集体和先进个人授予湖北五一劳动奖。来凤农村商业银行股份有限公司、湖北宣鹤高速公路有限公司获“湖北五一劳动奖状”，利川市民族中医院副院长向远彩获“湖北五一劳动奖章”，国网恩施市供电公司芭蕉供电所获“湖北省工人先锋号”。

同日 来凤县第二实验小学“曾志梅名师工作室”获评2019年“湖北名师工作室”。

10日 恩施州500千伏建始变电站投产送电。

12日 恩施州2020年重大项目集中开工仪式在宣恩“贡水半岛旅游港”项目建设现场举行。

15日 全国妇联揭晓2020年“全国抗疫最美家庭”名单，恩施州张朝贵家庭入选。

17日 2019年度感动中国人物评选颁奖盛典在央视综合频道播出，张富清获评2019年度感动中国人物。

22日 恩施州首个硒产品精深加工产业园项目——位于恩施市龙凤镇三河村的红太阳徕福硒业国际富硒数字产业园项目开工建设。

25—27日 中国工程院院士陈焕春与驻鄂国家生猪产业体系专家到咸丰县、建始县，调研畜牧产业在脱贫攻坚战场作用的发挥。

29日 共青团中央、人力资源和社会保障部联合发文表彰第20届全国青年岗位能手，团州委推荐的省农科院中药材研究所科研人员郭坤元名列其中。

30日 年产300万吨高端饮用天然水省级重点项目在鹤峰县燕子镇大五里坪村开工建设。

5月 省总工会发布《关于表彰2020年湖北五一劳动奖和湖北省工人先锋号的决定》，湖北民族大学附属民大医院、恩施市小渡船街道办事处机场路社区居委会、建始县人民医院、宣恩县人民医院获“湖北五一劳动奖状”；利川市公安局副局长李伟、州疾控中心主任彭再生、鹤峰县中心医院党委书记骆渊海、咸丰县人民医院副院长黄先迪、巴东县人民医院感染科护士长莫晓婧、州义工协会副会长张涛获“湖北五一劳动奖章”；天津市援鄂（恩施州）医疗队、州中心医院感染性疾病科、州清江外国语学校行政人力部、来凤县中心医院神经内科、州委办公室驻洞下槽村工作队（村“尖刀班”）获“湖北省工人先锋号”表彰。

6月

3日 恩施城区金龙大道南段二标段试运行，金龙大道南段（金山大道至清江新城）全线贯通。

4日 杭州市与恩施州东西部扶贫协作联席会议在杭州召开。4—6日，州委书记柯俊率团考察正泰集团、淳安农夫山泉生产基地、浙江东南网架集团、浙江传化集团，与部分企业洽谈合作事宜，到淳安县枫树岭镇下姜村考察新农村建设和民宿旅游情况。

6日 全国第一条“空轨”商业运营线——由总部设在武汉的中铁科工集团有限公司承接的湖北恩施青云崖旅游观光线项目开工建设。

同日 省政府发布关于命名湖北旅游名镇、旅游名村、旅游名街的通报，建始县花坪镇、利川市东城街道办事处白鹊山村名列其中。

8日 2019“荆楚楷模”年度人物发布，来凤县建设银行原副行长张富清（离休）上榜。

9日 省食品药品安全委员会公布第二批省级食品安全示范县（市、区）名单，恩施市、咸丰县名列其中。

同日 重庆市万州五桥机场利川候机楼投入营运。

12日 全州生物医药产业集群建设推进会召开。

同日 在武汉协和医院教授董念国 MDT 团队指导下，武陵山区首例经导管人工主动脉瓣膜植入术（TAVI）在湖北民族大学附属民大医院成功完成。

13日 人力资源和社会保障部、交通运输部联合发布《2019年度全国交通运输系统先进集体、劳动模范和先进工作者名单》，利川市道路运输管理所被表彰为“全国交通运输系统先进集体”。

18日 由省人社厅、省农业农村厅组织开展评比的全省农业产业化工作先进集体、先进个人名单公布，恩施市农业农村局、利川市飞强茶业有限责任公司获先进集体表彰，州农业农村局周行雨、利川市农业农村局张旎、巴东县农业农村局谭芸、鹤峰县农业农村局向宏钰获先进个人表彰。

21日 州政府与中国燃气控股有限公司签订战略合作框架协议书。

22日 中石化湖北页岩气投资有限公司在恩施高新区挂牌成立，州国投公司代表州政府与中石化江汉油田分公司签订合作开发协议。

6月 由空军军医大学军事预防医学院政委、大校军衔，中国作家协会会员、湖北籍著名军旅作家钟法权所著的长篇报告文学《张富清传》由陕西人民出版社出版。

7月

3日 由中国扶贫基金会发起的“活水计划——社会力量参与西部地区扶贫行动”2020年项目县培训工作通过网络连线在全国15个县同步启动，宣恩县名列其中。

5日 宣恩亚凡国际物流有限公司投资建设的恩施州进出口产品交易市场在宣恩椒园生态产业园开市，是全州首家以水果贸易为主的进出口产品交易市场。

9日 15时起，恩施州自然灾害救助Ⅳ级应急响应提升为Ⅲ级应急响应。20时起，在全州范围内将防汛Ⅲ级应急响应提升为防汛Ⅱ级应急响应。

10日 2020年湖北省第三届“政能量”峰会在武汉市举行，“恩施发布”微信公众号获评“湖北十佳政务微信（市州）”。

15日 州生物医药产业集群领导小组、州商务（招商）局对外联络科与中国医疗保健国际交流促进会联合举行生物医药产业项目网络招商推介会，采用“屏对屏”“网对网”模式，与企业家在“云上”招商洽谈。

16日 零时，宣恩至鹤峰、恩施至建始两条高速公路通车试运营，实施全国联网收费。恩施州实现“县县通高速”。

同日 2020年“创客中国”恩施州中小企业创新创业大赛决赛在州城恩施举行。14个项目依次进行路演竞技及答辩，“创客组”鹤峰县官仓农产品专业合作社“基于互联网＋中药材白及有机种植产业链”项目和“企业组”湖北来凤腾升香料化工有限公司“凤菊精深加工技术”等5个项目胜出。

16—17日 恩施州大部分地区出现暴雨、局部大暴雨到特大暴雨天气，强降水主要出现在鹤峰西、恩施、宣恩西、利川、来凤、咸丰东南、建始西北，并伴随弱雷电、大风等天气现象。州城恩施遭遇洪涝灾害，城区3个街道1个镇受灾，城区淹没面积11平方千米。清江恩施水文站最高水位418.54米，超警戒水位5.21米，洪峰流量3800立方米每秒，洪水重现期为接近五十年一遇大洪水。恩施市防洪应急响应由Ⅱ级提升为Ⅰ级。

同日 恩施市屯堡乡马者村沙子坝地质灾害点监测员陈光明发现裂缝及时上报。7月21日清晨5时30分，沙子坝山体滑坡，滑入清江形成堰塞湖险情。省、州、市、乡采取有效措施，紧急转移群众，未造成人员伤亡。10时许，堰塞体开始自然过流。

18日 省、州重点项目江坪河水电站工程1号机组（装机22.5万千瓦）首次并网成功。

21日 清江上游恩施市沙子坝滑坡致使清江水源地受泥石流影响，恩施城区供水中断。

23日 省知识产权局公布全省第一批135家地理标志保护产品专用标志使用人名单，恩施州9项地理标志保护产品（利川莼菜、利川山药、恩施黄牛肉、恩施黑猪肉、来凤漆筷、伍家台贡茶、宣恩贡米、景阳鸡、鹤峰茶）25个专用标志使用人入选。

26日 凌晨3时起至7时，建始县城区广润河水位陡涨，广润河建始城关水文站最高水位560.70米，超警戒水位3.70米，洪峰流量1140立方米每秒，洪水重现期为超百年一遇特大洪水，造成业州、长梁、茅田、龙坪等乡镇受灾严重。

28日 省文旅厅发布公告，宣恩县狮子关旅游区获得批准成为国家AAAA级旅游景区。

29日 全国爱国卫生运动委员会发布2019年国家卫生城市（区）和国家卫生乡镇（县城）复审结果的通报，巴东县城名列其中；发布《关于命名2017—2019周期国家卫生乡镇（县城）的决定》，全州11个乡镇获国家卫生乡镇命名，分别是巴东县沿渡河镇、官渡口镇，恩施大峡谷风景区管理处，利川市谋道镇，建始县茅田乡，宣恩县高罗镇，咸丰县小村乡、朝阳寺镇，来凤县百福司镇，鹤峰县走马镇、燕子镇。

30日 恩施州2020年优化营商环境专场电视问政在恩施州广播电视台举行。

同日 经省政府批准，王黎明、沈典栋、喻明国为2020度“享受省政府专项津贴人员”。

8月

1日 以脱贫攻坚为主题的电影《冲锋号》在鹤峰县开机拍摄。

同日 恩施州首家异地公共法律服务工作站——州司法局驻广东恩施商会公共法律服务工作站在深圳挂牌成立。

4日 州委七届八次全体（扩大）会议召开。

同日 恩施高新区4个电子信息技术企业湖北妍浩实业有限公司、湖北智汇谷科技有限公司、恩施盛方实业有限公司、湖北大楚科技有限公司投产或试生产。

7日 州发改委发布恩施州行政审批中介机构名录，收录在本地注册行政审批中介机构587个，涉及发改、财政、自然资源和规划等13个行业领域。

10日 省交通运输厅公布2019年度全省“四好农村路”示范乡镇名单，宣恩县椒园镇、建始县高坪镇、巴东县清太坪镇、咸丰县黄金洞乡获示范乡镇称号。

同日 农业农村部公布“互联网+”农产品出村进城工程试点县评审结果公示名单，鹤峰县和咸丰县入选。

11—14日 州委副书记、州长刘芳震带队到湖南、山东、四川，对夸特纳斯、泰山集团、成都新津事丰医疗公司进行招商考察，推进相关项目合作。

12日 “愚公书记”王光国走进国务院新闻办公室新闻发布会现场，向中外记者讲述交通扶贫故事。

13—14日 副省长张文兵到恩施州，调研旅游安全暨“与爱同行 惠游湖北”活动开展情况。

17日 州脱贫攻坚指挥部第四次视频调度会召开，围绕省对州和县扶贫开发成效考核、脱贫攻坚普查、东西部扶贫协作等重点工作，部署下阶段工作，确保脱贫攻坚战圆满收官。

23日 经第十二届全国少数民族文学创作骏马奖评奖委员会投票表决，田天、田苹合著的长篇报告文学《父亲原本是英雄》，徐晓华的长篇民族风情散文《那条叫清江的河》分别获骏马奖报告文学奖和骏马奖散文奖。

24日 以“激情贡水·浪漫宣恩”为主题的2020中国民族民间龙舟公开赛（宣恩站）暨贡水河水上运动会举行。

27日 第二届上海国际茶产业博览会上，恩施硒茶精装馆展区有35个恩施茶企参展。

29—30日 恩施土家女儿会在梭布垭石林、白杨坪镇洞下槽村、红土乡石灰窑村和稻池村举行。29日，中国民间文艺家协会授予恩施市“中国土家族女儿会文化之乡”牌匾。

8月 来凤县至湖南省龙山县的公交线路开通运营，是恩施州首条跨省城际公交线路。

同月 州文联征集文艺作品，开展“文艺作品进档案馆”活动。

同月 省环境保护委员会发布2019年度生态省建设考核情况通报，恩施州获优秀等次，总分排名全省第二。

9月

3日 省人才市场官网公布第四届“中国创翼”创业创新大赛湖北赛区省级选拔赛结果，位于鹤峰县容美镇中村村的湖北合润农业发展有限公司参赛项目——金果梨配套种植项目获创新组第二名。

7日 恩施州与三峡基地发展有限公司在宜昌市就长江大保护项目签署战略合作协议，恩施市、来凤县与三峡基地发展有限公司签署项目合作协议。

8日 全国抗击新冠肺炎疫情表彰大会在北京举行，宣恩县中西医结合医院（沙道沟镇中心卫生院）院长麻祖念、巴东县人民医院感染科护士长莫晓婧、利川市公安局东城派出所副所长杨鋆、恩施市舞阳坝街道办事处党委书记史光武被表彰为“全国抗击新冠肺炎疫情先进个人”，恩施州中心医院和恩施州疾病预防控制中心被表彰为“全国抗击新冠肺炎疫情先进集体”，恩施州中心医院党委被表彰为“全国先进基层党组织”。

8—9日 由团省委、省志愿者协会、上海复星公益基金会联合开展的“基层网格化健康服务助力乡村防疫应对能力提升”社区健康志愿服务项目推进暨培训会在恩施州举行。

11—14日 第21届中国武汉茶业博览交易会上，恩施州18个企业在“恩施硒茶”精品馆参展。

12—13日 由省委宣传部、省文明办、团省委等共同举办的2020年湖北省志愿服务项目大赛决赛暨志愿服务嘉年华活动在十堰市举行，恩施州获1枚金奖、2枚铜奖和1个优秀组织奖。

15日 州商务局联合州委宣传部、州卫健委、州市场监管局、州文化和旅游局、州住建局印发《恩施州餐饮行业制止餐饮浪费行动方案》。

18日 恩施高新区与湖北工业大学签订“恩施产业绿色发展研究院”战略合作框架协议。

19日 “黄廷方奖学金”（湖北）颁奖仪式在州城恩施举行，全州8个县（市）160名品学兼优、家庭困难的大学新生获得80万元奖励。

20日 2020中国山马越野系列赛（湖北利川站）举行。

21日 湖北省抗击新冠肺炎疫情表彰大会在武汉召开，州中心医院外三科主任杨武军等23人获得“湖北省抗击新冠肺炎疫情先进个人”表彰，恩施市中心医院党委等8个单位获得“湖北省抗击新冠肺炎疫情先进集体”表彰，民大医院重症医学科医师谭晓等3人获得“全省优秀共产党员”表彰，恩施市中心医院党委、利川市疾控中心党支部获得“全省先进基层党组织”表彰。

22日 杭恩东西部扶贫协作抗疫抗灾特殊帮扶资金援赠仪式在恩施州杭恩职业技能培训中心举行，杭州市向恩施州援赠1亿元资金用于东西部扶贫协作抗疫抗灾特殊帮扶。

23日 2020年“浙江—湖北”劳务协作专场招聘会在州城恩施举行，并在土家女儿城举行“杭情施意·

双创共建”后疫情时代创业形势分享沙龙。

23—27 日 州委书记柯俊率队到广东开展招商引资工作，考察对接项目，洽谈合作计划。

24 日 全州秋冬季农业农村工作暨畜牧产业发展推进会在来凤县召开。

24—25 日 12 名中央主流媒体记者在国家知识产权局商标局的组织下，到恩施州开展“商标注册便利化改革提质增效记者体验行”活动。

26 日 湖北能源集团恩施板桥风电场 110KV 设备一次性受电成功。27 日，首台风机顺利并网发电。

27 日 恩施州召开民生实事项目人大代表票决制工作推进会，研究落实《中共恩施州委办公室关于试行民生实事项目人大代表票决制的通知》，部署民生实事项目人大代表票决制县（市）、乡镇全覆盖工作。

28 日 中央文明办发布 2020 年 1 月“中国好人榜”。利川市公安局刑侦大队大队长罗建波上榜，获评敬业奉献类“中国好人”。

29 日 第 1 届全国技能大赛暨第 46 届世界技能大赛湖北省选拔赛在武汉结束，鹤峰县中等职业技术学校教师田杨在本次茶艺项目比赛中获第一名，获“湖北省技术能手”称号。12 月 10 日，田杨代表湖北省代表队参加第一届全国职业技能大赛茶艺赛，获优胜奖。

9 月 彭馥、姜晓玲、谭丽、谭晓被全国妇联表彰为“抗击新冠肺炎疫情全国三八红旗手”。

10 月

1 日 宜万铁路新建高坪站开通运营，东距巴东站 26.9 千米，西距建始站 39 千米。

9 日 中共恩施州委追授谢睿“全州优秀共产党员”称号。

同日 生态环境部命名第四批国家生态文明建设示范市县，巴东县入选。

10 日 湖北省河湖长制办公室通报碧水保卫战“示范建设行动”遴选成果名单，恩施州有 85 个河库、单位和个人被评为省级示范。

11 日 科技部成果转化与区域创新司调研组到恩施州，调研恩施高新区创建国家高新区工作。

13 日 全州乡村振兴现场会召开，审视前一阶段全州乡村振兴工作成效，部署下阶段工作。与会人员到恩施市盛家坝镇、宣恩县椒园镇黄坪村和恩施市白杨坪镇洞下槽村，实地察看农村人居环境整治和乡村振兴试点建设工作。

14 日 司法部公布受表彰的全国模范人民调解委员会和全国模范人民调解员名单，鹤峰县燕子镇人民调解委员会被表彰为全国模范人民调解委员会，巴东县第三方联合人民调解委员会主任黄在军、来凤县婚姻家庭纠纷人民调解委员会副主任连芳被表彰为全国模范人民调解员。

15 日 州政府公布恩施州第七批州级非物质文化遗产代表性项目名录和州级非物质文化遗产代表性项目名录扩展项目名录。

同日 省政府通报第十二届湖北省社会科学优秀成果奖。恩施州 6 项成果获奖，分别是著作一等奖 1 项，著作二等奖 1 项，著作三等奖 2 项，论文三等奖 2 项。

15—19 日 2020 年恩施房地产交易展示会举行，41 个楼盘参展。

17 日 全国脱贫攻坚奖表彰大会暨先进事迹报告会在北京举行，来凤县农园果蔬专业合作社理事长向辉获创新奖。

20 日 在全国双拥模范城（县）命名暨双拥模范单位和个人表彰大会上，恩施州被授予“全国双拥模范城”称号。

21 日 2020 年湖北省·恩施州文旅推介活动在杭州市西子湖畔举行。

同日 2020 消费扶贫·贫困地区农副产品产销对接会在北京市举办，恩施州 133 个农产品企业参展。

21—23 日 由中国国际茶文化研究会、中国茶叶学会主办的“2020 年中国红茶高质量发展峰会”在利川市举办。中国国际茶文化研究会授予利川市“中国茶文化之乡”称号，中国茶叶学会为“中国茶叶学会利川服务站”授牌。

23 日 全国交通运输系统抗击新冠肺炎疫情表彰大会在北京召开，恩施州邮政职工尹江获“全国交通运输系统抗击新冠肺炎疫情先进个人”。

同日 由中粮中茶公司与新华社联合举办的“山水中茶·中国印象”中茶生态特选茶新品发布会在北京举行，恩施州恩施硒茶、咸丰唐崖茶入选“中茶生态特选茶”。

同日 第二届湖北地理标志大会暨品牌培育创新大赛在襄阳召开，恩施州地标产品利川山药、伍家台贡茶两个地理标志获银奖，“伍家台贡茶”入选第二批中欧地理标志协定保护名录。

24—25 日 以“庆丰收、迎小康”为主题的武陵山区贫困地区农产品产销对接暨 2020 年中国农民丰收节金秋消费季湖北专场活动在恩施州举行，来自湖北、湖南、贵州、重庆 4 个省市的 158 个企业和来自北京、广东等地的采购商代表参加。

27 日 由宜昌市文旅局、恩施州文旅局主办，宜昌博物馆、恩施州博物馆、长阳县博物馆及来凤县民族博物馆承办的“花铺盖——中国土家族织锦西兰卡普展”在宜昌博物馆开展。

28 日 州政府、中科院上海营养与健康研究所在上海举行“硒与健康”科研项目实施进展推进会。

29 日 恩施州抗击新冠肺炎疫情表彰大会举行，300 名先进个人、50 个先进集体和 50 名优秀共产党员、20 个先进基层党组织受到表彰。

30 日 湖北交投集团与恩施州政府签署协议，将投资约 180 亿元建设利川至咸丰高速公路。

同日 电影《白云生处》在恩施州首映，作品以恩施州脱贫攻坚为背景，关注脱贫、关怀乡土、关爱家园。

31 日 入选 2020 全国“特别关注孝心少年”的宣恩女孩孙孝妮到北京参加中央电视台“寻找最美孝心少年”颁奖典礼。

11 月

3 日 “中国关心下一代教育示范基地”挂牌暨捐赠仪式在恩施市硒都民族实验小学举行。

4—5 日 省人大常委会党组副书记、副主任梁伟年率调研组到恩施州调研《湖北省慈善条例》立法工作。

10 日 恩施州首个乡镇不动产登记工作站在来凤县百福司镇建立。

11 日 宣恩贡水河国家湿地公园、巴东金丝猴国家级自然保护区、七姊妹山国家级自然保护区被湖北省野生动物保护协会认定为“湖北省观鸟基地”。

同日 中国林业产业联合会公布，确定鹤峰县、利川市为2020年第六批全国森林康养基地试点建设县（市、区），利川市旭舟森林康养基地、梭布垭石林景区、巴东县国有巴山林场森林康养基地和铜盆水森林康养基地为第六批全国森林康养基地试点建设单位。

13 日 由省委宣传部、省扶贫办主办，湖北广播电视台承办的“决胜小康、奋斗有我”全省百姓宣讲大赛决赛在武汉市举行。恩施日报社记者杜瑞芳宣讲的《绝壁引来“幸福泉”》获三等奖。

18 日 受省委书记应勇委托，省委副书记王瑞连到咸丰县，看望慰问在脱贫攻坚一线因公牺牲的清坪镇原党委委员、纪委书记谢睿和咸丰县委原副书记邹炜的家属，颁发省委追授的“全省优秀共产党员”证书。

同日 第十六届中国茶业经济年会上，中国茶业流通协会发布2020中国茶叶行业调查最终结果，恩施市、巴东县、宣恩县、咸丰县、鹤峰县5个县（市）上榜“2020中国茶业百强县”，伍家台富硒贡茶有限责任公司上榜“中国茶叶百强企业”，恩施市润邦国际富硒茶业有限责任公司获“2020年度茶业新锐十强企业”称号。

同日 省民间文艺家协会决定授予6人全省“湖北终身成就民间文艺家”荣誉称号，恩施州民间文艺家张同新在列。

19—21 日 在2020年中国移动全球合作伙伴大会——新型智慧城市分论坛上，从全国206家参赛项目中评出10家“2020年新型智慧城市样板工程”奖，来凤县智慧城市视频监控和大数据运营中心软硬件设备及网络租赁服务项目上榜。

20 日 全国精神文明建设表彰大会在北京举行，建始县茅田乡、恩施市龙凤镇双堰塘村、利川市柏杨坝镇西坪村、建始县高坪镇青里坝村、巴东县水布垭镇围龙坝村、宣恩县高罗镇埃山村、宣恩县椒园镇黄坪村、咸丰县黄金洞乡大沙坝村、来凤县百福司镇兴安村、鹤峰县走马镇刚家湾村被表彰为“全国文明村镇”，中国联合网络通信有限公司恩施州分公司、咸丰县公路管理局、鹤峰县人民检察院被表彰为“全国文明单位”，建始县业州镇七里坪社区李道坤家庭被表彰为“全国文明家庭”，恩施市实验小学党支部书记、校长陈锋被表彰为“全国未成年人思想道德建设工作先进工作者”。

20—22 日 第二届中国（北京）国际富硒功能农业大会暨功能食品博览会和第二届中国硒产业（Se20）峰会年会在北京召开，恩施市20多家硒食品精深加工企业、百余种“恩施硒品”参会。恩施德源健康科技发展有限公司、恩施徕福硒业有限公司获“全国富硒产业重点企业”称号。

21 日 中国农学会高新技术农业应用专业委员会2020学术年会暨“建设农业产业强镇，推进乡村产业振兴”研讨会在利川市举行。

21—22 日 “决胜2020”网络主题活动湖北站在恩施州启动，来自中央和省级重点新闻网站的记者到恩施市白杨坪镇洞下槽村、利川市柏杨坝镇等地集中采访，探寻湖北脱贫攻坚新实践、好经验。

24 日 2020年全国劳动模范和先进工作者表彰大会举行，恩施大峡谷旅游开发有限公司市场营销部导游谭桂英，巴东县水布垭镇杨家垭村农民陈兹方，国网咸丰县供电公司网格员、高级工林丽被中共中央、国务院表彰为“全国劳动模范”，恩施州中心医院西医部妇产科主任、主任医师谷新被中共中央、国务院表彰为“全国先进工作者”。

26 日 恩施州与三峡基地发展有限公司签订《水务环卫领域意向合作协议》。

27 日 2020年2月至10月“荆楚楷模”上榜人物发布，咸丰县清坪镇原纪委书记谢睿、来凤县农园果蔬专业合作社理事长向辉、恩施花枝山生态农业股份有限公司董事长刘小英上榜。

27—30 日 在第十八届中国国际农产品交易会上，恩施州54个企业参展。

28 日 由民盟中央社会服务部、民盟湖北省委、西门子医疗系统有限公司联合举行的“守护天使工程”捐助仪式暨西门子医疗数字5G湖北启动仪式在建始县中医院举行。

30 日 生态环境部在北京举行第四批国家生态文明建设示范市县、“绿水青山就是金山银山”实践创新基地和“2018—2019绿色中国年度人物”授牌表彰活动，恩施州巴东县获评“第四批国家生态文明建设示范市县”。

同日 省民间文艺家协会公布首届湖北民间文艺杜鹃花奖评选结果。湖北民族大学教授金晖所著的《木工技艺传承人口述史研究》获“优秀民间文化著作”奖，恩施市民间文化专家甘武、杨书清、杨绍斌编著的《太阳河民间歌谣集》获“优秀民间文学作品”奖，恩施市民间文艺家协会主席王金海被评为“民间文化守望者”。

11 月 省财政厅公布2018年度美丽乡村建设验收结果，恩施市白杨坪镇洞下槽村、太阳河乡双河岭村、鹤峰县燕子镇董家村等20个村名列“全省美丽乡村典型示范村”。

12 月

2 日 文化和旅游部正式认定并公布第二批97个国家全域旅游示范区名单，利川市名列其中

3 日 国家发改委通报全国“十三五”时期易地扶贫搬迁典型案例，建始县、宣恩县获评搬迁工作成

效明显县；州发改委获评搬迁工作担当有为集体；咸丰县坪坝营镇杨洞安置区、恩施市白杨坪镇青春大道安置区、巴东县官渡口镇晴帆园安置区获评美丽搬迁安置区；3人获评奋进易地搬迁干部，6人获评励志易地搬迁群众。

6日 生物动力德米特国际联盟中国分部给利川市政府发来喜报，祝贺湖北嘉润茶业有限公司茶园获得德米特转换期认证，成为中国第一个获得德米特认证的茶园。

7日 省环境保护委员会授予全省6个市县“湖北省生态文明建设示范市县”称号，利川市、建始县、来凤县名列其中。

7—8日 由州政府主办，州农业农村局、州人社局联合承办，以“弘扬工匠精神、传承硒茶文化”为主题的2020年恩施州茶业职业技能大赛举行。

10日 “中茶杯”第十届国际鼎承茶王赛举行颁奖典礼，利川市的“武陵猫湾利川红”获红茶组特别金奖。

12日 九渡溪文旅融合座谈会暨九渡溪作家楼揭牌仪式在利川市凉雾乡九渡溪民宿度假村举行。

14日 国家卫生健康委、全国老龄办发布《关于表彰2020年全国“敬老文明号”和全国“敬老爱老助老模范人物”的决定》，州优抚医院、利川市谋道镇中心卫生院、巴东县水布垭镇农村福利院获评全国“敬老文明号”。建始县业州镇卫生院冯冲、宣恩县福利院汪翠平、咸丰县公安局白茂华、来凤县旧司镇农村福利院田昌齐、鹤峰县社会福利院侯君获评全国“敬老爱老助老模范人物”。

15日 中科院上海营养与健康研究所党委书记蔡澎到恩施州调研，就“硒与健康”科研项目与恩施州业界讨论交流。

同日 2020年数字政府服务能力评估暨第十九届政府网站绩效评估结果在北京发布，州政府门户网站列全国地市政府门户网站58名，比上届前进3位。

同日 由州民政局监制、州城乡规划设计研究院编制的《恩施土家族苗族自治州行政区划图》交付使用。

16日 省林业局发函确定鹤峰县为“绿水青山就是金山银山”示范县创建单位。

16—18日 第十七届中国武汉农业博览会在武汉举行，恩施州组织27个企业参展。

18日 中国红十字会总会表彰抗击新冠肺炎疫情中做出重要贡献的先进集体、先进个人和优秀志愿者。州红十字会获评“中国红十字会抗击新冠肺炎疫情先进集体”，恩施职业技术学院中职部副主任、负责红会物资专用仓库管理的红十字志愿者张如龙获评“中国红十字会抗击新冠肺炎疫情优秀志愿者”。

19—20日 以“学习贯彻十九届五中全会精神、加快构建新发展格局”为主题的中国改革（2020）年会暨新发展阶段地方改革推进高层研讨会上发布“中国改革2020年度50典型案例”，州委改革办选送的《恩施市乡村善治推进乡村振兴》被评为“中国改革（2020）典型案例”。

21日 中国博物馆协会发布《关于第四批国家一、二、三级博物馆名单的公告》，恩施市博物馆获评国家三级博物馆。

21—23日 湖南省湘西土家族苗族自治州州委副书记廖良辉到恩施州考察乡村振兴及产业发展等工作。

22日 州委七届九次全体会议召开。

24日 2020年恩施州导游大赛在咸丰县坪坝营景区举行。

25日 恩施州疾病诊断相关分组（DRG）质量控制中心成立大会暨病案质控与医保支付论坛开幕式在州城恩施举行。

同日 全国住房和城乡建设系统对全国住建系统抗击新冠肺炎疫情先进集体和先进个人进行表彰，恩施市城市管理执法局被表彰为“全国住房和城乡建设系统抗击新冠肺炎疫情先进集体”，利川市城市管理执法局局长向华杰、巴东县住房和城乡建设局副局长邓学奎、恩施州住房公积金管理中心来凤县办事处副主任何欢被表彰为“全国住房和城乡建设系统抗击新冠肺炎疫情先进个人”。

27日 中国民主促进会恩施州总支部委员会成立大会召开。

28日 2020湖北大数据内容峰会上，恩施市上榜2020度湖北城市传播力十佳区县，恩施大峡谷成为2020年度湖北旅游行业传播力十佳景区（景点）。

29日 文化和旅游部关于确定21个旅游景区为国家AAAAA级旅游景区的公告发布，湖北省恩施州腾龙洞景区名列其中。

12月 中央文明办发布2020年11月“中国好人榜”。建始县原纪委监委信访室主任、正科级纪检监察员朱泽斌（去世）获评敬业奉献类“中国好人”。

同月 民政部表彰全国民政系统抗击新冠肺炎疫情先进集体、先进个人、优秀城乡社区工作者，州民政局养老服务和儿童福利科获评“全国民政系统抗击新冠肺炎疫情先进集体”，恩施市民政局党组书记、局长、四级调研员高登国获评“全国民政系统抗击新冠肺炎疫情先进个人”，宣恩县珠山镇上湖塘社区党委委员曾召慧获评“全国抗击新冠肺炎疫情优秀城乡社区工作者”。

同月 2020年第三期恩施楷模最美退役军人专题上榜人物发布，分别是恩施市盛家坝镇石门坝村党支部书记张继航，利川市黑洞户外探险俱乐部执行总经理何端傭，建始县景阳镇商会秘书长田军，巴东县茶店子镇天保山村支部委员、湖北楠柏生态农业发展有限公司董事长邓绍南，宣恩县万寨乡金龙坪村党支部书记、宣恩县孔氏茶业有限公司总经理孔家刚，咸丰县军队离退休干部休养所工作人员、咸丰县唐崖镇空山岭村党支部书记（选派）何元法，来凤县退役军人服务中心工作人员陈龙。

同月 “荆楚楷模”2020年11月至12月上榜人物名单揭晓，鹤峰县湖北英为有礼生态农业发展有限公司董事长宋庆礼上榜。

同月 省妇联、省文明办揭晓2020年“荆楚脱贫攻坚最美家庭”“荆楚绿色环保最美家庭”。恩施州向成桂、王绪龙、张大福、卢云、黄超5户家庭获评“荆楚脱贫攻坚最美家庭”，崔钧、徐春泽、汪仁富、郑德建、向喜翠5户家庭获评“荆楚绿色环保最美家庭”。

（梁卫民　廖兆琦　黄　杰）

恩施州概览

Overview of Enshi Tujia and Miao Autonomous Prefecture

地理环境与自然资源

【地理位置与总面积】 恩施土家族苗族自治州（以下简称恩施州）地处云贵高原的东延部分，位于湖北省西南部，东连宜昌市，南接湖北省，西邻重庆市，北靠神农架林区，位于北纬29°07′10″—31°24′13″、东经108°23′12″—110°38′08″。全州总面积24060平方千米。

（杨　颖）

【交通位置】 州府驻恩施市舞阳坝，至长江巴东港公路193千米，至湖南省张家界火车北站公路258.8千米，至重庆市火车北站公路352.8千米，至万州火车站公路162.7千米。据湖北交投系统统计，恩施北站距离宜昌北收费站高速公路274.1千米，距离武汉西收费站高速公路493.9千米，距离重庆市黔江北站高速公路119.7千米，距离重庆市万州站高速公路136.8千米。巴东港水路至武汉736千米、至宜昌110千米、至重庆450千米。恩施许家坪机场位于恩施市城区，恩施至武汉航线距离490千米、至宜昌航线距离190千米。宜万铁路州内有巴东站、高坪站、建始站、恩施站、利川站、凉雾站、齐岳山站。恩施火车站距离武汉站526千米、距离重庆北站339千米、距离成都站643千米。黔张常铁路州内有来凤站、咸丰站，来凤站距离张家界西站127千米、距离常德站268千米、距离黔江站71千米。

（王　郑　陈明浩　杨斯然）

【地质、地貌】 州境位于新华夏系第三隆起带南段之黔东褶皱北东端，扬子江中下游东西向构造西端，北邻淮阳山字形构造西翼反射弧，西与四川盆地毗邻。处于扬子江淮地台近中部偏西，西为四川中台坳之川东梳状褶皱束，中、东部为八面山台坳之黔江隆起褶皱束和武陵坳褶皱束的北东段。州境位于多种构造体系联合、复合部位，具有多期活动的特征。中、南部的华夏系构造和八面山弧形帚状构造及纵贯中、北部的新华夏系联合式构造、新华夏系复合式结构、北部的东西向构造系州境的基本地质构造格架。武陵山脉由湖南北部伸入州境，分成数条支脉展开，占据州境中部、南部地区，约占总面积的60%。巫山山脉由重庆东部顺长江南北两岸伸延入州境，大娄山余脉由重庆东部延伸入利川市境，大巴山余脉由陕西南部切入，分两支绵延于巴东县境长江以北。州境绝大部分是山地，惯称“八山半水分半田”。地貌以碳酸盐岩组成的高原型山地为主体，兼有碳酸盐岩组成的低山峡谷与溶蚀盆地、砂岩组成的低中山宽谷及山间红色盆地。海拔最高处为巴东沿渡河镇大花村的巴东垭3005米，最低点为巴东长江边的红庙岭66.8米（受三峡水库蓄水影响，该高程仅在三峡水库放空时出现）。全州以山地为主，平均海拔高度1000米。海拔1200米以上的地区占总面积的29.4%，海拔800—1200米的地区占总面积的43.6%，海拔800米以下的地区占总面积的27%。州域东西最宽220千米，南北最长260千米。境内地形复杂，具有多种特殊类型的地貌，大河、小溪呈树枝状展布，有“见山不走山”的丘原，有“两山咫尺行半天”的深谷，伏流、溶洞、冲、槽、漏斗、石林等各处可见。州境整个地势呈西北、东北部高、中部相对低的状态。地貌基本特征是：阶梯状地貌发育。由于受新构造运动间歇活动的影响，大面积隆起成山，局部断陷、沉积形成多级夷面与山间河谷断陷盆地。境内除东北部有海拔3000米以上小面积山地外，普遍展布着海拔2000—1700米、1500—1300米、1200—1000米、900—800米、700—500米五级面积不等的夷平面，并存在1—2级河谷阶地，呈现明显层状地貌。地表切割深、沟壑纵横、山体破碎。州境河流纵横分布，在新构造运动的影响下，地表相对抬升，河流向下深切。横贯巴东的长江切穿巫山，形成巫峡。清江、酉水、溇水、唐崖河、郁江等河流及其支流多沿断裂带发育，地表切割深，形成程度不等的深切曲流。全州地表切割深度（相对高差）平均为812.8米，其中400—800米中切割占总面积的41.6%、800—1000米占总面的14.9%、1000—1200米占总面积的12.3%、1200—1400米占总面积的10.1%。

【土地资源】 根据第三次国土调查成果显示，全州总面积2406048.45公顷。其中湿地305.79公顷，占总面积0.01%；耕地357156.30公顷，占总面积14.84%；种植园用地61326.63公顷，占总面积2.55%；草地6384.14公顷，占总面积0.27%；林地1810349.09公顷，占总面积75.24%；城镇村及工矿用地68558.60公顷，占总面积2.85%；交通运输用地35405.91公顷，占总面积1.47%；水域及水利设施用地33615.12公顷，占总面积1.40%；其他土地32946.87公顷，占总面积1.37%。按三大类统计，农用地2293218.55公顷，占总面积95.31%；建设用地81384.62公顷，占总面积3.38%；未利用地31445.28公顷，占总面积1.31%。

【矿产资源】 据2020年全州矿产资源储量表显示，截至年底，全州发现各类矿产75种，已查明资源储量的矿产38种，分别占全省已发现149个矿种和已查明92个矿种的50.3%和41.3%。全州矿产资源以能源、黑色金属、化工原料、冶金辅助原料及建筑材料非金属矿产为主，天然气、煤、铁、硫铁矿、磷矿、耐火黏土、水泥用灰岩、石膏、高岭土、建筑石料、生物大理岩等矿产较丰富。天然气、煤、石煤、硫铁矿、铁、硒等资源储量居全省前列。菊花石、白鹤玉、硒矿、高岭土、饰面石材为本州的特色矿产资源。矿床规模多为中、小型，大型偏少。截至2020年底，全州矿床（点）总数为633处。其中大型12处，占1.90%；中型45处，占7.11%；小型及矿点576处，占矿床（点）总数的90.99%。大型矿床主要有赤铁矿（2处）、耐火黏土（1处）、磷矿（1处）、硫铁矿（2处）、高岭土（1处）、白云岩（1处）、建筑石料（4处），矿产规模达到中型的主要有天然气、赤铁矿、硫铁矿、磷矿、水泥用石灰岩、建筑石料等。其他矿产包括煤、水泥黏土、砖瓦黏土、大理岩（包括生物大理岩和饰面大理岩）、菊花石、硒矿等均为小型矿床。矿产资源分布较为集中，铁矿主要分布在恩施、建始、巴东、宣恩等县（市）境内，资源储量相对集中在建始官店、巴东黑石板、仙人岩、恩施铁厂坝和宣恩长潭河5个矿区，总资源量约占全州铁矿资源量的70%。煤矿以小型矿床为主，8个县（市）内都有分布，巴东新家和麻沙、利川齐岳山、来凤五台、咸丰杨洞等地相对集中分布。全州矿产资源分布基本形成6个相对集中的矿产组合区：恩施硒、高岭土、硫铁矿、白云岩、耐火黏土、石灰岩等矿产集中分布区，巴东煤、铁、石灰岩等矿产集中分布区，建始煤、硫铁矿、铁矿、菊花石、高岭土集中分布区，鹤峰磷、钒、煤、硫铁矿、石灰岩、生物大理岩等矿产集中分布区，咸丰煤、石灰岩、大理岩、重晶石等矿产集中分布区，利川天然气、石膏、煤、硫铁矿、石灰岩等矿产集中分布区。截至2020年底，全州拥有各类矿山企业344个（未含天然气），从业人数2384人。按照年产矿量来看，建筑石料用灰岩年产量1083.91万吨，工业总产值约6.6亿元，该矿种为恩施州主要开采利用矿种，其次是水泥用灰岩、煤、建筑用大理岩、饰面用大理岩、方解石等。受突如其来新冠肺炎疫情影响，矿山企业数量减少，工业总产值相应减少。

（杨 颖）

【水资源】 全州河流众多，流程在5千米以上的河流382条。其中，流域面积大于200平方千米的有60条，大于300平方千米的有25条，大于1000平方千米的有长江、清江、酉水、溇水、唐崖河、马水河、忠建河、郁江、野三河、沿渡河、梅子水、普子河、大溪河、龙河、磨刀溪15条。清江是长江中游南岸的支流，发源于利川市汪营镇清江村，是恩施州最大的河流，忠建河、马水河、野三河是清江较大的支流。清江流域总面积17107平方千米，全长423千米，平均比降2.4‰，其中恩施州境内河长275千米，州内流域面积10860平方千米，约占恩施州区域面积的45%。根据省勘测设计院提供的《清江流域规划报告》显示，全州水能资源理论蕴藏量为509万千瓦，可开发量349.1万千瓦。根据《2020年恩施州水资源公报》显示，2020年全州地表水资源量321.3340亿立方米，地下水资源量64.4764亿立方米，水资源总量321.3340亿立方米（恩施州属典型的山丘区，全州的水资源总量为地表水资源量），比2019年增长157.2%，比常年增长48.0%。全州产水总量占降水总量的67.6%，平均每平方千米产水量为134.2万立方米。全州人均水资源总量9297立方米，亩均水资源总量7792立方米。

（狄 盖）

【动植物资源】 全州有陆生脊椎野生动物30目91科578种，其中兽类8目24科98种、鸟类17目46科384种、两栖类2目10科45种、爬行类3目11科51种，其中国家Ⅰ级保护野生动物18种、国家Ⅱ级保护野生动物96种、湖北省重点保护野生动物125种。金丝猴、林麝、金猫、河麂、斑羚、鬣羚、岩羊、扭角羚、猕猴、白鹤、金雕、中华秋沙鸭、小天鹅、灰鹤、鸳鸯、黑冠鹃隼、雀鹰、雕鸮、灰林鸮、蛇雕、红腹锦鸡、红腹角雉、勺鸡等国家重点保护野生动物在恩施州繁衍生息或越冬迁徙停歇。州境内有浮游动物36种，天然水体中有鱼类9目20科147种，各水域中有底栖动物4门44种。全州鱼类资源主要由长江上游干流及其支流清江、乌江、郁江、溇水、酉水等水系鱼类资源构成，鱼类区系组成复杂，清江水系鱼类既有东部江湖平原常见的种类，也有西部青藏高原的裂腹鱼类和条鳅属鱼类；既有主要分布在珠江水系、云南境内各水系及长江上游的鲃亚科、鮡科类和平鳍鳅科的鱼类，也有北方的鱥属鱼类。主要水生经济动物有虾、蟹、蚌、大鲵、棘蛙、龟、鳖、水獭、水禽等。州域内有维管束植物219科1038属4011种，国家Ⅰ级保护野生植物有水杉、珙桐、光叶珙桐、红豆杉、南方红豆杉、伯乐树、银杏、莼菜8种，国家Ⅱ级保护野生植物33种，珍稀濒危植物56种。有100年以上古树13700株，其中500年以上的一级古树名木357株。州境内浮游植物有8门124种，水生维管束植物分布广、植被面大。主要水生经济植物有莼菜、葛仙米、藕、荸荠、茭白等。

（游家栋　未兴文）

【旅游资源】　州境地形以山区为主，喀斯特地貌发育，溶洞溶洼众多。自然景观有：位于恩施、利川、咸丰3个县（市）交界的星斗山国家级自然保护区，位于宣恩、鹤峰、恩施和湖南桑植4个县（市）交界的七姊妹山国家级自然保护区，位于鹤峰县境内的湖北木林子国家级自然保护区，位于巴东县北部的湖北巴东金丝猴国家级自然保护区，咸丰县的坪坝营、唐崖河（黄金洞）、小南海，利川市的腾龙洞、佛宝山、玉龙洞、龙船水乡，巴东县的神农溪、巴人河、链子溪、水布垭，恩施市的恩施大峡谷、梭布垭石林、龙洞河，建始县的野三河、黄鹤桥、石门河，来凤县的仙佛寺风景区、卯洞风景区等。主要人文景观有：咸丰唐崖土司城遗址（世界文化遗产），利川大水井古建筑群、鱼木寨，来凤仙佛寺摩崖石刻，恩施施州城址、土司城、连珠塔，建始直立人遗址、石柱观，宣恩彭家寨吊脚楼群，鹤峰容美土司城遗址，巴东秋风亭等。全州有3个国家AAAAA级旅游景区：巴东神农溪、恩施大峡谷、利川腾龙洞；有17个国家AAAA级旅游景区：恩施土家女儿城、土司城、梭布垭，利川大水井、龙船水乡、玉龙洞，建始野三峡、恩施地心谷，巴东巴人河、巫峡口，咸丰唐崖河、坪坝营，来凤仙佛寺、杨梅古寨，宣恩伍家台乡村休闲度假区、狮子关，鹤峰满山红景区。革命历史纪念地鹤峰“满山红”烈士陵园安葬着红二方面军红九师师长段德昌、参谋长王炳南、湘鄂西联防司令贺英等革命先烈，恩施烈士陵园安葬着鄂西特委书记何功伟、鄂西特委妇女部长刘惠馨，叶挺将军被囚禁于恩施的旧居保存完好，此外还有恩施市五峰山的中共鄂西特委旧址、鹤峰五里坪的中共湘鄂边特委机关旧址、中营镇的红三军军部旧址、湘鄂西中央分局咸丰大村会议旧址等。

（编辑部　供稿）

【气温】　2020年，全州平均气温15.8℃，比历年偏高0.3℃，是继2013年以来第8个偏暖年。8个国家站平均气温在13.5℃（利川）—17.3℃（巴东）之间，与常年同期相比，除巴东偏低0.1℃、宣恩较常年持平外，其余各站均比历年平均气温偏高0.1℃（来凤）—0.8℃（恩施）。年内各月气温变幅大，1—3月、5—6月、8月以及11月气温偏高0.2—2.4℃，其余月份偏低0.7—1.4℃。全年平均最高气温20.4℃，较历史同期基本持平，其中州北部4个县（市）较历史同期略偏高，南部4个县（市）略偏低。其中7、9、10、12月偏低幅度较大，为1.7—2.7℃之间，其余月份偏高，2—3月偏高明显。夏季州内35℃及以上高温日数低山地区均有出现，主要出现在6月下旬、8月上旬和下旬。与常年同期相比，各站高温日数大部偏少，35℃以上高温日数除建始、宣恩、鹤峰略偏多外，其他低山大部都偏少，巴东最多为23天。37℃以上酷暑日数低山地区除鹤峰偏少外，其他大部较历史同期均略偏多，巴东最多为10天。全年平均最低气温为13℃，各县（市）为10.8℃（利川）—14.4℃（恩施），较历年偏高0.8℃，以州南部的恩施、鹤峰最为明显，分别偏高1.4℃、1.2℃。区域内平均低温历史排名第三，其中建始、利川历史排名第一、咸丰第二、恩施和鹤峰第三。冬季强冷空气少，暖湿气流相对更活跃，呈现明显暖冬特征。春季气温整体偏高，夏季气温较常年持平，秋季气温明显偏低。

【降水】　2020年，全州区域降水均值1913.7毫米，较常年同期偏多37.8%，历史排名第二（自1960年以来，仅少于1983年的1960.5毫米）。各县（市）年降水量为1207.1毫米（巴东）—2691.5毫米之间，均偏多12.3%（巴东）—61.9%（鹤峰）不等。鹤峰站突破历史极值，历史排名第一，建始和来凤第二、宣恩第三、恩施第四、咸丰第五、利川第七。从各季降水变化情况看，全年除春季降水偏少26.8%外，其余三季降水均明显偏多。尤其是夏季偏多71.5%，其中国家站中建始、鹤峰夏季降水量突破历史极值。全州各地降雨日数为141天（巴东）—199天（鹤峰）不等，较历史同期均偏多8.4—21.8天。区域均值为179.8天，较历史同期偏多15天。从强降水情况看，各地暴雨日较历史同期均偏多，尤其是鹤峰和建始，暴雨日分别为16和11天，历史排名均为第一，巴东和宣恩暴雨日历史排名为第三。鹤峰和来凤均出现3天的大暴雨日，较历史同期明显偏多。

【日照】　2020年，全州区域日照时数1046.6小时，较历史同期偏少136.1小时，历史排名倒数第四。各地899.8小时（咸丰）—1519.3小时（巴东）不等，除巴东偏多76.6小时外，其他各县（市）明显偏少50.5小时（鹤峰）—287.4小时（恩施）不等。从历史排名来看，恩施排名倒数第二，咸丰排名倒数第三，建始、宣恩、来凤均排名倒数第四。除2—4月偏多外，其余月份明显偏少或持平，尤其是夏季和秋季的9—10月日照均较严重偏少。

（张洪刚）

建置　区划

【建置沿革】　州域固定形成于1932年，之前曾多次变动。春秋为巴子国地；战国为楚地；秦属黔中郡，汉属南郡、武陵郡；三国先属蜀，后属吴建平郡、武陵郡；两晋、南北朝宋、齐属建平郡、天门郡、武陵郡；梁属信陵郡；北周属秭归郡、业州军屯郡、清江郡；隋属巴东郡巴东县，清江郡清江县、开夷县、建始县；唐属归州巴东县、施州清江县、建始县；五代先后为前、后蜀所据；宋属归州巴东县、施州清江县、建始县及辰州、富州、高州、定州等许多小羁縻州；元属归州巴东县、施州建始县，南部民族地区实行土司制度，先后置散毛、唐崖、金峒、龙潭、忠建、毛岭、施南等土司，实行土司分治；元末明玉珍据蜀时，被其控制。明属夔州建始县、归州巴东县、施州卫军民指挥使司，南部地区仍施行土司制度。清初沿用明制。雍正六年（1728 年）裁施州卫，设施县，辖区未变。雍正十三年（1735 年）改土归流，置施南府，辖恩施县、宣恩县、来凤县、咸丰县、利川县。乾隆元年（1736年），夔州建始县划归施州。巴东县、鹤峰州属宜昌府。民国元年（1912 年）废府设道存县，民国四年（1915 年）设荆南道，治所恩施县，辖恩施、建始、利川、宣恩、来凤、咸丰 6 县。民国 15 年（1926年）改荆南道为施鹤道，鹤峰州改县划入施鹤道。民国 17 年（1928年）改设鄂西行政区。民国 21 年（1932 年）改为第十行政督察区，将巴东县划入，州域始为 8 县之治。民国 25 年（1936 年）改为第七行政督察区，辖区未变。

1928 年至 1935 年，州境部分地区先后属于巴归兴、湘鄂边和湘鄂川黔苏区，并建立苏维埃政权组织。先后建立的有巴东县人民委员会、巴归兴县苏维埃政府、鹤峰县苏维埃政府、长（阳）巴（东）县苏维埃政府、建始县苏维埃政府、恩施县苏维埃政府、宣恩县苏维埃政府。红军主力撤走后，各苏维埃政府遭到破坏。

1949 年 9 月，恩施行政区专员公署在宜昌成立；11 月，恩施县城解放，专署机关从宜昌迁至恩施；11 月 6 日至 12 月 1 日，巴东、建始、恩施、宣恩、咸丰、利川、鹤峰、来凤 8 个县人民政府相继成立。1951 年 5 月，恩施行政区专员公署改名为湖北省人民政府恩施地区专员公署。1955 年 5 月，恩施地区专员公署更名为恩施专员公署。1968 年 1 月，改恩施专区专员公署为恩施地区革命委员会。1978 年 11 月 4 日，湖北省委批准成立恩施地区行政公署，撤销恩施地区革命委员会。1979 年 12 月 19 日，国务院批准建立来凤土家族自治县，撤销来凤县，1980 年 5 月 21 日举行成立大会。1980 年 4 月 20 日，国务院批准建立鹤峰土家族自治县，撤销鹤峰县，5 月 25 日举行成立大会。1981 年 11 月 7 日，国务院批准成立恩施市，辖区为原施南镇，市、县分设，1982 年 4 月 30 日举行成立大会。1983 年 8 月 19 日，国务院批准撤销恩施地区，设立鄂西土家族苗族自治州，同时撤销来凤、鹤峰土家族自治县，恢复来凤县、鹤峰县，撤销恩施县，恩施县与恩施市合并为恩施市，12 月 1 日举行自治州成立大会。全州辖恩施市、巴东县、建始县、利川县、来凤县、咸丰县、宣恩县、鹤峰县 1 市 7 县。1986 年 5 月 27 日，国务院批准撤销利川县，设立利川市，10 月 1 日举行成立大会。全州辖恩施市、利川市、巴东县、建始县、来凤县、咸丰县、宣恩县、鹤峰县 2 市 6 县。1993 年 4 月，经国务院批准，鄂西土家族苗族自治州更名为恩施土家族苗族自治州。2005 年，将州庆日由 12 月 1 日改为 8 月 19 日。

（编辑部 供稿）

【行政区划】 2020 年，恩施土家族苗族自治州辖恩施市、利川市、建始县、巴东县、宣恩县、咸丰县、来凤县、鹤峰县。全州有乡（镇、街道办事处）88 个，其中乡 29 个（其中民族乡 4 个），镇 54 个，街道 5 个，村 2305 个，社区 207 个（城区社区 87 个、乡镇社区 120 个），社区居民小组 1734 个，村民小组 22440 个。具体情况参见“2020 年恩施自治州行政区划情况表”。

（蒋红梅）

2020 年恩施州行政区划情况表

表 1　　单位：个

项目 / 单位	乡、镇、街道					社区			居民小组			村	村民小组
	合计	乡	其中：民族乡	镇	街道	合计	城区社区	乡镇社区	合计	城市社区居民小组	乡镇社区居民小组		
恩施市	16	7	1	6	3	36	19	17	198	101	97	172	1773
利川市	14	4		8	2	40	25	15	350	219	131	545	5820
建始县	10	3		7		44	13	31	369	93	276	366	3228
巴东县	12	2		10		29	7	22	356	49	307	294	3448
宣恩县	9	4	2	5		17	8	9	164	71	93	276	2653
咸丰县	10	3		7		16	6	10	102	54	48	263	2366
来凤县	8	2		6		12	5	7	124	95	29	184	1786
鹤峰县	9	4	1	5		13	4	9	71	41	30	205	1366
全州	88	29	4	54	5	207	87	120	1734	723	1011	2305	22440

说明：2020 年 4 月 14 日，经省政府批准，同意利川市撤销文斗乡，设文斗镇

人口　民族

【人口】　全州年末户籍人口402.22万人，其中，男性209.46万人，占总人口的52.1%；女性192.76万人，占总人口的47.9%。全年出生人口3.21万人，出生率为7.49‰，人口死亡率为2.04‰，人口自然增长率为5.45‰。

（邓明恒）

【民族构成及分布】　恩施州是一个以汉族、土家族、苗族为主体民族的多民族地区。土家族遍布全州各县（市），主要分布在清江以南历史上属湖广土司域内来凤、鹤峰、咸丰、宣恩和利川5个县（市），分别占其总人口的34.34%、69.07%、74.57%、42.46%、52.42%，恩施市、巴东县、建始县3个县（市）的土家族占其总人口的38.30%、50.17%、35.06%（据恩施州第六次全国人口普查资料）。截至2020年底，全州有4个民族乡（恩施市芭蕉侗族乡，宣恩县晓关侗族乡、长潭河侗族乡，鹤峰县铁炉白族乡），有3个民族村（鹤峰县中营乡三家台蒙古族村、走马镇曲溪白族村，咸丰县黄金洞乡麻柳溪羌族村）。

【民族普查】　据恩施州第六次全国人口普查资料，以2010年11月1日零时为标准时点，全州常住人口为3290294人，其中，汉族1491307人，占常住人口总数的45.32%；土家族1562948人，占常住人口总数的47.50%；苗族164844人，占常住人口总数的5.01%；侗族50255人；白族5639人；回族3096人；蒙古族3004人；畲族2206人；壮族1061人。

（编辑部　供稿）

国民经济和社会发展概况

【全州经济生产总值】　2020年，全州实现生产总值1117.7亿元，比上年下降4.2%。其中，第一产业增加值202.39亿元，增长0.6%；第二产业增加值252.28亿元，下降8.1%；第三产业增加值663.03亿元，下降3.7%。“十三五”时期全州经济总量实现千亿元的历史性跨越，五年平均增长4.4%。三次产业结构由“十二五”期末的18.3：30.1：51.6调整为18.1：22.6：59.3，第一产业占比下降0.2个百分点，第二产业占比下降7.5个百分点，第三产业占比提升7.7个百分点（地区生产总值、各产业增加值按现价计算，增长速度按2015年不变价格计算。根据第四次全国经济普查结果，对地区生产总值、三次产业及相关行业增加值、社会消费品零售总额等相关指标的历史数据进行修订）。

【市场主体】　2020年，年末全州实有市场主体32.83万户，比上年增长12.2%。其中，实有企业类市场主体6.33万户，实有个体工商户25.16万户，农民专业合作社1.34万户。全年新登记各类市场主体6.04万户，增长11.7%。其中，新登记企业类市场主体1.2万户，增长11.7%。

【农业】　2020年，农、林、牧、渔业实现总产值370.59亿元，扣除价格因素，比上年增长0.9%；农林牧渔业实现增加值212.61亿元，增长0.7%（农、林、牧、渔业增加值含农、林、牧、渔服务业增加值，农、林、牧、渔业总产值含农、林、牧、渔服务业产值）。全年粮食种植面积369013.33公顷，粮食总产量144.12万吨。全年油料产量11.9万吨，下降1.7%。烟叶产量3.85万吨，下降3.5%。蔬菜产量268.68万吨，增长0.5%。茶叶产量12.24万吨，增长1.6%。园林水果产量36.92万吨，增长4.1%。全年猪牛羊禽肉产量25.46万吨，比上年下降9%，其中猪肉产量22.12万吨，比上年下降8.6%；禽蛋产量4.42万吨，比上年增长11.1%。年末生猪存栏234.09万头，全年生猪出栏282.89万头。全州拥有农机156.79万台，农机总动力达到249.94万千瓦。

【工业、建筑业】　2020年，全部工业增加值202.06亿元，比上年下降4.3%。全州规模以上工业增加值增长9.7%。全年规模以上工业产销率为97.2%。每百元营业收入中的成本73.75元，比上年减少1.86元。营业收入利润率13.82%，提高2.52个百分点。每百元营业收入中的费用12.46元，减少0.75元。单位成本费用86.21元，减少2.61元。每百元资产实现的年营业收入77.3元，减少13.2元。资产负债率53.3%，下降0.1个百分点。全年全社会用电量55.58亿千瓦时，增长1.7%。其中，工业用电量14.69亿千瓦时，下降8.5%。全年资质内建筑业企业完成总产值95.81亿元，比上年下降21.9%。建筑业增加值51.54亿元，下降24.2%。

【服务业】　2020年，批发和零售业增加值75.09亿元，比上年下降14.5%。交通运输、仓储和邮政业增加值32.95亿元，下降22.9%。住宿和餐饮业增加值30.13亿元，下降32.7%。金融业增加值73.07亿元，增长4.5%。房地产业增加值129.01亿元，增长2.7%。信息传输、软件和信息技术服务业增加值26.92亿元，增长22.9%。全年运输旅客2825.74万人次，运输货物3804.02万吨。年末全州民用机动车拥有量81.21万辆，其中民用汽车拥有量50.73万辆。年末全州公路通车里程达到29119千米，其中高速公路通车里程588千米。内河航道通航里程455.3千米，其中等级航道191.41千米。铁路通车里程达到307千米。恩施机场全年航班起降0.87万架次。全年完成邮政业务总量8.17亿元，完成邮政函件业务11.40万件、包裹业务0.13万件、快递业务1440万件，快递业务收入3.06亿元。全年完成电信业务总量25.94亿元。年末全州固定电话用户15.36万户，移动电话用户433.08万户，固定宽带接入用户124.09万户，光缆线路长度17.24万千米。

【固定资产投资】　2020年，全州固定资产投资比上年下降22.1%。分产业看，第一产业投资下降61.7%，第二产业投资下降6.0%，第三产业投资下降23.2%。民间投资下降8.2%。

【房地产】　2020年，全州商品房施工面积1679.02万平方米，比上年增长15.9%。竣工面积79.45万平方米，增长8.3%。销售面积278.89万平方米，下降18.4%。待售面积57.73万平方米，增长67.1%。商品房销售额154.12亿元，下降15.0%，其中：住宅销售额147.03亿元，下降11.3%。

【贸易】 2020年，全州实现社会消费品零售总额562.59亿元，比上年下降26.3%。其中，批发零售业销售额500.35亿元，下降26.1%。住宿餐饮业营业额62.24亿元，下降28.1%。限额以上商贸企业通过公共网络实现的商品销售额增长86.6%。全年农副产品销售总额154.99亿元，其中“扶贫832”平台实现销售额11.75亿元。2020年，实际外商直接投资3503万美元，比上年增长73.8%。对外贸易进出口额9436万美元，增长5.2%。其中，出口9376万美元，增长5.7%。

【财政】 2020年，全州地方财政总收入143.19亿元，比上年下降17.7%。其中，地方一般公共预算收入57.65亿元，下降28.5%。在地方一般公共预算收入中，税收收入43.91亿元，下降27.1%。全年一般公共预算支出470.19亿元，增长5.4%。其中，教育支出76.78亿元，增长1.2%。卫生健康支出51.68亿元，增长24.7%。社会保障和就业支出70.81亿元，增长15.9%。灾害防治及应急管理支出6.66亿元，增长47.3%。农林水支出86.31亿元，增长10.8%。

【金融】 2020年，全州有17个银行业金融机构，金融机构网点381个。年末全州金融机构人民币存款余额1662.73亿元，比年初增长10.4%。金融机构人民币贷款余额1297.71亿元，增长11.3%。全州有保险机构38个，其中财险公司22个、寿险公司16个。保险机构网点295个。保险中介机构64个。全年保险市场实现保费收入57.07亿元，比上年增长8.1%。其中，人身险市场实现保费收入38.85亿元，增长13.8%。财产险市场实现保费收入18.22亿元，下降2.4%。全年支付各类赔款及给付金额19.39亿元，下降9.4%。全州2个证券公司开设的股票基金账户10.21万个，比上年增长7.9%。全年保证金存款3.94亿元，增长157.5%。交易额626.85亿元，增长53.8%。

【科学技术】 2020年，全州高新产业企业实现增加值29.67亿元，占全州地区生产总值比重为2.7%。全年登记科技成果52项，完成技术合同认定登记7.45亿元，比上年增长20.2%。年末州级以上创新平台113个，增长11.8%。全年获得专利授权1327件。其中，发明专利71件，实用新型专利765件，外观设计491件。年末有效注册商标24289件，比上年增长22.9%。全年新注册商标4639件。新增地理标志2件，地理标志商标达到35件，地理标志保护产品24件，中国驰名商标5件。

【教育】 2020年，全州有幼儿园578所，在园幼儿10.08万人。小学456所，招生3.79万人，在校学生25.83万人。普通中学174所，招生7.17万人，在校学生21万人。中等职业学校12所，招生1.1万人，在校学生3.32万人。普通高校3所，招生1.66万人，在校生4.49万人，毕业生1.05万人。

【文化、旅游、体育】 2020年，利川市成功创建国家全域旅游示范区，腾龙洞景区成功创建国家AAAAA级旅游景区，狮子关旅游区成功创建国家AAAA级旅游景区。全州国家A级旅游景区达到32个，其中国家AAAAA级旅游景区3个，国家AAAA级旅游景区17个。全年接待游客3499.24万人次，同比下降50.8%。旅游综合收入202.16亿元，下降61.9%。年末全州文化和旅游系统有表演场所5个，艺术表演团体9个。公共图书馆9个，文化馆9个，博物馆8个。年末广播节目综合人口覆盖率为99.93%，电视节目综合人口覆盖率为99.88%。全年规模以上文化及相关产业企业营业收入17.66亿元。全州人均体育场地面积1.35平方米，县（市）城区15分钟健身圈基本建成。宣恩水运会晋级国家级赛事，湖北省第二届冰雪大会落户绿葱坡滑雪场，“一县一品”国家级精品赛事持续举办。在2020年湖北青少年锦标赛上获得3金、8银、5铜的成绩。

【卫生与健康】 2020年，全州各级医疗卫生机构2966个，其中医院60个，基层医疗卫生机构2871个，专业公共卫生机构29个。卫生技术人员2.49万人，其中执业（助理）医师0.93万人，注册护士1.20万人。实有床位数2.67万张，其中医院1.73万张，基层医疗卫生机构0.86万张，专业公共卫生机构0.07万张。

【就业】 2020年末，全州城镇登记失业率为3.53%。全年城镇新增就业人员3.75万人，超额完成全年目标任务。城镇失业人员再就业1.18万人，就业困难人员再就业0.78万人，扶持创业0.48万人，带动就业1.34万人。全州外出农民工89.21万人，其中，省内乡外就业32.28万人，省外就业56.87万人。

【居民生活】 2020年，农村常住居民人均可支配收入11887元，比上年增长2.3%，人均生活消费支出10061元，增长1.8%。城镇常住居民人均可支配收入30930元，下降2%，人均生活消费支出21898元，下降5.8%。全年居民消费价格上涨2.2%，比上年回落0.9个百分点。构成居民消费价格的八大类商品价格涨跌幅度为：食品烟酒价格上涨9.8%，衣着价格下跌0.6%，居住价格下跌3.1%，生活用品及服务价格上涨0.2%，交通和通信价格下跌4.0%，教育文化和娱乐价格上涨1.7%，医疗保健价格上涨0.7%，其他用品和服务价格上涨0.3%。全年商品零售价格上涨1.2%，比上年回落0.7个百分点。

【社会保障】 2020年，城市低保标准由600元/人·月提高到635元/人·月，农村低保标准为4380元/人·年。城市特困人员供养标准由1200元/人·月提高到1270元/人·月，农村特困人员供养标准由7920元/人·年提高到8760元/人·年。全年有0.83万人享受城市最低生活保障，23.52万人享受农村最低生活保障，1.73万人享受农村特困人员救助。年末全州企业职工基本养老保险参保人数44.62万人，机关事业基本养老保险参保人数12.57万人。城乡居民社会养老保险参保人数212万人,其中农村居民参保人数208.71万人。工伤保险参保人数23.95万人，其中农民工参保3.68万人。失业保险参保人数17.41万人。城乡居民基本医疗保险参保人数340.65万人，城镇职工基本医疗保险参保人数33.57万人。全年抚恤、补助退役军人和其他优抚对象2.49万人。年末全州有各类提供住宿的社会服务机构126个,社会服务床位1.58万张，其中养老服务床位1.55万张，儿童服务床位120张。全年全州棚户区改造开工0.21万套，基本建成0.48万套。农村“四类”对象危房改造0.62万户。

【脱贫攻坚】 2020年，按照每人每年2300元（2010年不变价）的国家贫困线标准，全州0.8万剩余贫困人口全部脱贫。党的“十八大”以来，全州109.9万贫困人口实现脱贫，8个贫困县全部摘帽、729个贫困村全部出列。

【城市建设】 2020年，城市建成区面积119.81平方千米,建成区绿化覆盖面积5214.93公顷，建成区绿化覆盖率43.53%。全州公园71个，公园面积969.44公顷。城市供水管道长度2461.15千米，用水人口97.38万人,年供水总量10558.15万吨。天然气年供气量20207.2万立方米，液化石油气供气量6574.8吨。各类公共厕所339座，生活垃圾无害化处理厂10个，污水处理厂12个，生活垃圾清运及处理量45.74万吨。城市排水管道长度980.96千米，污水排放量8358.08万立方米，污水处理量7990万立方米。

【环境】 2020年，全州县（市）城区空气质量平均优良率为97.6%，比上年上升1.2个百分点。州城优良天数为352天,优良率为96.4%。县（市）城区可吸入颗粒物（PM10）浓度均值为34微克/立方米，比上年下降17.1%。县（市）城区细颗粒物（PM2.5）浓度均值为23微克/立方米，下降11.5%。全州17个地表水考核断面、14个跨县（市）界断面和12个县（市）城区集中式饮用水水源地水质达标率100%。全州年末森林面积150.4万公顷，林木绿化率达到74.79%，森林覆盖率达到70.14%。截至年底，全州有国家级自然保护区5个，保护区面积13.62万公顷。

【应急管理】 2020年，发生一般安全生产事故33起，比上年减少27起。死亡人数35人，减少23人，直接经济损失713万元，未发生较大及以上生产安全事故。全年先后发生风雹、低温冷冻、暴雨洪涝、山体崩塌等21次较大自然灾害，因灾造成直接经济损失39.08亿元，占地区生产总值的3.5%。

（邓明恒）

中国共产党恩施州委员会

CPC Enshi Prefectural Committee

综　　述

【概况】　2020年，恩施州委坚持以习近平新时代中国特色社会主义思想为指导，贯彻落实中共十九大和十九届二中、三中、四中、五中全会精神以及省委十一届七次、八次全会精神，坚持新发展理念，融入新发展格局，团结带领全州各族人民做好“六稳”工作、落实“六保”任务，打好战疫、战洪、战贫三场硬仗，新冠肺炎疫情防控决定性成果得到巩固拓展，疫后重振的经济发展战、民生保卫战、社会稳定战取得重要进展，党的全面领导不断加强。先后召开15次常委会会议、10次中心组学习会议，及时跟进学习贯彻习近平总书记最新重要讲话和指示批示精神，深入学习习近平总书记考察湖北、参加湖北代表团审议时的重要讲话精神，迅速掀起学习宣传贯彻中共十九届五中全会和省委十一届七次、八次全会精神热潮。高质量谋划“十四五”规划和2035年远景目标，主动融入全省“一主引领、两翼驱动、全域协同”区域发展布局。贯彻落实省委书记应勇在恩施调研时的工作要求，践行“绿水青山就是金山银山”理念，坚定不移走生态优先、绿色发展之路，奋力谱写恩施高质量发展新篇章，精准对接中央支持湖北一揽子政策，有效优化营商环境，开展“比招商、抓项目、强产业、促进位”活动，主要经济指标逐步向好，尤其是工业经济逆势上扬，规模以上工业增加值同比增长9.7%。

【政治建设】　2020年，坚持将党的政治建设摆在首位，始终将做到“两个维护”作为最高政治原则和最重要的政治纪律，完善维护党中央权威和集中统一领导各项制度机制，严格落实重大事项请示报告制度。贯彻运用监督执纪“第一种形态”落实主体责任办法有关规定，自觉接受同级纪委监督。坚持政治巡察定位，推动巡察监督高效开展。发挥统揽全局、协调各方作用，召开州委人大工作会议，研究部署加强新时代人大工作，支持和保障州人大及其常委会依法行使立法、监督、重大事项决定、选举任免权，推动州委重大决策部署贯彻落实，将人民代表大会制度优势转化为治理效能。召开州委政协工作会议，研究部署加强新时代政协工作，支持政协组织发挥政治协商、民主监督、参政议政作用，将提案办理纳入党委重点工作督查事项和党政领导班子履职尽责综合考评，加强政协民主监督。坚持和完善大统战工作格局，引导、支持统一战线各领域持续开展“不忘合作初心，继续携手前行”主题教育活动和理想信念教育，做好统战工作，持续推进民族团结进步示范区建设。加强国防动员和后备力量建设，做好退役军人事务工作，恩施州成功创建“全国双拥模范城”，巴东县、来凤县成功创建“全省双拥模范县”。发挥群团组织政治功能，做好工会、共青团、妇联、残联、科协等工作，4人被评为全国劳动模范或先进工作者，创建“全国巾帼脱贫示范基地”2个，选树全国红旗团委1个。加强宣传思想文化和意识形态工作，深化理论研究和宣传教育，组织“两团四队”（党委宣讲团、青年宣讲团，百姓宣讲队、文艺宣讲队、巾帼宣讲队、职工宣讲队）到各地宣讲中共十九届五中全会精神，组织开展州第九届社会科学优秀成果奖评选。开展战疫、战洪、战贫等重大主题宣传，宣传先进典型。严格落实意识形态工作责任制，州委常委会2次专题研究部署意识形态工作，制定州委及州委领导班子成员意识形态工作重点任务清单。加强意识形态领域风险隐患研判处置，开展督查、考评、巡察，对接受州委巡察的48个州直单位同步开展意识形态工作专项检查，对8个县（市）意识形态工作开展专项督查。加强网络安全工作。

【政治监督】 2020年，聚焦党中央重大决策部署和习近平总书记重要指示批示精神落实及省委、州委工作要求开展31项专项监督。持之以恒正风肃纪，密切关注“四风”问题新动向、新表现，纠治形式主义、官僚主义，查处违反中央八项规定精神问题，持续推动化风成俗。坚持有案必查、有腐必惩，严肃查处一批腐败案件。做实日常监督，建立派驻机构驻点监督制度，探索开展小微权力监督，出台同级监督“28条措施”，把纪律挺在前面，让监督重在经常。加强巡视巡察整改，出台州领导履行“一岗双责”推进巡察整改工作办法。落实“三个区分开来”（把干部在推进改革中因缺乏经验、先行先试出现的失误和错误，同明知故犯的违纪违法行为区分开来；把上级尚无明确限制的探索性试验中的失误和错误，同上级明令禁止后依然我行我素的违纪违法行为区分开来；把为推动发展的无意过失，同为谋取私利的违纪违法行为区分开来）要求，精准稳慎执纪执法。开展澄清正名和打击诬告陷害工作，分层分类深化警示教育，开展回访帮助，激发党员干部干事创业内生动力。

【新冠肺炎疫情防控】 2020年，落实党中央关于疫情防控的决策部署和省委工作要求，完善常态化精准防控机制，确保防控不松懈、疫情不反弹、秩序不打乱、发展不停步。坚持将人民生命安全和身体健康放在第一位，众志成城打好疫情防控阻击战，把握高度敏锐、敢于担当、保持定力“三个要义”，抓住决策快、出手早、策略活、措施硬、执行力强“五个要领”，建立务实高效调度机制抓统筹，下沉农村、社区“尖刀班”抓排查，采取最严管控措施抓阻隔，集中优势医疗资源抓救治，多渠道筹集物资抓保障。全州感染率0.74/万、收治率100%、治愈率97.22%，取得“确诊病例在全省率先清零、感染率全省最低、病亡率低、治愈率高”的决定性成果，全州自2月29日后无新增确诊病例，为湖北保卫战、全国疫情防控阻击战取得重大战略成果作出恩施贡献、展现恩施担当。持之以恒抓好常态化疫情防控，保持领导体制、战时机制、指挥体系不变，统筹抓好疫情防控和经济社会发展。完善常态化精准防控与局部应急处置相结合工作机制，严格落实重点领域和重点环节的闭环管理。开展疫情防控全行业专业技能培训、全链条应急演练、全环节专项督查，解决疫情防控中存在的短板、漏洞、弱项，全面提升应变处置能力。加快推进疾病预防控制体系改革和公共卫生体系建设，实施卫健系统疫后重振补短板强功能项目88个，全州核酸检测实验室由1个增至24个，全州常规日检测能力达24000人（份）。全州2个集体和4名个人获全国抗击新冠肺炎疫情表彰，8个集体和23名个人获省抗击新冠肺炎疫情表彰，州级表彰70个集体和350名个人。

【精准脱贫攻坚战】 2020年，打牢脱贫攻坚政治责任，做好脱贫攻坚收官之年各项工作。推进“六个巩固提升工程”（产业就业提升工程、基础设施提升工程、公共服务提升工程、人居环境提升工程、社会治理提升工程、基层党建提升工程），探索建立稳定脱贫“331”（聚焦产业、就业、创业“三业”，织密边缘易致贫户监测网、脱贫不稳定户监测网、疫后灾后致贫返贫户监测网“三网”，开发一套“防贫保险”产品）工作模式。完成易地扶贫搬迁和农村危房清零任务。开展消费扶贫活动，6个县（市）进入“扶贫832”平台全国县域成交额前10名，农副产品累计销售额超过140亿元。东西部扶贫协作实施项目278个，落实帮扶资金4.98亿元。中央单位、省直部门定点帮扶持续加强。一体推进国家脱贫攻坚成效考核反馈问题和脱贫攻坚大排查发现问题等各类问题整改。国家脱贫攻坚普查反馈意见良好，在省对市州2019—2020年上半年脱贫攻坚成效考核中排位全省第一。全州8个县（市）顺利通过国家、省脱贫考评验收，恩施州全域绝对贫困问题得到历史性解决。

【污染防治攻坚战】 2020年，完成“十三五”时期主要污染物总量减排目标。打好蓝天保卫战，整治“散乱污”企业，推进船舶污染防治和扬尘综合治理，恩施城区环境空气质量居全省13个国考城市第一位。打好碧水保卫战，开展长江（巴东段）、清江（恩施段）重要河流及中小河流治理，推进沿江化工企业“关改搬转”，探索建立清江流域横向生态保护补偿机制，全面完成长江流域巴东段禁捕退捕工作，做好清江流域“十年禁捕”前期工作，8个县（市）乡镇污水治理项目通过省级验收，8个国考地表水断面达标率均达100%。打好净土保卫战，推进重金属减排工作，启动危险废物专项整治三年行动，全州大型规模养殖场粪污处理设施配套率达100%。抓好中央和省环保督察反馈问题整改，巩固良好自然生态。持续加强生态文明创建，巴东县获得第四批国家生态文明建设示范县命名，利川市、建始县、来凤县获“湖北省生态文明市（县）”称号，《人民日报》头版报道鹤峰县生态文明建设成效。

【防范化解重大风险攻坚战】 2020年，贯彻总体国家安全观，统筹传统安全和非传统安全，守好线上、线下两个阵地，全州政治社会大局保持稳定。坚持稳金融和防风险并举，推出系列适销对路的金融产品，化解非法集资陈案，化解不良贷款，金融形势保持稳定，类金融机构监管出清成效明显。防范化解政府债务风险，确保隐性债务只减不增。坚持因城施策稳地价、稳房价、稳预期，促进房地产市场持续健康发展。创新地质灾害防治网格化工作体系，提升地质灾害防治规范化、信息化、精准化水平。推进安全生产标准化创建和在线监测，全州安全形势总体平稳，未发生较大及以上生产安全事故，亿元国内生产总值生产安全事故死亡率下降幅度远超过“十三五”规划确定目标。

【抗洪救灾】 2020年，有效应对恩施州城近五十年一遇大洪水、建始县城超一百年一遇特大洪水造成的洪涝灾害，各级各部门、近5万名“尖刀班”成员和下沉社区党员参加抗洪救灾，先后紧急转移群众13.1万人。开展灾后重建，推进基础设施补短板工程，在最短时间内恢复正常生产生活秩序，最大限度守护人民生命安全、降低灾害损失。成功预报、处置恩施市沙子坝地质滑坡灾害，相关做法作为全省自然灾害处置经典案例上报自然资源部和应急管理部。

【支持企业纾困解困】 2020年，积极援企纾困，千方百计保市场主体，开展“走访服务企业”活动，组建专班“蹲点”指导复工复产、复商复市，帮助企业解决生产经营难题。开展减税、减费、减息、减租、减支“五减”惠企行动。在全省率先建立“茶企方舱”并延伸至文旅、工业企业，深化拓展为“企业金融服务方舱”，为1088个入舱企业发放贷款近30亿元。开展“与爱同行 惠游湖北”“恩施人游恩施”活动，实施“百企千品进央企”等行动，提振市场信心、带动消费回补。

【产业集群建设】 2020年，持续推进“4+N”（生态化文旅游、硒食品精深加工、生物医疗、清洁能源产业集群+其他产业集群）产业集群建设，生态文化旅游产业加速复苏，巴东绿葱坡滑雪场开业营运，利川市成功创建国家全域旅游示范区，腾龙洞景区成功创建国家AAAAA级旅游景区，鄂旅股份上市资料报湖北证监局核查。推进硒食品精深加工产业发展，恩施硒圣植物科技有限公司获全国首张“富有机硒产品认证证书”，恩施德源健康科技发展有限公司获批成为博士后科研工作站，全州硒食品精深加工企业2527个。推进生物医药产业发展，全年新发展中药材基地11133.33公顷，推进天下汇通中药产业化等重点项目。全州医疗防护物资行业从零起步，10个医疗防护物资生产企业建成投产。湖北一正药业成功申报中药配方颗粒生产试点企业。推进清洁能源产业发展，中石化湖北页岩气投资有限公司在恩施挂牌成立，页岩气开发进入工业试采阶段。江坪河水电、板桥风电并网，峡口塘水电工程土建主体完工。姚家平水利枢纽工程被纳入国家2020—2022年拟新开工的150个重大水利工程项目库。清洁能源年度新增装机50.36万千瓦。恩施高新区创建国家高新区工作纳入省、部会商支持内容，科技部明确表示支持“以升促建”加快将恩施高新区培育建设为国家高新区。电子信息产业集群不断发展壮大。

【重大项目建设】 2020年，实施省级、州级重点项目160个，完成投资256.23亿元。宣鹤高速、建恩高速正式通车，宜万铁路高坪站建成投运，宜来高速鹤峰东段主线全线开工建设，宣咸高速控制性工程开工建设。围绕“十四五”规划及“两新一重”（新型基础设施建设，新型城镇化建设，交通、水利等重大工程建设）谋划入库项目8350个。沿江高铁宜昌—涪陵段进入项目勘察设计阶段，恩施机场迁建纳入国家运输机场建设“十四五”规划研究范围。

【城镇精细化建设管理】 2020年，坚持高起点规划、高品位建设、高标准管理城镇，以国家AAAAA级旅游景区标准规划建设州城，实施“洁、绿、亮、美、畅”和城市配套功能补短板工程，建成清江带状公园一期等6个城市公园、金龙大道南段等6条大道，完成209绕城线等8条道路绿化和清江东路等8条人行道改造。做美县（市）城区、做特村镇，实施一批打基础、管长远、惠民生的重点工程项目。

【乡村振兴】 2020年，统筹推进脱贫攻坚和乡村振兴有效衔接，制定“五个振兴”（产业振兴、人才振兴、文化振兴、生态振兴、组织振兴）专项工作五年规划（方案）。壮大特色产业，全州特色产业基地面积465333.33公顷，州级以上龙头企业184个，6个县（市）进入“中国茶叶百强县”，利川市忠路镇杨家坡千亩茶园成为全国第一个获得德米特转换期认证的有机茶园。加快补上全面小康“三农”领域短板，“厕所革命”超额完成省定任务，乡镇垃圾无害化处理设施实现全覆盖，农村人居环境三年整治任务完成，化肥农药使用量连续5年保持“零”增长。推进美丽乡村建设，洞下槽村、二官寨村、黄坪村等一批试点村乡村振兴经验走向全省、全国，729个贫困村摘掉集体经济“空壳村”帽子。

【深化改革开放】 2020年，统筹推进重点领域和关键环节改革，全年实施重点改革项目145项，要素市场化配置改革、“放管服”改革、生态文明体制改革、农业农村改革、国有企业改革、党的建设制度改革等重点领域改革向纵深推进，“乡村善治推进乡村振兴”入选“中国改革2020年度50典型案例”（全省唯一），供销社综合改革、人才工作机制创新等多项改革成果或经验在中央和省级媒体推介。持续推进招商引资“一号工程”“一把手工程”。实际利用外资增速排名全省第二。向国务院报送口岸正式开放申请，推进海关铁路监管区前期工作。

【推进城乡基层治理】 2020年，召开州委七届八次全会部署城乡基层治理工作，对标省委要求出台贯彻省委全会精神任务分工方案，推进治理体系和治理能力现代化。坚持和完善选派“尖刀班”常态化参与基层治理机制，推动治理重心下移。深化街道管理体制改革，理顺条块关系，增强街道统筹能力。总结疫情防控、防汛救灾志愿服务工作经验，创新志愿服务体制机制，涌现“张富清先锋队”等一批志愿服务队伍。构建“社区党组织—网格（片区）党支部—楼栋（小区）党小组—党员中心户”社区治理组织体系。推进“红色物业”建设，完善党组织领导下的居委会、业委会、物业企业三方联动机制。夯实基层治理基础，州、县两级政法指挥中心建成投入使用，网格化管理综合服务中心与乡镇综治中心一体化运行，全州所有乡镇和90%以上的行政村综治工作可实行网上调度。持续为社区减负，压减社区协办事项。辖区单位支持提升社区阵地建设水平。8个县（市）同步推进城市社区工作者队伍建设和综治队伍建设。“雪亮工程”完成全国试点城市建设任务，推进智慧小区建设，智治支撑作用稳步转化为治理效能。围绕矛盾风险排查化解和突发事件应急处置2个重点开展基层治理。开展“扫黑除恶”专项斗争，推进“六清”（线索清仓、案件清结、黑财清底、逃犯清零、伞网清除、行业清源）行动。坚持和发展新时代“枫桥经验”，建立“十大领域”（社会治安、乡村治理、金融放贷、工程建设、交通运输、市场流通、资

2020 年 12 月 22 日，州委七届九次全体（扩大）会议召开

（州委办公室 供稿）

源环保、信息网络、文化旅游、教育卫生）风险联防联控、联排联调机制。推进矛盾风险排查化解“百日攻坚”行动，多途径化解“疫后综合症”。持续深化“律师三进”（律师进信访大厅、进疑难复杂案件、进乡村社区），开展“开门接访、领导下访、书记陪访”活动。

（刘广达）

重要会议

【概况】 2020 年，召开州委全体扩大会议 2 次，召开州委常委会会议 29 次，召开全州“不忘初心、牢记使命”主题教育总结大会，全州新冠肺炎疫情防控工作调度视频会，中央脱贫攻坚专项巡视“回头看”反馈意见整改部署暨州脱贫攻坚指挥部视频调度会，全州旅游发展暨旅游安全工作会议，全州公共卫生服务体系建设专题会议，全州“比抓强促”（比招商、抓项目、强产业、促进位）暨优化营商环境工作推进会，全州乡村振兴现场会等重要会议。

【州委七届八次全体（扩大）会议】 2020 年 8 月 4 日，州委七届八次全体（扩大）会议召开。全会传达全省市州主要负责人座谈会精神，讨论《中共恩施州委常委会向州委七届八次全会的工作报告》。听取并讨论州委书记柯俊代表州委常委会所作的报告，州委副书记、州长刘芳震关于经济工作的讲话，审议通过《恩施州贯彻落实〈中共湖北省委关于贯彻落实党的十九届四中全会精神推进省域治理现代化的决定〉的任务分工方案》《中共恩施州委、恩施州人民政府关于推进疾病预防控制体系改革和公共卫生体系建设的实施意见》等。

【州委七届九次全体（扩大）会议】 2020 年 12 月 22 日，州委七届九次全体（扩大）会议召开。全会听取《中共恩施州委常委会 2020 年度抓党建工作情况报告》，审议《中共恩施州委常委会向州委七届九次全会的工作报告》，审议通过《中共恩施州委关于制定国民经济和社会发展第十四个五年规划和二〇三五年远景目标的建议》。州委书记柯俊作讲话，并就该建议（讨论稿）向全会作说明。

【州委常委会会议】 2020 年，召开州委常委会会议 29 次，研究议题 139 个。1 月 21 日，传达学习全国、全省新型冠状病毒肺炎疫情防控工作电视电话会议精神，习近平总书记在“不忘初心、牢记使命”主题教育总结大会上的重要讲话精神，审议《恩施州 2020 年“比招商、抓项目、强产业、促进位”全力推动高质量发展实施方案（讨论稿）》等。3 月 23 日，传达学习统筹推进全省疫情防控和经济社会发展工作座谈会精神，讨论研究《中共恩施州委常委会 2020 年工作要点（讨论稿）》等。4 月 20 日，传达学习关于持续解决困扰基层的形式主义问题、为决胜全面小康社会提供坚强作风保证的有关要求，传达学习全国、全省组织部长会议、统战部长会议精神，研究相关工作。5 月 15 日，传达全省推进营商环境建设大会会议精神，讨论研究进一步理顺恩施高新区投融资体制相关工作。5 月 29 日，传达学习全国“两会”精神，审议《州委、州政府关于更大力度优化营商环境激发市场活力的工作方案（讨论稿）》等。7 月 8 日，传达学习全省深化新时代党建引领加强基层社会治理电视电话会议精神等。7 月 31 日，审议州委七届八次全会有关材料，听取上半年意识形态工作情况汇报等。8 月 23 日，审议《关于深化新时代党建引领加强基层社会治理的实施方案（讨论稿）》等系列文件。9 月 29 日，传达学习中共中央关于巩固深化“不忘初心、牢记使命”主题教育成果的意见等。11 月 4 日，传达学习中共十九届五中全会精神等。12 月 25 日，传达学习中央经济工作会议精神等。

【全州乡村振兴现场会】 2020 年 10 月 13 日，全州乡村振兴现场会召开，贯彻落实习近平总书记关于实施乡村振兴战略重要讲话精神，全面审视前一阶段全州乡村振兴工作成效，部署下阶段工作。

【恩施州“比抓强促”暨优化营商环境工作推进会】 2020 年 10 月 26—28 日，全州“比招商、抓项目、强产业、促进位”暨优化营商环境工作推进会召开。会议通报全州前三季度经济运行情况。与会人员先后到咸丰县、来凤县、鹤峰县、宣恩县，实地察看部分招商引资、重点项目、工业经济现场。

【恩施州抗击新冠肺炎疫情表彰大会】 2020 年 10 月 29 日，恩施州抗击新冠肺炎疫情表彰大会在州文化中心召开，300 名先进个人、50 个先进集体和 50 名优秀共产党员、20 个先进基层党组织受到表彰。州委书记柯俊出席会议并讲话。

（刘广达）

领导调研督查

【**李鸿忠、张国清与柯俊、刘芳震视频连线**】 2020年2月17日，天津市委书记李鸿忠，市委副书记、市长张国清，与恩施州委书记柯俊，州委副书记、州长刘芳震视频连线，研究会商天津市对口支援恩施州新冠肺炎疫情防控工作。国务院工作指导组组长傅卫参加连线会商。

【**应勇到恩施州调研**】 2020年4月23—24日，省委书记应勇到恩施州的企业、乡村、农户，调研新冠肺炎疫情防控、复工复产、复商复市、脱贫攻坚、创业就业等工作。

【**国务院联防联控机制联络组到恩施州调研**】 2020年5月23—24日，国务院联防联控机制联络组到恩施州调研新冠肺炎疫情防控及医疗秩序恢复工作。7月6—7日，国务院联防联控机制联络组到恩施州调研常态化防控工作和秋冬季传染病应对准备工作。

【**王晓东到恩施州调研和指挥抢险**】 2020年6月29日，省委副书记、省长王晓东到恩施州调研，并召开武陵山片区决战决胜脱贫攻坚座谈会。7月21日，恩施市屯堡乡马者村沙子坝滑坡体出现大面积滑移，堵塞桥坡河形成堰塞湖险情，严重威胁恩施州城区和人民群众安全。王晓东到现场指挥抢险，察看了解滑坡险情、应急处置和群众转移安置情况，组织应急、自然资源、气象等部门专家进一步会商研判险情，研究完善险情处置方案。

（刘广达）

州委办公室

【**概况**】 2020年，州委办公室做好参谋服务，围绕疫后重振、乡村振兴、基层治理、营商环境等中心工作选题开展调查研究，编辑《领导参阅》8期。做好信息服务，完成好自主信息、约稿信息、紧急信息的报送，全年编发《每日要情》213期、《直报信息》337期。向中央办公厅和省委办公厅报送各类信息2000余篇，被采用246篇。恩施市、利川市、建始县党委信息工作在全省106个考核县（市、区）中分别位居第6、7、11位。在各级各类媒体发稿80余篇。做好文稿服务，全年参与起草各类文稿200余篇，党内规范性文件制定备案工作名列全省前茅。服务州委深化州领导“七个一”联系点工作机制［一名州领导联系一个县（市）、驻点一个贫困村、牵头一个州城重点工程、协调一个产业项目、推进一个重点项目、谋划一个重大项目、服务一个骨干企业］。对全州重点工作实行目标量化管理。全年直接服务5名州领导到基层调研近400天，统筹州委全会、“比抓强促”拉练会等重要会议187次，服务副部级及以上领导到恩施调研61人次。全年交办、催办州委书记批示件79件，做到“件件有着落、事事有回音”。完成责任范围内中央脱贫攻坚巡视反馈意见整改及中央和省环保督察反馈意见整改，配合做好中央巡视湖北迎检准备和省委第十二巡视组督查督办工作。统筹开展走访服务企业活动专项督办。10月13日，全州乡村振兴现场会在州委办公室扶贫联系点洞下槽村召开。

【**新冠肺炎疫情防控**】 2020年1月23日，抽调15名干部组成文电信息小组进驻州新冠肺炎疫情防控指挥部办公室，确保疫情防控指挥体系高效运转。2个扶贫联系村和牵头联系的社区均夺取无疫村（社区）成果，《“抗疫大战”淬炼社区之治》在省委办公厅《党办工作》和湖北机关党建网发表。牵头做好天津援恩医疗队服务保障工作，帮助企业解决疫情防控期间农副产品滞销问题，支持企业复工复产。

【**参与社区治理**】 2020年，州委办公室牵头联系包保官坡社区治理，探索社区治理路径，构建“社区党委—社区治理‘尖刀班’—片区党支部—小区党小组—楼栋‘两长四员’—党员中心户”的社区治理组织体系。成立商圈党委，组建党建联盟。推进社区应急体系“十个一”建设，不断完善应急处突机制。6月3日，州委书记柯俊以普通党员身份到恩施市舞阳坝街道办事处官坡社区报到，调研社区党建和基层治理等工作，看望困难党员和群众，与社区干部居民座谈。10月21日，州深化新时代党建引领加强基层社会治理现场推进会组织与会人员现场观摩恩施市官坡社区的党建引领基层社会治理工作。社区治理工作3次在全州有关会议上交流。7月17日，恩施城严重洪灾过后，及时组织29个驻区党组织、400多名下沉党员、400多名志愿者和社区群众开展清淤工作和灾后重建，投入机械车辆200余台次，清理街道、小区淤泥垃圾6.4万余立方米，排空积水14万立方米。

【**全州党委办公室系统业务培训班开班**】 2020年10月22日，全州党委办公室系统业务培训班开班，各县（市）以及州直各单位办公室系统300余名干部职工参训。此次培训为期2天，培训内容包括日常信息报送及重要紧急信息报送业务培训、会议办理业务培训、保密工作业务培训、党内法规及收发文办理工作业务培训等。

【**荣誉**】 2020年4月，州委办公室驻洞下槽村工作队（“尖刀班”）被省总工会表彰为“湖北省工人先锋号”。12月，州委办公室被省委、省政府表彰为“2017—2019年度湖北省文明单位”。6月，州委办公室王祥被省委组织部、省委老干部局、省人社厅表彰为“全省老干部工作先进工作者”。11月，州委办公室向晖被新华社湖北分社表彰为“2020年度新华社系列内参发行‘先进个人’”。

（刘广达）

组织工作

【**概况**】 2020年，全州有基层党组织7181个，其中基层党委286个，党总支426个，党支部6469个。有党员164561名，其中农村党员81947名，女党员40091名，少数民族党员94855名，大专及以上学历党员66747名。2020年度新发展党员3502名，其中新发展35岁以下青年党员2622名，女党员

1775 名，少数民族党员 2255 名，生产工作一线党员 2529 名，大专及以上学历党员 1808 名。全州有公务员（含参公人员）17959 人，其中女性 4836 人，少数民族 13491 人，党员 14566 人，35 岁及以下 5757 人，研究生学历 893 人。全州党政机关干部中，正县级 153 人，副县级 519 人，正科级 1982 人，副科级 3156 人。全州人才总量为 29.73 万人，其中党政人才 1.8 万人，企业经营管理人才 0.35 万人，专业技术人才 4.93 万人，高技能人才 17.3 万人，农村实用人才 5.03 万人，社会工作人才 0.32 万人。

【党建引领基层治理】 2020 年 7 月，经州委研究同意，成立州深化新时代党建引领加强基层社会治理协调推进专项工作机制，州委常委、州委组织部部长尹达任专项工作机制组长，下设综合协调（设在州委组织部）、深化街道管理体制改革、城市社区工作者队伍建设、机关企事业单位党员干部下沉社区、深化新时代志愿服务、城市社区党组织书记事业岗位管理（设在州委组织部）6 个专班。州委出台《关于深化新时代党建引领加强基层社会治理的实施方案》等系列配套制度，推动治理重心、资源力量下移，持续补齐基层社会治理短板。实施街道管理体制改革，明确职能定位，调整优化机构设置，合理核定人员编制，健全配套保障措施，提升街道统筹协调能力。常态化开展单位党组织和在职党员下沉社区工作，创新建立“四联”（州县领导联系指导、州县部门联系包保、驻区单位联系共建、下沉党员联系服务）和“两定三联四参与”（定岗定责，联系服务困难群体、联系普通居民、联系市场主体，参与民主议事、参与志愿服务、参与调处矛盾纠纷、参与处理突发事件）机制，全州有 701 个一级单位党组织、4.6 万名在职党员到社区报到，联系服务困难群众 1.2 万户、普通居民 27.1 万户、市场主体 3 万余户。加强志愿服务组织领导，建立志愿服务工作体系，建好志愿服务活动阵地，发展壮大志愿者队伍，培育志愿服务组织。按照“市（县）统一招聘、街道（乡镇）统一管理、社区统一使用”的原则，在 8 个县（市）主城区城市社区开展社区工作者队伍建设，实现社区工作者“职业化、社会化、专业化”。在恩施市、利川市所辖街道实施城市社区党组织书记事业岗位管理改革，增强城市社区党组织书记岗位吸引力。7 月 17 日，州城恩施遭遇严重洪涝灾害，州城社区“大党委”第一书记、联系包保社区的责任单位负责人第一时间到社区统筹指挥，社区治理“尖刀班”就地转化为防汛救灾应急队，组织州直和恩施市直单位在职党员紧急下沉社区，转移安置受灾群众。洪水消退后，下沉党员协助社区排积水、清淤泥、扫街巷，帮助社区居民、市场主体开展灾后自救。

【社区治理“尖刀班”】 2020 年，州委党建工作领导小组印发《关于组建社区治理“尖刀班”推动城市基层治理体系和治理能力现代化的实施意见》，将州、县（市）主城区的 81 个城市社区、4 个城郊村纳入社区治理“尖刀班”组建范围，明确 424 个州、县（市）直单位联系包保，从中选派 428 人全脱产下沉社区工作 3 年，与社区工作人员组成 85 个社区治理“尖刀班”，集中攻克社区治理中的重难点问题。社区治理“尖刀班”在社区党组织的领导下开展工作，坚持岗位在社区、责任在网格、工作在一线，将聚焦党建引领和突出矛盾风险排查化解、突发事件应急处置作为首要职责，将宣传群众、摸排信息、服务居民、维护平安、群防群控、文明创建等“六个进楼入户”作为日常任务，为社区和群众排查化解邻里、物业、拆迁等矛盾 2100 余个，解决消防通道被占用、小区业委会难组建、居民活动缺场所等问题。《半月谈》杂志 2020 年第 22 期以《恩施社区治理“尖刀班”观察》为题，分上、下两篇报道社区治理“尖刀班”经验做法。

【创新培养村党组织书记】 2020 年，选派 90 名村党组织书记到杭州市 45 个先进村，全脱产跟班学习 1 个月，为恩施州乡村振兴培养“火种”。探索以乡镇为单位，每 2 个月开展 1 期“书记论坛”，通过书记讲给书记听、书记提问书记答、书记会诊相互辩等新方式，提升村党组织书记查找问题、思考问题、解决问题能力。

【党建促优化营商环境】 2020 年，出台《关于党建引领优化营商环境的十条意见》，开展“思想大解放专项行动”，组织 8 个县（市）和 43 个州直单位召开“优化营商环境、激发市场活力”专题民主生活会，在思想层面打造“最优营商环境”。

【干部教育培训】 2020 年，把习近平新时代中国特色社会主义思想和习近平总书记视察湖北重要讲话精神作为主课，全年在州委党校（行政学院、社会学院）举办 10 个主体班，培训学员 1000 余人，习近平新时代中国特色社会主义思想的课时量占总学时 66.7%。全州干部在线学习注册人数 10592 人，参学率达 93%以上。完成中央、省级培训机构 20 个班次、450 余人次调训任务，调训计划完成率为 100%。

【精准选配干部】 2020 年，树立重基层、崇实干、讲担当的选人用人导向，在疫情防控、脱贫攻坚、项目建设、信访维稳等一线培养、选拔、使用干部。调研县（市）和州直单位领导班子运行、干部队伍建设情况，调整充实县（市）和州直单位领导班子。出台《州直机关事业单位从州外调入工作人员原则性意见》，明确州直机关事业单位从州外调入工作人员的适用范围、拟调人员资格条件、拟调人员安排原则和调动程序，形成“程序规范、标准明确、考察严格”的干部调配格局。

【培养年轻干部】 2020 年，持续实施“新时代年轻干部成长工程”，储备 35 岁以下正科级领导干部 143 人、40 岁以下副县级领导干部 62 人。从企业选派 3 人到县（市）和恩施高新区交流挂职，从县市选派 10 人到州直部门挂职锻炼。从州法院、州检察院选派 5 人到县（市）基层法院、检察院系统内挂职锻炼。从州直单位和县（市）选派 56 名优秀干部到杭州市挂职或跟班学习，选派 3 名优秀干部到中央单位挂职。选派 15 名州直单位新提拔副县级年轻干部到脱贫攻坚、优化营商环境、项目建设、招商引资、信访维稳等岗位锻炼。

【干部日常监督】 2020年，贯彻落实《中共中央关于加强党的政治建设的意见》和《湖北省党政领导干部政治素质考察办法（试行）》，将政治建设、政治监督和政治考察贯穿干部选拔任用、干部管理监督全过程、各方面。严格执行领导干部个人有关事项报告制度，完成876名县处级干部报告的材料收集、信息录入、综合汇总工作，查询比对人员信息246人次，对漏报、少报情节较轻的13人进行批评教育、8人作出书面检查，对情节较重的17人给予诫勉处理，取消1人推荐考察资格。协调推进领导干部经济责任审计工作，对8名领导干部开展经济责任审计、1名领导干部开展自然资源资产审计。加强“12380”综合举报件受理查处，全年受理举报70件。对48个州直单位开展选人用人工作专项检查。开展因私出国（境）监督管理专项治理，对2015年以来党员干部因私出国（境）5类违规情形43人进行处理和问责。

【公务员和选调生招录】 2020年，全州负责组织实施的计划招录公务员491人，实际招录486人，其中州直单位招录71人，县（市）直单位招录177人，乡镇（街道）招录238人。计划分两批招录选调生140人，实际招录137人，其中面向国家“双一流”建设高校定向招录恩施州急需紧缺专业应届毕业生7人，面向国内普通高校招录应届毕业生113人，面向省内服务基层项目人员招录17人（大学生村官14人、“三支一扶”人员3人）。在新冠肺炎疫情防控常态化形势下，完成1次公务员招录、2次选调生招录，为第一次组织公务员笔试、第一次组织选调生面试、第一次一年组织3次面试。在全省公务员工作推进会上，恩施州围绕《精准施策破解招人难题，优化源头助力脱贫攻坚》进行交流发言。

【优化人才生态环境】 2020年，出台《恩施州机关事业单位工作人员学历提升支持办法》，在全省率先鼓励干部职工在职参加硕士研究生以上学历学位教育。对38个国家和省级重大人才工程入选者、州优秀人才创办或领办的企业，以及75名在州挂职支援工作的专家人才，发放“人才关爱包”，鼓励人才企业积极应对突如其来的新冠肺炎疫情，复工复产。实施恩施州人才服务基层专项行动，从州内高校、科研院所选派33名专家人才，下沉基层、进驻企业开展智力服务。推动实施基层卫生人才培养、流行病学现场调查能力提升等10大重点人才项目。推进“一村多名大学生计划”，实际入学“一村多名大学生计划”新生483名。实施第三批123企业家培育计划，分两期集中培训118名企业经营管理人才。举办恩施州第二届人才创新创业大赛，公开遴选、支持创新创业领域的优秀人才和优质项目，持续打造“以赛聚才、以赛促才”人才培育品牌。遴选推荐10名“西部之光”访问学者到北京、上海等地院所研修。

【参与新冠肺炎疫情防控】 2020年，发挥组织部门职能职责优势，推动各级党组织和党员在疫情防控中发挥作用，组织1.97万名村“尖刀班”成员返岗，组建85个社区疫情防控“尖刀班”，组织2.5万名机关党员干部就地下沉，构建点面结合疫情防控体系。在疫情防控一线发展党员41名，协助天津援助恩施州医疗队临时党组织发展党员12名。制定《关于在疫情防控阻击战中考察识别班子、提拔使用干部工作方案》，通过“五个一批”[选拔使用、职级（称）晋升（评聘）、发现储备、宣传表扬、组织调整]，激励党员干部在疫情防控一线担当作为。州中心医院党委被表彰为“全国先进基层党组织”，2个基层党组织被表彰为“全省先进基层党组织”、3名党员被表彰为“全省优秀共产党员”，50名优秀共产党员、20个先进基层党组织受到州委表彰。11个先进医院党组织、1个先进社区和11名优秀医务工作者受到省委组织部通报表扬。州委组织部及时通报表扬46个基层党组织、50名医务工作者、87名一线工作人员。州委对州卫生健康委员会记公务员集体二等功奖励，对州疾控中心、州中心医院等2个事业单位给予记功奖励。统筹省、州、县三级党费1163.6万元，慰问疫情防控一线工作者。

【全州“不忘初心、牢记使命”主题教育总结大会】 2020年1月9日，恩施州“不忘初心、牢记使命”主题教育总结大会召开。会议指出，“不忘初心、牢记使命”主题教育启动以来，全州各级党组织和广大党员、干部紧扣学习贯彻习近平新时代中国特色社会主义思想这条主线，着眼解决人民群众急难愁盼的问题，严格按照党中央决策部署和省委工作要求，深入贯彻落实习近平总书记“四个到位”“四个注重”的重要指示精神，坚持规定动作不走样、自选动作有特色，不断将主题教育引向纵深，取得明显成效，干部理论水平得到大幅提升，思想政治得到深刻洗礼，群众期盼得到有效回应，干部精神得到极大提振，政治生态得到巩固提高。会议强调，学习贯彻习近平总书记关于主题教育的系列重要论述和指示精神，全面落实中央和省委主题教育总结会议的工作要求，切实增强政治建设的首位意识，牢固树立以人民为中心的鲜明导向，为推进全州高质量发展提供坚实保障。

【荣誉】 2020年9月，州中心医院党委被中共中央表彰为“全国先进基层党组织”；恩施市中心医院党委、利川市疾病预防控制中心党支部被省委表彰为“全省先进基层党组织”；湖北民族大学附属民大医院重症医学科医生、主治医师谭晓（女），来凤县第二实验小学教导处副主任、漫水乡兴隆坳村驻村工作队队长、第一书记、高级教师陈小民，鹤峰县中心医院党委副书记、副院长、副主任医师张恩力被省委表彰为“全省优秀共产党员”。11月，咸丰县清坪镇原党委委员、纪委书记，县监察委员会派出清坪镇监察室原主任谢睿被省委追授为“全省优秀共产党员”。

（李　俊）

宣传工作

【概况】 2020年，州委常委会4次研究部署宣传思想工作，统筹指导全州宣传思想领域重大任务。州委成立宣传思想工作领导小组，州委书记柯俊任组长。4月26日，柯俊主持召开州委宣传思想工作领导小组第一次会议，学习贯彻全国、全省宣传部长会议及省委宣传思想工作领导小组第一次会议精神，审议通过相关工作规则和2020年度全州宣传思想工作要点，部署全州宣传思想工作。全州宣传思想工作按照“1+8+1”（高举“一面旗帜”、打赢“两大战役”、守牢“两条底线”、建强“两个中心”、推动“两业发展”、锤炼“一支队伍”）工作思路，落实各项工作，为全州战疫、战洪、战贫和经济社会高质量发展提供有力思想舆论支持。

【理论武装】 2020年，坚持将学习宣传贯彻习近平新时代中国特色社会主义思想作为首要政治任务，组织全州党员干部学习《习近平谈治国理政》第一、二、三卷，制定学习宣传中共十九届五中全会精神实施方案和新闻报道方案，组织“两团多队”（党委宣讲团、青年宣讲团及普法宣讲队、职工宣讲队、巾帼宣讲队、企业宣讲队等）开展宣讲4600余场次，州委书记柯俊到恩施职业技术学院开展宣讲。发挥党委（党组）中心组学习示范带头作用，州委中心组开展12次集中学习研讨，州委宣传部到8个县（市）、15个州直单位探索开展中心组学习巡听，全州党委（党组）中心组学习规范有效，经验做法在全省交流推广。利用支部主题党日活动、“学习强国”平台、理论热点面对面示范点等载体，引导全州各级党组织、党员干部认真学习宣传贯彻党的创新理论。评选出恩施州第九届社会科学优秀成果80项。拍摄理论故事节目《是这个理——决战土店子》作为全省“七一”献礼片在湖北广播电视台综合频道播出。

【意识形态工作】 2020年，州委常委会2次研究部署意识形态工作。制定《意识形态工作重点任务清单》《意识形态工作责任清单》，明确各级党委（党组）职责任务。将意识形态工作纳入州委巡察工作重点内容，全年对巡察涉及的48个州直单位开展意识形态工作专项检查，并督促问题整改。对各县（市）意识形态工作责任制落实情况进行专项检查，梳理各县（市）工作短板并书面反馈，督促指导各县（市）按要求整改落实。制定《恩施州意识形态工作联席会议成员单位职责分工》，明确各单位职能职责，形成齐抓共管的工作格局。定期召开意识形态工作联席会议，分析研判意识形态领域存在的问题，研究部署工作。开展“扫黄打非”工作，开展“正道”“清风”集中行动、“清源”“固边”“秋风”等六大专项行动。全州建成基层“扫黄打非”站点2664个，乡（镇）、村（社区）实现全覆盖。

【县级融媒体中心、新时代文明实践中心建设】 2020年，州直媒体推进深度融合发展，形成网上传播矩阵，“恩施发布”微信公众号用户32.75万人次、恩施电视台抖音用户206.2万人次、“云上恩施”客户端用户88万人次。州广播电视台搬迁新办公大楼，提升节目制作水平。全州县级融媒体中心顺利通过省级验收，机构、编制、人员全部到位，体制机制和工作流程全面建立，云上系列客户端迁入州级“云上恩施”平台。全州全面推开新时代文明实践中心建设，县级中心、乡镇实践所实现全覆盖，村（社区）实践站覆盖率91.9%。

【文化事业发展】 2020年，州委宣传部印发恩施州推进乡村文化振兴行动方案，明确六大行动（思想政治引领行动、乡风文明提升行动、文化事业繁荣行动、文化产业培育行动、文化队伍壮大行动、强保障抓落实行动）、16项措施。中宣部支持的1919个村综合文化服务中心全面建成。组织恩施州第十三届精神文明建设“五个一工程”（戏剧、电视剧、电影、社科图书、社科理论文章）评选，授予22部作品“优秀作品奖”。全年有11部文艺作品获国家级奖项，18部文艺作品获省级奖项，其中长篇报告文学《父亲原本是英雄》、散文集《那条叫清江的河》获少数民族文学“骏马奖”。推进武陵山区（鄂西南）土家族苗族文化生态保护实验区建设。截至2020年，全州有世界文化遗产1处，国家级、省级文物保护单位分别有9处、79处，国家级、省级非物质文化遗产分别有15项、66项。

【文旅产业发展】 2020年，新冠肺炎疫情突如其来，文旅产业面临发展困境，州委、州政府多次召开专题会议进行研判部署，出台《恩施州关于推动文化旅游产业恢复振兴的措施》《2020年恩施州旅游宣传推广主题策划方案》，州级财政安排1000万元资金对文旅行业进行奖补，统筹1000万元资金面向社会分期投放消费券，开展旅游宣传推广，参与“与爱同行 惠游湖北”活动，旅游市场逐步升温，工作成效在省委办公厅《工作简报》第39期编发。推进国家全域旅游示范区、全州生态文化旅游产业集群建设，2020年利川市被认定为国家全域旅游示范区。

【文化体制改革】 2020年，州委宣传部牵头负责的改革项目8项，参与改革项目9项。按照中央、省委、州委的统一安排，县级融媒体中心建设、新时代文明实践中心建设、健全志愿服务工作机制、深化广电网络体制改革、加强文艺人才队伍建设、推进文化和旅游深度融合6个项目顺利结项。广电网络体制改革工作顺利完成。

【新闻宣传】 2020年，新冠肺炎疫情阻击战打响后，州疫情防控指挥部宣传引导组第一时间启动宣传引导应急响应机制，全州新闻工作者争当“逆行者”，及时发布信息，共发稿4万余条。开通网上咨询投诉求助平台和11条热线电话，及时回应群众关切。聚焦脱贫攻坚，组织主流媒体深入一线开展报道，央视“走村直播看脱贫”、新华社大型直播节目“决战决胜脱贫攻坚”走进恩施州农村，讲述脱贫攻坚故事，展示脱贫攻坚成果。全年播发脱贫攻坚稿件2万余条，年发稿量列全省第一名，经验做法在全省交流。7月，面对州城严重洪灾灾后重建、恩施市沙子坝滑坡和建始县抗洪抢险，召开3场新闻发布会。挖掘先进典型，推出谢睿等“中国好人”5人、“荆楚楷模”5人、“恩施楷模”31人。举办谢睿同志先进事迹报告会，200多万人通过现场、媒体直播和网络观看。开展“走向我们的小康生活”百姓宣讲活动。全州各级媒体聚焦疫后重振、项目建设、优化营商环境、“扫黑除恶”等30多项重点工作，掀起宣传全州干部群众团结拼搏、开拓奋进的热潮。组织参加2场全国新闻发布会、5场全省新闻发布会，举行5场全州新闻发布会，在省级以上主要媒体刊发各类稿件1.2万余条，其中《人民日报》刊发66条、新华社刊发168条、中央电视台刊发227条。

2020年恩施州在中央主要媒体播发稿件情况表

表2

序号	媒体名称	报道标题	版面	发布时间
1	人民日报	老兵的本色	20版	2020年1月2日
2	人民日报	送货进山 服务村民	2版	2020年2月6日
3	人民日报	驻村工作，就要不怕难题	13版	2020年2月20日
4	人民日报	天津对口支援湖北恩施——携手同心 全力抗疫	6版	2020年3月16日
5	人民日报	扶贫车间 加速复工	10版	2020年4月8日
6	人民日报	直播卖茶助脱贫	14版	2020年4月10日
7	人民日报	绿水青山变成金山银山	1版	2020年5月17日
8	人民日报	土家寨里耕水田	4版	2020年6月7日
9	人民日报	冲锋在前 奋力拼搏（为了民族复兴·英雄烈士谱）	16版	2020年7月2日
10	人民日报	抗洪抢险 冲锋在前	19版	2020年7月21日
11	人民日报	天津有，恩施就有（一线抗疫群英谱） ——记天津市对口支援恩施州疾控工作队	4版	2020年9月19日
12	人民日报	特岗教师的奉献与坚守	5版	2020年9月27日
13	人民日报	绿色发展好“风”光	1版	2020年11月9日
14	人民日报	“他没日没夜扑在扶贫工作中”	7版	2020年11月24日
15	新华社	防滑链条跑断，也要给村民“上紧弦” ——鄂西山区疫情防控见闻	通稿	2020年2月3日
16	新华社	5G远程视频会诊，让山区重症患者获得更优诊疗 ——记湖北恩施一次三方网络会诊	通稿	2020年2月19日
17	新华社		新华每日电讯3版	2020年2月20日
18	新华社	驰援湖北恩施 天津带去了一家“空中医院”	通稿	2020年2月21日
19	新华社	湖北恩施：探访天津援助恩施专家	通稿	2020年2月22日
20	新华社	春耕不误农时 防控不松半寸——鄂西山区春耕备耕观察	通稿	2020年2月25日
21	新华社	鄂西山区春茶采摘	通稿	2020年2月26日
22	新华社	天津疾控人员湖北恩施战“疫”记	通稿	2020年3月3日
23	新华社	跨越3000里的“天使组合” ——天津对口支援恩施州抗击疫情纪实	通稿	2020年3月4日
24	新华社		新华每日电讯5版	2020年3月5日
25	新华社	足不出户，享受一键下单服务 ——鄂西山区物资代购配送员解民忧记	通稿	2020年3月10日
26	新华社	湖北恩施：茶业复工 玉露飘香	通稿	2020年3月11日
27	新华社	43双布鞋，串起抗“疫”民族情	新华每日电讯5版	2020年3月13日
28	新华社	长江入湖北第一关的“疫”线守门员	通稿	2020年3月13日
29	新华社	湖北恩施：“扶贫车间”复工助搬迁群众就业增收	通稿	2020年3月14日
30	新华社		新华每日电讯4版	2020年3月15日
31	新华社	三千里驰援的“心灵治疗师”	通稿	2020年3月20日
32	新华社	恩施五百余名务工人员搭专列赴绍兴	新华每日电讯6版	2020年3月20日
33	新华社	在疾控火线，有一群追踪猎捕病毒的人	新华每日电讯13版	2020年3月20日
34	新华社	杭州恩施互认健康码 千余名恩施务工人员再赴杭	通稿	2020年3月21日
35	新华社		新华每日电讯1版	2020年3月22日
36	新华社	湖北恩施：106名天津援鄂医疗队队员返程	通稿	2020年3月25日
37	新华社	湖北恩施：茶企“共享订单”抱团闯市场	通稿	2020年4月13日
38	新华社	滞销变畅销——恩施“春茶姑娘”入津记	通稿	2020年4月18日
39	新华社		新华每日电讯1版	2020年4月19日
40	新华社	宜万铁路不眠雨夜	新华每日电讯5版	2020年7月9日

续表 2

序号	媒体名称	报道标题	版面	发布时间
41	新华社	“10 来分钟，洪水就从车轮涨到车顶” ——湖北恩施江水漫堤后的生死救援	新华每日电讯 4 版	2020 年 7 月 21 日
42	新华社	江水漫堤后的生死救援——湖北恩施州城保卫战速记	通稿	2020 年 7 月 21 日
43	新华社	湖北恩施马者村出现大面积滑坡	新华每日电讯 5 版	2020 年 7 月 22 日
44	新华社	合力筑起生命防线——记天津市对口支援恩施州疾控工作队	通稿	2020 年 9 月 21 日
45	新华社	武陵山区，三位“网红”战贫记	新华每日电讯 13 版	2020 年 10 月 16 日
46	新华社	高坪站开通运营 恩施州坐拥宜万铁路 5 座车站	通稿	2020 年 10 月 2 日
47	新华社	恩施社区治理“尖刀班”观察(上)(下)	《半月谈》第 22 期	2020 年 12 月 1 日
48	新华社	宜万铁路十年：武陵山区恩施州发送铁路旅客超 5000 万人次	通稿	2020 年 12 月 22 日
49	新华社	山村农家乐也念公司经	《半月谈》第 24 期	2020 年 12 月 25 日
50	中央电视台	整顿软弱涣散 加强农村党建	CCTV-1 综合频道 《焦点访谈》	2020 年 1 月 6 日
51	中央电视台	风雨同舟 共渡难关	CCTV-1 综合频道 《新闻联播》	2020 年 2 月 12 日
52	中央电视台	战疫情·湖北恩施 首座 PCR 实验室建成 助力疫情防控	CCTV-13 新闻频道 《新闻直播间》	2020 年 2 月 12 日
53	中央电视台	湖北恩施：扶贫工作队 守护大山村民的“生命线”	CCTV-4 中文国际频道 《今日环球》	2020 年 2 月 19 日
54	中央电视台	19 省份对口支援湖北 坚决打赢疫情防控阻击战	CCTV-1 综合频道 《新闻联播》	2020 年 2 月 24 日
55	中央电视台	守望家国 第六集 传爱抗“疫” 守望恩施	CCTV-6 电影频道 《电影快讯》	2020 年 2 月 26 日
56	中央电视台	了不起的中国人	CCTV-4 中文国际频道 《中国文艺》	2020 年 3 月 2 日
57	中央电视台	四方石村的变迁（2）	CCTV-17 农业农村频道 《攻坚日记》	2020 年 3 月 16 日
58	中央电视台	四方石村的变迁（3）	CCTV-17 农业农村频道 《攻坚日记》	2020 年 3 月 18 日
59	中央电视台	恩施州：稳步推进复工复产	CCTV-1 综合频道 《新闻联播》	2020 年 3 月 24 日
60	中央电视台	战疫情特别报道 援助医疗队搭桥 助力恩施茶业销售	CCTV-13 新闻频道 《战疫情特别报道》	2020 年 3 月 28 日
61	中央电视台	湖北恩施 多措并举 解决茶叶滞销问题	CCTV-13 新闻频道 《新闻直播间》	2020 年 3 月 31 日
62	中央电视台		CCTV-13 新闻频道 《新闻直播间》	2020 年 4 月 1 日
63	中央电视台		CCTV-13 新闻频道 《午夜新闻》	2020 年 4 月 1 日
64	中央电视台	守望家国 第四十四集 “津”生有缘 “恩”情常在	CCTV-6 电影频道 《电影快讯》	2020 年 4 月 3 日
65	中央电视台	清明时节 春茶采摘正当时	CCTV-13 新闻频道 《战疫情特别报道》	2020 年 4 月 6 日
66	中央电视台	湖北恩施 战疫情 天津疾控专家：做好防控 保障复工复学	CCTV-13 新闻频道 《战疫情特别报道》	2020 年 4 月 8 日
67	中央电视台	四方石村的变迁（4）	CCTV-7 农业农村频道 《攻坚日记》	2020 年 4 月 22 日
68	中央电视台	四方石村的变迁（5）	CCTV-7 农业农村频道 《攻坚日记》	2020 年 5 月 8 日

续表 2

序号	媒体名称	报道标题	版面	发布时间
69	中央电视台	湖北恩施 首座500千伏智能变电站投产送电	CCTV-13 新闻频道《新闻直播间》	2020年5月12日
70	中央电视台	张富清 初心自慷慨	CCTV-1 综合频道《感动中国》	2020年5月17日
71	中央电视台	原味乡间·恩施篇	CCTV-10 科教频道《味道》	2020年5月31日
72	中央电视台	湖北恩施:国内首条“空轨”商业运营线开工建设	CCTV-13 新闻频道《共同关注》	2020年6月7日
73	中央电视台	湖北恩施:国内首条“空轨”商业运营线开工建设	CCTV-4 中文国际频《今日环球》	2020年6月8日
74	中央电视台	湖北恩施:国内首条“空轨”商业运营线开工建设	CCTV-4 中文国际频《中国新闻》	2020年6月8日
75	中央电视台	四方石村的变迁(6)	CCTV-17 农业农村频道《攻坚日记》	2020年6月12日
76	中央电视台	湖北恩施 暴雨致多处积水 消防转移被困群众	CCTV-1 新闻频道《新闻联播》	2020年6月18日
77	中央电视台	湖北恩施 暴雨致多处积水 消防转移被困群众	CCTV-13 新闻频道《新闻直播间》	2020年6月18日
78	中央电视台	湖北恩施 暴雨致多处积水 消防转移被困群众	CCTV-4 中文国际频道《中国新闻》	2020年6月18日
79	中央电视台	土司遗址:“荆南雄镇”牌坊	CCTV-10 科教频道《大美中国》	2020年7月2日
80	中央电视台	土司遗址:湖北唐崖土司城的规模与布局	CCTV-10 科教频道《大美中国》	2020年7月2日
81	中央电视台	湖北恩施土家族民歌《六口茶》	CCTV-15 音乐频道《民歌中国》	2020年7月7日
82	中央电视台	湖北恩施持续暴雨致多地发生洪涝灾害	CCTV-13 新闻频道《24小时》	2020年7月17日
83	中央电视台	湖北恩施持续暴雨致多地发生洪涝灾害	CCTV-13 新闻频道《东方时空》	2020年7月18日
84	中央电视台	湖北恩施 持续降雨多处积水 消防紧急转移1900余人	CCTV-13 新闻频道《新闻30分》	2020年7月18日
85	中央电视台	湖北恩施 持续降雨多处积水 消防紧急转移1900余人	CCTV-13 新闻频道《新闻直播间》	2020年7月18日
86	中央电视台	湖北恩施 暴雨致城区积水 启动城市防洪Ⅰ级响应	CCTV-13 新闻频道《新闻30分》	2020年7月18日
87	中央电视台	湖北恩施 直击抗洪抢险一线 防洪应急响应升至Ⅱ级	CCTV-7 国防军事频道《正午国防军事》	2020年7月18日
88	中央电视台	湖北恩施 积水缓慢消退 当地正在清淤	CCTV-13 新闻频道《新闻直播间》	2020年7月18日
89	中央电视台	湖北恩施 强降雨致多地被淹 紧急转移被困人员	CCTV-13 新闻频道《新闻直播间》	2020年7月18日
90	中央电视台	湖北恩施 民兵应急分队疏散转移群众2500余人	CCTV-13 新闻频道《新闻直播间》	2020年7月18日
91	中央电视台	湖北恩施城区严重积水 党员干部协助转移被困群众	CCTV-13 新闻频道《新闻直播间》	2020年7月19日
92	中央电视台	冲锋在前 危难时刻显本色	CCTV-1 综合频道《新闻联播》	2020年7月20日
93	中央电视台	焦点访谈:救援、抢险、留守巡查……这群人一直在奋战	CCTV-1 综合频道《焦点访谈》	2020年7月20日

续表 2

序号	媒体名称	报道标题	版面	发布时间
94	中央电视台	湖北恩施发生山体滑坡形成堰塞湖:预警及时 未出现人员伤亡	CCTV-13 新闻频道《新闻直播间》	2020 年 7 月 22 日
95	中央电视台		CCTV-13 新闻频道《朝闻天下》	2020 年 7 月 22 日
96	中央电视台	湖北恩施:滑坡前 36 个小时 他发出这张照片救了全乡人	CCTV-2 财经频道《正点财经》	2020 年 7 月 23 日
97	中央电视台		CCTV-2 财经频道《天下财经》	2020 年 7 月 23 日
98	中央电视台		CCTV-2 财经频道《正点财经》	2020 年 7 月 23 日
99	中央电视台	湖北恩施:大雨来临前 给山体穿“雨衣”	CCTV-2 财经频道《正点财经》	2020 年 7 月 24 日
100	中央电视台		CCTV-2 经济频道《第一时间》	2020 年 7 月 25 日
101	中央电视台		CCTV-2 财经频道《天下财经》	2020 年 7 月 25 日
102	中央电视台	湖北恩施:建始遭遇强降雨 军地力量持续投入救援	CCTV-7 国防军事频道《国防军事早报》	2020 年 7 月 27 日
103	中央电视台	湖北恩施:特大暴雨袭击 建始启动防汛Ⅰ级应急响应	CCTV-13 新闻频道《朝闻天下》	2020 年 7 月 27 日
104	中央电视台	湖北恩施:突发特大暴雨 多路民兵紧急救援	CCTV-7 国防军事频道《正午国防军事》	2020 年 7 月 27 日
105	中央电视台	湖北恩施 沙子坝滑坡“预警第一人”陈光明受表彰	CCTV-13 新闻频道《新闻 30 分》	2020 年 7 月 27 日
106	中央电视台	湖北恩施:暴雨下的“大伞”	CCTV-2 财经频道《经济半小时》	2020 年 8 月 4 日
107	中央电视台	四方石村的变迁(6)	CCTV-17 农业农村频道《攻坚日记》	2020 年 8 月 4 日
108	中央电视台	谭元斌:《本色英雄张富清》	CCTV-10 科教频道《读书》	2020 年 8 月 6 日
109	中央电视台	武陵山传奇 3	CCTV-10 科教频道《地理·中国》	2020 年 8 月 7 日
110	中央电视台	恩施大峡谷的奇景之一:“清江升白云”	CCTV-10 科教频道《地理·中国》	2020 年 8 月 8 日
111	中央电视台	武陵山传奇 4	CCTV-10 科教频道《地理·中国》	2020 年 8 月 8 日
112	中央电视台	《2020 我们的脱贫故事》第六集 茶林故事	CCTV-9 记录频道	2020 年 8 月 27 日
113	中央电视台	四方石村的变迁(7)	CCTV-17 农业农村频道《攻坚日记》	2020 年 9 月 9 日
114	中央电视台		CCTV-18 农业农村频道《攻坚日记》	2020 年 9 月 23 日
115	中央电视台	百村脱贫记 湖北恩施店子坪村:绝壁小山路变致富快车道	CCTV-4 中文国际频道《今日环球》	2020 年 9 月 13 日
116	中央电视台		CCTV-4 中文国际频道《中国新闻》	2020 年 9 月 13 日

续表 2

序号	媒体名称	报道标题	版面	发布时间
117	中央电视台	走村看脱贫 走进湖北恩施建始县花坪镇村坊村	CCTV-2 财经频道《第一时间》	2020 年 9 月 17 日
118	中央电视台		CCTV-2 财经频道《经济信息联播》	2020 年 9 月 17 日
119	中央电视台		CCTV-2 财经频道《天下财经》	2020 年 9 月 17 日
120	中央电视台	走村看脱贫 走进湖北恩施洞下槽村	CCTV-2 财经频道《第一时间》	2020 年 9 月 17 日
121	中央电视台		CCTV-2 财经频道《经济信息联播》	2020 年 9 月 17 日
122	中央电视台		CCTV-2 财经频道《天下财经》	2020 年 9 月 17 日
123	中央电视台	天津支援恩施州疾控工作队筑起防疫坚实屏障	CCTV-1 综合频道《新闻联播》	2020 年 9 月 19 日
124	中央电视台	歌声里的中国 湖北篇	CCTV-15 音乐频道《民歌中国》	2020 年 9 月 20 日
125	中央电视台	湖北恩施 发展茶叶种植 助力百姓脱贫增收	CCTV-13 新闻频道《新闻直播间》	2020 年 9 月 22 日
126	中央电视台		CCTV-13 新闻频道《朝闻天下》	2020 年 9 月 22 日
127	中央电视台	四方石村的变迁(8)	CCTV-17 农业农村频道《攻坚日记》	2020 年 9 月 28 日
128	中央电视台	宜万铁路高坪站竣工	CCTV-13 新闻频道《新闻直播间》	2020 年 9 月 29 日
129	中央电视台	湖北巴东 郑万高铁最大跨度大桥顺利合龙	CCTV-13 新闻频道《新闻直播间》	2020 年 9 月 29 日
130	中央电视台	湖北恩施:摆手舞迎国庆	CCTV-1 综合频道《生活圈》	2020 年 10 月 8 日
131	中央电视台	湖北恩施:农业生产恢复 行情好于预期	CCTV-2 财经频道《经济信息联播》	2020 年 10 月 10 日
132	中央电视台		CCTV-2 财经频道《第一时间》	2020 年 10 月 11 日
133	中央电视台	湖北恩施土家族民歌《六口茶》	CCTV-15 音乐频道《民歌中国》	2020 年 10 月 12 日
134	中央电视台	脱贫 我们的故事	CCTV-17 农业农村频道《攻坚日记》	2020 年 10 月 17 日
135	中央电视台	扶贫在路上 致敬一线工作者	CCTV-1 综合频道《晚间新闻》	2020 年 10 月 18 日
136	中央电视台	四方石村的变迁(9)	CCTV-17 农业农村频道《攻坚日记》	2020 年 11 月 4 日
137	中央电视台	四方石村的变迁(10)	CCTV-17 农业农村频道《攻坚日记》	2020 年 11 月 23 日
138	经济日报	恩施:趁着好天气 抢种马铃薯	12 版	2020 年 3 月 10 日
139	经济日报	恩施州茶企复工超六成——抢抓春茶采摘 市场有序运行	6 版	2020 年 4 月 1 日
140	经济日报	(为了民族复兴·英雄烈士谱)周国知:根在高山的为民模范	8 版	2020 年 4 月 5 日
141	经济日报	唱响新时代长江之歌	11 版	2020 年 12 月 11 日
142	经济日报	湖北恩施州恩施市二官寨村:古村落成旅游好去处	9 版	2020 年 12 月 24 日
143	光明日报	自湖北田间地头的报道——惊蛰荆楚听春声	8 版	2020 年 3 月 6 日
144	光明日报	春来百业兴	4 版	2020 年 3 月 12 日
145	光明日报	防疫生产两不误	4 版	2020 年 3 月 17 日
146	光明日报	首趟湖北恩施劳务协作扶贫专列抵杭	4 版	2020 年 3 月 23 日

续表 2

序号	媒体名称	报道标题	版面	发布时间
147	光明日报	春天里再出发	8 版	2020 年 3 月 26 日
148	光明日报	湖北恩施:把疫情耽误的时间抢回来	1 版	2020 年 3 月 29 日
149	光明日报	人间烟火味 此刻最慰心	9 版	2020 年 3 月 29 日
150	光明日报	好山好水出好茶 好茶热盼好销路	8 版	2020 年 4 月 3 日
151	光明日报	《龙船调》唱出土苗儿女新生活 —— 湖北省恩施土家族苗族自治州利川市的脱贫之路	9 版	2020 年 9 月 6 日
152	光明日报	“尖刀班”让村里种上“摇钱树”	9 版	2020 年 9 月 6 日
153	光明日报	合力筑起生命防线 ——记天津市对口支援恩施州疾控工作队	3 版	2020 年 9 月 21 日
154	光明日报	消费扶贫,让“土山货”变身“香饽饽”	9 版	2020 年 10 月 27 日

【电影】 2020 年，全州开展农村公益电影放映 31692 场次，城市广场电影 600 场次。7 月，州新冠肺炎疫情防控指挥部办公室发出《关于做好恩施州电影院有序开放和常态化疫情防控工作的通知》，全州 15 个影院恢复开放，实现票房收入 2000 多万元。省电影局下达国家电影事业发展资金 71 万元，奖励全州放映国产影片成绩突出电影院 13 个。下达国家电影事业发展省级补助资金 43 万元，其中恢复开放的 15 个电影院每个补助 2 万元纾困及常态化疫情防控资金，9 个加入人民院线的电影院每个补助 1 万元，4 个加入艺术影片放映联盟的电影院每个补助 1 万元。开展优秀国产影片展映活动。电影《白云深处》、《冲锋号》、微电影《拒执罪》等作品获得恩施州 2020 年度“五个一工程”优秀作品奖。

（陈国清）

【理论信息工作】 2020 年，州委理论信息中心将习近平总书记重要讲话精神，中央重大决策部署，省委、州委贯彻落实举措作为支部主题党日学习重点，全年为全州基层党组织提供《支部主题党日学习资料》10 期。推广“学习强国”学习平台，全州总学员数 15 万余人，全年在“学习强国”学习平台用稿 308 件。州委理论学习中心组学习 12 次（其中自主学习 1 次、集中学习 6 次、交流研学 5 次），编印学习资料 12 期。先后邀请华中师范大学出版社总编辑、马克思主义学院教授刘从德作《习近平谈治国理政》第三卷专题辅导报告；省委学习贯彻中共十九届五中全会精神宣讲团成员，省人社厅党组书记、厅长刘艳红作中共十九届五中全会精神宣讲报告；中南民族大学法学院副院长、副教授黄军作《中华人民共和国民法典》专题辅导讲座。启动全省理论热点面对面示范点建设 2 个（鹤峰县燕子镇、恩施市屯堡乡），按照省委宣传部、省委讲师团关于线上开展理论热点面对面示范点活动和“百马宣讲行动”的要求，对鹤峰县燕子镇理论热点面对面示范点进行 3 次调研指导、对恩施市屯堡乡开展理论热点面对面示范点进行联系指导，按照年度工作方案开展理论“云宣讲”。全年为州直部门和县（市）委作《习近平谈治国理政》第三卷、中共十九届四中、五中全会精神宣讲报告 8 场。2020 年，州委讲师团被省委宣传部、省委讲师团表彰为“全省基层理论宣讲先进集体”，孙红被表彰为“全省基层理论宣讲先进个人”。

（邱勇平）

精神文明建设

【概况】 2020 年，全州持续推进“五大创建”（创建文明城市、文明村镇、文明单位、文明校园、文明家庭）活动。贯彻落实《恩施州推进乡风文明建设三年行动方案》，州级财政每年拨付资金 400 万元，建成乡风文明建设试点村 80 个。持续推进文明礼仪、文明交通、文明旅游、文明餐桌、爱国卫生等宣传教育，组织“我知晓，我践行，快加入公筷倡议行动”等活动。投入 60 万元支持乡村学校少年宫建设，改善乡村学校办学条件。在全省乡村学校少年宫特色项目征集活动中，全州获一等奖 1 个、二等奖 2 个、三等奖 2 个、优秀奖 2 个。2020 年全州社会主义核心价值观建设考核在全省排名第四位。全州落实《新时代公民道德建设实施纲要》，张富清获评 2019 年度感动中国人物，5 人当选“中国好人”月度人物，5 人获评“荆楚楷模”月度人物，全州评选 2020 年“恩施楷模”共 4 期 31 人（组）。举办谢睿同志先进事迹报告会、2018—2019“感动恩施”年度人物致敬礼活动。2020 年春节全州看望模范人物 137 组（次），发放慰问金 48.05 万元。

【文明城市创建】 2020 年，建始县、巴东县、宣恩县、咸丰县成功创建 2017—2019 年度湖北省文明城市。制定《2020 年争创全国县级文明城市提名城市重点工作任务清单》，指导恩施市、巴东县、宣恩县、咸丰县 4 个县（市），对照清单内容争创 2021—2023 年创建周期全国文明城市提名城市，宣恩县被省推荐上报。

【文明村镇创建】 2020 年，新增和复查确认全国文明村镇 22 个、省级文明村镇 90 个、州级文明村镇 386 个，县级及以上文明村镇占比达 52%以上。贯彻落实《恩施州推进乡风文明建设三年行动方案》，开展乡风文明建设和农村精神文明建设专项调研，形成专题调研报告。州级财政拨付 400 万元，对 2019 年度 40 个乡风文明建设试点村进行奖补。拨付 8 个县（市）2020 年村红白理事会省级奖励经费 102

万元。恩施市盛家坝镇二官寨村成功入选全国村级“乡风文明建设”优秀典型案例名单，全省唯一。利川市南坪镇黄田村、建始县茅田乡三道岩村、来凤县三胡乡石桥村被农业农村部评为“全国乡村治理示范村”。

【文明单位创建】 2020年，全州继续推进文明单位“六个一”[一个科学合理的乡镇建设规划、一条干净整洁畅通的街道（路）、一个管理有序的农贸市场、一个综合性文化服务中心、一系列群众参与的创建活动（文明实践志愿服务）、一套创建激励奖惩的机制] 活动，开展职工“四德”（社会公德、职业道德、家庭美德、个人品德）教育和全民阅读活动，创建无烟党政机关。引导文明单位设立学雷锋志愿服务岗，开展文明实践志愿服务活动。与州邮政管理局联合开展2020年“最美快递员”评选活动，与州工会联合开展第十三届湖北省职工职业道德建设先进单位、先进个人遴选宣传活动。新增和复查确认全国文明单位10个、省级文明单位189个，命名表扬州级（最佳）文明单位（系统）788个。

【文明校园创建】 2020年，全州2所学校（恩施市实验小学、巴东县第一高级中学）分别确认保留“全国文明校园”“全国文明单位”称号，22所学校获评省级文明单位（校园）。建好管好83个乡村学校少年宫，在全省乡村学校少年宫特色项目征集活动中，获一等奖1个、二等奖2个、三等奖2个和优秀奖2个。持续开展“扣好人生第一粒扣子”主题教育实践活动，组织实施“暑期集中行动”“以爱之名 祝福中国——2020首届楚少年征文大赛”等活动。陈锋获评“第五届全国未成年人思想道德建设工作先进工作者”，孙孝妮当选全国“特别关注孝心少年”，向锦鸿当选“湖北省新时代好少年”。

【文明家庭创建】 2020年，全州开展文明家庭、“脱贫致富家庭”、“好婆媳”、“好夫妻”、“好邻里”等评选活动，李道坤家庭获评全国文明家庭，新增和复查确认省级文明家庭5户，命名表扬新一届州级文明家庭20户。开展“每周同上一堂家庭教育课”主题活动，全州14.45万人参与“家庭教育和心理健康”科普知识有奖测试36.48万次。组织“家风家训我来拍”短视频征集，推进“廉洁好家风”宣传教育。开展2020年寻找恩施州“最美家庭”暨家风家训故事征集评选活动，评选出20户恩施州“最美家庭”、30户“最美家庭”提名及20个优秀家风家训故事。巴东县野三关福娃娃幼儿园入选“全国家庭教育创新实践基地”。

【新时代文明实践中心建设】 2020年，州委文明委印发《县市新时代文明实践中心建设2020年度重点工作任务清单》《各县市文明实践对标找差距补短板清单》。组织县（市）到宜昌等地考察学习。各县（市）委书记任新时代文明实践中心主任，普遍建立县（市）、乡镇（街道）、村（社区）三级规范化组织领导体系，出台具体实施方案，在阵地、机构、编制、资金等方面予以支持。截至2020年底，全州建立县级新时代文明实践中心8个，乡镇（街道）实践所91个，覆盖率100%。村（社区）实践站2311个，覆盖率91.9%。12月，在全省新时代文明实践中心建设试点工作推进会上，鹤峰县作工作交流发言。

【志愿服务工作】 2020年，州委印发《深化新时代志愿服务工作助力基层社会治理的实施方案》。全域搭建文明实践网上信息平台，全州注册志愿者超过50万人，占常住人口16.74%，开展活动1万余场（次）。张云生、刘选明被共青团中央、中国青年志愿者协会授予“抗击新冠肺炎疫情青年志愿服务先进个人”称号。《巴东县东顺伟业博爱之光——记恩施州巴东县东顺伟业出租车有限公司志愿服务者团队》《恩施市杨佐忠——“感恩中国”恩施自治州志愿服务团队扶贫案例》入选全国“志愿者扶贫案例50佳”。鹤峰县“周末课堂——我们牵手一起走”获湖北省志愿服务项目大赛暨志愿服务嘉年华活动金奖。袁辉当选湖北省最美志愿者。“利川市青年志愿服务社”、恩施职院“天天向上”青年志愿服务协会被命名为2020年度湖北省“本禹志愿服务队”。全州评选表扬一批全州新冠肺炎疫情防控志愿服务工作先进典型。

【弘扬文明新风】 2020年，全州持续推进文明礼仪、文明交通、文明旅游、文明餐桌、爱国卫生等宣传教育。组织“我知晓，我践行，快加入公筷倡议行动”“我知晓，我践行，人人文明健康行动”活动，在“文明恩施”公众号的原文阅读量分别达到创纪录的10万+和6.2万。组织开展“讲文明、去陋习，我是健康生活行动者”活动等。加强诚信宣传教育，咸丰《诚信小铺》获评全省社会信用体系建设优秀短视频。开展“一盔一带”“零酒驾”创建活动。

【文明创建宣传】 2020年，全州宣传思想战线在中国文明网及微信公众号全年发稿16篇，湖北《宣传工作》发稿1篇，省深化新时代志愿服务工作简报发稿1篇，湖北文明网及微信号发稿323篇，恩施文明网发稿2064篇，文明恩施微信号发稿1087篇。《汇聚文明力量助力战“疫”大考——恩施州新时代文明实践中心参与战“疫”显担当》《鹤峰县志愿服务勇挑战“疫”重任》等案例被省委宣传部推荐到中宣部，恩施州新冠肺炎疫情防控志愿服务工作有序向复工复产转移的信息得到省委相关领导肯定性批示。

【2018—2019“感动恩施”年度人物】 2020年1月19日，光耀恩施——2018—2019“感动恩施”年度人物致敬礼在州文化中心举行，获奖人物分别是：深藏功名60多年、引发亿万网友关注点赞的“共和国勋章”获得者张富清；年轻生命永远定格在扶贫路上的咸丰县委原副书记邹炜和咸丰县委办公室原工作人员李勇；面对危险不顾个人安危挺身而上的宣恩县公安局副局长王海涛；用稚嫩双肩挑起家庭重担的宣恩县沙道沟镇栏杆坪小学12岁孝心女孩王凌云；带着瘫痪母亲求学的三峡大学医学院临床医学专业学生杨玉霞；从艺超过60年，为恩施玉露制作技艺保护和发展作出重要贡献的恩施职业技术学

院退休教师杨胜伟；驻村12年、失去右眼依然坚守岗位的州邮政扶贫工作队“老愚公”陈泽维；入选“中国好人榜”、被百姓称为“和谐使者”的鹤峰县燕子镇司法所退休干部易满成；既当嫂子又当妈，面对生活苦难不等不靠主动脱贫的建始县业州镇苏家坪村“傻嫂”段丙英；在杭州钱塘江上勇救落水女子的巴东县官渡口镇中心小学教师谭建华。

【5人获评“中国好人”月度人物】 2020年，罗建波被中央文明办评为1月敬业奉献类“中国好人”、汪明菊、陈光明被评为2—7月敬业奉献类“中国好人”、谢睿被评为10月敬业奉献类“中国好人”，朱泽斌被评为11月敬业奉献类“中国好人”。

【5人获评“荆楚楷模”月度人物】 2020年，田若兰被省委宣传部评为“荆楚楷模”2020年度1月上榜人物、刘小英、向辉、谢睿被评为“荆楚楷模”2—10月上榜人物，宋庆礼被省委宣传部评为“荆楚楷模”11—12月上榜人物。

【31人（组）获评“恩施楷模”】 2020年，向水、李扬、陈思强、周宇、孙军、杨蓥、章荣凤、宋秀慧、汪明菊、何航东、张桂成、刘选明获评一季度“恩施楷模”。刘本云、陈光明、莫凡、杨春广、胡铁、利川市忠路镇回龙村“尖刀班”获评二季度“恩施楷模”。张继航、何端傭、田军、邓绍南、孔家刚、何元法、陈龙获评三季度“恩施楷模”。郑家军、刘传清、牟利忠、李文猛、黄萍、胡金芝获评四季度“恩施楷模”。

【新增和复查确认全国文明单位10个】 2020年11月，中央精神文明建设指导委员会授予中国联合网络通信有限公司恩施州分公司、咸丰县公路管理局、鹤峰县人民检察院3个单位“第六届全国文明单位”称号。复查确认州审计局、中国移动通信集团湖北有限公司恩施分公司、国网湖北省电力有限公司恩施分公司、恩施市市容环卫管理局（原恩施市环境卫生管理处）、巴东县第一高级中学、建始县人民医院、中国工商银行股份有限公司利川支行7个单位“全国文明单位”称号。

【新增和复查确认全国文明村镇22个】 2020年11月，中央精神文明建设指导委员会授予建始县茅田乡、恩施市龙凤镇双堰塘村、利川市柏杨坝镇西坪村、建始县高坪镇青里坝村、巴东县水布垭镇围龙坝村、宣恩县高罗镇埃山村、宣恩县椒园镇黄坪村、咸丰县黄金洞乡大沙坝村、来凤县百福司镇兴安村、鹤峰县走马镇刚家湾村10个村“第六届全国文明村镇”称号。复查确认巴东县官渡口镇、咸丰县小村乡、鹤峰县走马镇、恩施市芭蕉侗族乡灯笼坝村、恩施市三岔镇莲花池村、建始县龙坪乡店子坪村、宣恩县万寨乡伍家台村、咸丰县小村乡羊蹄村、咸丰县忠堡镇板桥村、来凤县三胡乡黄柏园村、鹤峰县中营镇大路坪村、鹤峰县五里乡南村村12个村“全国文明村镇”称号。

（邓　恒）

统战工作

【概况】 2020年，全州统一战线坚持以习近平新时代中国特色社会主义思想为指导，贯彻落实习近平总书记关于加强和改进统一战线工作的重要思想，落实党中央的决策部署和省委、州委的工作要求，加强党对统战工作的领导，加深思想政治认同，广泛凝聚人心，服务中心大局。4月9日，州委召开全州统战部长会议，传达学习全国、全省统战部长会议，全国、全省网络人士统战工作会议精神，州委七届七次全会精神，回顾总结2019年全州统战工作，研究部署2020年工作。4月26日，州委统一战线工作领导小组召开2020年第一次全体（扩大）会议，研究部署2020年全州统战工作。

【多党合作】 2020年，开展“不忘合作初心、继续携手前进”系列教育活动，各党派开展集中学习21次，668人次参学。选送党派成员参加各级培训45人次。开展红色教育、家风教育、廉政教育等23场次，820人参加。围绕脱贫攻坚、乡村振兴、基层治理等主题，全年组织召开4次政党协商会议。各党派及党员（盟员、会员）向省、州、县（市）各级提交人大建议、政协提案和社情民意等230余篇。开展各类主题调研52场次，300余人参与调研。在各党派中央、省委会发表文章（信息、新闻）247篇。5个民主党派州级组织学习中共中央、省委关于参政党建设的文件11场次，实现党派成员全覆盖。新成立民进恩施州总支部委员会。各党派基层支部换届全面完成。

【非公经济工作】 2020年，组织开展4期企业家沙龙活动，州委、州政府主要领导与企业家交流。组织州、县（市）“四大家”领导开展走访服务企业活动，累计走访看望企业家309人，走访企业577个（其中民营企业542个），梳理问题797个，现场解决问题440个。制定出台《恩施州统战系统民营企业服务年活动方案》，128名统战系统干部联系服务258个民营企业，为民营企业解决289件急事、难事、烦心事。州、县两级非公有制企业投诉服务中心全覆盖，核定的26名事业编制招录24人。“知名民企湖北实地行”落实扶贫专项捐赠资金1387.2万元。推进党外知识分子和新的社会阶层人士工作。按照“六有”（有活动场所、有代表人士队伍、有工作品牌、有规章制度、有活动资料、有必要经费）“六清”（代表人士基本情况清、动态变化清、专业特长清、社会贡献清、思想状况清、困难诉求清）工作要求，抓点示范，全州建立12个新的社会阶层人士实践创新基地，实现县（市）全覆盖，培育“恩施市小微企业服务中心”“晴帆园社区统战工作实践创新基地”“鹤峰县统战之家”“王正发名师工作室”党外知识分子教育实践基地等品牌项目。组织开展会员走访联谊、政治理论培训研讨会、“红色教育沁人心、连心走访践使命”爱国主义教育等系列活动。召开全州网络人士统战工作会议和全州新联会联席会议。健全州领导、州委统一战线工作领导小组成员单位主要领导、统战干部与党外知识分子、新的社会阶层人士谈心交流制度。加强社会服务，涌现出诸如“新媒体直播沙龙——鹤峰直播之我见”“利川人大会”“恩施市新联会爱心团”“州新联会复工复产志愿服务队”等品牌。

【民族工作】 2020年，“全国民族团结进步示范区”创建取得成效，巴东县成功创建为全国民族团结进步示范县。按照国家民委“动态管理”规定，恩施市经重新申报再次被命名为全国民族团结进步示范单位，“十三五”期间州域示范创建全覆盖目标全面完成。在全州各行业、各领域深入开展“7+N进”（进机关、进乡村、进社区、进学校、进企业、进军营、进寺庙，N是各地在民族团结进步、创新过程中的自我探索）活动。“示范单位项目化”创新项目通过专家评审。开展好外来少数民族人员管理服务工作，同外来少数民族群众、学生结对子、交朋友，帮助解决生产、生活、学习中的困难和问题。落实民贸民品政策，2020年新增民族贸易企业157个，全州民贸企业累计达390个，贴息引导资金到位2848万元。

【宗教工作】 2020年，深入贯彻落实习近平总书记关于宗教工作的系列重要论述和党的宗教工作方针政策，层层压实各级党委政府宗教工作主体责任。到州委党校、湖北民族大学宣讲宗教政策法规。将宗教工作纳入大党建考核内容，纳入支部主题党日学习内容，实现党员学习全覆盖。中央宗教工作督查“回头看”反馈问题整改得到省委第十二巡视组认可销号。

【港澳台及侨务工作】 2020年，通过线上交流方式举办第六届“鄂台少数民族手牵手·相约恩施女儿会”活动。新冠肺炎疫情防控期间，帮助滞留恩施台胞台属解决防控物资不足问题，沟通交流，纾解心理压力，将55名台胞台属安全送回台湾。重要节点对40个家庭困难台胞台属和4个台企开展走访慰问。州侨联副主席向阳被中国侨联表彰为“全国侨联系统抗击新冠肺炎疫情先进个人”。组织民营企业参加华侨华人创业发展洽谈会，签约项目2个。

【基层统战工作】 2020年，对照统战基层基础年建设目标要求，压实县、乡、村各级党组织主要负责人第一责任人责任，州、县、乡三级统战领导架构力量不断加强，州、县、乡、村四级统战网络建立健全，发挥党委统一战线工作领导小组作用，党的领导贯穿基层统战工作始终。建立健全州、县（市）上下联动的“知联会”“新联会”“网络人士联谊会”组织架构，88个乡镇商会均由各乡镇民营企业家或者有影响的个体工商户担任会长，普遍进行民政注册登记。部分县（市）打造乡贤理事会、同心社区等统战载体。

【党外代表人士队伍建设】 2020年，开展党外干部专题调研，摸清党外干部底数，建立党外干部数据库。注重不同渠道培养锻炼党外干部，选派5名党外干部到中直部门、沿海发达地区、省直部门挂职锻炼，10名党外干部在州内上派下挂。选派45名党外干部参加州委党校党外干部主体培训班。贯彻落实中央、省委、州委关于党外人士实职安排的有关要求，推荐党外干部走向领导岗位，充实党外干部队伍。1月2日，州委、州政府召开党外人士迎春座谈会。5月22日，州委统战部召开党外人士座谈会，就优化营商环境听取各民主党派州级组织、州工商联和无党派人士的意见建议。

【精准扶贫和爱心捐赠】 2020年，全州统战系统派出65名干部，组建24个“尖刀班”，帮扶24个村，截至年底，帮扶村全部脱贫出列。引导州内外民营企业投身“千企帮千村”精准扶贫行动，现金资助7871名贫困户计1400万元。据统计，全州1634个民营企业结对帮扶1135个贫困村，带动辐射建档立卡贫困人口40余万人。全州统战系统以旅游消费、红色教育等形式开展消费扶贫行动83场次，2582人次参与，消费金额270万元开展“四海同心恩施行”、“授渔计划”、双师课堂、“决胜之年看湖北·网络大V荆楚行”、海联会医疗专家恩施义诊、“同心·院士专家服务团”恩施行、“科技兴教·扶智助学”助力城乡教育均衡化发展公益活动、各对口地市对接支援等帮扶行动，通过实施教育扶贫、医疗扶贫、产业扶贫、智力扶贫、交通扶贫等形式投入资金超过3800万元，惠及群众32万人。各县（市）主动沟通对接省直统战系统相关单位、对口帮扶地市，对接27次，落实资金2212万元，落地项目28个。各民主党派助力脱贫攻坚，民盟继续实施“守护天使工程”项目，民建在咸丰县高乐山镇民族中学开办“思源佑华移民班”，民进开展“网上带货”消费扶贫活动，会员企业采购农产品近1000万元。据不完全统计，各级商会、民营企业家、民主党派成员、党外人士为抗击新冠肺炎疫情、抗洪救灾捐款捐物折价8986万元。

【重要会议】 2020年1月2日，州委、州政府召开2020年度恩施州异地商会会长座谈会。5月11日，全州网络人士统战工作会议在州城恩施召开。会上传达学习省委统一战线工作领导小组全体（扩大）会议、全省网络人士统战工作电视电话会议和州委统一战线工作领导小组全体（扩大）会议精神。5月27日，全州对台工作会议召开。8月7日，恩施州召开以“巩固脱贫攻坚成果，着力推进乡村振兴”为主题的政党协商会议。9月30日，全州宗教工作领导小组会议在州城恩施召开，会议传达学习中央、省委关于宗教工作系列决策部署精神，通报2020年度全州宗教工作情况，宣讲《湖北省宗教事务条例》，安排部署下步工作。10月29日，恩施州召开以“加强基层社会治理，推动建立共建共治共享社会治理格局”为主题的政党协商座谈会。10月30日，恩施州新的社会阶层人士“凝聚新力量·筑梦新时代”主题教育暨全州新联会联席会议召开，会上审议通过《全州新联会联席会议制度》；恩施州党外知识分子“弘扬爱国奋斗精神，建功立业新时代”主题教育暨州知联会、州新联会政治培训会召开。

【重要调研】 2020年8月12日，浙江省委统战部副部长、省工商联党组书记陈浩率浙商企业家到恩施州开展帮扶考察调研活动。9月6—8日，省委统一战线工作领导小组派出调研组到恩施州，就贯彻落实中央、省委关于统一战线工作重要决策部署贯彻落实情况开展专项调研。11月18—20日，为落实《湖北统一战线助力民族地区疫后重振加快发展三年行动计划》，按照省委统战工作领导小组要求，省社会主义学院到恩施市、利川市、咸丰县围绕“民族地区疫后重振”主题开展调研。

【重要活动】 2020年8月27日，湖北省统一战线“四海同心恩施行”活动捐赠仪式在州城恩施举行。10月16日，湖北省“同心·院士专家服务团”恩施行活动在州城恩施启动，16名专家、党外知识分子代表到恩施州开展技术对接指导，助力当地企业或产业基地发展。10月21—23日，“决胜之年看湖北，网络大V荆楚行”活动走进恩施。走访团先后到巴东县、恩施市、宣恩县考察，实地感受美丽乡村建设成果，领略土苗民族风情，了解恩施州在乡村振兴、健康产业、产业扶贫等领域取得的新成就、新变化，借助新媒体平台向广大网民讲述和传播新时代的恩施故事。

（彭　惠）

保密工作

【概况】 2020年，恩施州各级保密行政管理部门坚持党管保密，加强依法治密，落实2020年度省、州保密工作要点，加强宣传教育、保密监管和保密服务，提升保密法治化现代化水平，确保全州未发生失泄密事件。

【保密工作责任制】 2020年，保密工作纳入州委领导重要议事日程、纳入州委常委会重要工作议题。6月24日，州委常委会专题听取全州保密工作汇报，传达学习习近平总书记重要指示批示以及全省保密局局长会议精神，研究解决制约全州保密工作重大问题。7月9日，全州保密工作会议召开，落实党管保密责任制。各县（市）党委、政府和保密委员会带头落实党政领导干部保密工作责任制的有关规定，贯彻落实中央、省委、州委关于保密工作的各项要求。

【保密法制宣传教育】 2020年，推进保密教育“四进”（进中心组、党校、领导干部任前谈话和新录用公务员培训），全年组织举办1次全州保密培训班，在党校和各机关组织开展保密知识讲座20余次，培训人数1500余人次，将《中华人民共和国密码法》相关内容和保密要求纳入“支部主题党日”学习内容，提醒全州党员干部和公职人员“牢固树立保密意识，自觉遵守保密纪律”。编印《保密工作手册》2500册。

【保密检查】 2020年，贯彻落实《泄密案件查处办法》《保密违法违纪处分建议办法》，按照自查自评各项要求整体推进、专项检查稳步展开、联合检查重点突破的思路，开展检查督导工作，制定《恩施州保密检查方案》，及时督导机关单位开展自查自评工作并上报自查自评情况，压实各机关单位的主体责任，探索实施进驻式保密工作检查。组织人员到宣恩县开展为期1周的进驻式保密检查，对近50余个州直重要部门和涉改单位进行保密督查检查。将保密专项检查纳入全州政治巡察工作内容，对20个政治巡察单位开展专项保密检查。协助配合教育、人社、司法等部门对有关重要考试工作进行针对性的保密巡查和指导工作。开展印制行业的专项检查，提出不得在非涉密计算机上印制内部资料和涉密文件资料的要求。

【保密服务指导】 2020年，落实推进“放管服”改革要求，配合上级业务部门做好涉密信息系统集成资质和国家秘密载体印制资质审查认定工作。组织对州内涉密资质企业进行1次全覆盖式的检查，按照优化营商环境的要求，先后完成5个企业初次申请6项保密资质、1个企业延续申请1项保密资质的书面和现场审查，其中4个单位的5项保密资质申请通过验收。服务涉密会议和重要活动。新增7台5G手机屏蔽器，提供手机屏蔽服务10余次，提供相关单位重大活动、重要文件保密业务咨询近30次。加强涉密文件资料销毁工作保密管理。新增1套磁性存储介质消磁粉碎一体机，全年为县（市）及州直单位进行涉密载体销毁服务，销毁涉密载体20余吨。

（赵秀朝）

政策研究工作

【概况】 2020年，州委政研室（州财经委员会办公室）完成领导讲话、汇报材料、典型发言等文稿300余篇、200多万字，包括州委七届八次全会报告、州委关于制定国民经济和社会发展第十四个五年规划和2035年远景目标的建议、州政府工作报告，州领导参加全国、全省、全州“两会”发言材料，全州优化营商环境、新冠肺炎疫情防控、农业农村工作、“比抓强促”、“尖刀班”工作、生态环保、乡村振兴、抗击新冠肺炎疫情表彰等方面讲话材料，向省主要领导汇报材料等。开展调查研究，形成一批高质量调研报告。组织召开州委财经委员会第二次会议，提交审定《州委财经委员会2020年工作要点》。编发《今日恩施》4期、《政府公报》6期。

【调查研究】 2020年，贯彻落实省委《关于加强调查研究提高调查研究实效的意见》，开展调查研究，服务州委、州政府科学决策。与全面深化改革有机结合，实行州级领导领衔重大改革调研课题工作机制，开展综合调研和专题调研。谋划调研课题，围绕全州提出的“八个着力”（着力打赢疫情防控阻击战，着力打好“三大攻坚战”，着力推进乡村振兴，着力抓好招商引资、项目建设、工业经济，着力打造一流营商环境，着力加强基层社会治理，着力保障和改善民生，着力加强党的建设）重点任务，建立完善州级领导领衔重大改革调研课题工作机制，拟定州委2020年15个重大改革调研课题，开展恩施州绿色发展、优化营商环境、二官寨乡村振兴、民办幼儿园疫后恢复发展、扶贫车间疫后恢复发展、人才战略、“两山理论”、“一红一绿”产业等系列专题调研，形成调研报告，《坚持生态优先，推进绿色发展，着力打造鄂西绿色发展示范区》在省政府机关刊物《咨询与决策》刊发。

【财经工作】 2020年，落实中央和省委经济工作会议精神，做好“六稳”工作，全面落实“六保”任务，围绕州委“八个着力”部署开展工作，统筹推进疫情防控和经济社会发展，打好战疫、战洪、战贫三场硬仗。精准对接中央支持湖北一揽子政策，把发展的基点放在实体经济上，为企业纾困解难、减税降费，巩固第一产业、提升第二产业、恢复第三产业，加快推动疫后重振。开展“比招商、抓项目、强产业、促进位”活动，召开3次“比抓强促”会议，推进招商引资、工业经济、项目建设、营商环境等重点工作，鼓励广大党员干部在抓发展中显身手、比作为，激发干事创业热情，稳住经济发展基本盘。组织召开州委财经委员会第二次全体会议，就全州“十四五”规划编制工作提出明确要求，全面总结“十三五”成绩，研究国家财经政策和投资导向，起草中共恩施州委关于“十四五”规划和2035年远景目标的建议。围绕“十四五”时期新要求新特征，对“一谷、两基地、三示范区、四大产业集群”的内涵进行调整，提出构建“一核支撑、两翼并进、全域协同”的区域发展布局，系统谋划“十四五”时期全州经济社会发展的指导思想、主要目标、重点任务、重大举措。

（符斌 陈兵 李洋 谭建威）

深化改革工作

【概况】 2020年，全州加快推进重点领域和关键环节改革，全年实施重点改革项目145个（其中，中央试点7个、省级试点9个、自主项目9个），当年应结项的77个项目全部结项，68个跨年度项目完成年度任务，党建引领基层治理、优化营商环境、生态文明建设、农业农村改革、扶贫体制机制创新等改革亮点被省级以上主流媒体重点宣传，部分改革经验受到省级以上领导肯定性批示和省部级以上命名表彰，部分改革项目被评为全国、全省优秀改革案例。

【改革工作经验推广】 2020年，国家林业和草原局办公室印发文件《集体林业综合改革试验典型案例》（第一批），推介恩施市林权改革经验。在全国集体林权制度改革政策培训会上，恩施市作典型发言。农业农村部将恩施市白杨坪镇洞下槽村评为第十批全国“一村一品”示范村镇。盛家坝镇二官寨村入选首批全国村级“乡风文明建设”优秀典型案例，全省唯一。人民网发表文章《湖北恩施社区治理“尖刀班”开启基层治理新模式》，推介恩施探索基层治理现代化做法。新华网发表文章《恩施社区治理“尖刀班”观察》宣传恩施创新社区治理经验做法。恩施市乡村善治推动乡村振兴获“中国改革2020年度50典型案例”，全省唯一。人民网刊文《你能像“鸟”一样飞进我的“山”——利川创新人才工作机制聚天下英才》推介利川市创新人才工作经验。文化和旅游部明确利川市为第二批国家全域旅游示范区。中华全国供销合作总社编制《农村综合服务社星级社典型案例》，建始县三道岩村级综合服务社作为省供销系统唯一一家村级综合服务社典型案例收录。生态环境部2020年第40号公告明确巴东县为国家级生态文明建设示范县。国务院新闻办公室举行产业扶贫进展成效新闻发布会。咸丰县推介产业扶贫“六化”经验做法。新华网专题报道建始县深化放管服改革经验做法。第二届全国百强融媒创新发展调研结果发布，鹤峰县融媒体中心获最具创新影响力区域融媒体中心。人民日报报道宣恩县推行教师队伍“县管校聘”为教师队伍注入活力做法。省委《政策》第10期推介恩施州推进稳岗就业做法。省优化营商环境领导小组印发《关于做好优化营商环境第一批典型经验复制推广工作的通知》《关于做好优化营商环境第二批典型经验复制推广工作的通知》推介恩施州5项典型经验。《湖北省优化营商环境简报》转载刊发恩施州13条经验做法。湖北日报专版宣传鹤峰县创建茶叶全域有机示范县做法，刊文《恩施10万山民吃上“旅游饭”》推介恩施州发展全域旅游做法，以“来凤31个职能部门业务‘一窗通办’”为题推介来凤深化放管服改革做法，以“恩施工改‘改’出幸福感”为题推介恩施州实施工程建设项目审批制度改革，大幅提高项目审批效率做法。在全省供销社系统经营创新专项现场推进会上，州供销社受邀以“推动三个转型，推进经营创新”为题推介恩施经验。在全省医保待遇保障工作会议上，恩施州作典型发言。省委政策研究室《调查与研究》2020年第7期以“信访工作‘三无’乡镇的‘椒园密码’”为题推介宣恩化解信访矛盾纠纷经验做法。2020年第12期以“恩施州人大推动创新协同保护酉水河”为题推介恩施州创新跨省协同立法，保护酉水河的经验做法。省委改革办改革情况专报〔2020〕第4期、专送参阅件〔2020〕第31期推介利川市探索联系服务群众创新基层治理工作机制经验做法。

【改革工作获领导批示】 2020年，省委副书记、省长王晓东在恩施州茶产业发展调研报告上批示：建鸣同志提出发展茶产业的建议很好，请予重视推进。副省长万勇在“鄂农阅”2020年第11期刊发的《抓产业 促就业 确保农民增收势头不减》文章批示：请及时推广恩施州的经验。省政协副主席马旭明在《湖北政协工作简报》2020年第10期刊发的《激活基层协商民主的“一池春水”——咸丰县培育“院坝协商”品牌纪实》文章批示：咸丰县政协积极开展“协商在一线”试点工作，取得宝贵经验。

【开展国家主体功能区建设试点】 2020年，编制《湖北省利川市国家主体功能区试点示范建设实施方案》，坚守生态红线，绿色发展，重点发展齐岳山风电场，毛滩河、杨东河水电站等清洁能源产业和高山绿色蔬菜产业带、团堡优质山药基地、建南优质黄连种植基地、郁江流域生态茶叶产业带等特色农产品基地，清洁能源产值达17亿元。完成《利川市中心城区山体保护专项规划及法定图则》《乡村振兴战略规划》等编制工作，推动构建科学合理的城乡空间格局。开展全国农民专业合作社质量提升整县试点，出台《利川市农民专业合作社质量提升整县推进试点工作实施方案》《利川市新型农业经营主体高质量发展五年计划》《开展农民专业合作社“空壳社”专项清理工作实施方案的通知》，对现有合作社进行清理整合，实施示范社建设，建成国家级示范社9个、省级示范社13个、州级示范社48个。加强合作社金融扶持，为91个新型农业主体提供担保服务。深化“合作社+贫困户”利益联结模式，带动贫困户38976户增收致富。

【白杨坪镇国家农村产业融合发展示范园建设】 2020年，整合乡村优质旅游资源，推进农业与旅游、教育、文化、康养等产业深度融合，形成茶文化观光园、洞下槽田园综合旅游园、麂子渡漂流等多个产业融合示范园。坚持市场主导拓展农业功能，推动农村产业融合发展和产业结构转型升级，提升农业产能。鼓励发展新型农业企业，对农业企业新建加工厂、购置生产加工设备提供激励性奖补资金，实现市场主体培育提档升级。推进农村电子商务发展，拓展农产品销售渠道。加强东西部企业交流合作，引进和诺生物等现代化农业企业，加快建设产业融合发展集群基地。探索建立“订单收购+分红”“土地入股+保底收益+按股分红”等多种利益联结机制，加强产业链整合和供应链管理，促进园区主导产业发展，有效提高主导产业经营效益，带动农户增收。

【国家集体林业综合改革试验区建设】 2020年，印发《恩施市推进集体林业综合改革试验区实施方案》《恩施市集体林地承包经营权退出与再发包管理办法(试行)》，建立完善集体林地承包经营权退出审查、退出补偿、退出服务机制，在沙地乡麦淌村开展试点实践，试点建设成果被国家林业和草原局推荐为第一批国家《集体林业综合改革试验典型案例》，在“全国集体林权制度改革政策培训会”上，恩施市作典型发言。

【新时代文明实践中心建设试点】 2020年，深化鹤峰县新时代文明实践中心国家试点建设，按照“实践中心—实践所—实践站—实践岗”四级架构体系，建成县级新时代文明实践中心1个、实践所9个、实践站218个、文明实践岗（基地）100余个，乡镇、村、社区覆盖率达100%。整合基层公共服务阵地资源，建成理论宣讲、教育服务、文化服务、科技与科普服务、健身体育服务五大平台。创建“1+9+21+218+N”文明实践志愿服务队伍网络，全县招募志愿者28722人，占全县总人口的14%。非试点县推进工作，全州建立县级新时代文明实践中心8个，乡镇（街道）实践所91个，覆盖率100%，行政村（社区）实践站2311个，覆盖率91.9%。

【邮政行业生态环境保护城市综合试点】 2020年，印发《关于加快推进绿色快递建设综合试点工作的通知》《恩施州邮政快递业包装绿色治理三年(2020—2022)行动方案》，加强政策宣传，加强知识培训，加大绿色改造投入力度，规范包装材料使用。加强日常监督管理，将绿色化工作纳入日常检查内容，制定《恩施州快递包装绿色治理工作任务台账》，将企业生态环保工作纳入行业诚信体系建设内容。

【国家全域旅游示范区创建】 2020年，出台《推动文化旅游产业恢复振兴的措施》，发放旅游消费券3252万元，州级财政支出1000万元奖励企业开展品牌创建、加强营销、组织客源、稳定就业，开展“与爱同行 惠游湖北”活动，推动全链条联动，旅游市场迅速恢复。主动适应国家全域旅游示范区创建以县（市）政府为主体的新要求，指导县（市）对标创建，利川市成功创建国家全域旅游示范区。

【推进“协商在一线”试点】 2020年，坚持全周期、开放式协商，搭建“院坝协商”民主议事平台，州、县两级政协以“五微”（微调研、微协商、微监督、微视察、微建议）活动为常态，以“4+N”（4即“两代表一委员”、党政部门负责人、专家学者、群众代表，N即相关利益群体）为主体，聚焦党政工作要事、基层治理难事、民生改善实事，开展“院坝协商”130余场，解决一批难点痛点问题。

【供销社综合改革试点】 2020年，优化基层组织体系，加大基层合作社、农民专业合作社培育力度，全面清理“空壳社”“僵尸社”，全州共有基层供销社103个、村级综合服务社1281个，农民专业合作社1000余个。拓宽为农服务领域，2020年全州供销系统农业社会化服务面积新增5800公顷，建立“农超对接”“农区（社区）对接”“农企对接”“农博（博览会）对接”利益链接机制，提升为农服务能力。发展农村电商，全州8个县（市）均建成县级电子商务中心，搭建“832”政府公益采购贫困地区特色农产品平台，开通采购人账号、预留采购金额、完成交易额三项指标居全省第一。

【推行惠农合作金融试点】 2020年，创新推出“832扶贫贷”惠农金融产品。推进消费扶贫，对接多方市场，拓宽销售渠道，全年销售农副产品151.9亿元，同比增长7.1%。健全再生资源网络体系，完善州再生资源产业园、县分拣中心、乡镇回收站、村回收点四级再生资源加工利用回收网络，全年全州供销系统再生资源销售额突破19.2亿元。

【推进经济发达镇行政管理体制改革】 2020年，统筹机构设置，经济发达镇分别设置6—8个内设机构。理顺延伸派驻体制，市（县）直延伸派驻经济发达镇的机构实行镇政府和市（县）直主管部门双重管理体制。整合经济发达镇现有站、所、队、分局执法力量和资源，统一设置综合行政执法机构。统一设置政务服务中心，集中受理相关服务和审批事项。扩大经济社会管理权限，按照“应放尽放、按需下放”原则，将经济发达镇迫切需要且能够有效承接的县级管理权限下放，做到权责对等。争取土地、财政、人事、项目、金融等方面支持力度，龙凤镇、野三关镇、走马镇均在有序推进用地制度改革，多家金融机构在3个镇分别设立分支机构，提供便捷金融服务。

【开展集体林权制度改革示范县创建】 2020年，印发《恩施市深化集体林权制度改革示范县实施方案》，统筹自然资源、司法、林业等相关部门组建林权纠纷调处专班，护航林地确权颁证工作，恩施市承包到户的235333.33公顷集体林地，全部颁发林权证，林地资源产权明晰。完善《恩施市森林资源流转管理实施细则》，规范林地流转程序，变证本管理为合同管理，搭建林权电子化档案系统，接入不动产登记交易平台，探索集体林地退出机制，林地流转机制更加顺畅。加大林业企业培育力度，出台优惠政策，清理“空壳社”，林业企业、合作社、家庭农场数量不断增加。强化林权管理服务，建立农村综合产权管理服务中心，服务网络延伸到村，依托市土地收购储存中心，对重点项目征占林地进行收储拍挂。建立林权综合监管平台，加强林权信息监管。

【共青团基层组织加强宣传思想文化工作改革专项试点】 2020年，加强宣传思想文化领域组织覆盖，常态化联系宣传思想文化领域青年组织17个，推荐青年宣传人才51名、新兴文艺青年43名，建团率达70%以上。组建青年文化宣传联盟，推进“青年讲师队”计划，开展宣讲8场，邀请省青年宣讲团开展集中示范性宣讲1场、开展集中分散宣讲2场，17个乡镇成立1支20人左右的青年网络文明志愿者队伍。打造青年文化活动阵地，建立“青年夜校”1所、“青年影院”1个、“青年书吧”1个。常态化开展主题团（队）日活动，加强“青年大学习”网上主题团课学习。

【特困供养服务机构管理体制机制改革创新试点】 2020年，恩施市以提升福利院服务质量为重点，推动特困供养服务机构以服务外包方式为主的运营机制改革，在6个乡镇农村福利院开展试点，将供养服务机构照料护理、医疗康复、配餐送餐、卫生保洁、社会工作等服务项目部分或整体外包给专业化服务机构，鼓励实行“服务外包、医养结合”。芭蕉乡、新塘乡、龙凤坝完成服务外包并正式运营，白果乡挂网招标成功。宣恩县以集中失能半失能特困对象为重点，整合资源、调整布局，对特困供养对象按自理、半失能、失能等类型分区域集中供养。咸丰县以区域整合为重点，优化配置农村福利院养老服务资源，整合闲置床位，提高床位利用率，将地理位置偏远、基础设施差、入住率低、改造投入大的供养服务机构合并，优化养老资源配置。咸丰县城市社会福利院通过竞争性磋商完成服务外包及社会化养老服务采购工作，在进行适老化改造，试点福利院进行升级改造后，面向社会开放，利用空余床位开展社会化养老。

【农村宅基地所有权、资格权、使用权“三权分置”试点】 2020年，印发《恩施市宅基地“三权分置”试点实施方案》，明确改革试点建设内容和3个试点村，在试点村建立具有现代公司管理体系的农村集体经济组织，完成宅基地的摸底调查、分析汇总和录入工作，编制发展规划，出台《农村宅基地使用和管理指导意见》《农村宅基地有偿使用指导意见》《农村宅基地自愿有偿退出指导意见》《农村宅基地资格权认定指导意见》等系列文件，建立比较完善的农村宅基地管理制度，探索宅基地流转相关制度。

【长江三峡地区山水林田湖草生态保护修复工程试点】 2020年，按照省厅批复的《湖北长江三峡地区山水林田湖草生态保护修复工程试点实施规划（2019—2021年）》，明确长江库岸修复、土地综合整治、水土流失治理和污染治理等整治方向。推进项目建设，规划试点的12个项目开工，实施的37个子项目完工18个，完成货币工程量59050万元，占计划总投资55.29%。省厅分解下达的生态环境保护修复考核18项绩效指标完成约60%，长江水质稳定在Ⅲ类，所有流经巴东水系断面水质全部达标，空气质量持续保持良好状态。

【省生态产品价值实现路径试点】 2020年，在恩施市青堡村、建始县村坊村开展调研，了解自然资源、产业发展、存在问题、发展前景等，草拟《恩施市青堡村生态产品价值实现路径实施方案》《建始县村坊村生态产品价值实现路径实施方案》。建始县村坊村发挥当地旅游资源优势，争取实施“飞拉达”攀岩体验式生态旅游项目，完成一期建设并投运。恩施市青堡村利用当地高山气候和美景，发展民宿旅游，发展民宿56户。

（符斌 陈兵 李洋 谭建威）

机关党的建设

【概况】 2020年，州委直属机关工委以习近平新时代中国特色社会主义思想为指导，加强机关党员干部理论武装，强化“两个维护”政治自觉。通过党组（党委）理论学习中心组示范引领学、支部主题党日全员集中学、书香恩施·清江大讲堂专题辅导学等方式，学习贯彻党的基本理论、基本路线、基本方略。对15个州直单位党组（党委）理论学习中心组学习开展首轮巡听，持续做好州直单位中心组学习“一学一报”、“学习强国”平台管理、州直文明单位创建等工作，履行意识形态成员单位职责，落实意识形态工作责任制。对机关基层党组织党风廉政建设宣传教育月活动开展情况、州直单位主要负责人讲廉政党课情况进行督办检查，持续开展党章党规党纪进机关活动。截至2020年底，州直党组织关系隶属州委直属机关工委的单位97个，基层党组织702个，其中党委54个，总支部59个，支部589个，党员11351名。由国务院扶贫办和中央广播电视总台农业农村频道联合推出反映精准扶贫成效的纪录片《攻坚日记》，在州委直属机关工委结对帮扶村唐崖镇四方石村拍摄，《四方石村的变迁》播出14集；10月17日，国家扶贫日大型访谈节目《脱贫我们的故事》，驻村第一书记王敦才带领村民走进节目现场，讲述脱贫故事。

【组织建设】 2020年，开展基层党建挂牌督办工作。对2019年度党建考核为基本合格的4个单位党组实行基层党建挂牌督办。党建业务“两张皮”问题基本解决，党建引领发展落到实处。开展基层党建专项检查督办，对34个直管单位和71个基层支部的支部主题党日、党员领导干部讲党课、机关企事业单位党组织和党员干部下沉社区等工作落实情况进行督查，形成问题清单，寄送至每个单位党组。对七届州委第十一轮、第十二轮巡察反映的16个州直单位的党建问题，通过召开督办会、寄送问题交办函、点对点督导等方式，推动被巡察单位立行立改。坚持“抓两头带中间”工作方法，开展2019—2020年度州直“红旗党支部”创建评选活动。

【基层社会治理】 2020年，选派52人组成社区治理“尖刀班”，全脱产参与州城社区（村）基层治理工作，组织96个州直单位党组织和7805名在职党员到所在社区报到。2020年，新冠肺炎疫情突如其来，1月29日（正月初五），从州直86个单位抽调182名党员干部组成20个“尖刀班”奔赴州城社区抗击疫情。1月31日（正月初七），动员督促州直机关在州城内的4895名在职党员干部下沉社区（村），开展疫情防控工作。汇编《党建引领战疫情——2020年州直机关阻击新冠肺炎疫情纪实》。全年组织州直单位干部职工抗洪救灾捐款298万元。

【抓党建促优化营商环境】 2020年，建立抓党建促优化营商环境工作机制，明确抓党建促优化营商环境的十条措施，组织州直基层党支部召开“优化营商环境、激发市场活力”专题组织生活会，开设“党建引领促发展”专题专栏。联合州总工会、州文旅局等部门开展“党建+消费扶贫”特色实践活动。全年州直有104个基层党组织到州内开展“主题党日”特色实践、个人自费游恩施等活动，活动金额408.4万元，其中职工个人自费购买农产品110.3万元。

【机关党建宣传】 2020年，创办“恩施州委直属机关工委”微信公众号，全年发布原创稿件268篇。开设“书记讲党课”“机关党建”“抓党建促优化营商环境”“社区传真”“讲好恩施故事”等专栏。重点宣传新冠肺炎疫情防控期间、恩施遭遇“7·17”严重洪灾后州直机关党组织和广大党员干部下沉社区忘我工作的先进事迹，宣传州直机关学习全国“两会”、中共十九届五中全会、州委七届八次全体（扩大）会议等重要会议精神及州直各单位在创新党建经验做法、优秀成果等。

（王敦才）

网络安全和信息化

【概况】 2020年，全州网信工作围绕州委、州政府中心工作，将全力打赢“三大攻坚战”、新冠肺炎疫情防控战、防汛抗旱、优化营商环境等工作作为重中之重。为实现全州精准脱贫、推动恩施高质量发展、建成全国先进自治州目标等营造良好的网络环境、坚强的网络安全保证和积极的信息化发展支撑。

【网络传播】 2020年，开展习近平新时代中国特色社会主义思想和中共十九大、十九届二中、三中、四中、五中全会精神网上宣传阐释。设置“十九届五中全会”“众志成城抗疫情”“决胜2020网络主题活动”“全力以赴防汛抢险救灾”“持续优化营商环境”“2020年新春走基层”“网络中国节”等专题专栏，相关专题和推文阅读量近2000万人次。围绕战疫、战洪、战贫等工作，以疫后重振、灾后重建、旅游复苏为重点，开展系列网络主题宣传，展现天津援鄂医疗队、恩施扶贫“尖刀班”、抗洪英雄群像等优秀典型，宣传“荆楚楷模”上榜人物等先进事迹，弘扬社会主义核心价值观，推介全州文化旅游资源。根据工作实际设置议题，用小切口反映大背景，小故事反映大时代，不断丰富网络内容，创新方式方法，实行分众化、差异化、精准化传播。

【网络宣传活动】 2020年，开展“抖爱恩施·我为恩施代言”主题活动，并入选省委网信办“与鄂同行·一网情深”活动系列。与新华网联办专题“讲述恩施州尖刀班的扶贫故事”，向全国推介恩施州扶贫领域涌现的典型人物、事迹。争取省委网信办“决胜之年看湖北·网络大V荆楚行”到恩施开展活动，全省30多个网络大V集中宣介恩施州经济社会发展成就。承办中央网信办“决胜2020”网络主题活动（恩施站），《人民日报》、中青网、光明网等20多个媒体记者到恩施开展集中采访。

【网络安全保障】 2020年，开展网络安全宣传教育，将《网络信息内容生态治理规定》纳入全州各级各部门重点宣传学习内容。9月，在全州开展“网络安全为人民 网络安全靠人民”网络宣传周活动，着重宣传《中华人民共和国网络安全法》《中华人民共和国民法典》涉网络有关条款，覆盖人群近100万人。预警通报出现高危漏洞、网络攻击、网页篡改事件的27个单位，处置重大网络风险55起。开展3448个网站专项清理工作，关闭1736个僵尸网站，落实规范管理网站1712个。

【网络社会组织】 2020年5月12日，与州委统战部联合召开全州网络人士统战工作会议，团结凝聚网络人士力量。6月11日，召开全州网络媒体代表人士座谈会，加强互联网行业自律，调动网民积极性，动员各方面力量参与治理。组织召开全州网络媒体协会第三次会员代表大会，进行换届选举，对2018—2019年度履行社会责任优秀自媒体名单进行通报，为21个“正能量网络媒体工作室”授牌。

【信息化工作】 2020年，提升信息基础设施水平，全州累计建成开通4G补盲基站664个，4G网络综合覆盖率达98%以上。建成5G宏基站1132个，微站9个，室分46处，实现恩施州城城区5G网络覆盖。新增771个自然村通光纤宽带。信息产业发展壮大，累计完成产值8.3亿元。数字政府建设逐步夯实，州政务云平台投入使用，应用支撑服务建设初见成效。

（佘运登）

机构编制管理

【概况】 2020年，州委编办贯彻落实《中国共产党机构编制工作条例》，推进全州基层治理体系和治理能力现代化，统筹推进新冠肺炎疫情防控和经济社会发展中的机构编制工作，健全和完善党管机构编制制度体系，巩固和深化机构改革成果。

【贯彻实施《中国共产党机构编制工作条例》】 2020年，学习贯彻习近平总书记关于机构编制工作的重要论述，做好《中国共产党机构编制工作条例》(以下简称《条例》)在全州全面贯彻实施工作。完善州委编委工作规则和州委编办工作细则，严格规范州委编委及编办管理权限和办事程序。将《条例》纳入州委党校（行政学院）培训课程，作为领导干部培训的重要内容。将《条例》贯彻执行情况，作为州委巡察工作内容。全面清理规范历年机构编制管理规范性文件，推进有关制度文件的“立改废释”。

【机构编制管理】 2020年，严格机构编制管理权限和程序。严肃编制工作纪律，涉及机构设置、职能调整、领导职数增减等机构编制事项，统一按程序和权限审批，突出党管机构编制原则的核心地位和作用。加强全州机构编制总量控制。执行机构编制集中统一管理和审批制度、机构编制事项事前沟通制度，落实以使用编制为“准入关”的进人控制办法，根据各单位实际情况做好编制使用合理调配，突出加大对全州基层卫健系统、教育部门、应急管理等领域编制使用需求保障。推动执行部门“三定”规定。督促指导全州各级各部门加大对“三定”规定执行力度，实现机构、职能、人员全面融合。加大机构编制管理监督检查。开展《条例》贯彻落实情况督促检查，提升机构编制部门与纪检监察机关、巡察部门以及组织人事、财政、审计等部门的协作配合，健全联动机制。推进机构编制信息化建设。运用省“机构编制综合业务管理平台”办理州直单位上下编业务，改进机构编制信息记录方式，提高机构编制信息化水平。

【街道管理体制改革】 2020年，围绕“明责、赋权、减负、增效”的总目标和总要求，推进全州街道体制改革工作。在机构设置方面，因地制宜的设立经济服务办公室、农业农村办公室和城市建设管理办公室3个内设机构。结合恩施多民族聚居、城市发展旅游优势突显的特点，明确街道在民族宗教、文化旅游方面的职责。在编制资源配置方面，州直调剂行政编制10名，恩施市、利川市分别调剂行政编制55名、22名，随延伸派驻机构下放分别向街道调剂事业编制137名、116名。调剂后，恩施市街道行政、事业编制平均数分别是63名、48名，利川市街道行政、事业编制平均数分别是57.5名、60名。在综合行政执法管理体制改革方面，按照管辖区域设置内设机构，直接将对应街道城市管理综合执法的中队职责、编制、人员切块下放，既维护执法队伍的稳定，又有利于街道迅速承接职责、开展工作。

【综合行政执法改革】 2020年，根据中央、省关于综合行政执法改革的要求，督促指导市场监管、生态环境保护、文化旅游市场、交通运输、农业、城市管理六个领域主管部门按照职权法定、属地管理、重心下移的原则，理清州、县两级执法权限，明确监管职责、执法领域和执法重点，制定综合行政执法改革方案，整合组建州市场监督管理综合执法支队、州生态环境保护综合执法支队、州文化和旅游市场综合执法支队、州交通运输综合执法支队、州农业综合执法支队、州城市管理综合执法支队等6个机构，统一开展综合行政执法。根据省委编办的有关批复，州级6个领域综合执法机构的机构编制方案已印发，人员转隶工作全面完成，转隶187人。

【经营类事业单位改革】 2020年，根据中央、省关于经营类事业单位改革安排部署，在前期调研和征求意见的基础上，州直经营类事业单位改革方案经8月6日州委编委会审定后于8月25日印发。完成人员转隶工作，共计转隶63人。截至12月，全州26个生产经营类事业单位全部完成改革，全州不再保留生产经营类事业单位。

【助力优化营商环境】 2020年，按照州委、州政府全面对标打造营商环境“全国一流、全省最优”的目标任务，以优化全州机构编制资源、合理配置机构职能职责为杠杆，助力优化营商环境和激发市场活力工作。6月，针对州直部分部门职责交叉、职责边界等问题，开展对各县（市）及州发改委等州直部门专项调研工作。9月，出台《中共恩施州委机构编制委员会关于进一步明确相关单位在部分领域职能职责分工的通知》，建立健全联动执法机制，妥善解决落实，服务全州营商环境优化大局。

【整合精简机构】 2020年，将州卫生学校事业编制及在职在编人员整体划入恩施职业技术学院。从2020年起设置3年过渡期，过渡期内允许继续保留事业单位法人资格，过渡期满后撤销州卫生学校，注销事业单位法人。同意明确各县（市）红十字会为群团序列的正科级事业单位，依法依章程独立自主开展工作。同意设立州医疗保障信息中心，为州医疗保障局所属正科级公益一类事业单位。同意设立州网络应急指挥中心，为州委网信办所属正科级公益一类事业单位。撤销州商务技工学校，注销事业单位法人，将州商务技工学校在职在编人员不改变编制性质连人带编划入恩施职业技术学院。同意设立州急救中心，为州卫健委所属正科级公益一类事业单位。同意设立恩施市硒都产业园区管理委员会，为恩施市政府派出正科级行政机构。以整合精简机构、优化健全职能为重点，统筹推进州直事业单位优化、调整和规范工作，制定印发州直农业农村系统事业单位改革方案。

【事业单位登记管理制度改革】 2020年，对209个州直事业单位的2019年度事业单位法人年度报告实行网上受理、一键公示。事业单位实行“全事项”“全流程”网上统一登记管理，一次办结。截至12月底，完成87项登记事项的网上统一登记管理，其中设立登记6项、变更登记76项、注销登记5项。开展全州事业单位法人公示信息随机抽查工作。采取随机抽查执法人员和检查对象的方式对州直3个单位开展书面检查，并将检查结果及时录入系统。加强州直党政机关统一社会信用代码赋码管理工作，截至12月底，为17个单位更换统一社会信用代码证书，为112个州直行政机关、群团部门及垂管部门进行统一社会信用代码赋码，发放统一社会信用代码证书。

（王进荣）

信访工作

【概况】 2020年，州委常委会2次专题研究信访工作，将推进信访“三无”（无进京越级上访、无大规模集体上访、无因信访问题引发的极端恶性事件和舆论负面炒作）县、乡、村建设和开展领导“三访”（领导下访、书记陪访、领导开门大接访）活动等纳入州委常委会年度工作要点。发挥信访工作领导小组机制作用和成员单位“系统抓、抓系统”职能作用，形成条块结合、齐抓共管、合力攻坚的信访工作大格局。同时开展多项专题研究，先后在全州范围内建立起涉法涉诉矛盾联防联调、出租房屋治安管理、信息网络领域矛盾风险联防联控等17项工作机制。

全州受理办理群众信访事项13670件/批次，同比13896件/批次下降1.63%。其中走访2780件/批次，占20.34%；来信1781件次，占13.03%；网上信访9109件次，占66.63%。各县（市）群众到州走访个访274批274人次，同比批次下降31.67%，人次下降31.67%。到省走访282批393人次，同比批次上升7.63%，人次下降12.86%。全州信访工作实现信访总量、到州走访、到省走访、到省异常访、进京越级访“五下降”，全州未发生大规模赴省进京集体上访，未发生到州以上规模性聚集上访，未发生因信访问题引发的负面炒作，未发生涉访个人极端恶性事件。巴东县获得国家信访局认定的2019年度信访工作“三无”县（市），并正式授牌。信访工作考核被确定为全省信访工作考核优胜单位。

【领导接访、下访、约访】 2020年，州及县（市）党政主要负责人下沉“摆摊”接访。“四大家”领导班子副职、法检“两长”按照管行业管系统管信访的原则，对分管领域内信访突出问题实行件件接访、下访、约访，乡镇领导班子成员常态下访。州委书记、州长、州委副书记、常务副州长全年接访下访14次，推动解决问题14件。8个县（市）党委书记、县（市）长、副书记、常务副县（市）长34人接访下访653次，推动解决问题546件。对重点信访事项落实领导干部包案，推动包案领导包掌握情况、包思想疏导、包调处化解、包息访罢诉。州领导包案54件，销号54件，其中化解46件，办结8件，信访人息访罢诉18件。州、县（市）25名信访局长包案啃信访“硬骨头”123件，全部化解。

【信访改革】 2020年，全面推行让群众“最多访一次”，持续深化信访工作“三无”县（市）、乡镇（街道）、村（居）工作，推进“人民满意窗口”创建活动，建立“最多访一次”工作台账，对初信初访按照提速增温的要求进行跟踪督办，让群众只进一门、只访一次就能解决问题。推进律师“三进”，制定出台《进一步提升律师“三进”质效实施办法》《律师进州接访中心工作制度》，巩固提升律师“三进”工作成果。全年全州80名律师参与信访大厅接待群众2221人次，提供法律咨询1455件次，出具法律意见书122件次，参与化解一般信访矛盾413件次，参与化解疑难信访案件115件次，推动化解信访矛盾478件次。建立信访矛盾社会共治机制，持续推进政策法规、人民调解、精神文化、妇女工作、心理疏导、纪检监督“六进”信访。组建信访事项复查复核工作专家库，研究会商疑难复杂信访事项。推行和解、调解等方式解决合理诉求，参与化解信访矛盾纠纷，推动人民调解与化解信访矛盾深度对接。

【扶贫等领域信访工作】 2020年，全州聚焦“扶贫攻坚”领域，落实涉贫信访“清零”任务，强化扶贫领域信访工作责任，使信访事项的化解、稳控措施落地有根，责任到人。全年受理办理扶贫类信访事项496件，均做到及时受理，按期办理，无超期办理情况。新冠肺炎疫情防控期间，全面排查化解涉疫矛盾，确保涉疫信访事项24小时办结不过夜，全州1127件涉疫信访事项均实现2小时内转办，24小时办结。在“营商环境”领域做到“有呼必应，无事不扰”，全年排查转交办涉优化营商环境信访事项36件，均按期办结。

【专项行动】 2020年3月，经州委常委会研究，在全州启动矛盾风险排查化解“百日攻坚”行动。州、县两级成立指挥部、组建工作专班、组建2个督察组，摸排影响全州平安稳定的矛盾风险，实行“一周一调度”“半月一通报”。全年全州“百日攻坚”行动摸排矛盾风险21389件，其中化解21322件，化解率99.68%；信访积案314件，化解304件，化解率96.8%。自2020年启动的集中治理重复信访、化解信访积案专项工作，州委常委会专题研究部署，州信访工作领导小组与各县（市）签订责任书，将专项工作纳入年度综合考核，年底完成化解30%的目标。将推进信访“三无”县（市）作为党政“一把手”工作推动，州委常委会议专题研究部署信访“三无”县（市）创建工作，利川市、巴东县、宣恩县、咸丰县申报创建2020年度信访工作“三无”县（市）。

（时　星）

外事及港澳工作

【概况】 2020年，中共恩施州委外事工作委员会办公室（以下简称“州委外办”）统筹协调做好新冠肺炎疫情防控涉外工作，建立覆盖全州外籍人士服务保障体系，为外籍人士提供相关政策咨询、协助外籍人士撤侨工作，做好防范境外疫情输入相关工作，做好恩施籍海外人员稳定工作，向省委外事工作委员会办公室报送宣恩县籍13名在塔吉克斯坦中塔矿业有限公司务工人员的领事保护请求。新冠肺炎疫情防控期间，多方争取物资支援，先后收到全国友协基金会、中国友好和平发展基金会、省对外友好协会捐赠的5万个口罩和价值12万元的无创呼吸机1台，吁请华人华侨募捐紧急医疗抗疫物资。向国际友好交往城市宣传中国防疫措施和成就，同国际友好交往城市互相声援，与国际友好交往城市韩国堤川市、新西兰怀马卡里里市、爱尔兰戈尔韦市互致慰问并捐赠防疫物资，传递携手抗疫、共克时艰的信念，加深彼此间友谊。做好港澳同胞的服务保障、政策咨询等相关工作。

【新冠肺炎疫情防控】 2020年，新冠肺炎疫情突如其来，州委外办启动一级响应机制，成立工作专班并在1月22日下发《恩施州涉外疫情突发事件应急处置方案》，统筹全州涉外疫情应急处置。协调指导8个县（市）外办做好在恩施的外籍人士、港澳同胞疫情防控服务保障。在官方平台发布致外国籍人士一封信，公布咨询联系电话，公布诊疗医院和医生电话，保持24小时在线接听，接到400余个咨询求助电话。疫情防控期间，协助外籍人士15批次14个国家76人撤侨，协助部分有特殊困难的港澳同胞返港返澳，协助部分外籍人士在州内、省内、国内正常流动。州疫情防控指挥部外事组成立后，承担外事组综合协调日常工作。选派专人到州疫情防控指挥部参与常态化防控工作。在疫情防控的关键时期，恩施州国际友好交往城市韩国堤川市发函慰问，并向恩施州捐赠2500个KF94口罩。随着海外疫情蔓延发展，韩国医用物资紧张，恩施州向韩国堤川市回赠1万个一次性医用口罩，为爱尔兰戈尔韦市捐赠5000个一次性医用防护口罩。

【州委外事工作委员会第二次全体会议】 2020年6月23日，州委外事工作委员会第二次全体会议召开，会议深入学习贯彻习近平外交思想，传达省委外事工作委员会第三次全体会议精神，总结2019年外事工作，审议通过《中共恩施州委外事工作委员会2020年工作要点》，安排部署2020年恩施州外事重点工作。

【韩国驻武汉总领事馆、韩国堤川市为恩施州捐赠抗洪物资】 2020年7月，全州普降大雨，恩施市和建始县遭遇严重洪灾。韩国驻武汉总领事馆总领事姜承锡致慰问信问候，并协调在鄂韩国企业为恩施州捐赠价值4万元的抗洪救灾物资。恩施州国际友好交往城市韩国堤川市市长李相千发来慰问信，并捐赠抗洪物资，表达对恩施州灾情的关心和对灾后重建的美好愿望。

【香港特别行政区政府驻武汉经贸办事处代表团访问恩施州】 2020年8月19—21日，香港特区政府驻武汉经贸办事处主任冯浩贤到恩施州考察文化旅游产业合作以及全州港资企业的情况。访问期间，与恩施州相关部门座谈，实地参观州城市规划馆、恩施大峡谷、恩施市枫香坡侗族风情寨。

【《北京周报》"品味中国"节目组采访恩施州】 2020年8月24—29日，《北京周报》节目组到恩施市、利川市采访拍摄，收集整理国家级非物质文化遗产故事，推出集文化传承、科普记录、宣介推广于一体的品牌视频节目《品味中国》，其中就恩施州"一红一绿"恩施富硒茶进行深入报道。采访报道在北京周报社中英日法德多语种网站播放，并用《北京周报》微博、微信公众号、今日头条及Facebook、Twitter海内外社交媒体平台进行多语种传播宣传。

【优化营商环境】 2020年，州委外办落实省委、省政府优化营商环境激发市场活力的工作部署，结合部门职能职责，推进涉外营商环境建设。从优化因公临时出国（境）审核审批、境外机构（企业）实行"直通车"服务、APEC商务旅行卡办理实行"一对一"定制服务等6个方面简化办事流程、明确办事标准，发布政务诚信公开承诺。组建专班到外向型企业走访，为企业"走出去"提供外事服务，助力企业疫后复工复产。

（付绍华）

老干部工作

【概况】 2020年，全州有离退休干部37766人，其中离休干部215人，退休干部37551人，退休职工7386人。州直单位离退休干部3166人，其中离休干部65人，退休干部3101人，退休职工762人。全州厅级离退休干部48人，其中享受正厅级待遇11人，副厅级待遇37人。县级离退休干部2037人。其中享受正县级待遇543人，副县级待遇1494人。州直单位县级干部1004人，其中享受正县级待遇430人，副县级待遇574人。全州有离退休干部职工党员数19312人，单独设立离退休干部党支部334个，支部内党员9912人。州直单位离退休干部职工党员2164人，单独设立离退休干部党支部66个，支部内党员1916人。全州有专职老干部工作人员72人，兼职老干部工作人员1057人。

【离退休干部思想政治建设】 2020年，通过理论学习中心组、支部"三会一课"、老干部党校、"恩施老干部"微信公众号等平台，引导离退休干部学习贯彻习近平新时代中国特色社会主义思想、习近平总书记视察湖北时的重要讲话精神及党中央关于老干部工作的决策部署。落实阅读文件、通报情况、参加重要会议、参观学习、走访慰问等重要政治待遇。用好《当代老年》《党支部学习参考》等学习资料，抓好老干部的政治理论学习。

【离退休干部党组织建设】 2020年，以离退休干部"示范党支部"创建考评、抽查复核为抓手，对全州离退休干部党组织支部班子建设、教育管理、组织运行、活动开展、服务群众等方面调研、指导、督办，提升支部组织力。全年创建省级"示范党支部"3个，抽查复核省级"示范党支部"19个。10月22—23日，举办全州离退休干部党务培训班，全州离退休干部党务工作者150余人参加培训。

【离退休干部服务管理】 2020年，推广应用“湖北老干部”APP，推进老干部工作信息化平台建设，全州离退休人员信息全部采集入库。推进“敲门行动”，落实走访慰问制度，看望生病住院老干部15人次，慰问受洪灾老干部5人。帮扶生活困难老干部29人次，帮扶金11.5万元，为4名老干部争取省级特困帮扶，帮扶金1.5万元。指导各单位离退休干部健康体检、逝世老干部丧事办理等工作，体现组织关怀。

【离退休干部典型示范引领】 2020年，通过线上线下等形式研讨和学习交流全国离退休干部“双先”和全省老干部工作“四先”表彰大会精神，组织恩施州受表彰对象座谈会，分享工作经验，为老干部工作建言献策。学习宣传张富清、陈泽维先进典型事迹，“走向我们的小康生活”百姓宣讲团在全州广泛宣讲陈泽维扶贫故事。在《恩施晚报》开办“夕阳正红”专栏，宣传推介9期全国、全省受表彰对象先进典型事迹。发挥老干部作用，配合参与社区新冠肺炎疫情防控工作、捐赠防疫物资、投身志愿服务、开展文艺创作。

【离退休干部精神文化生活】 2020年，创新开设州老年大学“网上空中课堂”，实现新冠肺炎疫情防控期间停课不停学。发挥州老年大学示范引领作用，指导县（市）老年大学落实疫情防控措施，实现有序开班开学。州老年大学首次使用微信公众号报名、缴费，升级改造校园门禁系统，做好学员考勤、体温检测等情况记载。组织老干部、老年大学学员参加全省中老年人诗书画影优秀作品巡展，举办“庆重阳”诗书画影展、迎新绘画作品网展和《歌舞金秋》展演，组织26支参赛队、400余人参加全州老年气排球、模特团体比赛。

【走访慰问老干部活动】 2020年1月10—19日，组织对全州离退休干部走访慰问，致以新春美好祝愿。9月，派出3个慰问组走访慰问恩施州易地安置在广州、武汉、宜昌等地的10名离休干部，传递州委、州政府的关怀。老年节前夕，全州各地各单位对老干部走访慰问全覆盖。

【离退休干部形势通报会】 2020年10月23日，召开庆祝2020年老年节暨州直离退休干部形势通报会，通报全州经济社会发展情况，州直200余名离退休干部代表，州委老干部工作领导小组成员单位主要负责人参加会议。

【离退休干部参观考察】 2020年9月22—24日，州厅级离退休干部参观考察建始县市政建设、高坪火车站、高坪农业综合体、花坪旅游产业开发建设及清江流域生态保护工作等经济社会发展情况。10月23日，州厅级离退休干部参观考察恩施市金龙大道、七里坪公园、高旗大道、立讯精密工业有限公司等州城重点建设项目现场和工业企业，感受州城变化和工业发展成效。

【老干部工作运行机制】 2020年7月16日，州委常委会会议听取州老干部工作汇报，研究解决完善机构改革后老干部工作运行机制有关问题，同意州、县两级党委老干部局局长兼任同级党委组织部副部长。年底，州本级及县（市）均落实。9月15—17日，省委老干部局到巴东县、来凤县、鹤峰县调研老干部工作并召开机构改革后老干部工作运行机制体制调研座谈会，听取老干部、老干部工作者意见和建议，对下一步工作提出新要求。

【关心下一代工作】 2020年底，全州有关工委组织3000余个，直接参与关心下一代工作的“五老”（老干部、老战士、老专家、老教师、老模范）3万余人。围绕关心青少年健康成长，持续开展“传承红色基因、争做时代新人”“绿色恩施·争做生态小（好）公民”等实践活动。开展“中华魂——科技托起强国梦”主题教育读书活动。组织“家风家训伴我成长”“传家风家训，做美德少年”等家教家风家训教育活动。

【恩施市硒都民族实验小学“中国关心下一代教育示范基地”挂牌】 2020年11月2—5日，第十届全国人大常委会副委员长、中国关工委主任顾秀莲调研恩施州关心下一代工作，出席恩施市硒都民族实验小学“中国关心下一代教育示范基地”挂牌暨捐赠仪式，恩施市硒都民族实验小学成为全国第50个、全省第2个“中国关心下一代教育示范基地”。

【荣誉】 2020年6月，利川市老年大学、州公路局老干部管理科、州中心医院离退休干部工作科、利川市建南镇老年党支部、咸丰县人民医院老年党支部、鹤峰县农业局离退休人员党支部、州老区建设促进会被省委组织部、省委老干部局、省人社厅表彰为“全省老干部工作先进集体”；州委老干部局活动指导科科长、一级主任科员徐珊珊，巴东县委组织部副部长、老干部局局长邓孝金，州委办公室二级主任科员王祥，州人大常委会办公室信访科科长刘春丽，州审计局政工人事科科长郑绍越被表彰为“全省老干部工作先进工作者”。6月，贺孝贵、汪启发、蔡章武、郭斌、李廷志被省委组织部、省委老干部局、省委离退休干部工委表彰为“全省离退休干部先进个人”。10月，宣恩县关心下一代工作委员会被中国关工委、中央文明办表彰为“全国关心下一代工作先进集体”；州关工委常务副主任杜开朗、咸丰县关工委常务副主任蒋金兰被表彰为“全国关心下一代工作先进工作者”。12月，州委老干部局获评“2017—2019年度湖北省文明单位”。

（魏宏庆）

督查考评

【概况】 2020年，全州督查考评工作统筹规范开展州级层面督查检查活动，推进州委、州政府重点工作落地见效。全年列入州级督查检查考核年度计划清单事项45项，同比减少36%。组织开展州级综合督查2次，印发督查通报15期。科学制定考核体系，改进考核方法，以加强工作实绩考核为导向，不断规范目标考核工作。以“只减不增”为要求，压实工作责任，开展专项整治，持续推进为基层减负工作，州委（含州委办公室）、州政府（含州政府办公室）全年下发给县级以下三大类文件88件，召开全州性会议40次，完成为基层减负工作任务。

【党委决策落实】 2020年，对中共十八大以来习近平总书记重要指示批示涉及恩施州内容进行全面梳理，对123件重要指示批示建立工作台账，督促有关单位持续抓好落实。全年办理省委领导批示件45件，对省委书记应勇在恩施州调研交办事项、贯彻落实中央八项规定、“不忘初心、牢记使命”主题教育涉及恩施州问题整改情况等开展专项督查，向省委报送落实情况。围绕贯彻落实州委七届七次、八次全会精神，对28项州委常委会年度工作要点、21次州委常委会会议议定事项、41次州委专题会议和文件安排事项、99次州委主要领导调研批示确定的重点工作等，进行责任分解，印发任务清单，持续跟踪督办，及时向州委报送落实情况报告。

【政务工作落实】 2020年，围绕国家、省、州《政府工作报告》重点工作落实，中央支持湖北经济社会发展一揽子政策落实，省长王晓东2016年以来到恩施州调研确定的支持事项落实，围绕三大攻坚战、新冠肺炎疫情防控、投资和重点项目建设、优化营商环境、法治政府建设、保障农民工工资支付等重点工作持续开展督查。对国务院大督查、省政府专项督导反馈意见整改、审计反馈问题整改、省政府重要会议精神落实等上级交办事项，建立专门台账，细化分解工作任务，明确责任单位，实行清单管理，推进国务院重大决策部署和省政府重要工作部署在全州落实落地。对86项州《政府工作报告》重点工作、17次州政府常务会议议定事项、州长调研批示交办事项等，印发任务清单，加强跟踪督办，形成工作闭环，确保工作落实。

【建议、提案办理】 2020年，全州办理全国政协第十三届三次会议提案1件，办理省第十三届人大三次会议代表建议7件，省政协十二届三次会议提案1件。办理州第八届人民代表大会第四次会议人大代表建议118件、州政协第八届四次会议提案143件，建议和提案办理见面率、答复率达100%，满意率和基本满意率达98%以上。

【“党风政风热线”及信访件办理】 2020年，州督查考评办、州广播电视台联合举办“党风政风热线”栏目，8名县（市）长、98个州直单位、49个县（市）直单位上线，接听热线电话629个，受理群众诉求508件，线上解答387件、线下答复121件，满意率达97%以上。全年办理人民网、荆楚网、“互联网+督查”等网络留言304条，其中人民网网民给州委书记留言231条、给州长留言33条。办理州委、州政府主要领导签批信访件361件，其中州委书记交办信访件266件、州长交办信访件95件，开展现场督办核查15次，召开信访督办协调会7次，形成专题报告6期。

【为基层减负】 2020年，贯彻落实中央、省委关于为基层减负的各项工作部署和要求，发挥州级层面为基层减负专项工作机制办公室（简称州减负办）的统筹协调、推动落实作用。通过在县（市）建立监测点，每季度对基层参加的会议、接收的文件进行分析研判，以下看上查找问题，对发现的问题认真核查，及时纠偏叫停，预警提醒，实现文件会议“只减不增”目标要求。开展为教师减负、为企业减负和整治“指尖上的形式主义”3个专项整治行动，清理取消针对中小学的督查检查评比考核事项10项、社会事务进校园活动2项，依法依规保留事项8项。涉企会议检查频次大幅减少，多头报表、报表过多过滥情况显著好转。清除“僵尸类”“空壳类”互联网应用程序26个，州级层面网络工作群组解散整合3300多个、保留218个。

【考评工作】 2020年，围绕省对州考核项目清单，制定《承接省对州政绩目标考核工作流程图》，将省对州指标考核结果与州直单位年度考核挂钩，建立分析预警调度机制，督促州直责任单位加强到省工作衔接和汇报争取，推动全州在省对市州考核中争先进位。围绕州“八个着力”工作部署制定目标考核体系，印发《2020年度州对县市目标考核项目清单及要求》《2020年度对州直单位目标考核项目清单及要求》，加强考核细则审核把关，少用定性指标，增加量化指标和群众评议指标权重，建立“多考合一”和“一把尺子量到底”工作机制，确保基层一次迎检、一次“考”完。

【省委、省政府督查检查考核】 2020年1月8—15日，省委重要工作检查考核组对恩施州2019年度省委重要工作完成情况开展现场检查考核。5月23—26日，省政府第三督导组对恩施州投资和重大项目建设、政府债券资金发行和资金使用情况进行督查。8月30日至9月5日，省委第十三督查组对恩施州落实全省优化营商环境政策开展实地督查。11月30日至12月4日，省委“力戒形式主义，强力推动落实”综合督查第五督查组对恩施州进行督查。

（黄　慧）

党校教育

【概况】 2020年，全州9所党校举办干部培训班（含主体班、专题班、社会培训）147期，培训各级干部3.39万人。其中州委党校举办培训班26期、8764人，恩施市委党校培训14期、1340人，利川市委党校培训14期、6697人，建始县委党校培训11期、1092人，巴东县委党校培训8期、4460人，宣恩县委党校培训32期、4284人，咸丰县委党校培训18期、3125人，来凤县委党校培训13期、1225人，鹤峰县委党校培训11期、2898人。全州党校系统坚持从严治校，加强学风学纪建设，全年学员管理未出现违规违纪事件。州委党校被省委、省政府评为“2017—2019年度湖北省文明单位”，新冠肺炎疫情防控工作受到中央党校《学习时报》（4月10日）推介。

【教学管理】 2020年，全州党校在教学内容改革方面，突出理论教育和党性教育主课。将习近平新时代中国特色社会主义思想作为教学主线贯穿于教学活动全过程，将《习近平谈治国理政（第三卷）》和习近平总书记视察湖北重要讲话及中共十九届四中、五中全会精神作为教学重点。党校主体班按3个单元8个模块组成的学习矩阵实施教学。党的理论教育单元按马克思主义基础理论、习近平新时代中国特色社会主义思想和《习近平谈治国理政（第三卷）》、中共十九届四中和五中全会精神3个模块教学，党性教育单元按党章党规和法律法规、党史国史、政治文化3个模块教学，省情、州情和专业能力教育单元按省情和州情、专业知识能力2个模块教学。全年党的理论教育课程占总课时的比例平均为56.2%，党性教育课程占总课时的比例平均为26.5%，两类主课合计占总课时的82.7%。习近平新时代中国特色社会主义思想课占70.4%。创新教学的方式方法，打造生动课堂。坚持"两个相结合"教学，即坚持"校内课堂教学+校外现场教学"相结合，坚持"自学阅读+课堂听课+课题研究"相结合。打造5个教学课堂，即"2+1"互动课堂（教师讲2小时+学员微论坛1小时，每次微论坛2名学员上讲台，每人讲半小时）、领导专家讲座课堂、讨论交流课堂、影视教育课堂、拓展培训课堂。创新教学方式，讲授式课堂80%的课程采用"讲授+"（互动式、案例式）等新方法教学。

【科研咨政】 2020年，全州党校坚持以新时代、新要求、新州策、新实践、新问题为导向，立足教学、咨政两个维度开展科研工作。在市（州）级以上刊物发表论文77篇，承担县级以上科研课题46个，获党政主要领导批示并进入决策6项。州委党校与州社科联共同举办主题为"全面建成小康社会"理论研讨会，收到参研论文112篇，湖北宜昌、重庆黔江、湖南湘西3个市州区13所党校参加研讨会。

【乡镇党校】 2020年，全州党校按照《2019—2023年全国党员教育培训工作规划》的要求，推进乡镇党校建设，全年全州建立乡镇党校91所，实现州域乡镇全覆盖，举办培训班132期、培训党员1.8万人。乡镇党校建立党员教育培训基地160个、教学点1200余个，打通党员干部教育培训的"最后一公里"，有效解决农村党员长期"失学"问题。全州建设乡镇党校的做法被新华社、"学习强国"、《湖北日报》、《党员生活》、《中共湖北省委党校工作通讯》先后推介。

【"两进一讲"活动】 2020年，州委党校同州委组织部制定实施《关于开展"两进一讲"活动方案》，组织全州党校教师进社区、进乡村讲党课。全年宣讲近400场，受众4万余人。

【"互联网+党课"】 2020年，全州党校系统积极探索常态化新冠肺炎疫情防控下的理论宣讲新路径，依托干部在线学习平台、"硒都网络党课大讲堂"、清华大学乡村振兴远程教学站"云课堂"等网络平台，利用"互联网+党课"优势开展干部教育培训，受众近2万余人。

【新校区项目建设】 2020年，州委党校新校项目建设有序推进，完成主体结构工程竣工验收、沙河防洪治理、学员公寓楼室内外装饰装修三项工程，全年支付建设资金6577.6万元，累计支付建设资金1.99亿元。

【精准扶贫】 2020年，全州9所党校主业培训和驻村扶贫两手抓，向19个村派出扶贫"尖刀班"，抽调近50%的教职工到"尖刀班"做扶贫工作。扶贫工作队在贫困村打造4个扶贫课堂（教室课堂、院坝课堂、现场课堂、广场课堂）。州委党校驻利川市文斗乡板桥村"尖刀班"被利川市委、市政府表扬为驻村帮扶榜样。

（殷昱萌）

恩施州人民代表大会

Enshi Prefectural People's Congress

综　　述

【概况】 2020年，州人大常委会（以下简称常委会）坚持以习近平新时代中国特色社会主义思想为指导，学习贯彻习近平总书记关于坚持和完善人民代表大会制度的重要思想，依法履职，完成州八届人大四次会议确定的各项工作任务，为夺取全州新冠肺炎疫情防控和经济社会发展双胜利做出贡献。全年召开人民代表大会会议1次、常委会会议6次、主任会议9次，听取和审议专项工作报告17项，开展执法检查、视察调研34次，依法任免国家机关工作人员27人次，依法审查州政府、县（市）人大及其常委会规范性文件20件。

【坚持和维护根本政治制度】 2020年，州“一府一委两院”自觉接受人大监督，认真执行人大及其常委会的决议决定，认真办理人大代表议案和建议，形成州人大和州“一府一委两院”在州委统一领导下高效推进各项事业的良好局面。立法工作凝聚民智，广泛听取和吸纳基层群众、专家学者及社会各方面的意见建议。监督工作贴近民心，紧扣州情实际，聚焦脱贫攻坚、生态环保、公正司法等民生热点问题确定监督议题，围绕事关群众利益的急事难事，及时回应人民关切，做到正确监督、有效监督。代表工作顺应民意，完善代表联系选民制度，组织代表深入基层、深入群众，倾听群众呼声，将群众意见转化为代表建议，推进“一府一委两院”的加强和改进工作，密切党和人民群众的血肉联系。坚持维护宪法法律权威，将学习宪法、宣传宪法、推动宪法实施作为重要政治使命，将宪法精神落实到人大工作全过程。加强法律监督，促进法律法规在全州有效贯彻实施，推进依法行政、公正司法。开展规范性文件备案审查，审查州政府、县（市）人大及其常委会规范性文件20件，做好规范性文件专项清理工作。

【服务全州工作大局】 2020年，坚持服从服务于全州工作大局，将推动发展、保障民生作为工作重点，突出问题导向，为全州常态化新冠肺炎疫情防控和经济社会发展作出贡献。全州各级人大代表贯彻落实党中央决策部署和省委、州委工作要求，投身新冠肺炎疫情防控阻击战，立足各自岗位，发挥表率作用，以实际行动践行代表人民、为了人民、服务人民的光荣使命。全州各级人大常委会机关驻村“尖刀班”大年初一全员到岗，向社区及时派出抗疫“尖刀班”，会同村、居“两委”组织群众、发动群众，群防群控。全州各级人大机关干部就近下沉社区、村委会，落实关卡值守，服务群众。在全州一季度经济严重下滑的情况下，各级人大代表、人大常委会组成人员按照州委统一安排部署，到企业、农村和重点项目现场调查研究，服务复工复产，指导春耕备耕，帮扶群众返岗就业。配合省人大常委会开展工业企业复工复产情况专题调研及《省实施〈中小企业促进法〉办法》执法检查，了解企业复工复产运营情况及存在的困难和问题，形成调研报告和执法检查报告，提出促进经济复苏的意见建议，推动做好“六稳”“六保”工作。

【发挥代表主体作用】 2020年，推行民生实事项目人大代表票决制，落实州委关于在全州各县（市）及乡镇实施民生实事项目人大代表票决制的有关要求，总结2019年宣恩、来凤、鹤峰3个县及其乡镇的经验，召开全州民生实事项目人大代表票决制工作推进会，推动此项工作在全州8个县（市）及所有乡镇实施，使党委的决策部署和人民群众的民主诉求有机结合，通过人民代表大会制度载体实现其法治化，真正做到民生实事“群众提、代表定、政府办、人大评”，激发人大代表履职积极性。开展“聚力脱贫攻坚、人大代表在行动”活动，推进脱贫攻坚工作，建立人大代表专题活动常态化机制。围绕“疫后重振、灾后重建”主题，深化代表行动，制发方案和文件，发出《致全州各级人大代表的一封信》，动员各级人大代表围绕灾后重建突击战、脱贫攻坚收官战、常态化疫情防控持久战、经济复苏攻坚战、民生改善保卫战、社会稳定防御战“六大战役”开展活动。以县、乡为主阵地和以代表小组活动为主要形式，与代表本职岗位工作紧密结合，全州6901名五级人大代表参加活动，截至11月底，活动中形成代表建议899件，交办827件，办理完成448件，其他代表建议办理中。完善人大代表建议办理机制，建立完善州委常委和州政府班子成员领办、州人大常委会班子成员督办、各承办单位“一把手”主办、州委督查考评办和州人大常委会代工委联合督查的代表建议办理机制，拓展建议领办范围，加大办理力度，提高办理质量，州八届人大四次会议期间提出的代表建议全部办理完结。加强代表履职服务保障机制，落实《关于进一步加强州人大代表工作的具体措施》，支持和保障代表依法履职。立足代表履职需求，加强议案建议撰写、依法履职等代表履职能力培训。改进和完善代表小组活动，合理制定活动计划，科学组织开展活动，增强针对性、实效性。有计划地安排代表参加执法检查、视察、专题调研和立法等活动，听取和吸纳代表意见建议。落实无固定工资收入、生活困难代表出席代表大会、列席常委会会议差旅费报销和误工补贴，加强同代表及相关单位的联系沟通，保障代表依法履职。协助省人大常委会和省直有关厅局做好代表议案、建议办理工作，为代表参加全国人大、省人大有关会议、参加培训、调研视察等做好服务保障工作。

【常委会自身建设】 2020年，坚持以政治建设为统领，打造让党放心、让人民满意、廉洁高效的模范机关。坚持“思想引领、学习在先”常态化机制，及时组织传达学习习近平总书记重要讲话、重要指示批示和党中央决策部署，学习习近平新时代中国特色社会主义思想、法治思想和中共十九届五中全会精神，学习州委七届八次、九次全会要求。组织人大代表、常委会组成人员、机关干部收听收看领导干部、专家学者宣讲报告会，参加全国人大、省人大《中华人民共和国民法典》网络专题培训班。继续与杭州人大联合举办人大代表和人大工作者履职培训班。开展县乡人大工作建设情况专题调研，指导县乡人大加强工作规范化建设。召开全州县（市）人大常委会主任座谈会，研究州、县、乡一体推进贯彻落实州委《关于加强新时代人大工作和建设的实施意见》及州委人大工作会议精神的具体措施，推动全州人大工作创新发展。县、乡人大积极承接州人大常委会工作，联动开展专题视察调研、执法检查，以开展代表行动、民生实事项目人大代表票决制等工作为重点，上下联动，提升全州人大工作整体实效。各级人大利用报刊电台、新兴媒体等宣传方式，宣传人民代表大会制度，讲好人大故事，传播人大声音，展现代表风采，与恩施日报社、恩施电视台、云上恩施融媒体合作，全年制作“人大代表在身边”等报纸专栏报道22期，电视专题节目21期。加强作风纪律建设，贯彻落实全面从严治党要求，加强党风廉政建设，视察调研深入基层察实情，审议意见直面问题提建议，跟踪督办促进问题解决抓整改。支持州纪委监委派驻人大常委会机关纪检监察组开展工作。

（张爱铭）

重要会议

【概况】 2020年，州人大及其常委会共召开人民代表大会会议1次、常委会会议6次、主任会议9次，听取和审议专项工作报告17项，作出审议意见12项，依法任免国家机关工作人员27人次。

【州第八届人民代表大会第四次会议】 2020年1月5—8日，恩施州第八届人民代表大会第四次会议在州城恩施召开，会议听取和审议州人民政府州长刘芳震关于政府工作的报告、州人大常委会主任吕金施关于州人大常委会工作的报告、州中级人民法院院长许一鸣关于州中级人民法院工作的报告、州人民检察院检察长刘恒明关于州人民检察院工作的报告。审议州人民政府《关于恩施州2019年国民经济和社会发展计划执行情况与2020年计划草案的报告》《关于恩施州2019年财政预算执行情况和2020年预算草案的报告》。会议作出关于政府工作报告的决议、关于恩施州2019年国民经济和社会发展计划执行

2020年1月6日，州第八届人民代表大会第四次会议召开　（田代明 摄）

情况与2020年计划的决议、关于恩施州2019年财政预算执行情况和2020年财政预算的决议、关于州人大常委会工作报告的决议、关于州中级人民法院工作报告的决议、关于州人民检察院工作报告的决议。吕星当选为州监察委员会主任，向红林当选为州八届人大常委会副主任，同时补选李新、沈浩然、卓万俊为州八届人大常委会委员。大会期间，收到代表10人以上联名提出的议案26件，其中工业经济方面4件、农业农村方面4件、社会治理方面2件、教育卫生文化旅游方面7件、交通城建方面5件、环境保护方面2件、其他方面2件。会议通过大会秘书处议案建议组《关于代表联名提出的议案处理意见的报告》，决定将26件代表联名提出的议案作为代表建议，连同大会期间收到的代表建议、批评和意见92件，共计118件，由州人大常委会有关工作机构在本次会议闭会后交有关机关和组织研究办理，并负责答复代表。

【州八届人大常委会第二十一次会议】 2020年3月30日召开。会议学习习近平总书记关于统筹抓好新冠肺炎疫情防控和经济社会发展重点工作的重要讲话精神、《全国人民代表大会常务委员会关于全面禁止非法野生动物交易、革除滥食野生动物陋习、切实保障人民群众生命健康安全的决定》和《湖北省人民代表大会常务委员会关于严厉打击非法野生动物交易、全面禁止食用野生动物、切实保障人民群众生命健康安全的决定》，研究贯彻落实的具体意见。审议并通过有关人事任免议案，其中，决定免去夏锡璠的州人民政府副州长职务，接受陈晓燕辞去恩施州第八届人民代表大会常务委员会副主任职务的请求，报州人民代表大会备案。

【州八届人大常委会第二十二次会议】 2020年6月10日召开。会议听取和审议州人民政府关于2018年度州级预算执行和其他财政收支审计查出问题整改情况的报告、州人民检察院关于公益诉讼检察工作开展情况的报告、州人民政府关于加强野生动物保护工作情况的报告、州人大常委会执法检查组关于检查《中华人民共和国野生动物保护法》等法律法规贯彻实施情况的报告。审议《恩施土家族苗族自治州城乡规划建设管理条例（修订草案）》（一审）。审议并通过有关人事任免议案。

【州八届人大常委会第二十三次会议】 2020年8月7日召开。会议学习贯彻《湖北省人民代表大会关于奋力夺取疫情防控和经济社会发展双胜利的决定》。听取和审议州人民政府关于2020年上半年全州国民经济和社会发展计划执行情况的报告、关于2020年上半年财政预算执行情况的报告、关于全州林业有害生物防治工作情况的报告、关于全州宗教工作情况的报告。审议《恩施土家族苗族自治州旅游条例（修订草案）》（一审）。听取和审议州中级人民法院关于2020年上半年工作情况的报告、州人民检察院关于2020年上半年工作情况的报告。审议并通过有关人事任免议案。

【州八届人大常委会第二十四次会议】 2020年10月20日召开。会议听取和审议州人民政府关于2019年州级财政决算（草案）的报告、关于2020年州级财政预算调整方案（草案）的报告、关于2019年度州级预算执行和其他财政收支的审计工作报告、关于2019年度地方金融企业国有资产管理情况的专项报告、关于巩固脱贫成果推进乡村振兴战略实施情况的报告、关于全州污水处理工作开展情况的报告，州人民政府书面报告2019年度国有资产管理情况。审议《州旅游条例（修订草案）》（二审）、《州城乡规划建设管理条例（修订草案）》（二审）。审议并通过有关人事任免议案。

【州八届人大常委会第二十五次会议】 2020年12月4日召开。会议听取和审议州人民政府关于2020年州级财政预算调整方案（草案）的报告、关于全州生态环境状况和生态环境保护目标完成情况的报告、关于州八届人大一次会议代表议案办理情况的报告。听取和审议州人民政府等单位关于州八届人大四次会议代表建议办理情况的报告。

【州八届人大常委会第二十六次会议】 2020年12月31日召开。会议审议通过关于召开州八届人大五次会议的决定（草案）。审查州八届人大五次会议议程（草案）和州八届人大五次会议主席团和秘书长名单（草案）等有关名单（草案），决定州八届人大五次会议列席人员名单，审议并通过关于代表变动情况的报告，审查州人大常委会工作报告（草案）、2021年度工作要点（草案）。审议《恩施土家族苗族自治州旅游条例（修订草案）》，作出关于提请州人民代表大会审议该条例（修订草案）的决定。会议作出关于接受个别人员辞去湖北省第十三届人民代表大会代表职务的决定，补选湖北省第十三届人民代表大会代表。州人大法制委员会向会议书面报告州人大及其常委会2021年度立法计划。州人大常委会"代表活动"推进指导小组办公室向会议书面报告2020年度深化"代表行动"活动开展情况。

（张爱铭）

监督工作

【概况】 2020年，州人大常委会坚持围绕州委中心工作，紧扣全州改革发展稳定大局，实行依法监督、正确监督、有效监督，推进全州经济社会高质量发展。全年开展执法检查、视察调研等专项监督34次。

【野生动物保护监督】 2020年，贯彻落实党中央关于推进生态文明建设、防范重大公共卫生风险的决策部署，组织开展《中华人民共和国野生动物保护法》《湖北省实施〈中华人民共和国野生动物保护法〉办法》以及全国人大、湖北省人大常委会作出的关于禁食野生动物"两个决定"贯彻实施情况执法检查。通过调查研究，了解全州野生动物保护和养殖现状，督促职能部门加大对狩猎行为、交易市场、餐饮行业的监管和违法查处力度。听取和审议州人民政府关于野生动物保护工作专题报告和州人大常委会执法检查报告，围绕加强野生动物保护和做好野生动物养殖企业(户)退出处置工作提出审议意见，促进野生动物保护和野生动物养殖行业平稳顺利转型，推动全面禁止非法猎捕、交易野生动物，革除滥食野生动物陋习，防范公共卫生安全风险。

【巩固脱贫成效监督】 2020年，组织开展全州巩固脱贫成果、推进乡村振兴实施情况专题视察，查找工作中存在的薄弱环节，听取和审议州人民政府专题工作报告，提出增强工作责任感、紧迫感、加大规划编制力度、抓重点补短板强弱项等审议意见，促进巩固拓展脱贫成果与推进乡村振兴有效衔接。

【经济工作监督】 2020年，开展计划、预算执行情况视察调研，听取和审议2020年上半年计划、预算执行情况报告，及时审查批准预算调整方案，提出优化营商环境、狠抓项目建设、提高财政保障水平的审议意见。开展全口径预算监督，推进预算绩效管理。开展重点专项资金使用监督，督促全面落实惠企惠民政策，提高财政资金使用效益。开展地方政府债券资金监督，有效防范化解政府债务风险。推进人大预算联网监督工作，实现省、州、县三级监督平台上下贯通，州直相关部门横向联网。开展审计查出问题整改监督，作出整改决议，跟踪督办问题整改。开展国有资产监督，审议州人民政府关于2019年度国有资产管理情况综合报告和地方金融企业国有资产管理情况专项报告，推动各县（市）建立政府向本级人大常委会报告国有资产管理情况制度。开展“十三五”规划目标完成情况以及“十四五”规划编制情况专题调研，提出深化改革激发市场活力、立足州情科学定位、做好规划编制的意见建议，为编制“十四五”规划和2035年远景目标纲要献计献策。

【司法工作监督】 2020年，常委会会议首次听取州中级人民法院、州人民检察院半年工作报告，开展审判和检察工作专题视察，从加强新时代司法工作、持续推进司法体制改革、强化队伍建设等方面提出审议意见，推动“努力让人民群众在每一个司法案件中感受到公平正义”落地见效，促进公正司法。加强纵深推进以审判为中心的刑事诉讼制度改革工作监督，提高刑事案件办案质量。组织开展公益诉讼检察工作情况专题视察，听取相关工作报告，支持检察机关运用公益诉讼方式维护国家利益和社会公共利益。召开加强新时代检察机关法律监督工作座谈会，推动省人大常委会相关决定的贯彻实施。推进完善“两法衔接”机制，促进行政执法与刑事司法工作有效衔接。

【重点专项工作监督】 2020年，组织开展全州污水处理工作情况专题视察和推进城乡垃圾管理、加强城乡环境卫生整治工作专题调研，听取和审议州政府关于全州污水处理情况、生态环境状况和生态环境目标完成情况工作报告，推动打好污染防治攻坚战。组织开展全州宗教工作情况专题视察，推动全面贯彻党的宗教工作方针、依法管理宗教事务。组织开展殡葬改革工作专题调研，推进殡葬管理工作。持续开展“环保世纪行”“民族团结进步行”活动，倡导绿色生产生活方式，推进绿色发展。推动民族乡村经济社会发展，促进民族团结进步。

【推动法律法规实施】 2020年，注重加强地方性法规实施监督，印发实施工作方案，督促实施部门组织学习培训，加大实施力度，报告实施情况。围绕贯彻实施《湖北省林业有害生物防治条例》，组织开展林业有害生物防治工作专题视察，推动林业生态环境建设。组织开展全州禁毒工作情况专题视察调查，推进《中华人民共和国禁毒法》在全州有效实施。开展“七五”普法工作专项监督，对少数单位普法责任落实不力、执法效能不高等问题提出整改意见。配合全国人大、省人大常委会开展《中华人民共和国土壤污染防治法》等10余部法律法规实施情况的执法检查，促进法律法规在全州贯彻实施。

（张爱铭）

立法工作

【概况】 2020年，州人大常委会贯彻落实省委《关于进一步提高立法质量和效率的意见》，坚持科学立法、民主立法、依法立法，完善党委领导、人大主导、政府依托、各方参与的立法工作格局，提高立法质量和效率。编制完成《州人大常委会2021年度立法计划（草案）》。全年新颁布施行地方性法规1项，组织修订法规2项，配合全国人大、省人大常委会完成20余部法律法规的立法调研、征求意见等工作。

【坚持党对立法工作的领导】 2020年，对纳入立法计划的法规项目，由州人大常委会党组研究成立立法工作领导小组，领导小组负责对立法项目实施的组织领导、全程指导、监督和统筹协调。州人大常委会党组对法规起草、审议、表决、报批和公布等环节全程领导把关。坚持向州委请示报告制度，年度立法计划草案和拟提请表决的法规草案，由常委会党组提请州委研究通过后按程序实施。立法过程中的重大问题、重要事项，及时向州委请示报告，确保党的路线方针政策通过法定程序转化成为全社会一体遵循的法律规则。

【立法工作合力】 2020年，发挥法规项目领导小组的组织协调和领导作用，发挥政府部门、人大专门委员会、专家学者和社会各方面在立法中的积极作用，调动各方的专业特长和实践优势参与立法。拓宽公众参与立法渠道，通过召开座谈会、实地调研、问卷调查、公布法规草案、公开征求意见等方式，广泛听取基层群众及社会各方面的意见建议。发挥专家学者的重要作用，与高等院校、科研院所、社会组织等多方面合作，采取委托“第三方”起草法规草案、开展专家论证评估等措施，实现专家全过程参与立法。发挥基层立法联系点的桥梁纽带作用，及时反映基层社情民意，开展法治宣传。发挥“恩施州立法研究与人才培养基地”在推动全州立法人才队伍建设、为立法提供智力支持、丰富专家参与立法的作用，开展法规清理、立法调研和论证评估。

【地方性法规工作】 2020年，完成《恩施土家族苗族自治州饮用水水源地保护条例》表决、报批和颁布实施工作。组织修订《恩施土家族苗族自治州城乡规划建设管理条例》《恩施土家族苗族自治州旅游条例》。分别完成恩施州齐岳山生态环境保护、恩施州实施《湖北省促进茶产业发展条例》办法立法项目的立法前期调研工作。

【《恩施土家族苗族自治州饮用水水源地保护条例》施行】 2020年6月3日，湖北省第十三届人大常委会第十六次会议批准《恩施土家族苗族自治州饮用水水源地保护条例》，自2020年9月1日起施行。

（张爱铭）

专门委员会工作

【概况】 2020年，州八届人大常委会设常委会法制、民族宗教侨务外事、监察和司法、财政经济、预算、农村、教育科学文化卫生、环境资源保护、社会建设9个工作委员会，其中法制、民族宗教侨务外事、监察和司法、财政经济、农村、教育科学文化卫生、环境资源保护等工作委员会与州人大相应的专门委员会合署办公。各专门委员会立足自身职能，协助常委会开展立法、执法检查和审议专项工作报告等工作，对"一府一委两院"提出加强和改进工作的意见建议，跟踪督办相关审议意见落实。

【民族宗教侨务外事委员会】 2020年，组织开展全州宗教工作情况专题视察，组织开展《中华人民共和国公民出境入境管理法》《中华人民共和国归侨侨眷权益保护法》贯彻实施情况专题调研，持续开展"民族团结进步荆楚行"活动。

【内务司法委员会】 2020年，组织开展全州公益诉讼检察工作开展情况专题视察、"七五"普法工作情况专项督查、《中华人民共和国禁毒法》贯彻实施情况专题调研，推进省人大常委会《关于进一步加强新时代检察机关法律监督工作的决定》在全州贯彻实施，提请常委会审议"两院"半年工作报告。

【财政经济委员会】 2020年，加强经济运行监督，依法审查计划报告、开展经济运行分析、开展"十四五"规划编制调研。加强全口径预算监督，依法审查预决算报告，监督重点项目资金使用，推进预算联网监督。加强审计整改监督，作出整改决议，跟踪督办审计查出问题整改。加强国有资产监督，督促县（市）建立国有资产报告制度。

【农村委员会】 2020年，组织开展《中华人民共和国野生动物保护法》及全国人大、省人大常委会作出的关于禁食野生动物"两个决定"贯彻实施情况执法检查，开展林业有害生物防治及全州巩固脱贫成果、推进乡村振兴战略实施工作情况专题视察。

【教育科学文化卫生委员会】 2020年，开展《恩施土家族苗族自治州旅游条例》修订工作，一审前组织开展立法调研，召开专门委员会会议集体研究重要事项、专题研读条例修订草案并针对条例修订草案提出审议意见。开展《湖北省学校安全条例（草案）》立法调研，形成调研报告。

【环境资源保护委员会】 2020年，开展全州污水处理工作开展情况专题视察，开展"深入推进城乡垃圾管理，加强城乡环境卫生整治"专题调研，开展《中华人民共和国土壤污染防治法》《湖北省土壤污染防治条例》执法检查，督办州八届人大一次会议《关于加大农村环境综合整治力度，推进美丽乡村建设的议案》。开展《恩施土家族苗族自治州城乡规划管理条例》修订工作，开展城乡生活垃圾管理立法调研，持续开展"环保世纪行"活动。

（张爱铭）

恩施州人民政府

Enshi Prefectural People's Government

综　述

【概况】 2020年，全州坚持以习近平新时代中国特色社会主义思想为指导，在省委、省政府和州委领导下，干群一心、真抓实干，艰苦奋斗、自立自强，坚持新发展理念和稳中求进工作总基调，围绕"六稳"（稳就业、稳金融、稳外贸、稳外资、稳投资、稳预期）"六保"（保居民就业、保基本民生、保市场主体、保粮食能源安全、保产业链供应链稳定、保基层运转）任务，打好战疫、战洪、战贫三场硬仗，"4+N"产业集群（生态文化旅游、硒食品精深加工、生物医药、清洁能源四大产业集群+电子信息等其他产业）建设加快推进，城乡面貌焕然一新，农村发展基础更加牢固，民生保障更加有力，社会大局和谐稳定，主要经济指标企稳回升、逐月向好，夺取疫情防控和经济社会发展的双胜利。

【新冠肺炎疫情防控】 2020年，在州委领导下，建立务实高效调度机制抓统筹，组建"尖刀班"下沉抓排查，采取最严管控措施抓阻隔，集中优势医疗资源抓救治，多渠道筹集物资抓保障，天津市等省市千里驰援，全州各族人民群防群控，取得"在全省感染率最低、确诊病例率先清零，病亡率低、治愈率高"的决定性成果。全州自2020年2月29日起无新增确诊病例，为全省、全国疫情防控作出恩施贡献。疫情平稳后，全面落实常态化防控措施，争取18.2亿元资金补强公共卫生短板，科学精准实施"人物地"同防。

【抗洪救灾】 2020年，近5万名"尖刀班"成员和下沉社区干部到抗洪救灾一线，驻恩施解放军指战员、武警部队官兵、民兵预备役人员闻令而动，公安、电力、交通、通讯、消防、城管等部门全员上阵，社会各界守望相助，有效应对洪涝灾害，特别是恩施城区遭遇近五十年一遇大洪水、建始县遭遇超百年一遇特大洪水造成的严重洪涝灾害，成功处置恩施市沙子坝地质滑坡灾害。全州紧急转移安置13.14万人，群众生活得到妥善安排，有序推进灾后重建。

【脱贫攻坚】 2020年，8个县（市）均达到贫困县退出标准和条件，绝对贫困和区域性整体贫困问题得到历史性解决。抓好"六大提升工程"（产业就业提升工程、基础设施提升工程、公共服务提升工程、人居环境提升工程、社会治理提升工程、基层党建提升工程），探索建立稳定脱贫"331"工作模式（聚焦产业、就业、创业"三业"，织密边缘易致贫户监测网、脱贫不稳定户监测网、疫后灾后致贫返贫户监测网"三网"，开发一套"防贫保险"产品），精准帮扶剩余贫困人口、脱贫监测户和边缘户，坚决防止因疫因灾致贫返贫。动员全州干部职工和社会各界开展消费扶贫，千方百计稳定群众收入，6个县（市）进入"扶贫832"平台（贫困地区网络销售平台，"832"是指全国832个国家级贫困县）成交额前10名，农产品销售额突破150亿元。脱贫普查数据通过国家验收。

【重振经济发展】 2020年，精准对接中央和省一揽子支持政策，争取中省预算内及专项债券资金50.84亿元，统筹1.62亿元财政资金助力复工复产，企业产能恢复率等指标位居全省前列。增贷助企和减税降费双向发力，率先建立"企业金融服务方舱"，为1088个企业发放贷款近30亿元，减税降费14亿元，一大批企业渡过难关。全州经济恢复好于预期，多项指标排名全省前列，地区生产总值增幅位居全省第一位，规模以上工业增加值、农村居民人均可支配收入实现正增长，增幅分别位居全省第一位和第三位。

【保障民生】 2020年，政府带头过“紧日子”，在年初预算基础上一般性支出再压减15%，增加民生支出12%。累计发放社会救助资金、临时救助资金14.6亿元。“点对点、一站式”服务44.3万人返岗就业。全面开展风险隐患排查化解“百日攻坚”行动，社会大局和谐稳定。

（符 斌）

重要会议

【州八届人民政府第四次全体（扩大）会议】 2020年1月8日，州八届人民政府第四次全体（扩大）会议召开，强调贯彻落实州委七届七次全会暨州委经济工作会议、全州“两会”精神，加强政府自身建设，推进《政府工作报告》各项目标任务落实。会议强调，州委七届七次全会暨州委经济工作会议和全州“两会”，确定“突出高质量发展主题，聚焦‘七个着力’（着力打好三大攻坚战，着力推进乡村振兴，着力抓好招商引资、项目建设、工业经济，着力打造一流营商环境，着力加强基层社会治理，着力保障和改善民生，着力加强党的建设），促进经济社会全面进步”的工作思路，为做好2020年工作列出清晰的“任务书”。围绕中央决策部署，省委、省政府工作要求和州委的工作思路，对标对表，实干苦干，推动全年目标任务顺利完成。

【州政府第三次廉政工作会议暨优化营商环境调度会】 2020年8月28日，州政府第三次廉政工作会议暨优化营商环境调度会召开。会议指出，优化营商环境是州委、州政府部署的“八个着力”（在“七个着力”基础上增加“着力打好新冠肺炎疫情防控阻击战”）之一，也是党风廉政建设的重要内容。必须以更加坚定的决心和扎实有力的举措，不断把政府系统党风廉政建设和反腐败工作推向深入，为加快经济社会疫后重振、夺取“双胜利”提供坚强保障。必须把营商环境摆在更加突出位置，以环境改善推动要素聚集、动力提升、发展提速。

【州政府重要常务会议】 2020年，州政府全年召开常务会议16次，讨论议题90项。1月19日，听取2019“比抓强促”考核情况汇报，审议《恩施州2020年“比招商、抓项目、强产业、促进位”全力推动高质量发展实施方案》等。3月26日，传达学习中央、省决战决胜脱贫攻坚会议精神，研究2020年全州脱贫攻坚工作，听取全州新冠肺炎疫情防控期间惠企惠民政策落实等情况汇报。4月13日，听取州级证明事项清理工作情况汇报，审议《关于有效应对疫情促进房地产业稳定发展的意见》《关于瞄准贫困弱势对象开展针对性帮扶工作方案》《清江上游（利川市清江源至恩施市大沙坝段）综合治理实施方案》，研究恩施州数字政府建设、脱贫攻坚普查、第七次全国人口普查和统计重点工作。4月22日，审议《关于加快推进恩施州硒食品精深加工产业集群高质量发展的意见》，研究进一步理顺恩施高新区投融资体制相关工作。5月29日，传达学习十三届全国人大三次会议和全国政协十三届三次会议精神，审议《关于更大力度优化营商环境激发市场活力的工作方案》《恩施州推进国土空间规划体系建立并监督实施的方案》《关于推动恩施州畜牧产业高质量发展的意见》等。7月15日，研究法治政府建设、恩施海关铁路监管区建设工作，审议《恩施州人民政府2020年立法工作计划》《恩施土家族苗族自治州人民政府工作规则》《恩施州旅游条例（修订草案）》《恩施州抓创业促产业稳就业实施方案》《关于推动林业产业高质量发展的指导意见》《恩施州全域禁捕实施方案》《关于大力支持5G通信基础设施建设及应用的通知》等。8月17日，听取省生态环境保护督察反馈意见整改攻坚指挥部关于恩施州生态环境保护督察“四位一体”整改问题的监察意见，听取全州污染防治攻坚战、长江大保护十大标志性战役、生态环境保护“四位一体”整改工作情况汇报等。9月27日，听取州政府系统承接上级督查检查事项情况、全州粮食安全工作情况汇报，审议《恩施州城乡居民基本医疗保险州级统筹实施办法》《关于做好农村宅基地管理工作的通知》等。10月22日，研究州救灾物资储备中心相关事宜，审议《关于加快促进慈善事业健康发展的通知》《清江流域上下游横向生态保护补偿实施方案（试行）》《恩施州2020年县市污染防治攻坚战成效考核实施方案》《恩施州2020年度县市和州直部门推进乡村振兴战略综合考核方案》等。11月3日，审议《武陵山区（鄂西南）土家族苗族文化生态保护实验区（恩施州）建设工作方案》，研究省楚天视讯恩施分公司州直转企改制人员安置工作及鄂西宾馆、清江宾馆机构改革工作。11月24日，听取2020年全州气象工作、安全生产及应急管理工作情况汇报，审议《关于推进更高水平气象现代化助力高质量发展实施方案》《恩施州推进马铃薯产业高质量发展行动方案(2021—2025年)》《恩施州残疾人联合会改革方案》等。12月7日，审议《恩施州农村生活污水治理实施方案（2020—2022年）》《关于加快发展现代职业教育的实施意见》等。12月29日，审议《政府工作报告（征求意见稿）》《关于恩施州2020年国民经济和社会发展计划执行情况与2021年计划草案的报告（征求意见稿）》等，听取《恩施州国民经济和社会发展第十四个五年规划和二〇三五年远景目标纲要》编制情况等。

【州政府重要专题会议】 2020年1月10日，专题研究州委党校老校园、湖北民族大学舞阳校区土地及附属国有固定资产处置工作。1月20日，专题研究兴建恩施民族体育运动中心和整体迁建恩施职院项目的修建性详细规划、项目片区防洪排涝专项规划。4月10日，在恩施市白杨坪镇九根树村召开脱贫攻坚现场办公会议，调研督办恩施州2020年脱贫攻坚作战方案落实情况，研究部署脱贫攻坚补短板工作和驻村帮扶工作。4月14日，专题研究州中小企业培训服务中心和企业家沙龙活动场所建设事宜。4月17日，专题研究恩施高中芳华中学项目推进工作。4月22日，在恩施市龙凤镇佐家坝村召开现场办公会，专题研究脱贫攻坚补短板工作。4月26日，专题研究食药、工业、煤炭、商贸（成品油）、特种设备安全等相关工作。8月3日，专题研究州本级公共卫生服务体系建设工作。9月2日，召开人防系统腐败问题专项治理工作推进会，安排部署有关工作。9月16日，专题研究姚家平水利枢纽工程和田家坪、杨柳溪、蛇皮洞水源工程建设工作。10月10日，专题研究恩施市城区地灾防治及沙子坝滑坡治理工作。12月4日，召开会议落实州八届人民政府第53次常务会议关于恩施州商务技工学校并入恩施职业技术学院的相关决定事项，专题研究州商校并入恩施职院交接工作。12月18日，专题研究政务公开工作。

（符　斌）

重要活动

【与天津市签订卫健支援合作框架协议】　2020年4月7日，天津市卫健委与恩施州政府举行仪式，签订《卫生健康事业支援合作框架协议》。根据支援合作协议，天津市卫健委和州政府将重点聚焦医院管理、学科建设、疾控体系建设、人才培养、智慧医疗等领域，进一步加强交流与合作，建立健全组织协调、定期互访、宣传引导等工作机制，提升恩施州卫生健康工作水平和能力。天津医科大学总医院将为恩施州中心医院和湖北民族大学附属民大医院在技术支持、人才培养和远程医疗上提供指导和帮助。

【与中国燃气控股有限公司签订战略合作框架协议】　2020年6月21日，州政府与中国燃气控股有限公司签订战略合作框架协议书，标志着恩施州将开展分布式集中供暖和农村微管网供气试点。

【中石化湖北页岩气投资有限公司在恩施挂牌】　2020年6月22日，中石化湖北页岩气投资有限公司在恩施高新区挂牌成立，州国投公司代表州政府与中石化江汉油田分公司签订合作开发协议，是2019年8月战略合作协议签订后双方战略合作的推进。

【与三峡基地发展有限公司签订合作协议】　2020年9月7日，恩施州与三峡基地发展有限公司签订共抓长江大保护战略合作协议，明确双方将在长江大保护框架下开展生态环保领域重大项目合作。11月26日，恩施州与三峡基地发展有限公司签订《水务环卫领域意向合作协议》，共同组建“三峡恩施州水务集团有限责任公司”，以城镇污水治理为切入点，统筹推动城市供排水、全州流域垃圾回收、建立恩施绿色发展研究院等方面的工作。

（符　斌）

调研督办

【省政府主要领导调研】　2020年6月29日，省委副书记、省长王晓东在恩施州调研，到恩施市屯堡乡调研了解有机茶产业发展、贫困户生产生活、村级便民服务、健康扶贫、龙头企业和专业合作社带动扶贫等情况。并召开武陵山片区决战决胜脱贫攻坚座谈会，与恩施州、宜昌市及相关县（市）、省有关部门共商决战决胜脱贫攻坚的思路与举措。7月21日，王晓东到恩施市屯堡乡马者村沙子坝，实地察看滑坡体及堰塞湖险情，了解险情处置和群众转移安置情况，并现场召开会商会，传达贯彻省委书记应勇批示精神，听取恩施州情况介绍和自然资源部、长江委等方面的专家意见，会商研判险情态势，研究完善险情处置方案。

【中央有关部委领导调研】　2020年7月18日，中央纪委国家监委驻农业农村部纪检监察组组长吴清海到来凤县调研农业农村和脱贫攻坚工作。7月27日，农业农村部副部长刘焕鑫，农业农村部总经济师、发展规划司司长魏百刚到定点扶贫县来凤、咸丰调研农业农村和脱贫攻坚工作。8月28—29日，国务院扶贫办副主任陈志刚到恩施州调研脱贫攻坚工作。9月16日，自然资源部党组成员、副部长凌月明带领调研组到巴东县，巡查三峡库区巴东县地质灾害防治工作。9月17日，国家市场监管总局特设局局长贾国栋到恩施大峡谷参加全省客运索道应急演练观摩活动。12月10—11日，中央农办主任、农业农村部党组书记唐仁健到咸丰县调研农业农村工作。

【省相关领导调研】　2020年4月22—23日，副省长肖菊华率省教育厅、省文旅厅等省直单位相关负责人到恩施州调研脱贫攻坚、开学复课和旅游安全工作。7月18日，副省长曹广晶到恩施市调研指导防汛救灾工作。7月20—27日，曹广晶到恩施市屯堡乡马者村调研指导沙子坝滑坡应急处置工作。12月16—17日，曹广晶到鹤峰县调研扶贫工作、宜来高速鹤峰东段建设情况。9月17日，副省长张文兵到恩施大峡谷参加全省客运索道应急演练观摩活动。

【刘忻到恩施州调研】　2020年6月29日至7月1日，杭州市委副书记、市长刘忻带队到恩施州考察东西部扶贫协作。先后到建始县业州镇风吹坝村东西部扶贫协作蛋鸡产业园、巴东县野三关镇葛藤山村中药材产业园等地考察东西部扶贫协作产业项目。到建始县第三医院、巴东县茶店子镇水厂等地考察东西部扶贫协作援建恩施州民生项目。到建始县红岩寺镇、巴东县溪丘湾乡慰问贫困群众。

【政务督查】　2020年，加强和规范政府督查工作，推动党中央、国务院重大决策部署和省政府、州政府重要工作落实。紧扣党中央、国务院重大决策部署督查大事，对国务院《政府工作报告》重点工作、国务院第七次大督查转办问题线索办理及反馈问题整改工作，印发督办通知、进行跟踪督办、推动工作落实。对中央支持湖北经济社会发展一揽子政策落实工作，开展专项督查，纳入考核体系，推动政策落实。紧扣省政府重要工作督查要事，配合服务省政府专项督导，反馈的3个问题全部完成整改。突出抓好省委副书记、省长王晓东2016年以来到恩施州调研确定的支持事项、省《政府工作报告》重点工作、审计署武汉特派办对湖北省贯彻落实国家重大政策措施跟踪审计反馈问题、全省经济运行调度电视电话会议精神等，实行清单管理，持续抓好督办，推动省政府重要工作在恩施州落实落地。紧扣全州改革发展稳定大局督查难事，紧盯三大攻坚战、投资和重点项目建设、优化营商环境、法治政府建设、保障农民工工资支付等重点工作持续开展督查，印发督查通报15期。对州《政府工作报告》重点工作、州政府常务会议议定事项、州政府主要领导调研批示交办事项等，印发任务清单，加强督办落实，形成工作闭环，确保州政府重点工作落实。

【建议、提案办理】 2020年，牵头代拟全国政协第十三届三次会议提案会办答复1件，牵头办理省第十三届人大三次会议代表建议主办件共2件、会办件5件，牵头会办省政协十二届三次会议提案1件，交办督办州人大代表建议118件、州政协提案139件，专题现场督办9个州直主办单位和1个县（市）政府办理情况，完成“见面率100%、答复率100%、满意率和基本满意率98%以上”的工作目标。

【网络问政及信访件办理】 2020年，组织开办“党风政风热线”栏目，8个县（市）长、98个州直单位、49个县（市）直单位上线，接听热线电话629个，受理群众诉求508件，线上解答387件，线下答复121件，满意率为97%以上。交办督办州政府主要领导批示信访件95件，开展信访件现场督办核查13次，专项现场复核5次，形成专题报告2期。完成国务院“互联网+督查”留言办理9条，代拟人民网网民给省长留言回复2条，代拟荆楚网网民留言回复4条，办理完成人民网网民给州长留言37条。

（符 斌）

驻外机构

【州政府驻武汉办事处】 2020年，州政府驻武汉办事处落实抗击新冠肺炎疫情工作措施，履行各项工作职责。在湖北疫情最严重时期，组织协调将300多件防疫物资送达恩施。畅通沟通渠道，推进依法行政，推进党风廉政建设责任制落实，维护重要会事期间的社会稳定工作，编发《信访简报》和《要情专报》8篇，报送每日信息200多条。

【州政府驻北京联络处】 2020年，州政府驻北京联络处围绕服务恩施高质量发展，服务首都和谐稳定，抓好疫情防控和驻京各项工作。干部职工下沉社区参与新冠肺炎疫情防控，协助北京恩施商会、武大北京校友会等机构落实防疫物资捐赠，参与湖北省经北京口岸入境人员转运。对接中央部委及北京市相关部门，服务州领导和州直部门在北京政务活动。推进消费扶贫，推动恩施农副产品拓展北京市场，“利川红”北京形象店开业；宣传推介恩施，促成恩施山水民俗亮相CCTV-4《中国地名大会》第二季。

（符 斌）

州政府办公室

【概况】 2020年，州政府办公室以推动发展、服务发展为第一要务，按照“高质、高效、规范”的工作要求，提升“三服务”（服务发展、服务决策、服务落实）水平，建设全州政务服务“第一窗口”，参加战贫、战疫、战洪，为全州经济高质量发展作贡献。9月，州政府办秘书三科科长孙涛被省委、省政府表彰为“湖北省抗击新冠肺炎疫情先进个人”。

【参谋服务】 2020年，协调服务省部级以上领导到恩施州考察调研活动20余次。妥善处理改革、发展、稳定的关系，准确高效报送信息，统筹协调各方资源，维护全州和谐稳定。全年编报政务信息342篇，国务院办公厅、省政府办公厅分别采用27篇、66篇，国务院、省政府领导签批5篇。

【统筹调度】 2020年，围绕《政府工作报告》全面调度，将重点工作任务逐项分解到州直有关部门和县（市）政府，实行“一季度一汇总一通报”。及时召开州政府常务会议研究解决问题、出台工作措施，推动工作。围绕“比抓强促”重点调度，突出项目建设、招商引资、工业经济等重点工作，强化考评、定期通报，定期调度、每季拉练，综合评分排名第一的县（市）作经验交流发言，排名最后一位的县（市）作表态发言，推动争先进位，确保实现全年目标任务和“十三五”圆满收官。围绕优化营商环境精准调度，紧盯“全国一流、全省领先”的目标，推动出台《关于更大力度优化营商环境激发市场活力的工作方案》，建立“六个一”（一周一碰头、一旬一研判、一月一调度、一季一督查、半年一问政、一年一评价）机制，统筹推进包括优化营商环境大调研、政务服务效能大提升、开展公共服务提档升级等内容的优化营商环境“十项行动”。

【“1122”工作制度】 2020年，制定《州政府办公室“1122”工作制度》，由1名办公室班子成员联系服务1名州领导，为各秘书科配备2名工作人员，为每名州领导安排2个科室服务（1个秘书科、1个联系科室），有序推进各项工作高效运转。

（符 斌）

人力资源管理

【概况】 2020年，全州公开招聘事业单位工作人员2429人，其中：公开考试招聘623人，专项招聘722人，定向招聘569人，农村义务教师招聘421人，安置退役士兵94人。招募“三支一扶”工作人员263名。全年评价合格技能人才1294人，新增高技能人才147人，技师、高级技师62人，备案第三方职业技能等级认定机构9个、央企分支机构1个。为全州988名专业技术人员评审高级职称、1151名专业技术人员评定中级职称，为全州82个非公企业的668名专业技术人员评定中初级职称。

【人事管理】 2020年，根据省人社厅下放事业单位专业技术三级岗位管理权限至市州人社局的要求，出台《恩施州事业单位专业技术三级岗位设置与人员选聘管理办法》，组织开展全州事业单位三级岗位设置与人选选聘申报工作，经个人申报、单位推荐、州人社局审核、专家审核委员会评审，46人具备事业单位专业技术三级岗位聘用条件。向省人社厅推荐申报3名二级岗位拟聘人选，获批准。因事业单位机构改革，2020年审核31个州直事业单位岗位设置方案，其中，审核首次设岗事业单位17个，审核因结构比例调整或增减编制的事业单位14个。完成州直事业单位734名岗位异动认定聘任备案，其中“双肩挑”人员正常晋升87名，“双肩挑”人员及专业技术人员破格晋升40名。

【收入分配】 2020年，落实新冠肺炎疫情防控工作人员相关待遇，配合州卫生健康委、州财政局落实一线医务人员临时性工作补助7578人次、3122万元，其他医务人员29171人次、11170万元。调整卫生防疫津贴标准，全州发放卫生防疫津贴5752人次、204万元。为州疾病预防控制中心增核一次性绩效工资总量178万元。增加一线医务人员带薪年休假天数，落实其他人员临时性工作补助714万元。统计汇总全州义务教育学校教师工资收入水平，统计结果显示，2019年度全州各县（市）义务教育教师平均工资收入水平比公务员高出7.26%。

【劳动关系】 2020年，为防范和应对规模性裁员风险，制定《恩施州人力资源和社会保障局企业规模性裁员应对预案》。开展最低工资标准评估工作，制定发布《关于发布恩施州2020年部分职位（工种）工资指导价位的通知》，发布80个工种（岗位）工资指导价位。

【城市社区党组织书记实行事业岗位管理】 2020年，州委组织部、州人社局联合印发《恩施州城市社区党组织书记实行事业岗位管理专项公开招聘实施细则（试行）》，配合州委组织部做好恩施市、利川市城市社区党组织书记实行事业岗位管理工作，启动恩施州城市社区党组织书记公开专项招聘工作。

【专项公开招聘新冠肺炎疫情防控专业技术人员】 2020年初，为应对突如其来新冠肺炎疫情，首次采取线上面试的方式，为州疾控中心招聘疫情防控急需专业技术人才3人，为咸丰县卫生系统事业单位招聘疫情防控专业技术人员21人。

【事业单位统一公开招聘考试笔试】 2020年7月25日，全州事业单位统一公开招聘考试笔试在州城恩施及各县（市）举行。为减少人员聚集，降低新冠肺炎疫情对考试影响，首次在州城外7个县（市）设立设置12个考点，626个考场，推出519个岗位，计划招聘工作人员610名，服务考生1.9万人。

【省、市、县、乡考试录用公务员考试笔试首次在恩施设置考区】 2020年8月22—23日，湖北省2020年度考试录用公务员恩施考区笔试在州恩施城举行，是湖北省省、市、县、乡考试录用公务员考试笔试首次在恩施设置考区。共设9个考点、557个考场，恩施考区考生人数16668人，其中报考省市职位考生9075人，报考县乡职位考生7145人，报考公安职位考生448人。

【王黎明被评为“享受省政府专项津贴人员”】 2020年7月30日，经省政府批准，王黎明被评为2020度“享受省政府专项津贴人员”。王黎明，男，1968年8月出生，州农科院副院长，正高职高级农艺师，中共党员，大学本科学历。近5年来，获得科技进步奖3项，其中主持的“优质多抗玉米新品种恩单803、恩单804、恩单105的选育与应用”2018年12月获湖北省科技进步三等奖，排名第一。参与完成的“优质高产多抗广适杂交水稻宜香107、乐优107、金优107的选育与应用”2016年12月获湖北省科技进步二等奖，排名第五。参与完成的“玉米新品种鄂玉23、鄂玉26、鄂玉28大面积推广”2014年12月获湖北省科技成果推广二等奖，排名第六。2018年获得州优秀人才奖。参加国家重点项目2项，省重点课题2项。自2018年起主持科技部“十三五”七大作物育种专项“云贵高原及武陵山区高海拔山地抗逆高产耐瘠薄玉米新品种选育”子课题。自2007年起主持湖北省农业科技创新中心鄂西综合试验站粮食作物育种与栽培创新团队的创新和推广工作。协助组织湖北省玉米品种区域试验。组织科技成果转化到账收入496万元。2020年被聘为湖北省农作物品种审定委员会委员，现任玉米专业组主任。自2018年起被聘为湖北省农业科技创新中心、湖北省农业科技创新联盟“特聘推广研究员”。在《湖北农业科学》等学术期刊上发表论文5篇。参编《西南及南方地区玉米田间种植手册》和《西南及南方地区鲜食玉米田间种植手册》。

【沈典栋被评为“享受省政府专项津贴人员”】 2020年7月30日，经省政府批准，沈典栋被评为2020度“享受省政府专项津贴人员”。沈典栋，男，1972年9月出生，湖北宜鹤高速公路有限公司总监理工程师，正高职高级工程师，中共党员，研究生学历。近5年来，主持建成利万、建恩、宣鹤等3条高速公路，实现湖北省县县通高速的目标，为武陵山区交通扶贫攻坚事业做出贡献。主持的《武陵山区高速公路大标段管理模式研究与应用》科研课题项目在2016年9月获得中国建筑学会科技进步奖二等奖、2017年获全国国企管理创新成果二等奖。《岩溶隧道强致灾性灾害源风险控制与处治关键技术》科研课题项目在2018年3月获山东土木建筑科技进步三等奖；《机制砂高性能混凝土生态应用关键技术》科研课题项目在2018年12月获省政府科技进步二等奖。公开发表论文12篇，参加国家学术讲座和交流论文3篇。2007年4月，被共青团中央、交通部授予“全国交通行业青年岗位能手”。2009年12月，被中国海员建设工会全国委员会授予全国公路交通系统“金桥”奖章。2010年4月，被省政府授予“沪渝高速公路宜恩段建设先进个人”。2013年11月，被中国施工企业管理协会授予“2012—2013年度国家优质工程奖突出贡献者”。2019年4月，被省政府授予湖北“五一劳动奖章”。

【喻明国被评为“享受省政府专项津贴人员”】 2020年7月30日，经省政府批准，喻明国被评为2020度“享受省政府专项津贴人员”。喻明国，男，1966年3月出生，鹤峰国鑫家庭农场法人，鹤峰源汁蜜蜂业开发有限公司法人，鹤峰县连升蜂业农民专业合作社联合社理事长，助理经济师，大学专科学历。2019年，喻明国被湖北省养蜂学会授予湖北蜂业工匠，2020年被中国蜂产品协会授予蜂业扶贫之星。2017年，鹤峰县连升蜂业农民专业合作社联社被评为全国优质蜂蜜品评大赛鼓励奖；2018年，鹤峰国鑫农场被评为21世纪第三届蜂业大奖赛优质巢蜜银奖；2020年，鹤峰县连升蜂业农民专业合作社联社被评为全国第四届蜂蜜感官品质大赛金奖，湖北鹤峰源汁蜜蜂业开发有限公司被评为银奖；2020年，鹤峰国鑫农场被评为中国优质农产品AAA级诚信示范农场、被评为中国“3·15”消费者可信赖诚信企业和立信企业。鹤峰国鑫农场先后获得首届湖北蜂业高峰论坛暨蜂产品博览会金奖、省优质蜂产品企业奖、智慧农业GAP生产示范基地，被省农业厅评为湖北省示范蜂场。喻明国发表《恩施州中蜂养殖技术标准》《恩施中蜂蜜标准》《鹤峰县硒蜜标准》《恩施州油菜花粉标准》，参与编著《论中蜂1528精准扶贫初探》《恩施州中蜂养殖技术标准》《中国蜂业科普大全》，参加国家、省、州各种学术讲座和交流论文4篇。

【全国抗击新冠肺炎疫情先进集体和个人】 2020年9月，中共恩施州中心医院委员会、州疾病预防控制中心被中共中央、国务院、中央军委表彰为“全国抗击新冠肺炎疫情先进集体”；巴东县人民医院感染科护士长莫晓婧（女）、宣恩县中西医结合医院（沙道沟镇中心卫生院）院长麻祖念、利川市公安局东城派出所副所长杨鋆、恩施市舞阳坝街道办事处党委书记史光武被中共中央、国务院、中央军委表彰为“全国抗击新冠肺炎疫情先进个人”。

【湖北省抗击新冠肺炎疫情先进集体和个人】 2020年9月，恩施市中心医院党委、利川市疾病预防控制中心党支部、建始县人民医院、巴东县卫生健康局、宣恩县疾病预防控制中心、咸丰县卫生健康局、来凤县中心医院、鹤峰县中心医院被省委、省政府表彰为“湖北省抗击新冠肺炎疫情先进集体”；州中心医院外三科主任、主任医师杨武军，州中心医院西医部急诊中心主任、副主任医师李德忠，湖北民族大学附属民大医院主治医师谭晓（女），湖北民族大学附属民大医院重症医学科副护士长、主管护师周玲（女），恩施市中心医院、主治医师田晓虹，利川市人民医院呼吸内科主任、主治医师胡晓华（女），建始县中医医院医师何欢（女），巴东县中医医院外科副护士长、护师赵蓉春（女），宣恩县人民医院感染科主任、主治医师褚天奎，咸丰县人民医院感染科副主任、医师屈捷，来凤县中心医院感染科主任、副主任医师王芳（女），鹤峰县中心医院副院长、副主任医师张恩力，州卫生健康委员会医政药政与体制改革科科长陈杨，州政府办公室（恩施州新冠肺炎疫情防控指挥部物资保障组工作人员）秘书三科科长孙涛，州疾病预防控制中心公共卫生检验检测所副所长、主管技师吴小凤（女），恩施市公安局小渡船派出所副所长、四级警长熊诗桥，利川市都亭街道办事处普庵社区党委书记李维臣，建始县业州镇人民政府副镇长向峰，巴东县社会福利院院长黄华，中共宣恩县委宣传部副部长（新华社签约摄影师）宋文，咸丰县交通运输综合执法大队大队长王浩霖，来凤县第二实验小学教务处副主任、漫水乡兴隆坳村驻村第一书记、“尖刀班”班长、高级教师陈小民，湖北省鹤峰县容美镇铭创餐饮服务有限公司董事长刘选明被省委、省政府表彰为“湖北省抗击新冠肺炎疫情先进个人”。

【荣誉】 2020年12月，州人力资源和社会保障局被省委、省政府表彰为“2017—2019年度省级文明单位”；州劳动保障监察局被国务院农民工工作领导小组表彰为“全国农民工工作先进集体”。

（莫长锐）

民族宗教事务

【概况】 2020年，全州民宗系统践行习近平总书记关于民族宗教工作重要论述，落实中央、省委和州委关于民族宗教工作的决策部署，优化营商环境，服务“一谷两基地三示范区四大产业集群”建设，民族宗教领域整体和谐稳定。2020年，行业扶贫力度加大，中央和省级少数民族发展资金中的90.39%县（市）捆绑用于脱贫攻坚。

【推进民族团结进步示范区创建】 2020年，恩施市、巴东县成功创建成为第八批全国民族团结进步示范区示范单位，实现“十三五”期间全州8个县（市）全部成功创建，走在全国自治州前列。新创建省级示范单位33个，居全省市（州）之首。教育系统将中小学作为铸牢中华民族共同体意识的重要阵地，将创建触角逐步由城镇向乡村、由中小学向高职高专、由公立向民办延伸。电力系统立足服务全州经济社会发展和各族群众，创建触角逐级延伸到乡镇供电所。推进创建工作与乡村振兴、基层社会治理紧密结合，涌现出利川市柏杨镇永兴社区等创建典型。启动“示范创建工作项目化管理”，形成学校、企业、乡村三个可复制、可借鉴的创建项目成果，推动民族团结进步示范区建设提质扩面。

【落实民族政策】 2020年，争取中央、省级民族专项资金支持，全年到位1.27亿元。推动“616”工程［对民族地区10个县（市）实施对口支援，每个县（市）由1名省委、省政府领导负责，省直6个单位（4个省直部门、1个大中型企业、1所大专院校或科研单位）开展对口支援，每年至少为对口支援县（市）办6件实事］等政策落实，全年完成帮扶项目456个，到位资金75.99亿元，督促县（市）拨付民贸贴息贷款引导资金2848万元。配合省民宗委争取省委、省政府出台新一轮支持帮扶民族地区政策。建立民族成分变更集中审核机制，将民族成分变更业务由法定30日优化为即报即批，审核时间由15天缩短为2天。

【特色村寨建设】 2020年，争取省民宗委安排资金160万元编制8个特色村寨村庄规划并通过评审。芭蕉乡、长潭河乡被国家民委确定为乡村振兴重点乡镇，15个村被国家民委公示为第四批“中国少数民族特色村寨”，7个村被纳入“湖北省少数民族特色村寨培育名单”。建立健全全州少数民族特色村寨数据库，利用信息化平台实现数据联通，提高服务水平。承办省民宗委在恩施州举办的全省少数民族特色村寨培训班。

【民族文化、教育和体育事业】 2020年，推动民族文化传承保护和创新发展，全州26个项目列入全州首批民族文化传承基地建设范围。咸丰县的南剧《唐崖土司夫人》成为全省唯一入选第六届全国少数民族文艺会演的剧目，《父亲原本是英雄》《那条叫清江的河》两部作品分获全国少数民族文学创作骏马奖报告文学奖和骏马奖散文奖。巴东堂戏传习馆改造落成，累计完成40部完整版传统和现代剧目的视频录制。推广传统民族体育项目。12月，由省民宗委和省体育局主办，省少数民族体育协会、利川市政府承办的2020年湖北省民族健身操推广比赛举办，来自全省各市、州、直管市、神农架林区、民族地区10县（市）以及省高校的29支代表队共400余人参加比赛。恩施州选派9支代表队，获得一等奖1个、二等奖2个、其他奖6个。

【宗教工作】 2020年，全州各级党委、政府开展新修订《湖北省宗教事务条例》的学习宣传，将其纳入党组（党委）中心组、支部主题党日学习内容，开展专题辅导，统战、民宗部门主要负责人带头到党校宣讲，组织发放《湖北省宗教事务条例》。健全县、乡、村三级网络和乡、村两级责任制，巩固中央宗教工作督查“回头看”反馈意见整改成果，州、县人大开展全州宗教工作专项视察。在宗教场所持续开展“四进”活动和社会主义核心价值观教育，引导宗教与社会主义社会相适应。按照疫情防控和省民宗委有关要求，对18处宗教活动场所实行“双暂停一延迟”，后期逐步有序规范开放全州宗教场所，开展宗教场所安全大检查，拍摄消防宣传片发到宗教场所进行滚动播放，提升消防安全意识。

2020年12月3—5日，湖北省民族健身操推广比赛在利川市举行
（州民族宗教事务局 供稿）

【推进“武陵山民族经济社会发展试验区”“616”工程建设】 2020年，全州8个县（市）党委常委会或政府常务会均专题听取民宗部门武陵山试验区建设和“616”工程推进情况汇报，组织谋划一批重点项目。全州8个县（市）“616”工程对口支援座谈会全部召开，推动各项帮扶政策落实，助力脱贫攻坚和疫后重振，全年落实帮扶资金75.99亿元，帮扶项目456个。

【领导调研】 2020年5月25日，省委统战部副部长，省民宗委党组书记、主任马萍到恩施州开展调研，了解项目建设规划以及资金投入情况、民贸民品企业复工复产及综治平安建设、民族宗教进网格工作、民族团结进步创建和少数民族特色村寨建设情况。

【“浙江—湖北”东西部劳务协作暨民族团结进步共建】 2020年9月23日，由浙江省民宗委、湖北省民宗委、浙江省人社厅、湖北省人社厅、恩施州政府共同主办的2020“浙江—湖北”东西部劳务协作暨民族团结进步共建活动在恩施启动。启动仪式后，召开专题座谈会，就浙鄂两省劳务协作、民族团结进步创建等取得的成效、存在的问题以及对策措施进行交流，双方签订“就业扶贫劳务协作、民族团结进步共建”合作协议书。其间，恩施市芭蕉侗族乡代表与招聘企业代表签订就业意向协议。

【全州宗教工作领导小组成员单位全体会议】 2020年9月30日，全州宗教工作领导小组会议在州城恩施召开，会议传达学习中央、省委关于宗教工作系列决策部署精神，通报2020年度全州宗教工作情况，宣讲《湖北省宗教事务条例》，安排部署下一步工作。

【建设武陵山区（鄂西南）土家族苗族文化生态保护实验区工作】 2020年11月3日，州八届人民政府第66次常务会议研究部署建设武陵山区（鄂西南）土家族苗族文化生态保护实验区等工作。推进民族文化事业和民族文化产业发展，进行挖掘、抢救、整理、传承、融合，建立民族文化、抗战文化、红色文化三个体系，建成国家级文化生态保护示范区。整合相关项目，将其纳入“十四五”规划。开展非遗进景区、进校园、进企业、进社区、进机关、进军营等活动。

（张思齐）

政务服务

【概况】 2020年，州、市政务服务中心深度融合，成为省内政务服务改革“试验田”。“一事联办”“证明事项告知承诺”“及时预警、超时默认、自动用印”3项改革入选省优化办复制推广经验，在全省政务系统排名第一。省优化营商环境领导小组办公室全年刊发简报31期，恩施州政务服务内容上刊9期，在全省政务系统排名第一。全省政务服务“一网通办”考核，恩施州多次名列前4名，10月，居全省第一名，全年评定为优秀。12月，来凤县政务服务和大数据管理局被省委、省政府授予“2017—2019年度湖北省文明单位”。

【新冠肺炎疫情防控期间政务服务】 2020年，新冠肺炎疫情防控期间，采取网上办、预约办、暂停办、急事急办政务服务模式，全州公布手机热线389个，接听4597人次，办理事项308件。复产复工后，为企业开辟线上线下服务专区，湖北政务服务网线上审批复产复工企业439个。

【“一网通办”工作】 2020年，州、县、乡、村四级近27万个事项纳入省政务服务事项管理系统，实现标准化认领、精准化编辑、常态化公开，85.4%的事项承诺时限位居全省前3名。实现州、县两级政务服务事项可网办率100%，州级522个事项“全程网办”，县级4500余个事项“全程网办”，127个高频事项“鄂汇办”掌上办理。推进湖北省统一受理平台运用，提升四级办件数据汇集感知力度，宣传推广湖北政务服务网，提高网上办件比例。

【“一窗通办”工作】 2020年，实现州、县中心“一窗办”，在州、县政务服务中心统一设置不动产、工改、企业开办等跨部门专区。在来凤县试点“大综窗”改革，县级1300余项事项实现“一窗受理、分类审批、统一出件”。实现基层办事“就近办”，依托银行、网格化片区等站点建设“10分钟政务服务办事圈”。优化乡、村两级便民服务，151项县级事项委托乡镇办理，高龄补贴、林木采伐证、生育服务证等一批高频特殊事项前移至村级收件、系统流转、村级出证。《恩施聚力边远山区“一网通办”推动政务服务州县乡村一体化建设》调研报告在省政府职能转变和“放管服”改革简报刊发。

【政务服务效能大提升专项行动】 2020年，全州实现50件跨部门事情实现“一事联办”。推行“证明事项告知承诺制”，办事由“一堆材料”变为“一纸承诺”。全州95%的行政许可事项实行“及时预警、超时默认、自动用印”机制，打造湖北政务服务改革的“恩施模式”。

【“互联网+监管”工作】 2020年，推广省“互联网+监管”系统，注册用户11965个。组织各级监管职能部门全量梳理本地监管系统，对照事项找系统，梳理出州、县自建监管系统10个。完成事项认领编辑，认领监管事项8246个，编辑检查实施清单8742个，事项认领率、检查实施清单实际完成率和检查实施清单完备率均为100%。持续推进“应录尽录”，全年全州录入监管行为数据59163条，其中行政检查53467条，行政检查4615条，行政强制210条，其他行为871条。

（胡光燚　田孟琼）

大数据工作

【概况】 2020年，全州大数据管理围绕“互联网+放管服”和优化营商环境改革任务开展工作。6月，州政务局聘请国内、省内、州内信息化相关专家、学者、教授组建州数字政府建设领导小组专家委员会。按照智慧恩施和数字政府建设要求，先后下发《关于做好政务信息资源共享有关工作的通知》《关于加强政务信息资源共享管理的通知》《恩施州推进数字政府建设实施方案》《关于印发〈恩施州政务数据共享管理规范〉的通知》《州直单位信息化建设项目审批流程》《恩施州大数据中心信息化项目管理办法》《恩施州大数据中心专家评审制度》等文件，以数字政府建设为主线，抓好信息化项目建设，平台互联，数据安全共享，推进治理能力现代化。

【数字政府建设发展规划】 2020年，编制《恩施州数字政府建设五年（2011—2025年）发展规划》（征求意见稿）和《恩施州大数据发展规划（2021—2023年）》（征求意见稿）。依据国家《加快推进全国一体化在线政务服务平台建设的指导意见》和省《推进数字政府建设的指导意见》《推进数字政府建设实施方案的通知》的部署和要求，5月，《恩施州推进数字政府建设实施方案》经州政府第56次政府常务会议审议通过，州政府办公室印发实施，该方案明确“1+2+N”数字政府建设模式以及未来五年数字政府建设的总体目标和分阶段目标以及主要任务。

【数据汇集体系建设】 2020年，建成覆盖全州的政务信息资源共享平台、电子证照库和电子签章系统，全面对接全省统一身份认证，为各领域数据应用提供基础支撑。落实信息建设项目备案审核，统筹技术评审。由州政务局备案审核、提交政府常务会议审议通过信息化项目42个，涉及资金近8000万元。组织技术评审信息化项目共28个34次。购买3个资金评审机构开展州直单位信息化项目概算资金评审，评审17个信息化项目，涉及资金3670余万元。组织数字政府建设专家委员会专家开展信息化项目验收10个。

【数字政府建设成果】 “十二五”至“十三五”期间，全州发展和运用互联网、云计算、大数据等技术手段，开展实践探索，有效提高政府效能、优化政务服务。通过出台信息化项目建设管理制度，规范项目设计、立项、招标、建设、验收、管理等各个环节。将信息化项目开发应用作为推动工作模式和社会治理模式创新的重要抓手，推动全域旅游、清江大保护、生态环保、新冠肺炎疫情防控等重大项目建设，推进政府中心工作数字化治理。州、市、县（市、区）电子政务外网接通率为100%、乡镇为100%、村级为100%，高出口的带宽为各系统业务协同和数据共享提供畅通的网络通道。州政务服务平台和省政务服务平台对接，搭建包含疫情专区、个人服务、法人服务、政务公开、政民互动、一事联办、好差评、“互联网+”监管在内的多个网上办事快速通道。依托省政务服务移动端“鄂汇办”APP，州直各部门共有60项便民服务事项实现掌上可办。

（刘丹红）

【政务信息共享平台】 2020年，州大数据中心以数据共享为基础，研发“一事联办”主题事项包，按照“四个一”工作模式推进（即一张表单申请、一套材料运转、一个窗口受理、一站式办结），实现一件事情跑一次路。全力支撑工程项目审批“753”改革（即政府投资项目审批时限压缩70个工作日，社会一般投资项目审批时限压缩至50个工作日，带方案出让土地项目审批时限压缩至30个工作日以内）。应用数据共享成果，实现水、气报装一站式服务、公交老年卡自助年审、社保证明自助打印等功能。在政务服务中引入“超时默认、自动用印”，被写入《湖北省优化政务环境工作方案》，在全省推广应用，加强政务服务“一网通办”支撑能力。

【“智慧恩施”政务云平台(一期)】 2020年11月，“智慧恩施”政务云平台（一期）上线运行，对恩施州信息化建设具有里程碑意义，促进数字政府建设从粗放式、离散化的建设模式向集约化、整体化的可持续发展模式转变。该平台为各部门提供集中统一的应用部署、数据存储、安全监测等服务，推进资源集约和数据共享，解决数据烟囱、信息孤岛、资源浪费、信息产业建设缓慢和信息安全等问题。

（周光兵 熊 鹏 吴 凯 杨 俊）

优化营商环境

【概况】 2020年，州委、州政府印发《关于更大力度优化营商环境激发市场活力的工作方案》，在全州实施优化营商环境“十项行动”（思想大解放、政务服务效能大提升、数据互联共享、规范中介服务、招投标和政府采购治理、创优金融环境、优化公共服务、优化监管服务、诚信体系建设、保护企业合法权益），压实主体责任，健全保障机制，有序推进各项工作落实落地。在州统计局社情民意调查中心10月组织的全州营商环境满意度调查中，企业满意度达到97.21%。恩施州推行政务服务“一事联办”、行政许可“超时默认、自动用印”、利川市推进“整村授信”、建始县优化银行业金融考评机制破解“不愿贷、不能贷、不敢贷”问题、宣恩县推行证明事项告知承诺制5项改革举措进入全省优化营商环境复制推广的典型案例。恩施市当好助企服务“店小二”、巴东县“四钉”经验总结打造政务服务“升级版”、鹤峰县推行工程项目审批“753”改革等13条经验做法被省优化营商环境简报刊发。恩施州获评“2020浙商最佳投资城市”。

【评价考核】 2020年，在省对市州优化营商环境考核中，恩施州排名全省第四名。在省对市州营商环境评价中，恩施州“保护少数投资者”指标居全省第一，“开办企业”“登记财产”2项指标居全省第二，“政府采购”指标居全省第四。在省直指标牵头部门评价中，恩施州有5项指标居全省第一，其中“办理破产”“政府采购”“执行合同”“市场监管”4项指标获得100分。2020年度优化营商环境县（市）考核结果依次排名为：恩施市、利川市、宣恩县、巴东县、建始县、鹤峰县、咸丰县、来凤县。

【责任体系建设】 2020年6月，全州推进营商环境建设暨州新冠肺炎疫情防控指挥部第二十次视频调度会召开，调整州优化营商环境工作领导小组，领导小组办公室设在州政府办公室，组建州优化营商环境工作专班。州优化办印发《2020年全州优化营商环境十项行动工作方案和路线图》，将省优化营商环境30条分类归总，在全州开展十大专项行动，细化量化100项任务。建立一周一碰头、一旬一研判、一月一调度、一季一督查、半年一问政、一年一评价的“六个一”机制，通过“以月保季、以季保年”的闭环推动，确保措施落地、改革见效。将优化营商环境工作纳入年度考核内容，考核结果作为评先表优、干部任用的重要依据，对评价排名靠前的县（市）给予资金奖励，对评价排名靠后的县（市）进行约谈，对损害营商环境的行为公开曝光、严肃问责。自5月起，全州提拔县级干部18人、重用8人、职级晋升12人，累计通报损害营商环境的典型案例21期79件，问责365人。

【党建引领优化营商环境】 2020年，州委组织部出台《党建引领优化营商环境的十条措施》，开展“党建+营商环境建设”活动。各级领导带头调查研究，优化营商环境纳入各级党委（党组）中心组学习内容，召开“优化营商环境、激发市场活力”专题民主生活会，1722名党员领导干部、6423个党支部组织研讨，制定6825条整改措施。州优化办在州主流媒体开设“有呼必应无事不扰甘当服务企业的‘店小二’”“党建引领促发展”专栏，印发《优化营商环境融媒体特别访谈节目〈承诺〉实施方案》，开办大型融媒体特别访谈节目《承诺》《优化营商环境县市在行动》，举办2020年优化营商环境专题电视问政，在“党风政风热线”等设置营商环境互动话题，在云上恩施开通“曝光台”。全年全州选派922名“两新”（新经济组织和新社会组织）党建工作指导员，引进58名专家人才担任企业“科技副总”。

【优化政务环境】 2020年，持续深化“放管服”改革，惠企便民。清理事项清单，87个州级事项委托县级办理，151个县级事项委托乡镇办理。推行政务服务“一事联办”，各县（市）梳理“一事联办”事项包均在70个以上，部分事项办理时限压减80%，材料压减35.5%，跑动次数压减80%以上。工程建设项目审批在实现“864”（政府投资项目审批时间80个工作日以内；一般社会投资项目60个工作日内；带方案出让土地的社会投资项目压缩到40个工作日内）的基础上，全面推行“753”改革，审批事项由50项压减为35项，鹤峰县率先完成改革任务。在州、县两级政务服务中心设立“企业开办”“不动产登记”“工程建设项目审批”等综合受理窗口，推行“超时默认、自动用印”，审批时限大幅压减。企业开办实现“210”标准（全面实现企业开办2个环节、1天内办结、零费用），不动产登记实现“221”服务（将不动产登记由申请、受理、审核、登簿、领证5个环节减少为申请受理、缴费领证2个环节，一般登记2个工作日办结，二手房转移登记和抵押登记1个工作日办结)，用电报装实现“321”服务（高压用户报装压减至“申请受理、供电方案答复、装表接电”3个环节，低压客户报装压减至“申请受理、装表接电”2个环节。对符合电力直接接入条件且无外线工程的小微企业提供低压用电1天极简报装服务)。统一开发水气报装、缴费系统，并与省政务服务网、“鄂汇办”APP对接，用水报装实现“321”服务（实现获得用水3个工作日、2个环节、1项材料)，用气报装实现“310”服务（获得用气3个环节、1项材料、“零跑腿”)。推进通关便利化，出口产品通关时间压缩至1个工作日内，正常出口退税5个工作日办结，恩施州第一个外贸综合服务中心在恩施高新区设立。推进数据互联互通，实现政务数据共享运用，让数据多跑路、群众少跑腿。完成州、县、乡、村四级统一受理平台复用、对接、测试工作，电子政务外网实现州、县、乡、村四级全覆盖，“智慧恩施”政务云平台（一期）建成运行，州智慧政务服务、州信用信息平台等系统上云应用，州自建系统全部与省政务服务网完成对接，全州实现“一张网”（湖北政务服务网）“一朵云”（“智慧恩施”政务云平台)。编制完成覆盖全州8个县（市）61个州直部门的数据资源目录2700余个，以州政务信息资源共享平台为枢纽，实现与国家、省数据平台的互联互通，汇集数据总量达到2亿余条，调用数据250余万次。公共资源交易全流程电子化平台、电子保函平台建成运行，“互联网+不动产”网办大厅上线应用（恩施州作为全省第二批试点推广)。全州累计实现522个政务服务事项“全程网办”，147个便民服务事项“掌上办”，州县两级政务服务事项可网办率为100%。

【优化市场环境】　2020年，坚持“非禁即入”，尊重所有市场主体，不搞地方保护、指定交易、市场壁垒，增强市场活力。截至12月底，全州新登记市场主体增长11.75%，增长率居全省第一位。建立责任清单、正面清单、负面清单3项清单，推进依法监管、包容审慎监管，对92种首次轻微违法行为免予行政处罚。厘清部门权力边界，建立涉企会议、调研及检查报批制度，防止出现多头执法、重复检查。推进招投标和政府采购专项治理，全面下放招投标权限，建立“黑名单”制度，共享州、县两级评标专家库，实现招标、投标、开标、评标全流程电子化。公开发布州内所有中介机构目录、服务事项清单、事项审查标准，中介机构基本实现入驻省中介服务网全覆盖，入驻数量和通过省中介服务网办理项目数均居全省第一位。制定中介服务评价管理办法，对中介机构服务事项实行“一事一评”，分层级实施联合奖惩，中介机构服务逐步规范。恩施州社会信用体系建设领导小组办公室、州政府办公室、州发改委分别印发《恩施州政府机构失信问题专项治理工作方案》《恩施州政务诚信公开承诺工作方案》《恩施州信用“红黑名单”管理办法（暂行)》。全面清理各级政府签订合同和欠民营企业账款，开展政府公开承诺，全州所有无分歧欠款全部结清，失信政府机构全部清零。州公共信用信息平台建成运行，补齐信用信息州内无法留存的短板，信用信息数据加快归集，累计公布红名单475个、黑名单1467个，实施联合奖励264个，联合惩戒167个，4013个市场主体完成信用修复。建立常态化银企对接机制，制定小微企业授信尽职免责制度，复制推广建始县银行业金融机构支持地方经济发展考核评价机制经验。州人社局出台《创业担保贷款实施细则》。各银行机构对接中小微企业的有效信贷需求，相继推出“硒茶贷”“政采贷”“亲商e贷”“养猪易贷”等一批无抵押、免担保信贷产品。全州政府性融资担保公司总数10个，实现县（市）全覆盖。州公共资源交易投标保证金电子保函金融服务平台上线运行。截至12月底，全州各项贷款余额1297亿元，较年初增长11.26%，余额存贷比全省第五名；全州规模以上工业增加值增长9.7%，在全省排名第一。房地产开发投资由负转正，固定资产投资降幅持续收窄，消费市场加快恢复。

【优化法治环境】　2020年，开展与优化营商环境不一致的政策文件专项清理，累计清理州政府及其办公室行政规范性文件135件，决定继续有效79件、予以修改9件、宣布失效28件、宣布废止19件。州司法局、州工商联、州律协联合开展民营企业“法治体检”活动，服务新冠肺炎疫情防控和企业复工复产。在全省率先建立企业破产处置“府院联动机制”，组建成立破产管理人协会，设立破产援助专项资金，对于符合产业政策、有重整可能的企业，促成企业重整。

【全州推行政务服务“一事联办”】

2020年，该做法被纳入全省优化营商环境首批复制推广典型案例。州大数据中心开发恩施州“一事联办”系统，选取群众需求大、涉及面广的50个服务事项，形成“一事联办”主题事项材料包，在恩施州“一事联办”系统进行配置，并在省政务服务网特色服务模块挂接，实行“一张表申请、一套材料运转、一个窗口受理、一站式办结”，实现材料一次提交，部门共享使用，变“一部门一流程”为“一件事一流程”，变“串联审批”为“并联审批”，变“群众跑腿”为“数据跑路”。同时，根据政务大厅的实际情况，在“一事联办”系统内设计代办模块，结合大厅的代办人员，让群众在线下同样能享受到“一事联办”带来的便利。

【全州推行“超时默认、自动用印”】

2020年，该做法被纳入全省优化营商环境第二批复制推广典型案例。全州建立行政许可事项“及时预警、超时默认、自动用章”工作机制，开发州政务服务事项预警监控平台，对除国家、省自建业务系统外的所有事项实行办理环节全流程实时监控，对申请材料齐全、符合法定形式的申请事项，未在规定时间受理的，默认进入受理环节；受理后未在承诺时间内办结的，默认审批通过，系统自动生成《超时默认通知书》，并加盖部门电子印章。

【恩施市为企业提供“保姆式”服务】　2020年，恩施市推行“五个一”（一个平台调度、一件工单推送、一个电话沟通、一支团队跟进、一张清单督办），为新开办企业提供“保姆式”服务，建立企业诉求闭环办理机制，2020年6月以来，共受理诉求48件，群众满意销号40件，剩余8件正在办理。

【利川市推进“整村授信”】 2020年，该做法被纳入全省优化营商环境第二批复制推广典型案例。利川市坚持以乡村振兴战略实施和农村普惠金融体系建设为契机，采取政府主导、乡镇统筹、银行和村委主推，精准识别产业发展对象，开展农户信用评级，推进农户小额信用贷款。2020年全市启动，完成“整村授信”100个村，在2021年全面铺开。通过“整村授信”，推进新型农户小额信用贷款快速发展，以小额、信用、一次授信多年循环、随借随还、手机线上操作为特点，创建农民贷款不出村、产业发展有支持的良好金融环境。

【建始县优化银行机构考评机制】 2020年，该做法被纳入全省优化营商环境首批复制推广典型案例。建始县出台《建始县银行业金融机构支持地方经济发展考核评价方案（试行）》，充分发挥政府性资金存款（含其他可调度资金）在地方经济建设中的激励作用，每月从工业企业贷款余额、惠普小微企业贷款余额、信用贷款余额、首贷企业数等9项指标对县域10家商业银行进行考核评价，对排名前四的银行机构按4：3：2：1的比例调配社保、住房维修等财政可调度资金，激励银行积极向上级行争取政策，加大对民营企业、中小企业的支持力度。

【宣恩县推行证明事项告知承诺制】 2020年，. 该做法被纳入全省优化营商环境第二批复制推广典型案例。宣恩县梳理颁布首批138项告知承诺事项，明确告知承诺工作规程，并配套建立一次性告知、诚信黑名单、审查核验、事中事后监管等6项制度，对凡没有法律依据的一律取消，申请材料并非办事必要条件或重复设置的一律取消，能通过个人现有证照来证明的一律取消，能通过部门核验的一律取消，开具证明的单位无权查证、无法开具的一律取消，能合并办理的环节一律取消，实现从“一堆材料”到“一纸承诺即办理”的变革。

【鹤峰县推行工程项目审批“753”改革】 2020年，该做法在省委9月营商环境专项督查中，获得督查组肯定。鹤峰县推行工程项目审批“753”改革，在图审环节，实行部分取消、部分容后，所有项目施工图审以政府购买服务的方式开展，简易低风险项目可不再进行施工图审查。在施工许可办理环节，实行先批后勘，工程质量安全监督手续与施工许可合并办理。在审批环节，实行超时默认、分段负责。在验收环节，提前介入、全程指导，将消防预验收提前至五方责任主体预验收环节。通过实施“753”改革实现审批提效、项目提速、环境提优。

【企业家沙龙活动】 2020年，共举办4期企业家沙龙活动，主题分别为“恩施州电子信息产业发展思路与对策”“恩施州新型建材产业的发展与展望”“促进恩施州房地产业建筑业健康发展”“恩施州医疗防护物资企业持续发展”，州相关领导带领州直相关部门，与相关重点企业一起聊心声、谋对策、话发展。

（刘　勃）

机关事务管理

【概况】 2020年，州机关事务服务中心围绕“服务、保障、效益”，推进全州机关事务服务工作。8月，经州委机构编制委员会批准，同意设立恩施土家族苗族自治州后勤服务中心，为州机关事务服务中心所属正科级公益二类事业单位。10月，武陵都宾馆完成州直生产经营类事业单位改革，更名为恩施武陵都宾馆，注销事业单位法人，保留企业法人。资产由州国资委管理，经营管理由州机关事务服务中心负责。

【公务接待】 2020年，出台《关于规范公务接待用餐管理的通知》及公务接待管理的相关细则。完成天津援恩医疗团、脱贫攻坚成效省际交叉考核组接待等任务。全年接待来宾137批次，1367人次，其中国家级1人，省部级48人，厅局级204人。

【办公用房】 2020年，完成州直单位办公用房面积测绘，完成州直办公用房信息系统升级。调剂14个单位办公用房。完成州应急管理局等8个单位的办公用房维修收尾工程，完成恩施边检生活用房装修工程。

【公务用车】 2020年，完成全州企事业单位车改。摸清全州公车底数，党政机关公车2452台，事业单位公车2013台。新冠肺炎疫情防控期间快速办理63台捐赠车辆的定编上户手续，恩施城“7·17”严重洪灾期间摸底上报水毁车辆40余台、更新27台。开展全州公车检查3次，审批更新车辆88台，定编车辆134台。全年接受59个单位的用车申请3658次，调度车辆2690次，安全行驶105.5万千米，服务对象零投诉。

【后勤服务保障】 2020年，保障新冠肺炎疫情防控期间州委、州政府大院1300户居民生活物资。开展大院爱国卫生运动，推进垃圾分类工作，将闲置场地改建成停车场，新增停车位85个。对州委综合楼等进行装修，大院规整线路，修复道路、花坛及路灯，维修居民楼，改造地下管网。减少食堂菜品浪费。与贫困村共建优质原材料供应基地6个，助力恩施农特产品销售。

（王乾秋）

应急管理

应急管理能力建设

【概况】 2020年，全州应急管理工作围绕应急指挥、应急值守、应急保障、应急响应、救援队伍、应急实战等方面，加强应急管理能力建设，全省应急指挥和救援协调现场会首次在恩施召开，开展智慧应急试点、航空救援试点工作，保持3个领先（应急信息化、应急指挥系统运用、通信保障队领先）。

【健全应急指挥体系】 2020年，争取建设资金700万元，在全省应急系统率先建成卫星固定站，实现无线、有线、卫星等多维应急通信保障，筹建应急指挥基础支撑项目，打造信息化指挥平台。建设应急指挥信息化网络，连通州水利、自然资源、林业、气象、消防等横向单位，以及下属县（市）局，实现远程调度、监测预警、分析研判，横向、纵向信息化网络基本建成。10月6日，省委书记应勇视频调度全省各市州及景区节假日安全生产情况，恩施州以最优的通信保障视频调度大峡谷景区，是全省唯一由应急管理部门负责野外通信保障的市州。建设风险监测数据支撑，实现与水利、水文、气象、自然资源、林业等部门的信息共享融合，防汛抗旱决策支持系统、州地质灾害综合管理平台、水文实时信息查询系统、气象决策辅助系统、智能森林防火预警系统等关键数据系统平台接入运用，为领导决策提供气象、雨情、水库视频、森林防火预警等数据。

【规范应急值守】 2020年，规范应急值守，做到“四个一”，即每期一值守须知、节前一值守培训，每天一值守调度、每日一值守抽查。坚持周点名、季通报，严格落实应急值守制度，形成考核机制。运用湖北省应急指挥调度系统，恩施州在线率位于全省第一。规范会商调度，坚持每周一16时对县（市）局开展视频会商调度，系统调度常态化。全年保障各类视频会议和指挥调度180余次，参加省应急厅指挥中心视频调度120余次。规范信息报送，坚持每日收集编辑直报应急管理信息，直报信息450期。坚持“快报事实、慎报原因”的原则，实行突发灾害（事故）电话报送时间不超过20分钟，书面报送不超过1小时。联系衔接相关单位，确保信息畅通。

【应急保障能力】 2020年，将应急体系建设“十四五”规划纳入州政府重点专项规划，争取州发改委规划编制资金18.8万元，组织召开调研座谈会，聘请专业机构编制“十四五”规划，完成初稿。谋划包括一个中心、两个基地、州综合监测预警应急联动指挥系统工程等11类13项重大工程项目，共计200亿的项目库。恩施州作为全省两个航空救援起降点建设试点地区之一，获省应急厅支持资金50万元，组织通航公司实地踏勘、测量、直升机试飞等，按照建设标准建成10个航空应急救援起降点。航空救援一键呼救项目成功列入全省支持的科技项目，获得资金50万元。

【应急响应】 2020年，增强信息获取能力，加强与州委办公室、自然资源、气象、消防等部门协调对接，拓宽信息来源渠道，确保应急信息精准性、时效性。增强应急救援联动，加强部门之间、军地之间、相关救援队伍之间的信息共享、应急协调联动。增强军地联动机制，加强与恩施军分区、武警支队等部队联系，将民兵纳入本地应急力量，加强与军队开展应急救援联演联训，提升军民联动处置水平。

【应急救援队伍】 2020年，为干部职工配备雨衣雨靴、专业救生衣、水域救援包、强光手电等应急救援基础保障装备。组织机关干部成立“1+3”应急通信保障队，定期组织开展信息化知识培训和普及，开展野外实地拉练，提升应急指挥保障水平。建好矿山综合应急救援队，通过省应急厅三级标准化考核。组织参加全省社会应急救援力量比武竞赛、全省应急救援专业力量职业技能比赛，分别取得团体第一名、第三名。加强社会救援，调查摸底应急救援队伍，汇编队伍和设备情况，共有72支、4173人，主要救援队伍逐步配备大型专业防汛抢险设备配备，储备防汛抢险物资5.7万件。恩施州代表队在全省社会救援队伍技能比武中获得团体第一名，绳索救援单项奖第一名。遴选52名专家，组建应急救援专家库。

【提升应急实战能力】 2020年，推进应急预案修订，指导州直、县（市）部门预案编修，加强应急预案衔接，做好州管企业的预案备案工作。全州专项预案修订54个、新制定5个，部门应急预案修订127个、新制定1个，规模以上企业应急预案修订28个，其他企业应急预案修订103个。加强应急演练，指导督促州应急委成员单位、各县（市）开展综合性应急演练，全州组织各类应急演练182次，1.2万人参加。在全州防汛救灾综合应急演练中，首次实现4个现场互动、17个贴近实战的科目同步进行，85个单位协调联动。加强应急实战，科学有效处置“4·26”利川谋道滑坡、“6·29”巴东水布垭滑坡、“7·17”恩施市城区内涝、“7·19”恩施市沙子坝滑坡、“7·26”建始特大暴雨洪涝灾害、“9·6”建始县龙坪油罐车侧翻等重大灾害险

2020年5月23日，全州防汛救灾综合应急演练利川分演练场队伍集结

（陈发志 摄）

情。在恩施市沙子坝滑坡处置中，快速搭建沙子坝滑坡现场指挥部、田凤坪前沿指挥部调度平台，实现“1+2”实时指挥调度模式，保障灾情实时监测和现场指挥。

【应急管理法治建设】 2020年，成立法治建设领导小组，指导制定年度法治建设工作要点及普法依法治理工作项目清单。组织学习《中华人民共和国宪法》《中华人民共和国民法典》《中华人民共和国公职人员政务处分法》等，落实执法人员持证上岗制度，全面推进行政执法“三项制度”。明确要求法律顾问全程参与合同审定、重大执法决定法制审核等。组织近4万名群众参加全国应急管理普法知识竞赛，累计获得1833591积分，宣传普及安全生产、应急管理、防灾减灾救灾等法律法规知识。

【新冠肺炎疫情防控期间应急保障】 2020年，疫情防控期间省应急厅先后8批次向恩施州紧急调拨帐篷等应急物资2万余件，占全省调拨总量的八分之一。第一时间将物资分拨各县（市）、乡镇，保障疫情防控一线基本物资需求。组织社会应急力量31支、1419人，参与医疗器械、急用物资运输等紧急任务，在《中国应急报》头版推介。紧急调拨“恩施应急”帐篷到各复课学校，助力复学复课工作。组建专班，到定点医院、隔离点等45个防疫重点场所开展安全体检，整改隐患227项，停用无正规建设手续场所6个，确保涉疫场所安全。

【全省应急管理系统应急指挥与救援协调工作培训班】 2020年11月25—27日，由省应急管理厅主办，州应急管理局承办的“全省应急管理系统应急指挥与救援协调工作培训班”在恩施州开班，全省应急管理系统70人参加培训。培训班围绕航空应急救援体系建设、航空应急救援指挥、应急救援现场指挥与协调、无人机应急救援实务等内容进行授课，部分市州进行交流发言。学员们到恩施市沙子坝滑坡现场、湖北大西南航空救援基地、州应急管理局实地观摩学习。

【跨区域应急救援合作协议】 2020年12月18日，利川市、重庆石柱县应急管理部门签订湖北省首个跨区域应急救援互助合作协议。双方通过建立应急通信联络、事故灾害会商研判、事故灾害协同处置、应急救援资源共享、应急救援队伍联演联训等机制，促进两地信息共享、资源整合、处置协同。

（饶　舟）

安全生产监督管理

【概况】 2020年，全州发生一般生产安全事故33起，死亡35人，受伤10人，事故起数、死亡人数、受伤人数同比减少27起、23人和9人，分别下降45%、39.7%和47.4%，全州保持32个月未发生较大及以上生产安全事故，安全生产形势持续稳定向好。

【压实责任】 2020年，州委常委会、州政府常务会分别两次听取全州安全生产工作情况汇报，研究安全生产重大事项。州委副书记、州长刘芳震亲自安排部署全州安全生产集中整治行动，州安全生产委员会（简称州安委会）各专委会第一主任主动研究部署分管领域安全生产工作。组织召开3次州安委会全会，统筹谋划部署全州安全生产重点工作。16万名党员集中学习习近平总书记关于安全生产的重要指示精神，典型做法在《湖北日报》《中国应急管理报》报道。出台《恩施州安全生产巡查工作制度》《恩施州安全生产专项整治三年行动方案》《关于进一步规范安全生产重大事故隐患挂牌督办工作的通知》，细化巡查、专项整治、挂牌督办等工作内容。

【风险隐患排查整治】 2020年，严把煤矿、非煤矿山、烟花爆竹等行业复工复产关，明确复工复产程序标准，加强指导服务，杜绝“带病”复工复产。对25个煤矿开展风险分析研判，建立完善“一矿一册”风险分析台账。加强尾矿库综合治理，建始县郭家淌尾矿库如期销库。组织开展全州非煤矿山基建矿山安全生产专项检查、有限空间专项整治行动、烟花爆竹旺季安全检查等，遏制事故发生。制定《关于防范化解当前和今后一个时期安全风险责任分工方案》，分析研判全州17个重点行业55类安全风险，明确牵头单位和责任单位，细化工作措施，确保每个问题、每个风险得到及时防范化解。新冠肺炎疫情防控期间，全州组建14个工作专班到各行业企业，指导服务复工复产工矿商贸企业485个，帮助企业排查整改隐患924处。4月15日至5月30日，在全州部署开展企业复工复产期间安全生产大检查专项行动，出动执法检查人员5761人次，检查企业2328个，发现隐患4230项，下发现场整改通知书955份。加强重大节日期间安全生产暗访检查，春节、清明、“五一”、国庆等节日期间，派出暗访组32批次，抽查单位和企业362个，发现问题隐患984条。全国“两会”前夕及会议期间，组成4个工作组到各县（市）开展安全生产暗访督查，抽查220个各级政府、部门和各类企业，发现问题隐患730余项，对其中7处重大隐患进行挂牌督办，责令县（市）约谈相关单位负责人13个，其他问题隐患交办县（市）政府整改，州直主管部门负责督办落实。9月22日至10月8日，组织开展第二次全州安全生产督查检查，应急、公安、住建、交通、经信、市场监管、消防等重点行业监管部门开展专项督查检查，排查整治隐患，全州派出112个工作专班、3925人次，抽查检查66个乡镇、81个县直部门，检查企业（含个体经营户）3702个次。全年立案查处54件次，罚款740.92万元。

【安全生产专项整治三年行动】 2020年，召开全州专项整治三年行动启动会、推进会和部门督办会，定期调度各县（市）、各专项整治牵头单位工作推进情况，及时整理汇总“一情况两个清单”。各级各部门落实全州安全生产专项整治三年行动方案要求，整治工作取得阶段性成效。州安委办定期调度各地、各部门工作推进情况，及时整理汇总“一情况两个清单”。恩施、利川、鹤峰等县（市）创新工作方式，将专项整治与其他工作有机结合，开展月调度、月排名、月通报，常态化排查整治安全隐患。应急、发改、公安、文旅、教育、市场监管、经信等部门分线推进，确保整治工作落实落细。指导督促企业以三年整治行动为契机，加大资金投入，加强基础建设，全面推进标准化。全年全州专项整治行动排查隐患35791个，完成整改34814个，整改率94.9%，其中排查重大隐患32处，完成整改22处，整改率69%。成立督导检查组1052个，督导检查4239次，检查单位7743个，督导问题11508个。实施行政处罚692次，罚款336.26万元，责令停产整顿300个次（含个体经营户），约谈警示316个次。

【安全生产标准化创建】 2020年，健全安全生产标准化评审机制，完成三级安全生产标准化评审组织服务采购工作。有序推进非煤矿山、危险化学品、烟花爆竹、工贸等行业安全生产标准化评审工作，34个企业争创安全生产三级标准化并提交达标创建申请，以点带面，示范带动。健全安责险奖补机制，为13个企业下拨省级安全生产责任保险，奖补资金87万元。

【在线监测系统建设】 2020年，打破安全检查“人海战术”，推进重点行业领域安全生产在线监测系统建设，对重点行业、重点企业、重点部位实行远程实时监管。全州正常生产建设煤矿、地下非煤矿山、年产50万吨以上中型露天矿山、重大危险源、烟花爆竹生产企业视频监控全部接入州应急指挥中心平台。

【安全生产服务】 2020年，开展局主要负责人和分管行政审批局领导进驻窗口办公每月不少于2次活动，调研政务服务及行政审批工作。局主要负责人先后12次进驻州、县（市）应急管理窗口，现场督办解决问题8条。实施证件临近到期提醒、申报资料邮寄收件、证书邮寄服务等便民举措。新冠肺炎疫情防控期间，推动出台省考核系统关闭期间高危行业主要负责人、安全管理人员持证上岗容缺审批政策，对线上培训合格的17个企业主要负责人、安全管理人员共计93人颁发培训合格证并备案，认定上岗资格。制定《恩施州应急管理局州级行政审批中介服务事项清单（2020年版）》，在州政务服务中心应急管理局窗口放置“中介服务明白卡”，在局官方网站公布安全生产中介技术服务机构投诉举报热线，督促州内监管行业的2个中介机构进驻中介服务网，在营业场所和湖北省行政审批中介服务网上公开营业执照等信息。做好安全生产考试服务，全州组织实施考试88场，有2365人参加考试，其中特种作业取证人数为1389人，主要负责人取证人数为235人，安全管理人员取证人数为322人，合格率分别为76.75%、87.50%和82.52%。

【州安委会全会】 2020年1月9日，州安委会召开2020年第一次全会，总结回顾2019年工作成效，安排部署春节、全国“两会”期间全州安全生产工作。6月28日，召开全州安全生产专项整治行动动员部署会暨州安委会第二次全会、州减灾委全会电视电话会议，贯彻学习习近平总书记关于安全生产的一系列重要指示批示精神和中央、省关于安全生产工作的各项决策部署，分析面临的形势任务，研究部署全州当前安全防范工作。9月28日，召开全州安全生产专项整治三年行动工作推进会暨州安委会第三次全会、全州森林防灭火工作会议，分析研判全州安全生产和森林防火工作形势，加强安全防范工作，对全州安全生产专项整治三年行动进行再动员、再部署、再落实，安排国庆、中秋期间重点工作。

【“安全生产咨询日”暨“安全生产施州行”启动仪式】 2020年6月16日，“安全生产咨询日”暨“安全生产施州行”正式启动。活动中通过云上恩施平台直播安全生产微电影，并以电视主播进企业现场体验的方式启动安全生产“记者行”活动，有11万网友参与观看安全生产咨询日暨安全生产施州行直播。6月1日安全生产月启动后，全州开展“六个一”活动（一次主题宣讲，组织一次宣传咨询，观看一次安全生产微课，参加一次安全知识竞赛，开展一次全媒体宣贯活动，组织一次应急演练），增强安全生产意识。

（饶　舟）

防汛减灾救灾

【概况】 2020年，全州累计降雨量创1986年有梅雨记录以来历史最高位。州城所在地、建始县城分别遭遇近五十年一遇大洪水、超一百年一遇特大洪水，恩施市沙子坝、巴东县水布垭、建始县景阳镇等地滑坡灾害引起社会各界广泛关注。全州累计受灾171.86万人次，因灾倒房515户、2107间，直接经济损失39.08亿元。未发生较大及以上森林火灾，无因森林火灾造成的人员伤亡。恩施城区内涝、恩施市沙子坝滑坡、巴东县水布垭滑坡等重大自然灾害未造成人员伤亡，特别是恩施市沙子坝滑坡救援创造成功预报处置且无人员伤亡的应急处置经典案例，形成可复制推广的抢险救援经验。

【压实防灾减灾救灾责任】 2020年，坚持党政同责，构建州、县、乡、村四级防灾责任体系。围绕“建、管、防、抢、救”要求，加强各职能部门“建、管、防”的责任和应急部门“抢和救”的职责。州编委印发《关于进一步明确相关单位在部分领域职能职责分工的通知》，明确防汛抗旱、森林防灭火、地震地质灾害等领域州直相关单位职责，确保各部门各负其责、共同履责。明确全州各级水库安全管理“四大责任人”并在《恩施日报》进行公示，接受社会监督。州委、州政府主要领导出席全州防汛抗旱工作会议，提出“十个要”（思想认识要到位，职能职责要明晰，应急预案要完善，应急演练要组织，预测预警要及时，汛前检查要扎实，物资储备要充分，应急值守要落实，指挥协调要高效，防汛纪律要严明）“九个到位”（指挥体系的机制统筹协调要到位，各个部门之间的责任链条要到位，涉水涉险工程的隐患排查要到位，物资和队伍组织要准备到位，应急预案演练要到位，雨情雨量监测体系、水情水文监测体系、水库水情监测体系、市场系列检测体系等四大体系要整合到位，区域联动、上下游联动、左右岸联动到位，科学调度要到位，各级各部门要把相关工作清单化，督办到位）的工作要求。州森防办先后10余次召开调度会议，安排部署森林防灭火工作，要求各县（市）做到“八个强化”（强化重点时段管控、强化护林员巡山、强化乡镇村巡查、强化重点人员管控、强化重点区域管控、强化防火宣传、强化依法惩处、强化责任追究）“十个到位”（思想认识到位、职责明确到位、防火宣传到位、火源管控到位、隐患排查整改到位、重点区域管控到位、值班值守到位、应急准备到位、检查督办到位、问责追责到位）。

【灾情信息报送】 2020年，州应急管理局印发《关于进一步做好灾情报送工作的通知》，规范报灾查灾核灾工作，要求灾情发生后，第一时间收集灾情逐级上报省应急管理厅和州委、州政府，并立即派出工作组赶赴现场指导抗灾救灾。全年上报自然灾害21起，向省应急管理厅和州委、州政府报送灾情快报153期，及时准确地将自然灾害损失情况呈报给各级各部门，支持开展灾害救助。

【防汛及森林火灾隐患排查整改】 2020年3月开始，排查地灾隐患329处，早排查早整改。州委领导不定期到基层督导检查防汛工作，发现问题隐患24个，现场交办整改。州防办先后组织2次防汛督查检查，发现451个问题和隐患，全部督促整改到位。开展野外火源专项治理行动、打击森林违法用火行为专项行动等，依法打击对违法农事用火、违法祭祀用火、违法林草业生产用火、违法施工作业用火、违法野外生活用火以及其他违法行为和各种故意纵火行为，全州派出检查组350个，检查人员1677人次，排查整改问题隐患3631处，出动森林公安等执法人员1139人次，查处、制止违法用火行为547起，行政处罚23人，罚款20500元。

【抢险救灾】 2020年，全州先后遭遇10轮强降雨，8个县（市）不同程度受灾。州委、州政府主要领导先后在州防汛办召开6次视频调度会，州防汛办先后9次组织水利、水文、气象等部门会商。7月17日起，各县（市）委书记、县（市）长“双指挥长”进驻防指办，根据汛情、灾情实际，及时、科学启动防汛应急和自然灾害救助应急响应，“7·17”恩施城区内涝、“7·19”恩施市沙子坝滑坡等重大自然灾害未造成人员伤亡，省防汛抗旱指挥部办公室先后2次以专报形式肯定恩施州防汛救灾的做法。向上争取各类救灾资金2.31亿元，各类救灾物资7批次、3.5万余件。通过日常催办、视频调度、下发提醒函、现场督导等，督促各县（市）迅速落实冬春生活救助，全州累计发放救助资金8273.36万元，救助受灾困难群众36.1万余人。完成因灾倒损农房重建661户、3135间，修缮4380户、9616间。争取易地扶贫搬迁、危房改造等政策，推动群众生产自救，力争把灾后经济损失降到最低。及时启动和督促巨灾保险理赔工作，完成赔付2260万元。

【创建综合减灾示范社区】 2020年，新创建省级综合减灾示范社区7个（恩施市三岔镇三岔口社区、利川市忠路镇黄腊村、咸丰县坪坝营镇马家沟村、巴东县绿葱坡镇野花坪村、来凤县旧司镇三寨村、宣恩县沙道沟镇茶园村、建始县龙坪乡魏家垭村），累计创建省级综合减灾示范社区88个。新创建国家级综合减灾示范社区3个（恩施市三岔镇三岔口社区、利川市忠路镇黄腊村、咸丰县坪坝营镇马家沟村），累计创建全国综合减灾示范社区41个。

【“5·12”防灾减灾宣传周网络知识竞赛】 2020年5月9—15日，受新冠肺炎疫情影响，州减灾委、州应急管理局采取线上有奖竞答方式，开展“5·12”防灾减灾宣传周活动，活动持续一周，全州25万余人参与知识有奖竞答。市民通过“恩施应急管理”微信公众号平台参加各种活动，观看防灾救灾减灾宣传短片等，了解相关知识，提升自救互救能力。

【全州防汛救灾综合应急演练】 2020年5月23日，恩施州组织开展防汛救灾综合应急演练，模拟恩施市、利川市两地遭遇强降雨天气，清江中上游发生三十年一遇大洪水，组织实施远程指挥调度、城市洼地排涝、群众避险转移、水域救援、河堤加固、道路抢通、地灾抢险等5项17个科目，指挥中心与两县（市）前方指挥部、17个科目演练现场实时互连，多路救援力量协同作战，卫星指挥通信车、水下机器人、无人机、单兵设备、直升机等一批高科技应急救援装备投入使用。

【恩施市抗洪救灾】 2020年7月15日20时至18日14时，恩施市出现暴雨、局部大暴雨到特大暴雨，造成恩施市17个乡（镇、办、处）121个村（居）委会不同程度受灾，受灾41123户、101930人。房屋受损194户、389间，房屋倒塌15户、42间，严损53户、95间，一般损坏126户、252间。农作物受灾727公顷，成灾370公顷，绝收180公顷。公路塌方155处、45510方，水毁公路108处、43千米，路基垮塌121处、14232方，冲毁河堤14处、1840米，山体滑坡61处、85112方，水管网损坏11处、580米，城区“三办”12个社区、6个行政村沿河居民住房和商铺6269户被淹，水深1.5—12.5米，淹没面积约11平方千米，淹没车辆千余辆，造成直接经济损失81983万元。其中：农作物经济损失742万元，基础设施损失24042万元，家庭财产损失57199万元。7月17日12时，恩施市将防汛Ⅳ级响应提升至Ⅲ级响应，当天16时30分将城市防汛应急响应提升至Ⅰ级。恩施城区遭遇近五十年一遇大洪水，发生严重内涝。按照响应等级，及时组建汛情研判、应急转移、交通管制等9个工作组，分赴各乡镇办和有关部门督办指导防汛救灾工作。为应对灾情，安排水利部门密切掌握各类水库库容及运行情况，科学调度、抓紧腾库。各乡（镇、办、处）分析汛期地情，对可能淹没、有可能滑坡地带，迅速组织群众转移安置，各转移集中安置点做好公共卫生消杀、卫生防疫、食品卫生等工作。全市各级各部门24小时在岗值守，干部职工取消周末休假。紧急调动救援力量1920人（消防救援人员110人、民兵应急分队370人、武警140人、民辅警1300人），调用冲锋舟21艘、皮划艇34艘，转移群众28793人。9398名“尖刀班”队员、社区干部、州市直机关下沉党员干部坚持“一日两排查”，城管、电力、通信、交通等部门全员参与、配合，维护正常生产生活秩序，最大限度降低损失。在和润城、官坡桥、胜利街等重点部位24小时值守，在危险路段紧急设立警示牌，对州城重点路段、出入口和高速入口实行交通管制，保障交通安全。

【恩施市沙子坝地质滑坡灾害】 2020年7月17日，恩施市屯堡乡马者地质灾害点监测员陈光明发现裂缝并及时上报。7月18日，经恩施市有关部门监测发现，恩施市屯堡乡境内屯渝公路（S233省道）马者村沙子坝处下方山体（乡级地质灾害点）发生显著蠕变，屯渝公路以下滑体地表出现裂缝、隆起，并伴随泥石流，滑体地表多数房屋出现开裂和裂缝加剧现象，经勘测，马者村沙子坝滑坡纵长约1200米，平均横宽400米，滑体厚10.60—43.10米，均厚24.65米，体积约1000万立方米，为一特大型深层土质滑坡，存在堵塞清江的可能。7月21日清晨5时30分，沙子坝山体滑坡，滑入清江形成堰塞湖险情。10时许，堰塞体开始自然过流。灾情发生后，省、州、市、乡党委、政府主要领导靠前指挥和科学决策，应急部、省应急厅紧急调派力量驰援和开展技术指导，应急、自然资源、水利、水文、气象等部门协作，专家团队和技术人员发挥参谋作用，公安、武警、消防、民兵和社会力量迅速行动，采取先期处置措施和组织群众转移，成功紧急转移累计2045户、8731人，未造成人员伤亡，成功化解堵塞清江风险。

【建始特大暴雨洪涝灾害】 2020年7月25—26日，建始县遭受新一轮暴雨袭击，业州、长梁、茅田、龙坪4个乡镇受灾严重。此次灾害造成6个乡镇16万余人受灾，其中5人死亡、1人失踪，紧急组织转移和动员紧急避险6万余人，对800余人开展生活救助。州级7个单位224人参与救援，出动车辆4台，冲锋舟8艘，皮划艇18条。建始县县直单位出动车辆164台，995人参与救援，全体党员干部下沉社区、村组，转移群众6万余人。

（饶　舟）

【郭治武到恩施州指导救灾】 2020年7月21—23日，应急管理部救援协调和预案管理局局长郭治武、安能公司应急救援事业部部长王清敏，带领地质、水利、应急多部门组成的联合工作组，到恩施市屯堡乡沙子坝地质灾害处置现场指导工作。联合工作组在山体滑坡现场查看险情，实地勘察道路受损情况，听取地质、水文专家介绍情况，详细了解抢险救援工作情况。随后组织专家进行灾情趋势研判会商，指导现场指挥部完善抢险救援方案，就做好应急处置工作提出建议。在应急管理部统筹指导下，省应急管理厅协调调度安能公司、武警交通部队、消防、葛洲坝集团、航空应急等力量，调遣直升机2架、边坡雷达一套、4台大型工程机械，开展监测预警、前置力量、空中勘察、工程干预准备等支持工作。

（刘广达）

消防救援

【概况】 2020年，全州全年发生各类火灾1084起，火灾起数同比下降21.28%，消防安全形势持续平稳。全州消防救援队伍全力应对抗击新冠肺炎疫情、抗洪和山体滑坡、堰塞湖、管涌等灾害事故，成功处置各类险情2509起，营救572人，疏散3872人，保护财产价值6.3亿余元。

【落实消防安全责任制】 2020年，州相关领导先后11次对消防工作作出专门批示指示。州委常委会、州政府常务会3次学习宣传贯彻相关文件精神，研究消防工作。州政府6次召开消防工作专题会议。州安委会、消安委4次召开消委会联席会部署消防重点工作，州消委办与住建、旅游、民政等部门共商重点领域消防管理，通过警情研判提示县（市）、行业部门针对性加强管理，行业消防隐患函告7个主管部门，督办4个县（市）政府按期整改乡镇专职消防队管理问题。

【社会面火灾防控】 2020年，先后开展危化企业、学校、景区、养老机构、大型商业综合体和文物古建筑等9类专项检查，督改重大火灾隐患9处、一般火灾隐患2万余处，推进43个老旧小区消防安全改造、464处消防通道划线管理、774个高层建筑电缆井封堵。加强“人走关火、出门断电”提示性宣传，突出“重返现场、隐患曝光、以案说法”警示性教育，开展“小火会用灭火器、大火会用消火栓”实操类培训，落实“巡逻鸣更”“村村响”等措施。

2020年12月23日，消防指战员进行大型商业综合体灭火救援夜间演练

（王光辉　摄）

【救援能力建设】 2020年，州消防救援支队组织4次练兵普考、3次实战比武。结合恩施州实际情况开展峡谷、激流、高层等7类典型灾害攻关，分类研究处置对策和战术方法，制定出台高层、地下、城市综合体火灾处置规程。加强地震、水域、隧道、山岳4支专业队建设，建成州、县两级灭火救援专家智库。将专职消防力量纳入“119”指挥调度体系，与州内社会救援力量和毗邻省外消防力量建立联勤联动、联调联战机制。组建应急通信分队，举办全州应急通信比武竞赛，培训16名无人机飞手，制作40余份航拍预案。在辖区复杂场所开展24小时无预案地震救援拉练和抗洪、化工等实战演练9次，熟悉单位1800余个，演练重点单位1200余次。

【新冠肺炎疫情防控】 2020年，州消防救援支队发布政治动员令，组建党员突击队，完成集中隔离点、确诊病例居所和重点区域消杀51次、面积20.1万平方米，为咸丰县防疫物资储备库、建始县代陈沟村、巴东县柳家山、西壤坡社区等转运和护送防疫、生活和农用物资40起、300余吨，紧急为恩施高中居家隔离学生配送课本15万余册，实地指导定点医院、集中隔离点、医务人员住宿场所、涉疫物资仓库和农贸商市场消防安全129次，逐一对全州1200余个“疫情防控服务卡点”开展用火用电安全指导和提醒，服务指导粮食储备库、企业复工复产消防安全185次。

【抗洪抢险救援】 2020年汛期，州消防救援支队成功处置山洪、内涝、管涌、滑坡等险情152起，营救疏散遇险群众3080余人。在汛情最危急的7月16—21日，全州消防救援指战员连续奋战，投入利川“7·16”忠路镇小河片区山洪、恩施“7·17”城区内涝、屯堡“7·21”清江堰塞湖滑坡和建始“7·26”超百年一遇洪灾救援，并在灾后帮助群众恢复生产生活，共排水7.8万立方米、清淤380余吨、送水2304吨。

【重要会议】 2020年，先后召开全州打通“生命通道”集中治理工作推进会、全州消防安全委员会联席会暨消防安全专项整治三年行动推进会、全州消防工作暨专项整治三年行动推进会、全州冬春火灾防控工作部署会等。州人民政府第67次常务会议学习宣传贯彻《湖北省消防安全责任制规定》和《省人民政府办公厅关于全面深化消防执法改革的实施意见》，研究部署全州火灾防控工作。

【荣誉】 2020年12月，应急管理部表彰国家综合性消防救援队伍抗击新冠肺炎疫情先进个人和先进集体，宣恩县消防救援大队政治教导员田恒军、恩施市消防救援大队副大队长董世涛、州消防救援支队金桂大道特勤站副政治指导员田腾、巴东县沿江大道消防救援站副站长苏辉、鹤峰县消防救援大队政治教导员钱元辉获先进个人表彰，咸丰县消防救援大队获先进集体表彰。

（陈鑫鑫）

中国人民政治协商会议恩施州委员会

CPPCC Enshi Prefectural Committee

综　述

【概况】　2020年，州政协及其常委会围绕全面建成小康社会和“十三五”规划收官之年重大部署，把握中共中央和省委、州委对政协工作的新要求，履行政治协商、民主监督、参政议政职能。坚持党对政协工作的全面领导，巩固“不忘初心、牢记使命”主题教育成果，发挥政协党组把方向、管大局、保落实作用，重要工作、重大事项由州政协党组研究决定并向州委请示报告，协商议题、监督计划由州委常委会会议审定后实施，确保党的主张和决策部署在政协得到贯彻落实。持续推进政协系统党的建设“两个全覆盖”，在政协履职实践、脱贫攻坚、社区治理等工作中设置临时党组织，发挥政协基层党组织战斗堡垒作用和中共党员委员政治引领、思想引领和组织引领作用。发挥界别参政议政功能、联系群众功能和委员队伍建设管理功能，支持各界别工作组开展“送健康，共建美丽乡村”“民办教育扶持与监管”等活动。发挥委员主体作用，加强委员履职管理，58名常委提交书面述职报告；172人次参与庭审案件旁听、电视问政评议等活动；37名委员受到州级以上表彰。加强委员动态管理，依章程增补政协委员、常委，撤销1人委员资格、免去3人常委职务。支持派驻政协机关纪检监察组将监督责任融入政协履职全过程。改进调查研究，推行主席会议成员领衔调研重点课题制度，发挥专委会纽带作用，联合州各民主党派、县（市）政协、有关专业人士，完成“革命遗址遗迹保护与利用”等重点课题调研，形成主题报告10篇、专项建言材料29篇。首次建立州委常委领衔办理重点提案的工作机制，提案办复率、满意和基本满意率100%。编发推送重要履职信息、调研成果信息、社情民意信息124篇次。政协委员参与精准扶贫，累计对口帮扶5491户贫困户、3884名贫困学生、599个农民专业合作社，委员个人捐款1489万元，协调落实项目1454个、项目资金10.49亿元。参与基层治理，落实“街道吹哨、部门报到，社区吹哨、干部报到”工作机制，牵头联系恩施市舞阳坝街道栖凤社区，面对州城严重洪灾，开展机关自救和干部下沉社区抢险。州政协主席会议成员及有关领导承担生物医药产业集群发展、脱贫攻坚、新冠肺炎疫情防控等重点工作，协调推进挂榜岩生态公园等16个重点项目、生物医药等10个产业项目。

【政治建设】　2020年，将学习贯彻中央和省委、州委政协工作会议精神作为重要政治任务，贯穿全年和政协工作各个方面。利用党组会议、主席会议、常委会议、全体会议开展专题学习和研讨交流。开展专题调研和座谈协商，听取县（市）政协、州政协各参加单位和州直有关部门的意见建议，加强专门协商机构建设，凝聚共识，推动人民政协制度优势更好转化为治理效能。把握“思想政治建设是党的工作生命线，也是人民政协工作生命线”的新要求，将加强思想政治引领贯穿政协工作全过程，将学习习近平新时代中国特色社会主义思想作为首要政治任务，建立学习第一议题和常设议题机制，落实主题发言，推进专题学习与专题调研、专题协商相结合，引领政协各参加单位、各族各界人士始终在中国特色社会主义道路上携手前行。启动“书香政协”建设，运用“委员读书活动”“机关读书会”等载体，专题研读《习近平谈治国理政》第三卷，围绕基层社会治理、优化营商环境、生态环境保护、疾病预防控制体系改革和公共卫生体系建设等主题开展研讨，推进思想政治引领同实际结合、向履职聚焦。组织全体委员视察州城重大城建和产业项目，建立重点调研课题专题宣讲和重大情况通报制度。

【协商建言】 2020年，为编制好“十四五”规划，就“恩施机场迁建”“长江经济带一体化国家大数据中心”“页岩气勘探开发”等重大项目，提出政协见解。搭建协商平台，组织政协委员及党外人士参加州委“十四五”规划建议专题协商座谈，关于推进绿色低碳发展、深化农业农村改革、加快创新体系建设、培育壮大龙头企业等建议得到采纳。围绕工业经济、中医药产业、硒产业、马铃薯产业发展在州政协全会上集中协商，推动“4+N”产业集群建设。围绕打造一流营商环境联动协商，采取“州县共同搭台、县（市）当好主角、多层联动协商”方式，分别在来凤县、宣恩县、恩施市召开“不动产登记”“推进‘一网通办’，实现数据共享”“后疫情时代进一步优化营商环境”专题协商座谈会，州、县两级政协委员、市场主体代表在行政审批、政策落地、信息共享等方面提出建设性意见，形成专题报告，州委主要领导对协商成果给予肯定，州政务服务和大数据管理办公室列出清单整改落实。“非公经济政策需要进一步落细落实”等建议由省政协转报省委、省政府和全国政协，“优化营商环境加快推进我州车管业务放管服”等建议引起重视，州委、州政府专题研究解决。围绕美丽恩施建设协商议政。召开对口协商座谈会，组织农业界委员就出台农业生产化学投入品管理办法建言献策；召开议政性常委会，就加强农业生产化学投入品监管资政建言，推进农业绿色发展；围绕美丽乡村建设和生态城镇建设，就垃圾分类回收、农业面源污染、绿色建筑等，组织大会发言、提交集体提案、开展视察监督。持续跟踪“开展专项文明行动、推动恩施乡风文明”全会建议案办理情况，聚焦《恩施州推进乡风文明建设三年行动方案》落实，到乡镇、村（社区）及部分县（市）直单位、志愿服务组织开展监督性调研，在党建引领、群众参与、品牌培育等方面提出建议，得到州委领导肯定，州委宣传部专题研究部署。将“社区矫正和刑满释放人员安置帮教工作”

州政协2020年度优秀提案一览表

表3

序号	提案标题	提案者
1	《关于加强社区矫正和刑满释放人员安置帮教工作的提案》	州政协社法外事委员会、张均
2	《关于有效消除恩施城区各类安全隐患的提案》	州政协经济委员会
3	《关于处理“三大关系”建设好施州古城的提案》	州政协教科卫体委员会
4	《关于乡村振兴需从农业面源污染治理抓起的提案》	向建强
5	《关于充分发挥村规民约的治理功能的提案》	民盟恩施州委员会
6	《关于推进民族乡村发展的提案》	民建恩施州委员会
7	《关于推进全州产业就业扶贫工作的提案》	曾小玉、唐红珍
8	《关于规范恩施城区高速公路出入口命名的提案》	向继华
9	《关于加快推进大数据共享平台建设提升政务服务水平的提案》	田地等11人
10	《关于高位谋划民族中医药产业发展，助推乡村振兴的提案》	州政协民宗委、曾凡培、唐启玉、民革恩施州委
11	《关于规范管理物业企业的提案》	林时张
12	《关于建设茶城交叉路口下穿隧道 解决严重塞车问题的提案》	民进恩施州支部
13	《关于规范发展乡村民宿，助力恩施州乡村旅游的提案》	廖红华、郑锦洲
14	《关于建设恩施州公路绿色生态防护长廊的提案》	朱胜武、刘永儒
15	《关于解决“软”“硬”环境两个方面的问题进一步优化恩施营商环境的提案》	农工党恩施州委、秦亢、鲁诚、汤祥松
16	《关于发展山桐子产业助力脱贫攻坚的提案》	肖雪琴、李进、杨再波
17	《关于创新产业发展路径，加速我州工业经济发展的提案》	向毓明等4人、州政协驻咸丰联络组
18	《关于尽快出台〈恩施州商品房交付使用管理细则〉的提案》	州工商联界别
19	《关于严格实施〈恩施州山体保护条例〉、确保绿水青山长存的提案》	司马俊莲、张珍
20	《关于加强恩施州脱贫攻坚与乡村振兴有机衔接的提案》	袁坤、瞿勇、邓乾君
21	《关于修订我州义务教育法规的提案》	周爱华等25人
22	《关于加快搬迁恩施州疾控中心的提案》	科学技术协会和科学技术界、社会福利和社会保障界、台侨界
23	《关于加强村“两委”干部队伍建设的提案》	沈娟

作为助力平安恩施创建的切入点，采取实地调研与问卷调查相结合、小微协商与集中协商相结合，州、县、乡、村（社区）四级联动，召开9次院坝会、座谈会，面对面协商，推动州委政法委、州公安局等部门联合印发《恩施州刑满释放人员安置帮教工作办法》。通过提案、社情民意，反映涉及道路交通、高空坠物、城区河道、老旧房屋、小区消防等方面的安全问题，有关部门给予高度重视。2020年，共评选出23件优秀提案。

【统一战线】 2020年，把握人民政协作为统一战线组织的职能职责，坚持团结和民主两大主题，发挥政协作为实行新型政党制度的重要政治形式和组织形式的作用，落实政协党组成员走访民主党派和中共党员委员联系非党员委员制度，组织党派团体开展联合调研，支持党派团体在大会发言、专题协商、视察调研中发表意见。州各民主党派、工商联提交提案93件、大会发言22篇、社情民意70篇，占比均在50%以上。加强同党外知识分子、非公有制经济人士、新的社会阶层人士的沟通联系。引导宗教场所加强规范化管理，组织少数民族宗教界委员开展“探访特色村寨，丰富旅游文化”视察调研。邀请住恩施州省政协委员和县（市）政协委员、基层代表、专家学者，列席重要会议，参与重点调研，扩大有序政治参与。做好“澳门青年交流团爱心助学和国情教育”“恩杭两地政协协作帮扶”等联谊交流活动，展现恩施美。多渠道传递“恩施声音”，围绕“完善湖北武陵山片区跨省（市）交通推进全域旅游一体化发展”等主题，在省政协协商平台协商建言；将武陵山片区政协主席会议协商成果（“推动武陵山片区绿色高质量发展的建议”），委托州政协常委、全国人大代表沈艳芬向全国人大提交建议，国务院扶贫办、国家发改委、农业农村部等6部门回复。

【政协文史工作】 2020年，坚持开门办文史，突出“亲历、亲见、亲闻”，出版两辑“抗疫”文史资料，1至64辑《鄂西文史资料》实现数字化。《恩施古村寨纪游》编印成书，“恩施州传统村落历史文化丛书”组稿编撰，完成《利川市传统村落》评审。

【抗击新冠肺炎疫情】 2020年，面对突如其来的疫情冲击，州政协常委会坚决扛起人民政协的责任担当，及时发出倡议，组织动员全州政协组织、各参加单位和广大委员投入疫情防控阻击战、经济发展战、民生保卫战、社会稳定战。准确把握统筹推进常态化疫情防控和经济社会发展的工作要求，主席会议成员到交通站场、街道社区、生产一线，开展指导督办，包联33个企业，稳岗稳产稳人心。政协委员和政协工作者参与社区防控、医疗救治、市场保供、疫后重振，向省政协和州委呈报紧急信息49篇次，捐款捐物792万元。

【创新培育“院坝协商”品牌】 2020年，将“协商在一线”重要改革引向深入，将试点范围从1个县扩大到全州，探索政协协商与基层协商有效衔接，以协商共治助力基层自治，打造具有恩施特色的“院坝协商”品牌。州、县两级政协聚焦党政中心大事、改革发展要事、社会治理难事、民生改善实事，开展“院坝协商”130余场，解决一批难点痛点问题，做法经验得到肯定和人民政协报等媒体关注。“院坝协商”议事平台常态化建设纳入州委“十四五”规划建议。

（宋 涛）

重要会议

【政协恩施州第八届委员会第四次会议】 2020年1月4日至7日，政协恩施州第八届委员会第四次会议召开。会议听取和讨论中共恩施州委关于政协恩施州第八届委员会第三次会议建议案办理情况的通报；审议批准刘建平代表政协恩施州第八届委员会常务委员会所作的工作报告，审议批准向宏贵代表政协恩施州第八届委员会常务委员会所作的提案工作情况报告，选举增补邢祖训、单艳平为政协恩施州第八届委员会副主席，选举增补朱正齐、李玮玮、陈明海、释明浩为政协恩施州第八届委员会常务委员。委员们列席州八届人大四次会议，听取讨论并赞同州人民政府工作报告、州中级人民法院工作报告、州人民检察院工作报告及其他报告。会议分10组分别对有关报告、决议进行讨论。围绕主题共征集61篇发言材料，择优选定23篇汇编成册，12名委员在大会上发言。会议审议通过政协恩施州第八届委员会第四次会议关于常委会工作报告的决议，审议通过政协恩施州第八届委员会提案委员会关于八届四次会议提案初审情况的报告，审议通过政协恩施州第八届委员会第四次会议政治决议。会议期间，州政协各参加单位、专门委员会和委员共

2020年1月4—7日，政协恩施州第八届委员会第四次会议召开

（州政协办公室 供稿）

提交提案160件,初审合格158件。

【常务委员会第十七次会议】 2020年1月3日召开。会议协商通过增补委员名单,协商通过会议选举办法（草案),协商通过增补政协恩施州第八届委员会副主席、常务委员建议人选名单（草案),部署监票人推荐工作。

【常务委员会第十八次会议】 2020年1月6日召开。会议听取委员分组讨论情况汇报;协商通过增补政协恩施州第八届委员会副主席、常务委员候选人名单(草案),州政协八届四次会议关于州政协常委会工作报告的决议（草案),州政协提案委员会关于八届四次会议提案审查情况的报告（草案),州政协八届四次会议政治决议（草案）等。

【常务委员会第十九次会议】 2020年9月23日召开。会议围绕农业生产化学投入品监管工作协商议政;听取州人民政府关于2020年上半年全州经济社会发展情况的通报;协商通过专题建议案和有关人事问题。

【常务委员会第二十次会议】 2020年12月31日召开。会议听取州人民政府关于州政协八届四次会议以来提案办理情况的通报和州纪委监委关于2020年党风廉政建设情况的通报;会议审议通过州政协第八届委员会常务委员会工作报告（草案),并推举张全榜为报告人;审议通过州政协第八届委员会常务委员会关于八届四次会议以来提案工作情况的报告（草案),推举何义发为报告人;审议通过州政协八届五次会议有关文件草案;审议通过《州政协常务委员会2021年工作要点(草案)》及2021年度协商计划（草案）和州政协各专门委员会2020年工作报告;听取部分州政协常委年报述职;会议还审议通过有关人事事项。

【“社区矫正和刑满释放人员安置帮教工作”专题协商座谈会】 2020年4月至5月,州政协副主席刘晓冰率社会法制港澳台侨外事委员会和有关州直单位,先后到5个乡镇（街道)、4个村、2个社区、5个司法所实地调研,召开6次院坝会、3次座谈会,调研社区矫正和刑满释放人员安置帮教工作。6月23日,召开“社区矫正和刑满释放人员安置帮教工作”专题协商座谈会会。推动州政法委、州公安局等部门联合印发《恩施州刑满释放人员安置帮教工作办法》,初步形成人财物向基层倾斜的政策保障体系。

【“改善营商环境,促进招商引资项目快速落地”专题协商座谈会】 2020年6月,州政协专题调研组对恩施、宣恩、来凤3个县(市)的营商环境进行专题调研。7月,先后在宣恩、来凤召开专题协商会议。8月31日,召开优化营商环境恩施市专题协商会,会议听取“关于后疫情时代进一步优化恩施州营商环境的调研报告”。

【“农业生产化学投入品监管工作”专题协商座谈会】 2020年8月,州政协调研组到利川市、鹤峰县等4个县（市）6个乡镇的8个村组、5个农业企业、8个农资门店和5个农业产业基地,开展农业生产化学投入品监管工作专题调研。9月23日,召开州政协八届十九次常委会会议,围绕农业生产化学投入品监管工作协商议政,审议通过《政协恩施州第八届委员会常务委员会关于加强农业生产化学投入品监管工作的建议案》,报送州委、州政府。

（宋　涛）

重要调研

【“革命遗址遗迹保护与利用”专题调研】 2020年8月,州政协组织部分州政协委员和文物、史志方面专家到鹤峰、宣恩、来凤、咸丰等地,就恩施州革命遗址遗迹现状、保护与利用存在的难题等开展专题调研,形成《恩施州革命遗址遗迹保护与利用调研报告》,以参阅件向州委、州政协报送。

【“开展专项文明行动,推动恩施乡风文明建设”专题调研】 2020年9月,州政协专题调研组到建始、恩施、宣恩、鹤峰4个县（市）的12个乡镇、16个村(社区)及部分县（市）直单位、志愿服务组织开展调研,提出坚持党建引领,增强形式和内容融合性;激发群众参与,增强建设可持续性;强化村民自治,增强基层治理实效性;塑造一村一韵,增强乡风文明品牌性等5个方面的意见建议,推动《恩施州推进乡风文明建设三年行动方案》落实落地。

【上级视察调研】 2020年5月19—22日,省政协副主席马旭明到咸丰县调研精准扶贫工作。9月2—4日,省政协副主席王红玲带领省政协农业和农村委员会部分委员,到鹤峰、建始开展产业扶贫专题调研。11月12日,省政协书画院部分书画艺术家在恩施州开展调研采风活动,宣传恩施州决战脱贫攻坚、决胜全面小康的成果。11月18—19日,省政协副主席彭军率经济界别、工商联界别委员,到恩施市白杨坪镇洞下槽村开展产业扶贫委员行活动。

（宋　涛）

纪检监察

Discipline Inspection and Supervision

综　述

【概况】 2020年，全州纪检监察机关发挥监督保障执行、促进完善发展作用，为统筹推进新冠肺炎疫情防控和经济社会发展、决胜全面建成小康社会和决战脱贫攻坚提供坚强的纪律作风保障。将学习习近平新时代中国特色社会主义思想作为第一议题，州纪委常委会57次集中学习、研讨、交流习近平总书记重要讲话、重要指示批示精神和党中央决策部署，巩固深化“不忘初心，牢记使命”主题教育成果，全年开展理论中心组集体学习14次，编印政治学习手册13期，组织“清风大讲堂”6期，出台《州纪委监委“思想引领、学习在先”工作制度》，委机关2个党支部被表彰为全州红旗党支部。省委常委、省纪委书记、省监委主任王立山5次对州纪检监察工作作出批示，州纪委监委2次在全省专项工作会上作交流发言。州纪委监委被省委、省政府表彰为“2017—2019年度湖北省文明单位”，被湖北省“扫黑除恶”专项斗争领导小组表彰为先进单位。

【纪检监察队伍建设】 2020年，组织开展“能力作风建设月”活动，累计培训19期3500余人次，参加省、州各类调训和集中培训4100余人次。开展专项知识测试13次，做到凡训必考、凡晋必考。涌现出咸丰县清坪镇纪委书记谢睿、建始县纪委监委信访室主任朱泽斌等先进典型。坚持政治标准选人用人。坚持刀刃向内，坚决防止“灯下黑”，开展纪检监察干部参与民间借贷、多占政策性住房等自查清理，查办涉及纪检监察干部问题线索125件，党纪政务处分7人、组织处理25人，以严明的纪律确保队伍纯洁。

【深化纪检监察体制改革】 2020年，完成恩施职业技术学院高校监察体制改革工作，优化调整22个派驻机构监督范围，出台《恩施州纪委监委派驻（出）纪检监察机构驻点监督工作暂行办法》等3项制度，优化监督方式，增强监督实效。探索在8个县（市）建立县乡纪检监察工作联合体，整合基层工作力量，破解乡镇、部门力量薄弱和“熟人社会”干扰问题。开展制度“废、改、立”工作，清理工作制度、规范79项，废止17项，修改完善34项，新制定28项，完善流程图87项，统一文书模板160项。优化内设机构设置，将原政策法规研究室职责调整到办公室，在办公室加挂政策法规研究室牌子，原政策法规研究室更名为第三监督检查室，主要履行依纪依法监督职责。将案件监督管理室（审查调查协调指挥室）的审查调查协调指挥职责与信息技术保障室（第五审查调查室）职责整合，整合后，信息技术保障室更名为协调指挥与信息保障室，不再加挂第五审查调查室牌子，案件监督管理室不再加挂审查调查协调指挥室牌子。

【中共恩施州第七届纪律检查委员会第五次全体会议】 2020年3月26日，中共恩施州第七届纪律检查委员会第五次全体会议举行。总结回顾2019年纪检监察工作，研究部署2020年工作任务，听取部分县（市）和州直单位党委（党组）主要负责人述责述廉。州委书记柯俊出席会议并讲话，全会审议通过州委常委、州纪委书记、州监委主任吕星代表州纪委常委会所作的《忠实履行职责 提升监督质效 为恩施决胜全面小康决战脱贫攻坚提供坚强保障》工作报告。

（姚孟斐）

监督执纪

【概况】 2020年，先后开展31项专项监督，以政治监督具体化常态化推动战疫、战洪、战贫等各项工作部署落实落地。

【统筹新冠肺炎疫情防控和经济社会发展监督】 2020年，扛起新冠肺炎疫情防控监督政治责任，第一时间抽调400余人组成92个督查组全覆盖巡回督导，发现并督促整改问题4800余个。做好常态化防控跟踪监督、全程监督，组织8个督导组开展3轮监督检查，到756个重点单位、关键部位、特殊场所，督促整改问题858个。累计处置疫情防控问题线索539件，处理852人，处分199人，通报曝光127起、247人。提级审核把关疫情防控案件427件，减轻或免予问责21人次。围绕“六稳”“六保”和中央支持湖北一揽子政策落实开展跟进监督，组织开展复工复产复市、粮食储备、抗疫特别国债项目建设、防汛救灾工作纪律、农村乱占耕地违规建房等专项监督检查。贯彻执行省委、州委关于优化营商环境工作要求，将“亲商、重商、爱商、护商”理念贯穿于监督工作全过程，组建监督工作专班，开通专项举报热线，举办专题电视问政，印发监督卡15万份，督办整改涉企问题881个，查处破坏营商环境问题218个，通报曝光109起。

【扶贫领域监督执纪问责】 2020年，坚持既参战又督战，围绕责任落实、政策保障、资金使用、干部纪律、问题整改强化监督执纪问责，一体推动中央扶贫领域专项巡视信访件、巡视“回头看”反馈问题和“国考”反馈的具体问题整改，组织5轮脱贫攻坚暗访督查，推动整改问题117个。坚持挺纪在前、快查快处，查处扶贫领域腐败和作风问题433件，追责问责639人，处分124人。中央扶贫领域专项巡视信访件、巡视“回头看”反馈问题和“国考”反馈的具体问题、问题线索全部整改办结，实现巡视整改清零、问题线索清零、案件评查清零、全面检视清零“四清零”目标。

【信访举报工作】 2020年，组织开展下沉遍访活动，州、县、乡三级纪检监察干部走进群众身边，走访、接访2.6万人次，重点解剖信访矛盾较突出村（社区）269个，受理信访举报5820件，督促协调解决老百姓矛盾和问题1228件次。全年上级转办信访举报件同比下降17.8%，越级上访同比下降35.7%，信访举报持续“下沉回流”。出台《关于强化交办件办理工作的八条措施》，解决流转审批时间长、有效办理时间短、审核程序烦琐等问题。对2018年以来未办结的省交办件进行全面清理，办结省交办件162件，查实率和省纪委审核一次通过率居全省前列。对190名受到不实举报干部进行澄清正名，严肃查处3起诬告陷害典型案例。

【巡察监督】 2020年，深化政治巡察，及时将贯彻落实党中央关于统筹新冠肺炎疫情防控和经济社会发展、优化营商环境、厉行节约反对浪费等重大决策部署纳入巡察内容。集中力量对48个州直单位开展常规巡察，对司法、民政、水利开展州、县同步巡察，发现面上问题1283个。协助州委出台《州级领导干部履行“一岗双责”推进巡察整改工作暂行办法》，压紧压实分管州领导巡察督改责任。强化巡察反馈问题整改。针对2020年巡察中发现的共性问题，州委在州委党校组织开展州直单位党风廉政建设培训班，300余名州直单位“一把手”和分管财务、人事、党建等相关部门负责人参加。

（姚孟斐）

2020年4月24日，州纪委监委领导干部在建始县业州镇金银店村公开接访
（州纪委监委 供稿）

审查调查

【概况】 2020年，全州纪检监察机关共处置问题线索5671件，同比下降0.9%。初核5442件，同比上升1.3%。立案1776件，同比下降1.3%。结案1913件，同比上升4.9%。处分1772人，同比上升3.1%。留置50人。

【审查调查安全工作】 2020年，组织召开全州审查调查安全工作视频会议，压实责任。对留置场所实行全封闭管理，统筹推进新冠肺炎疫情防控和办案安全，制定《留置场所十四条疫情防控措施》《留置措施工作规范》《谈话室使用管理工作规范》等10余项制度，建立健全安全监管体系。对建始、巴东、来凤、鹤峰等县建立在看守所的留置专区暂停使用，对在用的留置场所实行封闭管理，做好常态化疫情防控措施，实现留置场所人员“零感染、零疑似、零事故”。下发《“走读式”谈话工作指引》《走读式谈话“十四个必须”》，防范“走读式”谈话安全风险。严格贯彻落实留置安全风险零报告制度，对设施设备、安全文明办案、看护勤务等常态化开展监督检查。

【“扫黑除恶”惩腐毁伞】 2020年，对重点问题线索、案件实行挂牌督办，下发督办函22份，印发通报19期。立案查处涉黑涉恶腐败和“保护伞”案件265件，留置14人，处分318人，移送司法26人。全国扫黑办交办件、中央督导组交办件、2019年度前立案未查结案件均按期办结。出台《纪检监察机关与政法机关加强扫黑除恶专项斗争协同配合办法》等3项制度，加强与公、检、法等单位的协调配合，接收政法单位移送问题线索49条。对11个重点案件所暴露出的属地责任、行业监管责任问题下发监察建议书等57份，督促完善制度22项。州纪委监委被省“扫黑除恶”专项斗争领导小组表彰为“市州扫黑除恶专项斗争领导小组成员单位”先进单位。

【案件审理工作】 2020年，推行“乡案县审”，各县（市）纪委监委审理乡镇纪委办理案件497件。探索开展“重案州核”，州纪委监委审理县乡纪委报审案件283件、344人。坚持抓好“季案评查”，每季度组织一次案件质量评查，抽查比例不低于30%，开展3轮暗访暗查，发现问题15个。集中组织“要案回溯”，复查复核留置案58件，聚焦新冠肺炎疫情防控、扶贫领域追责问责等专项工作开展“全覆盖”回溯。审核疫情防控追责问责案件427件、754人次，提出纠正意见71件、96人，其中减轻或免予问责22人。抽查2019年以来扶贫领域追责问责案件106件，整改问题63个。出台《恩施州纪检监察机关“一案一建议一督改”工作办法（试行）》，运用好纪检监察建议，做好监督检查和审查调查“后半篇文章”。

（姚孟斐）

党风廉政建设

【概况】 2020年，坚定不移落实中央八项规定精神，推动化风成俗，持续整治形式主义、官僚主义，以优良作风取信于民。探索开展小微权力监督，织密“监督网”，管好“微权力”，助力提升基层治理水平。围绕纪检监察机关主责主业，加大正风肃纪反腐工作宣传力度和廉政宣传建设力度，涵养风清气正政治生态。

【持之以恒纠治“四风”】 2020年，加强分析研判，综合分析2019年度全州党风廉政建设满意度民意调查情况、查处违反中央八项规定精神和形式主义、官僚主义问题情况，形成3份综合分析报告。研究制定纠治“四风”“双八条”措施，联合11个专项整治的州直单位共同督促整改问题400余个。加强统筹协调，牵头负责30余个专项治理，推动作风建设和工作落实。紧盯元旦、春节、五一、端午、国庆、中秋等重要节点，关注“四风”问题新动向、新表现，坚决整治形式主义、官僚主义。抽调120人组建全州明察暗访队伍库，“五一”和中秋国庆期间开展2轮明察暗访，发现重点线索33条，制发纪律检查建议书2份、问题整改提醒函56份。4次向全州1300余名副县级及以上党员干部发送廉政短信，提醒党员领导干部纪律就在身边。全年查处享乐主义、奢靡之风问题211个，处理301人，党纪政务处分193人。查处形式主义、官僚主义问题839个，处理1304人，党纪政务处分471人。出台《恩施州纪委监委派驻（出）纪检监察机构驻点监督工作暂行办法》等3项制度。州纪委监委22个派驻机构处置问题线索250件，立案91件，同比增长405.6%。

【“小微权力”监督】 2020年，探索推行微权监督。在建始县、巴东县试点开展小微权力监督，督促各县、乡纪委监委对村级监督事项进行梳理，梳理“小微权力”监督清单4类34项，绘制“小微权力”运行流程图，明晰权力边界。开展四级联动监督，村纪检委员引导群众对基层党务、财务、村务开展贴身监督，乡镇纪委联合县（市）派出机构聚焦“关键人”“关键事”开展联动监督，州、县纪委统筹职能部门对教育、民政、社保等重点领域开展专项监督。“小微权力”监督试点得到省纪委监委党风政风监督室肯定。

【廉政宣传教育】 2020年，制定出台《恩施州直单位2020年“十进十建”活动任务清单》。依托全州2万多名“尖刀班”驻村帮扶干部开展普纪普法宣传，把党纪法规送到群众家门口。开展“清廉机关”创建活动。制作30余部廉政公益广告、微视频，在电视频道播出。拍摄的廉政微电影《正名》获省“决战决胜脱贫攻坚·小康路上一个不少”2020年网络视听作品征集活动网络剧情类作品“最佳微电影”。打造鹤峰周家院子、咸丰严家祠堂、宣恩野椒园家风教育基地、宣恩伍家台茶廉文化基地等一批特色亮点，吸引州内120多个单位3万余名党员干部开展接受家风熏陶和纪法教育。讲述和宣传谢睿、朱泽斌等纪检监察典型人物的故事，《人民日报》报道谢睿《他没日没夜扑在扶贫工作中》，《中国纪检监察报》先后报道朱泽斌《把温暖送到群众心坎上》、谢睿《甘当沙砾》，中纪委网站报道谢睿《用生命诠释誓言》《再见，沙砾！》，《湖北日报》分三期报道谢睿先进事迹，多个媒体转载。省委追授谢睿为“全省优秀共产党员”。

（姚孟斐）

巡　察

【概况】 2020年，州委巡察机构深化政治巡察，强化政治监督。巡察办认真履行“统筹协调、指导督导、服务保障”职能职责，创新方式方法，加强成果运用，不断推进规范化建设。制定《州委巡察组与被巡察党组织主要负责人沟通情况的工作机制（试行）》《州委巡察组接待主动投案人的办法（试行）》《州委巡察组组长负责制实施办法（试行）》，以及州委巡察组副组长、副县级巡察专员、联络员岗位职责规定等5项制度。对70名巡察干部进行巡察理论、专业技能培训。全年完成对州信访局等48个州直单位的常规巡察，发现面上问题1279个，问题线索22件。8个县（市）完成对252个单位的巡察，发现面上问题5000个，问题线索115件。

【州委履行主体责任】 2020年，州委坚决贯彻中央巡视工作方针和省委决策部署，将巡察工作列入州委常委会年度工作要点。州委常委会4次研究巡察工作，传达学习全国巡视工作会议暨十九届中央第五轮巡视动员部署会议精神、全省巡视巡察工作会议暨十一届省委第七轮动员部署会议精神以及十九届中央第六轮巡视工作动员部署会、中央巡视指导督导动员部署会和在湖北省举办的巡视指导督导工作专题培训会议精神，研究贯彻落实中央、省委关于巡视巡察工作的重大决策部署和工作要求。4月20日，召开全州巡察工作动员部署会，有序推进全年巡察工作。巡察启动前，梳理习近平总书记十八大以来的重要讲话、重要的党内文件制度等，组织专人完善政治巡察手册，促进巡察干部深刻理解习近平新时代中国特色社会主义思想中蕴含的立场观点方法，不断提高政治站位，增强“两个维护”的政治定力和能力。坚守政治巡察职能定位，把“两个维护”作为巡察的根本任务，紧扣被巡察单位职能职责，围绕“三个聚焦”（即聚焦党的理论路线方针政策和党中央重大决策部署在基层贯彻落实情况、聚焦群众身边腐败和作风问题、聚焦基层党组织建设情况）查找政治偏差，坚定不移深化政治巡察。第一时间将贯彻落实党中央关于统筹疫情防控和经济社会发展、做好“六稳”工作、落实“六保”任务，以及优化营商环境、厉行节约反对浪费等重大决策部署纳入巡察内容。

【政治巡察】 2020年，完成5轮常规巡察，七届州委巡察全覆盖完成率为88.76%。完成对州信访局、州委机要和保密局、州政务服务和大数据管理局、州大数据中心、州公共资源交易中心、州公共检验检测中心、州供销合作社联合社、州科学技术局、州统计局、州档案馆、州审计局、州政府国有资产监督管理委员会、州经济和信息化局、州地方金融工作局、州住房公积金中心、州硒资源保护与开发中心、州委统战部、州督查考评办、州总工会、恩施日报社、州委政法委、州司法局、州农科院、州科协、州委宣传部、州委网信办、州委外办、州委编办、州委直属机关工委、州委老干部局、州委党校、州委理论信息中心、州广播电视台、团州委、州妇联、州工商联、州民宗委、州商务局、州铁路办、州公路管理局、州广播电视大学、恩施高中、湖北巴东金丝猴国家级自然保护区管理局、州国有资本投资运营有限公司、州高新投资开发有限责任公司、州农发融资担保股份有限公司、州硒康牧业发展有限公司、州平安押运有限公司48个州直单位的常规巡察，发现面上问题1279个，问题线索22件。

【巡察上下联动】 2020年，在利川市、巴东县、鹤峰县等县（市）试点开展对审计局、经济和信息化局“同步巡”，推动解决行业、系统、领域共性问题。七届州委第十二轮巡察期间，州、县同步对司法系统开展常规巡察，发现3个方面共性问题。在十一届省委第七轮巡视期间，按照省委关于省、州、县三级联动专项巡视巡察工作要求，配合省委第四、五巡视组同步对民政、水利开展巡察，发现面上问题340个，问题线索9件，做到州、县两级专项巡察与省委巡视步调一致。

【巡察反馈问题整改】 2020年，州委书记专题会议3次听取巡察汇报，及时研究部署巡察整改和成果运用。州委书记柯俊听取汇报时直接点人点事，全年针对巡察发现问题点人点事37件。9月，州委制定出台《州级领导干部履行“一岗双责”推进巡察整改工作暂行办法》，以制度形式明确向分管州级领导干部通报巡察情况，呈送《整改督办责任告知书》。全年州领导出席分管单位的巡察反馈会13人次。10月12日，中央纪委网站发布《湖北恩施：压实一岗双责 做好巡察后半篇文章》。落实纪委监委、组织部巡察整改日常监督责任，邀请纪委监委、组织部相关领导和部室负责人参加书记专题会和巡察工作领导小组会，做好巡察整改“后半篇”文章。巡察问题分类移交给州纪委监委和州委组织部，纪委副书记、组织部常务副部长直接参与巡察反馈会议，就巡察整改提出要求。纪委对巡察移交问题建立监督台账，实行整改情况月报制度，重点督促被巡察党组织履行整改主体责任，定期梳理整改进展，动态分析整改成效，查找存在问题和薄弱环节，持续跟踪督办，对问题线索快办快查快结。州委组织部对移交的选人用人、党组织建设、违反换届纪律等方面的问题，统筹督促抓好整改，对反映干部不担当不作为的问题及时跟进。截至年底，反馈的647个面上问题，整改完成625个，各单位的整改完成率均在90%以上。在问题线索处置过程中，追责问责6人，其中立案审查1人，组织处理5人。

【巡察成果运用】 2020年，坚持将巡察发现的普遍性、倾向性问题向党委、政府分管领导和有关部门反馈。截至年底，全年向州委组织部移交面上问题148个，向州委直属机关工委移交面上问题76个，向州委宣传部移交面上问题27个，向州纪委案管室移交问题线索18件，向州纪委信访室移交信访举报件36件，向州纪委监督检查室移交面上问题83个。7月，七届州委第十轮巡察反馈会结束后，州委对巡察发现的3个相关部门党建工作存在的问题进行挂牌督办。9月，针对2020年巡察中发现的机关党建、党风政风、财务管理、干部选拔任用方面的共性问题，由州纪委监委牵头，会同州委组织部、州财政局等单位，在州委党校组织开展州直单位党风廉政建设培训班，300多名州直单位“一把手”、财务、人事、党建等相关部门负责人参训。针对巡察发现部分纪检监察组对综合监督部门的监督效果不佳的问题，州纪委监委探索开展派驻（出）机构定时驻点监督，规定每月在各综合监督部门轮驻办公时间不少于3天，制定出台派驻机构日常监督、重要情况报告、与驻在部门监督协同工作、与综合监督单位领导班子会商等制度。组织部门将解决巡察发现的问题与加强班子、队伍建设结合起来，对州科技局等班子进行调整。针对巡察发现意识形态领域存在的普遍性问题，协调州委宣传部开展1轮意识形态责任制落实情况专项检查，推动巡察成果运用最大化。

（黄　涛）

中国国民党革命委员会恩施州委员会

【概况】 中国国民党革命委员会恩施州委员会（简称“民革恩施州委”），是中国国民党革命委员会设在恩施州的地方组织，是恩施州民主党派的重要组成部分，基本职能是参政议政、民主监督，参加中国共产党领导的政治协商。民革恩施州委现有党员119人，其中交叉党员2人。民革恩施州委下设民革恩施州直综合第一支部、民革恩施州直综合第二支部、民革恩施州中心医院支部、民革湖北民族大学支部和民革恩施市支部。2020年，促成民革湖北省直属教育医卫支部与民革恩施州中心医院支部缔结为友好支部，开创性地订立友好支部联系制度(即友好支部备忘录)，得到民革湖北省委组织部的肯定，在其他市(州)推广。截至2020年底，党员中，1人担任省人大代表，2人担任省政协委员（其中常委1人），2人担任民革湖北省委常委，2人担任恩施州第八届人大代表，19人担任恩施州第八届政协委员（其中常委8人），2人担任恩施市第十届人大代表（其中常委1人），13人担任恩施市第九届政协委员(其中常委5人)。恩施市人大常委会副主任1人（驻会)，恩施市政协副主席1人（驻会)。吸纳5名新党员，接收转移组织关系党员1名。

【参政议政】 2020年，民革恩施州委组织调研组分别对全州推进乡村振兴、加快发展全域旅游、加强基层治理、加强气象灾害预防应急管理、生物医药产业工业经济发展、复工复产等课题进行专题调研10余次，形成专题调研报告。其中《以创建全域旅游示范区为契机，打造文旅融合发展恩施样板》入选省政协“彰显荆楚文化特色，打造文旅融合品牌”月度专题协商会材料。《巩固脱贫攻坚成果，推进乡村振兴》《加强城市社区治理，夯实社会治理根基》作为中共恩施州委政党协商会上的专题发言材料，得到相关领导肯定。向政协恩施州八届四次会议提交集体提案7件，个人提案17件。《加强“绿色”管理 助推乡村振兴》《加大硒产品顶层设计强化硒产品定向效果研究》《“山桐子”产业有乾坤“黄金树”上结黄金》3篇材料入选大会发言。提交《关于在州城七里坪公园增设健身、游乐设施的建议》《关于增进警民联动共同维护州城交通秩序的建议》等10余件社情民意信息。民革恩施州委获得民革湖北省委2020年度参政议政工作先进集体二等奖和反映社情民意信息工作先进集体三等奖。党员李玮玮获得民革湖北省委参政议政工作先进个人一等奖，党员张献宏、向毓明获得三等奖。《关于加强社区矫正和刑满释放人员安置帮教工作的提案》《关于高位谋划民族中医药产业发展，助推乡村振兴的提案》等4件提案被州政协评为2020年度优秀提案。

【脱贫攻坚民主监督】 2020年，按照《民革恩施州委2020年度开展脱贫攻坚民主监督工作计划》，落实中共恩施州委对乡村振兴工作的总体安排和部署，到各县(市)了解乡村振兴工作进展和政策落实情况，找到巩固脱贫攻坚成果与乡村振兴有效衔接点，找准目前推进乡村振兴进程中存在的重点和难点，形成具有民革特色的民主监督工作模式。按照“领导小组+支部专班+办公室”的工作架构，“上半年开展调研，下半年召开工作推进和交流反馈会议”的工作机制，掌握乡村振兴推进进度，作出全面、准确、客观地评价和建言。

【调研考察】 2020年，湖北民族大学支部到恩施市三岔、新塘乡开展产业融合发展助推乡村振兴现状

2020 年 11 月 18 日，民革湖北省委调研组到恩施开展“全域旅游”和“民族地区中药材产业发展”调研
（民革恩施州委办公室 供稿）

2020 年 7 月 18 日，民革恩施州委红十字志愿服务队在恩施市胜利街受灾现场抗洪清淤
（民革恩施州委办公室 供稿）

与对策调研。州中心医院支部组织支部中州人大、州政协委员代表以及医院管理专家等到利川市柏杨坝镇和南坪乡开展复工复产调研。恩施市支部在芭蕉乡开展乡村振兴考察活动。民革恩施州委组织党员中水利专家、疾控专家等到新塘乡围绕小流域防洪、水土保护及灾后农村饮水安全、疾病防控等相关情况开展调研。省政协副秘书长、民革湖北省委专职副主委陈邦利率调研组到恩施市开展“全域旅游”和“民族地区中药材产业发展”2 个重点课题的专题调研。

【社会服务】 2020 年，持续打造民革“积极扶志扶智，助力精准脱贫”社会服务品牌，依托“民革法律顾问团”“民革医疗服务队”和“民革恩施州委红十字志愿服务队”开展社会服务活动。5 月 1 日，民革恩施州委红十字志愿服务队部分队员到新塘乡开展慰问活动并走访党员企业，调研企业运行状况。5 月 30 日，民革恩施市支部到大峡谷、板桥镇，走访慰问困难儿童并送去慰问金和物资。9 月 9 日，民革恩施州中心医院支部组织内分泌内科等 8 个科室 12 名医疗专家到鹤峰县中心医院开展“同心战疫，温情送诊”大型义诊活动。12 月 20 日，在喜福汇广场开展大型义诊活动，配合恩施市六角亭街道胜利街社区“建五心家园，创同心社区”群众活动。民革湖北省直属教育医卫支部到恩施市屯堡乡大树桠村开展捐赠帮扶活动，捐赠 1.6 万元的办公家具及取暖设备。陈如轩被中共恩施州委、州政府表彰为 2020 年抗洪抢险先进个人。

【新冠肺炎疫情防控建言献策】 2020 年，在抗击新冠肺炎疫情中，民革恩施州委关注疫情防控突出问题，《关于推进预防用中药“四进”的建议》提出中医药应积极介入，发挥早期预防作用，报送至全国政协。《关于规范化建设救护车消洗站的建议》从医疗机构救护车消洗存在交叉感染的重大风险方面建议规范化建设救护车消洗站，报送至省政协。《关于推进湖北各地市州预防用中药进村（社区）的建议》被民革湖北省委采用。《关于规范建设恩施州及各县市救护车消洗站的建议》《关于推进建设州域航空医学救护“30 分钟急救圈”的建议》被恩施州政协《社情民意》专报采用。

【宣传工作】 2020 年，民革恩施州委对“民营企业服务年”和“抗洪救灾”进行专题报道，发表报道 10 余篇。截至年底，先后在民革中央、民革湖北省委网站和《团结报》、团结网发稿 50 余篇，编辑发布恩施民革微信公众号推文 50 余篇。6 月 8 日，团结报社多媒体阅报屏进驻民革恩施州委机关。民革恩施州委获《团结报》订阅一等奖。
（李 会）

中国民主同盟恩施州委员会

【概况】 2020 年，中国民主同盟恩施州委员会（简称“民盟恩施州委”）有盟员 278 人，女盟员 94 人，交叉党员 6 人。平均年龄 52.65 岁，中高级职称 218 人，本科及以上学历 217 人（其中硕士 25 人，博士 12 人）。盟员中，1 人担任省十三届人大代表，1 人担任省十二届政协委员。6 人担任州八届人大代表（其中 1 人担任州人大常委），23 人担任州政协八届政协委员（其中 1 人担任州政协副主席，7 人担任州政协常委），1 人担任恩施市十届人大代表，16 人担任恩施市九届政协委员（其中 6 人担任恩施市政协常委）。

【组织建设】 2020 年，继续开展“不忘合作初心，继续携手前进”主题教育活动。制定《中国民主同盟恩施州委员会委员述职办法》，印发《民盟恩施州委基层组织换届工作流程》。指导湖北民族大学支部、恩施职院支部、教育支部完成支部换届工作。制定《中国民主同盟恩施州委员会组织发展程序规定》，全年发展 5 名新盟员，其中中高级以上职称 2 人，平均年龄 38 岁。制定《盟员单位党委沟通联系工作计划》，走访 15 个盟员单位。全年推荐盟员 16 人次参加盟省委和中共恩施州委组织部、统战部组织的各类培训学习活动。

【参政议政】 2020 年，出台《民盟恩施州委调研经费管理办法（试行）》，全年完成调研课题 13 个，其中民盟省委调研课题 1 个、民盟州委重点课题 5 个和招标课题 7 个，调研报告相关建议报盟省委及中共恩施州委、州政府。全年向盟省委和州政协投稿社情民意信息 26 篇，被民盟中央采用 1 篇，被民盟湖北省委采用 9 篇，被州政协《社情民意》采用 7 篇，《建议加强 0—6 岁儿童近视防控工作》被全国政协采用。在省“两会”期间，盟员省人大代表和政协委员提交建议和提案 3 件。全州“两会”期间，委员人大代表提交建议 6 件，民盟恩施州委提交政协集体提案 11 件，盟员政协委员联名和个人提案 16 件，政协大会发言 2 篇，《关于充分发挥村规民约的治理功能的提案》《关于建设恩施州公路绿色生态防护长廊的提案》《关于严格实施〈恩施州山体保护条例〉确保绿水青山长存的提案》在州政协八届五次全会上被评为年度优秀提案。

【政治协商】 2020 年，按照《恩施州 2020 年度政党协商计划》安排，开展课题调研，在“脱贫攻坚和乡村振兴有效衔接”“农村基层社会治理”政党协商座谈会上提出有针对性的意见和建议。支持盟员政协委员参加州政协“农业化学投入品监管”“优化营商环境”等专题调研和协商会议。

【社会服务】 2020 年，开展民营企业服务年活动，民盟恩施州委 1 个班子成员联系 1 个民营企业，为企业渡过新冠肺炎疫情难关和发展企业经济出谋划策。参政议政委员会组织盟员撰写社情民意，向民盟湖北省委和州政协提交新冠肺炎疫情防控、复工复产、振兴地方经济等内容的社情民意 7 篇。盟员捐款 6 万余元用于抗击新冠肺炎疫情、抗洪救灾。6 月 1 日，民盟恩施州委在恩施市新塘乡下塘坝村海信希望小学开展关爱留守儿童活动。9 月 29 日，在恩施市七里坪小学开展图书捐赠活动，其中民盟中央捐赠《姜昆老师告诉你》系列丛书 1941 册。11 月 28 日，由民盟中央、民盟湖北省委、西门子公司联合在建始县中医院举行“守护天使工程”捐助仪式暨西门子医疗数字 5G 湖北启动仪式，活动为建始县中医院捐助核磁共振等设备。12 月 4 日，在恩施市洞下槽村开展法律志愿者服务和医疗志愿者服务活动。

【宣传工作】 2020 年，编印《恩施民盟》2020 年第一期、第二期，办好恩施民盟微信公众号。向民盟湖北省委、省政协、州政协、中共恩施州委统战部报送信息 37 件。开展民盟先贤费孝通先生诞辰 110 周年纪念活动。

【学习交流】 2020 年 8 月 13—15 日，民盟恩施州委 5 人到湘西土家族苗族自治州调研，开展盟务工作交流，进行乡村振兴、农村基层社会治理课题调研，实地察看凤凰县廖家桥镇菖蒲塘村和花垣县双龙镇十八洞村产业发展情况。8 月 23 日，民盟潜江市委 10 人到恩施州开展盟务工作交流和“硒谷”建设专题调研，到中硒健康产业投资集团股份有限公司考察调研，参观恩施抗战历史陈列馆。

【荣誉】 2020 年，民盟恩施州委获民盟中央“民盟思想政治建设和宣传工作先进集体”“民盟社会服务先进集体”“2020 年度《群言》发行工作突出成绩奖”表彰。张珍被民盟中央表彰为“民盟思想政治建设和宣传工作先进个人”。龙万平、郜邦鹏、杨雪梅 3 人获“中国民主同盟抗击新冠肺炎疫情先进个人”表彰，向兴朝、刘文春、杨卫、杨玲、龙万平、杨雪梅、陈开广、陈沛伟、陈继红、杨美平、周树林、周常君、郜邦鹏、郭普东、黄光如、崔应东、覃咸雄、雷淑英、廖兆茂、谭艳、潘轲、傅浩 22 人获“民盟湖北省委抗击新冠肺炎疫情先进个人”表彰。

（张　珍）

中国民主建国会恩施州委员会

【概况】 2020 年，中国民主建国会恩施州委员会（简称“民建恩施州委”）有会员 332 人，其中大专以上文化程度 268 人，中高级职称 168 人，女会员 101 人，中共交叉会员 10 人，平均年龄 51.7 岁。会员中有全国人大代表 1 人，省人大代表 1 人，州人大代表 7 人，其中常委 4 人。县（市）人大代表 1 人，省政协委员 1 人，州政协委员 28 人，其中常委 5 人、副主席 1 人。县（市）政协委员 27 人，其中常委 10 人。

【组织建设】 2020 年，开展“作风建设年”活动，民建恩施州委以州委会领导班子、各基层组织领导班子及机关各科室为重点，开展以“端正思想作风、改进工作作风，严格纪律要求”为主要内容的作风建设，各级主委履行第一责任人的政治责任。年初对州委会领导班子及州委委员分工和联系支部进行调整，要求每年至少参加 2 次所联系支部开展的活动。完善基层支部达标创优考评工作机制，调整细化《支部达标创优考评细则》内容，实行对各支部清单式量化考评。出台《民建恩施州委专委会履职考核办法（试行）》，调动各专委会的履职积极性和创造性。经济开发区支部改选主委、增补 1 名副主委，恩施市二支部增补 1 名副主委，恩施市一支部增补 1 名委员。全年发展新会员 13 人，选送会务骨干 3 人参加全省民主党派中青年骨干培训班、全州党外干部进修班和公务员更新知识培训班。企业委员会开展“会员企业大走访”，走访会员企业

50余个。

【民建“会员之家”】 2020年11月11日，州首个民建“会员之家”——民建恩施州直三支部“会员之家”揭牌成立。截至年底，按照“五有”规范化建设标准（有固定场所、有规范制度、有定期活动、有宣传展示、有档案资料）的要求，建成5个标准化“会员之家”，覆盖8个基层组织。州委会为各个“会员之家”统一制作宣传墙、基层组织制度，配备档案柜、书柜，完成支部档案分类整理，提供书籍供会员阅读学习。

【参政议政】 2020年，会员杨琴在全国人大全会上提交建议9件。在省“两会”上，恩施民建会员提交建议7件，提案3件，州“两会”上，提交建议8件，提案24件（集体提案6件），其中州领导领办提案3件。提交政协大会议政发言材料5篇，其中口头发言3篇，书面交流2篇。州委会提交的《关于推进民族乡村发展的提案》、曾小玉和唐红珍提交的《关于推进全州产业就业扶贫工作的提案》、沈娟提交的《关于加强村“两委”干部队伍建设的提案》和廖红华提交的《关于规范发展乡村民宿，助力恩施州乡村旅游的提案》被州政协评为2020年优秀提案。各专委会、基层组织聚焦脱贫攻坚、疫后重振、基层治理、硒茶产业、野生动物保护等重点课题展开调研，提交调研成果16篇。向民建湖北省委提交社情民意信息36篇，被采用20篇。向州政协提交社情民意30篇，被采用11篇，其中4篇获州相关领导签批。被民建湖北省委评为“2020年度社情民意信息工作先进单位（三等奖）”。

【宣传工作】 2020年，全年编印2期《恩施民讯》，民建恩施州委网站、恩施民建微信公众号及时发布会务信息及会内动态。做好与省、州相关媒体、部门的横向联系，多渠道报道恩施民建工作情况，全年编发新闻信息140余条，民建中央采用24条，民建湖北省委采用100条，被民建湖北省委评为“2020年度新闻宣传工作先进单位（二等奖）”。组织会员参加纪念民建成立75周年征文活动，收到征文16篇。参加全省参政党理论研究，2篇文章被民建湖北省委评为重点理论研究课题优秀成果二等奖，民建恩施州委被授予“优秀组织奖”。

【社会服务】 2020年，民建恩施州委组织会员捐赠价值100多万元的抗击新冠肺炎防控物资，捐款11.52万元，购买防护物资定向捐赠给州城3个定点救治医院。在抗洪救灾中，组织会员捐款11.47万元，联系武汉民建会员企业向恩施高新区捐赠2000箱饮用矿泉水，联系省直民建爱心企业家会员捐赠1.5万元，恩施民建会员企业向受灾的幼儿园捐赠价值1.5万元的厨房设备。民建州委联合各总支、支部向恩施市屯堡乡大树桠村捐赠物资，筹集资金为该村贫困户修建猪圈、厕所。州直三支部到咸丰县小村乡福利院看望慰问老人并捐赠物资。民建湖北民族大学3个支部组织会员到利川市元堡乡花坪村开展智慧农业实地调研，开展大黄、汶川李子种植技能培训，为村民开展健康讲座和健康咨询服务活动。民建州委联合会员企业恩施诚恒科技有限责任公司，开展“关注健康，爱心助学”捐赠活动，为来凤县实验中学、来凤县民族小学捐赠价值10万余元的智能空气杀毒仪。州直一支部、恩施市二支部、恩施市三支部、恩施市基层委员会分别开展关爱留守儿童行动。州直二支部到巴东县大支坪耀英坪小学开展送温暖进校园活动，捐赠价值4.3万元的空调和取暖器。

【开办“思源·佑华教育移民班”】 2020年，咸丰县2017届“思源·佑华教育移民班”学生以优异的成绩毕业，民建恩施州委企业委员会筹措资金2万元对该班教师给予奖励。9月，民建恩施州委争取民建中央、中华思源工程扶贫基金会和民建湖北省委的支持，在咸丰县高乐山镇民族中学开办第4个“思源·佑华教育移民班”，做好已开办3个“思源班”的后期跟踪和帮扶工作。在咸丰县开办的4个“思源班”资助200名贫困学生，每人每年获助学金2000元，共计筹资120万元。

【学习交流】 2020年8月，民建黄石市大冶市总支到恩施考察交流并座谈。11月，民建恩施州直一支部与孝感市直二支部缔结“友好支部”。11月，副主委冯俐带领企业委员会到浙江省海宁市开展企业家会员交流考察活动。12月，由主委谭建军带领经济委员会到浙江省杭州市、海宁市考察学习，开展会务交流。

【荣誉】 2020年10月，恩施民建会员、州志愿者协会副会长、恩施市义工协会荣誉会长张云生被共青团中央评为“抗击新冠肺炎疫情青年志愿服务先进个人”。12月，民建恩施州委被民建中央授予“抗击新冠肺炎疫情先进集体”荣誉称号，恩施民建会员、民大医院心内科主治医师杜娟、民大医院心内科主治医师张祥、民大医院心内科护士长饶春燕、民大医院副主任护师张静4位会员被评为“抗击新冠肺炎疫情先进个人”，恩施民建会员、恩施市铜盆水林场场长向梓昌被评为“全国优秀会员”。

（吕 檬）

中国民主促进会恩施州总支部委员会

【概况】 中国民主促进会恩施州支部委员会经过四年的发展，2020年12月，成立中国民主促进会恩施州总支部委员会（简称“民进恩施州总支”）。总支会员42名，大学本科以上学历占比76%，中高级职称以上占比89%。会员中湖北省第十二届政协委员1人、民进湖北省委第七届委员会常委1人、州第八届人大代表2人、州第八届政协委员7人、恩施市第九届政协委员3人。新发展会员5人。恩施民进州级机关建立，完成机关人员配备。2020年，民进恩施州总支不断加强思想建设，继续开展“不忘合作初心，继续携手前进”主题教育活动，参政议政，参与社会服务。

【中国民主促进会恩施州总支部委员会成立】 2020年12月27日，中国民主促进会恩施州总支部委员会成立，陈晓燕当选总支主委，贺永红、罗永健、向晖当选总支副主委，黄华、田勇当选总支委员。总支下设民进恩施州直一支部、民进恩施州直二支部、民进恩施州直三支部、民进恩施市支部4个支部。

【参政议政】 2020年，围绕中共恩施州委七届八次、九次全会精神，开展参政议政，服务中共恩施州委、州政府中心工作，组织会员开展专题调研活动4次，参加中共恩施州委、州人大、州政府、州政协、中共恩施州委统战部组织的协商会、座谈会、征求意见会等协商活动11次，提交人大代表建议2件、州和恩施市政协提案13件、社情民意信息9条。《关于修建硒都茶城下穿隧道的提案》被州政协表彰为2020年度优秀提案，《关于加强少数民族特色村寨保护的建议》获2020年民进湖北省委会十佳提案，《关于加强烟草废弃物生态高效利用的建议》获2020年民进湖北省委会市级组织十佳参政议政成果。

【社会服务】 2020年，弘扬“合作包容，守纪尽责，创新奉献”的恩施民进精神，引导会员“双岗”建功，参与战疫、战洪、战贫。在抗击新冠肺炎疫情中动员民进会员及会员企业捐款捐物100余万元。在抗击州城“7·17”严重洪灾中，广大会员积极参加防汛救灾。恩施利贞餐饮公司等会员企业援助贫困村、贫困户生产资金和生产资料，帮助发展农业特色产业，为300多贫困人员实现就业脱贫。组织会员和会员企业通过扶贫“832”等平台，线上线下采购农副产品550余万元。组织民进医疗专家到咸丰县坪坝营镇为困难群众进行免费诊疗服务活动。

【荣誉】 2020年8月，民进恩施州总支被民进湖北省委会表彰为“抗疫先锋队”，12月，民进恩施州总支被中国民主促进会中央委员会表彰为“民进全国抗击新冠肺炎疫情先进集体”。8月，州中心医院主管护师姚钦、州利贞餐饮管理有限公司董事长柯昌琼被民进湖北省委会表彰为“抗疫先锋”，12月，恩施泰利达再生资源有限公司董事长牟来奎被民进中央表彰为“抗疫先进个人”。

（宋兴月）

中国民主农工党恩施州委员会

【概况】 2020年，民主农工党恩施州委履行政治协商、参政议政、民主监督职能。州直综合支部，州中心医院西医部支部、中医部支部完成换届。全年发展农工党员8名。8月，农工党州直综合支部被农工党中央表彰为“优秀基层组织”；农工党恩施州委被农工党湖北省委表彰为“先进地方组织”。

【参政议政】 在州政协八届四次会议上，农工党州委会集体提交大会发言3件、集体提案5件，农工党内的政协委员提交提案9件，立案9件提案，其中1件由州政府领导领办、1件由州政协领导督办，1件集体提案和1件委员个人提案被评为优秀提案，在州人大会议上提交建议案2件。参加州政协组织的“优化营商环境”“社区矫正和刑满释放人员安置帮教”2个专题调研活动。到宣恩县、来凤县和恩施市进行“优化营商环境”调研。8月31日，在州政协召开的专题协商会上进行《做好三个“加速度”促使企业快速落地》的交流发言。围绕“巩固脱贫攻坚成果，推进乡村振兴”和“如何加强基层社会治理打造共建共治共享社会治理格局”主题开展调研，分别形成《关于对巩固脱贫攻坚成果实施乡村振兴战略的思考》《关于对加强基层社会治理推动共建共治共享社会治理格局的建议》，在中共恩施州委7月和10月召开的政党协商会议上交流建言。结合对利川市和来凤县的脱贫攻坚民主监督调研，形成《关于恩施州在攻坚脱贫后如何进一步推进乡村振兴战略和加强基层社会治理的调研报告》，在农工党省委会举办的参政议政工作会议上获优秀论文三等奖。围绕新冠肺炎疫情防控、复工复产复学、抗洪抢险和市政建设，先后撰写《疫情后复学后引导学生从抗疫中学什么的建议》《后疫情时期如何做好疫情防控、鼓励正当消费和政纪监督有机结合的建议》《关于协调解决湖北亚联建设工程有限公司银行基本户冻结助力复工复产的建议》《关于切实加强马槽河水库防洪安全监管的建议》等7份社情民意信息和建议。

【社会服务】 2020年9月8—9日，“基层网格化健康服务助力乡村防疫应对能力提升”社区健康志愿项目启动暨培训会召开，该项目是共青团湖北省委发起的一项公益志愿项目，在共青团恩施州委、农工党恩施州委的支持和指导下，该项目落户恩施，由州助学扶贫促进会中标承办、共青团湖北民族大学医学部总支部委员会协办实施。9

2020年8月21—22日，农工党武汉市委和农工党恩施州委开展的“同心同行”助医行动在鹤峰县中心医院举行
（农工党恩施州委员会办公室 供稿）

月 21—23 日，农工党武汉市委领导带领的医疗专家到鹤峰县中心医院，开展为期 3 天的送医送药送技术“同心同行”助医行动。10 月 20 日，农工党州中心医院西医部支部的农工党员在“重阳节”即将到来之际，坚持 32 年到龙凤镇福利院开展慰问健康行活动，捐赠常用药品。10 月 24—25 日，农工党湖北民族大学委员会联合州助学扶贫促进会、共青团湖北民族大学医学部团总支，在利川市都亭镇桃花、普庵和前进 3 个社区开展送医送药义诊及健康志愿服务进社区活动。11 月 18 日，为巩固脱贫攻坚成效，探索有效衔接乡村振兴战略实施路径，农工党恩施州委联合恩施州一村一店公司到恩施市屯堡乡大树垭村和营上村开展对建档立卡贫困户的入户慰问和调研活动。

【新冠肺炎疫情防控】 2020 年，全州参加新冠肺炎疫情防控工作的医卫界农工党员 47 人，其中参与一线抗疫的农工党员 17 人，受到农工党中央表彰的先进个人 4 名、受到农工党湖北省委表彰的抗疫先锋 4 名。农工党员 81 人通过各种途径捐献爱心款物，捐献现金 10.4 万余元和价值 120 余万元的抗疫物资。农工党州委会从农工党广州市天河区委会募集 2 万只口罩，捐给中共恩施州委统战部扶贫点恩施市屯堡乡大树垭村及城区多个社区和单位；联合州助学扶贫促进会利用募集的爱心款购买价值 10 万余元的抗疫物资，辗转千余千米捐给恩施、利川、建始、巴东 4 个县（市）的 7 所农村中学。做好参与抗疫农工党员的统计上报工作，为 81 名捐献爱心款物的农工党员制发农工党中央签发的“电子感谢信”和证书，为 9 名直接在抗疫重症病房工作的农工党员落实人均 1000 元的农工党中央补助（农工党中央中国初级卫生保健基金会捐资）。

【企业复工复产调研】 2020 年 5 月 14—16 日，农工党恩施州委组成调研组对建始县吴家湾煤矿有限责任公司、湖北和诺生物工程股份有限公司、恩施市徐文凯矿业有限公司、湖北金玛矿业有限公司、利川爱尔眼科医院 5 个民营企业，开展新冠肺炎疫情后企业复工复产情况调研活动。

【“杏林春雨”——抗击乙肝医疗救助公益项目启动】 2020 年 8 月 27 日，农工党中央“杏林春雨”——抗击乙肝医疗救助公益项目（恩施州）在恩施启动。启动仪式上，贵州省百年聚公益基金会作为实际捐赠方、州助学扶贫促进会作为本次公益活动的受赠方、恩施昌泰中医医院作为本次公益活动的实际执行方共同签署合作协议，贵州省百年聚公益基金会现场为恩施州捐赠价值 2000 万元的“抗乙肝胎盘转移因子注射液”。

【农工党杭州市委开展对口帮扶】 2020 年 10 月 14 日，杭州市政协副主席、农工党杭州市委会主委周智林带队到恩施州开展对口帮扶和调研交流考察活动。调研组到恩施职业技术学院参观考察并开展对口帮扶工作，举行“精准扶贫——校企电梯工程技术班”开班式。在州卫健委召开的农工党杭州市委会对口帮扶恩施捐赠暨座谈交流会上，农工党杭州市委会向巴东县民族中医院捐赠资金 35 万元用于购买救护车 1 辆、向利川市柏杨坝镇水井小学捐赠价值 4 万元课桌椅 230 套、向州卫健委捐赠价值 6 万元 AED（自动体外除颤仪）3 台，并沟通交流为恩施州唇腭裂患者开展免费救助手术事宜。

（张登仕）

群众团体

Mass Organizations

恩施州总工会

【概况】 2020年，全州工会立足服务职工，打好战疫、战洪、战贫三场硬仗，各项工作有效推进。州委常委会会议听取全州工会工作情况汇报，就相关工作进行安排部署。州工人文化宫建设项目主体结构完工。2020年全州建立基层工会3297个，涵盖法人单位3557个，有会员194345人。成立州总工会志愿服务队（州民政局注册）。州、县两级总工会发挥工会组织的桥梁纽带作用，团结动员广大职工群众做好新冠肺炎疫情防控工作。先后筹集疫情防控资金390万元，慰问抗疫一线医务人员、公安干警、环卫工人、卡口执勤人员等。筹资20多万元购买巴东椪柑5万公斤慰问州城抗疫一线人员。全年筹集100万元资金慰问抗洪救灾一线职工和受灾职工。开展“送清凉”活动，为执勤民警、疫情防控人员、环卫工人、城管队员、工地工人、社区工作人员等一线职工送去防暑降温物品。

【工会消费扶贫】 2020年5月12日，州总工会召开全州工会组织开展旅游消费扶贫活动动员会。各级工会开展恩施人游恩施活动，为职工、会员购买旅游年票12.01万张，金额2402万元。州总工会为企业工会购买旅游年票补助资金377万元。全年全州953个机关企事业单位工会组织116054人次分批次走出机关开展旅游消费活动，消费总额2682.34万元。其中州直145个基层工会开展活动，消费总额418.45万元。邮政、银行、保险、电力、烟草、联通、电信、移动8个垂管系统工会开展活动，消费总额541.23万元。全州1719个基层工会、11.16万名工会会员参与消费扶贫，购买恩施扶贫农产品11642.20万元。其中，恩施春茶4057.04万元，其他农产品7585.16万元。州直126个基层工会通过“832”消费扶贫平台采购恩施扶贫农产品，平均采购比例达51.31%。各县（市）基层工会通过“832”消费扶贫平台采购恩施扶贫农产品，平均采购比例达76.15%。州总工会向全省16个市州发出到恩施州开展职工（劳模）疗休养的邀请函，同时和杭州市总工会对接联系，邀请州外职工（劳模）到恩施州疗休养。全州全年接待省总工会、武汉、襄阳、黄石、杭州等地工会组织的职工（劳模）疗休养团3600余人。推介恩施旅游资源，邀请州外职工（劳模）到恩施州疗休养的同时，组织州内各级劳模、五一劳动奖章获得者、工匠、优秀职工在恩施州进行疗休养，州、县两级工会系统组织开展28批次、963名职工（劳模）参加疗休养活动（其中30名抗击新冠肺炎疫情先进个人到浙江杭州开展疗休养活动）。

【州总工会六届五次全委会议】 2020年4月28日，州总工会六届五次全委会议召开，州总工会第六届委员会常委会作工作报告。会议的主要任务是全面贯彻习近平新时代中国特色社会主义思想和中共十九大、十九届二中、三中、四中全会精神，深入学习贯彻习近平总书记关于统筹推进新冠肺炎疫情防控和经济社会发展工作及在湖北省考察疫情防控工作时的重要讲话和指示精神，贯彻落实州委七届七次全会暨州委经济工作会议和省总工会十三届四次全委会议精神，总结2019年工会工作，部署下阶段目标任务。

【“湖北五一劳动奖”“湖北省工人先锋号”表彰】 2020年5月，省总工会对2019年全省劳动竞赛先进集体和先进个人授予湖北五一劳动奖。来凤农村商业银行股份有限公司、湖北宣鹤高速公路有限公司获“湖北五一劳动奖状”，利川市民族中医院副院长向远彩获“湖北五一劳动奖章”，国网恩施市供电公司芭蕉供电所获“湖北省工人先锋号”。省总工会表彰2020年湖北五一劳动奖和湖北省工人先锋号，湖北民族大学附属民大医院、恩施市小渡船街道办事处机场路社区居委会、建始县人民医院、宣恩县人民医院获“湖北五一劳动奖状”；天津市援鄂（恩施州）医疗队、州中心医院感染性疾病科、州清江外国语学校行政人力部、来凤县中心医院神经内科、州委办公室驻洞下槽村工作队（村“尖刀班”）获“湖北省工人先锋号”；利川市公安局副局长李伟、州疾控中心主任彭再生、鹤峰县中心医院党委书记骆渊海、咸丰县人民医院副院长黄先迪、巴东县人民医院感染科护士长莫晓婧、州义工协会副会长张涛获“湖北五一劳动奖章”。

【技能和创新比赛】 2020年9月7日，全州家政服务业职业技能竞赛在州城恩施举行，8个县（市）推选29名家政服务行业人员参加技能竞赛。开展由州总工会、州人社局、州科技局、州经信局主办，恩施职业技术学院承办的技能选拔赛，维修电工、焊工共26名选手参加理论和实际操作比赛。10月17日，全州15个项目在恩施州第一届“工创杯”暨湖北省第三届“工友杯”职工创业创新大赛分赛区选拔赛上展示项目。

【追授谢睿“恩施州五一劳动奖章”】 2020年9月27日，州总工会决定，追授谢睿“恩施州五一劳动奖章”，弘扬其优秀品质和崇高精神。9月18日，咸丰县清坪镇党委委员、纪委书记谢睿在走访农户，检查民房改造时，意外从二楼跌落，经抢救无效因公殉职。

【湖北省和武汉市劳模疗休养首发团】 2020年7月20日，全省工会劳模疗休养活动启动。省总工会组织首批80名劳模登上开往恩施、神农架的列车，开展为期一周的疗休养活动。武汉市组织50名劳模到恩施疗休养。湖北省和武汉市劳模疗休养首发团欢迎仪式在坪坝营举行。

【4名个人获评“荆楚工匠”】 2020年10月16日，第四届“荆楚工匠”授称会议在武汉召开，国网恩施供电公司检修分公司班组长张亮、恩施集美硒茶文化有限公司茶艺师何洁、利川市德隆生漆科技有限责任公司董事长洪克俭、华硒女儿城民俗博物馆烙艺堂烙画师赵平国4人被省总工会授予“荆楚工匠”。

【工会福利消费扶贫政策落实跟踪问效】 2020年11月17—20日，州总工会联合派驻州委统战部纪检监察组对州民族幼儿园等部分州直基层工会落实节日生日慰问品采购恩施扶贫农产品比例、新增职工爱心消费额度（人均上限500元）、旅游消费扶贫活动动员大会工作情况进行跟踪问效。

【4名个人分别获评全国劳动模范、全国先进工作者】 2020年11月24日，2020年全国劳动模范和先进工作者表彰大会举行，恩施大峡谷旅游开发有限公司市场营销部导游谭桂英，巴东县水布垭镇杨家垭村农民陈兹方，国网咸丰县供电公司网格员、高级工林丽被表彰为“全国劳动模范”，恩施州中心医院西医部妇产科主任、主任医师谷新被表彰为“全国先进工作者”。

【省总工会宣讲团到恩施州开展集中宣讲活动】 2020年12月23—24日，省总工会宣讲团到恩施州，就中共十九届五中全会精神、习近平总书记在全国劳动模范和先进工作者表彰大会上的重要讲话精神、省委十一届八次全会精神等内容进行宣讲。

【调研协作】 2020年10月19—23日，杭州市总工会党组成员、副主席沈慧到恩施州调研东西部扶贫协作工作。12月22—23日，省委常委、省委统战部部长尔肯江·吐拉洪到恩施调研州工人文化宫项目进展情况。

【荣誉】 2020年10月，州渡帮家政服务有限公司育婴培训师尹雪芹被省总工会表彰为“湖北最美家政人”。12月，恩施市泽中培训学校被省总工会授予“湖北省产业工人培训示范基地”，田若兰创新工作室被省总工会表彰为“湖北省职工（劳模、工匠）创新工作室”。

（曾　冬）

共青团恩施州委

【概况】 2020年，共青团恩施州委落实党中央决策部署和州委、州政府、团省委工作要求，提高青年满意度，围绕中心服务大局抓重点，加强自身建设求实效，推进共青团改革发展，团结带领全州广大团员青年建功新时代，被省委、省政府表彰为“2017—2019年度湖北省文明单位”，被共青团湖北省委评为2020年度全省共青团工作先进单位。共青团恩施州委有下级组织8053个，其中团的领导机关8个，团委213个，团工委17个，团总支150个，团支部6122个，毕业生团组织1543个，团员121025人。

【落实主体责任】 2020年，落实团州委书记会议全面从严治党主体责任、主要负责人第一责任人责任和分管领导“一岗双责”，落实“三会一课”、支部主题党日、请示报告、个人重大事项报告等制度。召开“优化营商环境、激发市场活力”专题组织生活会。持续反“四风”，重点整治形式主义、官僚主义问题，巩固减文减会、检查考核、填表报数整治成果，切实为基层减负。加强廉政风险管控，通过干部协管、青年评议等途径，用好谈话提醒等手段，加强对下级团组织和团干部的管理。开展警示教育，增强全州团组织政治性、先进性、群众性和对团员青年的组织力、引领力、服务力，当好党的助手和后备军。12月25日，根据《中国共产党党组工作条例》规定，经中共恩施州委研究决定，撤销中共共青团恩施州委员会党组。

【青少年思想政治工作】 2020年，建立“不忘初心、牢记使命”长效机制和思想引领、学习在先机制，举行学习中共十九届五中全会精神专题读书班。成立1个青年宣讲团和13支青年宣讲队，开展中共十九届五中全会精神专题宣讲653场，覆盖青年、团员、少先队员9.5万人。组织175万人次参与团中央“青年大学习”网上团课，平均参学率41.26%。开展“绽放战疫青春·坚定制度自信”专题宣讲45场次，覆盖10万余人次。举办“绽放战疫青春·坚定制度自信”线上主题团日活动。选树全国优秀共青团员、全国优秀共青团干部、全国红旗团委、全国红旗团支部（总支）、全国青年岗位能手各1人（个）和省级青年典型。州、县举办新媒体培训9场。“青春恩施州”发文274篇，粉丝10.8万人。制作《除夕，致敬“最美逆行者”“生命守护者”》《五四，青春的逆行》原创漫画、《青春梦想 创业恩施》《“疫”路志愿》等原创视频22部。“青春恩施州”微博上榜湖北政务微博前100名，抖音获赞236.8万。开展“我的青春奋斗宣言”等线上活动15场。党组会议专题研究意识形态工作4次。建立全州共青团青少年宣传思想引导平台季度综合阅评机制，联合州网信办开展青少年网络舆情监测，未出现因舆情炒作造成不良社会影响的情况。

【基层组织建设】 2020年，联合州教育局党组出台《深化团教协作进一步加强教育系统党建带团建、队建的实施意见》，建立“一专一站两联”工作机制。规范发展团员10503人，严肃团内组织生活。持续推进“智慧团建”，“学社衔接”“升学衔接”率均超过99%。28岁以下团员“推优入党”741人。举办全州中学团委书记示范培训班。抓好团前教育和推优入团，规范团费收缴使用管理、团组织关系接转和团的仪式教育等工作。在“两新”组织中新建团组织347个，州和各县（市）团委举办“两新”团组织示范培训班。举办州青少年事务社工培训班。2个青年社会组织项目入选团中央“2020年伙伴计划”。

【青少年发展和权益维护】 2020年，完善“12355”青少年服务台，开通心理咨询、法律咨询、智慧团建、未成年被害强制报告等线路，接听心理咨询热线70余次。开展青少年事务社工心理咨询培训2场，团干部心理健康培训1场，青少年法治宣讲和心理讲座81场次。举办全州第一届关爱困境未成年人“希望伴飞计划”公益大赛，支持6个关爱困境未成年人项目。开展心理健康教育进校园、中高考减压、疫情减压和法治宣讲共61场。招募279名大学生开展“返家乡”社会实践。

【新冠肺炎疫情防控】 2020年，州、县（市）两级团委招募7885名防疫志愿者和1586名关爱行动志愿者，成立69支青年突击队和若干团员青年“先锋岗”“示范岗”参与防疫，为264户一线医护人员家庭开展跑腿代办、子女学业辅导等志愿服务。向省青基会及天津、杭州等地团组织争取资金350.4万元用于收治新冠肺炎患者和购买防疫物资、试剂、防护用品。争取爱心企业和爱心人士捐赠无创呼吸机13台、实时荧光定量PCR仪及配套仪器19台、核酸检测试剂盒400盒、手套2万双、消毒液2600瓶、接受捐赠衣物510箱、功能被1200床、清肺排毒颗粒1000瓶、维生素C8736瓶、营养棒215箱、白菜10吨、苹果2000件、奶粉500箱，洗发乳1745箱。争取湖北省青基会114.1万元资金为856名建档立卡贫困户家庭青少年发放平板电脑和流量卡，用于疫情防控期间线上学习。新媒体发布疫情防控信息533条，浏览量累计100万余次。推荐报送全国抗击新冠肺炎疫情青年志愿服务先进个人、先进集体，湖北省“本禹志愿服务队”等。

【抗洪救灾】 2020年，在汛情发生第一时间发布《全州团员青年组织投身防汛救灾和灾后自救动员令》，组织91支青年突击队、社会化招募2000余名青年志愿者投身防汛救灾和灾后重建，开展人员疏散、群众安置、险情处置、后勤保障等工作，为一线抢险人员配送生活物资，为集中安置点和受灾严重社区（村）提供生活及心理健康服务，参与恩施市舞阳坝街道官坡社区、恩施市小渡船街道机场路社区、九立方地下停车场、丽水湾小区地下停车场等灾后清淤及卫生防疫工作，《中国青年报》头版进行专题报道。

【青年创业创新】 2020年，深化“青创10万+”，全州各级青年创业联盟吸纳会员1471名、开展创业培训40场、覆盖青年4500余人。44个创业项目获“青创10万+”、省大学生创业和“田园小康”扶持81.2万元。2个创业项目获省青年创新创业大赛银奖和铜奖。联合天津团市委开展“老乡别急，我们帮你”直播带货活动。开发州青年联合会助力青年企业家复工复产带货线上销售平台，覆盖36个恩施州青年企业的相关商品81个。州、县两级团委共开展直播带货13场。联合团杭州市委举办“千校万岗”云招聘，提供大中专学生就业岗位500余个。

【志愿服务】 2020年，联合州文明办、州民政局开展州新冠肺炎疫情防控志愿服务评选表扬，对接12名博士服务团、236名西部计划志愿者（含研究生支教团）到基层服务，33名西部计划志愿者被西部计划全国项目办评为“优秀志愿者”。组织8支“七彩假期”志愿者队伍299人，为888名留守儿童辅导学业。推进全州青年志愿服务“社区计划”，组建87支青年志愿服务队2626人参与社区治理，开展社区志愿服务活动360次，11个社区纳入省青年志愿服务“社区计划”试点。组织志愿服务项目参加全国、全省志愿服务项目大赛，鹤峰县教育局志愿服务队“周末课堂——我们牵手一起走”项目获全国志愿服务项目大赛铜奖和省志愿服务大赛金奖，恩施市毕兹卡社会工作服务中心“‘益居安置’——恩施州宣恩县沙道沟镇酉水情社区少年儿童服务项目”、湖北民族大学与你同行实践队“关爱‘熊孩子’让爱不再走神 贫困地区儿童注意力改善训练营计划”在省志愿服务大赛中获铜奖，团州委获“优秀组织奖”。

【希望工程】 2020年，争取省青基会、天津市青基会、杭州市青基会助学、助医资金543.5万元，帮助困难青少年1857人。向省青基会申请资金90万元援建2所希望小学（巴东县黄大鹏小学、来凤县漫水乡中心小学）。筹集123万元资助学校希望卫生室11个、希望书屋4个，快乐美术教室12个、“追风计划”小学足球受助项目1个。31所小学开展“新世纪故事汇项目”，用于为学校配置播音设备，课余时间为学生播放国学。组织希望小学教师参加“三星希望工程基金”网络课程培训，提高教师综合素质。

【脱贫攻坚】 2020年，开展希望工程圆梦项目，争取224万元资助全州348名贫困大学新生、250名贫困高中生。组织青年志愿者结对帮扶全州3643名贫困留守儿童。联合慧宜眼科医院为全州109名贫困儿童免费治疗眼疾。开展“童心同愿”关爱贫困留守儿童公益活动，为贫困留守儿童募集基金5.46万元。依托东西部扶贫协作，对接杭州团市委，争取帮扶项目，资助恩施州因疫致困青少年10名，资助大学生10名，共计10万元。关爱留守儿童，认领500份“微心愿”礼包，价值5万元。争取“向阳花少儿医疗救助基金”125万元，为在县级以上医院住院治疗的建档立卡贫困户青年资助治疗资金。向团杭州市委、杭州市青企协推荐州青年企业家特色农副产品，搭建消费渠道。

【少先队工作】 2020年6月5日，共青团天津市委员会、天津市文明办、天津市教委、天津市少工委、共青团恩施州委员会、州教育局、州少工委联合举办“争做新时代好队员—红领巾战‘疫’云队会”天津—恩施州少先队学习习近平总书记“六一”寄语主题队会活动。天津市和恩施州少先队员通过网络直播互动参与，40余万人次线上收看。宣恩县沙道沟镇栏杆坪小学六(1)中队队长王凌云作为恩施州代表参加中国少年先锋队第八次全国代表大会。8月30日，共青团恩施州委，州教育局，州少工委联合举办2020年恩施州少先队辅导员培训班，各县（市）540余人参加。9月3日，《共青团恩施州委、恩施州教育局党组、恩施州少工委印发〈关于进一步深化团教协作，加强党建带团（队）建的实施意见〉的通知》发布。10月13—14日，团州委、州教育局、州少工委联合开展恩施州第一届优秀少先队辅导员职业素养展示活动，全州24名少先队辅导员进行少先队活动展示与评比，线上观看人数2万余人次。12月15日，州少工委召开一届三次全体（扩大）会议，总结全州少先队2020年工作，安排部署2021年工作，命名颁授6个少先队工作室为州少先队名师工作室，聘任辛翠平为州少先队副总辅导员。

【第二届人才创新创业大赛暨第三届青年创新创业大赛】 2020年12月7日，恩施州第二届人才创新创业大赛暨第三节青年创新创业大赛初创组、成长组决赛举行，全州232个创业项目参赛，35个创业项目获得扶持资金34.5万元。

2020年12月7日，恩施州第二届人才创新创业大赛暨第三节青年创新创业大赛初创组、成长组决赛举行
（共青团恩施州委　供稿）

【州未成年人司法社会服务中心成立】 2020年5月27日，州未成年人司法社会服务中心揭牌。2020年通过专业机构为97名涉罪或受害未成年人开展心理援助132次。

【州青年工作联席会议第一次全体会议】 2020年12月3日，州青年工作联席会议第一次全体会议召开，会议传达学习《中长期青年发展规划（2016—2025年）》《湖北省中长期青年发展规划（2017—2025年）》，听取两个规划前期实施情况，安排部署全州贯彻落实措施。

【“全国五四红旗团委”“全国优秀共青团员”等表彰】 2020年4月28日，共青团中央授予咸丰县第一中学团委“全国五四红旗团委”称号；授予恩施职业技术学院人文教育学院团总支“全国五四红旗团支部（团总支）”称号；授予部姗姗同学“全国优秀共青团员”称号；授予李子明“全国优秀共青团干部”称号。

【追授谢睿“湖北青年五四奖章”】 2020年10月10日，原清坪镇党委委员、纪委书记、咸丰县监察委员会派出清坪镇监察室主任谢睿，因到村检查精准扶贫项目时发生意外，不幸牺牲。被共青团湖北省委、省青年联合会追授“湖北青年五四奖章”。

【“恩施州青年五四奖章”“恩施州青年五四奖章集体”表彰】 2020年5月4日，共青团恩施州委、州青年联合会授予邹杰、周义辉、张露、袁军、杨玉霞、王萌、谭娜、谭建华、宋秀慧、秦柳、钱直恒、陈若竹“恩施州青年五四奖章”；授予州中心医院感染性疾病科、咿呀牙科抗疫青年突击队、咸丰县消防救援大队、湖北民族大学附属民大医院耳鼻咽喉科、利川东方和谐医院医学检验科、鹤峰县志愿者协会、恩施市小渡船街道办事处机场路社区团支部、恩施市教育团工委“恩施州青年五四奖章集体”。9月26日，追授谢睿“恩施州青年五四奖章”。

（岳　楠）

恩施州妇女联合会

【概况】 2020年，全州各级妇联加强对妇女群众的思想政治引领，宣传党的制度优势、党的理论和路线方针政策、决策部署，引导妇女群众听党话、感党恩、跟党走。线上线下开展巾帼大宣讲及抗击新冠肺炎疫情、脱贫攻坚等事迹展播136场次，州妇联班子成员到县（市）开展宣讲18场次。团结动员广大妇女克服疫情影响，在新时代建功立业，深化妇联改革，做实扶贫帮困、化解矛盾、凝聚人心的工作，为推动恩施高质量发展贡献巾帼力量。落实意识形态责任制，研判意识形态风险点10次，用好官网、官微。州妇联党支部被州委直属机关工委评为2019—2020年度“红旗党支部”。

【新冠肺炎疫情防控】 2020年，州妇联带领全州各级妇联干部参与疫情防控。发出致全州广大妇女姐妹的一封信、致全州广大家庭的一封信，开展以“抗疫中的家庭教育”为主题的征文，联合FM94恩施交通音乐广播《众志成城抗疫情》特别节目、《齐声悦读》节目向全州家庭展播。开展疫情心理援助与矛盾调处服务工作，畅通妇联系统“12338”抗疫心理援助热线，成立迎战疫情心理咨询及家庭关系专家志愿服务团，印发《新冠肺炎疫情防控期间妇女儿童、婚姻家庭心理咨询问答手册》8000册，做到村（社区）全覆盖。关爱孕产妇等特殊群体及一线医务人员，争取350多万元抗疫爱心资金和物资分23批发放，做到女性医务人员慰问“三个全覆盖”（向定点医院抗疫一线女性医务人员赠送卫生用品全覆盖，对抗疫一线被感染的女医务人员、特殊困难的医务双职工家庭走访慰问全覆盖，为驰援的外省女医务人员赠送暖心包全覆盖）。州妇联通报表扬全州在新冠肺炎疫情防控中表现突出的女性先进集体50个、先进个人100名。

【抗洪救灾】 2020年，恩施州遭遇洪涝灾害，州妇联下发《关于组织动员州直各单位妇女干部、社会团体女会员开展灾后重建工作的通知》《“灾后重建”巾帼突击队招募令》，组织300余名巾帼志愿者组成“灾后重建”巾帼突击队到社区开展环境消杀、清淤、情绪疏导工作。联合8个部门下发《抗洪救灾爱心捐赠倡议书》组织募捐，向省妇联争取救灾资金30万元分配到恩施市3个社区、建始县2个乡镇。

2020年12月21日，州妇联在建始县代陈沟村举办“最美系列”表彰大会暨“庆元旦、迎新年”文艺会演活动（州妇联 供稿）

【巾帼脱贫行动】 2020年，推进“巾帼脱贫行动”，开展“两癌”筛查工作，完成“两癌”免费筛查9万多人次，救助“两癌”患者和生殖系统癌症患者206人，发放救助金160万元（其中向“两癌”患者发放155万元）。开展“巾帼健康大讲堂”天翼云专题讲座培训2600余人。实施东西部扶贫协作项目，联合杭州市人社局、州人社局实施劳务协作培训、致富带头人培训项目，举办以民宿、巾帼创业、双创优秀个人为专题的杭州市·恩施州2020年东西部扶贫协作创业致富带头人培训3期，以育婴员、月嫂、茶艺、护工护理、家政服务为专题的2020年东西部对口帮扶劳务协作培训11期1520人。联合杭州市妇联实施“女性助飞”项目，举办杭州市对口恩施州创业女性电商、女大学生创新训练营、女创客远程创业培训、基层妇联干部等培训4期。

【家庭、家教、家风建设】 2020年，实施家庭教育支持行动，构建“家庭、学校、社会”三位一体家庭教育大格局，推动将家庭教育工作纳入“平安家庭”建设和文明创建工作考评。联合教育、扶贫部门分别出台《关于进一步加强家庭教育工作的实施意见》《关于在脱贫攻坚工作中统筹做好家庭家教家风工作的提示》。联合州委宣传部、州委文明办、州总工会、州科协、州扶贫办、州教育局开展“每周同上一堂家庭教育课”主题活动，推送省妇联“家爱学院”“家爱心坊”等课程。实施家庭教育服务项目，通过政府购买服务的方式将家庭教育送入23个城市社区和24个村。邀请省妇女干部学校老师开展家庭教育培训骨干2300余人。指导主管的社会组织主办家庭教育认证师资培训班，孵化家庭教育宣讲师33人。实施家庭文明创建行动，开展“廉洁好家风”宣传教育活动，深化寻找“最美家庭”活动，评选出50户恩施州“最美家庭”（含提名）及20个优秀家风家训故事，举办揭晓仪式并全程电视、网络直播。获评“全国家庭教育创新实践基地”1个（巴东县野三关福娃娃幼儿园）、“湖北省家风家教实践基地”2个（鹤峰周家院子、巴东县野三关福娃娃幼儿园）。州启航家庭教育指导服务中心获评“全国家庭工作先进集体”。

【创业就业巾帼建功】 2020年，推进“2+N”（手工制作、家政服务+妇女特色产业）特色产业发展，推出线上《姐妹技能培训微课堂》20期，联合州农业农村局、州委办公室分别开展2020年高素质职业女农民茶艺培训、“民宿女主人”培训112人。助力“恩施月嫂”“恩施护工”“恩施厨娘”品牌建设，推动出台州首例家政服务地方标准，形成《“恩施月嫂”“恩施护工”劳务品牌标准化建设》调研报告纳入州委《领导参阅》。开展“春风行动”网上行，创建“恩施州巾帼脱贫示范基地”11个，获评“全国巾帼脱贫示范基地”2个（建始食达好农产品工贸有限公司、湖北嘉润茶业有限公司）。帮助“妇字号”企业复工复产，形成调研报告《弘扬店小二精神 服务“妇字号”企业》纳入州委《领导参阅》，帮助走访联系企业建始县德溢民生态农业开发有限公司解决20万公斤鲜桃滞销问题，组织“妇字号”企业参加省妇儿博览会，入驻天津“农情似水U优购”、杭州西子女性商城、京东恩施馆“妇女E家”平台销售。组织参加全省“楚凤巧手”创意设计大赛，7个作品获奖。

【妇女儿童维权服务】 2020年，实施维权关爱服务行动，印发《关于明确恩施州维护妇女儿童权益暨“平安家庭”创建领导小组工作规则及成员单位职责分工的通知》《关于建立反家庭暴力及预防性侵未成年人工作联动机制的通知》，推动婚姻家庭纠纷预防化解工作纳入平安建设（综治工作）的内容。开展普法宣传活动，联合律师事务所推出典型案例解析、《〈中华人民共和国民法典〉线上微课堂》16期，在恩施电视台新闻综合频道播放公益广告宣传片《湖北省反家庭暴力条例》。实施“家爱驿站”维权调解项目，畅通“12338”妇女维权热线服务，推动妇女议事会提质扩面，建始县三道岩村妇女议事会工作经验在省级示范妇女议事会推进项目培训班上交流发言。实施“金凤工程”“武警春蕾计划”，资助146名大中小学女生。和相关部门联合举办“和我一起吧”专场“文化惠民”、线上《全能宝贝计划》、情暖“六一”关爱留守儿童公益暨政策宣讲进村（居）活动，8000名儿童在线互动交流、近300名儿童参与学习、获捐6万元爱心物资。各级妇联组织开展“把爱带回家”寒假特别行动、“彩虹行动”暨“家庭教育楚天行”暑期儿童关爱服务活动400多场。

【妇联改革】 2020年，继续深化妇联改革，州委办公室下发《关于在新时代党建引领基层社会治理中推进妇联组织建设改革破难发挥作用的工作措施》。加强妇联组织建设，组建完成州生态环境、税务、卫健、烟草、教育、文旅6个行业系统“大妇联”，新增“新领域”妇联组织18个。加强服务能力建设，投入30万元，实施“温暖之家”“家家幸福安康”“家爱驿站”服务项目，开展服务活动212场，受益2万余人。在11个州直单位实施“巾帼健身房”公益项目，受益女性职工150余人。开展妇联干部业务培训，培训2300余人。开展女性健康知识、心理健康知识、电商知识、女性技能提升5期培训，2600余人参训。打造巾帼志愿服务体系，6000人注册成为巾帼志愿者，建成巾帼志愿服务队213支。利川市“村花”巾帼志愿服务助力乡村发展的典型经验在中央、省级媒体宣传，柏杨村花志愿服务队获2020年度“抗击新冠肺炎疫情全国三八红旗集体。”

【妇女儿童发展规划实施】 2020年，将《恩施州妇女儿童发展规划（2011—2020年）》实施情况纳入州委督查考评内容。9月，组织对5个州妇儿工委成员单位及8个县(市)妇儿工委进行督查。10月11—13日，接受省妇女儿童发展规划实施情况督查组的检查，督查组对恩施州妇女儿童工作及规划实施情况给予肯定。印发《恩施州妇女儿童工作委员会工作规则》。启动新一轮妇女儿童发展规划调研、编制工作，推动将“男女平等基本国策”等内容列入恩施州“十四五”发展规划及部门专项规划。

【“荆楚时代女性榜——战疫玫瑰”“抗击新冠肺炎疫情全国三八红旗手”表彰】 2020年，建始县高坪镇望坪社区副书记、主任、妇联主席姜晓玲，来凤县百福司派出所所长彭馥获评“荆楚时代女性榜——战疫玫瑰”、被全国妇联表彰为“抗击新冠肺炎疫情全国三八红旗手”。州中心医院中医部外三科、重症监护室护士长谭丽，湖北民族大学附属民大医院重症医学科医师谭晓被全国妇联表彰为“抗击新冠肺炎疫情全国三八红旗手”。

【全省妇联系统劳动模范和先进工作者表彰】 2020年1月13日，建始县长梁镇龙潭村妇联主席李忠香、巴东县溪丘湾村妇联主席谭明枝、来凤县翔凤镇狮立坪村妇联主席黄仕凤、鹤峰县容美镇杨柳坪村妇联主席曾易荣被省人社厅和省妇联表彰为全省妇联系统劳动模范，利川市妇联主席熊燕、州中心医院妇委会主任刘琼丽、恩施州供电公司妇委会主任张献莉获全省妇联系统先进工作者。

【五好家庭、最美家庭表彰】 2020年，恩施州获评“全国五好家庭”1户（利川市曹旺珍家庭）、“全国最美家庭”1户（鹤峰县周安秀家庭）、“荆楚清正廉洁最美家庭”2户（建始县朱泽斌家庭、咸丰县郑福安家庭），“荆楚脱贫攻坚最美家庭”5户（恩施市向成桂家庭、州委办公室王绪龙家庭、恩施市张大福家庭、宣恩县卢云家庭、巴东县黄超家庭）、“荆楚绿色环保最美家庭”5户（州机关事务服务中心崔钧家庭、恩施市徐春泽家庭、利川市汪仁富家庭、巴东县郑德建家庭、建始县向喜翠家庭）。获评“荆楚抗疫最美家庭”2户（湖北民族大学附属民大医院张朝贵家庭、恩施州民族医院税丽丽家庭）、“全国抗疫最美家庭”1户（湖北民族大学附属民大医院张朝贵家庭）。

（黎　玲）

恩施州科学技术协会

【概况】 恩施州科学技术协会（简称“州科协”）由州直学会（协会、研究会）、县（市）科学技术协会及基层组织组成。截至2020年12月，全州有所属学会（协会、研究会）56个，高校科协2个，农村专业技术协会92个，企业科协25个，专家工作站20个。建有湖北省科普教育基地5个，州科普教育基地14个，州硒科普教育基地17个，农村中学科技馆5个。

【全民科学素质提升】 2020年7月10日，配合州政府召开推进全民科学素质工作视频会议，通报“十三五”期间恩施州全民科学素质工作开展情况，安排部署下一阶段工作任务。根据中国科协发布第11次中国公民科学素质抽样调查结果，全州公民具备科学素质的比例达7.5%，完成州“十三五”公民科学素质目标。提升未成年人、农民、城镇劳动者、领导干部和公务员“四类”重点人群科学素质，参与湖北省第35届青少年创新大赛，开展“科技服务促春耕·助推精准扶贫”、社区科普等活动。

【特色科普活动】 2020年9月19日，州委宣传部、州教育局、州科技局、州科协等单位联合举办全州2020年“全国科普日活动”。活动期间，在全州集中时段、集中资源、集中力量开展69场科普活动。州科协、宣恩县科协全国科普日活动获中国科协优秀活动表彰。举行全州第二轮“中国流动科技馆”巡展，围绕“体验科学·启迪创新”主题，先后在咸丰、来凤站巡展，累计观展人数5万人次。州、县（市）科协利用科普大篷车，开展进农村、进学校等活动，各县（市）组织开展科普大篷车乡村行活动30余次。

【深化科协改革】 2020年，持续吸纳以农技站长、医院院长、学校校长（简称“三长”）为代表的科技工作者进入县、乡科协领导机构，455名“三长”代表到县、乡科协领导机构兼挂职，8名基层科协“三长”获省科协表彰。完成对所属56个学会的摸底排查、党组织建设、等级评估等工作。推动学会学术交流，支持开展第二届武陵山临床内分泌代谢硒都论坛等9个重点学术交流活动。巩固提高学会党建工作，实施“党建强会”工程，在学会建立功能型党支部，重新明确党建指导员，推动学会党建工作开展。11月29—30日，组织开展中共十九届五中全会宣讲活动暨全州科协系统学会工作培训，邀请州委党校教授进行《习近平谈治国理政》（第三卷）宣讲。

【科普项目建设】 2020年，争取上级科普项目支持，申报成功省级特色产业基地8个、科普惠民社区3个、科普教育学校5个，国家级科技馆免费开放项目1个、省级科技馆免费开放项目2个。建好科普项目库，建成建始县业州镇广润社区等6个恩施州“科普惠民社区”和2个恩施州“科普教育学校”。

【科技志愿服务】 2020年，组织全州学会（协会、研究会）完成注册科技志愿者500余人，组建24支科技志愿服务队伍，全年开展各类科技志愿服务活动170余场次，服务群众近万人。开展“决胜小康、奋斗有我”科技志愿服务活动，州农科院科协、州护理学会、州药学会、州风湿免疫学会、州气象学会科技志愿服务队到恩施州扶贫易地搬迁点、社区、涉农企业等开展送医送药、送技术进企业、合理用药进社区等科技志愿服务活动。

【精准扶贫】 2020年6月24日，州科协、宣恩县科协、宣恩县农业农村局联合举办科普助力精准扶贫送科技下乡活动。参与“荆楚科普大讲堂”，在全州各乡镇开展农业实用技术技能培训12场，联合县（市）科协开展送科技下乡活动10余场。9月7—8日，省农技协8人到鹤峰县、建始县开展农业技术指导服务。州农科院科协被评为“湖北省科技助力精准扶贫工作先进团队”，奇泉茶业（咸丰）有限责任公司董事长熊金玲，宣恩县科学技术协会党组书记、主席杨秀权被评为“湖北省科技助力精准扶贫工作先进个人”。

【优化营商环境】 2020年，制定《恩施州科协优化营商环境工作方案》，走访调研6个企业，协调相关职能部门解决企业实际问题4个。推荐立讯精密工业（恩施）有限公司、恩施市长源轴承制造有限公司、湖北创偲诺电气科技3个公司加入湖北省高端装备制造产业创新联盟。

【新冠肺炎疫情防控】 2020年，新冠肺炎疫情防控期间，开展应急科普工作，高频次普及疫情科学防控知识，在“恩施科普”微信公众号推文200余条，同时线上举办“抗击新型冠状病毒打赢疫情防控阻击战”科普知识竞赛活动，参赛8.01万人次。联合州心理咨询师协会开通心理援助热线，协助处理危机事件7起。

【抗洪救灾】 2020年7月洪灾期间，依托“恩施科普”微信公众号，发布“洪涝灾害”“地质灾害”等相关推文，开展应急科普、健康科普。主动对接恩施市机场路社区，参与清江河边亲水走廊人员劝导疏散和亿利达大厦商户、居民的劝导撤离工作。7月17日，州城遭遇严重洪灾，州科协办公楼一楼漫淹至近2米高水位，直接经济损失288.75万元，积极开展救灾。

【参与基层社会治理】 2020年，坚持构建普惠共享的基层科普服务体系，参与社区治理。州科协在恩施市机场路社区、民族路社区、航空路社区创建科普知识宣传廊，并向机场路社区赠送科普图书2000余册。恩施市科协在大桥路社区、福星城小区及航空花园小区打造社区科普长廊、小区科普文化广场，向社区居民普及卫生健康、应急科普、食药安全以及前沿科技等知识。全州科协系统干部职工下沉社区，结对联系社区群众，做好新冠肺炎疫情防控、志愿服务等工作。

【重要会议】 2020年5月29日，州科协四届四次全委（扩大）会议召开，作《凝心聚力、开拓创新，为夺取新冠肺炎疫情防控和经济社会发展双胜利贡献科协力量》的工作报告。召开2020年“全国科技工作者日”座谈会议，全州科技工作者代表、州直学会负责人围绕“科学防疫，助推复工复产复学”“科技助力精准扶贫”“加快绿色崛起，奋力开创恩施州高质量发展新局面”等方面交流发言。活动期间，走访慰问恩施州20名优秀科技工作者代表，开展10期“礼赞·科技工作者”宣传报道。

（聂　丹）

恩施州工商业联合会

【概况】　2020年，州工商业联合会（总商会）引导全州工商联系统和广大民营经济人士增强“四个意识”，坚定“四个自信”，做到“两个维护”，增进政治认同、思想认同、理论认同、情感认同，邀请法律专家和经济专家，分别就企业法律风险防控及支持民营企业疫后重振的财税、金融、社保等专项政策为全体执委作专题讲座。与州委统战部联合举办理论研学专题培训班，邀请州委党校教授和知名律师围绕学习贯彻十九届五中全会精神和《习近平谈治国理政》第三卷、《中华人民共和国民法典》等内容，为民营企业家代表进行专题辅导。到直属商会宣讲州委七届九次全会精神，组织企业收听收看全国工商联企业复工复产讲座，为新冠肺炎疫情防控期间民营企业做好复工复产工作解惑纾困。举办3期企业家网络视频学习讲堂，分别就常态化疫情防控、支持民营企业发展的一揽子政策措施、企业风险管理等内容进行解读辅导。组织企业参加民营企业信用体系建设暨信用修复培训。与州司法局、州律师协会联合成立恩施州企业法治体检中心，推进法律“进企业、进商会”活动，促进民营企业家提升法治素养和守法经营能力。

【组织建设】　2020年，召开州工商联（总商会）六届四次执委会，调整部分执常委，增补1名副主席、副会长。继续巩固“五好”县级工商联创建工作，完善并落实州联领导联系8个县（市）工商联工作制度。持续推进商会改革发展，州工商联6个直属商会均在州民政局注册登记，州工商联党组指派各党组成员为直属商会党建指导员，指导商会加强党支部建设。3个县（市）总商会在州民政局注册登记，全州乡镇商会注册登记81个，注册登记率为90%，其中6个县（市）实现所属乡镇商会登记注册全覆盖。

【政治协商、参政议政与民主监督】　2020年，州工商联引导政协工商联界别委员、人大代表履职尽责、建言献策。筹备州政协八届五次会议提案和大会发言，组织工商联界别政协委员座谈会，围绕州生态旅游、人才就业方面如何更好发展进行讨论研究。结合州民营经济发展中存在的问题和企业面临的现实困难，撰写提交《提前谋划积极应对切实贯彻〈优化营商环境条例〉》《关于激励恩施州小微餐饮企业加快复苏建议》《关于增设行人过街红绿灯的建议》等社情民意信息。

【调查研究】　2020年，州工商联到会员企业、基层商会，围绕非公有制企业发展中的热点、难点问题开展调研，全年开展年轻一代非公有制经济人士思想状况、优化营商环境等专题调研，形成《关于考察年轻一代非公经济人士思想状况的调研报告》《优化营商环境专题调研报告》等调研报告，其中《关于“优化营商环境、激发市场活力”专题调研报告》《关于实施民营企业法人素质提升工程的对策研究》等6篇调研报告被省工商联评为2020年度全省工商联系统优秀调研报告。领导带队到8个县市开展非公有制企业投诉服务中心建设运行情况、基层商会改革及作用发挥情况等方面的调研。配合由江苏省工商联、湖北省工商联组成的全国工商联“四好”商会互学互促工作组到恩施州开展“四好”商会考察调研。配合做好民营信息直报、规模以上企业调研、2019年州民营经济发展等调研工作，其中全国工商联民营企业信息直报平台有129个恩施州企业登记注册，全年完成问卷填报100余份，恩施市工商联被评为2020年度湖北省民营企业调查点工作示范单位。

【招商联络】　2020年，全州工商联发挥经济联络优势，推进招商联络工作。发挥异地商会招商引资平台优势，召开异地商会座谈会，州“四大家”领导与各异地商会会长进行座谈，共商恩施州经济发展。建立恩施州招商引资服务平台工作台账，监测掌握异地商会在招商公益事业等方面工作动态。继续为13个异地商会争取招商引资平台补助经费130万元。结合招商意向和企业特点，有针对性地牵线搭桥，多次牵头组织恩施高新区、州商务局、各县（市）与各异地商会进行对接，全年全州工商联系统牵线组织招商引资对接25次，计230人次，落地项目12个，总投资16.1亿元。推进“知名民企进湖北”系列活动，开展“恩施州长会客厅”向知名民营企业家推介恩施，为部分民营企业开展直播带货。

【优化营商环境】　2020年，州工商联搭建政企沟通平台，推动构建“亲”“清”政商关系。建立健全州领导联系民营企业和商会制度，12名州领导联系13个恩施异地商会。省优化营商环境大会召开后，及时组建3个调研组到各县（市）开展调研，召开5场座谈会，与40多个民营企业家代表交流，收集整理意见建议，为出台政策措施提供参考。组织开展4期企业家沙龙活动，活动在《恩施日报》、恩施电视台等多个媒体播报宣传，获得2020年省工商联工作实践创新成果二等奖。开展“民企服务年”活动，州、县两级工商联中层以上干部每人联系1个中小微企业，动员州、县两级工商联常委企业开展“手拉手一帮一”联系帮扶中小微企业活动。通过上门走访、日常联系等方式，了解企业在新冠肺炎疫情防控、复工复产、经营发展中的困难。与州人社局、州教育局、州总工会共同推进主题为“职在民企，就有未来”的“民营企业招聘月”活动，举办2场线上专场招聘会和1场线下招聘会。推荐10名非公有制经济人士参加2020年度湖北省非公有制企业高级经济师任职资格专项评审，其中3人获得正高级经济师职称、6人获得高级经济师职称。

【非公有制企业投诉服务中心工作】

2020年，州、县两级非公有制企业投诉服务中心实现全覆盖，核定26名事业编制，招录24人。6月5日，州非公有制企业投诉服务中心挂牌成立，邀请省工商联领导为全州工商联及投诉服务中心系统领导干部、州直相关单位联络员等培训授课。截至年底，州投诉服务平台企业注册认证数9925个，认证企业人员数10160名，认证商会数59个、认证律师数58名，均位居全省前列。健全完善工作机制，建立“中心集体协调小组”机制，利用集体协调会的形式，帮助企业解决实际困难，截至年底，全州非公有制企业投诉服务中心收到企业诉求55件，办结54件，办结率为98.2%。

【新冠肺炎疫情防控】 2020年，新冠肺炎疫情突如其来，全州各级工商联党员干部职工第一时间下沉到社区一线参与值班值守，广大民企、商会同心抗疫，累计捐款捐物2959万元，跟进对接天津市工商联捐赠价值140万元的医疗和生活物资。协助恩施外出务工人员返岗就业，开展“返岗直通车”系列活动，广州市工商联专门发来感谢信。梳理编印惠企政策，组织执常委企业结合自身行业、产业开展调研，梳理汇总成条文式问题及建议，及时送达州新冠肺炎疫情防控指挥部企业复工复产组和相关职能部门参考，推动复工复产。

【抗洪救灾】 2020年7月，恩施州洪灾发生后，组织全州各级工商联、民营企业及商会抗灾救灾，下沉社区，指导帮助受灾企业开展生产自救，7月18日当天，各直属商会和执常委企业为州城受灾群众捐款捐物总计20多万元。

【精准扶贫】 2020年，在“千企帮千村”精准扶贫行动框架下，按照省工商联安排部署，全州工商联系统按照省“两帮两助”[动员全省各级工商联、商会组织、广大民营企业，以省委、省政府确定的“2020年决战5.8万人脱贫”为帮扶对象，对每个贫困人口帮扶全覆盖（每人按2000元标准帮扶），帮助一批贫困人口就业，深入开展助力脱贫攻坚、助推乡村振兴行动]工作要求，全州41个重点攻坚村实现民营企业和商会组织结对帮扶全覆盖。直属商会和民营企业筹集187万元帮扶资金，向省工商联争取1387.2万元的爱心捐赠资金，确保恩施州2019年底留存的7871名贫困人口每人2000元标准的帮扶资金落实到位。向省工商联推荐报送7个县（市）工商联和8个民营企业参加全国“万企帮万村”先进扶贫组织和先进民营企业评选活动。推进东西部扶贫协作，邀请上海、浙江两地工商联及企业家到恩施州开展帮扶调研、投资考察活动。浙江省工商联（总商会）、省光彩事业促进会和杭州市余杭区总商会向恩施州捐赠扶贫专项资金150万元。杭州市工商联看望慰问恩施市木贡村10名贫困户，为每人送去1000元慰问金。杭州市江干区工商联、江干区企业家协会为恩施市捐赠50万元帮扶资金。杭州恩施两地创新开展贫困村“名誉村长走亲连心1+5行动”，有134个浙江企业和社会组织负责人担任全州145个村的“名誉村长”，形成《以“1+5”活动为契机 深化东西部扶贫协作》等典型案例。开展消费扶贫，第一时间向直属商会和各异地商会发出《消费扶贫倡议书》。协调天津恩施商会筹建1200平方米的“恩施消费扶贫馆”，2020年8月在天津市河西区开馆。截至年底，各异地商会采购恩施农产品约5071万元。寻求对口单位的支持，推荐23个民营企业参加上海市工商联组织开展的消费扶贫展销活动。浙江省工商联发出通知，宣传动员商会组织、民营企业通过“浙里汇”等平台助力恩施州消费扶贫。省工商联协调安排温州市湖北商会在该会成立十五周年活动中召开“硒望恩施 硒引温州”——东西部扶贫协作湖北（恩施）专场推介会，州工商联带队参加，与温州市湖北商会签订三年疫后重振合作框架协议。

（杨 岩）

恩施州文学艺术界联合会

【概况】 截至2020年底，州文联有团体会员25个，会员6578人。全年获得国家级奖项11个，获得省级奖项14个。组织开展全国性区域性文艺活动4次、全州性文艺活动58次（项）。

【“抗击新冠肺炎疫情”文艺创作】 2020年，全州文艺工作者创作宣传抗击新冠肺炎疫情各类文艺作品2000余件。2月4日，州书法家协会在微信公众号推出第一期“齐心抗疫 我们同在”主题书法作品网络展。州文联在《恩施日报》推出“抗疫”文艺作品专刊2期。州书协、州美协、州民协、州诗词楹联学会、州文促会、州舞协等推出微信公众号“抗疫”专题60余期，各级文联和协会7本文艺期刊均推出“抗疫”文艺专辑。州摄影家协会为420名援鄂医疗队员拍摄照片，9名摄影师被省摄协评为“先进摄影志愿者”。州音乐家协会创作的歌曲《生命之光》《长江滚滚》《不怕》先后获得中国音协和中央电视台相关奖项。州作协在《民族文学》《文艺报》等报刊发表文章20余篇。

【“文艺作品进档案馆”活动】 2020年8月27日，州档案馆与州文联联合组织开展“文艺作品进档案馆”活动，向全州文艺家、文艺协会征集新中国成立以来公开出版、发表、展览、演出、播出、获奖的文学、文艺评论、书法、美术、摄影、音乐、曲艺、戏剧、影视剧等文艺作品，共征集到各类作品172种344件，州档案馆全部收藏。

【民族民间工艺和民族特色食品加工技能培训班】 2020年9月14日至11月15日，州委宣传部主办，州文联承办2020年度杭州市对口帮扶恩施州项目（第二批）恩施州民族民间工艺和民族特色食品加工技能培训班。培训班在恩施市和利川市举行，培训内容为土家织锦（西兰卡普）、柏杨豆干、建南盐菜、桃片糕、油茶汤、米籽糖等国家级、省级、州级非遗项目。先后举办4期，培训学员200余人。

【庆祝中国农民丰收节活动】 2020年9月22—23日，中国文联、湖北省文联志愿服务队先后到建始县高坪镇、利川市柏杨镇，通过文艺演出和直播带货等形式庆祝中国农民丰收节，来自全国全省及恩施州的近100名文艺家参加演出和直播，参与群众近万人。

【中国作协少数民族委员会2020年度年会在恩施州召开】 2020年11月26—28日，中国作协少数民族委员会2020年度年会在恩施州召开，州文联和州作协协办，《诗刊》《十月》《中国作家》《美文》《芳草》等刊物编辑参会，指导恩施文学创作。

【州作家协会活动】 2020年，发展中国作家协会会员2人、省作协会员12人、州作协会员16人。在鹤峰县组织开展“重走长征路 文明新村行”（首站）采风活动及省作协鹤峰县红嫂子文学创作基地挂牌活动，到会作家50余人，省文联、省作协领导及《长江文艺》编辑到会指导。与州政协文史委联合采编出版《恩施古村寨记游》，获2020年恩施州“五个一工程奖”。组织开展脱贫攻坚、抗击新冠肺炎疫情、迎接建党100周年等主题文学征文。组织作家采写“景区故事”，采写31个国家A级旅游景区31个故事，汇编《恩施山水故事》。

【州书法家协会活动】 2020年，组织开展“荆楚红色文艺轻骑兵”走进宣恩县野椒园村、州新华书店活动，现场为群众写春联200余副，被省书协评为“送万福进万家”活动先进单位。开展“齐心抗疫、我们同在”书法志愿服务，网络展出5期80余件作品。与省书法家协会、书法报社、州文化馆、恩施市诗书画院联合在州文化馆举办湖北省首届刻字展，展出作品143件，省内外23位国展刻字作品受邀参展。在《书画时报》线上发布“艺术温润心灵·湖北书法抗疫作品展览”，展出恩施州书法作品14件。承办“清江清”恩施州党风廉政书画展，入展60件。为恩施州“最美家庭”义务书写20副书法作品。在咸丰县坪坝营镇中坝村“尖刀班”举办硬笔书法公益班，义务辅导农村留守儿童、驻村扶贫干部，累计授课27次，培训学员400人次。

【州摄影家协会活动】 2020年，与州扶贫攻坚指挥部联合举办恩施州精准脱贫摄影展，征集作品4000幅，展出100幅。汪晓暹入选湖北省文联中青年优秀文艺人才库。王俊《安置点上书声琅琅》获全国“我所经历的脱贫攻坚故事”优秀奖，汪晓暹《外婆·妈妈·我》获“第三届中国民族影像志摄影双年展”收藏奖，熬仕锦、李必胜等6人的《暴雨来袭我们在》获全国气象短视频大赛总决赛三等奖，江汉的《无题》《守寨的姑娘》在“圆梦小康”全省摄影大展展出，郑高峰《泗渡河大桥》获“我爱天之蓝”中国无人机大赛三等奖。《公汽进咱深山来》（陈小林摄）、《战疫一线的电工跑跑队》（覃涛摄）和《万家摆渡人 一直划 划一辈子》（苏玺摄）获恩施州第十三届“五个一工程”优秀作品奖，《云语》（张洪刚摄）获该奖项提名奖。

【州诗词楹联学会活动】 2020年，召开州诗词楹联学会第四次代表大会，完成换届工作。编发抗击新冠肺炎疫情诗词曲赋联微刊15期、《清江诗词专辑》1期。会员陶治训抗击新冠肺炎疫情诗作选入中华诗词学会主编的《战疫》一书，被评为特等奖。完成《清江诗词》全年4期编印工作。

【州文艺理论家协会活动】 2020年，在太阳河乡举办“金秋九月·醉美太阳河”文学笔会。组织开展第十二届“骏马奖”获奖作品《那条叫清江的河》和《父亲原本是英雄》创作和阅读交流座谈会，2篇评论作品在《长江丛刊》发表。李莉作品《文艺的速度、温度、深度和厚度——2020年抗疫文艺掠影》一文在《文艺报》刊载，中国作家网同日全文转发。李莉的《刘恒论》、杜李的《原乡记忆与文化寻根——叶梅小说创作论》分获第十一届湖北文艺评论奖、论文奖，《田野之美——民歌文化之当代传承研究》获得首届湖北民间文艺杜鹃花入围优秀著作奖，协会会员阳卓军的著作《恩施清代府县艺文志汇编笺注》获得国家民委人文社科优秀成果奖三等奖。

【州民间文艺家协会活动】 2020年，组织发布抗疫文艺专题微信公众号34期，编印《2020抗疫民间文艺资料汇编》。组织申报首届“湖北民间文艺杜鹃花奖”，金晖《木工技艺传承人口述史研究》获优秀民间文化著作奖，甘武、杨书清、杨绍斌《太阳河民间歌谣集》获优秀民间文学作品奖，王金海获授“民间文化守望者”称号，李莉《田野之美——民歌文化之当代传承研究》获“优秀民间文化著作”入围奖，赵平国《鹤峰民间故事集（上下集）》获“优秀民间文学作品”入围奖，张同新获授“湖北终身成就民间文艺家”荣誉称号。

【州巴文化研究会活动】 2020年，编印《巴文化》4期，累计编印62期。组织文化旅游专家走进企业、鹤峰县屏山村和恩施市柳州城、蛮王寨、女儿寨、巴公山、屯堡花枝山等清江沿线，挖掘清江流域历史文化价值。召开“双馆双园双品建设”意向性策划研讨会。

【州影视艺术家协会活动】 2020年，协助拍摄电视剧《功勋（张富清单元）》。协助拍摄电影《白云生处》，在全国公演映。协助浙江卫视综艺节目《宝藏般的乡村》到恩施州拍摄，在浙江卫视播出。本土电影《变形兄弟》在利川市完成拍摄。红色题材电影《寻证》完成剧本创作，与湖北电影制片厂签约。协助完成电影《拒执罪》拍摄创作，先后在中国法院网络电视台、湖北电视台播出，获全国法院第七届微电影金法槌特别奖、最佳编剧奖、恩施州第十三届精神文明建设“五个一工程奖”。

【州音乐家协会活动】 2020年，歌曲《幺妹住在十三寨》获中国当代歌曲创作精品工程——“听见中国听见你”2019年度优秀歌曲奖。歌曲《生命之光》获中央电视台央视APP武汉抗疫题材作品展播“爱心公益”奖。歌曲《长江滚滚》获全国抗疫歌曲创作比赛三等奖。歌曲《不怕》入选全国抗击疫情歌曲专辑。歌曲《日子越过越精彩》获湖北省精准扶贫优秀创作歌曲奖。创作抗疫歌曲《我心中的月季花》、《逆行者》、《为祖国点赞》、《请愿》、音乐组曲《我们终将胜利》6首。为湖北省民族运动会创作音乐《茶操》，为杭州支援恩施精准扶贫创作歌曲《筑梦万水千山》，为州文化和旅游系统创作歌曲《追梦在路上》。创作短视频18个在微信和抖音平台展示。

【其他会员单位活动】 2020年，州民族民间文化保护与发展促进会开展“典藏+”工程滚龙连厢线上教学，通过州文化馆抖音号直播。创新开展直播培训，《连厢打出幸福来》推广教学视频获得国家公共文化云“全民艺术普及V课堂”认证。州舞蹈家协会组织会员创作18个抗击新冠肺炎疫情舞蹈短视频在微信和抖音平台推广，拍摄制作舞协抗疫宣传片《明天依然最美》。组织会员参加大型民族音乐剧《太阳照进山窝窝》、大型民族歌舞剧《老兵》创作排练。州戏剧家协会到咸丰县京剧团、利川市京剧社、恩施市盛家坝镇大集村农民南戏班社、恩施市柏杨坪镇洞下槽村、州老年大学、恩施市土桥小学、恩施市硒都民族实验小学，开展民族民间戏剧表演业务辅导。组织荆楚“红色文艺轻骑兵”小分队到建始县三里乡小屯村，开展戏曲惠民演出。州美术家协会举办2轮5期“抗疫”美术作品网络线上展览，收件作品200余幅，展出129幅。州民族轻音乐团组织“12·2”全国交通安全宣传日专场演出，恩施电视台现场直播。

（周良彪）

恩施州残疾人联合会

【概况】 截至2020年底，全州持证残疾人163639人（其中一、二级重度残疾人71416人，三、四级持证残疾人92223人）办证率为51.3%。全州残疾人全部脱贫。争取项目、资金、物资，为有需求的残疾人提供精准康复服务，重点是残疾儿童康复救助、残疾预防、残疾人家庭医生签约，为残疾人适配辅具。督导8个县（市）残联按省级实施方案和无障碍改造名单，完成4182户入户评估，并分别对照不同的情况制定个性化改造方案，全年实施建档立卡重度残疾人家庭无障碍改造3441户。为全州222名符合领取燃油补贴的肢体残疾人发放补贴57720元。吴中余、康慧被省人社厅、省残联分别表彰为“湖北省自强模范”“湖北省残联系统先进工作者”。州残疾人康复中心更名为州残疾人康复和辅助器具服务中心。

【康复服务】 2020年6月，州残联与州财政局、州发展和改革委员会联合出台《关于新冠肺炎防控期间残疾儿童线上康复服务列入残疾儿童康复救助有关事项的通知》，为残疾儿童在疫情防控期间开展线上康复服务提供保障。全年实施线上康复服务的残疾儿童201人，线下（机构）康复训练的残疾儿童510人。全州筛查残疾儿童803人，其中0—6岁437人，7—10岁195人，11—15岁171人。有康复需求的0—10岁残疾儿童550人。开展第三方评估工作，省残联委派第三方评估小组对恩施州5个残疾儿童康复救助定点机构进行评估，平均得分89.9分。各县（市）残联联合卫健部门对50751名残疾人进行家庭医生签约服务。要求各县（市）残联进行二次培训，实现康复工作人员全员培训的目标。全州为1376名精神残疾人提供免费服药救助，减轻部分精神残疾人的家庭负担和生活压力。8月25日，联合州人民广播电台“田园之声”栏目开展残疾预防日宣传教育活动。

【辅具适配】 2020年，完成州残联本级辅具规范化建设复评检查，复评分数90.5分，是2020年省级复评和第三方评估机构中分数最高的市州。用好中国残联下达州残联本级的10万元资金，通过公开询价，采购74台残疾儿童轮椅，按前期摸底需求全部发放给相关县（市）残联。2020年新冠肺炎疫情防控期间，州残联向中国残联申请自动轮椅、手动轮椅、隔离服、医用外科口罩等辅具及防护物资462件，发放给各县（市）及时适配给有需求的残疾人，为30名听力残疾人进行线上适配助听器30台。各县（市）残联为3428名残疾人适配辅具，其中儿童辅具82名。适配成人助听器64人、儿童助听器2人，假肢安装134人。

【残疾人“两项补贴”】 2020年，每月配合民政部门认真做好残疾人两项补贴的对象认定和发放工作，全年全州发放困难残疾人生活补贴人数69477人次，发放金额3954.71万元，重度残疾人护理补贴人数67494人次，发放资金7716.22万元。疫情防控期间增发1—6月重度残疾人护理补贴255938人次、资金1278.29万元。为3名确诊新冠肺炎的残疾人增发1个月救助金（护理补贴）1070元。

【残疾人证核发管理】 2020年，州残联联合州卫健委、州退役军人事务局印发《关于成立州级残疾人评鉴专家委员会的通知》，做好日常州级残疾等级复评等相关工作。开展并完成全州残联系统残疾人工作者、家属违规办理残疾人证的清理和报告。州残联及时指导和服务县（市）残联，按疫情防控要求有序开展好残疾人证核发、换发、上门办证等工作。

【残疾人就业创业培训】 2020年，开展残疾人就业创业品牌基地建设工作，全州创建省级残疾人就业创业品牌基地12个，享受扶持资金200余万元。扶持96名残疾人自强创业，享受“双百工程”扶持奖励48万元。培养80名残疾人技术能手，享受扶持资金16万元。组织残疾人进行职业技能培训，举办15期实用技术、电商提升、种养殖等培训，688人次参加。

【残疾人教育资助】 2020年，对全州61名残疾人大学生和223名残疾家庭大学生进行奖补，按大专1000元/人、本科2000元/人、研究生3000元/人标准，共计发放69万元。

【残疾人信访工作】 2020年，做好信访接待工作，做好记录、做出解答。全年接待残疾人来访18次，上门解决信访问题2次，处理信访部门集体访1次，办理湖北省阳光信访平台信访件3件，残疾人满意率100%。

【项目建设】 2020年，州残疾人康复中心及托养中心（一期）项目主体及配套工程竣工验收合格。完成全部建设档案资料移交、工程结算和财务审计决算等工作，不动产权证办理完成。推进州残疾人康复中心及托养中心（一期）项目招商营运工作，12月31日，与安徽菜大师集团签订招商引资协议。

【残联改革】 2020年，成立改革工作领导小组和工作专班，加强与相关部门沟通对接，9月，分别向省残联、州政府报送审定印发残联改革方案的请示，经11月23日州政府第67次常务会研究审定和12月18日第26次州委常委会研究审定后，12月21日，州政府办公室印发州残联改革方案。12月31日，全州8个县（市）残联印发县级残联改革方案，按中国残联、省残联要求全面完成改革任务。州本级及7个县（市）残联均已落实改革方案要求，全州增加编制20人，通过专兼挂和内设机构负责人、二级单位法人兼任等方式建立健全党组。

【东西部扶贫协作】 2020年8月25日，召开杭州市—恩施州残疾人扶贫协作推进会，杭州市及各区县残联16名主要负责人与恩施州各县（市）残联进行对接，进行现场考察和专题调研，落实对口帮扶恩施州残疾人项目15个。东西部扶贫协作残疾人培训工作成效，经验在《中国残疾人》杂志2020年第7期专版报道。

【助残及慰问活动】 2020年，为减轻新冠肺炎疫情、洪灾对残疾人生产生活的影响，争取到中国红十字会资金100.6万元、韩红爱心慈善基金会444万元、中国残联9万元、天津市残疾人基金会捐赠的资金20万元、杭州市残联救助资金15万元，各项资金及时发放至各县市残联及相关机构、残疾人，建立台账并收集报送上述资金的使用情况。对州直单位281名残疾人职工及残疾家属进行慰问，发放慰问金86700元。州本级慰问存量未脱贫残疾人，送去慰问金15.18万元。对恩施市受洪灾影响最重的机场路社区12名、胜利街社区部分受灾严重的残疾人、困难残疾人进行走访慰问，送去慰问金1.2万元。结合建始县受灾情况，对在抗洪抢险中表现突出、各级媒体报道的建始残友之声13名残疾人志愿者进行看望和慰问，送去慰问金6500元。5月，省残联到巴东县、咸丰县调研残疾人脱贫攻坚工作。6月，恩施州到鄂州、孝感残疾人康复中心考察运营模式。10月至11月，州残联到8个县（市）残联开展社区残疾人服务体系调研，对40余名残疾人进行慰问，送去慰问金约2万元。部分县（市）残联慰问残疾人78户，送去慰问金2.4万元。全州残联系统通过入户走访、电话访视、网络访问、座谈等方式，访视残疾人9452人次，做好残疾人帮扶解困、政策落实。

【残疾人事业宣传工作】 2020年，开展州残联成立30周年系列宣传活动，联合州广播电视台、恩施日报社，在州级媒体组织一组专栏文章、一批公益专辑、一次在线访谈、一本公开出版的纪念图书、一场故事报告会、一部专题片、一个系列广播电视专栏。12月3日是国际残疾人日，州残联联合州电视台举行“逐梦三十年·生命之光故事报告会”，200余人参加，表彰10名“自强之星”“服务之星”“大爱之心”“技能之星”“相依之星”和10名提名奖。

【重要会议及培训】 2020年7月8日，州残联召开第六届主席团第二次会议，报告2019年州残联工作，选举调换州残联第六届主席团副主席及州残联执行理事会理事长。7月16日，州残联举办“2020年恩施州残疾人康复、辅具工作暨定点康复机构培训会”，各县（市）残联分管理事长、康复辅具工作负责人、各定点康复机构负责人30余人参加培训。8月25日，杭州市—恩施州残疾人扶贫协作推进会议在州城召开。

（黄昱勍）

恩施州红十字会

【概况】 2020年，州红十字会统筹推进县（市）机构改革、新冠肺炎疫情防控、防汛救灾、脱贫攻坚、“三救”（应急救援、应急救护、人道救助）、“三献”（无偿献血、造血干细胞捐赠、遗体和人体器官捐献）等工作。全州有直属事业单位1个（州红十字“三献”工作中心），冠名医疗机构1个（州红十字中心医院），有30个社区红十字服务站、4个农村博爱家园、2个城市博爱家园、4个博爱村卫生室、8个学校红十字会、2个国家AAAAA级旅游景区红十字救护站、47支红十字志愿服务队。

【红十字会改革】 2020年，各县（市）均出台《红十字会改革方案》，明确单独设置红十字会机关，纳入群团序列管理，依法依章程独立开展工作，均完善和改进会员代表大会制度。宣恩县增设直属事业单位。州本级和恩施市核增专职副监事长职数。州本级按照法定程序选举成立监事会。红十字基层组织建设列入乡镇（街道）群团专干职责。巴东县、来凤县在乡镇成立红十字会办公室。各级红十字会探索在机关企事业单位建立基层红十字组织，宣恩县组织22个会员单位重新入会，会员1688人。各级红十字会官方微信正式上线运行。

【项目建设】 2020年，投入10万元在恩施市舞阳办事处桂花园社区建成城市博爱家园1个，继续做好恩施大峡谷、巴东神农溪2个国家AAAAA级旅游景区救护站建设工作，继续做好2个博爱卫生站项目建设。

【无偿献血、造血干细胞捐赠、遗体和人体器官捐献】 2020年，州庆祝第17个“世界献血者日”活动当天，全州献血总量135300毫升。启用造血干细胞捐献系统，完成采血入库志愿者150人份、初筛30例、成功捐献2例。在官微及网站上推送人体与器官捐献相关内容。

【新冠肺炎疫情防控】 2020年，新冠肺炎疫情突如其来，州红十字会捐赠小组及时成立，对接爱心捐赠，做到程序合法规范、操作透明公开、台账完善齐备。全系统接受社会各界捐赠款物合计9101.95万元（截至2020年8月31日），其中州本级接受捐赠款物4722.01万元（含捐物103.55万件折合，截至2020年8月31日），抗疫运输一线运送防护物资 103.5 万件。宣传动员新冠肺炎康复者 8 人次捐献抗疫血浆 3000 毫升。红十字心理救援队参与新冠肺炎疫情防控心理疏导工作，服务总时长 468 小时。主动接受州委审计委员会办公室及州审计局开展审计工作，主动邀请第三方机构进行新冠肺炎疫情防控专项审计。

【抗洪救灾】 2020 年，恩施"7·17"严重洪灾发生后，指导各县（市）将 2.3 万件救灾物资发放到受灾地区，含 1000 床毛巾被、750 个家庭包（日常必需品）、50 套帐篷、48 件救生衣、20 个救生圈、1000 箱脉动饮料、500 箱 84 消毒液等，救助恩施市屯堡乡马者村在内的受灾居民约 3800 人。争取天津市红十字会支持，采购饮用水 6660 桶发放给灾后停水缺水居民，集结州红十字水上义务救援队等志愿服务组织，探明水厂抽水口状况，支持恢复供水。及时发起捐款倡议，接受防汛救灾社会捐款 182.55 万元。

【人道救助】 2020 年，落实杭州恩施东西部扶贫协作对口支援工作，启动"浙江医药健康帮扶恩施行"活动，签订价值约 500 万元药品捐赠协议，已到位价值 100 万元捐赠药品。开展"康恩贝健康之旅对口帮扶"项目，浙江省康恩贝慈善救助基金会向恩施州捐赠"三七药酒"37728 瓶，总价值 113.18 万元。州红十字会联合州民政局，对全州受新冠肺炎疫情影响的特殊群体困难家庭 1250 户进行救助，补助资金 125 万元。开展贫困地区学生助学项目，发放抗疫助学箱 1341 个（约 40 余万元）。落实社区人道救助项目，使用项目资金 15 万元，采购人道救助物资 810 份发放全州 30 个社区。

【应急救援建设】 2020 年，全州第一个红十字备灾救灾仓库获得批准在恩施市金龙大道建设，总建筑面积约 450 平方米。支持州冬泳红十字水上义务救援队和州红十字心理援助分队建设，在突发公共事件中发挥作用。争取资金 8 万元，支持水上义务救援队在清江河恩施段建立州红十字水上义务救援观察哨所 2 个。

【应急救护培训和宣传】 2020 年 10 月 16 日，举办全州红十字应急救护培训师资讲评活动。11 月，选派 21 人到杭州市参加红十字应急救护师资培训，在州城恩施举办 2020 年应急救护师资培训班，全州 47 人参加培训并获得师资证。州及各县（市）走进机关、学校、企业等开展救护员培训和应急救护知识普及培训，全年培训救护员 200 余人，普及培训人次 10120 人。开展急救知识宣传 13 期。开展世界急救日活动，州红十字会携手爱心企业捐赠恩施州首台进校园 AED。

【红十字志愿服务】 2020 年，各县（市）筹备组建红十字志愿服务队，初步建立红十字志愿服务组织联系群众机制。加强相关社会组织的联系，开展"社区联防联控"志愿服务项目，全年州及县（市）开展红十字志愿服务活动 10 个。支持各地学校红十字会开展青少年社会实践项目，指导各县（市）建立学校红十字服务站 8 个，继续做好湖北民族大学文传学院"薪火相传"红十字青少年活动。

【荣誉】 2020 年，全州红十字系统 1 个单位（州红十字会）、1 名志愿者（恩施职院张如龙）分别被中国红十字会总会表彰为中国红十字会抗击新冠肺炎疫情先进集体、优秀志愿者。2 个单位（鹤峰县红十字会、州红十字志愿服务总队心理救援分队）、2 名个人（恩施市覃亦雯、利川市罗海燕）、4 名志愿者（恩施职院周俊宇、州妇幼保健院陈瑶、利川市黄炜、咸丰县中医医院王亚琼）分别被省红十字会表彰为省红十字会抗击新冠肺炎疫情先进集体、先进个人、优秀志愿者。

（张 森）

法 治

Law

政法委及综治

【概况】 2020年，州委对照《中国共产党政法工作条例》《湖北省实施〈中国共产党政法工作条例〉细则》制定下发任务清单。州、县（市）党委常委会会议定期研究政治安全、平安稳定、“扫黑除恶”等政法重点工作，定期听取政法单位工作汇报，解决政法工作遇到的困难和问题。州、县（市）党委政法委建立平安建设、政治安全、维护稳定、信息研判、社会治理、治安防控、“扫黑除恶”、智能化建设、重大事项请示报告、干部管理等工作机制。全州政法系统履行维护国家政治安全、确保社会大局稳定、促进社会公平正义、保障人民安居乐业的职责，实现全州政治社会大局稳定。

【矛盾风险排查化解】 2020年，州委政法委从11个州直单位抽调人员成立指挥部，统筹指挥调度全州各级各部门，对各类矛盾风险开展排查、化解和治理攻坚，集中化解新冠肺炎疫后综合症。开展风险大排查，州、县、乡、村四级坚持对矛盾风险“一日一排”，将公安机关警情、法院系统案情、校园安全校情等全要素纳入研判内容，做到当日发现、当日交办、当日反馈。推进矛盾大化解，乡镇建立矛盾纠纷综合调解机构，综治中心实体化运行、部门组建专业调解组织、基层法庭落实诉调对接，对矛盾纠纷实行层级化解，排查出的21248件矛盾风险，化解销号21150件，化解率99.54%，314件积案化解295件，化解率93.94%。形成治理大格局，州委平安建设领导小组组织制定10个行业（住建、交通、农村、教育、卫健、金融、市场监管、文旅、网信、国土规划）、3个领域（出租房屋、重点人口、散装汽油）、2个基层（乡镇综治中心、网格化管理）和1个系统（法院）矛盾风险联防联控、联排联调工作机制。组织开展6个专项治理行动，对出租房屋、散装汽油、寄递物流、校园安全、铁路护路等领域存在的突出问题集中整治，清查出租房屋95640套、175434人、发现整改校园安全隐患873个、通报批评9次、133人次。

【基层社会治理】 2020年，落实街（镇），乡镇（街道）统一设立综治中心，由乡镇党委书记兼任中心主任，配副科级专职副主任1名，核定编制3—5个。州委政法委制定综治中心运行机制，全州“1+4+N”（乡镇综治中心+法庭、派出所、司法所、信访办+行业部门）的工作机制和“三治五联”（自治、法治、德治，风险联排、矛盾联调、治安联防、问题联治、平安联建）运行机制初步形成、运行。2万余名脱贫攻坚“尖刀班”工作人员坚持参加扶贫和村级治理。3000余名城市社区治理“尖刀班”队员到社区报到，社区建立大党委、小区成立党支部、楼栋设立党小组，加强出租屋管理、矛盾纠纷化解。公安派出所每个所正式民警不少于5人，按不低于1：1.5的标准配备辅警，一村一警、一校一警、一周一巡落到实处。司法所每所配3名以上干部，充实司法行政辅助人员，确保人民调解、社区矫正、安置帮教、法律服务等工作落实。乡镇信访办工作人员不少于2人，工作日开门接访。行政村配备综治委员，负责村级平安稳定工作。全州统一网格管理应用系统，重新划分编制网格，按一格一员配备网格员。辅警、网格员、司法行政辅助人员等基层社会工作者由县（市）统招、统管、统训、统养、统用。全年全州新增派出所民警56人、辅警256人、司法行政辅助人员151人、信访专干57人、网格员3000余人。

【“扫黑除恶”专项斗争】 2020年，按时完成“六清”行动。全州摧毁黑社会性质组织14个、涉恶犯罪集团10个、恶势力犯罪团伙148个，破获案件924起，刑事拘留犯罪嫌疑人1351人。2020年度“扫黑除恶”成效群众评价全省第五，州“扫黑除恶”专项斗争领导小组办公室（设在州委政法委）被全国“扫黑除恶”专项斗争领导小组表彰为全国“扫黑除恶”专项斗争先进集体。

【法治化营商环境建设】 2020年，州委政法委制定《全州政法机关优化营商环境激发市场活力的十九条措施》，牵头开展保护企业合法权益和整治招投标环境2个专项行动，督促全州各级政法单位优化法治化营商环境。服务企业发展，两级法院审结各类涉企案件5253件，推动诉讼与调解、仲裁与调解、公证与调解对接，解决民商事纠纷312起。检察机关建立“绿色通道”，优先办理涉企案件47件，涉企来信办结率和回复率100%。公安机关全面清理审批事项，做到应减尽减、应放尽放。司法行政部门提高涉企法律服务水平，推出40项公共法律服务事项。保护企业合法权益，法院系统细化“府院联动”机制，结案2件2年以上未结破产案件。检察机关开展涉企羁押必要性审查，依法变更和建议公安机关变更强制措施17人，依法提出抗诉、再审检察建议29件，依法监督行政机关移送刑事案件3件3人。打击涉企违法犯罪，全州批捕、起诉串通投标、合同诈骗等侵害企业权益案件85件254人，打击高利放贷、强揽工程等违法犯罪人员282人，办理涉金融犯罪案件3件76人，追赃挽损1800余万元，批捕、起诉知识产权类犯罪案件4件5人。

【智能化建设】 2020年，推进全州政法信息化“1234”工程建设，完成投入3亿元以上。州、县（市）两级政法专网横向与政法部门链路打通。州、县（市）两级政法指挥中心建成投入使用，州级开通机关局域网、OA办公系统上线运行，网格化管理应用系统全州统一版本实现互联，所有乡镇和90%以上的行政村平安稳定工作可实行网上调度。以综治组织建设、校园及周边安全等工作为重点，清理录入基础信息，常住人口、出租屋人员、实有单位等日常管理工作实现网上办理，数据信息与公安、卫健、信访等部门实时同步，信息量超过1000万条。综治视联网系统乡镇一级全部开通、3个县（市）级开通、铁路沿线部分开通。

（刘卫华）

公 安

【概况】 2020年，全州公安机关落实全省公安局长会议部署要求和州委七届七次、八次、九次全会具体安排，开展初心行动、雷霆行动、滴灌行动、家访行动、英才行动、美丽行动，履职尽责，提升社会治理能力，完成元旦春节、州“两会”、省“两会”、全国“两会”、中共十九届五中全会等安全保卫工作，无网上炒作行为发生，维护全州政治、治安大局平安稳定。全州有公安派出所104个，其中100个户籍派出所，4个治安派出所。州公安局有民警248人，县（市）有民警2747人（含森林公安）。

【社会治安管理】 2020年，查处涉黄涉赌、枪爆刀刑案128起、治安案件564起，清除可视范围内涉枪小广告1.1万余条。立跨境赌博案件1起，开展整治跨境赌博异地协作11次，抓获犯罪嫌疑人45人。利用“平安恩施”微信公众号发布治安要素管控通报97期，曝光违反出租房屋、旅馆业治安管理规定行为347起、曝光黄赌毒违法犯罪案例465起，剖析恶性刑事案件37起。

【出租房屋管理】 2020年，张贴《恩施州公安局关于加强出租房屋治安管理的通告》1.39万份，排查登记出租房屋10万余间（套），登记承租人信息18万余人，查处违反出租房屋治安管理行为101起。

【民宿信息化管理】 2020年，排查景区及周边民宿2346个（全部纳入旅馆业信息系统）。支出34.14万元开发“恩施平安民宿”APP。

【严打涉黄涉赌违法犯罪】 2020年，出动警力1.7万余人次、警车5000余台次，检查酒店、旅馆，KTV、酒吧、洗浴中心、电子游戏厅等场所6.3万余个（次），整治治安乱点117处，端掉黄赌窝点53个，查处黄赌刑事案件68起、治安案件543起，对97名犯罪嫌疑人采取刑事强制措施、治安处罚1555人，清理涉赌违法犯罪前科人员72人。

【严管涉枪涉爆违法犯罪】 2020年，检查单位企业41个（次），发现安全隐患问题76处，督促整改76处，对20名违法人员作出行政处罚，累计收缴各类枪支72支、子弹851发、炸药2.2公斤、管制刀具64把、弩1把，集中送销各类枪支195支、管制刀具1168把。

【严管“食品药品环境”违法犯罪】 2020年，移送相关犯罪线索21条，立案侦查24起（不含野生动植物保护违法犯罪，其中食品类案件14起、非法采矿案件5起、非法占用农用地案件2起、非法捕捞类3起），抓获犯罪嫌疑人24人，对24人采取强制措施，移送起诉21起、14人。沿途收缴非法网具3100套，扣押、拆解“三无”船只523条，其他渔具132件，非法渔获物72.4公斤。

【信访工作】 2020年，全州公安机关以积案清理和化解工作为重点，开展重点信访事项治理，执行按时督办和定期通报制度，加强信息化建设和规范化建设。全州公安机关局领导接访36件次，接访46人，其中州局14件次，接访24人。全州公安机关“一把手”接访10件次、15人。梳理积案，州信访局、政法委交办44件，开展积案化解等专项行动。

【打击犯罪】 2020年，立刑事案件数13486起，破刑事案件数4965起，八大类主要刑事案件立767起，破648起，破案率为84.5%。抓获犯罪嫌疑人3770人，刑事拘留2035人，提请逮捕1258人。起诉判决23宗涉黑涉恶案件(其中涉黑案件1起)、抓获各类逃犯702人、破获各类盗窃案2039起(破案率同比上升5.1%)、查处“黄赌毒”案件

1518起、7093人。立涉枪案件229起，破获196起，缴获各类枪支215支。立拐卖妇女儿童案件4起，破获5起（其中隐案2起、积案1起)，解救被拐妇女3人、被拐儿童2人，打击处理7人。连续9年实现全州现行命案全破，破获命案积案3起，抓获历年命案在逃人员3人。

【电信网络诈骗和毒品犯罪专项治理】 2020年，预警劝阻拦截诈骗信息2.1万余次、止付涉案资金4.9亿余元。抓获“两卡”犯罪嫌疑人310人，联合州人行、通信运营商，对“两卡”失信人员惩戒曝光。深化禁毒“两打两控”（打击制毒犯罪、打击贩毒犯罪和管控制毒物品、管控吸毒人员）工作，行动中强制隔离戒毒233人、社区戒毒152人，收治病残吸毒人员46人。

【经侦工作】 2020年，打击串通投标专项行动取得成果，开展“歼击20”“百城会战”“昆仑行动”“猎狐2020”等专项行动。维护市场经济秩序，全州受理经济犯罪案件212起，立案侦查177起，刑拘169人，提请逮捕106人，起诉106人。涉案总价值近20亿元，挽回经济损失1.2亿余元。打击涉众型犯罪，立案侦查非法吸收公众存款案件3起、组织领导传销犯罪3起，捣毁传销窝点21个，刑事拘留39人，提请逮捕36人，取保候审2人，教育遣返传销人员300余人。打击非法经营犯罪，立案侦查非法经营犯罪10起，其中7起涉嫌非法经营烟草制品。宣恩破获1起非法经营烟丝案，扣缴各种生产设备20余台，烟叶300余吨，抓获犯罪嫌疑人24人，案值1300余万元，该案列为部督案件侦查。打击假冒伪劣商品犯罪，成功侦办涉嫌销售假冒注册商标的商品案。

【安全监管】 2020年，坚持上门家访重点驾驶人，开展交通安全主题家长会，执行接送学生车辆“车长制”，将亡人交通事故当命案处置，出台《进一步抓实18条预防亡人道路交通事故关键措施》。部署开展客运车辆行车安全随车“大暗访”行动，全州民辅警每季度乘坐1次班线客车暗访，督促整改问题隐患1000余条。创新推进生命防护工程建设，在原生命防护工程上加装废旧轮胎，全州安装防撞软墙4万余米、信号灯186个、减速带217条，避免伤亡交通事故60余起。落实“公安派出所主动警务22条”，通过“餐后家访”“安全主题家长会”等，组织群众观看《拒绝自杀式骑行》《摩托车之殇》等警示微视频，受教育群众30万余人次。常态开展骑乘摩托车不戴头盔、开车接打电话、不系安全带、酒驾、毒驾等交通违法治理，查处交通违法行为78万余起，其中酒驾3195起（醉驾553起），吊销驾驶证600本。

【出入境管理】 2020年，管理临时入境人员1395人，管理过境旅游境外人员32047人，常住外国人97人，审批出入境申请71730人次（提供“一站式”出入境证照办理服务）。

【禁毒工作】 2020年，全年破获毒品刑事案件139起，抓获毒品犯罪嫌疑人186人，侦破省督涉毒目标案件2起，部督涉毒目标案件1起，抓获省级以上目标在逃人员3人，其中来凤县湘鄂情大桥省际卡口成功抓获省目标“2018-74”案件逃犯。打掉涉毒团伙9个，缴获毒品11.8公斤。10月21日，破获1起从缅甸组织货源，由云南入境经恩施州中转的一起特大运输毒品案件，当场抓获犯罪嫌疑人1名，缴获毒品冰毒、麻古10.78公斤，是建州以来单次缴获毒品数量最多的案件。全年责令强制隔离戒毒766人，社区戒毒康复1379人，查获涉案车辆4台，缴获涉毒资金74万余元，收治病残涉毒人员46人，有效管控高风险涉毒人员119人，查处毒品原植物案件370起，铲除毒品原植物19711株，实现“零产量”目标。

【公安便民服务】 2020年，持续推进户籍制度改革，全面放开州内落户门槛。经过五年推进，全州实现19.4万农业人口转移进城，全州城镇户籍人口为93.9万人，户籍人口城镇化率为23.3%。优化窗口服务流程，推行预约办理、异地办理、网上办理、智能导办等方式。全州公安行政审批事项缩短办理期限12项，精简办事流程75项，试行旅馆业、印章业行政审批事前承诺制。全州受理群众网上办证52313件，接受群众网络、短信报警、政策法律咨询、网络问政3602件，救助危难群众1.2万余人次。

【警察队伍建设】 2020年，组织5轮全州公安实战大练兵大比武和特警技能比武竞赛，开展各层级培训30场次，轮训1000余人，培养州、县两级教官团队。坚持在驻村扶贫、“扫黑除恶”、重大安保等一线岗位提拔重用干部。落实惠警暖警措施，完成综合类岗位民警职务序列套改。评选十大英才民警、辅警，评选家风楷模、警营金牌厨师、案审能手、侦查办案能手、窗口服务标兵等，制成海报在州、县（市）公安局和基层派出所宣传。修订完善内控制度，推行使用智慧警保APP系统，编发“全州公安十大教训”，坚持从严治警。

【荣誉】 全州公安系统被公安部记集体一等功2个。被省公安厅记集体二等功3个、集体三等功1个、个人二等功9人、个人三等功1人。9名先进个人、5个先进集体、4名优秀共产党员，2个先进基层党组织受到州委、州政府表彰。414名个人、51个集体受州公安局记功嘉奖。1人被评为公安部教育训练工作标兵个人。

（胡　源）

检　察

【概况】 2020年，坚持党对检察工作的绝对领导，自觉落实政法工作条例、重大事项请示报告条例。持续推进全面从严治党、全面从严治检，对3个县（市）检察院党组开展巡察，实现巡察全覆盖。坚决做到逢问必录，登记过问或干预、插手检察办案等重大事项235件。在全州检察机关开展“质量建设年”活动，全年无瑕疵、不合格案件，为全省仅有两个市州之一。推进基层院副检察长系统内异地交流，交流调整基层院副检察长8人，选派基层院干警到州检察院挂职锻炼。全年全州检察机关29名个人、19个集体、18个案例获省级以上表彰。鹤峰县检察院被授予"全国文明单位"，恩施市检察院被表彰为"全国先进基层检察院"，恩施市检察院、利川市检察院被表彰为"全国检察宣传先进单位"，涌现出全国检察机关重罪检察人才、全国检察机关职务犯罪检察人才、全国检察宣传先进个人、全省先进检察官、全省检察业务能手等一批典型。全年全州检察机关批捕各类刑事犯罪案件1044人，起诉2735人，不捕239人、不诉739人。发布案件程序性信息3361件、法律文书2034份，在各类媒体发稿1500余篇。12月，州检察院、利川市检察院、巴东县检察院被省委、省政府授予"2017—2019年度湖北省文明单位"。

【新冠肺炎疫情防控】 2020年，依法办理涉疫案件，提前介入妨害公务、妨害传染病防治等涉疫案件31件，起诉27人。恩施市检察院快捕快诉1起在疫情形势严峻时期虚构有口罩出售的网络诈骗犯罪，被省检察院评为典型案例。应对疫情影响，发挥信息化作用，开展远程讯问、远程庭审1030次。

【维护平安稳定】 2020年，坚持总体国家安全观，履行批捕、起诉职能，依法惩治各类刑事犯罪，打好维护安全稳定总体战。严惩恐怖主义等犯罪，依法对全州首例非法持有宣扬恐怖主义物品罪案提起公诉，坚决维护国家安全。严惩故意杀人、故意伤害、强奸等严重暴力犯罪，批捕166人，起诉200人。严惩"两抢一盗"、诈骗等侵财犯罪，批捕287人，起诉494人。

【"扫黑除恶"】 2020年，落实"六清"行动要求，打好"扫黑除恶"收官战。加强办案攻坚，专项斗争开展以来，全州检察机关批捕涉黑恶犯罪222件、564人，起诉涉黑恶犯罪103件、641人。办理全国扫黑办、省扫黑办挂牌督办13起重大涉黑案。对所有涉黑恶案件实行提级把关、领导包案、专人指导，改变侦查机关涉黑恶犯罪定性117人，做到"是黑恶犯罪一个不放过、不是黑恶犯罪一个不凑数"。精准打财断血，对涉案"黑财"提出财产刑量刑建议63件，加大对涉黑恶案件财产刑执行监督力度。促进深挖根治，落实"一案三查""一案一整治"要求，移送"保护伞"线索172条，起诉包庇、纵容黑社会性质组织犯罪17人，发出综合治理检察建议62份。州检察院被表彰为2019年度省"扫黑除恶"专项斗争先进单位。

【法治化营商环境建设】 2020年，严厉打击涉企犯罪，严惩破坏生产经营、侵犯知识产权等犯罪252人。审慎办理涉企案件，对涉罪企业人员慎用强制措施，依法不捕、不诉、提出缓刑量刑建议34人。加强涉企案件立案监督和羁押必要性审查工作，监督立案、撤案、变更强制措施21人，防止"办理一个案子，拖垮一个企业"。利川市检察院办理的1起非法采矿羁押必要性审查案，支持8个公司复产、600余名农民工就业，被省检察院评为典型案例，在《湖北日报》推介。建立服务企业"绿色通道"和涉企案件优先办理机制，常态化走访联系企业，持续为企业提供精准、高效的司法服务。

【参与"三大攻坚战"】 2020年，防范化解金融风险，严惩非法吸收公众存款、传销等涉众型经济犯罪63人，依法对"永恒太阳能"等传销案提起公诉。开展"断卡"行动，严惩利用电话卡、银行卡实施电信网络诈骗犯罪141人。加大追赃挽损力度，帮助挽回损失3000余万元。州检察院驻村"尖刀班"被评为全州扶贫先进集体。开展扶贫领域司法救助，为64名涉贫困户发放救助金86.5万元，利川市检察院办理的杨某某司法救助案被最高检评为优秀案例。守护恩施生态底色，严惩滥砍滥伐等破坏环境资源犯罪313人，办理生态环境领域公益诉讼案件165件，督促修复林地12.67公顷、清理被污染水域226.67公顷、清理固体废物580余吨。巴东县检察院推进"河湖长+检察长"联动协作，宣恩、来凤、咸丰检察院与邻省市检察院建立跨区域生态环境协同保护机制。

【惩治职务犯罪】 2020年，提前介入职务犯罪案件调查50件，受理移送审查起诉88人，决定逮捕45人，起诉53人，自行补充侦查21件。依法行使职务犯罪侦查权，立案侦查司法工作人员利用职权实施侵犯公民权利、损害司法公正犯罪2人。

【刑事检察】 2020年，加强刑事侦查活动监督，监督侦查机关立案157件、撤案89件，监督纠正侦查活动违法情形167件次，监督纠正漏捕37人、漏诉163人。恩施市、利川市、巴东县、来凤县检察院主动探索在公安机关建立派驻检察机制，推动监督关口前移。加强刑事审判活动监督，对确有错误的刑事裁判提出抗诉41件，对刑事审判活动中的违法情形提出纠正意见43件次。加强刑罚执行活动监督，严查"纸面服刑"问题，审查"减假暂"案件186件，监督纠正刑罚执行和监管活动违法情形212件。加大财产刑执行监督力度，督促执行罚金等财产刑1140余万元。开展社区矫正专项监督检察，监督收监执行24人。办理羁押必要性审查案件137件，巴东县检察院办理的张某羁押必要性审查案被省检察院评为精品案件。

【民事检察】 2020年，办理民事裁判结果监督案件126件，办结率同比上升18.4%。对确有错误的民事裁判，提出抗诉和再审检察建议30件，同比上升7.1%。对民事审判、执行活动中的违法行为提出检察建议60件，同比上升53.8%。持续开展虚假诉讼领域深层次违法行为监督专项活动，办理虚假诉讼案件13件，向纪检监察机关、公安机关移送违纪违法线索5件10人。

【行政检察】 2020年，办理行政裁判结果监督案件13件，对行政审判、执行活动中的违法问题提出检察建议65件，同比上升150%。向行政机关发出社会治理类检察建议16件。开展行政检察监督促进行政争议实质性化解专项工作，化解行政争议49起。综合运用听证、和解、救助等方式，化解1起长达30年的林地确权纠纷，被省检察院评为典型案例。

【公益诉讼】 2020年，落实省人大常委会《关于加强检察公益诉讼工作的决定》，针对严重影响发展、群众反映强烈的问题，办理“5+3”（5：生态环境和资源保护、食品药品安全、国有财产保护、国有土地使用权出让、英雄烈士保护，3：安全生产、文物和文化遗产保护、电信互联网涉及众多公民个人信息保护）领域公益诉讼案件398件，同比上升22.5%。向法院提起公益诉讼22件，同比上升83.3%。恩施市检察院督促保护崔家坝镇鸦鹊水村滚龙坝组传统村落行政公益诉讼案被最高检评为典型案例。在诉前解决公益侵害问题，发出行政诉前检察建议348件，回复整改率99.1%。开展公益诉讼“回头看”，全面排查已办理的诉前检察建议落实情况，对整改不到位或反弹回潮的案件，持续跟进监督。

【未成年人检察】 2020年，依法打击促保护，对侵害未成年人犯罪“零容忍”，严惩侵害未成年人犯罪166人，推动教育、卫健等部门强制报告侵害未成年人案件10件。州检察院办理的于某杀害学生案公诉意见书被最高检评为优秀法律文书。精准帮教促挽救，对87名涉罪未成年人作出不捕不诉决定，对68名涉罪未成年人开展帮教。鹤峰县检察院对9名未成年犯罪嫌疑人作出附条件不起诉，其中7人考上大学。延伸服务促治理，落实“一号检察建议”，在三大领域八大行业开展“涉性侵违法犯罪人员从业限制”专项治理，督促相关主管部门对全州602所中小学校、692所幼儿园、837个校外培训机构、1165个医疗机构开展治理，不予录用、开除清退有违法犯罪记录人员19名。“线上+线下”开展法治宣讲57次，1名干警被最高检表彰为“法治进校园”全国巡讲活动表现突出个人。与团州委共建州未成年人司法社会服务中心，推进专业化办案与社会化保护有机衔接。

【落实少捕慎诉的司法理念】 2020年，主动适应重罪重刑率持续下降、轻罪轻刑率持续上升的犯罪结构变化，持续推动司法理念变革。依法不批捕239人，不捕率为18.4%，同比上升5.3%，依法不起诉739人，不起诉率为20.9%，同比上升8.7%。坚决维护公民的正当防卫权利，依法对7起案件适用正当防卫不起诉，利川市检察院办理的张某正当防卫案件被省检察院评为典型案例。通过少捕慎诉，最大限度缩小刑事打击面，减少社会对立面。

【落实认罪认罚从宽制度】 2020年，发挥认罪认罚从宽制度对于提升诉讼效率、节约司法资源、化解社会矛盾的作用，履行检察官在刑事诉讼中的主导责任。适用认罪认罚从宽制度办理案件2111件、2901人，总体适用率达到85.7%，同比上升30%。持续推进量刑建议规范化，依法对2298人提出量刑建议，量刑建议采纳率为95.1%。与州司法局会签值班律师工作意见，邀请律师参与认罪认罚从宽案件办理2281人次。适用认罪认罚从宽制度的案件速裁程序适用率为34.3%，一审服判率为97.1%，认罪认罚从宽制度在推进国家治理中的优势彰显。

【全面落实司法体制综合配套改革】 2020，构建以“案—件比”为核心的办案质效评价标准，减少退查延期次数，努力做到一“案”一“件”。全州刑事检察“案—件比”为1∶1.79，办案“件”数同比减少30.3%。严格执行员额检察官退出规定，退出员额8名。对入额院领导办案实行通报制，两级院入额院领导办案1499件，占案件总数的15.63%。推动“检务督察+案件质量评查”，将案件质量评查纳入检务督察重要内容，评查重点案件625件。

【信访工作】 2020年，落实“群众来信件件有回复制度”专项活动，受理群众信访947件，全部做到7日内程序回复、3个月内办理过程或结果答复。对256件于法有据的控告申诉，及时导入司法程序。对不符合受理条件或原处理正确的案件，组织公开听证88次，有效化解“法结”“心结”和“情结”。开展“民有所呼、我有所应—群众信访件件有回复”新时代检察宣传周活动。

【保障食品安全】 2020年，落实“四个最严”要求，严惩制售假药劣药、有毒有害食品、非法野生动物交易等犯罪21人，恩施市检察院依法对1起销售不符合食品安全的进口冷冻食品案提起公诉，宣恩县检察院依法对1起生产销售1万余公斤“毒豆芽”案提起公诉。推进“保障千家万户舌尖上的安全”公益诉讼专项行动，办理食药领域公益诉讼案件52件。建始县检察院依法督促相关主管部门对全县农贸市场销售“三无”农产品问题进行整改。

【保护特殊群体权益】 2020年，开展“发挥检察职能助力根治拖欠农民工工资问题”专项工作，严厉打击拒不支付劳动报酬犯罪，支持农民工起诉30件，与人社部门建立农民工讨薪维权线索移送机制，帮助687名农民工追回报酬1142.9万元。与州退役军人事务局建立军人军属司法救助联系机制，对退役军人及亲属给予救助，维护军人军属合法权益。

【接受监督】 2020年，自觉接受人大监督、民主监督和社会监督。配合州人大常委会视察，向州人大常委会专题报告公益诉讼等工作。办理代表、委员意见建议，做到办前联系、办中沟通、办后回访，办结满意率100%。邀请200余名人大代表、政协委员及社会各界人士走进检察机关互动交流。邀请人民监督员参与案件公开审查85件次。开展“深化构建新型检律关系、依法保障律师执业权利”专项工作，州检察院着力保障律师异地阅卷权利“一二三”工作法（领会最高检下发的《关于做好新型冠状病毒感染肺炎疫情防控期间案件管理大厅工作提示》精神，线上和异地阅卷两项服务，异地阅卷的三个步骤）被省检察院评为典型事例。

【荣誉】 2020年4月，恩施市检察院办公室（司法行政事务管理局）被省检察院表彰为“基层检察院先进集体”；涂可丰被最高人民检察院第二检察厅表彰为“全国检察机关重罪检察人才”。7月，恩施市检察院被省人社厅、省检察院表彰为“全省检察机关先进基层检察院”；州检察院第七检察部、第二检察部分别被省人社厅、省检察院表彰为“全省检察机关先进部局室”“全省先进部（局）室”；周晓、向海涛、郭炯、朱涛被省人社厅、省检察院表彰为“全省检察机关先进检察官”；朱鹏帆被最高人民检察院表彰为“法治进校园”全国巡讲活动表现突出个人。8月，万莞榕被省检察院评为“全省检察机关案件管理业务竞赛优秀选手”，徐倩被省检察院评为“第二届全省检察机关案件管理业务竞赛优秀选手”，田甜获省检察院“案件管理业务竞赛二等奖”。10月，恩施市检察院被最高人民检察院表彰为“第七届全国先进基层检察院”“全国检察宣传先进单位”；利川市检察院被最高人民检察院、检察日报社表彰为“2020年度全国检察宣传先进单位”。11月，李昱、焦雯雯获检察日报社表彰为“全国检察宣传先进个人”。12月，省女检察官协会恩施分会被省女检察官协会考评为2020年度优秀等次。

（万莞榕）

法 院

【概况】 2020年，全州两级法院有中央政法专项编制951名，实有在编干警868人，员额法官308人。其中州中院专项编制124名，实有在编干警114人，员额法官43人。全年受理各类案件64892件，居全省第四位。结案62676件，居全省第四位。法官人均结案198件，居全省第四位。结案率96.59%，居全省第三位。其中州中院受理各类案件4703件，结案4595件，结案率97.7%。

【刑事审判】 2020年，依法惩治刑事犯罪，审理各类刑事案件2623件，判处罪犯3032人。严惩危害公共安全犯罪，审结危险驾驶、高空抛物、食品卫生安全案件471件，保障人民群众“吃住行”安全。营造良好治安环境，审结严重暴力、“两抢一盗”“黄赌毒”案件1054件。推进反腐败斗争，审结职务犯罪案件118件。贯彻宽严相济刑事政策，判处拘役、管制、缓刑1149人，免予刑事处罚41人。坚持“疑罪从无”原则，对3名被告人依法宣告无罪。

【民事审判】 2020年，审结民事案件35486件。维护家庭和睦，综合运用人身安全保护令等制度，审理婚姻家庭、赡养抚养、继承等案件5985件。维护民生权益，依法审理劳动争议、交通事故、医疗纠纷、财产损害赔偿等事关人民群众生命健康权和财产权的案件1958件。设立环境资源审判合议庭，开启“三审合一”新模式，审理环境资源案件210件。完善领导接访、带案下访等制度，妥善化解信访积案89件。关注弱势群体诉讼权益，为符合条件的当事人缓减免诉讼费379万余元，发放救助金547万余元。

【行政审判】 2020年，坚持依法裁判和协调化解并重，审理各类行政案件1138件，判决撤销、变更、确认违法和责令履行法定职责98件，协调撤诉、和解案件114件。推进行政机关负责人出庭应诉工作，出庭应诉率97.6%。审结行政许可、行政登记等案件85件，保障“放管服”改革落地见效。加强行政非诉执行案件审查，裁定准予强制执行276件。加强司法与行政良性互动，通过参与重大政策项目研究论证、提供法律咨询服务、组织庭审观摩等方式，支持法治政府建设。加强国家赔偿工作，办结国家赔偿案件8件，决定赔偿金额40万元。

【执行工作】 2020年，巩固扩大“基本解决执行难”成果，办结执行案件22194件，执结率96.42%。优化执行指挥中心运行模式，推广预处罚、法庭联合执法、类案集中执行等创新举措，提升执行质效和规范化水平。织密信用联合惩戒网，曝光失信被执行人5266人，限制高消费9385人，拘留78人，审结拒执刑事自诉案件27件，推动社会诚信体系建设。加强涉企案件执行，开展涉金融债权、企业案件专项执行，通过专人办理、集中攻坚、定期调度等方式，加大执行力度，执结涉企案件8544件。坚持公正、善意、文明执行理念，慎用查封、扣押、冻结等强制性司法手段，依法支持民营经济发展和企业复工复产。坚持因案施策，释法明理，促进涉企纠纷以调解、和解方式妥善化解。

【“扫黑除恶”】 2020年，全州法院审结涉黑涉恶一审案件76件、509人，二审案件39件、326人，完成“案件清结”工作任务。坚持依法从严惩处，一审判处五年有期徒刑以上刑罚153人。坚持“打伞破网”“打财断血”相结合，移送“保护伞”线索16件、12人，依法审理相关案件11件、11人。执结涉黑涉恶案件439件，执结率99.1%，执行到位标的5.48亿元，执行到位率98.77%，完成“黑财清底”工作目标。注重审判职能延伸，移交涉黑恶线索41件、64人，针对案件暴露出的问题和管理薄弱环节提出行业整治司法建议33条，整改33条，整改率100%。

【新冠肺炎疫情防控】 2020年，944名干警下沉352个社区、村组、卡点，协助开展人员排查、封闭管理、生活物资采购配送、困难群众帮扶等工作。应对疫情影响，开启“互联网+”诉讼模式，做到疫情防控、司法办案两不误。疫情防控期间全州法院网上立案审查182件、开庭审理206件、调解结案102件，执结案件215件、执行到位标的2341万余元。联合发布关于依法打击妨害疫情防控违法犯罪行为的通告，审结涉疫刑事案件8件、12人，从严惩处口罩诈骗、暴力冲卡、妨害公务等犯罪行为。

【法治化营商环境建设】 2020年，出台《服务保障优化营商环境的八项举措》，开通服务企业“绿色通道”，当好司法“店小二”。办结涉企案件15246件，发布典型案例12件，引领营造稳定公平透明、可预期的法治化营商环境。严格落实涉企案件经济影响评估制度，在充分评估的基础上选择最佳办案时机、方法、措施，把可能造成的负面影响降至最低。召开全州企业破产处置“府院联动”工作联席会，做实

2020年8月24日，全州企业破产处置“府院联动”工作第一次联席视频会议召开
（杜 靖 摄）

做细常态化“府院联动”工作机制，健全政府主导风险管控与事务协调、法院主导司法程序的一体化工作模式。成立破产管理人协会，建立案件月报告、管理人监督等制度，对破产案件实行台账式管理，开展长期未结案件清理，推动破产审判工作提质增效。

【参与社会治理】 2020年，推动建立全州涉法涉诉矛盾联防联调工作机制，将10类多发易发民事纠纷纳入联防联调范围，构建矛盾纠纷多元化解新格局。机制建立以来，调解结案率达74.6%。制定《恩施州法院委派、委托调解工作规定》，加强与司法、公安、民政、交通、医疗、保险等部门的联动对接，实现司法调解、仲裁调解、人民调解、行政调解有序衔接，促进大量纠纷诉前化解。全州法院通过委派委托调解结案8385件，矛盾化解率96.89%。

【法治宣传】 2020年，选派25名年轻法官组建志愿服务队到乡村、社区、校园宣讲《中华人民共和国民法典》，适应新媒体时代新要求，积搭建融媒体传播矩阵，及时发布司法动态、案件信息，讲好审判故事，传播法治好声音。全州法院12个案件、11篇论文分别在全国、全省获得奖项。

【司法服务】 2020年，制定《关于对重大敏感案件进行监督管理的规定》《司法人员审判权力和责任清单》，推动司法责任制落实。组织全州法院2687人次参加各类专题培训，提升综合能力。推进“一站式”建设，应用“移动微法院”“人民法院调解平台”“统一送达平台”“网上保全系统”，建成“诉讼材料收转发e中心”，推动司法服务从线下到线上的转换升级，打造全流程一网通办新模式。全年全州法院网上立案4318件，跨域立案510件，电子送达41572人次，“一站式”建设质效评分居全省前列。持续推进案件繁简分流，全州法院适用简易程序、小额诉讼程序审理民事案件占比79.6%。不断延伸司法服务触角，开展巡回审判、上门办案，为地处边远、行动不便的群众提供诉讼便利。

【接受监督】 2020年，法院自觉接受人大监督、政协民主监督，定期汇报法院工作或重大事项，对代表委员提出的意见建议，专题研究、落实。主办的1件政协提案、会办的3件人大代表建议，见面率、答复率、满意率均为100%。开展代表委员联络工作，通过走访、电话、座谈会、邀请旁听庭审、见证执行等方式，主动联络辖区各级代表委员748人次。依法接受检察机关法律监督，邀请检察长列席审委会18次。加强法律职业共同体建设，保障律师诉讼权利，落实律师调查令制度，认真听取律师代表意见建议，改进法院工作。发扬司法民主，人民陪审员参审案件3844件。接受社会监督和舆论监督，印发《全州法院司法公开工作指引》，细化工作要求。全州法院公布裁判文书64699份，庭审直播3832场，审判流程信息公开率99.25%。主要经验做法受到省法院的肯定和推介。

【荣誉】 2020年1月，来凤县人民法院执行局副局长李申忠被最高人民法院表彰为“全国法院先进个人”。5月，恩施市人民法院刑事审判庭和利川市人民法院刑事审判庭被省高院表彰为“全省法院刑事审判工作先进集体”；恩施市人民法院龙凤人民法庭被最高人民法院表彰为“全国人民法庭工作先进集体”；州中级人民法院刑事审判第一庭副庭长罗远彪、巴东县人民法院四级高级法官刘圣远被省高院表彰为“全省法院刑事审判先进个人”。

（杜 靖）

司法行政

【概况】 2020年，全州有律师事务所51个、基层法律服务所32个、司法鉴定机构5个、公证处8个，现有执业律师801人、公证员20人、基层法律服务工作者145人、司法鉴定人员59人。针对律师、人民监督员、人民陪审员、司法所辅助人员、人民调解员、基层法律服务工作者、司法鉴定人、仲裁员等8类人员，分门别类开展政治轮训活动，累计举办主题班10期、培训4000余人次。

【全面依法治州】 2020年，全面统筹依法治州工作，召开全面依法治州委员会第二次会议，审议通过《州委全面依法治州委员会2020年工作要点》《恩施州人民政府2020年立法工作计划》。9月，组织8个督察专班全面督察8个县（市）和16个州直部门的法治政府建设、“七五普法”、行政执法“三项制度”落实、法治化营商环境工作，督察发现的问题在全州通报。10月，迎接省法治建设“三项重点工作”督察，通过州委、州政府主要领导工作汇报、州直部门“一把手”个别谈话、党政领导干部现场测试、到基层一线实地暗访、与民营企业主集中座谈，推动党政主要负责人履行法治建设第一责任的落地见效。11月，迎接省委法治化营商环境专项督察，促进法治环境更加优化。

【行政立法】 2020年，围绕生态环境保护、城乡建设管理重点领域，完成《恩施州农业生产化学投入品管理办法》《恩施州旅游条例》及《恩施州山体保护条例实施细则》《恩施州硒资源保护与利用条例实施细则》初审工作。依法审查、备案州政府行政规范性文件25件，审查州政府一般性文件44件，回复州直部门征求意见36件。集中备案审查县（市）政府和州直部门2020年行政规范性文件37件。完成《中华人民共和国乡村振兴促进法》《湖北省野生动物保护管理条例》等20件立法征求意见工作。

【行政执法监督】 2020年，推动印发《州人民政府办公室关于贯彻落实全面推行行政执法公示制度执法全过程记录制度重大执法决定法制审核制度的通知》，统筹推进全州各级行政执法机关开展“三项制度”改革工作。推动贯彻落实《恩施州行政执法行为规范》，建立健全行政执法各项制度，完成对州直及各县（市）行政执法部门892人的资格审查工作，办理临时执法证件310件。

【行政复议】 2020年，收到复议申请44件，其中受理申请41件，不予受理3件，全年办结复议案件37件（含2019年未办结10件）。其中，以县（市）政府为被申请人的22件，占总案件数的81.48%，市（地）级政府部门5件，占案件数量的18.52%。全年办理行政应诉案件20件，其中一审12件，二审8件，被州法院撤销案件1件，胜诉率95%。全年全州行政机关负责人出庭率达97%。

【公共法律服务】 2020年，全州指派法律援助案件4579件，其中刑事1298件，民事2417件，行政18件，非诉讼法律援助846件，受援群众达14694人。全年办理公证4739件，收费180.98万元。其中涉外524件，合同136件，继承1834件，委托887件，申明133件，遗嘱36件，小额继承1775件。全年办理司法鉴定案件3095件，收费434.75万元，其中临床类3066件，病理类16件，精神病类73件。

【公共法律服务进工业园区、进景区、进社区】 2020年8月，州司法局印发《全州司法行政系统“公共法律服务进工业园区、进景区、进社区”工作实施方案》，组织开展专项法律服务行动。截至年底，全州在恩施高新产业园区、利川市工业园区、建始县工业园区、巴东野三关开发区和溪丘湾工业园区、宣恩县椒园镇工业园区、来凤县工业园区、鹤峰县经济开发区太平工业园区8个工业园区建成公共法律服务工作站，在恩施大峡谷、梭布垭石林、白杨坪镇洞下槽村龙赶湖、土司城、大清江、大水井古建筑群、利川市东城街道办事处民宿旅游、建始县地心谷、巴东神农溪、巴东女人谷、野三关森林花海、宣恩伍家台、咸丰坪坝营、来凤仙佛寺、杨梅古寨、鹤峰屏山16个景区建成公共法律服务工作室，为260个企业开展法治体检，为企业撰写法治体验报告21篇，审查合同435份，出具法律意见书171份，开展《中华人民共和国民法典》等法治宣讲160场次，解答法律咨询2000余人次。

【律师工作】 2020年，指导州律师行业党委持续开展“不忘初心，牢记使命”主题教育，推进强基工程、领航工程、聚力工程和先锋工程“四大工程”建设。完成“三转两创”（转观念、转方式、转作风，争创司法行政系统先进个人和先进集体）专题活动和警示教育。8月，召开全州律师代表大会，完成第七届州律师协会的换届工作，依据实际情况成立专业委员会和专门委员会。11月，成立第一届州律师行业工会。制定《关于深入开展民营企业“法治体检”活动、服务疫情防控和企业复工复产的实施方案》，组织律所和律师助力新冠肺炎疫情防控和企业法治体检服务，通过捐款、社区志愿服务、线上培训、免费咨询等形式为企业和社会各界群体提供法律服务。组织律师开展《中华人民共和国民法典》宣讲活动，累计组织宣讲2000余场次。2020年，完成律师参与“扫黑除恶”专项斗争的各项工作，对65起涉黑案件，都制定有明确的司法保障路线图，实行一案一档，指导律师依法履行辩护代理职责，对审判阶段无辩护律师的当事人全部进行指派，实现法律援助全覆盖。

2020年9月26日，恩施市太阳河乡司法所为2020年中国恩施“梭布垭石林杯”十大拐自行车爬坡赛参赛队员送去参赛法律风险提示函，提供“面对面”法律咨询服务 （吕航摄）

【法治化营商环境建设】 2020年，依托恩施仲裁委员会成立企业法治体检中心和民商事矛盾纠纷调解中心。对涉企行政复议案件，除重大疑难案件外，一律实行“快审快结”，全年以企业为申请人的涉企复议案件80%以上都在45日内办结，90%以上实地调查核实证据。研究出台《全州司法行政系统优化营商环境激发市场活力行动方案》，提出3个方面20条具体措施，制定全州司法行政系统2020年度优化营商环境路线图，发布《恩施州疫情防控和企业复工复产公共法律服务工作指引》，组建恩施高新区法律顾问团、全州中小企业法律顾问团，并围绕公司设立、企业用地、非公企业劳动用工开发3类公共法律服务产品。

【人民调解】 2020年，针对新冠肺炎疫情防控期间及疫后经济重振矛盾纠纷多发的情况，印发《州司法局矛盾风险排查化解“百日攻坚”行动方案》，总结、推广矛盾纠纷层级调处和“易满成工作法”，推动州平安建设领导小组印发《恩施州涉法涉诉矛盾联防联调工作机制（试行）》，建立司法调解、仲裁调解与人民调解、行政调解联调联处工作机制。全年全州各级人民调解组织调解矛盾纠纷13987件，其中由行政机关委托移送172件，法院委托移送214件，公安机关委托移送8件，信访部门委托移送61件，调解成功13475件，涉及金额3.53亿元。

【普法与依法治理】 2020年，“七五”普法顺利收官。建成城乡法治文化公园、广场61个，法治文化长廊286个，法治宣传栏5562个，全州有12个村被司法部、民政部命名为“全国民主法治示范村”。

【安置帮教】 2020年4月，州政协调研组采取州政协与县（市）政协联动、州内调研与问卷调查、集体座谈与个别走访相结合的方式，对全州社区矫正和刑满释放人员安置帮教工作进行调研。联合州人社局印发《关于做好社区矫正和刑满释放人员就业服务工作的通知》，为两类人员的就业、创业提供服务保障。启动州司法局社区矫正、安置帮教警示教育基地建设，发挥深化教育与高效帮扶的积极作用，有效预防“两类人员”重新违法犯罪。

【人民监督员选任】 2020年，按照网上报名、资格审查、组织考察、拟任公示、公布名单和选任决定等程序，全州有300人报名人民监督员，通过初审250人，最终选任178人。9月，对全州178名新任监督员进行初任培训。

（黄泽涛）

监狱管理

【概况】 2020年，恩施监狱被省监狱管理局授予党建工作合格单位、年度工作目标责任制考核先进单位，被州委政法委员会授予2020年度综治（平安建设）工作优胜单位。监狱民警职工、罪犯新冠肺炎“零感染”，安全事故“零发生”，监狱整体平安稳定。

【监管安全】 2020年，与地方政府沟通联系，多方筹措，确保罪犯防疫物资和生活物资保障到位。结合疫情防控工作制定新犯收押隔离分配，罪犯调押、外医、通信会见等配套政策，安全顺利完成罪犯收押、调押、外医等工作，远程会见437人次、核实采集家属信息183人次。推进“扫黑除恶”专项斗争工作，深挖并清仓涉黑涉恶线索。开展“控三重、清两违”“罪犯身份信息大核查活动”“深化打击整治枪爆违法犯罪专项行动方案（2020—2022年）”“集中清查服刑罪犯身份不实工作”等专项活动，坚持每月一次大清监，保持对违规品、违禁品的清缴和打击力度。重点加强罪犯清人点名互监包夹、计分考核等核心制度的落实。加强狱情信息搜集、研判和预警工作，完善和制定应急预案，加强重点罪犯与重点部位管理工作，有效预防狱内重大事件发生。按照“有案必立、立案必破”的工作要求，对发生狱内案件能够严格依照法律和国家政策迅速办理，形成有效震慑，确保监管场所的安全稳定，全年办理涉嫌破坏监管秩序罪的狱内案件1起，办理脱逃案件1起，成功将脱逃23年之久的罪犯抓获归案，使恩施监狱脱逃罪犯清零。监狱实现连续32年中转押解无事故、连续24年无罪犯自杀、连续16年无安全生产事故、连续15年无罪犯脱逃。

【刑罚执行】 2020年1—4月，采取“一人一函”“一人一案”的方式加强与刑释人员户籍地司法机关的沟通协调，在全省监狱系统中，率先与地方新冠肺炎疫情防控指挥部建立联防联控机制，妥善解决刑释人员监外安置隔离、释放体检、必接必送等疫情封闭防控期间罪犯释放的工作难题。疫情防控期间形成的监狱按时寄发释放通知、户籍地司法机关及时回复并明确释放衔接方式、监狱依据司法机关回复执行移交刑释人员临时安置衔接工作模式变成固定的工作程序，实现释放安置工作无缝衔接，未出现脱管、漏管情况。开展执法调研、罪犯身份信息核查，纸面服刑清查等专项活动，专项排查减刑、假释、暂予监外执行案件，实地走访调查在册暂予监外执行人员。专项核查在押罪犯身份信息，均按时、按要求完成工作任务。修改制订《关于规范减刑假释中对罪犯财产性判项履行情况评审的实施意见》等制度。

【教育改造】 2020年，以政治改造为统领，全年在押罪犯政治教育覆盖率达100%，刑满释放人员中，97%以上政治教育考核合格。成立出监教育监区，严格落实入出监教育，配发《出监教育》和《入监教育》教材1500本，保障出入监教育“人员、时间、内容、效果”落实，出台出入监区考核验收标准，指导日常学习安排表的制定，督促每日教学内容的落实，使新入监罪犯和即将出监罪犯中接受教育率达100%。在出监人员中开展社会主义核心价值观、思想道德教育、中华优秀传统文化教育、法律常识教育的合格率均达95%以上，新入监罪犯心理测试率达到应测试人数的100%，心理健康档案建档率达100%。在押罪犯开展心理健康教育普及率达到应参加人数的100%。参加扫盲教育23人。62名罪犯参加职业技能厨师培训并获证，58名罪犯参加106个科目的高自考。罪犯守法守规率为99.92%，在押罪犯文化活动参与率达100%。加强重点罪犯攻坚转化和罪犯个别教育，完善对重点罪犯顽危犯和涉黑涉恶罪犯的攻坚转化方案，建立专档，做到一人一册，提高转化方案的针对性和实效性。每月通报监区个别谈话教育落实情况。有针对性地开展个别教育和防自杀专题教育，有效地防止监管安全事故的发生。围绕《中华人民共和国民法典》的颁布、"两会"、父亲节、端午节、国际禁毒日等重大节日节点开展新冠肺炎疫情防控知识、枪暴整治、"扫黑除恶"、时事政治、传统文化、感恩等主题教育40余次。开展"三好"监舍、"一感悟两感恩""战感奔"监区文化节和"中华魂"读书等一系列活动，下发专题学习资料4期，共评奖项21人次，评选出"新程之星"（行为规范标兵）4人，评选41名监狱级和2名省级改造积极分子。14篇稿件刊登在省局《新生周刊》上，20余篇有关罪犯教育改造的稿件刊登在监狱内网和《巴山润雨》小报上。会同恩施市义工协会走访家境困难的罪犯亲属，开展"助学帮教"活动。加强民警教育改造业务能力培训，推选出10名监狱级个别教育能手，1名省级个别教育能手。

【督导调研】 2020年3月3日，省第四督导组到恩施监狱检查指导新冠肺炎疫情防控工作。3月5日，省人大常委会副主任，省疫情防控到恩施督导组组长王建鸣到恩施监狱检查指导新冠肺炎疫情防控工作。3月24日，司法部督导组到恩施监狱和刑释人员隔离安置点督导检查工作。9月9日，省司法厅党委委员、省监狱管理局党委书记、局长贾石松到恩施监狱调研指导工作。

（李雪明）

仲　裁

【劳动仲裁】 2020年，全州以州劳动人事争议仲裁院为试点试行要素式办案。全州各级仲裁机构落实一次性告知、首问负责制、仲裁专递制度，优化办案流程、缩短办案时间，细化办事指南和窗口业务一次性告知书，为劳动者和用人单位提供高效便捷的调解仲裁服务。坚持"预防为主、调解为主、基层为主"的原则，规范全州各类基层劳动人事争议调解组织，全年近30%的劳动争议案件在基层调解组织得到化解。推广使用"互联网+调解"平台，全年通过全国劳动人事争议在线调解服务平台处理案件27件。优化文书送达方式，对于直接送达有困难的当事人，实行以仲裁专递方式邮寄送达劳动人事争议仲裁有关文书。公平高效处理存量案件。全年处理劳动人事争议案件2027件，立案受理1874件，不予受理153件，当期结案1846件，调解成功率63.5%，当期结案率98.5%。受新冠肺炎疫情影响，全州劳动人事争议案件累计叠加，全州各级调解仲裁机构积极作为，公平高效处理大批存量案件。

（莫长锐）

【案件仲裁】 2020年，恩施仲裁委员会受理仲裁案件总计86件，涉案标的额1.64亿元。审结案件81件，在办案件5件；裁决结案19件，调解撤销结案62件，年度结案率为94%，年度调撤率为77%，审限内结案率为100%。

（黄泽涛）

军 事

Military Affairs

中国人民解放军湖北省恩施军分区

【概况】　2020年，恩施军分区坚持旗帜鲜明讲政治、应对强敌抓备战、保障打赢务主业、持之以恒打基础、全面从严正作风，统筹推进新冠肺炎疫情防控和年度工作。深化“传承红色基因、担当强军重任”和“不忘初心、牢记使命”主题教育，开展以奋斗强军为主基调的“奋斗观”教育。推进军事人力资源建设，完成两级领导班子交接替补，基本形成以“现役为骨干、文职为主体、工勤为补充、专武为辅助”的人力资源架构。首次推行县（市）党委、政府党管武装考评，有效推动党管武装制度落实。加强实战化军事训练，提高训练水平和打赢能力。组织首长机关军事理论学习、指挥业务技能和基础体能训练，抓好民兵干部骨干、民兵应急分队训练，加强民兵新质力量针对性训练。5—7月，现地勘察恩施州防汛与地质灾害隐患险情，指导部分县（市）人武部民兵分队参加防汛救灾应急演练，组织两级机关通信保障力量参加省军区信息编组联训。军分区机关和咸丰县人武部在省军区考核中3项课目全优。推进国防动员和后备力量建设，完成全州普通民兵和基干民兵调整组建，“十三五”时期民兵调整改革任务落地落实。高标准完成年度兵员征集任务，责任退兵和廉洁征兵问题零发生。做好国防动员潜力统计调查，开展国防动员工作重难点问题研究暨精品课评比活动。加快推动以数据聚合为基础、以智能融合为核心、以系统整合为支撑的恩施州国防动员智能指挥信息系统建设，完成一期项目立项审批并进入建设阶段。联合下发《恩施州民兵基层阵地建设规范》，全面推进基层武装部规范化达标建设，“智慧动员”建设深度推进。贯彻《军队安全管理条例》，接续开展安全大检查、保密工作集中整治和网络安全集中整治活动，严格落实安全形势分析制度，进行重大任务风险评估，严密组织民兵训练、抗疫抗洪行动，开展“军车交通安全月”活动。

【中共恩施军分区第十二届二次全体（扩大）会议】　2020年1月19日，中共恩施军分区第十二届二次全体（扩大）会议召开，分析总结军分区部队2019年建设形势，研究部署2020年工作任务。会上，军分区党委作工作报告，纪委作工作报告。

【民兵工作任务部署暨业务培训会】　2020年3月9日，军分区组织所属人武部开展民兵工作任务部署暨业务培训会。对照民兵整组“八步法”，明确各步骤主要工作及具体要求，组织民兵队伍组建重难点问题讨论交流，重点针对以往队伍编不实、人员流动快、专业不对口等问题研究解决办法。对年度整组工作进行统筹安排，明确具体时间节点，统一思想认识。

【民兵组织整顿】　2020年3月至6月，军分区采取“逆周期调整、转方式展开”的方法，抓好民兵整组“八个步骤”落实，从辖区潜力实际和任务特点出发，基本达到“政治合格、队伍巩固、素质优良、装备配套、制度健全”要求，较好完成全州普通民兵和基干民兵的调整组建任务。6月下旬，接受省军区检查验收，排名第六。

【新冠肺炎疫情防控】　2020年1月下旬至3月底，恩施军分区指导各县（市）人武部指挥广大民兵投入新冠肺炎疫情防控行动中。及时协调成立驻恩部队疫情防控领导小组，发挥军分区牵头部队作用，统筹力量资源，带领民兵参与一线疫情防控工作，重点协助地方政府在交通要道、收费站点、社区村组等处，开展警戒值勤、布卡封控、宣传劝导、生活帮扶等防控任务，累计出动100余个抗疫小组，为参与家乡疫情防控的恩施籍现役军人所在部队寄去感谢信，向官兵职工家属送出慰问信。组建30支党员突击队、宣传队、服务队。

【国防动员指挥所演练】 2020年12月23—25日，开展国防动员指挥所演练，以动员支前为基本课题，围绕指挥机构编成、组织指挥流程、潜力与需求对接等重点问题，采取连贯演练和分段研究相结合，锻炼提高军地领导机关遂行国防动员任务的组织指挥能力，做好应对复杂局面和打仗准备。

【抗洪救灾】 2020年7月，军分区先后执行“7·17”恩施市城区内涝、“7·20”恩施市沙子坝滑坡、“7·26”建始县城区内涝等多次抢险救援行动，全州7个县（市）出动民兵转移安置群众近3000人，组织完成对内涝小区、厂房清淤1100余立方米、20余吨。完成滑坡点1.5千米、3条引流管道搬运安装及沙袋加固，滑坡体北侧道路裂缝位置和泥土裸露部位1.1万平方米油布铺设，1200余米地质勘测线路铺设等急难险重任务，协助修筑小沟桥拦水坝、卸运救援冲锋舟以及转运支援物资等临时性紧急任务，协同公安、武警在9个封控卡点24小时值班值守的阶段性任务。

【协调爱心人士帮扶革命老区贫困儿童教育】 2020年，恩施军分区指导建始县人武部开展“协调爱心人士助力革命老区贫困儿童教育”试点活动，38名困难儿童得到帮扶，建起11所“春苗图书室”，获得捐助20余万元的教育器材，促进当地教育扶贫，试点获得阶段性成效。

【网络安全宣传周活动】 2020年9月，为加强网络安全意识，杜绝失泄密问题发生，恩施军分区开展网络安全宣传周活动。组织官兵职工通过微信小程序“国家网络安全宣传周知识竞赛”线上答题，邀请公安局网保部门负责人专题辅导，增强保密意识和提升防范能力。对照上级明确的“7类违规违纪上网行为”。协调公安、网信等部门，筑牢网络安全防线。组织全体官兵职工签订责任书。

【国防动员精品课评比】 2020年11月27日，军分区组织开展国防动员精品课评比活动。活动以军事训练大纲为依据，采取“上下联动、专题研究、试讲评比”的形式，围绕国防动员预案方案编制、潜力统计调查组织实施、行动文书拟制、动员组织实施4项内容、9个应急应战专题，采取军地共研、集智攻关、主官授课、试讲评比等方式，开展国防动员工作重难点问题研究，形成“三个一”成果：一批联系实际的理论研讨文章，一批与大纲配套的教案课件，一批精通动员业务的“四会”教练员。

【州委常委议军会议】 2020年12月，州委书记、军分区党委第一书记柯俊主持召开州委常委议军会，会议学习习近平关于国防动员的重要论述，听取军分区所作的相关报告和工作情况汇报，讨论研究相关问题。

（杨 驹）

2020年5月23日，全州防汛救灾综合应急演练参训民兵筑坝集结

（陈发志 摄）

中国人民武装警察部队恩施支队

【概况】 2020年，中国人民武装警察部队湖北省总队恩施支队（简称“恩施支队”）以“争先进、创一流”为目标引领，把握稳中求进总基调，坚持“统思想、强班子、谋打赢、抓落实、保稳定”抓建思路，抓好班子建设，夯实基层基础建设。开展“最强战士”军营肌肉秀、“我爱我家”官兵风采秀、“硒都卫士杯”球类比赛、“军民一家亲、共叙鱼水情”八一联欢晚会。支队编排的扶贫话剧在总队获评排名第三。参加恩施市屯堡乡马者村沙子坝滑坡抢险救援和清江抗洪、利川团堡抢险救援，完成各项任务。

【学习宣传】 2020年，按照“初始即严、一严到底”要求，将学习贯彻习近平新时代中国特色社会主义思想和习近平强军思想作为首要政治任务，开展“深入学训词、奋斗决胜年”专题教育和中共十九届四中全会精神学习。不忘初心，牢记使命，开展“传承红色基因、担当强军重任”主题教育。先后在《解放军报》、《人民武警报》、中央人民广播电台等中央级主流媒体上稿90余篇，在全总队名列第一。

【练兵备战】 2020年，抓实战训练，突出首长机关指挥谋略训练，参加各类演习经受检验，在总队指挥员、参谋人员岗位大练兵比武和参谋业务技能培训比武中均名列前茅。抓实部队训练，将新大纲等要求和标准贯穿始终，严密组织勤训轮换、教练员“四会”普考和“创纪录、当标兵”“一专多能、一兵多用”后勤岗位练兵等比武，通过每月单课目会操，每季度全面考核检验，部队训练质效提升。每季度组织应急班集训，特战排全员参加极限训练，配齐装备器材，开展特战应急力量常态拉动检验考核，在总队各类比武竞赛中名列前茅。抓好勤务运行，抓规范化执勤，坚持常委带头下队查勤，开展党员干部站示范哨活动，会同目标单位整治软硬隐患，执勤标准提升。加强与州、县政府和目标单位对接，全年临时押解勤务无一差错。严密组织抢险救援演练，完善物资器材储备，先后完成恩施市屯堡乡马者村沙子坝滑坡、清江抗洪等抢险救援任务。

（吕 鹏）

人民防空

【概况】 2020年，全州应建防空地下室的民用建筑项目报建审批、人防工程竣工验收备案等人防行政审批事项，纳入工程建设项目并联审批、联合验收范围，实行一窗受理，线上系统并行审批，一站式办结。人防易地建设项目及收费、人防结建地下室审批工作有序推进。全州编制完成人防工程详细规划1个，人防工程规划1个。

【人防组织指挥和信息化建设】 2020年，州人防应急指挥中心指挥信息系统工程（二期）建设竣工验收。4个县（市）完成人防方案编制。恩施市指挥所信息系统项目建设完成初步设计方案评审，鹤峰县完成招标，州本级、恩施市、利川市机动指挥所项目立项。来凤县、咸丰县完成人防警报器改频工作。参加湖北省人防“三楚”训练演练，组织人员到天门市参加训练活动。

【城市防空防灾警报试鸣】 2020年9月18日，根据《中华人民共和国人民防空法》有关规定，全州8个县市先后进行城市防空防灾警报试鸣，鸣响率达100%。恩施市试鸣时间为上午11—11时15分。其他县（市）试鸣时间从9时至11时不等。试鸣期间，市民心态平稳，工作和生活正常，社会秩序稳定，了解人防空警报信号，增强国防观念和人防意识。

【人防法制宣传】 2020年，以人防宣传月为契机，在全州开展人防宣传教育进机关、进学校、进企业、进社区、进网络“五进”活动，加强对在校学生的人防知识教育，向城区各初级中学发放《人民防空知识》教材1.9万余册，人防知识教育普及率达100%。各县（市）人防办到街道开展宣传活动，发放《居民防空防灾应急手册》2000余册。在“9·18”防空警报试鸣活动前，在电视台、网络开展人防法律法规和人防知识宣传，定期利用宣传标语、户外LED显示屏进行宣传。在机关单位、社区、初中、公共场所广泛发放宣传资料。

（郑新民）

经济管理

Economic Management

发展和改革

【概况】 2020年，受新冠肺炎疫情和错综复杂经济形势的不利影响，全州主要经济指标降幅逐月收窄，经济发展呈现逐渐回升态势。全年实现地区生产总值1117.7亿元，同比下降4.2%，高于全省0.8个百分点，增幅居全省第一位。固定资产投资同比下降22.1%，居全省第十一位。社会消费品零售总额562.59亿元，同比下降26.3%，居全省第十五位。外贸进出口总额9436万美元，同比增长5.2%。地方一般公共预算收入57.65亿元，同比下降28.5%，排名全省第十四位。城镇常住居民人均可支配收入30930元，同比下降2%，排名全省第七位。农村常住居民人均可支配收入11887元，同比增长2.3%，排名全省第三位。规模以上工业增加值增长9.7%，排名全省第一位。基本完成《恩施州国民经济和社会发展第十四个五年规划和2035年远景目标纲要（草案）》，启动专项规划编制21个。

【固定资产投资】 2020年，14个省级重点项目完成投资31.74亿元、160个州级重点项目完成投资273.04亿元，均超年度计划目标20个百分点以上。5000万元以上储备转建设转化率60.34%，居全省第三名。建设转达效转化率30.87%，居全省第十二名。省预算内项目全部开工建设，中央预算内项目开工率99.2%。争取到位中央和省预算内资金16.96亿元、同比增长10.4%。恩施州被评为2020年度“全省投资和重点项目建设贡献单位”。

【易地扶贫搬迁】 2020年，全面完成“十三五”期间7.2万户、24.28万人搬迁任务，工程建设完工率、入住率、拆旧率、脱贫率均达100%，实现有劳动力的搬迁户无就业家庭动态清零，全州易迁工作顺利通过国家发改委评估抽查验收。州发改委被评为“全国搬迁工作担当有为集体”，宣恩县、建始县获评“全国‘十三五’搬迁工作成效明显县”。

【长江经济带战略实施】 2020年，长江经济带战略有效实施。推进长江大保护十大标志性战役和长江经济带绿色发展十大战略性举措，成功组建三峡恩施州水务集团有限责任公司，境内长江、清江等州内主要河流生态环境质量显著提升，完成《恩施州清江流域生态环境综合治理和绿色发展实施方案》编制工作，入库项目总投资6646亿元。环保督察整改有序推进。

【“四个三”重大生态工程】 2020年，“四个三”重大生态工程（从2018年起，用3年时间推进“厕所革命”、精准灭荒、乡镇生活污水治理和城乡生活垃圾无害化处理4项重大生态工程）全面完成，全州城乡垃圾无害化处理、城乡生活污水处理、精准灭荒三年目标均提前完成，“厕所革命”累计完成农村户厕38.99万户，超过省定三年目标任务42个百分点，农村公厕、城镇公厕、交通厕所、旅游厕所均超额完成省定目标任务。

【信用体系建设】 2020年，启动全国信用建设示范州创建，开展诚信体系建设专项行动，在全省率先开展政务诚信公开承诺，失信政府机构全部清零，政府及大型国企拖欠民营企业无分歧欠款全部结清。州公共信用平台建成运行，信用基础设施不断完善。创新信用监管，将联合奖惩应用系统嵌入部分部门业务流程，推行“逢办必查、逢审必查”，上报联合奖惩典型案例550个，完成信用修复3654个，发布“红黑名单”通报5期、涉及市场主体1942个。

【现代服务业】 2020年，全州服务业增加值同比下降3.7%，高于全省0.1个百分点。获省服务业奖补资金1000万元，6个项目、2个企业、4个品牌、5名领军人才入选省服务业“五个一百工程”名单。

【重点项目】 2020年，宜鹤高速、建恩高速建成通车，宜万铁路高坪站开通运营，郑万高铁巴东段建设加快，宜来高速鹤峰东段全线开工，宣咸高速控制性工程开工建设。一批重大项目争取取得突破性进展。沿江高铁宜昌—涪陵段进入项目勘察设计阶段，恩施机场迁建纳入国家民用运输机场建设“十四五”规划研究范围，巴东长江公路二桥纳入国家《长江干线过江通道布局规划（2020—2035年）》。围绕重大基础设施、重大社会事业、重大生态环保、重大产业转型升级谋划项目8537个、总投资3.17万亿元。围绕疫后重振补短板强功能“十大工程”谋划项目397个、总投资1056亿元。

【推进重大改革及课题研究】 2020年，出台中介机构管理办法，发布中介机构目录、中介事项清单和审查标准，入驻中介超市机构和在网办理项目数量均位居全省第一。严格执行《市场准入负面清单（2019年版）》，坚持“非禁即入”，确保各类市场主体依法平等进入。全面完成全州开发区（工业园区）区域性统一评价工作，享受评价成果项目213个。坚持应放尽放，除州直、跨县（市）项目和省委托州级审批事项外，其余事项权限全部下放至县（市）。全面推行“全程网办”和“预约办”服务模式，项目审批网办率达到100%。全州在线审批平台审核备项目3600个、总投资2649亿元，分别增长46.1%和56.9%，办件量居全省第七位。启动长江经济带一体化国家大数据中心落户恩施前期课题研究，初选4个备选地块并开展地灾评估工作。

【物价工作】 2020年，加强监测预警，新冠肺炎疫情防控期间，启动重要民生商品及防疫物资市场价格应急监测，上报价格信息专报143期、价格监测数据1万余条，发布价格信息450余期。落实国家、省价格监测报告制度，上报率和准确率均达100%。全年价格运行水平总体平稳，居民消费价格上涨2.2%，涨幅低于全国、全省水平，实现控制在3.5%以内目标。实施物资保供，相机储备和投放冻猪肉等重要肉类物资，科学应对食品价格结构性上涨。执行价格联动机制。执行社会救助和保障标准与物价上涨联动机制，发放困难群体价格临时补贴2.45亿元。落实价格优惠政策，落实新冠肺炎疫情防控优惠价格政策，助力企业降低成本7900万元。严格成本监审，加强全州种植业和养殖业成本调查，完成10个行业、42个项目定调价成本监审工作，核减企业成本10.49亿元。加强价格认定管理，办理涉纪、涉刑、涉行政价格认定案件566件，涉案标的金额2.32亿元。州价格认定中心 所办理案件无一例复核件，案卷质量得到省价格认定中心的肯定。利川市发改局价格认定工作近六年实现零复核，获评“2019—2020年度全国价格认定工作先进单位”。

2020年12月24日，中国民用航空局计划司调研恩施机场迁建选址工作
（吴 晋 摄）

【开发区（工业园区）建设】 2020年，全州开发区（工业园区）完成固定资产投资138.45亿元，实现工业总产值138.39亿元。规模以上工业企业152个，高新技术企业48个。省级以上技术创新平台22个。2020年，恩施高新区调区扩区方案通过省级评审，科技部明确支持恩施高新区“以升促建”，创建国家高新区。推进开发区（工业园区）区域性统一评价工作，全州8个（原恩施经济开发区作为恩施高新区的分园区进行统计）经济开发区（工业园区）全面完成环境影响评价、水土保持、洪水影响、矿产压覆、地质灾害危险性、地震安全性、文物保护、气候可行性8个事项区域性统一评价工作，取得批复（专家评审意见）80份。区域性统一评价成果纳入各业务主管部门审批流程，入驻园区、符合整体规划和功能定位、属于主导产业的投资项目可不再进行单独评价，免费共享统一评价评估成果。截至年底，各园区有113个项目享受区域性统一评价成果。

【新冠肺炎疫情防控】 2020年，推进救治场所和隔离场所建设，紧急救治和隔离留观场所配备比例从198%提高到442%，超额完成省下达任务，位列全省第一。组建保供稳价专班，实行日监测、日分析、日报告，同步加强监审调度管理，主要食品及副食品、医疗防疫物资、能源等供应充足、价格稳定。全面完成粮食保供任务。有序对机场、火车站实行管制，组织好物资运输保障任务。州发改委被州委、州政府表彰为“恩施州抗击新冠肺炎疫情先进集体”。

【复工复产】 2020年，分类分时、安全有序推动复工复产复市，截至12月底，全州“四上”及房地产企业复工率99.7%，复岗率98.7%。14个省级重点项目全面开复工，州级重点项目开复工率99.38%。复工达产税务指数112.53。州级以上农业产业化龙头企业、交通物流园区和物流企业复工率、人员复岗率均达100%。民航全年旅客吞吐量93.3万人次，铁路车次恢复至疫情前的77%。37个景区恢复营业，除闭园建设的，实现应开尽开。复工复产在全省考评中居第八位。

【中央支持湖北一揽子政策落实】 2020年，争取抗疫特别国债16.2亿元、专项债券17.78亿元，发行企业债券9.5亿元。争取省财政拨付补助款292.7亿元。获减收综合财力补助19.5亿元、疫情防控转移支付补助资金28.16亿元。全州82项重点任务完成成效显著，其中2020年需完成的62项任务均按期完成。

（瞿显超）

国有资产监督管理

综合管理

【概况】 2020年，全州国资国企系统坚持稳中求进工作总基调，统筹推进新冠肺炎疫情防控和国资国企各项工作，打好疫情防控、疫后重振、防汛救灾、决胜脱贫等硬仗，继续深化国有企业改革，不断完善国资监管体制，全面加强党的建设，各项工作稳步推进。根据州政府授权，州政府国资委对6个地方国有企业（州国有资本投资运营有限公司、州农发信用担保股份有限公司、州平安押运公司、州硒康牧业发展有限公司、州粮油储备股份有限公司、州城乡规划设计院有限公司）履行出资人职责。

【国有资产分布情况】 截至2020年12月31日，纳入财务统计报表系统的国有（独资及控股）企业57户，资产总额585.80亿元，较上年同期增加87.65亿元，同比增加17.60%。其中州直67.09亿元，恩施市309.84亿元，利川市7.62亿元，建始县53.12亿元，巴东县4.61亿元，宣恩县38.14亿元，咸丰县80.69亿元，来凤县0.95亿元，鹤峰县23.74亿元。在资产总额中，流动资产253.6亿元，占汇总资产总额的43.29%；长期股权投资83.1亿元，占汇总资产总额的14.19%；投资性房地产74.1亿元，占汇总资产总额的12.65%；在建工程78.1亿元，占汇总资产总额的13.33%；固定资产25.4亿元，占汇总资产总额的4.34%；无形资产30.1亿元，占汇总资产总额的5.14%。流动资产、长期股权投资、投资性房地产、在建工程占用份额较大。

【国有经济运行】 2020年，全州累计完成工业总产值4.25亿元，较上年同期增长3.1 %。劳动生产总值9.08亿元，较上年增长22.45%。其中工业总产值全部为县（市）企业所贡献。州直企业劳动生产总值2.98亿元，占全州劳动生产总值的33%；县（市）企业劳动生产总值6.1亿元，占全州劳动生产总值的67%。全州累计实现营业收入25.28亿元，较上年同期22.67亿元，增长11.51%。其中州直企业累计实现营业收入4.41亿元，较上年同期4.62亿元，下降4.55%，占全州营业收入的17.44 %。恩施市、利川市、建始县、巴东县、宣恩县、咸丰县、来凤县、鹤峰县累计实现营业收入分别为14.12亿元、1.19亿元、0.71亿元、0.57亿元、0.87亿元、2.05亿元、0.49亿元，0.87亿元。恩施市、利川市、建始县、来凤县、鹤峰县较上年同期有一定幅度增长。全州累计实现利润总额3.39亿元，较上年同期3.95亿元，下降14.18%。

【国有资产监管】 2020年，加强财务和产权监督管理，规范年报编制和月度快报编制，组织第三方会计师事务所对州出资企业进行专项审计。加强预算监管，开展内部财务预算编制、执行、监督和考核工作。规范企业国有产权交易行为，实现国有企业资产评估项目核准备案率、资产处置审批率、进场项目转让信息发布率和进场交易率“四个100%”。实行工资总额预算管理，新制定出台《恩施州国有企业工资决定机制实施办法》《恩施州政府国资委出资企业工资总额预算管理实施办法（试行）》，建立健全与劳动力市场基本适应、与企业经济效益和劳动生产率挂钩的工资决定和正常增长机制。修改完善《恩施州政府国资委出资企业负责人薪酬管理（暂行）办法》，出台《恩施州政府国资委出资企业负责人年度经营业绩考核实施方案》《恩施州政府国资出资企业负责人任期经营业绩考核实施方案》《恩施州政府国资委州出资企业负责人经济增加值考核方案》《恩施州政府国资委州出资企业负责人任期激励实施方案》4个文件。落实企业投资主体责任，制定《恩施州政府国资委出资企业违规经营投资责任追究实施办法（试行）》，有序开展责任追究，维护国有资本安全。加强州、县两级国资监管机构的指导监督和工作协调，推进在线监管平台建设，加快形成国资监管一盘棋。修订出台《州国资委出资人监管权责清单（2020版）》和《州国资委授权放权清单（2020版）》，明确监管权责边界，优化营商环境。

【深化国资国企改革】 2020年，国有企业公司制改革基本完成，法人治理结构完善。联合发改部门对全州13个僵尸企业进行集中清理，注销12个。加快推进部门管理企业脱钩改制，州城乡规划设计研究院由州自然资源和规划局全面移交州政府国资委履行出资人职责，完成公司制改革。武陵都、亚洲大酒店等经营性资产移交州国投公司集中统一监管。平稳推进国有企业退休人员社会化管理制度改革，全州应移交人员8053人，签订移交协议8053人，移交社区管理职能8053人，完成率100%。其中，应移交党员1911人，转移党组织关系1911人，完成率100%。应移交档案8053人（份），移交7196人（份），完成率89%。

【东西部扶贫协作】 2020年，继续开展东西部扶贫协作，杭州市所属国有企业连续第四年为恩施州捐赠扶贫资金800万元。州硒康牧业公司在杭州市新设立恩施州农（硒）产品体验展示馆，推进“硒品入杭”工程。

【新冠肺炎疫情防控攻坚战和推进经济重振】 2020年，出台《鼓励支持州出资企业坚决打赢疫情防控攻坚战的五条措施》《关于推动国有企业复工复产促进实体经济加快发展的措施》等文件，落实“六稳”“六保”任务，推进全州国有企业复工复产，落实中央支持湖北一揽子政策，帮助中小微企业和个体工商户共克时艰。先后召开州出资企业年度工作会、县（市）国资局局长座谈会、国有企业退休人员社会化管理工作会等。全力保供给，全州8个自来水公司、9个粮油储备公司、1个押运公司、1个公汽公司等公益类企业做到供应不断、价格不涨、质量不降。州粮油储备公司第一时间进入“战备”状态，坚持“不涨价、不断档、不脱销”，保障“米袋子”和“油瓶子”，发挥应急、保供、稳价作用。州平安押运公司在做好疫情防控的前提下，保障全州城乡银行网点ATM机及乡镇邮储银行网点的钱钞押运工作。各县（市）公交公司在疫情防控期间服从指挥部统一调度，不计成本全天运营，保证居民出行。各个自来水公司在“7·17”洪灾期间，坚持欠费不停水，保障居民和企业用水。恩施市自来水公司在恩施市屯堡乡马者村沙子坝发生地质灾害、州城近85%的用户自来水停供的紧急情况下，迅速组织采购机电设备及取水口应急修复施工，争取国家供水救援中心华中基地紧急支援应急制水，协调全市应急供水车33台、兄弟县（市）支援34台、省内其他地区援助3台，共70台车24小时调度，全天候为学校、医院、居民小区以及机关、企事业单位送水，仅3天就送水6000余吨。及时出台《关于疫情防控期间减免中小微企业房租有关事项的通知》，落实“三免六减半”政策，全州国有企业减免经营性用房租金5262.13万元。州国投公司开展过桥业务57笔、总额4.54亿元。州农发担保公司为60个企业担保贷款2.5亿元，减免担保费393万元，缓交担保费124万元。州国投公司完成投资4.8亿元，较上年同期的3.7亿元增长29.7%，其承建的恩施高新区标准厂房项目总建筑面积约35.8万平方米全部建成投产。承建的恩施国投·高新区电子信息产业园标准厂房项目完成场地平整土石方工程50%。承建的恩施国投·民心家园项目EPC总包单位进场。承建的土司城和龙麟宫景区提档升级项目按计划有序开展。参建的州工人文化宫地下停车场项目完成主体结构施工。全州国有企业经营业绩主要指标逆势增长，其中营业收入同比增长2.3%，资产总额同比增长4.9%，所有者权益同比增长8.6%。州出资企业质量效益增长，其中利润总额同比增长29.0%，已缴税费同比增长17.3%。中国交通建设集团有限公司、中国铁道建设集团有限公司与省交通投资集团有限公司签订利川—咸丰高速公路投资意向协议，总投资180亿元。中国长江三峡集团有限公司与湖北省工业建筑集团有限公司签订利川清江生态环保与综合利用项目，总投资14亿元。利咸高速公路项目工可报告通过评估，初步设计路线基本完成。利川清江生态环保与综合利用项目取得项目用地预审审批。国投公司与中国石油化工股份有限公司合作组建中石化湖北页岩气投资有限公司签约揭牌，注册资金5000万元。组织编制州国资国企“十四五”发展规划，初步谋定国企改革三年行动方案，推动国资国企在贯彻新发展理念、构建新发展格局中做表率。

（陈全军）

州高新投资开发有限责任公司

【概况】 2020年，州高新投资开发有限责任公司（简称“州高新投公司”）主要服务于全州重点项目建设、重大产业投资、恩施高新区创建国家级高新区和全州“1+8”园区建设。年末，公司总资产8.8亿元。负债0.7亿元，资产负债率8%；所有者权益8.1亿元；全年总收入1548万元（剔除因新冠肺炎疫情减免租金231万元），成本费用740万元，利润总额808万元。

【支持产业发展】 2020年，支持硒食品精深加工产业发展，向湖北洲际食品公司提供支持资金4080万元，推动硒食品精深加工龙头企业在恩施高新区落地。支持电子信息制造产业发展。与中信建设投资发展有限责任公司合资成立恩施州恩信投资发展有限公司，共同投资达翔电子信息标准厂房建设。达翔一期建设总投资2.46亿元，总建筑面积为7.26万平方米。截至年底，完成货币工程量1.6亿元，工程进度完成66.67%。建设孵化园，支持多产业入驻高新区，项目占地8.33公顷，建筑面积5.8万平方米，估算总投资2.08亿元，累计完成货币投资约5500万元。

【企业家沙龙】 2020年，州高新投公司投资100万元举办恩施州首家企业家沙龙，作为主办单位之一配合州工商联、州经信局成功举办三期企业家沙龙活动，畅通政企沟通渠道、构建“亲”“清”政商关系、优化营商环境。

【项目建设及投资融资】 2020年，按照高新区关于委托高新投公司建设项目的意见，高新投公司将承担园区包括“双创”中心、高新区医院、标准厂房、公租房、配套市政道路等31个项目、76亿元的投资建设任务。截至年底，高新投公司启动其中12个项目的招标建设工作，项目总投资16亿元，计划三年内滚动实施完毕。高新投公司将根据项目情况，陆续启动剩余约60亿元项目的投融资及建设工作。

（刘娟）

州国有资本投资运营有限公司

【概况】 2020年，州国有资本投资运营有限公司（简称“州国投公司”）实现主营业务收入1.33亿元，利润总额1.004亿元，上缴税费3160.81万元，上缴国有资本收益1953.23万元，完成固定资产投资4.19亿元，国有资本保值增值率102.04%，资产总额42.1亿元，净资产总额27.8亿元，下属全资子公司4个，参股公司17个，员工总数426人。3月，驻村工作队被恩施市委、市政府评为“扶贫工作突出工作队”，被州脱贫攻坚指挥部评为“扶贫先进集体”，4月，公司被州委、州政府命名为“州级文明单位”，在全州“比招商、抓项目、强产业、促进位”工作中受到州政府表彰。

【主营业务】 2020年，州国投公司管理经营性资产428宗，实现资产租金收入1234.54万元（不含已按政策减免的经营性资产租金935.5万元），移交资产过户登记取得不动产权证9本，累计处置收购的不良资产债权2959万元，实现总收益 1994 万元。累计为全州 630 余个中小企业提供 1315 笔过桥资金服务，过桥资金总额 112.06 亿元，其中 2020 年过桥 66 笔，累计过桥金额 5.39 亿元，有效降低企业运营成本。恩施土司城景区于 3 月 31 日获得批准恢复营业，累计接待游客 61 万人次，实现综合收入 1152 万元。

【投资融资】 2020 年，围绕州“一谷两基地三示范区四大产业集群”战略部署，州国投公司与省长江经济带产业基金管理有限公司合作设立规模为 8 亿元的恩施产业投资基金，投资 1000 万元与恩施高新区合作成立恩施高新政信融资担保有限责任公司，投资 1500 万元与中石化合作组建中石化湖北页岩气投资有限公司，投资 5100 万元推进恩施州海关铁路监管场所建设。持续对接沟通公司 AA 信用评级事宜，为公司进入资本市场进行融资奠定基础。科学制定融资方案，累计提款 1.68 亿元，保障公司项目建设资金。

【项目建设】 2020 年，州国投公司承接重点建设项目 8 个，景区提档升级项目 2 个，总建设规模约 135 万平方米，总投资约 63 亿元。在建项目方面，恩施高新区立讯产业园标准厂房项目 35.8 万平方米厂房及宿舍全部建成。州工人文化宫项目完成主体结构施工，进行装饰工程施工。恩施国投·高新区电子信息产业园标准厂房项目 3、4 号楼完成主体结构封顶，推进 1、2 号楼建设。恩施国投·民心家园项目前期工作和施工图设计基本完成，土石方工程施工完成约 50%。开展恩施土司城、龙麟宫景区提档升级项目。拟建项目方面，恩施国投·湖北银行金融综合体项目完成项目监理、造价服务单位的招标采购、施工图设计审查等工作，进入施工总承包招标阶段。恩施国投·平安押运服务综合体项目完成可行性研究报告并通过专家评审论证，项目方案设计通过州规划局审批。恩施民族体育运动中心和职院整体迁建项目完成代建协议签订，前期设计成果预公告后正式发布项目工程总承包（EPC）招标公告。恩施职业技术学院还建小区项目完成方案设计单位的磋商采购，按职院意见完成四轮规划建筑方案优化设计，对接规划方案审查等工作。

【履行社会责任】 2020 年，根据省、州关于促进经济社会加快发展的文件精神，州国投公司按要求对资产用于生产经营的中小微企业、个体工商户免收 1—3 月租金，减半收取 4—9 月租金，减免租金总额 935.5 万元。投入 100 余万元紧急抢险凤凰山树木倒塌和隧洞旁山体垮塌等自然灾害。

（杨　勇）

财　政

收支与管理

【概况】 2020 年，全州地方财政总收入完成 143.19 亿元，同比下降 17.7%。全州地方一般公共预算收入完成 57.65 亿元，同比下降 28.5%。全州地方税收收入完成 43.91 亿元，同比下降 27.1%，占地方一般公共预算收入的 76.2%。州直地方财政总收入完成 62.5 亿元，同比下降 6%。州直地方公共财政预算收入完成 12.31 亿元，同比下降 24.1%。全州地方一般公共预算支出完成 470.2 亿元，比上年增长 5.4%。其中一般公共服务支出完成 43.24 亿元，下降 0.7%。公共安全支出 11.65 亿元，增长 0.6%。教育支出 76.78 亿元，增长 1.2%。科学技术支出 7.41 亿元，增长 7.1%。文化体育与传媒支出 8.7 亿元，增长 22.7%。社会保障和就业支出 70.81 亿元，增长 15.9%。卫生健康支出 51.68 亿元，增长 24.7%。节能环保支出 11.96 亿元，下降 29.8%。城乡社区支出 16.73 亿元，增长 1.6%。农林水支出 86.31 亿元，增长 10.8%。交通运输支出 39.78 亿元，下降 9.3%。资源勘探信息等支出 2.65 亿元，增长 184.8%。商业服务业等支出 1.9 亿元，增长 79.4%。金融支出 0.65 亿元，增长 557.6%。自然资源海洋气象等支出 4.1 亿元，下降 22.5%。住房保障支出 17.92 亿元，增长 5.6%。粮油物资储备支出 1.69 亿元，增长 107.5%。灾害防治及应急管理支出 6.66 亿元，增长 47.3%。其他支出 1.86 亿元，下降 72%。债务付息支出 7.3 亿元，增长 14.7%。债务发行费用支出 0.07 亿元，增长 31.6%。

【新冠肺炎疫情防控】 2020 年，各级财政累计投入疫情防控专项资金 332645 万元。州慈善总会和红十字会接受捐赠资金 15122 万元。在资金拨付上，急事急办，特事特办，建立资金支付“绿色通道”，及时下拨防控专项资金。在资金监管上，联合相关部门下发《恩施州新型冠状病毒感染肺炎疫情防控资金管理办法》，确保疫情防控资金专款专用。落实惠企政策，全面支持复工复产，稳就业，对疫情防控期间开工生产、配送疫情防控急需物资的 53 个企业发放一次性吸纳就业补贴 130 万元，发放返乡创业补贴 273 人、136.5 万元，对 3159 个企业返还失业保险费 4488 万元，惠及 9.32 万人。为全州 6.1 万户纳税人减免增值税、消费税共计 4.4 亿元。为全州 2.59 万（次）企业、41.6 万人减免社保费 6.7 亿元。对承租国有资产经营用房的中小微企业、个体工商户，全州减免租金 6900 万元，其中中小微企业减免 3121 万元，个体工商户减免 3779 万元。落实疫情防控医务人员各项补贴，全州发放医务人员补助、津贴 16406 万元。落实困难群众生活保障各项补贴，全州发放社会救助资金 145536 万元。实施临时救助 35563 人次，发放临时救助资金 5311 万元。发放价格临时补贴 25050 万元。落实党员捐款慰问，全州发放慰问金 2 亿元。抢抓政策机遇，助力疫后重振，省财政厅下达恩施州减收综合财力补助 19.5 亿元，疫情防控转移支付补助资金 28.16 亿元，困难群众救助补助资金 13.34 亿元，企业职工基本养老保险中央调剂金 3.61 亿元。争取抗疫特别国债（公共卫生领域补短板）16.2 亿元，争取地方政府债券转贷资金 90.79 亿元（新增政府债券 51.04 亿元，再融资政府债券 39.75 亿元）。

【打好三大攻坚战】 2020 年，突出脱贫攻坚财力保障，确保财政扶贫投入与脱贫攻坚目标任务相适应。全州统筹整合财政涉农资金64.78亿元，争取杭州对口支援恩施州扶贫协作项目资金4.88亿元，全州落实“五个一批”资金专项资金57.22亿元。全州财政资金统筹整合工作连续三年被省财政厅评为A等。加大环保投入，重点支持打赢蓝天、碧水、净土保卫战，继续支持“四个三重大生态工程”“双十工程”建设，全州投入生态环境保护专项资金12.7亿元。参与制定《清江流域上下游横向生态保护补偿实施方案（试行）》，建立恩施州流域横向生态补偿机制。加强政府债务日常管理，通过政府性债务管理系统和地方全口径债务监测平台，定期更新债务数据，全面掌握债务变化情况，确保隐性债务只减不增，全年全州化解隐性债务56.7亿元。

【优化营商环境】　2020年，改革财政投入方式，通过争取中央及省支持、贷款贴息、激励奖补、政府引导基金撬动等方式，集中资金聚焦重点领域发展，优化调整支出结构，安排5000万元专项资金，通过支持政府性融资担保补贴、企业贷款贴息及财政奖补等方式支持全州工业经济平稳发展。安排5000万元高质量发展专项资金，对技改扩规、税收贡献、招商引资、企业上市、比抓强促等实行分类奖补。安排2000万元专项资金通过消费券补贴、文化旅游企业奖补等方式支持文化旅游发展。安排科技专项资金2000万元，专利保护资金200万元，支持科研创新、专利保护和产业发展。安排人才专项资金2000万元，实施“硒谷英才计划”，落实企业引才补贴。发挥采购政策功能，规范政府采购行为，出台《关于进一步落实政府采购政策持续优化营商环境的通知》，严格执行向中小微企业预留采购份额、价格评审优惠按最高上限10%执行、采购人资金支付时间由收到发票后30日压缩至5个工作日等政府采购政策，加强对中小微企业政策扶持。支持本地企业发展，要求预算单位优先采购《恩施州本地工业产品鼓励采购目录》产品。全面推进政府采购电商“一张网”，实现“一次投标、全州共享”，降低供应商成本，推进政府采购全流程电子化，提升采购效率，促进公平竞争。按照《恩施州政府采购合同融资工作方案》，推进政府采购合同信用融资工作，缓解中小微企业融资贵、融资难的问题。

【财政改革】　2020年，推进州以下财政事权和支出责任改革，根据《生态环境领域财政事权和支出责任划分改革方案》，基本完成州级和县（市）分级负担相关支出、县（市）生态环境机构经费上划和保障工作。推进教育、卫生、交通、应急等部门开展财政事权和支出责任改革。推进权责发生制政府综合财务报告改革，印发《关于开展全州2019年度政府财务报告编报工作的通知》，扩大编制范围，将独立核算的自收自支事业单位及所有乡镇预算单位均纳入编制范围。州本级2019年度政府综合财务报告和县（市）政府综合财务报告顺利通过省财政厅审核。推进国库改革，推进国库集中支付系统建设，在2019年全面实现实拨业务电子化业务基础上，启动全州财政专户清算电子化工作。制定《恩施州本级惠民惠农财政补贴资金“一卡通”发放实施细则（暂行）》。加强预算执行动态监控，州本级以公务卡制度、现金结算限制目录和电子副本制度为依托，加强日常支付管理工作。贯彻落实党中央、国务院关于建立特殊转移支付机制的决策部署，启动直达资金监控工作，确保资金直达市县基层、直接惠企利民。继续完善2020年扶贫资金动态监控工作，确保数据的准确性、完整性和及时性。财税库横向联网系统正式运行，持续推进预算绩效管理改革，强化绩效目标编审，对州级重点项目开展多层次绩效评价，实现州级项目支出和部门整体支出绩效目标编报全覆盖，州级绩效评价全覆盖。

【财政监管】　2020年，统筹推进监督检查，开展会计信息质量、会计师事务所执业质量、预决算公开、疫情防控财税政策落实、长江流域禁捕财政资金、直达资金、扶贫资金等专项监督检查。开展完善“三公经费”管理制度、利用隐形资产滥发津补贴和“精致走账”专项治理和财政出借资金专项清查整治。建立内控长效机制，制定《恩施州财政局关于开展财政监管职能清理工作实施方案》，厘清财政部门的职责边界。建立“财政监督责任分片包干机制”和“财政监督检查发现问题线索移送机制”，加大财政监督检查成果利用。组织开展局机关内部控制考评工作，提高风险防控能力。加强行政事业单位国有资产综合监督管理，持续推进资产管理“放管服”改革，开展土地、房屋资产清查工作，盘活存量，摸清底数。建立健全国有资产报告制度，加强对国有资产的监督。推进政府投资评审工作，提高财政资金使用效益。全州开展工程预算评审项目1287个，送审金额147.89亿元，审定金额139.61亿元，审减率为5.6%。推进法治财政建设，严格落实行政执法三项制度和法律顾问制度，加强对执法程序、决策程序进行合法性评估，依法办理行政复议、行政应诉案件。健全行政规范性文件合法性审核机制，持续开展规范性文件清理。制定年度普法责任清单。

【非税收入管理】　2020年，全州一般公共预算非税收入完成13.74亿元，其中专项收入3.88亿元，行政事业性收费2.09亿元，罚没收入2.52亿元，国有资源（资产）有偿使用收入3.51亿元，捐赠收入0.43亿元，政府住房基金收入0.61亿元，其他收入0.7亿元。4月，印发《关于开展州直非税收入清理核查工作的通知》，对21个执收单位收费项目和收费情况进行核查。9月，对4个执收单位财政票据的使用和收费项目情况进行检查，全面掌握各执收单位非税收费项目增减变化，摸清解非税收入增减变动原因。接收罚没资产，增加州级财力储备。根据州政府工作部署，由非税局接收“扫黑除恶”罚没资产、物资且将可持续经营的涉案资产移交给州国投公司。严格财政票据管理，编制全州票据需求计划，组织5次票据供应，涉及票据种类30个，及时保证8个县（市）及州直医疗单位财政票据供给。推进财政电子票据管理改革，按照“互联网+政务服务”要求，选定州中心医院、民大附属医院作为财政电子票据改革第一批试点单位，完成财政端平台搭建工作，州中心医院正式启用医疗收费电子票据。

【荣誉】 2020年11月，州财政局社保科科长、一级主任科员谭大元被省委、省政府、省军区表彰为“拥军优属先进个人”。

（温 艺）

政府采购工作

【概况】 2020年，政府采购工作以提高服务水平、规范采购行为为重点，以优化营商环境、推动经济发展为目标，推进政府采购制度改革。全州全年采购规模达346093.80万元，其中货物类83253.33万元，工程类220298.86万元，服务类42541.61万元。

【新冠肺炎疫情防控采购】 2020年，及时转发财政部《关于疫情防控采购便利化的通知》、《湖北省财政厅关于做好新型冠状病毒感染的肺炎疫情防控期间政府采购有关工作的通知》、财政部《关于疫情防控期间开展政府采购活动有关事项的通知》，推行采购便利化措施，要求各采购单位按照疫情防控工作需要，简化采购程序，提高采购效率，要求采购代理机构加强采购活动场所防护，合理安排政府采购活动。建立采购“绿色通道”，急事急办，服务大局。要求各采购单位以满足疫情防控工作需要为首要目标，可不执行政府采购法规定的方式和程序，采购进口物资无需审批，建立健全紧急采购内控机制，确保采购时效，提高采购资金的使用效益，保证采购质量，加强疫情防控采购项目采购文件和凭据的管理，留存备查。

【消费扶贫】 2020年，利用贫困地区农副产品网络销售平台（简称“扶贫832”平台），打破贫困地区农副产品滞销、增产不增收的局面，助力精准扶贫收官战。全州预算单位在“扶贫832”平台上累计激活采购人交易账号2430个，预留采购金额6087.55万元，在平台完成交易金额38729.4万元，预算单位账户开通激活率、预留采购金额、完成交易总额3项指标均居全省前列。组织采购贫困地区农副产品信息填报，督导预算单位按时完成信息上传、账户管理注册激活。4月，印发《关于进一步做好政府采购贫困地区农副产品有关工作的通知》，督促各级预算单位加快做好平台账号注册激活工作，指导采购单位实际操作。立足政府采购工作，对接各预算单位食堂和职工工会对农副产品的采购需求，对贫困地区农副产品的采购按年采购量不低于总量的50%，用工会经费预算单位预留不低于40%的原则指导预算单位做好消费扶贫采购预算，将贫困地区农副产品直接引进机关、企事业单位、学校、医院各大食堂，建立长期稳定供销关系，解决贫困户有货无处销的问题。

【优化营商环境】 2020年，贯彻执行支持中小微企业发展的政府采购政策，落实小微企业参与政府采购进行价格扣除等政策举措，按政策最高上限确定价格扣除比例为10%，提高政府采购竞争度和中小企业参与度。加强政策落实情况检查，要求州直所有预算单位对预留份额专门面向中小微企业采购执行情况开展全面自查，对政策落实不力的情况及时整改。要求各级预算单位对照《恩施州本地工业产品鼓励采购目录》(第一批)，优先采购。推行政府采购全流程电子化，会同州政府采购中心，组织全州财政部门、采购中心集中进行全流程电子化培训，统一部署，同步推进，压实责任，10月完成政府采购全流程电子化软件开发与平台搭建工作，所有项目上线运行，平稳有序。实现全州电商平台“一张网”，督办全州财政部门迅速落实电商平台搭建任务，做到“四个统一、分级监管、分级付费”。大幅压缩资金支付时间要求，要求预算单位认真编制政府采购部门预算，做到先预算再采购，对满足采购合同约定支付条件的，采购人在收到发票后5个工作日内完成资金支付。完成优化营商环境指标评价工作，以“全州一盘棋”为指导思想，将所有评价指标进行细化、分解，制定统一基本模板，对各县（市）财政局、各县（市）政府采购中心就优化营商环境迎检工作集中培训指导，在省财政厅对优化营商环境指标评价中获得满分。搭建融资平台，“贷”动小微企业发展，协同州金融局、人民银行恩施州中心支行出台《恩施州政府采购合同融资工作方案》，支持政府采购供应商依法依规开展融资，缓解中小微企业融资贵、融资难的问题。全年全州完成融资数量9笔，发放贷款1552万元。

（袁 媛）

会计事务管理

【概况】 2020年，全州会计事务管理工作以会计改革发展为主线，推动行业服务能力全面提升。按照政府会计准则制度实施整体安排，组织州直行政事业单位就政府会计准则制度、会计相关法律法规及财务软件操作系统等内容进行专题授课培训学习，参训人员200余人。全年完成初、中、高级会计专业技术资格和注册会计师考试报名及审核工作。全州5140人报名参加初级会计师考试，1219人取得合格证。1529人报名参加中高级会计师考试，合格242人。1201人报名参加注册会计师考试，全科合格6人。报名人数同比分别增长1%、24%、12%，各级考试顺利进行且无一例违规违纪行为发生。

【会计人员继续教育】 2020年，以最便捷的方式推进全州会计人员继续教育工作。发布全州会计人员继续教育有关事项公告，做好域内会计人员添加导入、学分登记及日常服务管理工作，全州网上培训会计人员3700余人。组织注册会计师执业会员分批次参加继续教育集中培训和注册会计师非执业会员参加网上培训学习及年检工作。

【代理记账机构年度报备检查】 2020年，开展代理记账机构年度报备检查工作，按照分级负责的原则，组织各县（市）会计局对代理记账机构年度报备情况进行全面核查，对不符合条件的及时注销。全州新增代理记账机构38个，机构总数161个，按期完成年度报备审查代理记账机构123个。

【注册会计师行业监管】 2020年，新设立3个会计师事务所。根据省注协有关要求，及时组织全州10个会计师事务所的45名执业会员完成2020年度任职资格检查初审工作，组织会计师事务所完成2019年度报备及年度财务报备初审工作。持续推动内部控制体系建设，落实行政事业单位内部控制报告的编报工作，组织全州独立的预算单位2191个编制和上报行政事业单位内部控制报告。对州直15个行政事业单位开展内部控制报告真实性核查工作。

（许辉燕）

公共资源交易监督管理

综合监管

【概况】 2020年，全州公共资源交易监管系统深化公共资源交易综合监管体制改革，推进公共资源交易平台整合共享，优化公共资源交易营商环境，提升公共资源交易监管水平，推进各项工作。全州全年完成招标代理机构业务培训，参训人员200人，组织300名新增执业代理机构人员考试，合格率85%，对11个代理机构进行约谈。州级收到招标投标领域各类投诉举报16件，其中举报11宗，投诉5宗。按规定不予受理的3件，州政务服务和大数据管理局（简称“州政务局”）自办10件，联合行业主管部门办理2件，依据职责分工和属地管理原则移送给相关部门4件，办结率100%。

【招投标全流程电子化】 2020年6月，州政务局对接州住建局、州水利局、州交通运输局、州公共资源交易中心等部门，在全州范围内推行工程建设领域招投标全流程电子化工作，牵头组织各行业主管部门编制电子招标示范文本。州级全年完成3套房建、5套交通、4套水利示范文本、1套通用示范文本的编制工作。11月，全州依法必须招标项目进场交易实现全流程电子化100%的目标。11月26日，州政务局联合相关部门组织召开招标代理机构全流程电子化业务培训会。

【招投标“绿色通道”建设】 2020年7月，州政务局出台《关于建立工程建设招投标“绿色通道”加速推进项目开工建设的通知》。建立容缺受理机制，特事特办，应急抢险类项目招投标可采用邀请招标方式或非招标竞争方式实施。推广使用电子保函。对招标投标活动中未致危害后果的首次轻微违法实行“首违不罚”，包容审慎监管，持续优化营商环境，大幅缩短招标时限。

【招投标综合评标专家库】 2020年，按照“全州一库、属地管理”原则，完成州及县（市）子库的专家库合库工作，打通州、县（市）工程建设评标专家“隔离墙”，实现评标专家资源共享。修订《恩施州评标专家和综合评标专家库管理办法》。9月18日，开展全州水利类300多名评标专家培训，组织评标专家进行电子评标模拟操作考试。完成全州经济类、计算机类评标专家征集工作。

【建立招投标“黑名单”制度】 2020年，健全完善州公共资源交易领域违法违规行为联防联治机制，治理招投标活动中不良行为。8月，州政务局出台《恩施州工程建设项目招标投标领域“黑名单”管理办法（试行）》《恩施州工程建设招标投标领域恶意投诉举报“黑名单”管理办法（试行）》2个制度。对存在违法违规行为的5名评标委员会成员依法禁止其一年内参加全州依法必须进行招标项目的评标资格，纳入“黑名单”予以公告。

【审计整改】 2020年，按照省委审计委员会反馈审计发现恩施州工程建设招投标领域的问题，州政务局联合州公共资源交易中心成立工程建设项目招投标审计发现问题恩施州专项整改工作领导小组，制定专项整改工作方案，将15个问题线索按照职能职责和属地进行分解，组织专班督办审计整改工作落实。所移交的问题线索调查核实清楚，对查实的问题处理处罚到位，按要求上报省公共资源交易监督管理局。

【专项整治】 2020年，州政务局联合州发改委等相关部门开展2020年度工程建设项目招投标领域营商环境专项整治工作。印发《恩施州2020年度工程建设项目招投标领域营商环境专项整治工作方案》。州政务局牵头联合行业主管部门，采取“双随机、一公开”方式，对2019年12月1日起至2020年9月30日在州公共资源交易中心交易的依法必须招标的工程建设项目进行重点抽查，全州抽查191个项目，发现问题26个，全部整改完成。

（陈世祥）

州公共资源交易中心

【概况】 2020年，全州公共资源进场交易项目2445个（包含建设工程、政府采购、其他公共资源交易），累计交易额251.84亿元，累计节约资金8.81亿元，累计增值资金2.86亿元。其中建设工程交易项目758个，交易额166.52亿元，累计节约资金7.96亿元，节约率达4.56%；政府采购交易项目953个，交易额19.04亿元，累计节约资金0.85亿元，节约率达4.3%；其他公共资源交易项目734个（包含土地使用权出让、矿业权出让、国有产权交易），交易额66.29亿元，累计增值2.86亿元，增值率达4.51%。全州全年公共资源进场交易中，工程建设、政府采购、其他公共资源交易额分别占到交易总额的66.12%、7.56%、26.32%。10月，州中心驻村工作队被利川市委、市政府表彰为“驻村帮扶榜样”。

【制度建设】 2020年，修订《恩施州公共资源交易中心进场交易项目运行规程》，巩固发展综合性和区域性交易平台的创新成果。完善《恩施州公共资源交易投标保证金管理办法》，确保保证金应退尽退，及时足额。印发《恩施州公共资源交易远程异地评标操作暂行办法》，保证远程异地评标活动统一、规范和有序，提升全州各级公共资源交易中心场所设施、评标专家及评标系统等资源利用效率。制定《恩施州公共资源交易中心进场交易项目档案管理办法》，加强进场交易项目档案的集中统一管理，维护项目档案的真实完整与安全，有效利用进场交易项目档案资源。规范完善《恩施州公共资源交易中心开评标现场监控管理办法》，加强全州公共资源交易中心开评标现场监控管理，确保中心监控系统正常使用和安全运行，发挥其监督见证作用。

【支持执纪监督】 2020年，协助纪检、监察及各行业主管部门加大案件处理中各类档案资料的查询查证力度，支持查处进场交易活动中违法违规行为，加大违规案件的公开曝光度，维护公共资源交易中心资源交易平台公信力。配合行政监督和行政监察部门做好项目清理工作，查询项目进场登记条件是否具备、交易程序是否规范，为相关部门查询提供进场项目档案资料和音视频资料，为行政监督和行政监察部门案件查询提供条件。协助综合监管、纪检监察、公安、审计、行业主管部门等累计查询36次，涉及项目36个，借阅档案资料49卷，复印资料12份。

【全流程电子化服务】 2020年，全州依条件实现工程建设项目招投标全流程电子化。依法必须招标的项目实现100%在线招标、投标、开标、评标。自4月3日起，凡进入全州公共资源交易中心的全流程电子化项目均采用不见面开标。8月，8个县（市）均实现不见面开标。推行全州范围内的远程异地评标工作。截至8月底，州与县、县与县之间的电子化远程异地评标全面实现。自9月起，州级交易平台依法必须招标的项目实现全流程电子化率100%，至10月底，全州8个县（市）均实现依法必须招标的工程建设项目电子化率100%。9月初，成功实现州中心与省中心电子化远程异地评标。州公共资源交易中心顺利实现与宜昌、荆州、荆门等省内部分地（市）的远程异地评标工作。推行电子保函方式，减轻企业负担。通过电子保函方式，投标人可采取以银行保函、担保保函、保证保险替代现金缴纳投标保证金，减轻资金占用压力。11月底完成金融服务机构征集和平台上线正式运行。州公共资源交易中心与州财政局联合实施“四个统一”，即州、县（市）统一建立政府采购项目电子交易系统，统一组织招标确定协议供货（定点服务）供应商，统一制定相关管理及操作办法，统一各县（市）平台入口接入。12月，政府采购全流程电子化全面上线，正式运营。

【招投标“绿色通道”】 2020年，助力疫后重振。严格落实对于涉及保障城市运行必需、疫情防控必需、涉及重要国计民生以及企业生产经营急需的项目首问负责、一次性告知、容缺进场、最短时间办结、重点项目优先保障制度。交易权限下放，项目交易提质增效。6月22日起，取消3000万元以上的工程项目、1000万元以上的货物采购项目、500万元以上的服务类项目必须进入州公共资源交易中心招标的规定。州中心原则上只受理州本级、恩施高新区依法必须招标的工程建设项目招标。依法必须招标的项目公示、公告时限按照法定时限下限执行，挂网时间全州统一执行20个自然日。减免交易成本，减轻企业负担，服务市场主体，凡进入全州公共资源交易中心交易的项目，要求代理机构对招标人提供电子版资格预审文件、招标文件的不收取任何报名费用。州中心严格执行《关于建立工程建设招投标“绿色通道”加速推进项目开工建设的通知》文件精神，对于全州脱贫攻坚依法必须招标项目开辟招投标“绿色通道”。

【“十大工程”项目服务】 2020年，提高政治站位，强化组织领导。与州政务局联合成立落实全州疫后重振补短板强功能“十大工程”项目（公共卫生体系、交通、水利、能源、新基建、冷链物流和应急储备设施、城市、产业园区提升、新一轮高标准农田建设、生态环境十大领域的重大项目）领导小组，统筹协调全州“十大工程”项目招投标交易服务工作。同时，根据省、州工作措施和落实方案，及时解决、反馈工作中的难点、堵点问题，确保工作任务全面落实到位。摸清项目底数，提供高效服务。按照《恩施州疫后重振补短板强功能“十大工程”三年实施方案（2020—2022年）项目库》，依据属地原则，摸清项目底数，建立项目台账，并主动对接，提早介入，全程服务。针对不同项目制定配套的最优办理工作流程方案，严格落实容缺受理和一次性告知承诺制，及时受理服务需求，限时完成。协助项目实施单位提高招标文件编制质量，加快推进项目招投标进度。严格交易程序，规范各方主体行为，加强风险防范，提高招标质效。特事特办，开辟“绿色通道”。最大限度节约招标时间，挂网时间统一执行20个自然日，加快推进项目落地。在工程建设领域推行以保险、保函等替代现金缴纳涉企保证金，减轻企业负担。对于“十大工程”项目，优先办理招标事宜，优先保障交易服务资源。2020年，全州“十大工程”项目总数331个，完成86个项目、158个标段，中标金额50.14亿元。

（程 杨）

税 务

【概况】 2020年，全州组织各项收入209.08亿元，同比下降12%，其中：税收收入136.68亿元，同比下降14.61%。社会保险费64.34亿元，同比下降4.61%。非税收入4.11亿元，同比下降23.25%。全年完成地方公共财政预算收入49.19亿元。全州税务系统组建43个“尖刀班”驻村扶贫，所有帮扶贫困村顺利如期脱贫。全系统组建15支税收专业化团队，举办业务大比武培训4期、培训干部200余人，举办各类培训23期，培训人员1000多人次。

【减税降费】 2020年，发布新冠肺炎疫情防控涉企税收优惠政策12条，联合州财政局、州人社局等单位，印发支持小微企业共渡难关、落实阶段性免征企业社保费和减征职工医保费等文件，实施一户一策、精准减免，全州新增减税降费近15.85亿元，助力复工复产。

【依法治税】 2020年，深化税收法治建设，开展税收法治宣传教育，推行税务执法“三项制度”（行政执法公示制度、执法全过程记录制度、重大执法决定法制审核制度），完善重案审理，开展执法督察，规范税收执法行为。

【税收征管】 2020年，在咸丰县局开展征管转方式试点，提高管理效能，防范执法风险和廉政风险。完善恩施州、恩施市和恩施高新区之间税收管辖制度，做好州城城区户籍调整，理顺征管秩序。加强一般纳税人登记管理，推进增值税专用发票电子化试点工作，全年为出口企业办理退（免）税5648.06万元。企业所得税汇算清缴补缴入库税款3.37亿元，退税6187万元。个人所得税汇算清缴审批退税5067.01万元，补缴税款988.33万元，审批比例和退税成功率居全省前列。依托州政务共享平台建立涉税信息交换服务，涉税共享面由法人向自然人拓展，整理加工涉税信息近百万条，入库税费款近1亿元。发挥税收大数据优势，助力企业复工复产，促成交易18户、3184万元。与州公安局建立税警联络协作工作机制，累计查补税款及罚款1.77亿元，有效发挥稽查职能作用。

【纳税服务】 2020年，印发优化营商环境提升纳税人满意度工作总体方案及六项行动方案，全系统干部职工累计走访9000余户纳税人。围绕持续优化税收营商环境。推动“一次办”，落实“最多跑一次”清单，对新办纳税人提供“套餐式”服务，一次性告知，一站式办理。完善“自助办”，全州共开设14个自助办税服务区（厅），累计88台自助办税终端和61台自助办税电脑投入使用。推广“移动办”，实现个人所得税综合所得汇算清缴等热点业务在手机APP办理。做好“邮寄办”，联合邮政部门为3.57万户次纳税人免费邮寄发票535.71万份。提速“现场办”，全年通过实体办税服务厅以外渠道办理业务384万笔，占比80.11%，其中“非接触式”办税比例达89.23%，排名居全省第四。深化“信用办”，“银税互动”贷款余额7.88亿元，贷款户数1237户，较上年增长54%。在税务总局纳税人满意度调查中，恩施市局综合排名全国第95名。

【荣誉】 2020年1月，咸丰县税务局第一税务分局被人力资源和社会保障部、国家税务总局表彰为“全国税务系统先进集体”。12月，州税务局、恩施市税务局、利川市税务局、巴东县税务局、来凤县税务局、咸丰县税务局、宣恩县税务局、高新技术产业园区税务局被省委、省政府授予“2017—2019年省级文明单位”。省委组织部、省委老干部局复核州税务局老干一支部为“省级‘示范党支部’”。

（王姗露）

审　计

【概况】 2020年，全州审计机关完成审计项目129个，其中审计126个，专项审计调查3个。查出主要问题金额554974万元，其中违规金额13781万元、损失浪费金额496万元、管理不规范金额540696万元，审计发现非金额计量问题411个，损益（收支）不实金额48073万元，出具审计报告和专项审计调查报告170篇，被批示、采用66篇次。审计处理处罚金额38218万元，其中应上缴财政6651万元、应减少财政拨款或补贴443万元、应归还原渠道资金6663万元、应调账处理金额24459万元，移送司法机关、纪检监察机关和有关部门处理事项21件，移送处理人员2人，移送处理金额6857万元。审计促进整改落实有关问题资金19148万元，审计促进拨付资金到位10665万元，审计后挽回（避免）损失635万元，核减投资额2252万元。审计提出建议389条，被采纳363条，推动被审计单位制定整改措施64项，促进被审计单位建立、健全规章制度16项，提交审计信息354篇，被批示、采用138篇次。向社会公告审计结果9篇。

【州委审计委员会办公室工作】 2020年，印发《关于深入推进审计全覆盖的实施方案》，组织对失业保险金和医疗救助金等审计查出问题整改情况进行核查，加强全州审计工作指导和审计资源统筹整合，确保审计工作全州“一盘棋”。

【2019年度州本级预算执行和其他财政收支审计】 2020年4月8至6月8日，对州财政局2019年度本级预算执行和其他财政收支情况进行就地审计。审计结果表明，2019年州级财政运行和预算执行情况总体良好，全州经济社会发展取得新成效。财政运行总体平稳，2019年，州级预算收入总量107.66亿元，支出总量107.50亿元，年终结余0.16亿元。推进减税降费政策落实落地，出台《关于贯彻落实全省减税降费工作会议精神的实施意见》《深入贯彻落实减税降费政策措施的实施方案》等措施，全州全年减税降费24亿元，市场主体的获得感持续增强。产业结构不断优化，保障重点领域支出。围绕建强四大产业集群，安排产业发展资金4.15亿元。重点保障基本民生，民生支出376.4亿元，同比增长12.7%，占总支出的比重稳定在80%以上。突出培育产业发展新动能，安排上级传统产业改造升级资金2069万元。支持政府性融资担保体系建设，全州7个政府性融资担保公司注册资本14.16亿元，融资担保能力达到70.8亿元。制定防范化解政府债务重大风险工作方案，全面开展政府隐性债务清理自查整改工作，政府债务控制在限额内。支持打好脱贫攻坚战，扶贫资金投入22.19亿元，争取杭州对口帮扶恩施项目资金3.8亿元。支持打好污染防治攻坚战，环保资金投入3.97亿元，重点支持煤炭行业化解过剩产能、水污染防治、农村饮水安全工程等。财政管理水平不断提升，预算刚性约束逐步增强。深化预算管理制度改革，出台《恩施州财政局关于编制2019—2021年州级财政支出规划和2019年部门预算的通知》，建立绩效管理体系，实施绩效管理全覆盖。加强财政日常监管，重点开展惠民惠农财政政策落实、违反中央八项规定及其实施细则精神专项检查。建立健全长效机制，出台州行政事业单位国有资产配置、使用、处置管理细则等

制度。2019 年一般公共预算执行率同比提高 5.68%。完善整改联动机制，整改审计查出问题。逐步形成党委领导、人大监督、政府主导、部门主体、审计跟踪的整改联动机制。2018 年度州级预算执行和其他财政收支的审计工作报告反映的问题整改率较 2016 年、2017 年度分别提高 10.59%、6.76%，各县（市）、州直有关部门不断深化审计成果运用，制定和完善国有资产、扶贫资金管理等制度办法 12 项。存在的主要问题：州级专项预算执行率偏低，在一般公共预算中安排国有企业改革补助资金，政府性基金年初财政代编预算金额较大部分项目预算执行率偏低，应缴未缴国有资本经营收益，中央稳就业资金预算执行率偏低，州直创业担保贷款基金效益发挥不充分，未及时收回存量资金等。

【州直部门及所属单位预算执行情况审计】 2020 年 3 月至 4 月，对州直 142 个部门开展部门预算执行情况审计，重点审计州财政局、州卫健委、州林业局、州住建局、州大数据中心 5 个单位预算执行情况，对其余 137 个部门实现大数据审计全覆盖，根据数据分析结果重点核查 15 个单位。审计结果表明，州直部门及所属单位预算执行情况总体较好，预算与执行差异逐年缩小。“三公”经费和会议费支出逐年下降，持续压减 534.92 万元，同比减少 14.75%。存在的主要问题：结转上年上级专项资金预算执行率偏低，部分单位预算执行率偏低，部分单位行政运行经费超预算与上年同期相比增幅较大，预算编制不完整可预见项目未编入年初预算等。

【扶贫审计】 2020 年 4 月至 6 月，对全州 8 个县（市）2019 年脱贫攻坚政策落实和扶贫项目资金管理使用情况进行审计。重点审计财政、扶贫、发改、民宗等扶贫主管部门及其他相关单位，延伸审计 79 个单位、27 个乡镇办事处、67 个行政村，走访调查 958 户农户。抽查扶贫资金 19.37 亿元，占扶贫资金总量的 18.68%，抽查项目 882 个，占项目总数的 11.65%。审计结果表明，2019 年，全州各级各部门以高质量打赢脱贫攻坚战为根本出发点，认真履职尽责，强化脱贫攻坚政治责任，解决“两不愁三保障”突出问题，夯实稳定脱贫基础，推进各类问题整改，推动乡村振兴和脱贫攻坚有效衔接，持续巩固脱贫攻坚成果，完成年度各项工作任务。存在的主要问题：部分项目进度滞后，个别农村公路存在质量问题，个别商业银行未按协议执行多划扣财政信贷风险补偿金，部分产业种植项目收益欠佳等。

【党政领导干部经济责任审计】 2020 年，全州审计机关对 52 名领导干部进行经济责任审计，其中任中审计 38 人，离任审计 14 人。审计查出主要问题金额 28399 万元，其中违规金额 550 万元，损失浪费金额 348 万元，管理不规范金额 27499 万元。审计提出建议 107 条，被采纳的审计建议 103 条，提交审计报告和审计结果报告 69 篇，被批示采用 20 篇次，提交审计信息 42 篇，被批示采用审计信息 24 篇次，推动被审计单位建章立制 6 项。通过审计，促进领导干部贯彻执行中央、省、州重大决策部署、重大经济事项管理、遵守财经纪律、执行廉政纪律情况，推动深化国有企业改革、推动国有资本做强做优做大。州审计局组织完成州红十字会原主要负责人陈太英、州卫健委原主要负责人段怀刚、团州委原主要负责人覃正炜、州供销社原主要负责人谢俊泽、州住建局主要负责人向辉、原州农业局主要负责人黎华辉、原住房公积金管理中心主要负责人陈怀玉 7 个州直单位党政领导干部经济责任审计。完成州硒康牧业有限公司原董事长兼总经理汪凤勇等 1 个国有企业主要负责人经济责任审计。

【领导干部自然资源资产离任审计】 2020 年，全州审计机关完成领导干部自然资源资产离任（任中）审计项目 9 个，其中乡镇 7 个、部门 2 个。审计查出主要问题金额 1270.38 万元，其中违规金额 172 万元，管理不规范金额 1098.38 万元。审计重点关注和评价领导干部贯彻中央生态文明建设路线方针政策、遵守法律法规、重大决策管理、完成目标任务、履行监督责任等情况。存在的主要问题：违规收费，违规改变项目计划和资金用途，违规占用农田，擅自采伐林木，擅自改变土地和林地用途，非法开采矿产、无证开采，环保政策措施执行不到位，环保设施运营维护不到位等。

【政府投资项目审计】 2020 年，全州审计机关完成对金龙大道南段（第一标段）道路工程建设等 233 个（含委托中介机构 212 个）政府投资项目的审计，核减投资额 7222.65 万元。审计重点关注投资建设基本程序、建设资金筹集管理使用、工程造价控制和管理、招投标程序、建设项目效益情况等。通过投资审计转型，强化审计监督，政府投资项目审计在规范政府投资项目管理、提高工程质量、发挥财政资金效益以及纠正基本建设投资管理过程中的违纪违法行为等方面发挥日益突出的作用。

（王 凌）

统 计

统计实施与管理

【概况】 2020 年，州统计局为恩施州高质量发展提供坚实统计保障。推进 GDP 核算改革，制定《恩施州地区生产总值统一核算实施方案》，成立全州 GDP 统一核算改革工作领导小组，加强统一核算改革培训，向州委、州政府领导先后提供“四经普”GDP 统一核算结果和改革情况专报。实现采用新基数、新结构、新方法实施县（市）GDP 统一核算的有序推进、平稳衔接。主动探索旅游增加值核算，恩施州是全省首批全域旅游创建示范区，州统计局探索恩施州旅游业增加值核算，确保劳动工资统计改革见实效。专人负责全州“四上”（规模以上工业，有资质的建筑业、有开发经营活动的全部房地产开发经营业，限额以上批发和零售业、限额以上住宿和餐饮业，规模以上服务业法人单位）企业 1068 个、“四下”抽样 200 个在统单位的劳资统计，加强部门之间沟通协调，按月做好 1093 个“疫情期间企业用工调查”

报表审核，确保劳动工资统计数据质量。1月，州统计局被国务院第四次经济普查领导小组表彰为“全国第四次经济普查先进集体”。在湖北省统计工作21个专业考核中，3个专业评为优秀等次、6个专业评为良好等次，优秀、良好总数位居全省第三位。在州直单位考核中，州统计局获评“2020年度州直单位党的建设先进单位”“2020年度全州平安建设（综合治理）优胜单位”“2020年度全州法治建设优秀单位”“恩施州2020年政府网站及政务新媒体绩效评估优秀单位”。

【第七次全国人口普查】 2020年，州政府将第七次全国人口普查工作写进政府工作报告，以2020年1号文件作出部署。及时成立全州各级普查领导机构，制定时间表和路线图，建立分工协作、上下联动、协调配合的普查工作机制。州、县两级累计预算资金超过3000万元。突出入户登记，高水平组织普查，在利川市东城街道办综合试点基础上，按时完成1.3万名普查员和普查指导员培训，完成176万余户普查对象户的户主姓名底册编制，实现普查对象不掉一户、不落一人。完成全州近540万个普查对象的登记上报，基本摸清全州人口总量、结构等情况，短表登记结果与上报省人普办摸底结果基本一致。全州抽取近13万户普查对象接受长表登记，州人普办组织经常性督促检查，确保每一条长表登记信息的真实准确和代表性。突出质量标准，高效率审核普查，搞好比对复核。及时组织完成户籍地漏报、户籍地错填、居住地漏报、低龄人口核实等比对复核超过50万条。州、县两级按时完成22万余条信息的行职业编码工作。采用“线上线下”两条路径核实国家普查平台反馈的登记数据错误，及时督导县（市）对相关信息全面核实、全面改错、全面销号。

【统计基层基础工作】 2020年，加强基础规范化建设，制定“开展统计培训、推广统计台账、培植样本企业、召开现场会议、县（市）全面推开”的统计基础规范化建设路线图。在乡镇开展“八有八化”（有岗位、有人员、有资格、有经费、有场地、有设备、有台账、有网页，统计管理制度化、统计人员专业化、统计报表标准化、统计资料档案化、统计手段现代化、统计工作法制化、统计宣传经常化、统计服务优质化）建设，在社区、村开展“五有五化”（有人员、有职责、有制度、有场地、有台账，统计人员专业化、统计报表标准化、统计资料档案化、统计手段现代化、统计工作法制化）建设，在“四上”企业打造基础规范化建设样板。邀请样板企业财务统计人员授课，分专业在宣恩县、利川市举办以统计台账为核心的基础规范化建设培训班。组织每季度召开1次县（市）统计局长培训会、每半年1次专业人员培训会、每年1次乡镇统计人员培训会。采取集中培训、远程指导、上门服务等多种方式，培训“四上”企业统计人员1509人次，实现专业统计人员和“四上”企业统计人员培训全覆盖，提高基层统计能力。加强统计业务指导，纵向上实行局领导联系包保县（市）制度，专业人员按照州委书记“横向到边、纵向到底”的工作要求，到基层和企业摸实情、送服务。从横向上夯实部门统计基础，强化政府统计与部门统计之间的协调配合，提高政府统计的公信力和权威性。

【统计法治建设】 2020年，组织学习《中共湖北省委 湖北省人民政府关于恩施州下辖三县（市）统计违法情况的通报》、国家统计局《防范和惩治统计造假弄虚作假重要文件选编》，加强各级领导和统计干部防惩统计造假主体责任意识。制定印发《“统计数据造假问题相对突出问题”整改工作方案》，与相关责任单位共同完成整改事项。对不达标“四上”企业应退尽退，对违反统计法的文件全面清理纠正，配合省统计局开展企业罚款缴纳工作。严格按照省统计局造假专项整治“回头看”要求，重点对统计数据不实、责任体系不健全、统计制度方法执行不到位、基层基础工作薄弱等问题进行检查。组织开展2次投资、工业、商贸“双随机”核查，实地核查“四上”企业31个、核查投资项目6个。与州委党校建立统计法律法规进党校长效机制。

【统计服务工作】 2020年，州统计局组建专班开展企业复工复产进度每日监测，及时向州委、州政府提供每月核心指标情况，每季度开展恩施州在全省、民族州、武陵山地区发展方位的动态观测，定期监测高质量发展、全面建成小康指标运行情况并体现到分析中，为州委、州政府提供参考资料。抽调精干力量参与州“十四五”规划专班，组建专班服务恩施国家级高新区创建。深度开发第四次经济普查成果，发布“四经普”公报7期，出版《恩施州经济普查年鉴（2018）》。抓统计产品时效，2020年《统计资料手册》和《统计年鉴》编印出版时间均比2019年提前1个月，《统计公报》发布时间比2019年提前半个月。面对新冠肺炎疫情影响，撰写《疫情冲击开局不易 凝心聚力稳住大局》等2篇分析资料分别获得市州优秀统计分析一、二等奖，1篇分析获州第九届社会科学优秀成果二等奖，1篇报告被《政策》刊登，《民族地区乡村振兴之路的恩施试点探究》被《湖北统计》、国家统计局内网转载，2篇进度分析在《民族大家庭》发表。恩施州在省统计局内网采用信息339篇，连续五年名列市州前列，在全州政务信息培训会上获得通报表扬。

【上级调研】 2020年7月15—17日，省统计局到利川市、宣恩县和恩施市调查了解企业统计基础工作情况，督办统计造假专项整治“回头看”工作情况。9月16—18日，省第七次全国人口普查领导小组相关领导到利川市、恩施市调研，检查督办全州第七次全国人口普查工作推进情况。9月24—25日，省统计局到恩施市相关社区、高新技术开发区企业开展人口普查工作推进情况调研。

【第七次全国人口普查工作电视电话会议】 2020年5月11日，恩施州召开全州第七次全国人口普查工作电视电话会议，贯彻落实全省第七次全国人口普查工作电视电话会议精神，把握人口普查五个“查清”和“准确反映”目标任务、领会关于全省人口普查工作十个相关问题的要求，以科学规范、高效便捷的普查方法来提升普查数据质量，依法做好普查各项工作。

【第十一届“中国统计开放日”暨人口普查宣传月启动仪式】2020年9月21日，以“大国点名，没你不行”为主题的恩施州第十一个“中国统计开放日”暨人口普查宣传月启动仪式在宣恩县河滨广场举行。通过有奖知识问答、普查员宣誓、布置宣传展板、发放宣传资料、现场咨询答疑等形式进行宣传统计工作。

（郑　正）

国家统计局恩施州调查队

2020年7月31日，咸丰县脱贫攻坚普查工作组在鹤峰县开展普查工作

（国家统计局恩施州调查队 供稿）

【概况】　2020年，国家统计局恩施州调查队（简称“州调查队”）组织实施粮食和畜牧业全面统计与抽样调查、开展城乡居民收支、市场物价、劳动力、采购经理指数、小微企业固定资产投资、个体经营户跟踪调查等抽样调查工作，开展重点贫困县、农民工、退耕还林、畜禽等统计监测工作。牵头组织实施脱贫攻坚普查工作。围绕经济社会中的热点、难点问题开展调查研究，组织领导全州范围内统计调查执法检查和统计监督工作。2020年，在新冠肺炎疫情防控期间，督促各县（市）创新季报联审形式和内容。进入疫情常态化防控后，各县（市）专业人员在确保疫情防控安全前提下，进村、进社区、进企业、进家庭现场调查主要农产品产销形势以及城乡居民收入和消费情况，现场检查指导记账工作。完善城乡居民收入典型调查，增设反映疫情的有关指标，组织开展春节返乡农民工滞留情况快速调查。全年完成41个专题调研，其中10个专题调研报告经湖北调查总队综合后被国家统计局《每日调查》、中办、国办采用；4篇调研报告被州委、州政府主要领导批示。被湖北调查总队内网采用信息121篇，被国家局内网采用10篇，被省委办公厅、省政府办公厅单篇采用2篇。国家级媒体采用9篇，其中《中国信息报》采用5篇。2项课题分别获湖北国调系统重点研究课题统计研究与监测类三等奖、综合管理研究类一等奖，1项课题获州社会科学优秀成果奖。在国家统计局关于对局机关和调查队系统抗击新冠肺炎疫情受奖集体和个人予以通报表扬中，赖红丹、谢飞获得表扬。10月，州调查队扶贫工作队获利川市委、市政府“驻村帮扶榜样”表彰。

【脱贫攻坚普查】　2020年，州调查队牵头组织实施脱贫攻坚普查工作。按照普查“四员”标准，选调派驻工作组人员3668人，明确普查引导员4614人，为普查的正常开展提供组织保障。全州预算普查经费5209.52万元，采购普查用PAD设备3618台，台式电脑50台，笔记本电脑19台，各县（市）均为派驻普查工作组安排必要的办公场和设施设备，为普查人员购买人身意外保险。先后出台《恩施州脱贫攻坚普查实施方案》等各类制度10余个。按照普查时间节点安排，提前1天完成建档立卡贫困户清查摸底工作。针对不同普查人员开展培训，州普查办重点培训师资力量，各县（市）多层级、多轮次开展全员培训，线上考试合格率为100%。各县（市）普查办与派驻普查工作组精细对接安排工作。州普查领导小组组建4个普查指导组，在8个县（市）进行巡回指导督办，到89个村级普查点现场指导工作，随机抽查18个乡镇、627户贫困户普查登记数据，反馈问题275条，提出整改建议71条。

【农村调查】　2020年，根据国家局和调查总队相关文件精神，结合实际制定细则，完成粮食和畜牧业统计调查数据归口管理工作。开展水稻实测差异研究，州调查队与州农科院、恩施市调查队联合开展“水稻实测时间差异对实测结果的影响程度”研究。

【价格调查】　2020年，是价格调查基期轮换年，加强与鄂西片区相关市沟通联系，做好片区协调联络，组织基期轮换工作，按方案开展权数专项调查，获取相关行业和部门数据，邀请专家召开评估会，科学规范开展权数测算，确保权数资料科学合理。工业生产者价格调查严格按照工作流程和原则标准抽选调查企业，开展摸底调查，并对新基期调查企业开展检查，与新选企业座谈，了解企业的生产经营状况、稳定性和发展前景，确定企业的基本分类、规格品选取和权数专项调查等情况。

（赖红丹）

市场监督管理

【概况】　2020年，恩施州市场监督管理工作深化“放管服”改革，创新监管机制，加强知识产权保护，加强食品、药品、特种设备、产品质量安全监管，新冠肺炎疫情防控工作和优化营商环境工作获得州委、州政府主要领导批示肯定。5月，省食药安委通报恩施州2019

年度食品安全工作考核评价为优秀等次。截至12月31日，全州实有市场主体328287户，比2019年底增长12.17%，增长率全省排名第三。其中，实有企业类市场主体总数63343户(内资企业3352户、私营企业59677户、外商投资企业314户)，比2019年底增长12.55%，增长率全省排名第三。实有个体工商户251552户，比2019年底增长12.5%，增长率全省排名第三。农民专业合作社13392户，比2019年底增长4.7%。全年新登记各类市场主体60390户，比2019年同期增长11.75%，增长率全省排名第一。其中新登记企业类市场主体11991户，比2019年同期增长11.72%，增长率全省排名第三。全年承办州八届人大四次会议代表建议和州政协八届四次会议委员提案20件，办结和满意率均为100%。

【优化营商环境】 2020年，在政务服务中心设立“企业开办综合窗口”，企业设立登记、公章刻制、发票申领、社保登记、公积金缴存登记5个事项同步申请、并联审批。7月底，全州实现企业开办“210”(2个环节、1天内办结、零费用)目标。推进企业登记全程电子化和电子营业执照改革，把握“非禁即入”总体原则，全面落实市场准入负面清单制度。持续推进行政审批制度改革。优化企业登记注册、特种设备、计量和食品、药品、医疗器械等许可事项审批流程。出台《恩施州市场监管领域首次轻微违法行为免罚清单》，印发《关于进一步规范监督检查工作的通知》，规范约束监管执法行为。坚持先培训后检查、先指导后监督、先教育后处罚的“三先三后”原则，开展走访服务企业专项活动，推动惠企政策落实，助推复工复产，指导新冠肺炎疫情防控。全州办理动产抵押登记253件，助企业融资26.03亿元。

【食品安全监管】 2020年，提请州委、州政府出台《中共恩施州委、恩施州人民政府关于切实加强食品安全工作的十条措施》。实施食品安全工作措施职责清单管理，明确29个州直有关责任单位承担128项工作措施，建立食品安全信息报告会商工作机制。加强食品安全监管，全州出动执法人员65460人次，检查生产经营者79022个次，农贸市场2929个次，野生动物经营场所5988个次，监测电商平台(网站)数2405个次。开展冷冻食品“落地检”和冷冻冷藏肉品排查，建立全州冷链食品冻库、经营户档案，普及“鄂冷链”码实现对进口食品全链条信息化追溯，排查冷库406个，排查冷冻畜类食品93.95万公斤、禽类食品20.81万公斤、海(水)产品2.4万公斤，进口冷冻(藏)畜禽肉和海(水)产品22.5万公斤。开展非洲猪瘟制品防控，全州检查批发市场和农贸市场660个次，检查商场超市2663个次，检查肉品冷冻库345个次，检查餐饮服务单位6437个次，检查肉制品生产企业410个次。开展大米、保健食品、肉及肉制品、婴幼儿奶粉、固体饮料、(洪水)灾害后食品等专项整治。与州教育局、州公安局、州疾控中心组成联合督查组，对首批复学复课的38所高中(职中、技校)食品安全进行全覆盖检查，对全州37所初中进行抽查，组织开展全州所有学校后勤人员食品安全培训。联合州文旅局开展对全州国家A级旅游景区特种设备、旅游景区餐饮服务食品安全专项检查。抓好监狱、养老机构等特殊单位食堂食品安全和农村集体聚餐食品安全管理。推行网络餐饮封签制度，9月23日，全州推行网络订餐封签启动仪式举行。印制12万张封签，免费向全州8个县(市)网络平台分支机构发放使用。完成全州食品安全追溯系统建设。全州2020年食品安全监督抽检计划数10295批次，实际完成10421批次，完成率101.22%。合格10097批次，不合格324批次，不合格率为3.11%。其中州本级完成抽样数2704批次(其中合格2614批次，不合格90批次，不合格率3.33%)，完成率100.15%。6月，恩施市、咸丰县成功创建第二批“湖北省食品安全示范县(市、区)”。

【药品安全监管】 2020年，开展新冠肺炎疫情防控所需药品及医疗器械的质量监管，对辖区内药品零售、医疗器械经营和使用单位开展监督检查，发挥药店“哨点”作用。开展中药饮片、国家集中采购和使用中选药品、二类精神药品、无菌及植入性医疗器械、出口医疗器械、网络销售药品、医疗器械“清网行动”、化妆品“线上净网线下清源”等专项整治工作，全州检查零售药店9038个次、医疗机构4273个次、医疗器械经营企业6535个次、疾控中心12个次、疫苗接种点265个次、化妆品经营企业650个次，立案52起，结案41起，限期整改303个，完成药品抽检任务490批次，化妆品抽检53批次，医疗器械抽检任务19批次。开展基层医疗机构药品及医疗器械质量安全整治，全州检查2355个基层医疗机构。开展药品(器械)不良反应监测，全年全州上报药品不良反应3938例，百万人口报告数1165.8例(年度任务完成率为145.7%)，其中新的、严重的不良反应报告1730例，占同期报告总数的43.9%，全州12个药物滥用监测报告单位上报药物滥用报告242例。

【特种设备安全监管】 2020年，规范新型游乐娱乐设施设备项目准入，全年开展新型游乐设施设备安全检查90余次，出动人员240余人次，检查覆盖新型游乐设施设备27台，发现安全隐患19处。全州49个气瓶充装单位全部开展气瓶信息化建设，购进二维码53万余个，全州气瓶信息化系统上传气瓶数39.7万支，7月，咸丰清坪气站成功入选全省特种设备使用单位落实安全主体责任标准化试点企业。开展电梯安全专项整治，全州检验电梯8057台，其中合格7437台，不合格620台，一次检验合格率达92.3%。9月17日，湖北省客运架空索道应急救援演练在恩施大峡谷景区举行。

【产品质量安全监管】 2020年，对州内15个民用防护物资生产企业开展全覆盖产品质量监督检查。抽检农资产品69批次。开展危险品安全生产大检查，检查相关危险品生产经营户202户，抽检产品101批次。开展清明期间殡葬祭祀用品市场专项整治，检查殡葬祭祀用品生产经营户1200余户，发放倡议书2.8万余份。对全州31个光

2020 年 9 月 24—25 日，9 个中央媒体记者到恩施开展“商标注册便利化改革提质增效记者体验行”活动
（州市场监管局 供稿）

伏产品生产销售主体开展产品质量专项监督检查。对全州絮用纤维制品生产企业 72 个、学生服生产企业 5 个、学生服使用单位 105 个开展摸底排查，实行名录库动态监管。对成品油、家用电器、商品煤、儿童及婴幼儿服装、电线电缆等 6 大类 20 种重点产品抽样 179 批次，抽检合格率为 66.48%。对消防、电动自行车相关产品质量开展监督抽查，消防产品合格率为 86.11%，电动自行车相关产品合格率为 100%。

【质量强州】 2020 年 8 月，印发《恩施州质量强州工作委员会成员单位工作职责》，明确 33 个成员单位职责。恩施州特色茶产业集群质量提升项目被省市场监管局纳入 2020 年“万千百”质量提升省级示范项目清单，为恩施州特色茶产业集群带来总体效益约 340 万元。9 月 10 日，组织全州相关企业和县（市）局质量管理工作人员约 50 人参加《恩施州清江质量奖评定标准》线上宣传贯彻培训。开展第四届恩施州清江质量奖评选，5 个企业进入现场评审环节。

【商标注册】 2020 年，全州申请商标 8346 件，同比增长 24.96%，注册商标 4637 件，同比增长 23.46%，申请量和注册量均居全省 17 个地市州第七位。全州现有中国驰名商标 5 件，地理标志商标 35 件，地理标志保护产品 24 件。6 月 28 日，“恩施土豆”地理标志商标成功注册。10 月 14 日，“巴东椪柑”地理标志商标注册成功。“恩施土豆”“利川红”在 2020 年“我喜爱的湖北品牌”电视大赛中获金奖，“恩施玉露”获银奖。“伍家台贡茶”“利川山药”在第二届湖北地理标志大会暨品牌培育创新大赛中获银奖。开展地理标志专用标志换标工作，31 个机构获得地理标志专用标志下载口令，涉及地理标志保护产品 13 件。12 月 21 日，恩施州商标受理窗口颁发首张商标注册证，全年商标申请总量 175 件，商标注册总量 12 件。完成“利川红”“恩施玉露”品牌保护调查报告，启动为期 3 年的“一红一绿”品牌保护专项行动。9 月 24—25 日，《中国日报》、中国新闻社、中国经济网、《中国市场监管报》等 9 个中央媒体记者 12 人到恩施，开展“商标注册便利化改革提质增效记者体验行”活动。

【专利申请和授权】 2020 年，全州专利授权 1327 件，其中发明 71 件、实用新型 765 件、外观设计 491 件。全州 84 个企业获得专利授权 442 件，占全州专利授权总量的 33.31%。企业发明专利授权 39 件，占全州发明专利授权总量的 54.93%。全州 19 个企业专利授权量超过 8 件。全州万人发明专利拥有量 0.88 件。全年争取省级高价值知识产权培育项目 3 个、知识产权海外护航项目 1 个、知识产权运用示范项目 1 个。

【认证认可】 2020 年，全州新增 60 个企业获得 ISO9000 质量管理体系认证证书 61 张，新增 35 个企业获得有机产品认证证书 39 张，新增 3C 强制性产品认证证书 12 张，全年新增各类质量认证证书 457 张，全州 572 个企业获得各类有效期内认证证书 1289 张。组织全州 65 个（项）检验检测机构参加省市场监管局组织的年度能力验证活动，合格率达 96.92%，高于全省平均水平（96.67%）。完成 20 个检验检测机构 2020 年度“双随机、一公开”监督检查，其中机动车检验机构 12 个、环境监测机构 5 个、公安司法鉴定机构 3 个。完成 45 项检验检测机构承诺事项现场核查。开展 GB38900-2020《机动车安全技术检验项目与方法》新标准宣传贯彻。

【标准化工作】 2020 年，发布《富硒黄金梨生产技术规程》等 15 项恩施州地方标准，其中 10 项为涉硒种养殖标准。全年新增 1 项团体标准。首次立项《恩施月嫂服务规范》《恩施护工服务规范》2 个家政服务类恩施州地方标准。恩施州申请制订的省级地方标准《雪茄烟叶等级质量标准》于 7 月 2 日发布。“硒红茶标准化种植示范区”等 5 个州级农业标准化示范项目验收通过。鹤峰木耳山茶叶、咸丰白术获得省级标准化示范区提升试点项目立项。

【消费维权】 2020 年，接收投诉、举报、咨询信息 23928 件，较上年同期增加 5718 件，增幅 31.4%。其中投诉 6736 件、举报 2775 件、咨询 14417 件，办结率分别为 98.8%、99.3%、100%，为消费者挽回经济损失 1070.15 万元。发布清明、五一、端午、国庆等消费提示 6 期。以“凝聚你我力量”为主线开展放心消费创建活动，全州建消费维权站 134 个，开展放心景区创建，开展旅游市场秩序整治。

【价格监督】 2020 年，新冠肺炎疫情防控期间，全州立案查处价格违法案件 61 起，结案 61 起。开展涉企违规收费专项治理。对全州港口和港口企业收费开展全覆盖检查。检查转供电主体145个，转供电环节全年累计清退多收电费43.37万元。开展商业银行、行业协会、行政事业单位、中介机构收费行为“双随机、一公开”抽查，检查商业银行24个、行业协会30个、行政事业单位43个、中介机构36个。

【反垄断与不正当竞争】 2020年，建立恩施州公平竞争审查联席会议机制和公平竞争审查制度。开展妨碍统一市场和公平竞争政策措施清理，全州梳理涉及市场主体规章、规范性文件和其他政策措施465份，审查新出台政策措施83件。5月至12月，在全州开展“公平竞争执法2020”行动，针对6个重点行业及领域、4类重点场所及区域和10类重点违法行为，对“保健”市场主体进行全面清理整顿，全州立案15件。

【打击传销】 2020年，建立恩施州打击传销长效常治机制。开展无传销社区（村）创建试点。以开展新媒体云直播普法形式，参加国家市场监管总局“打击传销 快人一步”2020主题宣讲活动。全年全州立案调查传销案件2起，其中办结1件，移送公安机关1件。

【合同监管与服务】 2020年，开展“守合同重信用”企业公示活动，认定国网湖北省电力有限公司恩施供电公司等138个企业为恩施州第十五届(2018—2019年度)“守合同重信用”企业，其中124个企业入选省级“守合同重信用”企业。开展公用水、电、气合同，汽车买卖租赁合同，房屋买卖合同，物业管理合同，旅游合同等合同格式条款评审处理。在全州推广使用恩施州车位预售、车位现售等合同示范文本。

【广告监管】 2020年，对全州民营医疗、医学美容机构开展行政约谈，纠正和规范全州医疗、美容、整形广告中存在的违法行为和问题。开展网络直播行业规范整治专项行动。对州内4所高校“非法校园贷”等违法违规金融广告进行清理，查办广告违法案件30件。

【计量监管】 2020年，新冠肺炎疫情初期，全州检定检测超市衡器、加油机、测温仪等各类计量器具670台（件），检查药店、医院、保供超市360个。复学复课阶段，检测校准62所城镇重点中小学计量器具测温仪、额温枪等1520台（件）。截至年底，全州计量社会公用计量标准达到120项。开展定量包装商品、眼镜制配场所、能源计量、特种设备计量器具等监督检查。开展全州加油机“双随机、一公开”检查，随机抽查27座加油站、104条加油枪，合格率为99%。全州计量技术检测机构能力建设全部达到三类水平。全年全州完成各类计量器具检定、检测65000台（件），完成“十三五”时期恩施州计量发展规划目标任务。

【稽查执法】 2020年，全州市场监管系统立案查处各类违法违章案件972件，涉案案值1608.92万元。推进“扫黑除恶”专项斗争，开展“行业清源”专项行动，全年全州出动执法人员21840人次，检查集贸市场、专业市场160余个，超市270余个，检查市场主体22927户，走访群众4800余人次，摸排线索100余条，累计移交有效线索20条。开展“长江禁捕、打非断链”专项执法行动131次，检查农贸市场、超市、餐饮单位、渔具销售门店、电商平台内网店等市场主体901个，发现整改问题109个。

【信用监管】 2020年，企业年报率位居全省第一，全州2019年度应年报企业52460户，实年报企业50199户，年报公示率95.68%，高于全省平均年报率4.5个百分点。全州233个部门通过省级“双随机、一公开”监管平台创建“一单两库”，录入检查对象107176户，执法检查人员6291名。全州实施市场监管领域“双随机、一公开”抽查检查和跨部门联合抽查检查1071次，对26个违法失信企业依法实施联合惩戒。开展企业信用修复，通过修复移出市场主体2927户，其中企业713户、个体1963户、农村专业合作社251户。推进部门信息共享，全州推送市场主体告知信息153912条、证照分离信息29016条、多证合一信息143169条。

【重要会议】 2020年5月12日，全州知识产权工作会议召开。6月17日，州政府组织召开全州“四大安全”监管视频会议。7月10日，州市场监管系统召开“扫黑除恶”专项斗争“行业清源”工作推进会。7月17日，州市场监管局牵头召开州直部门2020年度“双随机、一公开”联席会议暨业务培训会。7月28日，州市场监管局会同州公安局、人民银行恩施州中心支行、州人社局、州政务服务和大数据管理局、州税务局和州公积金中心6个部门召开“一事联办”部门联席会。7月29日，与州工商联、州政务服务和大数据管理局联合召开“优化监管服务”专项行动联席会议。8月27日，会同州发改委组织召开恩施市“7·17”洪灾损坏燃气计量器具更换收费约谈会。9月9日，组织召开全州公平竞争审查工作联席会议。9月16日，全省特种设备安全专项整治工作座谈会在利川召开。9月18日，会同州纪委监委、恩施高新区等9个部门召开优化涉企执法检查工作联席会。11月17日，召开全省市场监管系统“扫黑除恶”专项斗争第四次推进视频会，召开全州市场监管系统长江禁捕打非断链专项行动工作第二次推进视频会议。11月20日，召开全州特种设备安全监管工作视频会议。12月24日，组织召开行政执法与刑事司法衔接工作联席会议。12月31日，州食药安办联合州市场监管局举办2020年食品药品安全新闻发布会。

【上级督导调研】 2020年5月26—28日，省市场监管局到恩施州宣恩县、鹤峰县、恩施市分别就企业复工复产、基层市场监管、优化营商环境、重大项目建设等工作进行实地调研。8月4—6日，省市场监督管理局对恩施州特种设备安全监察工作进行调研指导。

【制定支持企业复工复产10条措施】 2020年3月30日，州市场监督管理局发布支持企业复工复产10条措施。在政务服务网上办、加强指导服务、推行包容审慎监管、信用修复、消费者权益保护等10个方面作出具体规定。

【州市场监管综合行政执法支队成立】 2020年8月19日，州市场监管综合行政执法支队挂牌成立，设内设机构5个，为州市场监督管理局所属公益一类事业单位，整合原工商、质监、食品（含食盐）、药品、物价、专利、商务等领域执法职责，以州市场监督管理部门名义在本辖区统一执法。州食盐稽查分局人员编制整体划入州市场监管综合行政执法支队，撤销州食盐稽查分局。

【参加“党风政风热线”】 2020年9月8日，州市场监管局参加恩施综合广播“党风政风热线”在线直播。介绍市场监管新冠肺炎疫情防控、优化营商环境、全面推进企业开办“210”标准、信用监管和商标培育等工作情况。解答学校周边摊贩管理、学校食堂食品安全和效期药品管理等问题。

【荣誉】 2020年12月，州市场监督管理局和恩施市、利川市、建始县、咸丰县、鹤峰县5个县（市）市场监督管理局被省委、省政府授予“2017—2019年度湖北省文明单位”。恩施市市场监督管理局被国家市场监督管理总局、国家药品监督管理局、国家知识产权局评为“全国市场监管系统抗击新冠肺炎疫情先进集体”，州市场监督管理局杜时军、巴东野三关镇市场监管所邓习胜获评“全国市场监管系统抗击新冠肺炎疫情先进个人”。

（刘乾竹）

恩施海关

【概况】 2020年，恩施海关监管进出境货物及包装合计484批次，货值2325.63万美元。出具检验检疫证单614份。审核签发原产地证书239份，签证金额2793.48万美元。进出口收发货人注册登记共计520个。共受理报关142单，其中出口报关128单，进口报关14单。征收关税及进口环节增值税、消费税共计62.5万元，办理减免税业务33单，减免税款共计714.11万元。出口食品生产企业备案新增10个，报关企业注册登记新增1个，出口食品原料种植场备案新增1个，出境竹木草制品生产加工企业注册登记新增2个，进口食品收货人备案新增1个，进口肉类收货人备案新增1个。启动恩施机场卫生检疫设施改造项目，投入461万元。在新冠肺炎疫情防控期间，监管进出境航班4架次，进出境人员600余人。恩施海关被省委、省政府授予“2017—2019年度湖北省文明单位”。

【开通境外捐赠物资绿色通道】 2020年，按照“特事特办、从快从简、第一时间通关”的要求，安排专人24小时接听境外捐赠物资咨询电话，加强与广州白云机场海关、成都双流机场海关、常德海关等部门协调，第一时间通关验放或协调通关进口捐赠医疗物资29万余件，其中包括10套呼吸装置。

2020年2月29日，恩施海关对境外捐赠物资进行验放　（恩施海关　供稿）

【优化营商环境】 2020年，落实海关总署，省委、省政府，武汉海关关于优化营商环境的工作要求，以“更高的通关效率、更低的通关费用、更优的通关服务”，保市场主体、保市场份额、保产业链供应链稳定。建立“企呼关应”台账，受理企业咨询70余次，办结率100%。落实武汉海关“优环境推两稳”50条措施，主动到企业“送教上门”“送策上门”30余次。为辖区24个企业配备专属协调员，提供保姆式服务。推动“一网通办”，扩大在线业务办理范围，在恩施市民之家上线原产地证书自助打印服务，实现“多点打印”，引导企业“网上办、预约办”，这项政策落地速度位居全省第三。推进通关便利化，提供多种通关菜单，缩短通关时间。落实减税降费政策，减免关税和增值税700余万元。撰写中药材调研报告，供州政府决策参考。

【服务出口企业】 2020年，新冠肺炎疫情防控期间提前谋划，增强与企业的互动交流，分别举办农产品和防疫用品2次企业专题培训，全州27个出口企业参加培训。宣讲海关相关政策措施，帮助企业掌握国外技术标准要求，培育企业信用意识，收集和解决企业在进出口环节中存在的困难和问题，支持企业复工复产，促进外贸稳增长。全年茶叶出口171批次，出口货值1695万美元，同比增长3.4%。

（刘光耀）

公共检验检测

【概况】 2020年，州公共检验检测中心（简称中心）资产总值约2.05亿元，房屋总面积1.8万平方米。拥有检验检测仪器设备621台套，设备总值8070.26万元。年检测能力约1万批次，检测能力覆盖食品、食用农产品、粮油产品、药品、化妆品、工业产品等。中心通过了国家市场监管总局、自然资源部、生态环境部、国家药监局对2020年度国家级资质认定检验检测机构的“双随机、一公开”联合监督抽查。

【检验检测】 2020年，完成检验检测业务9649批次，包括完成食品、农产品、药品（化妆品）、工业产品政府指令性计划4933批次，同比增长9.5%。其中省级任务186批次、州级任务3450批次、恩施市食品抽检任务1001批次、州级农产品抽检任务270批次、畜禽产品抽检任务26批次。食品安全抽检发现不合格产品90批次，问题发现率为3.3%，高于全省监督抽检承检机构平均水平。完成1746个单位企业委托送检4716批次，占业务总量的48%。其中受理行政监管部门办案、消费者投诉等食品安全检验任务65批次，新冠肺炎疫情防控期间完成食品（粮食加工品及乳制品）抗疫专项检验任务100批次。执行率100%，无故延误率为零。

【能力建设】 2020年，新增检测设备26台套，价值60.2万元。开展量值溯源工作，对732台套仪器设备进行检定、校准。推进农产品检验检测所建设，完成实验室配套设施建设，接收并安装价值约125万元的划转仪器设备40台套。完成产品检验检测所整体搬迁。开展资质能力扩项及标准更新工作，全年新增食品资质参数15项及药品（含化妆品）参数13项的检测能力，产品检测所搬迁后获得工业产品181个、参数444项的检测能力。截至2020年，通过国家级资质的产品199个、参数321项，能力范围包括食品、农副产品、饲料、化肥、土壤等，通过省级资质的产品1505个、参数2636项，能力范围包括硒产品、食品、药品、化工产品、建筑材料、轻工机械产品等。启动CNAS实验室认可申报，委托外部专业机构按CNAS评审要求对中心质量管理体系进行外部评审，按照外部评审结果对不符合项进行整改，对体系文件进行修订，完成网上申报工作。开展业务信息系统升级工作，在政捷检验业务管理系统中编制完成检验模板218个，下载新标准97个，新增政捷系统与国抽系统食用农产品监督抽检信息填报对接功能和检验项目数据网上查询功能。

【质量建设】 2020年，制定质量控制、质量监督、内审、管理评审等年度计划，组织实施。组织2次内审，未发现严重不符合项。接受3次外审，其中国家富硒产品质检中心首次通过国家级资质认定“双随机、一公开”监督抽查。开展内部质量控制33批次且结果均为满意。组织参加能力验证（外部比对）11批次，其中国家级能力验证5批次，4批次结果满意，省级能力验证6批次，结果均为满意。实施质量监督、监控56次。受理投诉（含异议或复检等）12起，涉及检测报告15份。全年发出检验报告合格率99.95%，检验报告无故延误率为零，内、外审整改及时率100%，客户投诉处理（反馈）率100%，质量目标全面完成。

【标准化研究】 2020年，中心围绕“一谷两基地三示范区”“四大产业集群”建设和《恩施州委、州政府关于推进硒食品精深加工产业集群高质量发展的意见》，开展硒标准制修订、硒科研等工作。推进硒标准制（修）订工作，牵头修订湖北省食品安全地方标准《富有机硒食品硒含量要求》，完成标准初审、专家论证和标委会审议。参与制修订恩施州地方标准8项，参与制定供销社行业标准1项，申报团体标准1项。推进硒标准基础研究，开展《基于国家食品安全标准〈食品营养强化剂 硒蛋白〉的优化研究》。征集8个硒标准基础研究科研课题。完成食品安全国家标准《花粉》《淀粉糖》《蜂蜜》《食糖》的跟踪评价工作。组织召开硒食品精深加工产业集群建设推进联席会，与各责任单位探讨研究国家食品安全标准《食品安全国家标准 食品营养强化剂 硒蛋白》《湖北省食品安全地方标准 富有机硒食品硒含量要求》。发挥14名特聘专家在行业领域影响力，与中心技术人员合作发表论文6篇。

【全州检验检测体系建设】 2020年，到县（市）公共检验检测中心开展调研，指导县（市）中心加强专业人才队伍、实验室装备能力和资质能力建设。州中心出台《关于加强全州检验检测体系建设的实施方案》。举办由食品安全、生物学、检验检测、硒资源研究等领域10名特聘专家主讲的硒标准研究与检验技术培训会。各县（市）基本能实施快检、强制计量器具检定，巴东、来凤、利川中心完成实验室建设和仪器设备采购安装，利川中心取得食品检测资质，实现县（市）中心检测资质“零”的突破。

（罗文雪）

农业和农村经济

Agriculture and Rural Economy

综　述

【概况】　2020年，全州农业总产值370.59亿元，实现农业增加值212.61亿元。全州农村常住居民人均可支配收入为11887元，增长2.3%，高出全省平均增幅2.8个百分点，位居全省第三位。2020年，领取录入州本级政务服务事项197项，明确州农业农村系统行政检查随机抽查事项清单18项。6月，州农业综合执法支队成立。8月，在州直农业农村系统事业单位改革中，将州农村经济管理局、州农业综合开发办公室相关职责和人员划转到州农业农村局机关。9月，州政府下发《关于调整州畜牧兽医服务中心、州大数据中心管理体制的通知》，将州畜牧兽医服务中心委托州农业农村局管理。

【粮油生产】　2020年，全州粮食种植面积369013公顷，较上年增长0.5%。粮食总产量144.12万吨，下降1.5%。水稻面积47973公顷，产量38.32万吨；玉米面积154260公顷，产量59.82万吨；红薯面积31226.67公顷，产量11.17万吨；马铃薯面积105000公顷，产量29.5万吨；大豆面积23180公顷，产量3.67万吨；油料播种面积59146.67公顷，较上年减少3.5%，产量11.92万吨，减产1.6%。其中油菜种植面积48400公顷，产量9.61万吨，同比增长0.1%。

【蔬菜水果生产】　2020年，蔬菜播种面积140306.67公顷，同比增长0.16%。蔬菜产量268.68万吨，增长0.49%。水果总面积63307.4公顷，同比增长4.1%，投产面积34667公顷，增长0.78%，产量36.92万吨，减产4.1%。全州水果有机食品认证面积为266.67公顷，创建全国有机农业示范基地1个。绿色食品认证有效面积为2410.67公顷，其中全国绿色食品标准化原料基地1个。

【中药材】　2020年，新建中药材基地22000公顷，中药材在田面积为90078公顷，同比减少7.3%。全年产量9.6万吨，同比减少29.6%。产值28.6亿元，同比增长4%。新建标准化示范基地26个、1200公顷。以州委农办、州生物医药产业集群领导小组办公室名义印发《恩施州黄连产业提升计划》。12月8日，利川大黄、恩施青钱柳通过农业农村部地理标志专家评审。

【农业产业化】　2020年，申报实施咸丰县清坪镇、鹤峰县燕子镇2个农业产业强镇项目，巴东县纳入“三峡蜜橘”优势特色产业集群建设项目县。申报现代农业返乡下乡创业创新项目4个、95万元。现代农业园区产业链建设项目1个、55万元。21个省级龙头企业获贷款贴息735万元。新创建宣恩晓关乡、恩施市白杨坪镇洞下槽村2个全国“一村一品”示范村镇，全州累计达到18个（示范乡镇6个，示范村12个），全省排第一位。新申报1个全国美丽休闲乡村（巴东县茶店子镇朱砂土村），累计达到9个。恩施市盛家坝乡二官寨村名列第二批全国乡村旅游重点村。巴东县朱芳、朱旭分获全省“农行杯”农村创新创业项目创意大赛初创组二等奖、成长组三等奖。监测认定州农业产业化重点龙头企业184个，省思乐牧业集团有限公司、湖北鑫农茶叶有限公司监测合格继续认定为农业产业化国家级重点龙头企业。全州规模以上农产品加工企业136个（不含年审通过企业），实现产值56亿元，同比下降7.8%。

【硒农业产业发展】　2020年，制定修订发布涉硒产品种植、养殖技术规程11个。全方位、多层次宣传推介“恩施硒茶”“恩施（硒）土豆”。9月，完成“恩施硒土豆”地理标志证明商标申报工作。扩大授权“恩施玉露”“利川红”品牌在全州71个企业使用。全年组织400余个企业参加上海茶博会、武汉茶博会、浙江省农博会、武汉农博会等9个大型展会。

【农业品牌建设】 2020年，组织400余个企业参加第二届上海国际茶产业博览会、第23届中国农产品加工业投资贸易洽谈会（驻马店市）、第21届武汉茶产业博览会、农产品区域公用品牌热销暨中国品牌农产品展销庆丰收活动（青岛市）、武陵山区贫困地区农产品产销对接暨2020年中国农民丰收节金秋消费季湖北专场活动（州文化中心）、第21届中国绿色食品博览会暨第14届中国国际有机食品博览会（厦门市）、2020年浙江省农博会、第18届中国国际农产品交易会（重庆市，设农产品地理标志专展）、第17届中国武汉农业博览会等各类展会。恩施硒茶、恩施土豆在中央电视台，州内高速公路出入口，北京、杭州、武汉等火车站，武汉天河、恩施许家坪机场进行宣传推广。恩施玉露、恩施土豆纳入省政府在中央电视台重点宣传推介的品牌目录。恩施硒茶纳入《美味中国——2021年优质农业品牌日历》编撰内容。恩施玉露品牌价值23.07亿元，恩施富硒茶品牌价值18.48亿元。

【农产品流通】 2020年，全州农副产品销售总额155亿元，其中茶叶80.2亿元，土豆35.56亿元。通过“扶贫832”平台、东西部扶贫协作、省内外支援、网络直播带货、其他电商平台、食堂采购、扶贫采购等方式销售37.4亿元。其中州政府领导及各地县（市）政府领导作主播参加直播带货等活动30多场，开展茶叶、腊肉、蜂蜜、马铃薯等特色农产品销售，现场销售5000多万元。“扶贫832”平台全州实现交易总额11.75亿元，占全省交易额17.52亿元的67.15%，占全国82.5亿元的14.2%，排名全国市州第一。恩施市、利川市、鹤峰县、建始县、巴东县、咸丰县、宣恩县进入全国县（市）销售额前十。咸丰县、鹤峰县成功申报农业农村部“互联网+”农产品出村进城工程试点县。

【农产品质量安全】 2020年，利川、咸丰、来凤成功创建省级农产品质量安全县，省农业农村厅将恩施州作为第三批国家农产品质量安全州创建单位向农业农村部申报。加强农产品质量安全日常监管、源头管控和例行抽检，全州开展风险（例行）监测样品8466批次，合格8462批次，合格率为99.95%。试行食用农产品合格证制度，加强生产经营者农产品质量安全主体责任，全州911个生产经营主体实施合格证，开具合格证累计183634张，带合格证上市的农产品累计41334.5吨。启动食用农产品合格证电子化工作，全州174个企业开具和使用二维码合格证。举办创建国家农产品质量安全州及《恩施州农业生产化学投入品管理办法》宣传贯彻培训班8期，培训生产经营主体500多人次。编印《创建国家农产品质量安全州宣传资料汇编》《恩施州特色优势产业生产加工技术及农产品质量标准资料汇编》各6000册。全州经农业农村部认证“二品一标”（不含无公害农产品）有效企业170个，认证产品494个，认证面积209952.13公顷，比上年底增加产品151个，增44.02%。认证国家级、省级绿色食品有机农产品基地17个，面积93465公顷，比上年底增加6个，增加面积25388.33公顷。成功创建全国有机农业（茶）一、二、三产业融合发展园区2个。

【农业面源污染防治】 2020年，实施土壤酸化治理36667公顷，完成任务数的125%。印发《畜禽养殖废弃物综合利用指导和服务工作方案》。实施畜禽粪污资源化利用整县推进。恩施、利川、建始、巴东、咸丰5个县（市）整县推进项目开工养殖场和专业机构总数3142个。全州畜禽养殖废弃物资源化综合利用率达75%以上，规模养殖场粪污处理设施装备配套率达95%以上，大型规模养殖场粪污处理设施装备配套率达100%。农作物秸秆综合利用率达91%以上，化肥农药使用量保持零增长，茶叶、柑橘、水稻、马铃薯等农作物病虫害专业化统防统治覆盖率在42%以上，主要农作物测土配方施肥覆盖率95%以上。

【农业行政执法】 2020年，查办各类农业案件191件，移送司法机关处理11件。开展农资市场专项检查行动277次，出动执法车辆367台次、执法人员1294人次，检查农资市场主体1867个次，开展打击非法捕捞专项行动260次，出动执法车辆200余台次、执法船只100余艘次、执法人员1200余人次，收缴违法网具12377副，收缴电鱼工具45套，捣毁抬网34套，清理上岸及拆解“三无”［无船名船号、无船舶证书（无有效渔业船舶检验证书、船舶登记证书、捕捞许可证）、无船籍港］船舶4131条。产地检疫生猪105.3万头、牛1.2万头、羊10.4万头、禽588.2万羽，屠宰检疫生猪40.1万头、牛羊1.9万头（只）、禽102.4万羽，养殖环节无害化处理病死生猪8280头，生猪运输车辆备案1246辆。州农业综合执法支队被省农业行政执法总队通报表扬，主办的贵州利尔化工有限公司生产经营劣质农药案被省农业农村厅评为2020年度湖北省农业行政处罚优秀案卷。

【农业机械化】 2020年，全州拥有各类农机具156.79万台套，农机总动力249.94万千瓦，主要农作物耕种收综合机械化水平达36.18%。落实补贴资金2122.958万元，补贴农机具15918台，惠及12588户农户或经营合作组织，带动投入7743.69万元。

【农业项目建设】 2020年，全州农业农村系统争取到支农资金和项目53类12.6亿元，比上年新增1.3亿元，完成各项目标任务。谋划稳投资重大项目62个，总投资83.37亿元。谋划和储备“补短板”项目160个、总投资79亿元，全部纳入省项目库，占全省的8.2%。建立“十四五”规划项目库，谋划项目265个，总投资628.6亿元。

【农业招商】 2020年，谋划农业招商引资、社会资本投资等项目总数为44个，总投资194.6亿元。成立农业招商引资工作领导小组，组建工作专班，利用农业农村部定点帮扶机遇，促成顺丰农业到恩施投资考察。对接红太阳项目落地事宜，解决项目审批、用地、开工等各方面困难，引进中国500强浙江企业中天建设集团有限公司，承建红太阳徕福硒业硒食品精深加工项目。

【农业产业扶贫】 2020年，持续推进“消除产业空白村、消除产业空白户”行动，实施“一村一品+”行动，新增特色产业基地15406.67公顷，总面积465333.33公顷，人均特色产业基地0.15公顷，特色产业带动贫困户的比率为94.6%。加强市场主体培育，全州共有州级及以上农业龙头企业184个，其中国家级2个、省级43个。全州新型经营主体带动贫困户244320户，带动贫困户的比率为75%。开展产业扶贫总结宣传，13个典型案例入选湖北省产业扶贫纪实《大地作证》，3个产业扶贫先进人物通过《农村工作通讯》平台推介。完成中央巡视“回头看”、国家脱贫攻坚成效考核、国家脱贫攻坚督查、省脱贫攻坚成效考核、省脱贫攻坚大排查反馈的各类问题5个。

【农业农村部定点扶贫】 2020年12月10日，中央农办主任、农业农村部党组书记唐仁健到恩施州调研，了解脱贫攻坚和乡村振兴进展情况，主持召开定点扶贫调研座谈会。农业农村部副部长刘焕鑫先后到来凤县、咸丰县调研，走访特色产业生产基地与扶贫车间。支持咸丰县、来凤县建设一批示范蜂场，建成武陵山区中蜂繁育基地，培育形成中蜂产业园（共享车间）。在恩施州举办武陵山区贫困地区农产品产销对接会，推广恩施农产品，吸引来自全国各地的60名采购商洽谈交流，现场签约16.6亿元。

【东西部扶贫协作】 2020年，围绕《2020年东西部扶贫协作目标任务清单》中明确的十大工作任务，加强统筹协调，推动杭州恩施两地农业农村部门领导互访交流6次，互派10名农技人员开展技术交流，完成300人次致富带头人培训，争取500万元支持茶产业疫后恢复，引进33个农业企业投资4.71亿元、带动就业634人、利益联结带动1307户，指导县（市）打造23个农业产业园，成为东西部扶贫协作样板，总结提炼产业引领、人才交流、有效衔接等典型案例3个。

【农业灾害】 2020年，春季寒潮、夏季暴雨、草地贪夜蛾及非洲猪瘟等动植物病虫害频繁发生，由于农业防灾救灾减灾工作及时、措施有效，将灾害损失降到最低，保障农业丰产丰收。全年发布州级主要农作物病虫情报10期，县（市）级农作物病虫情报合计80余期。全州草地贪夜蛾累计发生面积1594.53公顷，累计防治面积1630.67公顷，建设高空测报灯4台，远程自动性诱设备3台，建立性诱检测点300个，83个乡镇实现全覆盖。主要粮食作物病虫危害损失率控制在5%以内（2020年为1.81%）。在相邻省、市州边界设立非洲猪瘟临时检查消毒点31个，值班总人数129人，全年排查养殖场（户）、交易市场、屠宰场、无害化处理场542万个（次），排查生猪4995万余头（次）、开展非洲猪瘟抗原检测71604份。

【武陵山贫困地区农产品产销对接暨2020年中国农民丰收节金秋消费季湖北专场】 2020年10月24—25日，由农业农村部市场与信息化司指导，省农业农村厅、州政府、中国农产品市场协会共同主办的武陵山区贫困地区农产品产销对接暨2020年中国农民丰收节金秋消费季湖北专场活动在州文化中心举行。来自湖北、湖南、贵州、重庆4个省市武陵山区的36个县（市）、158个农产品生产销售企业，与来自北京、广东等11个省市的34个批发市场和采购商开展特色农产品精准产销对接。活动现场达成9项、16.6亿元的签约金额。

【荣誉】 2020年6月，州农业农村局周行雨被省政府评为“全省农业产业化工作先进个人”。州农业农村局和1名个人分别被评为州政协2019年度提案办理工作成绩突出单位和个人，1人获评全州2019年碧水保卫战示范人物，1人获州事业单位脱贫攻坚专项奖励记功。9月，州农业农村局被国务院第二次全国污染源普查领导小组办公室表彰为“第二次全国污染源普查表现突出集体”、李春辉被表彰为“第二次全国污染源普查表现突出个人”。州农业农村局被省农业农村厅评为“湖北省农村实用人才创业创新项目大赛”及“十佳农民抗疫先锋”优秀组织单位，州农业综合执法支队被湖北省农业行政执法总队被评为“2020年度全省农业综合执法工作成绩突出单位”。10月，州农业农村局被中央农村工作领导小组、农业农村部表彰为“全国农村承包地确权登记颁证工作典型地区”。

（未兴文）

2020年10月24—25日，由农业农村部市场与信息化司指导，省农业农村厅、州政府、中国农产品市场协会共同主办的武陵山区贫困地区农产品产销对接暨2020年中国农民丰收节金秋消费季活动（湖北专场）在州文化中心举行

（州农业农村局 供稿）

茶产业

【概况】 2020年，新增茶园面积5933公顷，总面积为119200公顷，茶叶基地总面积占全省34.1%，位居第一位。在全国地市州级产茶区中位居第四位。新增采摘面积5400公顷，投产茶园总面积为90600公顷，茶叶产量12.23万吨，增产1.6%。其中名优茶产量5.17万吨，同比增长5.1%，占总产量的42%。全州茶叶农业产值49.9亿元，同比增长18%。干毛茶总产值82亿元，同比增加5.8亿元，增幅7.6%。综合产值突破170亿元，同比增长13.3%。全州茶产业覆盖茶农83万人，茶农人均茶叶收入6012元，同比增长7.6%。工商注册登记茶叶加工企业2234个，其中规模以上企业68个，有直接出口经营权企业17个，在国外建立办事处或分装厂的企业3个。全州全电气化制茶企业总计84个，清洁化生产线总计269条，连续化、自动化生产线总计58条。通过SC认证企业262个，通过ISO质量体系认证企业39个。恩施、鹤峰、宣恩、咸丰、巴东5个县（市）获中国茶叶流通协会批准为“2020中国茶业百强县”。

【基地建设】 2020年，全州建成全域绿色化示范乡镇22个、示范村131个。建立视频监控点72个。新认定有机茶基地2133.33公顷，有机茶基地认定面积10266.67公顷，占茶园总面积的8.59%，新增有机转换认证面积2640公顷，转换认证总面积8546.67公顷。湖北嘉润茶业成功创建中国第一个获得德米特认证的有机茶园。全州累计创建国家级绿色食品（茶叶）原料标准化生产基地6个，获得绿色食品标识122个，新增绿色食品认证面积4066.67公顷，总面积39066.67公顷，占茶园总面积的33.2%。“两品一标”认定总面积58666.67公顷，占全州茶园总面积的55.4%。全州组建统防统治专业化服务组织126个，开展统防统治23533.33公顷，占茶园总面积的20%。

【市场营销】 2020年，恩施市武陵山茶叶交易市场、宣恩县恩施硒茶交易市场、咸丰县茶叶交易市场相继开市。茶叶企业在州内建立销售店或体验馆420个，比上年增加15个，在州外建立销售店或体验馆675个，比上年增加114个。开通茶叶电子商务的有310个，网上交易额7.12亿元，全年电子商务交易额同比增加2.15亿元，增幅43.3%。

【品牌创建】 2020年，恩施玉露品牌价值达到23.07亿元，全国第38位，纳入湖北省重点宣传农产品品牌。咸丰县唐崖茶、利川市利川红入选国家农产品地理标志登记保护名单。全州获得国家地理标志注册商标或产品认证(茶叶)11个。

【宣传推介】 2020年，出台《2020年恩施硒茶（恩施玉露、利川红）宣传推介行动方案》，通过中央、省级、州级新闻媒体及各类网络媒体专题宣传报道恩施硒茶产业。4月28日，举办恩施硒茶（恩施玉露、利川红）东湖茶叙用茶两周年纪念直播活动。5月21日，举办恩施硒茶斗茶赛暨首个国际茶日活动，开展“恩施硒茶斗茶大赛”“最美茶旅线路、最美茶山、最美涉茶摄影作品评选”“千张茶席进社区，全民云上品硒茶”等活动。州委常委、州委秘书长夏锡璠参加录制的“国际茶日祝贺视频”，入选中国农业国际合作促进会茶产业委员会的官方宣传视频，中国茶叶学会举办的“美美与共”云茶会面向全球推介恩施名茶——恩施玉露和恩施茶俗——土家油茶汤，恩施硒茶抗疫小视频在纽约国际茶日活动现场播出，恩施硒茶产业扶贫宣传视频被联合国粮农组织收录到联合国的宣传视频。8月27—30日，组团参加上海茶博会并举办恩施硒茶专场推介会。9月11—14日，组团参加武汉茶博会并举办恩施硒茶专场推介会，利川市承办“2020年中国红茶高质量发展峰会”。9月，恩施硒茶户外广告亮相北京西站、杭州东站、武汉天河机场、汉口火车站及恩施州内醒目位置，在东航33架飞机以头巾片的形式投放恩施玉露、利川红广告，覆盖国内一线城市、新一线城市和其他大中城市，利川红广告投放北京地铁(50辆)，恩施硒茶（一红一绿）开屏广告在12306投放（免费扶贫广告）。“正山堂·巴东红”冠名和谐号专列、在央视投放广告。

【茶文化建设】 2020年，“利川红茶制作技艺”被省政府列入第六批省级非物质文化遗产代表性名录扩展项目名录。巴东县撰写《巴东茶叶生产简史探析》《巴东先民饮茶器具考》《早期巴人饮茶之因及历史初探》。12月，中国工程院院士陈宗懋为恩施硒茶题赠“恩施硒茶”。州文旅局牵头完成恩施硒茶歌曲《硒茶香飘飘》创作工作。12

2020年5月，恩施州举办恩施硒茶斗茶赛暨首个国际茶日系列活动，图为硒茶斗茶大赛评审现场 （李小明 摄）

月6—8日，举办“恩施州茶业职业技能大赛”。全州举办茶叶产业（茶艺师 评茶员）职业技能培训、茶产业致富带头人培训、职业女农民培训、茶文化直播培训等，累计培训超过2000人次。

【茶旅融合】 2020年，伍家台贡茶茶旅融合产业园成功通过“全国绿色食品一二三产业融合发展示范园”验收。全州建成与茶有关的国家级休闲农业示范点4个，省级休闲农业示范点9个，宣恩伍家台生态茶园为国家AAAA级旅游景区。鹤峰木耳山生态茶园入选“中国三十座最美茶园”，咸丰大沙坝生态茶园被中国农业国际合作促进会评为“20座中国美丽茶园”，伍家台贡茶生态游线路被中国农业国际合作促进会评选为全国“20条精品茶旅线路”。组织开展“恩施州最美茶旅线路”“恩施州最美茶山”和“最美涉茶摄影作品”等活动。

（朱兴文）

2020年5月，利川市谋道镇四合村新旅游观光茶园 （杨顺丕 摄）

渔业渔政

【概况】 2020年，全州水产养殖面积1256公顷，其中池塘养殖面积743公顷，稻田综合种养面积513公顷，水产品总量2757吨。其中养殖产量2544吨，捕捞产量138吨，增殖渔业产量75吨，实现渔业总产值12437万元。全州有大鲵、西伯利亚鲟、虹鳟、棘胸蛙、黑斑蛙等特色渔业养殖户85个，产值超过9600万元。

【水生生物保护】 2020年，全年完成鲢、鳙、草、鳊等经济鱼类增殖放流242万尾、59826公斤，其中大鲵20215尾。开展长江流域重点水域禁捕工作，完成195艘有证渔船退捕上岸和530名渔民转产转业安置工作。推广稻渔综合种养、养殖尾水治理等水产健康养殖模式。加强苗种、饲料、渔药等投入品管理，开展水产品质量安全专项行动，检查水产品生产经营企业147个次。

【监管查处非法捕捞行为】 2020年，打击非法捕捞专项行动260次，收缴各类违法渔网具13587副，收缴渔获物252.83公斤，查办非法捕捞案件44件，罚款8.35万元，处罚违法者80人，移交公安11件，法院判决8件。

（朱兴文）

【长江禁捕退捕工作会议】 2020年12月22日，在收听收看国务院、省政府相继召开的长江禁捕退捕工作推进电视电话会后，恩施州接着召开电视电话会议，部署相关工作。

（符 斌）

畜牧业

【概况】 2020年，全年全州畜牧业综合产值125.4亿元，同比增长24.8%，猪、牛、羊、家禽分别出栏282.89万头、6.08万头、53.63万只、1148.52万羽，猪牛羊禽肉产量25.46万吨，禽蛋产量4.42万吨。

【产业规划】 2020年，先后出台《州人民政府关于推动畜牧业高质量发展的意见》《恩施州草食畜牧业发展规划（2019—2025年）》《恩施州蜂产业发展规划（2019—2023年）》，以生态资源、畜禽遗传资源、硒资源为依托，以全产业链建设为导向，确立生猪、肉牛、中蜂三大产业，重点建设畜禽繁育体系、生产服务体系、疫病防控体系、精深加工体系、冷链物流体系、畜产品质量安全监管体系等六大体系。

【生猪产能加速恢复】 2020年，在政府推动、市场驱动、政策拉动、项目带动下，全州生猪产能加速恢复。年末生猪存栏234.09万头，其中能繁母猪存栏24.79万头，同比分别增长30.7%、32.3%，生猪年末存栏恢复至2017年的89.2%，位列全省前三。

【中蜂产业】 2020年，开展中蜂养殖技术培训，全年累计培训1700人次。启动恩施中蜂蜂蜜标准制定，印发《恩施州2020—2021年蜜源植物基地建设行动方案》。全州养蜂户3.8万户、蜂群25万群，产值3.5亿元，分别是“十二五”期末的1.8倍、2倍和2.3倍。建成武陵山区中蜂养殖基地。

【特色畜禽产品畅销】 2020年，完善畜禽精深加工体系，开发出“猪肉干”“牛肉干”“鸡骨酥”等小包装休闲食品和功能性食品200多种。“恩施腊肉”“恩施香肠”“恩施黄牛肉”“恩施黑猪肉”“恩施火腿”“宣恩火腿”“恩施山花蜜”“恩施蜂蜜”等特色品牌走出恩施、走向全国。

【动物疫病总体平稳】 2020年，严把非洲猪瘟防控关，紧盯重点区域、关键环节，严格落实监测排查、清洗消毒、检疫监管、屠宰管理等联防联控措施，非洲猪瘟防控形势总体平稳。全面落实重大动物疫病强制免疫，全年免疫生猪481.72

万头、牛34.93万头、羊109.64万只、禽1651.45万羽，春秋应免动物集中免疫率100%，做到应免尽免。全年无区域性重大动物疫情发生。

【畜禽产品安全可靠】 2020年，加大饲料、兽药经营（使用）、养殖、屠宰企业“双随机、一公开”检查力度，加强生猪定点屠宰场两项制度“回头查”“飞行检查”，开展农产品专项整治“利剑”行动，落实动物检疫、蛋禽养殖场实地排查监测、畜禽产品监督抽检和例行监测等措施，加强对畜禽产品全过程监管，确保畜禽产品质量安全。全年无重大畜禽产品安全事故。

2020年7月，恩施市盛家坝镇二官寨一角 （蔚 明摄）

【项目建设】 2020年，争取到中央和省各类项目、补贴等共1.8亿元。其中畜禽粪污资源化利用整县推进项目资金11523万元、生猪调出大县奖励资金2944万元、动物防疫等防控经费1379万元、其他2154万元。持续推进畜禽养殖废弃物综合利用，计划实施的3075个项目全部完工。全州全年畜禽粪污综合利用率为94.12%，规模养殖场粪污处理设施装备配套率为99.21%，大型规模养殖场粪污处理设施装备配套率为100%。

【招商引资】 2020年，大北农集团存栏5000头能繁母猪的养殖基地在8月底投产使用。东方希望集团拟投资60亿元在全州建设生猪全产业链项目，工作组到巴东开展筹备工作。新希望六和集团在建始县投资40亿元建设200万头生猪全产业链项目已签订投资协议，首期项目资金落地。正邦集团与利川市、咸丰县、来凤县签订投资协议，将分别投资20亿元、46.5亿元、43亿元建设生猪全产业链项目，其中咸丰县的饲料加工厂和生猪屠宰加工厂动工建设。

（胡伦祥）

乡村振兴

【概况】 2020年，推进落实乡村振兴战略，州农业农村局牵头组织改善农村人居环境，推进美丽乡村建设，协调推动农村社会事业发展、公共服务体系和基础设施建设等。遴选巴东县东瀼口镇牛洞坪村、利川市南坪乡南坪村为州级乡村振兴试点，州、县两级乡村振兴试点村达到54个。

【美丽乡村】 2020年，学习借鉴浙江“千万工程”经验，推进美丽乡村建设，新启动102个省级美丽乡村示范村、384个整治村建设。全州省级美丽乡村示范村达203个、整治村达787个。恩施市盛家坝镇二官寨村成功入选21个首批全国村级“乡风文明建设”优秀典型，成为湖北省唯一入选村庄，在全国、全省推荐、推广。

【农村人居环境整治】 2020年，全州完成农村户厕98238座、农村公厕601座，超额完成省定年度目标任务，卫生厕所普及率达85%以上。持续组织开展村庄清洁行动，健全完善村庄保洁长效机制，全州所有村庄达到“扫干净、摆整齐”目标。实施人居环境整治百日攻坚行动，同步推进农村垃圾、污水处理体系建设，通过省级农村人居环境整治评估验收。

（朱兴文）

农村经济管理

【概况】 截至2020年底，全州2431个村启动农村集体产权制度改革工作，全部完成集体经济组织组建和登记赋码发证，成立股份经济合作社811个、经济合作社1620个。2431个村完成集体成员身份确认，确定成员身份347.14万人。清查核实资产总额1067316.93万元，其中核实经营性资产总额146820.66万元，非经营性资产总额920496.27万元。资源性资产2266620公顷，其中农用地2164833.33公顷。

【农村土地“三权分置”改革】 2020年，全州完成90个乡镇（含恩施市大峡谷风景区管理处、咸丰县大路坝区工委）、2431个村、89.24万承包农户的调查测绘工作，确认家庭承包耕地面积461940公顷，建立县级确权登记颁证数据库和农村土地承包管理信息平台。全州土地流转服务网络基本建立，农村土地流转面积64600公顷，占承包耕地总数13.98%，有17.35万农户将承包耕地进行流转。从流转类型看，出租（转包）51600公顷，占流转总数79.88%，入股8233.33公顷，占12.75%。从流转去向看，流入家庭农场、合作社33360公顷，占51.64%，流入企业5600公顷，占8.67%。流转土地中用于种植粮食作物的10120公顷，占15.67%。全州土地纠纷调解仲裁体系完善，各县（市）仲裁工作规范，全州仲裁工作在全省排名靠前。

【新型村级集体经济发展】 2020年底，全州村级集体经济总收入110929.41万元、较上年增长37.15%，经营收入过10万元村有872个、占比35.87%（2019年度16.17%），脱贫村负债减幅39.19%。落实《恩施州发展新型村级集体经济的意见》，研究出台《恩施州村集体经济收入资金使用管理指导意见（暂行）》。配合完成124个村申报中央、省级财政和党费扶持发展集体经济项目。全州16个村被省农业农村厅评选为村级集体经济发展进步村并获得奖励资金80万元，巴东水布垭南谭村、宣恩沙道沟布袋溪村、来凤三胡官坟山村、利川文斗长顺坝村4个村入选《湖北省发展壮大村级集体经济典型案例选编》。《恩施州新型村级集体经济发展典型案例选编》收录全州典型案例43个。

【农村新型经营主体培育】 截至2020年底，全州有家庭农场4673个、其中2020年新增915个。制订《恩施州家庭农场名录管理办法（试行）》，在市场监管部门登记注册的家庭农场和虽未进行登记注册但符合条件的种养大户、专业大户等规模农业经营户纳入全国家庭农场名录系统管理的共16091个。创建“六有”（有合法登记注册、有适度经营规模、有规范财务管理、有先进生产技术、有稳定主导产业、有良好经营效益）家庭农场683个，全州“六有”家庭农场共1647个。全州创建省级示范家庭农场70个、州级示范家庭农场59个、县级示范家庭农场368个。指导利川合作社高质量发展整县提升工作，作为中央试点改革结项。组织开展培训、座谈400余人次。全州共有农民专业合作社13392个、农业社会化服务组织265个，其中年度新增农民专业合作社1228个、农业社会化服务组织50个。制订《恩施州新型农业经营主体高质量发展5年计划》，全州共创建“六有”（有健全组织机构、有具体章程制度、有统一生产标准、有规范财务管理、有合理盈余分配、有一定品牌影响）合作社2739个、“六有”（约定有合同、服务有标准、过程有记录、人员有培训、质量有保证、产品有监管）农业社会化服务组织58个，其中2020年创建“六有”合作社708个、“六有”农业社会化服务组织38个。2020年申报国家级农民专业合作社8个，开展省级合作社的监测与递补工作，递补22个省级合作社。创建42个州级农民专业合作社示范社，全州示范社共1324个（国家级32个、省级65个、州级284个）。组织合作社贴息贷款申报工作，在新冠肺炎疫情防控期间贴息34万元。

【农村宅基地管理和改革】 2020年，与相关部门联合出台《关于做好农村宅基地管理工作的通知》，规范农村宅基地管理和审批及执法工作，全面恢复宅基地审批和管理工作，全州受理农户建房申请2000余份，审批办理建房申请1100余宗。推动农村宅基地“三权分置”改革试点工作，恩施市3个省级试点村的试点工作完成，根据省农业农村厅组织召开的全省“三权分置”试点交流研讨会议精神，恩施市被省农业农村厅推荐为全国100个农村宅基地制度改革试点县（市）之一，恩施市制定的2020—2022年《恩施市农村宅基地制度改革试点工作方案》经省农业农村厅审定下发。配合开展农村乱占耕地建房专项整治工作，发现4条新增农村乱占耕地建房线索，对其中认定属于2020年7月3日后新增的乱占耕地建房依法拆除。

【乡村治理体系建设】 2020年，做好乡村治理领域矛盾风险排查化解“百日攻坚”行动和“平安乡村”创建工作，印发《乡村治理领域矛盾风险联防联控工作机制》《恩施州“平安乡村”建设工作实施方案》《全州乡村治理领域行业清源长效工作机制（试行）》。做好中央、省交办的重复信访件化解工作。

（朱兴文）

工 业

Industries

综 述

【概况】 2020年，恩施州工业经济发展按照“五个四”发展思路，围绕“4+N”产业集群建设，落实“比抓强促”工作措施，统筹新冠肺炎疫情防控和复工复产，优化营商环境，促进工业经济发展。全州现有建材、食品、医药、能源、电子信息等主导产业，有规模以上工业企业293个，全年规模以上工业企业完成产值163.3亿元。全州规模以上工业增加值同比增长9.7%，高于全国平均6.9个百分点，高于全省平均15.8个百分点，增速连续6个月排名全省第一位，是全省17个市、州中唯一一个正增长的地区。全年全州开工建设工业项目343个，投产工业项目200个。其中开工工业技改项目134个，投产工业技改项目86个。

【工业经济考核奖励】 2020年度工业经济考核情况，根据《州委办公室 州政府办公室关于印发〈恩施州2020年“比招商、抓项目、强产业、促进位”全力推动高质量发展实施方案〉的通知》精神，对各县（市）2020年各项工业经济指标完成情况进行考核评分，最终排名如下：第一名恩施市、第二名利川市、第三名宣恩县、第四名来凤县、第五名鹤峰县、第六名咸丰县、第七名巴东县、第八名建始县。

【企业“梯级培育”】 2020年，做好重点培育企业进规工作，坚持以服务企业为核心，建立持续培育机制，分行业、分级制定多层次工业企业培育方案，明确培育计划，全州重点培育工业企业122个，实现进规79个，超额完成年初制定的目标任务。做好重点工业企业成长壮大工作，根据全州产业发展情况和工业企业现状，确定税收过千万元和产值过亿元企业培育名单，实行“主要领导+专班服务”模式，实行专班服务，加强协调、调研、指导，帮助解决企业发展过程的困难和问题，助推企业快速成长。全州重点培育税收过千万元企业9个，在享受各级财税优惠政策的情况下，全年税收过500万元的企业有18个。全州重点培育产值过亿元企业11个，全年实现新增产值过亿元企业8个。做好困难工业企业盘活工作，各县（市）、州直相关部门对本地区、本行业工业企业进行全面调查，掌握和确定困难工业企业名单，逐个企业分析研究，综合诊断，盘活困难企业。全州规模以上工业企业退库29个，较前两年退库数量大幅减少。

【招商引资】 2020年，全州承接浙江台州阀门产业转移取得进展，浙江天环阀门生产制造项目、湖北雅轩智能科技有限公司恩施特种阀门生产制造项目、恩施市丰太铜业有限公司恩施异型阀门生产制造项目等11个项目建成投产。11月17日，在华龙城国际大酒店举办杭州恩施经信部门东西部协作联席会暨工业招商推介会议，推介重点招商项目。

【重点工业企业金融服务】 2020年，“企业氧舱”入舱企业246个，与189个入舱企业建立信贷合作，发放贷款100732.45万元，其中线下有抵押贷款112个企业、96263.30万元，线上纯信用贷款77个企业、4469.15万元。为97个企业办理延期业务，金额累计29898.37万元，其中贷款本金延期90个企业、25933.76万元，无还本续贷2个企业、80.72万元，还款计划调整1个企业、350万元，期限调整4个企业、3533.89万元。

【中小企业培训服务】 2020年，搭建综合服务窗口平台，引进各类中介服务机构进驻综合服务窗口，为中小企业提供“一站式”服务。制定《恩施州县市中小企业服务中心建设指导意见》并下发至各县市，在全州构建体系完备、功能健全、服务规范、运转高效的中小企业公共服务体系。搭建企业家沙龙平台，构建“亲”“清”新型政商关系，全年举办4期企业家沙龙活动。举办恩施州民营企业家培育计划培训，分别在浙江大学与恩施怡和酒店开展2期培训班。举办工业行业企业培训，开展恩施州防护物资生产企业培训，确保重点医用防护物资供应。开展“服务企业县（市）行”专项活动，组织州内法律、财税、金融等方面专家“下县（市）、进企业”，开展集中培训。

【工业园区建设】 2020年，全州8个县（市）开发区（工业园区）建成标准厂房41.5万平方米，以阀门、锂电新能源、医药等为代表的招商引资企业集中入驻标准厂房并投产。2018—2020年，全州建成标准厂房面积152.8万平方米（仅统计政府出资建设，企业自建厂房未统计在内）。

【企业技术改造】 2020年，全州工业技改投资同比增长2.1%，为全省唯一正增长的市州。恒贸茶油、福恩鞋业、全满意茶叶等企业通过技改成长为规模以上企业。鄂龙工贸、金祈藤茶等企业通过技改转产生产医用口罩、消杀用品等防疫物资，填补恩施州行业空白。

【县域经济发展】 2020年，全州县域地区[纳入考核的8个县(市)]生产总值总量为1117.7亿元，其中，恩施市由2015年的248.27亿元增长到356.99亿元，年均增速高于全省平均0.4个百分点，利川市、建始县、巴东县年均增速分别为6.8%、6.7%、5.3%。在2020年度全省县域经济考核中，恩施市位居Ⅲ类县（市、区）第一位，比2019年度上升1个名次。全州县域规模以上工业增加值同比增长9.7%，位居全省第一位，除咸丰县、来凤县外，其余6个县（市）增速均高于全省平均增速，巴东县增速最高，为61.5%。2016—2019年，全州县域社会消费品零售总额年均增速均保持在两位数以上，2020年为562.59亿元。质量效益逐步提升，全州三次产业结构比由2015年的18.3∶30.1∶51.6调整为2020年的18.1∶22.6∶59.3，第三产业比重上升。2016—2019年，服务业增加值年均增速达8.8%，2020年服务业增加值占生产总值比重比2015年提升7.7个百分点。

（赵晓辉）

支柱产业

【能源行业】 2020年，全州规模以上能源企业33个，占全州规模以上工业企业数的11.3%。其中水电企业20个、天然气企业9个。1—12月，能源行业累计完成产值42.3亿元，占全州总产值比重为25.9%，同比增长42.6%。重点企业有湖北清江水电开发有限责任公司水布垭发电厂、湖北能源集团齐岳山风电有限公司、恩施中石油昆仑燃气有限公司等。

【建材行业】 2020年，全州规模以上建材企业52个，占全州规模以上工业企业数的17.7%。1—12月，建材行业累计完成产值36.3亿元，占全州总产值的比重为22.2%，同比下降21.4%。重点企业有华新水泥（恩施）有限公司、恩施州腾龙水泥有限责任公司、建始县泰丰水泥有限责任公司等。

【医药行业】 2020年，全州规模以上医药企业11个，占全州规模以上工业企业数的3.8%。1—12月，医药行业累计完成产值6.7亿元，占全州总产值的比重为4.1%，同比下降21.7%。重点企业有：湖北省八峰药化股份有限公司、湖北一正药业有限公司、恩施九州通中药发展有限公司等。

【食品行业】 2020年，全州规模以上食品企业107个，占全州规模以上工业企业数的36.5%。其中农副食品加工业43个，食品制造业4个，酒、饮料和精制茶制造业60个。1—12月，食品行业累计完成产值42.1亿元，占全州总产值的比重为25.8%，同比下降0.9%。重点企业有湖北省思乐牧业集团有限公司、湖北大派食品集团有限公司、恩施州伍家台富硒贡茶有限责任公司、湖北省鹤峰鑫农茶业有限公司等。

【电子信息行业】 2020年，全州规模以上电子信息企业11个，占全州规模以上工业企业数的3.8%。1—12月，电子信息行业累计完成产值8.3亿元，占全州总产值的比重为5.1%，同比增长142.8%。全州新引进电子信息制造业企业20个，电子信息制造业企业投产63个。重点企业有立讯精密工业（恩施）有限公司、达翔技术（恩施）有限公司、宣恩县璟泰电子有限公司等。

（赵晓辉）

行业管理

【民爆行业管理】 2020年，恩施州依法开展全州民爆行业管理和安全监管工作，全年实现民爆行业“零事故”目标。印发民爆行业安全专项整治三年行动工作方案。开展民爆生产企业生产许可证年检和民爆销售企业销售许可证年检，严把企业安全生产条件的初审上报质量关。各县（市）民爆行业主管部门每月开展1次以上的对所辖民爆企业的安全生产监督检查，州民爆行业主管部门对民爆生产企业每月开展1次监督检查。全年对民爆销售企业开展4轮抽查检查，对检查发现的问题和隐患及时下达整改指令，限期整改落实到位，形成闭环管理。全年查出全州民爆企业存在问题及隐患82条，下达整改指令21份，整改落实到位82条，整改合格率为100%。组织各县（市）民爆行业监管人员和民爆企业安全管理负责人参加全省民爆行业安全监管培训班，督促民爆企业在年初开工生产和经营前必须开展全员安全教育培训工作，经考试合格后上岗，组织各民爆企业开展“安全生产月”活动。加强应急管理，督促民爆企业按照《恩施州工业安全生产应急预案》要求开展应急演练，6月，全州民爆企业统一开展应急演练。

【食品行业管理】 2020年，组织全州12%规模以上食品工业企业开展诚信体系建设培训，有59个食品工业企业参加培训。规模以上食品工业企业培训率为58.42%。配合做好硒食品精深加工产业集群建设工作和涉硒食品工业企业培育、技改相关工作。支持食品工业企业在新冠肺炎疫情稳定后迅速复工复产，帮助州内消费品生产企业拓展销售渠道，与省经信厅对接，组织企业参加网上购销推介会、工业和信息化部第二届“双品网购节”“京东618”湖北专场活动、抗击新冠肺炎疫情专题展览等活动。开展食品工业“三品”（增品种、提品质、创品牌）战略工作，2020年工业和信息化部食品工业“三品专项行动”典型成果线上展示，省推荐线上展示企业15个，州有7个企业分别在天猫、京东、阿里巴巴、淘宝等平台展示。

【煤炭行业管理】 2020年，全州原煤产量24.08万吨，同比上升5.24%。产值9391万元，同比下降21.77%。全州发生1起煤矿安全生产事故，死亡1人，事故起数和死亡人数同比持平。州煤矿安全生产专业委员会召开6次会议，安排部署煤炭行业管理和去产能工作。组织煤矿技术专家对全州煤矿检查24矿次，下发隐患通知书24份，下达隐患整改指令156条，全部实现整改销号闭环管理，并对全州停产停建和2018年以来关闭（停）退出煤矿实现巡查全覆盖。开展煤矿标准化建设，重新认定煤矿安全生产标准化三级矿井4个，全州三级标准化矿井累计7个。各县（市）落实“三个一”（一名县级领导、带领一个专班、包保一个煤矿）包保驻矿盯守，开展煤矿安全巡查、专项整治和行政检查执法，推进煤矿关闭退出和转型发展。按照“一县一策”“一矿一策”，依法有序关闭退出煤矿8个，恩施市、来凤县煤矿全部关闭退出，成为无煤县（市）。出台煤矿转型发展专项政策措施，全州有恩施市前龙煤矿、建始县新场垭煤矿、咸丰县喇叭槽煤矿、鹤峰县蔡坡和金竹园煤矿等成为转型发展先进典型。

【电力设施保护】 2020年，组织召开全州电力设施保护工作电视电话会议。下发《关于对全州电力设施安全隐患的通报》并对全州电力设施安全隐患进行专项检查。出台《关于规范架空电力线路保护区林木种植确保电力设施安全的通告》，规范全州电力线路保护区林木种植工作。全年全州未发生外力破坏造成35千伏及以上输电线路倒杆塔事件，未发生对社会造成重大影响的电力设施安全事件。

【信息化工作】 2020年，持续加强对各通信公司的统筹协调，推进信息基础设施补短板工作。全年累计建成开通4G补盲基站664个，电信、移动、联通三家通信公司的4G网络综合覆盖率均达98%以上。新建成开通5G基站1213个，实现州城城区的5G网络覆盖。新增通光纤宽带自然村771个，通光纤宽带网络自然村数量占自然村总数的85%以上。截至年底，全州固定宽带用户数126.08万户，固定宽带人口普及率为37.51%，超过全省平均水平（32.76%）近5个百分点。全州移动互联网用户数292.89万户，普及率为87.14%，超全省平均水平（64.87%）近13个百分点。

【信息扶贫】 2020年，信息扶贫工作专班按照脱贫攻坚一号令要求，加大对县（市）及运营商的协调指导，推进脱贫攻坚信息基础设施补短板建设。全年新建及优化4G基站37个，实现江坪河干支流4G网络全覆盖。优化调整州境内高速、国道、省道沿线4G网络，实现全州高速、国道、省道以及县城城区内隧道4G网络全覆盖。开展州城城区地下室及公用电梯4G网络全覆盖专项建设，加强深度覆盖。

（赵晓辉）

企业联合会（企业家协会）

【概况】 2020年，州企业家联合会（简称州企联）召开学习贯彻党中央、国务院“民企新28条”精神暨二届三次理事会，传达省企联第十五次市州会长会议和省、州经济工作会议精神。全年做好抗击新冠肺炎疫情，推进复工复产，保护市场主体，推进银企对接，开展走访调研为企业排忧解难等工作。州保险行业协会组织全州保险企业在恩施“7·17”洪灾后，及时将理赔款项送到受灾客户手中。会员单位湖北宣恩维民实业有限公司克服新冠肺炎疫情影响，建设伍家台贡茶文化产业园，带动宣恩县及周边县（市）400余个茶叶加工厂、建档立卡贫困户800余户茶叶生产销售。《恩施企业与企业家》编印4期，微信公众号发布各类信息41条，总点击量3359次。官网发布各类信息62条，总点击量18493次。

【服务企业】 2020年3月1日至4月3日，州企联联合华商研究院

2020年9月24日，中国邮政储蓄银行股份有限公司恩施州分行到企业调研，推进“百行进万企”工作

（中国邮政储蓄银行股份有限公司恩施州分行 供稿）

免费推出54场由专家学者讲授涉及企业经营管理的网络直播课程，州企联所属会员企业3200多人次观看。3月12—16日，州企联向州经信局请示和协调，为8个复工复产企业争取到425公斤消毒液。全年先后50多次到州保险行业协会、州翔宇工程建设有限公司、来凤天宇环保建材有限公司、湖北明涛钙业有限公司、来凤腾升香料化工有限公司、湖北恩商网络有限公司、恩施市引领体育服务有限公司、洋河股份恩施分公司、来凤金凤建材工业有限公司、湖北皇恩宠锡茶叶有限责任公司、州民生天然气（集团）有限公司、湖北宣恩维民实业有限公司等23个会员单位走访调研，接待50多人次会员单位的来信来访。全州银行机构推进“百行进万企”活动。做好银企对接工作，3次到州银行业协会协调沟通，多次到会员单位调研，为会员单位排忧解难。

【参与构建和谐劳动关系】 2020年，州企联积极维护恩施州企业和企业家合法权益，根据国家协调劳动关系三方部署实施劳动关系“和谐同行”能力提升三年行动计划，参加国家、省人社部门召开的“三方协商”有关视频会议，配合落实相关工作。2020年1月10日，州企联应邀参加2020年万企育才工程新时代下企业发展形势展望公益论坛。

（周妮娜）

清洁能源工业

国网湖北省电力有限公司恩施供电公司

【概况】 国网湖北省电力有限公司恩施供电公司（简称“国网恩施供电公司”）以建设和运营恩施电网为核心业务，经营区域覆盖恩施州，供电面积24060平方千米，供电人口405万人。2020年底，有用电客户1599767户，其中居民客户1401347户。国网恩施供电公司有业务支撑和实施机构8个，县（市）级供电公司8个，在册职工4593人。恩施电网西联重庆、东接宜昌，担负恩施州水电外送重任。±800千伏锦苏线、±800千伏复奉线2条特高压直流穿境而过，是“西电东输”重要通道。恩施电网以500千伏为支撑、220千伏为枢纽、110千伏为骨架、35千伏为基础的网络体系逐步完善。电网拥有500千伏变电站2座/225万千伏安。220千伏变电站（开关站）13座/285.6万千伏安，线路1241千米。110千伏变电站42座/196.6万千伏安，线路1731千米。35千伏变电站（配电站）151座/116.605万千伏安，线路2363千米。10千伏公用配变2.68万台/445.85万千伏安，线路2.04万千米。截至2020年底，恩施区域总发电装机容量232.2975万千瓦，同比增加10.4495万千瓦。其中水电装机162.279万千瓦（比重69.86%），同比不变。风电装机59.71万千瓦（比重25.70%），增加10.12万千瓦。生物质装机3万千瓦（比重1.29%），同比不变。自备电厂装机1.71万千瓦（比重0.74%），同比不变。光伏装机5.5985万千瓦（比重2.41%），增加0.3295万千瓦。1—12月地方电厂累计发电638659万千瓦时，同比（2019年417804万千瓦时）增长52.86%。其中水电533063万千瓦时（占比83.47%），同比增长63.40%，占比提升5.38个百分点；风电92663万千瓦时（占比14.51%），同比增长24.38%，占比下降3.32个百分点；光伏4348万千瓦时，同比下降44.22%。国网咸丰县供电公司职工林丽当选“全国劳动模范”。做好企业宣传，全年在省级以上媒体发稿908篇次。

2019—2020年恩施州累计发电情况对比表

表4

类　别	2019年（万千瓦时）	占比(%)	2020年（万千瓦时）	占比(%)	占比变化(±%)	增　量（万千瓦时）	增幅(±%)
水电厂	326239	78.08	533063	83.47	5.38	206824	63.40
风电厂	74500	17.83	92663	14.51	-3.32	18163	24.38
生物质电厂	0	0	0	0	0	0	—
自备电厂	9269	2.22	8585	1.34	-0.87	-684	-7.38
光伏电厂	7795.66	1.87	4348.03	0.68	-1.19	-3447.63	-44.22
合　计	417803.66	—	638659.03	—	—	220855.37	52.86

截至年底，全州累计全社会用电量55.58亿千瓦时（全省占比2.59%），同比增长1.69%，高于全省平均水平（-3.17%）4.86个百分点，增幅居全省第二位。2020年，全州一、二、三产业及城乡居民生活用电占全社会用电比重分别为1.07%、30.39%、26.28%和42.26%。与上年同期相比，城乡居民生活用电比重提升5.35个百分点，第三产业用电比重下降1.7个百分点，第二产业用电比重下降3.79个百分点，第一产业用电比重提升0.13个百分点。

2019—2020年恩施州全社会累计用电量情况对比表

表5

类　别	2019年（万千瓦时）	占比(%)	2020年（万千瓦时）	占比(%)	占比变化(±%)	增　量（万千瓦时）	增幅(±%)	贡献度(%)
第一产业	5102	0.93	5938	1.07	0.13	836	16.38	9.03
第二产业	186797	34.18	168915	30.39	-3.79	-17882	-9.57	-193.14
第三产业	152944	27.98	146086	26.28	-1.70	-6858	-4.48	-74.06
居民生活用电	201726	36.91	234889	42.26	5.35	33163	16.44	358.17
全社会用电总计	546569	—	555828	—	—	9258	—	—

2020年，完成电网投资10.14亿元，其中大中型电网建设（含配网、大型技改）9.19亿元。

2020年，售电量49.6亿千瓦时，同比增长3.14%，增幅居全省第一位。售电均价578元/千千瓦时，居全省第10位。综合线损率7.18%，低于计划值0.98个百分点。内部概念利润8.22亿元，完成年计划的108.99%。全口径劳动生产率41.87万元/人·年。

2019—2020年恩施州电网投资情况表

表6 单位:万元

类　别	2020年	2019年
电网投资	101382	148294
其中:大中型电网建设(含配网、大型技改)	91912	140552
220千伏	4711	13463
110千伏	13382	12509
35千伏	1802	8310
10千伏及以下	69463	105420
光伏扶贫或独立二次	2554	850

【安全生产】 2020年，把握“安全、稳定、规范、进取”工作主线，控风险、重履责，安全局面保持平稳。截至2020年12月31日，恩施电网安全运行8766天。公司连续6年获省公司“安全生产红旗单位”。恩施电网首次实现500千伏与220千伏电网系统常态化电磁环网运行，电网受电能力提高30万千瓦。促成州政府在全省率先出台《关于规范架空电力线路保护区林木种植确保电力设施安全的公告》。

【电网建设】 2020年，编制完成“十四五”配电网规划。白鹤滩—江苏、白鹤滩—浙江特高压工程，恩施东—朝阳线路工程前期工作取得重大进展。全年新开工35千伏及以上工程8项，累计投产35千伏及以上工程10项、变电容量10.63万千伏安、线路282.95千米。新建改造中低压线路4137千米、配变容量25.52万千伏安。恩施东500千伏变电站工程获省公司输变电优质工程金奖，参建的渝鄂直流背靠背联网工程获国家优质工程金奖。5月10日，恩施500千伏建始变电站正式投运，是全省首座“一键顺控”操作的新建主网变电站，标志着恩施电网从此结束单座500千伏变电站运行时代。

【经营管理】 2020年，开展提质增效专项行动，完成替代电量1.93亿千瓦时。实施阳光业扩，高压平均办电时间再压降18.24小时，5.8万户小微企业及居民实现“零费用”接入。重构营销稽查体系，合理增收816.39万元。深化异损台区整治，线损合格率上升14.8个百分点。推进“漠视侵害群众利益、业扩报装两张皮、电价执行”3项治理，供电服务类投诉数量下降40%，30个供电所实现全年“零投诉”。完成审计项目1448项，促进增收节支589.28万元。创新构建成本费用储备机制，严格预算全过程管控。清理长期挂账工程733项，新增转资金额14.68亿元。

【抗洪救灾】 2020年7月以来，恩施州遭遇历史罕见洪涝灾害，全州8个县（市）供电设施设备不同程度受损，恩施城区41个居民小区受灾严重。灾情发生后，组建100支共1200余人的抢修队伍，开展应急供电、设施抢修。全面恢复供电时间比预计提前65小时。

【行业扶贫】 2020年，完成行业扶贫、定点扶贫、驻村扶贫、消费扶贫等各项扶贫任务。全州户均容量提升至2.05千伏安，供电可靠率提升至99.84%，电压合格率提升至99.33%。脱贫攻坚电力专场交易年电量7.5亿千瓦时，降低企业用电成本2000万元以上。

（田光阳　罗　萍）

国电恩施水电开发有限公司

【概况】 国电恩施水电开发有限公司管理在运水电站40座，总装机容量60.79万千瓦，资产总额29.2亿元，所有者权益11.92亿元，资产负债率59.19%，是恩施区域除水布垭外最大的水力发电企业。2020年，公司有在职员工1090人，退休员工699人。2020年，公司完成发电量23.08亿千瓦时，实现产值9.21亿元，上缴税费1.42亿元。公司自2010年成立至2020年底累计实现产值57.05亿元，累计上缴税费12.82亿元。2020年10月，公司生技部ERP专责崔琴被省总工会授予第四届“荆楚工匠”。

【安全生产】 2020年，公司在运电站实现连续安全运行3669天，连续10年未发生一般火灾事故、一般人身伤亡事故、一类障碍。持续开展电站综合治理工作，对已完成标准化建设和综合治理的电站加强改进工作。完成38座水电站生态流量泄放改造，将朝阳寺水电站建设生态流量机组改造方案报当地环保部门备案，未发生环保通报事件。启动老渡口水电站及罗坡坝生态机组的集团立项，完成技改项目42项（其中老渡口12项，小河4项），完成公司铝芯变压器更换，龙桥大坝通过定检，完成雪照河等28座水电站压力钢管检测，老渡口水电站大坝安全定期检查首次会议资料整编。加强应急组织领导，完善防汛预案，严格落实防汛物资储备，建立“三防”物资云仓库。6—7月，全州连续遭遇9轮强降雨，恩施市城区多处被淹，恩施市屯堡乡马者村发生滑坡地质险情，公司统筹安排应急抢险，天电、车坝三级、龙王塘水电站战胜灾害险情，闸木水、龙王塘水电站成功化解水淹厂房风险。

【项目发展】 2020年，推进清江上游姚家平水电项目建设，恩施市政府成立专班推进项目前期工作。加快实施增容提效项目，完成恩施市马尾沟六级和利川市龙桥水电站增容项目可研报告，并通过水利部门审查。

【新冠肺炎疫情防控】 2020年，新冠肺炎疫情防控期间，公司发电量占恩施地区社会用电量的60%左右，防控工作获州政府通报表扬。公司开展"一防三保"（防控疫情扩散、保安全生产、保职工健康、保能源供应），实现员工及家属零确诊、零感染、零输入"三零目标"。

（董　珺）

湖北能源集团
齐岳山风电有限公司

【概况】 湖北能源集团齐岳山风电有限公司（简称齐岳山风电公司）是湖北能源集团新能源发展有限公司的全资子公司，主要负责利川市区域风电资源的开发、建设、运营和管理。齐岳山风电公司自2008年4月8日成立以来，先后建成投产齐岳山风电场一期、齐岳山风电场二期、齐岳山风电场三期（双鹿）、齐岳山中槽风电场、利川汪营风电场、利川天上坪风电场、利川安家坝风电场共7个风电项目，总装机台数207台，总装机容量32.63万千瓦。齐岳山风电公司是恩施州内规模最大的风力发电企业，自2010年首批机组投产发电至2020年底，累计发电382071.83万千瓦时，实现产值233063.81万元。2020年，齐岳山风电公司完成发电量60388.38万千瓦时，实现产值36836.91万元。突如其来新冠肺炎疫情防控期间，公司员工坚守现场2个多月，保能源供应，捐款捐物抗击疫情。

【安全生产】 齐岳山风电公司自首个风电项目开工建设以来，截至2020年12月31日，未发生安全一票否决事故或事件，未发生安全生产控制指标内的事件，未发生职业病病例、未发生火灾事故和集体食物中毒事件，未发生政府、行业或上级单位在质量安全方面的通报批评事件，累计实现安全生产3760天，实现百日安全生产周期37个。

（何　刚）

烟草制造业

湖北烟草金叶复烤
有限责任公司

【概况】 湖北烟草金叶复烤有限责任公司下设非独立法人单位2个：恩施复烤厂、襄阳复烤厂。2020年，落实省烟草专卖局党组"强基础、利长远、抓规范、谋跨越"工作思路和"改革创新提质年"工作部署，统筹推进抗击新冠肺炎疫情、防汛和生产经营工作，完成年度各项目标任务。全年累计投入精准扶贫专项资金28万元用于恩施州精准扶贫工作。公司156名党员下沉社区（村）参与新冠肺炎疫情防控工作，组织捐款16.2万元。

【生产经营】 2020年，公司累计加工烟叶106.11万担，产出片烟35364.71吨。实现营业收入26198.65万元，实现税利7868.51万元，其中利润总额4620.12万元，税金总额3248.39万元。其中恩施复烤厂累计加工烟叶65.02万担，产出片烟21023.22吨，实现营业收入15471.99万元，实现税利4984.30万元。其中利润总额3292.14万元，税金总额1692.16万元。

（黄　倩）

湖北中烟工业有限责任公司
恩施卷烟厂

【概况】 2020年，全年生产卷烟45.04万箱，主要以"峡谷情"系列为代表的"黄鹤楼"中高档品规卷烟为主，实现含税产值137.4亿元，划转及上缴恩施州税收总额62.6亿元。

【生产设备】 2020年，"峡谷柔情"条装机械化实现联机生产，"中棵烟+高油分"、上部烟带茎采烤等专项工作取得新进展。启动实施物流车间化改造，制丝线升级改造系统完成验收和设备转固，物流输送连廊及制冷站改造正在进行报验备案，配套公用工程改造项目建成投产，原料库建设项目及员工更衣室工程完成专项验收和五方责任主体验收，辅料输送自动化系统正式投入使用，MES系统17个管理应用功能模块全部上线试运行。

【精准扶贫】 2020年，驻村扶贫"两不愁、三保障"工作通过省级、国家级第三方评估验收。全年捐赠资金346.8万元用于补短板项目建设，蜜蜂养殖等特色产业稳步发展，消费扶贫金额约290万元。

（徐　明）

商 贸

Commerce and Trade

商　务

【概况】 2020年，全州商务（招商）系统围绕新冠肺炎疫情防控和经济社会发展双胜利目标，确保全州商务招商经济稳步发展。全年新签约亿元以上产业项目212个，同比增长186.5%。新开工亿元以上产业项目115个，同比增长18.5%。新投产亿元以上产业项目46个，同比增长15%。直接利用外资3503万美元，同比增长73.8%。外贸进出口总额9436万美元，同比增长5.2%。社会消费品零售总额562.59亿元，同比下降26.3%。开展“访外企、解难题、优服务、促发展”春风行动，兑现2019年度、2020年度省级外经贸发展专项资金（外资类）53万元，帮助企业化解难题。全州新增外商投资企业9个，合同外资金额2.4亿美元，同比增长150.8%。

【新冠肺炎疫情防控】 2020年，率先制定《全州商超市场疫情防控“十二个必须”》，围绕商超生活必需品供销、安全生产主体责任落实、新冠肺炎疫情防控措施落实情况开展“日巡查”，形成日研判报告60期。保障生活物资兜牢民生底线，通过对接9省联保联供平台，全州调运物资2.03万吨，先后解决700余吨本地农副产品销售难题。95个限上批发零售企业、16个限上餐饮住宿企业参加保供工作，69个企业参与生活物资配送30.96万单，配送金额5863.93万元。推进常态化疫情防控，完成冷链进口食品和货物运输的疫情风险排查和防控，全州商务系统和参与保供的800余个商超市场未发生疫情感染。州内口罩等医用防护物资紧缺，州商务（招商）局与恩施高新区协作，短短13天，促成恩施金凰新材料有限公司在恩施州落地投产。

【行业扶贫】 2020年，推进消费扶贫，制定《恩施州商务局2020年产品出山行动方案》《州商务局消费扶贫工作方案》，全州通过“扶贫832”平台、东西部扶贫协作、省内外支援、网络直播带货、重点电商平台、食堂采购、扶贫村采购等方式销售37.4亿元。推进东西部扶贫协作产业合作，实施“浙企入恩”工程，洲际食品、太楚科技、东南网架、菜大师、东方希望等东部企业和优质项目落户恩施，全州落地东部企业（投资项目）71个，完成全年目标任务的136.5%。新增实际到位投资额16.38亿元，完成全年目标任务的116.2%，带动贫困人口数1.15万人。6月12日，在杭州召开的2020浙商（投融资）大会上，恩施州获评“2020浙商最佳投资城市”。推进农村电商示范项目，出台《恩施州商务局2020年电商扶贫行动方案》等文件，全州累计拨付农村电商示范项目资金1.23亿元，7个县（市）进入验收阶段。全州建成县级电商运营公共服务中心8个（含电商产业园区3个），乡村级电商网点1781个，其中729个贫困村建成452个电商综合服务网点，电商从业主体7000余个，电商从业人员5万余人，2个本土企业评为湖北省电商示范企业，利川市电商产业园评为湖北省电商示范基地。全年电商交易额76.88亿元，同比增长22%，其中农产品上行交易额21.8亿元。

【招商引资】 2020年，全州谋划州级招商引资重点项目163个，投资总额932亿元。推进招商引资“一号工程”“一把手工程”，协调配合省领导开展招商引资活动5次，谋划协调州领导开展招商引资活动69次，对接洽谈重点企业100余个。组织参加“上海招商推介会”、“知名民企湖北行”、北欧论坛、华创会等省级招商平台活动，推介招商引资重点项目和优惠政策，州、县两级到省外开展各类招商引资活动200余次，对接目标企业500余个，接待到恩施考察客商

300余批次。组建招商引资项目服务专班，到全州50余个重点招商引资企业和外资企业开展走访调研，指导企业用好用足中央支持湖北疫后重振一揽子政策和各项帮扶政策。围绕“比抓强促”，坚持“月通报、季拉练、年考核”，通过集中开工、现场观摩、会议调度、情况通报、约谈督办等方式推进，以目标倒逼责任、以时间倒逼进度。

【重要招商活动】 2020年1月6日，上海湖北（恩施）商会2020年新春联谊会暨湖北（恩施）招商推介会在上海举行，签约9个项目。6月4日，州委书记柯俊率恩施州党政代表团到正泰集团股份有限公司进行招商考察。6月22—24日，州委常委、常务副州长丁辉带队到广东参加湖北省政府招商活动。7月1日，恩施州硒食品精深加工产业招商十亿级大项目落地，恩施农商智慧产业园项目一期用地成功摘牌，莱大师硒都产业园启动建设。7月23—24日，副省长赵海山带领恩施州招商团队到盼盼食品集团、中绿集团考察，推介恩施州。8月11—14日，州委副书记、州长刘芳震带队到湖南、山东、四川三省，对夸特纳斯、泰山集团、成都新津事丰医疗公司进行招商考察。8月27日，州委常委、常务副州长丁辉带队到杭州东南网架拜访企业主要负责人，就东南网架在恩施项目的落地工作进行洽谈。9月23—27日，州委书记柯俊带队到广东开展招商活动，先后考察珠海智融科技有限公司、深圳市立洋光电子股份有限公司等，到立讯精密股份有限公司交流恩施立讯发展情况。10月19—21日，州政府产业顾问丁文平带队到重庆、广西开展硒食品精深加工产业专题招商活动，先后考察中盐西南盐业有限公司、重庆猪八戒股份有限公司、南方黑芝麻集团股份有限公司。11月4—7日，州委常委、常务副州长丁辉带队到上海开展商务活动，考察东方希望集团、均瑶集团、上海牛元工贸有限公司，参加2020中国——北欧经贸合作论坛暨湖北省新产业项目合作对接会。11月7—10日，州委书记柯俊率团到浙江、江苏进行招商考察，推进相关项目合作，拜访杭州鄂达精密五金有限公司、宁波鼎捷模塑制造有限公司、红太阳集团等企业。12月23日，温州市湖北商会成立十五周年庆典暨新春联谊会、“硒望恩施 硒引温州”——东西部扶贫协作湖北（恩施）专场推介会在温州举行，州工商联与温州市湖北商会签订疫后发展合作协议。

【外贸出口】 2020年，推进外贸“三项工程”（骨干企业、成长企业、潜力企业）建设和“破零攻坚”，全州新增外贸经营备案登记企业60个，较同期增加9个。新增开口业绩企业21个，较同期增加11个。出口过100万美元以上企业18个，较同期增加1个，其中出口过500万美元以上5个。全州首家外贸综合服务中心和宣恩进口交易市场建成运营。拓展外贸市场，组织近100余个企业参加第127届和128届广交会、上海环球食品展等国内经贸展会、博览会。精准帮扶外贸企业，与恩施海关联合制定“助力外贸企业复产、平稳发展的十二条政策措施”，助力企业复工复产。对25个企业兑现州本级外贸奖励资金297万元，为5个企业申报2020年中央外经贸促进专项资金市场开拓项目5个，争取资金18万元。协同金融部门帮助10个外贸企业进入全州支农支小“金融仓”。指导和帮助5个医疗防护企业进入商务部医疗防护物品出口“白名单”、12个特色产品出口企业进驻省级“楚贸通”平台，8个企业进驻“荆楚优品云展促销平台”、6个企业注册“楚贸贷”平台。组织开展127、128届广交会线上线下培训9次，组织参加省级服务外包、技术贸易、贸易救济、跨境电商等业务培训。

【商贸促销】 2020年，制定《全州商贸流通企业疫后重振专项行动方案》，引导企业开展六月欢购节、发放消费券等多样化促销活动刺激消费，全州50个较大型商贸企业参与促销活动，开展活动114场次，实现销售额1.2亿元。加快夜经济发展，恩施城区建成7个商业集聚夜市，新增夜间摊点1262个。持续推进“百企千品进万店”“百企千品进央企”“恩施产品进中百”“硒品三入”（硒品入杭、硒品入京、硒品入津）行动，21个企业195种产品进驻中石化“易捷”便利店，6个企业55种产品进驻中石油44个加油站便利店，25个企业94种产品进入中百50个卖场。对接国家电网、三峡集团、银行、中石化、中石油、电信、国网慧农帮、三峡e购等州内外央企，实现硒产品销售1亿多元。在杭州设立8个硒产品展销中心，展销网点面积约2000平方米，展销单品1000多个，在杭州实现恩施硒产品进机关、进商超、进市场、进食堂、进社区。在北京首航超市34个门店设立专柜。在天津设立恩施州消费扶贫专区，展销面积3000平方米，

2020年8月12日，州相关领导带队到山东泰山体育产业集团有限公司总部考察

（李晓艳 摄）

在唐山家万佳超市6个门店设立专柜销售恩施硒产品。组织参加展销活动，100余个企业“走出去”参加“电商助农·杭州行动”“情系荆楚·相约浙里”、武汉电博会、武汉食博会等近20个展销活动，达成多项农特产品采购协议和采购意向。加强项目争取和品牌打造，申报争取供应链项目资金328万元。9个企业入选2020年“荆楚优品”目录企业。

【口岸建设】 2020年6月24日，国家口岸管理办公室下发《关于印发2020年度口岸开放审理计划的通知》，恩施机场位居全国3个计划新开航空口岸之首，具备正式开放申报条件。恩施州推进海关铁路监管区建设领导小组成立，完成项目立项、审批工作。

【行业监管】 2020年，建立安全生产责任体系，制定《恩施州商务系统2020年安全生产工作要点》《恩施州商贸（成品油）安全专项整治三年行动方案》。突出新冠肺炎疫情常态化防控和成品油销售安全的关键环节，制定《全州商超市场疫情防控“十二必须”》《商贸流通企业复商复市“六到位”》《加油站销售散装汽油工作流程》《关于规范散装汽油销售的通告》《关于进一步规范加油站摩托车加油安全管理工作的通知》，对散装汽油销售实行“三实”（实名购买、实情登记、实时报告）“六限”（限时、限量、限加油机、限运输车辆、限容器、限专员）。加强安全生产监管，联合相关部门连续10次组织开展行业安全专项检查，累计出动200人次，检查100个企业安全生产和疫情防控等工作情况。推进加油站（点）地下油罐防渗漏改造、农贸市场专项整治，坚持问题整改销号与规范经营相结合，确保行业安全稳定。守住生态环保底线，启动编制成品油零售分销体系“十四五”规划，做好成品油规划年检，相继开展全州餐饮行业制止餐饮浪费培养节约习惯专项行动、2020湖北诚信家政服务楚天行宣传活动、全州家政服务业职业技能竞赛、商务领域塑料污染治理行动、绿色商场创建行动、湖北老字号品牌创建活动。促进流通领域节能减排和绿色消费，引导流通企业销售绿色产品，提供绿色包装。

【优化营商环境】 2020年，优化政务服务，对全州商务系统的行政审批事项和交叉职责进行全面梳理，将所有行政审批事项办件时间压缩至4个工作日。贯彻落实新颁布的《中华人民共和国外商投资法》，宣传《外商投资准入负面清单（2020年版）》，兑现外资企业相关奖励政策，提振外资企业发展信心。融入国家“一带一路”发展战略，优化招商引资软、硬环境，会同恩施高新区出台《支持园区企业复工复产六条政策》，恩施州获“2020浙商最佳投资城市”荣誉称号。持续推进“商务干部连千企，服务企业促发展”活动，全州商务系统干部“一对一”帮扶企业100个，针对立讯、达翔、洲际食品等重点企业用工难题，定向招工4000余人。

【重要商贸活动】 2020年6月11—12日，“情系荆楚相约浙里—湖北农产品浙里行暨长三角地区农产品产销对接洽谈会”在杭州举行。直播推荐恩施小土豆、恩施杂粮、荆州藕带、洪湖小龙虾4款产品，斑马直播分会场上架19款湖北特色优质农产品，湖北恩施泰康农业与浙里汇消费扶贫平台签约50万公斤硒土豆供货协议，恩施花枝山、利川飞强、宣恩益橙电商应邀在活动现场进行产品展示。杭州贝店在启动仪式现场开设直播分会场，上架25款湖北特色产品，为恩施硒土豆、硒茶直播带货。6月15—24日，第127届广交会首次在网上举行，恩施州争取到展位19个，组织18个企业参展，参展商品涵盖农产品、工艺礼品、家居、家纺、化工品类15个展区。10月22—25日，2020全国农商互联暨精准扶贫产销对接大会在南京溧水举行，恩施玉露、恩施土豆等特色产品参展。10月29—31日，第六届武汉国际电子商务暨“互联网+”产业博览会在武汉国际博览中心举行，恩施州20余个电商企业携富硒茶叶、粮油、蜂蜜、腊肉等100多种特色产品参展。11月10—12日，FHC上海环球食品展举行，恩施州组织6个外贸企业携恩施硒茶、藤茶等特色产品参展。11月11日，第二届世界大健康博览会在武汉国际博览中心举行，恩施州以“世界硒都·华中药库”展览主题参展，40余个生物医药及硒产品深加工企业进行产品展示。12月3—6日，第29届中国食品博览会暨中国（武汉）国际食品交易会在武汉国际博览中心举行，恩施展馆现场销售32万余元，加线上订单累计销售264万余元。

（郭思言）

2020年12月23日，“硒望恩施·硒引温州”——东西部扶贫协作湖北（恩施）专场推介会在温州举行

（州商务局 供稿）

粮　食

【概况】　2020年，全州粮食工作严格粮食储备管理，抓好粮食应急保供稳价，加强粮食流通市场监管，有效地保障区域粮食安全。完成粮食安全行政首长责任制的考核评价工作，省对恩施州2019年度粮食安全行政首长责任制考核为优秀等次，位列全省第五位。

【宏观调控】　2020年，执行国家粮食收购政策，粮食收购7.68万吨。做好全州粮食流通统计基层基础工作，完善粮食市场监测预警体系，州发改委被省粮食局评为粮食流通统计工作先进单位。加强粮食市场监管，全州粮食市场稳定有序。严格军粮供应管理，军粮质量合格率、部队供应满意率100%。充实粮食应急供应网点，重新确定粮食应急保障主体119个、应急加工企业13个、配送中心9个、储运企业9个。

【保供稳价】　2020年，全州统一调度、统筹粮源、联动保障、增储保供、稳价供应。做好新冠肺炎疫情防控粮油保供稳价，完成中央指导组及省疫情防控指挥部下达的成品粮增储任务，粮油供应保障平稳有序。疫情防控期间，争取中国储备粮管理集团捐赠粮油物资600吨，全州累计加工稻谷5000吨、调运配送供应粮油2.21万余吨。荆楚粮油恩施州有限责任公司、利川市民安粮油储备有限公司、来凤县粮油收储公司3个国有粮食企业被省粮食局表彰为全省粮食系统抗击新冠肺炎疫情先进集体，州发改委姜彩莲等6人表彰为全省粮食系抗击新冠肺炎疫情先进个人。利川市民安粮油储备有限公司疫情防控期间粮油保供工作受到省粮食局肯定，奖励补助资金100万元。

【粮食储备】　2020年，新增县级原粮储备规模6500吨、县级成品粮储备规模200吨、县级成品油170吨。加强粮食储备行政管理，提升粮食储备保障能力。加强地方储备安全监管，全年州、县两级地方储备粮油轮换完成100%。全州粮油仓储备案单位13个，备案库点28个，备案仓库（油罐）容量172615吨，备案库区面积40.08公顷。加快推进准低温（低温）粮库改造项目建设，完成准低温（低温）粮库改造仓容7300吨。建立“两个安全”常态化排查机制，推进“两个安全”网格化管理，防范化解重大安全风险。宣恩县粮食购销公司被省粮食局、省农业农村厅、省教育厅、省科技厅和省妇联评定为“省级粮食安全宣传教育基地”。

【粮食质量】　2020年，完成粮食质检体系建设项目7个，实现县（市）粮油质量检验检测能力全覆盖。开展粮食收获质量调查和品质测报，完成检测样品494批次，其中原粮260批次、成品粮油234批次，质量合格率为100%。开展粮食科技宣传周、世界粮食日和全国粮食安全宣传周系列宣传活动。开展“放心粮油”质量专项抽检，抽检样品39个，质量合格率100%。

【粮食产业】　2020年，开展富硒粮油“走出去”行动，先后组织7个粮油企业参加福州市第三届全国粮交会和武汉市第29届中国食博会，累计销售富硒粮油310.22万元。助力粮食产业高质量产业发展，引导粮食产业化龙头企业建立优质富硒粮油示范基地6213.33公顷，优质原粮基地关联农户数29482户，收购订单稻谷10175吨。全州有规模以上粮油加工企业12个，粮油产业化龙头企业42个，其中省级龙头企业7个、州级龙头企业35个。

【粮油项目】　2020年，组织申报粮食应急保障中心补短板项目9个，项目总投资2.54亿元，全年开工建设项目1个，8个项目完成前期准备工作。推进准低温（低温）仓库改造项目2个，改造仓容1万吨。申报质检体系建设项目2个，项目总投资496万元。争取准低温粮库改造项目7个，省级补助资金536万元。推进“优质粮食工程”项目建设，完成粮食产后服务体系项目建设3个、粮食质检体系项目建设3个、“中国好粮油”特色示范企业项目建设1个。

【国有粮食企业】　2020年，全州国有粮食企业9个［8个县（市）和州直1个］，中心粮库9个，收储库点34个，骨干收纳库11个。州粮油储备有限公司承担州本级政策性粮食购销储备业务。

【粮食流通监管】　2020年，率先在全省出台粮食流通领域轻微违法行为免罚制度和免罚清单，探索实施行业包容审慎监管，优化粮食行业营商环境。修订粮食流通行政执法信息公示、全过程记录、重大行政执法决定法制审核制度，规范粮食行政执法行为。制定《恩施州粮食流通执法督查案件线索移送工作制度（试行）》，规范案件线索移交记录。建立粮食行业信用评价和分类监管，组织粮食企业信用评价，公示42个粮食企业信用评价结果。2020年，组织开展收购资格核查、秋粮收购专项执法检查、粮食库存检查等专项执法督查，核查粮食收购资格主体50个，组织双随机执法检查企业15个，下发《责令改正通知书》1份，书面警告企业1个，受理举报投诉案件3件，立案调查案件1件，移交涉粮涉嫌违法违纪线索1案，行政处罚（警告）1例。

（瞿显超）

供　销

【概况】　2020年，全州基层供销社总计109个（村级基层社18个），村级综合服务社1281个，领办创办农民专业合作社1032个，州农产品流通行业协会成立，农产品流通网络健全。年初，州委、州政府决定将州消费扶贫工作专班办公室设在州供销合作社联合社，5月12日，州政府召开恩施州消费扶贫暨深化供销合作社综合改革视频会。全年按要求完成深化供销合作社综合改革的组织体系、社会化服务、农村电商转型升级、农产品产销对接、金融合作等阶段性任务，综合改革经验在全省供销社改革发展现场会上交流，“扶贫832”平台（贫困地区农副产品网络销售平台)消费扶贫工作排名全省第一、全国第一。

【农业社会化服务】 2020年，全州供销系统农业社会化服务面积新增11133.33公顷，累计建成庄稼医院210个，提档升级“三农”服务中心43个。8个县（市）建成县级再生资源回收利用中心，规范来凤县社、鹤峰县社2个农贸市场。

【农村电商转型升级】 2020年，全州8个县（市）建成县级电子商务中心，举办全州供销系统2020年度农村电商培训会，培训各类电商人才500余人次，搭建“扶贫832”平台，恩施产地仓建成运行。

【农产品产销对接】 2020年，推进东西部扶贫协作，搭建恩施贫困地区农产品销售平台，推动恩施农副产品进批发市场、连锁超市，累计销售1.5亿元。

【“三位一体”农村合作金融试点】 2020年，推进“三位一体”（生产合作、供销合作、信用合作）农村合作金融试点工作。与中国邮政储蓄银行合作，探索“832扶贫贷”惠农金融产品，宣恩县湖北晓明食品有限责任公司获得第一笔50万元的“832扶贫贷”试点贷款。

【推进“两网融合”】 2020年，与州住建局联合印发《关于深入推进再生资源回收利用与生活垃圾分类“两网融合”工作的通知》，推动恩施市太阳河乡再生资源回收网络和生活垃圾分类“两网融合”试点项目落实落地。

【消费扶贫】 2020年，开展消费扶贫，通过政府采购、东西部扶贫协作、天津对口支援、省内外帮扶、扶贫村定点采购等措施，利用“扶贫832”平台、淘宝、京东、州内央企国企电商平台、网络直播平台等载体，拓展市场主体销售渠道，带动全州农副产品销售，总额154.99亿元。截至12月31日，全州有1735个供应商(681个活跃供应商)8722个产品在“扶贫832”平台注册上架，销售总额11.75亿元，占湖北省交易总额17.52亿元的67.15%，占全国交易总额82.5亿元的14.2%，居全省第一、全国第一。《人民日报》、中央电视台、新华网、光明网、《湖北日报》、湖北卫视、天津卫视等媒体推介恩施经验做法。

【优化营商环境】 2020年，新冠肺炎疫情突如其来，为助力企业尽快复工复产，州供销社暂停所有租金的收缴工作，参照国有企业减免租金的政策，落实社有资产承租户租金的减免，减免租金262.7万元。出台《州供销社关于优化营商环境激发市场主体活力的指导意见书》，从服务农民专业合作社、基层社、社有企业、农村电子商务等8个方面服务系统内企业。向全国供销合作总社电商公司争取“扶贫832”平台审核绿色通道和免收每个店铺2万元保证金的优惠政策，为1735个农业企业免收质保金3470万元。

【社有资产管理】 2020年，州供销社以州供销社资产经营管理有限公司代为偿还3个企业抵押贷款本金210万元的方式，赎回州复合肥厂、州生活公司和州农副产品公司3个企业在州农业银行贷款的全部抵押物权及相关证件，妥善解决历史遗留问题，确保资产保值增值。妥善处理改制遗留问题，对存在安全隐患房屋定期排查，维修房屋漏水10余次。

（赵 旭）

烟草专卖

【概况】 2020年，恩施州烟草商业系统落实省烟草专卖局党组“强基础、利长远、抓规范、谋跨越”长期工作思路和“改革创新发展年”工作部署，以省局“知行”文化为引领，加强恩施烟草“山文化”建设，与精神文明创建、法治建设、基层创优等相结合，推进工作，取得新冠肺炎疫情防控和生产经营的双胜利，实现“十三五”圆满收官。全年实现销售收入51.32亿元，同比增加0.88亿元，增幅1.75%。实现利税13.73亿元，完成计划目标任务。

【烟叶生产】 2020年，全州收购烟叶69.32万担，完成计划任务的96.14%，全州烟农收入为10.84亿元，同比增加0.15亿元。烤烟等级结构基本满足市场需求，烤烟核心指标均排名全省前列。在国家局烟叶收购检查中，平均合格率81.67%，上等烟纯度90%，中等烟纯度92.75%，高于同期检查水平。上部烟叶质量明显改善，“中棵烟+高油分”烟叶在2020年烟叶质量评比中获得全国第二名。“鹤峰12345”土地流转模式和“宣恩经验”在全省烟区推广，建始县烟叶调拨改革初见成效。

【卷烟营销】 2020年，销售卷烟98808箱，单箱均价34359元，同比增加984元，增幅2.95%。打造终端646户、建成吸烟场所245个，提前实现国家AAAA级以上旅游景区全覆盖。前10%销量大户占比降至24.91%左右，形成橄榄型客户分布结构。真烟异常流动得到有效遏制，卷烟经营更加严格规范。

【专卖管理】 2020年，全州查处涉烟案件901起，案值980.51万元，办理网络案件12起，查获制假设备9台套。查获5万元以上案件数量38起，同比增加8起。查获非法卷烟1224.92万支，烟丝、烟叶等原辅材料409.28吨，同比分别增加65.09万支、407.87吨。打击追刑人数27人，同比增加10人。以宣恩“5·10”案件为代表的3起非法经营烟叶、烟丝等原辅材料案件，得到国家局专卖司和省局领导的肯定以及省卷烟市场整顿领导小组办公室的贺信表扬。

【行业扶贫】 2020年，投入精准扶贫专项资金722.8万元，全州系统帮扶33个贫困村（有2个因新冠肺炎疫情防控临时增加），涉及村民13766户、46231人，累计建档立卡贫困户5270户、16665人。助力23户、49人顺利脱贫实现所有贫困人口“清零”，巩固提升5247户、16616人。派出109名驻村干部组成33个驻村工作队（“尖刀班”）下沉一线，其中驻村第一书记19人。500余名职工帮扶进村入户，推动扶贫工作。全州系统消费160余万元，助力脱贫攻坚。

【基础设施建设】 2020年，全州投入项目建设资金5280.47万元，建设烟叶基础设施项目2883个（件）。恩施市响板水库、利川高渡河水库、巴东车沟水库、建始木桥河水库4个项目竣工并移交运行管理单位。恩施市喻家河水库完工，待竣工验收。宣恩官千水库、咸丰龙洞湾水库2个项目建设中。巴东绿葱坡镇钟坝河水库项目上报国家局，待审查批复。

【荣誉】 2020年1月，建始县烟叶分公司向泽弟、利川市烟叶分公司向尧被国家烟草专卖局表彰为“烟草行业技术能手”。4月，州烟草专卖局（公司）机关离退休党支部被中国烟草总公司表彰为“烟草行业离退休干部先进集体”。6月30日，州烟草专卖局（公司）刘志彪被国家烟草专卖局表彰为“烟草行业扶贫工作先进个人”。

（彭 康）

盐业经营

【概况】 2020年，恩施盐业分公司实现2017年盐业体制改革以来首个年度盈利。全年购进各类盐12727.21吨，其中购进小袋盐10589.96吨、食品加工用盐（含海湖盐）1819.6吨、工业盐（含饲料添加剂）317.65吨。全年销售各类盐10956.68吨，其中销售各类小袋盐9292.38吨、食品加工用盐1357.5吨（含海湖盐）、工业用盐306.8吨。

【优化销售结构】 2020年，以优化产品销售结构为工作主线，抓好城区市场，开展中高端产品进社区、进商超宣传推广活动，拓展中高端盐、果蔬盐等销售份额，逐步形成以盐带糖、以糖护盐的消费市场格局，改善产品销售结构，增强企业营业收入。

【国资管理】 2020年，全州盐业系统房地资产严格执行“事前严格评估审批、事中公开挂牌招租、事后严格执行协议”的工作要求，实行租赁合同、安全责任书、廉洁从业协议书的同步签订，资产租赁、

2020年，中国石化销售股份有限公司湖北恩施石油分公司在疫情防控期间保障供应　　（中国石化销售股份有限公司湖北恩施石油分公司 供稿）

项目合作收益应收尽收。突如其来新冠肺炎疫情防控期间，落实国有资产出租租金减免政策，助力社会经济发展，公司向全州盐业资产租户减免租金239.74万元。

【企业管理】 2020年，公司修订补充企业人事、业务工作、财务及行政管理等方面的管理制度和规范性文件，严明“库存管理、销售管理、价格体系管理”3个经营管理重点领域的纪律规定。公司与各县（市）公司、机关各责任部门、房屋承租方层层签订安全生产责任书，建立安全生产工作台账，组织定期检查及时消除事故隐患。

（张 霞）

石油销售

中国石化销售股份有限公司湖北恩施石油分公司

【概况】 2020年，中国石化销售股份有限公司湖北恩施石油分公司（简称恩施石油分公司）实现成品油供应总量38万吨，实现销售收入25亿元，上缴税收1600余万元。公司下设8个县（市）分公司，在营油库1座（恩施铁路油库），在营加油站112座，在岗员工668人（含离岗休养、内退，非全日制用工）。

【新冠肺炎疫情防控】 2020年，新冠肺炎疫情突如其来，公司党委第一时间发出《倡议书》，全州系统10支党团突击队，270余名党团员主动请战，全州系统600多名干部员工参与，保障库站24小时运转。铁路油库及全州112座加油站每天开展3次全面消毒，对所有进站进库车辆随到随消毒，做好防疫宣传。公司第一时间向社会公开承诺：“油品不断供、商品不涨价、服务不打烊”“哪里疫情防控需要油，公司就把油送到哪里”。与炼油厂、铁路运输部门协调，跟踪油品装车出厂和物流运输，确保资源按时到达恩施铁路油库，2—4月，调运2000多个槽车10万余吨油品。州、县、库站分级制定油品保供预案，保障全州库站正常运行。分公司被州商务局评为“市场保供行业突出单位”。

【支持复工复产】 2020年，全州64座乡镇加油站延长营业时间，开辟春耕生产加油绿色通道，确保“油品不断供、用油不限量、加油不限时”。成立复工复产服务小组，走访全州建设项目工地，主动配送油品到田间地头和重点工地达5000余吨。4月10日，中国石化易捷公司总裁网络直播带货，推介恩施茶叶，吸引25万人次观看，275万人次点赞，最大单笔订单额30万元。中国石化易捷公司将“恩施玉露”“利川红”纳入采购名目，

在全国3万多座中国石化易捷便利店以及易捷商城、“加油湖北”APP等线上平台持续推介。4月，接到州政府交办向中石化总部争取为恩施国康卫生材料有限公司供应熔喷布的任务后，恩施石油分公司迅速向省公司汇报，得到中国石化总部的支持，开辟绿色通道为恩施国康公司供应熔喷布。新冠肺炎疫情防控进入常态化后，将恩施自产口罩引进中国石化易捷便利店销售。

【抗洪救灾】 2020年4月21日，318国道利川谋道鸡头沟发生滑坡，位于滑坡地带民营加油站出现油品泄漏重大险情，威胁到乡镇村民生活饮用水源。恩施石油分公司接到州应急指挥部通知，立即赶到现场参与排险，实现安全环保无事故。6月28日，恩施石油分公司驻巴东水布垭柳家村扶贫“尖刀班”接到柳家村十三组出现山体滑坡险情信息，连夜将30多名村民安全转移到附近村庄。7月17日，恩施州城遭遇近五十年一遇洪水灾害，城区内涝严重，南门加油站被洪水淹没，53名党团突击队员携带防汛物资赶到现场救灾，防范油品泄漏导致安全环保风险。当天州城全城停电，公司紧急协调为施州加油站增加27吨汽油，开通绿色加油通道，确保应急抢险、救援车辆油品供应。7月21日，恩施市屯堡乡马者村沙子坝发生大面积山体滑坡，公司接到应急处置指挥部现场急需成品油救灾的请求，第一时间启动油品保供应急预案，赶到救灾现场，应急保供服务队员坚守24小时保救灾油品供应。《湖北日报》、《楚天都市报》、网易网、腾讯网、《恩施日报》、恩施电视台先后报道公司抗洪救灾保供事迹。

【安全管理】 2020年，公司实现持续多年“零”事故。落实中国石化HSSE（健康、安全、环保、公共安全）管理体系。通过健全完善州、县库站四级应急预案体系，常态化开展应急预案演练，加强应急管理能力建设。打造“7S”（整理、整顿、清扫、清洁、素养、安全、节约）特色管理，做好“人防、物防、技防”，消除事故隐患。建立“互联网+督查”模式，构建库站“岗位日查、班组周查、县（市）公司月查、专职督导队定期督查及视频监控随时抽查”的机制，全覆盖、无盲区，提升HSSE工作精细化和有效化。恩施铁路油库连续5年获得全省“安全管理先进油库”。公司投入1.5亿多元资金开展加油站防渗治理，截至2020年10月，全州104座在营站防渗漏治理全部完成。公司以“奉献清洁能源、践行绿色发展”为理念，开展绿色企业创建工作。开展智慧油库、智慧加油站建设，打造成为资源节约型和环境友好型一流成品油综合服务商。分公司获评“2020年度全州平安建设（综合治理）优胜单位”。

【精准扶贫】 2020年，在中国石化助力湖北经济复苏“荆楚优品”暨湖北助农扶贫特色产品云订货会召开后，恩施石油分公司迅速向州政府主要领导汇报，州政府在公司召开全州“百企千品进央企”专题会议，协助洽谈恩施土特产供应商58个，21个企业先后进入中国石化云平台、34个入驻中石化易捷便利店、入驻产品195个，实现恩施土特产品销售5400余万元，占全省的近⅓。分公司被州脱贫攻坚指挥部办公室表彰为“2020年全州消费扶贫工作先进企业”。州公司驻村工作队的扶贫故事先后被中央、省、州16个主流媒体报道。

（侯秋芳）

中国石油天然气股份有限公司湖北恩施销售分公司

【概况】 2020年，中国石油天然气股份有限公司湖北恩施分公司有44座加油站，属于湖北公司二类A档地市分公司。实现成品油销售总量14万吨，实现非油销售4000万元，油品质量抽检合格率100%。持续推进质量管理和HSE体系建设，严格落实直线责任和安全管理“一岗双责”，加油站防渗改造全部完成。突如其来新冠肺炎疫情防控期间，确保员工及家属零感染。安全环保责任事故为零，未发生新闻媒体曝光事件，年度综合业绩考评排名全省前列。

【油品营销】 2020年，根据市场需求，有序推进复工复产，协调资源，实行统一配送，保障恩施地区成品油供应。开展“柴油上量百日攻坚战”，围绕重大工程项目，加大机构客户开发与维护，优化服务，挖掘销售潜能，服务地方经济发展。

【非油销售】 2020年，围绕非油年度目标，加强专业线管理，分公司结合恩施市场消费特点，突出旅游品牌特色，拓展非油业务空间。支持全州消费扶贫，主动在中国石油销售系统进行推广，累计实现富硒茶等恩施农产品销售800万元。加油站通过开展洗车业务，新增家用电器、农业化肥销售，持续提升单店销售能力，年销售超过百万元的便利店25座。

（张如燎）

经济开发

Economic Development

扶贫开发

【概况】 截至2020年末，恩施州消除绝对贫困和区域性整体贫困，8个贫困县全部退出、729个贫困村全部出列、现行标准下109.9万贫困人口如期脱贫。在2020年度国家脱贫攻坚成效考核中总体情况良好，在2019—2020年上半年省对市州党委和政府扶贫开发工作成效考核中位居全省第一。

【落实脱贫攻坚政治责任】 2020年，州委、州政府始终把脱贫攻坚作为最大的政治任务、头等大事和第一民生工程，坚决扛起脱贫攻坚政治责任，以脱贫攻坚统揽经济社会发展全局。先后召开17次州委常委会议、7次州政府常务会议、11次州脱贫攻坚指挥部调度会和领导小组会议，研究部署和推进脱贫攻坚各项工作落实。坚持州、县、乡、村四级书记一起抓，按照“市县抓落实”要求，从严落实党政“一把手”负总责，持续强化州领导包县、县领导包乡镇、乡镇领导包村、尖刀班干部包组包户的责任机制，州、县“四大家”领导驻点抓扶贫，每年2次书面报告履行脱贫攻坚政治责任情况。开展“遍访贫困”行动，州委书记、州长遍访贫困乡镇，8个县（市）党委书记、县（市）长遍访贫困村，88个乡镇党委书记、乡镇长和所有村党组织书记遍访贫困户。

【重要政策】 2020年3月9日，州扶贫开发领导小组（脱贫攻坚指挥部）印发《恩施州2020年脱贫攻坚作战方案》，明确工作任务、主要措施和工作目标；4月17日，印发《恩施州关于针对脱贫攻坚重点对象实施精准帮扶工作方案》，聚焦剩余贫困人口，因新冠肺炎疫情、因病、因灾等原因新增致贫返贫人口，边缘户和脱贫监测户（脱贫不稳定户）“三类”脱贫攻坚重点对象，出台产业就业、消费帮扶、小额信贷等“十条措施”，确保剩余贫困人口全部如期脱贫，有效防范新增致贫返贫。

【重要会议】 2020年6月24日，州委书记柯俊主持召开十九届中央脱贫攻坚专项巡视“回头看”反馈意见整改领导小组会议。会议听取州整改办关于中央脱贫攻坚专项巡视“回头看”反馈意见、2019年国家脱贫攻坚成效考核反馈问题恩施州整改落实情况的汇报，审议效果清单。9月17日，州委、州政府召开全州“尖刀班”视频会。全面总结全州农村、社区“尖刀班”在扶贫、抗击新冠肺炎疫情、战洪中的有效做法和经验，提炼“甘于奉献、攻坚克难”的“尖刀班”精神。

【解决“两不愁三保障”突出问题】 2020年，投入助学资金1.37亿元，保障义务教育，惠及贫困学生25.23万人次。全州贫困人口基本医疗保险参保率达100%，30种大病救治7.27万人，覆盖率99.7%。重病兜底保障救治3.48万人，覆盖率99.9%（不含死亡病例）。全年实施“四类”重点对象（建档立卡贫困户、低保户、农村分散供养特困人员、贫困残疾人家庭）危房改造6164户，实现农村“人不住危房、危房不住人”。健全完善农村饮水工程管护机制，全面巩固提升农村人口饮水安全质量。全年发放农村低保及各类救助资金14.55亿元，兜底保障惠及农村低保对象23.52万人，特困供养对象1.73万人，实施临时救助3.56万人次。6.7万名困难残疾人享受生活补贴，6.5万名重度残疾人享受护理补贴。全年新建农村公路820千米，新建及改造10千伏配电线路1236千米、配变台区1693个、增容18.29万千伏安，加强通信设施建设，建成4G补盲基站664个、5G基站1132个。全年落实生态扶贫补助资金17609万元，惠及贫困人口21.07万户，聘用17300名生态护林员，落实生态公益林和退耕还林补贴，让贫困户享受生态红利。全州共开发公益岗位3500个，3377名贫困人口实现就近就地就业，发放岗位工资1053.8万元。

【产业就业扶贫工程】 2020年，实施“一村一品+”，推动“两消除”（消除产业空白村、空白户）行动提档升级，确保有劳动能力的贫困户每户有“一长两短”（一个长远增收和两个当年增收）产业项目或务工就业，引导贫困群众实现“应种尽种、应养尽养”。新增产业基地面积15400公顷，全州特色产业基地面积达465333.33公顷，农民人均0.147公顷。通过开发护林员、护路员、光伏电站管护员、保洁员、护水员、村务管理员等公益性岗位，吸纳贫困群众就业3.04万人。通过扶贫龙头企业和扶贫车间吸纳带动贫困劳动力就业8482人。利用东西部扶贫协作、商会、驻外劳务工作站等收集岗位信息，通过微信公众号等媒体平台及时推送，有序组织开展“点对点、一站式”输送服务，落实贫困人口外出务工交通补贴和生活补贴政策。全州外出务工贫困人口40.08万人，比2019年增加2.29万人。截至12月31日，全州1735个供应商8722个扶贫产品在“扶贫832”平台注册，州、县两级1921个预算单位完成激活注册，“扶贫832”平台实现销售额11.75亿元，占全省的67%（排名第一），占全国的14.2%。通过东西部扶贫协作、北京天津对口支援、网络直播带货、中省机关支持、“百企千品进央企”、其他电商平台、扶贫村定点采购、机关食堂采购等方式销售农副产品154.99亿元，带动50余万名贫困群众实现稳定增收。“扶贫832”平台销售金额、预留金额、采购金额、扶贫产品认定等多项指标位列全国、全省前列。

【东西部扶贫协作】 2020年，杭州市到位财政资金4.98亿元，超协议计划1.1亿元，明确帮扶项目278个。双方互派医生、教师、干部507人挂职锻炼，超协议计划262人。帮助恩施州贫困人口到浙江省就业3963人、实现就近就业11863人，分别超协议计划3633人、10763人。引导71个企业到恩施州开展产业合作，完成投资16.38亿元，吸纳贫困人口就业2507人，分别比2019年增长51%、30.2%、127%。组织社会帮扶资金1.53亿元，比2019年增长72.9%。面对新冠肺炎疫情、自然灾情影响，杭州市全力调配防控物资、筹集防控资金驰援恩施。杭州市挂职干部迅速发动杭州社会各界捐款捐物，为恩施筹集款物1697.74万元。杭州恩施两地在全国率先开展“绿码互认”，组织开通包列包车，“点对点”集中输送恩施籍贫困人口4018人次到浙江地区返岗，累计帮助销售恩施农特产品10.28亿元，带动3.3万贫困人口增收。9月，杭州市向恩施定向捐赠1亿元，用作东西部扶贫协作抗疫抗灾特殊资金，落地实施帮扶项目64个。

2020年1月，东西部扶贫协作·咸丰县中药材全产业链项目中药材初加工基地启动 （李琴摄）

【中央单位定点扶贫】 2020年，6个中央定点帮扶单位直接投入帮扶资金31278.38万元。帮助引进帮扶资金23947.6万元，同比增长131%。帮助培训党政干部2757人次、专技人才13679人次，直接购买农特产品4865万元、帮助销售农特产品22763万元。

【扶贫领域问题整改和治理】 2020年，对专项巡视“回头看”涉及恩施州的1个具体问题和举一反三自查12个问题，2019年国家对省脱贫攻坚成效考核反馈11个问题及自查15个问题，脱贫攻坚大排查问题14个，2019—2020年上半年省对市县扶贫开发成效考核反馈18个问题，按照“问题已整改、责任已追究、漏洞已堵塞、建章立制已到位”的标准均全部完成整改（含已整改并长期坚持）。恩施州整改经验做法在2020年全省决战决胜脱攻坚专题研讨班进行交流发言。

【5个县（市）获省政府批准退出贫困县】 2020年4月21日，省政府发布关于批准十堰市郧阳区等17个县（市、区）退出贫困县的通知，根据《中共中央办公厅、国务院办公厅印发〈关于建立贫困退出机制的意见〉的通知》精神，经县级申请、市级初审、省级专项评估检查，十堰市郧阳区、郧西县、竹山县、竹溪县、房县、长阳县、五峰县、孝昌县、大悟县、蕲春县、麻城市、恩施市、利川市、建始县、巴东县、咸丰县16个国家级贫困县（市、区）和省级贫困县通城县，均达到贫困县退出的标准和条件，批准退出。至此，全州8个县（市）全部退出。

【考核验收】 2020年8月23日，湖北省对市县2019—2020年上半年党委和政府扶贫开发成效考核组到恩施州开展考核。10月，省委办公厅《关于2019年至2020上半年市县党委和政府扶贫开发工作成效考核结果的通报》，恩施州在2019年—2020上半年湖北省市县党委和政府扶贫开发工作成效考核获得“好”等次。排名第一。12月8日，国家脱贫攻坚成效考核组到恩施州开展考核。利川市代表省级接受国家省际交叉考核和东西部扶贫协作考核，恩施市代表省级接受国家财政专项扶贫资金绩效评价，巴东县代表省级接受国家第三方评估。

【浙江省代表团到恩施州考察东西部扶贫协作】 2020年9月22—23日，浙江省委书记袁家军率领浙江省代表团，在湖北省委书记应勇等陪同下，到恩施州、武汉市考察，推进东西部扶贫协作。23日，浙江·湖北东西部扶贫协作工作座谈会在武汉举行，杭州市和恩施州签订《杭州市恩施州深化东西部协作 有效衔接乡村振兴战略合作框架协议》。

【向辉被授予全国脱贫攻坚奖创新奖】 2020年10月17日，来凤县农园果蔬专业合作社理事长向辉被授予全国脱贫攻坚奖创新奖。向辉，来凤人，全国农业劳动模范、省人大代表、来凤县农园果蔬合作社理事长、来凤县农业广播电视学校（民办）校长。她创办合作社、企业和学校，形成“培训+产业”三位一体扶贫模式，学校育人聚才，合作社组织生产，公司负责销售。培育懂技术农户和会经营善管理致富带头人5400多人次，采取“公司+合作社+基地+农户”和订单销售模式，帮助众多贫困户对接大市场，辐射9个村585户农户发展特色产业533.33公顷，带动667户贫困户共同致富。

（张祚佳）

老区建设促进工作

【概况】 2020年，州革命老区建设促进会（简称“州老促会”）弘扬老区精神，宣传红色文化，传承红色基因，募集扶贫资金，做强做大“思源回报工程”，全年争取相关部门、企业和社会力量对实施“思源回报工程”的重点老区乡镇开展帮扶，扶持贫困村特色产业、教育卫生设施、民生工程改善、革命遗址保护等项目。全州老促会系统支持革命老区项目资金共计2799万元，带动社会资金2亿多元。推进全州革命老区建设和脱贫攻坚工作。州老促会被省委组织部、省委老干局、省委离退休老干部工作委员会表彰为“全省离退休老干部先进集体”。

【争取国家出台老区振兴发展规划】 2020年，全州老促会撰写9个调研报告，参加在重庆市黔江区举办的四省一市“湘鄂西、湘鄂川（渝）黔革命老区第六次联席会”。为恩施州的全国人大代表代拟议案3件，持续争取国家早日制定出台湘鄂西、湘鄂川（渝）黔革命老区的振兴发展规划。

【精准扶贫】 2020年，州老促会在恩施屯堡花枝山茶叶基地、利川莼菜基地、建始红岩寺甜柿基地、咸丰曲江高山羊村金丝楠苗木基地、鹤峰邬阳骑龙茶场5处建立参与产业扶贫联系点，开展调查研究，查找问题，研讨对策，协调解决难题。全州老促会系统共建立28个产业扶贫联系点，筹措资金199万元，协调部门企业投入资金1277万元，实施项目113个，带动贫困户2142户、6775人脱贫。

【宣传工作】 2020年，全州老促会学习宣传习近平总书记关于打赢脱贫攻坚战、加强老区建设的重要讲话精神，学习宣传各级党委、政府的战略部署与政策举措，宣传各级老促会参与精准扶贫的亮点和特色，宣传各级老促会脱贫攻坚联系点的典型经验，共向《中国老区建设》《恩施日报》《今日老区》等媒体投稿2000多篇，刊用1000多篇，撰写调查报告20多篇。

【恩施州老区主题数字展馆】 2020年，全州老促会为国务院扶贫开发办公室主办、《中国老区建设》杂志社承办的《恩施州老区主题数字展馆》采集、编写100多万字、1000多幅图片的《恩施土家族苗族自治州信息采集表》、10多万字、800多幅图片的《恩施州革命历史》展纲，向全国宣传恩施州革命老区为中国革命作出的历史贡献，以及改革开放后的发展变化。

【扶持建设珍稀金丝楠木大县】 2020年，州老促会扶持咸丰曲江镇高山羊村天禧园林珍稀苗木合作社发展，建金丝楠苗木基地28公顷，现有70多万株1米以上可出圃的树苗，建金丝楠木园33.33公顷。基地注重吸收贫困户的劳动力务工，每人年均收入2.5万元。12月17日，州、县老促会协调该合作社向咸丰县政府捐赠价值160多万元的珍稀金丝楠苗木20万株。

（刘年红）

恩施高新技术产业园区

【概况】 恩施高新技术产业园区（简称恩施高新区）区域总面积93.43平方千米。其中六角亭片区面积81.77平方千米，重点打造硒产业园、生物医药产业园、电子信息产业园；金子坝片区面积11.66平方千米，重点承载科教、文化、医疗、商贸，建设总部经济、产城融合的科创新城。2020年，新增市场主体702户，市场主体总数4752户，其中企业2602户，个体2150户。完成固定资产投资50.3亿元，同比增长17%。实现规模以上工业总产值19.1亿元，同比增长11.2%。规模以上工业增加值5.17亿元，同比增长11.2%。实现财政总收入3.11亿元，同比下降16.2%。完成地方一般公共预算收入1.99亿元，同比下降20%。

【发展规划】 2020年，坚持生态发展、特色开发、绿色繁荣发展，按照创建国家高新区的阶段目标和“生态型、科技型、创新型”特色产业园区的总体定位，突出“招、建、退、扩、服”工作重点，将恩施高新区建设成为全州经济发展的引擎、营商环境的示范、改革创新的试点。11月13日，恩施高新技术产业园区扩区实施方案通过湖北省省级开发区扩区调区评审会专家评审。修编《恩施州高新区西区（松树坪片区）控制性详细规划》《恩施州高新区东区（金子坝片区）控制性详细规划》，编制《恩施高新技术产业园区总体规划（2018—2030）》。

【招商引资】 2020年，坚持招商引资“一号工程”“一把手工程”，引进安徽菜大师农业控股集团有限公司、新津事丰医疗器械有限公司等企业，园区太楚科技、盛方实业、妍浩实业等企业建成投产。聚焦电子信息、生物医药、智能制造等重点产业招商，全年新签约项目16个，计划投资总额48亿元。新开工项目10个，其中亿元以上工业项目7个。新建成投产项目7个。5月15日，恩施高新区与华新水泥股份有限公司举行华新（恩施）绿色建材生态产业园项目签约仪式。

【工业经济】 2020年，全区23个规模以上企业实现总产值19.1亿元，同比增长11.2%。实现规模以上工业增加值5.17亿元，同比增长11.2%。完成园区14个企业享受直供电。召开银企对接会，促成6.4亿元授信签约。促成信达建材、圣峰药业等9个企业完成技改投资2874万元。帮助企业招工，支持扩产扩能，立讯精密工业（恩施）有限公司用工由年初500多人增加到2300多人，达翔技术（恩施）有限公司用工由年初160人增加到800多人。全年新进规企业6个，新认定高新技术企业6个，产值过亿元企业达到5个，新增“四板”挂牌企业6个，实现税收过千万工业企业2个，遴选辅导四板挂牌培育企业6个。

【项目建设】 2020年，推进重点项目91个，完成固定资产投资50.3亿元，其中新建59个，续建32个。省州重点项目完成投资10.1亿元。谋划2021年重点项目89个，计划完成投资56.5元，同比增长12%。谋划“十四五”计划项目343个，估算总投资3050亿元，其中产业项目190个，总投资2538.7亿元，占83%。取得土地批复26.93公顷，林地批复29.4公顷。收储土地30.67公顷，供应土地63.6公顷，完成土地价款9.05亿元。收回土地使用权6宗17.47公顷。建成标准厂房26.4万平方米，投入使用8万平方米，在建40.2万平方米。开工建设菜大师、国药控股恩施产业园、标准厂房（11.87公顷）等项目。建成达翔一期、立讯三期、国康口罩等产业项目，太楚科技、盛方实业、妍浩实业等5个电子信息企业投产。建设道路8条，其中新开工建设2条，建成4条。开工建设工业污水处理厂、之子溪安置小区等。完成电力迁改项目4个。恩高芳华中学9月开学，州中心医院新区医疗中心10月投入运营，州体育运动中心启动前期工作。

【发展环境】 2020年，深化“放管服”改革，开展承诺审批、先建后验改革试点，企业开办、取得施工通知单时间压缩至1个工作日，项目从立项到开工审批时限最快达到22.5天。在市民之家设立高新区行政审批综合服务窗口，为企业提供“一站式”服务。率先完成园区区域规划环评、水土保持、矿产压覆、地质灾害危害性、洪水影响、区域能评、文物保护、地震安全性、气候可行性9项统一评价，实现园区统一评价“成果共享”与“多评合一”。开展项目跟踪服务，实行项目“秘书制”，按“厂区的事企业办、厂外的事高新区办”原则，为企业提供全程帮办、代办、领办。出台支持园区工业企业复工复产6条政策措施、企业物流运输8条政策，开设恩施—深圳物流专线，在企业员工返岗、稳岗，物流等给予补贴和支持。建成全州首个外贸综合服务中心。完善州高新投公司管理体制，州委、州政府明确由管委会履行高新投公司出资人职责。推进担保平台建设，注册成立政信担保公司，公司与省再担集团、管委会、合作银行签订政银担四方合作协议，获得省再担集团1.6亿元风险授信、村镇银行5亿元保证担保贷款余额，正式开展担保业务，与6个企业达成融资担保意向。

2020年3月11日，新冠肺炎疫情防控期间，恩施高新区立讯精密（恩施）有限公司等企业员工返厂复工
（恩施高新区 供稿）

【创建国家高新区】 2020年，加强科技创新项目申报，完成申报科技部“科技助力经济2020”项目企业3个、2020年度省级重点研发项目企业1个、州科技计划项目企业7个，获得项目资金340万元。加强科技孵化器平台管理，清理整顿在孵企业，现有在孵企业38个。开展在孵企业交流培训会、新经济沙龙、“创客中国”恩施州中小企业创新创业大赛初决赛、杭州市·恩施市东西部扶贫协作巾帼创业致富带头人培训等活动，链接硒谷联合孵化器、创途孵化器等创新资源，加强成果转化。搭建产学研合作平台。与湖北工业大学、湖北民族大学等科研院校（所）签订战略合作协议。全力推进国家高新区创建。州委、州政府及工委、管委会领导4次带队到科技部汇报创建工作，得到支持和指导。支持恩施创建国家高新区写入2020年省政府《政府工作报告》，纳入科技部支持湖北疫后重振政策措施，科技部区域发展与创新司领导现场指导创建工作，支持将恩施高新区列入调研咨询名单。辖区建成科技创新创业平台17个，调区扩区实施方案获得批准，修订完善发展战略规划、产业发展规划。

（高 航）

金 融

Finance

地方金融工作

【概况】 2020年，全州地方金融工作落实“六稳”“六保”工作要求，优化营商环境，防范化解金融风险，服务实体经济，培育企业上市，加强类金融监管，为全州打赢战疫、战洪、战贫三场硬仗提供金融保障。全州有银行保险机构网点676个，其中银行业机构网点381个，包括9个法人机构，2个城市商业银行一级分行，1个政策性银行及5个大型银行二级分行，364个支行及支行以下营业网点，银行从业人员（在岗）5120人。保险业机构网点295个，其中州级分支机构38个，支公司101个，营业部29个，营销服务部127个，保险从业人员2.7万人。全州银行业机构资产总计（本外币合计，下同）1964.16亿元，比年初净增226.20亿元，增幅13.02%。负债总额1921.89亿元，比年初净增231.09亿元，增幅13.67%。全州法人机构融资性担保公司12个、小额贷款公司20个、典当行13个。州地方金融工作局驻利川市谋道镇蚂蝗村扶贫工作队被利川市委、市政府表彰为脱贫攻坚驻村帮扶先进集体。

【防范化解金融风险】 2020年，州平安恩施建设领导小组印发《恩施州金融放贷领域矛盾风险联防联控机制》，建立横向到边、纵向到底的金融风险监测和处置机制，该项举措获得省防范化解金融风险攻坚战指挥部办公室2020年第3期《工作简报》推介。在恩施电视台、《恩施日报》和云上恩施开设专栏，围绕金融知识普及、金融风险预警提示发布典型案例11条次、报刊刊印12次、电视播放200余次，联系电信、移动、联通三大运营商发送短信风险提示8期，利用微信、微博、抖音发布原创作品126篇。化解陈案，定期组织召开风险研判及案件督办会，累计督办20余次。严厉打击“非法校园贷”，联合相关部门组织开展“金融知识进校园”宣讲活动、开展风险排查和广告清理。全年全州未发生涉金融领域的大案要案，金融形势总体稳定。

【建立“茶企方舱”】 2020年，新冠肺炎疫情防控期间，会同有关部门，在全省率先提出建立“茶企方舱”，协调银行机构对入舱的656个茶叶企业逐一对接，为符合条件的企业发放贷款4.79亿元。为扩大“茶企方舱”成果，先后将文旅、工业企业纳入方舱服务，全面建立“企业金融服务方舱”，其中为入舱的186个文旅企业发放贷款24.73亿元，为入舱的246个工业企业发放贷款9343万元，有效保障企业复工复产资金需求。

【加强政、银、企对接】 2020年，配合州人民银行围绕支持重点项目、防疫保供、受灾商户等，组织开展政银企对接会，引导和督促银行机构创新金融产品，先后推出“政采贷”和“养猪易贷”“硒茶贷”等信用产品，落实惠企金融政策，向市场主体减费让利。做好融资担保服务，新设立4个政府性融资担保公司，全州政府性融资担保公司达到11个，实现政府性融资担保公司县（市）全覆盖，有7个加入省再担保集团“4321”新型政、银、担合作机制，获授信额度9.2亿元。截至2020年末，全州各项贷款1297.71亿元，同比增长11.3%，余额存贷比77.99%，全省排名第四。融资担保公司为2009个市场主体提供融资担保，在保余额48.06亿元。

【资本市场建设】 2020年，出台《恩施州推进资本市场助力发展疫后重建的六条措施》《恩施州企业上市奖励实施办法》，优化对企业挂牌和上市奖励规则。加强对企业上市挂牌和融资的协调服务，全州企业实现报会1个、报辅导1个，新增省级金种子企业2个、四板挂牌36个，挂牌企业实现直接融资额3.89亿元，政府平台公司实现直接债券融资 18.5 亿元。

【地方金融监管】 2020 年，加强地方金融监管，规范金融秩序。坚持与经济社会发展相适应，审慎审定类金融机构设立。持续清理整顿，按照州政府“应出尽出、能出尽出”的总体要求，全州累计出清 19 个类金融机构、15 个民间融资机构。开展“双随机、一公开”现场检查，依托地方类金融综合信息平台进行非现场监管，动态掌握类金融机构经营状况。在类金融领域深入开展“扫黑除恶”斗争，规范和净化类金融机构经营秩序和发展环境。

【创建“红旗党支部”】 2020年，推行“三抓三促”支部工作法（抓夯实基础促规范，抓丰富活动促动力，抓服务提升促发展），创建“红旗党支部”，恩施广播电视台和州委直属机关工委以“州地方金融工作局以党建引领金融高水平服务”为题进行专题报道，被中国党建网推介。

（钟庭庭）

【金融支持稳企业暨优化金融生态环境工作推进会议】 2020 年 9 月 27 日，全州金融支持稳企业暨优化金融生态环境工作推进会议召开。会议要求，客观分析全州金融工作现状，抓实金融稳保各项工作，创建优良金融生态环境，为疫后重振和脱贫攻坚贡献力量。

（符 斌）

银行保险监督管理

【概况】 2020 年，全州银行业不良贷款余额 28.06 亿元，较年初上升 3.69 亿元，不良贷款占比 2.16%，较年初上升 0.07 个百分点。全州银行业实现盈利 7.34 亿元，同比减少 8.46 亿元。恩施银保监分局获评州“2020 年度平安建设（综治工作）优胜单位”、湖北银保监局系统 2020 年新闻舆情工作先进单位等。《湖北日报》《中国农村金融》《恩施日报》等媒体对分局的精准扶贫、抗洪救灾等工作宣传报道 23 次。恩施银保监分局保险机构监管科科长文治成被中国金融工会授予“全国金融五一劳动奖章”。

【深化金融改革】 2020 年，提高融资便利程度，联合有关部门成立“茶企方舱”建设工作小组，召开专题会议安排部署，专题调研恩施市、咸丰县、宣恩县 25 个茶企，在全省率先建立“茶企方舱”，并延伸至文旅、工业企业。降低贷款利率和担保费率，提高审担审贷效率，支持茶产业迅速恢复发展。引导辖内银行保险机构为旅游业、生猪生产、消费扶贫等提供金融支持。引导银行保险机构创新推出“硒茶贷”“抗疫兴茶贷”“养猪易贷”等产品，新增 8 个政策性农险品种，推出“产业保”“防贫保”“扶贫保”“尖刀班成员意外险”等特色保险扶贫产品，其中“防贫保”累计承保 26 万户，赔付 1379.96 万元。银行机构因地制宜推广“纳税信用贷”“税易贷”“小微快贷”等纯信用或弱担保小微产品，推进“银税互动”“银担合作”。持续跟踪督导各项惠企惠民政策落实，按月分析通报普惠型小微企业贷款等四大类指标，提高“首贷户”占比，增加信用贷款和中长期贷款投放，累计发放小微企业首贷 12023 户，普惠型小微企业信用贷款余额较年初增长 63%，小微企业中长期贷款余额较年初增长 16.97%，全州普惠型小微企业贷款平均利率 6.59%，较年初下降 1.15 个百分点，小微企业贷款余额与贷款户数连续 4 年持续增长。改善金融供需结构，中国银行咸丰支行正式开业，信泰人寿恩施中心支公司获开业批复，农业银行、邮储银行、湖北银行、恩施兴福村镇银行在乡镇增设网点 12 个。健全法人机构公司治理，贯彻落实《健全银行业保险业公司治理三年行动方案（2020—2022 年）》，开展公司治理全面评估，督促 8 个农商行完成公司治理监管评估系统安装上线工作，全面摸排重大违法违规股东及其行为的情况，开展股权与关联交易专项整治“回头看”，督导机构严格落实岗位交流、履职回避等监管规定。

【防范化解金融风险】 2020 年，印发《疫情防控期间防范化解金融风险工作重点任务分解表的通知》，压实银行保险机构主体责任。严格落实《银行保险机构涉刑案件管理办法（试行）》，对辖内银行机构案件和风险事件进行实地督查和监管问责，督促机构处理相关责任人 5 人次。对 7 个机构开展案防安保、消防安全和“扫黑除恶”工作专项督查，发现问题 104 个，督导机构逐项整改到位。稳妥化解突出风险，召开专题会议研究部署不良资产化解工作，通过监管工作会、风险提示书、监管约谈会等措施，督导银行摸清风险底数，加大不良处置和拨备计提统筹力度，分时分类制定风险化解方案，全州银行业化解不良贷款 50.24 亿元。争取各级政府支持化解扶贫小额信贷户贷企用风险，到风险突出的县（市）指导督办 5 次，辖内扶贫小额信贷户贷企用贷款全部压降清零，累积压降额度超过 11 亿元，全省排名第一。持续整治市场乱象，开展银行业保险业市场乱象整治“回头看”等现场检查项目，对 4 个银行机构和 2 个保险机构给予行政处罚，累计罚没金额 96.3 万元，对 1 个银行机构、2 个保险机构和 5 名高管人员给予警告处罚。持续关注车险市场乱象整治及综合费改工作，维护车险市场的平稳运行。全州车险综合费用率在全省处于较低水平，车险承保利润率有 8 个月排名全省前三，车险保费收入与上年基本持平。开展数据质量专项整治，发出非现场监管报表事项提示单 5 份和金融监管意见书 1 份。防控中小法人机构风险，对辖内 9 个法人机构资产质量真实性进行监管核查，召开全州农商行监管工作会，督促各法人机构制定不良贷款处置三年规划。对 3 个农商行拨备水平下降的情况下发风险提示单，对大额风险暴露问题下发金融监管意见书。成立股权和关联交易专项整治“回头看”工作组，开展专项整治自查督查工作，处置部分农商行的问题股权。辖内法人机构化解不良贷款 33.09 亿元，占全部化解总额的 65.87%。突出重点领域风险排查，开展企业信贷资金违规挪用专项自查和投融资领域“扫黑除恶”专项整治。稳妥处理举报投诉，督促各银行保险机构规范服务流程，保护金融消费者合法权益。协调召开债委会 6 次，有序化解大中型企业债务风险，督导牵头银行及时纠正不规范操作，指导协调部分债委会依规撤销。辖内存续债委会4个，较年初减少3个，贷款余额10.59亿元。

【支持复工复产】　2020年，推进金融支持复工复产，全面梳理金融支持政策要点56项、200余条，印发专项工作方案，成立领导小组和工作专班推进方案落实，组成督查小组开展专项督查。推进“灾后复业贴息贷”落实落地，落实延期收取保费和延期还本付息政策。全州累计实施延期还本付息128.42亿元。

【支持灾后恢复重建】　2020年，暴雨洪灾发生后，分局引领辖内银行业和保险业迅速开展防汛救灾和灾后重建工作，建立灾后重建和保险理赔统计日报制度，发布保障灾后人民群众日常金融服务通告，实地查看银行保险机构受灾及信贷理赔进展情况，指导机构迅速恢复营业，建立绿色通道，适度简化理赔和贷款手续，累计发放复业贴息贷1.33亿元，督促保险公司快速处理洪灾理赔报案6437件、金额1.83亿元。

【普惠金融业务】　2020年，开展“百行进万企”活动，集体约谈普惠贷款增速未达标机构，落实延期还本付息政策，辖内小微企业金融服务总体呈现“增量、扩面、提质、降本”的良好态势。普惠型小微企业贷款余额228.49亿元，较年初增长14.62%，高于各项贷款平均增速3.36个百分点，银税互动和无还本续贷业务实现县（市）全覆盖，为小微企业减负让利7.63亿元。全州各银行机构累计为20209户受新冠肺炎疫情影响无力还款的贫困户办理扶贫小额信贷延期还本，涉及贷款本金7.89亿元，占同期贷款余额的89%。

【提高风险保障覆盖面】　2020年，引导保险机构提高风险保障覆盖面，推动安全生产责险、大病保险等险种持续健康发展，实现“巨灾保险”“防贫保”产品在县域落实落地，对辖内主要粮食作物和重要农产品优先做好承保和续保工作。全州提供风险保障金额4万亿元，赔款及给付19.37亿元，同比增长9.22%，增幅排名全省第一。巨灾保险保额3715.16亿元，累计赔付2220.66万元。完善农业保险保障机制，为157.35万农户提供风险保障金额42.73亿元，支付赔款3797.01万元，受益农户5.87万户次。

【廉洁金融建设】　2020年，制定分局处理信访举报事项操作规程。开展许可证公示自查，督导存在问题的机构及时整改，对遗失金融许可证的1个银行机构给予行政处罚。开展“小金库”专项治理，加强财务领域的内部监督，规范社团组织发展，做好经济责任审计发现问题整改。召开网络安全暨保密工作会议。开展银行业和保险业扶贫领域作风整治，做好中央脱贫攻坚专项巡视反馈意见整改问题销号工作。围绕茶企方舱建设、新冠肺炎疫情影响、农商行风险防控、强化政治监督等课题形成调研报告，4篇被《湖北银保监管》刊用，1篇被州委《参阅件》采用，3篇得到州政府主要领导批示肯定。制定《恩施州银行保险机构纪委书记联席会议制度》，召开纪委书记联席会议1次。与银行保险机构开展廉洁座谈6次，廉政回访14人次，发出和回收廉洁调查问卷53份，未发现违纪违规问题。开展清廉金融文化征文活动，收集征文63篇。开展利用名贵特产特殊资源谋取私利、工作人员个人投融资行为自查等专项治理工作。

（骆　幸）

银行业

中国人民银行
恩施州中心支行

【概况】　截至2020年末，恩施州银行业有各级分支机构（营业网点）381个，其中政策性银行1个、国有商业银行5个、城市商业银行2个、地方法人银行机构9个。全州银行机构存款余额1662亿元，比年初增加156.97亿元，同比增长10.42%，贷款余额1297.71亿元，较年初增加131.35亿元，同比增长11.26%。信贷结构持续优化，小微企业和扶贫领域金融支持力度加大，2020年末，全州小微企业贷款余额389.4亿元、同比增长5.05%，金融精准扶贫贷款余额217.35亿元、同比减少1.02%。全州保费收入57.07亿元、比上年增长8.1%，其中产险18.22亿元、下降2.4%；寿险38.85亿元、增长13.8%。理赔金额19.39亿元、下降9.4%。全州证券交易户数10.21万个，同比增长7.81%。证券交易额626.85亿元，同比增长53.77%。全州挂牌企业总计245个，其中新三板挂牌4个、四板挂牌241个，挂牌企业直接融资额3.8亿元。运用各类货币政策工具，为实体经济恢复发展营造良好的货币金融环境。落实防疫保供重点企业专项再贷款政策，全州银行机构运用专项再贷款资金向防疫保供名单内重点企业发放优惠贷款37个，发放金额2.03亿元，平均优惠利率2.95%，对56个企业（含分公司）发放商业贷款4.99亿元。落实支农支小再贷款专用额度政策，全州各银行机构向符合支农、支小再贷款专用额度要求的1.35万户客户，发放贷款33.07亿元。全州累计获取支农支小专项再贷款额度32.66亿元，其中支农再贷款9.98亿元，支小再贷款22.68亿元。落实直达实体经济政策，按照“应延尽延、应贷尽贷、应统尽统”的工作思路，加大对辖内银行机构的培训、指导和督查，定期通报。

【防范化解金融风险】　2020年，运用风险监测和核查评级，防控地方法人银行风险，开展地方法人机构资产质量真实性核查。修订完善《人民银行恩施州中心支行辖内金融机构突发事件应急预案》，探索建立金融机构突发事件应急处置工作机制。推进不良贷款风险化解，维护良好的辖区金融生态环境。

【金融服务】　2020年，探索精准扶贫与乡村振兴有效衔接，持续加大扶贫及涉农领域信贷投放。优化支付服务，加强账户管理，构建反赌反诈长效机制，开展“断卡”行动，联合州公安局对辖内首批涉嫌出租、出借、买卖银行账户行为实施联合公开惩戒。推进移动便民工程建设，改善农村支付服务环境。加大反洗钱打击力度，开展“打击地下钱庄”专项行动，联合建立“打财断血”查控平台，全力配合“扫黑除恶”专项斗争。加快科技转型发展，推广运用“金融网点通”APP开展“无接触”式金融服务，推进金融科技赋能。加强现金管理，完成2020年新版人民币5元纸币发行工作，开展违规使用人民币图样整治工作，开展拒收人民币现金整治工作。加快国库信息化建设，探索试点个税汇算清缴“零接触”，实现让数据“多跑路”，让百姓“少跑腿”，减化退库流程及办理手续，实行全程无接触电子化退库。提升征信服务水平，加强征信查询服务保障工作，拓宽征信查询渠道。履行社会信用体系建设“双牵头”职责，在咸丰县建立依托于“城乡网格化服务管理综合信息平台”的农村信用信息平台。提升外汇服务质效，建立银、企、局协调机制，指导银行办理新冠肺炎防控期间外汇业务，满足涉外主体合理用汇需求。开展金融消费者权益保护，优化客户咨询、投诉处理流程，及时处理消费者投诉事项。加大金融知识宣传，开展金融知识进扶贫点、进乡镇、进校园活动。

【金融支持稳企业保就业】 2020年，按照省“金融稳保百千万”工作要求，推动州内金融机构提升对市场主体的金融服务。实现金融支持的“量增、价降、面扩”，针对重点（优先）保障类企业，落实“行业主管部门推介、人行推送、银行机构主办”的政银企对接机制，州内省级重点（优先）保障企业（73个）对接授信率达90%，41个企业新获得贷款5.5亿元。针对普惠保障类市场主体，建立“银行机构包保服务社区机制”，组织10个银行机构包保州城23个社区，特别是针对遭受新冠肺炎疫情、洪灾影响的小微企业、个体工商户等市场主体纳入普惠保障类企业范围。创新“硒茶贷”等信贷产品，开展“金融助茶”，全州金融机构对379个茶企发放贷款590笔、金额4.79亿元。开展促工业经济发展暨“金融高新区特别行”银企对接会，10个企业签订银企合作协议。开展文旅企业专项支持行动，组织开展金融支持文旅企业对接会，全州文旅企业合计授信26.66亿元，贷款余额12.49亿元。

【荣誉】 2020年3月，建始农村商业银行高坪支行被中国银行业协会表彰为“2018—2019年度银行业安全管理先进单位”。中国人民银行恩施州中心支行先后被中国人民银行表彰为“中国人民银行定点扶贫先进集体”“中国人民银行金融稳定工作先进集体”。来凤农村商业银行获省总工会“湖北五一劳动奖”。来凤农村商业银行被省委、省政府授予“2017—2019年度省级文明单位”。6月，中国银行恩施分行综合管理部副主任王峥、中国建设银行恩施分行中级客户经理何文清获中国金融工会全国委员会授予“全国金融五一劳动奖章”。

（余　倩）

中国工商银行股份有限公司恩施分行

【概况】 2020年，全行优化融资环境，为企业解困，支持企业复工复产。根据省、州、市（县）重点项目清单，依据行业信贷政策，逐个确定目标项目或客户精准营销。通过调整还款方式和减费让利降低企业融资成本，对当地的困难企业42户、61.87亿元存量贷款调整计息周期，对到期的12户、1.65亿元贷款的分期还款计划进行调整，对34户、2.21亿元到期贷款办理续贷、展期、再融资等风险缓释手续，减轻借款企业的还款压力。通过降低利率，抵押登记费、抵押物评估费等方式实现减费让利，为企业让利1134万元。普惠金融贷款均完成人行、银保监两个口径调度目标任务。经营快贷提款率系统领先。同步营销个人经营、房屋抵押、质押等普惠口径贷款，满足不同层级客户需求，推动个人贷款业务稳健发展。扶贫工作受到工商银行总行表彰，再次被省委、省政府授予省级文明单位。

【风险管控】 2020年，根据省分行的统一安排，9月，成立不良资产处置团队，全力清收不良贷款，通过法律手段清收处置不良贷款13138万元。全年共计劣变不良贷款金额为41837万元，劣变率2.6%，其中法人贷款劣变23353万元、劣变率2.8%，个人贷款劣变18485万元、劣变率2.39%。开展从严治贷“四严”主题活动，对全辖法人客户2020年度的信用风险全面排查，涉及203户、328笔贷款。通过排查，风险暴露类16户，严重风险类14户，较大风险一类14户，较大风险二类33户，一般风险类126户，为防范信用风险精准施策做好准备。

【内控案防】 2020年，抓好内控案防工作。持续推进“制度治理年”主题活动，删减不再适用的制度6个，新增制度12个，修订整合制度12个。收集整理20期学习活动动态，《内部控制手册》的业务角色分配和认领均达100%，举办“合规文化大讲堂”，受训600多人次。全行签订案防责任书85份，召开案防形势分析会54次。对飞行检查发现的问题27个，督促逐一整改落实。人行反洗钱管理持证人员增加168%，账户监管重点可疑交易报告减少74%，反洗钱风险防控关口实现前移零突破。运营核查定量考核获得满分。执行专业部门月月查制度。监督管理系统问题整改率实现100%。有效开展员工异常行为排查管理工作。

【精准扶贫】 2020年，开展消费扶贫，通过工商银行融e购线上平台实现销售2606万元。通过“扶贫832”平台购买11个企业农副产品46.45万元，线下采购扶贫村和当地特色农副产品64.15万元。

（汤祥松）

中国建设银行股份有限公司恩施分行

【概况】 2020年，分行下辖15个营业机构，年末在岗员工345人。全行一般性存款余额160.14亿元，较年初新增18.78亿元，日均余额146亿元，较年初新增1.87亿元。一般性存款超额完成省行年度目标。各项贷款余额146.2亿元，较年初新增3.11亿元。成功发放项目贷款8.53亿元。普惠金融贷款余额18.89亿元，大数据有贷户较年初新增492户、2.09亿元，其中云税贷较年初新增208户、9468万元。实现中间业务毛收入8132万元，中间业务净收入6523万元，实现账面利润3.29亿元。2020年被省分行表彰为“商户业务先进单位”“金融同业业务先进单位”“供应链业务先进单位”“龙支付及支付结算业务先进单位”等。分行中级客户经理何文清获中国金融工会全国委员会“全国金融五一劳动奖章”。

【金融服务】 2020年，联合州经信局召开恩施州“企业氧舱”助企复工复产推进会，入舱企业246个，累计办理延期106户、3.97亿元，调整结息方式82户、7.72亿元。联合州政府召开“深化政银企合作 助力商户重启重振”推进会，全行新增商户5709户，全省排名第一，下半年新支持市场主体661个，支持“快贷”7721万元。2020年，建行恩施分行通过规范经营、减费让利，累计降低小微企业利息支出约1500余万元，

【消费扶贫】 2020年，组织开展“扶贫日”“善心慧思”公益活动，打造宣恩向家坪村“积分兑换超市”，支持文明乡村建设。累计购买春茶、本地企业产品、旅游年卡等金额270余万元。通过发动参训学员、直播带货等方式购买来凤扶贫农产品，累计帮助销售超过200万元，其中销售三胡乡杨奎藤茶专业合作社因新冠肺炎疫情影响滞销的藤茶2500公斤，销售额156万元。

【新冠肺炎疫情防控】 2020年，向上级行争取，为州慈善总会定向捐款250万元，为州中心医院捐赠口罩7.5万个、防护镜186个、防护服200件，为来凤县中心医院捐赠防护服1000套。发动全行员工累计捐款11.5万元。

（万 洋）

中国农业银行股份有限公司恩施分行

【概况】 2020年，恩施分行辖州分行营业部和9个一级支行，有32个营业网点，其中乡镇网点5个，乡镇智慧银行8个，社区银行1个。在岗员工738人（含非实职干部36人）。全行存、贷、中间收入等主体业务市场份额提升。各项存款时点余额198亿元，市场份额32.28%，比年初提升0.53个百分点。日均余额份额32.25%，比年初提升0.1个百分点。各项贷款余额151亿元，市场份额26.63%，比年初提升0.77个百分点，净增17亿元。中间收入完成8887万元，份额25.29%，比年初提升0.2个百分点。营业收入完成6.28亿元，同比增加0.23亿元，净利润1.83亿元，同比增加0.33亿元。全年未发生重大案件、重大风险事件、重大责任事故，平安农行建设全省排名第一。

【风险管控】 2020年，恩施分行不良余额2681万元，比年初下降6473万元，不良率0.18%，比年初下降0.5个百分点，实现双降。全年处置不良贷款12087万元，计划完成率131.38%。其中核销9332万元，现金收回不良6450万元，计划完成率111.21%。

【金融服务】 2020年，恩施分行围绕全州疫后重振、灾后重建工作，在稳产保供、普惠小微、金融扶贫等领域中为236个企业提供金融支持24.08亿元，为企业减费让利2100万余元，通过约期、展期等方式为75个受困企业纾难解困24.36亿元。普惠贷款净增2.7亿元，计划完成率111%，全面完成普惠小微企业“两增”目标，民营企业贷款增幅达到36.35%。扶贫贷款净增7.3亿元，计划完成率122%。开展消费扶贫，扶贫商城销量1200万元，全省第一。所帮扶的16个贫困村全部出列。

（刘清华）

中国银行恩施分行

【概况】 2020年，中国银行恩施分行辖属经营性机构5个，县行网点6个，本级部门8个，年末在职员工208人。全行年末人民币各项存款余额83.16亿元，较年初新增6.76亿元，增幅8.85%。全年各类贷款余额99.44亿元，较年初新增12.64亿元，增长14.56个百分点，全口径市场份额较年初上升0.22个百分点，在四大行市场份额较年初上升0.84个百分点，全口径、四大行市场份额实现双升。贷款不良率较年初下降0.86个百分点，全年累计实现净利润1.44亿元。2020年6月，分行综合管理部副主任王峥被中国金融工会全国委员会授予“全国金融五一劳动奖章”。

【金融服务】 2020年，持续加大金融纾困中小微企业力度，综合运用延期、展期、变更还款计划等贷款政策，为州域260个小微企业减免财务咨询服务费、信息服务费、中间业务费、评估费、银承敞口费等费用642万元。对州内企业进行延期还本3.45亿元，延期付息涉及贷款本金3.42亿元。为抗击新冠肺炎疫情和恩施州自然灾害恢复重建捐款200余万元。免费为州红十字会、恩施慈善总会设计专属捐赠二维码，累计募集社会各界善款2074笔，金额超130万元。响应“百企千品进央企”活动，累计购买80万元农副产品助力消费扶贫。参加省委、省政府开展的“616”工程对口支援，为巴东实验小学捐赠资金10万元，累计援助资金450万元，捐赠电脑、空调60余台。保障全州18万户每月1.2亿元的社保代发准确及时到位。

（周 喆）

中国农业发展银行恩施州分行

【概况】 2020年末，分行在岗职工158人。年末贷款余额216.85亿元，位居全州银行业金融机构第二位。对公存款余额40.15亿元，存款日均余额49.80亿元。

【信贷支农】 2020年，聚焦国家战略和“三农”发展，加大金融支持力度，全年累放贷款34.72亿元。累计投放扶贫贷款22.8亿元，其中深度贫困县2.94亿元。发放产业园区、农业园区贷款8.43亿元，支持标准化厂房建设，为产业发展“筑巢引凤”。支持小微企业发展，重点支持茶叶等特色农产品精深加工企业，新支持小微客户11个，发放贷款2355万元。

【新冠肺炎疫情防控】 2020年，发放健康扶贫贷款8000万元，其中4000万元为全系统首笔，支持购买新冠肺炎疫情防控所需物资及

医疗设备。利用应急通道支持客户21个，投放贷款12450万元，支持防疫生活物资供应，确保重要农产品稳价保供。

【支持复工复产】 2020年，建立稳投资补短板支持复工复产融资对接机制，主动介入全州复工复产项目45个，贷款金额74亿元。为困难企业办理延期还本付息9.72亿元，调整还款计划51.78亿元。严格落实贷款首年利率优惠100BP的政策，新发放贷款加权平均利率较年初降低68BP，降低企业融资成本。

（秦国文）

中国邮政储蓄银行股份有限公司恩施州分行

【概况】 2020年，邮储银行恩施分行下辖7个县（市）支行，110个邮政金融网点，从业人员501人。年末，分行总资产348.9亿元。同比增长8.52%。个人储蓄存款余额304.16亿元，较年初净增长21.43亿元，市场占有率25.93%；公司存款余额23.69亿元，较年初净增长1.82亿元，市场占有率5.28%。各项贷款余额71.53亿元，较年初净增长11.7亿元，市场占有率5.5%。不良贷款额2.16亿元，较年初增加9273万元，不良率3.02%，较年初增加0.96%。邮储银行恩施分行获评2017—2018年度州级最佳文明单位，鹤峰县支行党支部被总行、省分行认定为“党建示范点”。

【支持实体经济】 2020年，开展“邮储银行特别行”活动，支持企业复工复产。对接人民银行公布的124个重点企业名单，对其中27个企业支持贷款1.12亿元，新冠肺炎疫情防控期间，对9个抗疫名单企业发放抗疫专项贷款6420万元，对政府主管部门提供的经营主体名单100%对接、100%走访，落实“茶企方舱”建设工作要求，开发纯信用产品“硒茶贷”并发放贷款226笔、6574万元，全年向茶叶行业投放661笔、1.66亿元。支持烟农417户，发放贷款3060万元。向电力、医院、医药等重点企业发放公司贷2.04亿元。全年向受疫情影响严重的交通运输、批发零售、文化娱乐、住宿餐饮等行业投放贷款7743笔、15.25亿元。支持绿色金融，将信贷资源向清洁能源、绿色交通、节能环保、新能源等战略新型产业倾斜，全行绿色信贷结余2.65亿元，全年净增3712万元，增幅16.3%。出台支持消费的信贷举措，推出公积金信用消费贷，加大消费信贷投放力度，全年发放消费贷款2.13万笔、金额23.87亿元，消费贷款净增6.76亿元。

【普惠金融】 2020年，落实《网点建设三年规划》，加快巴东水布垭营业所、鹤峰中营营业所开业筹备工作。满足老百姓支付结算金融服务需求，至12月末，分行全州银行卡结余402.5万张，全年代发580.7万笔、金额69亿元。其中代发民政低保102万笔、金额3亿元；代发财政涉农类补贴23.5万笔、金额7.6亿元；代发养老保险类资金89万笔、金额6.8亿元；代发其他366.2万笔、金额51.6亿元。加大对农村新型农业经营主体、返乡创业人员的信贷支持，全年投放三农贷款1.3万笔、金额20.83亿元，净增2.68亿元。

【金融扶贫】 2020年，落实金融精准扶贫工作实施方案，精准扶贫贷款净增4亿元，其中巴东县支行的各项贷款净增8378万元，整体贷款增速24%，高于全省各项贷款增速8.1个百分点。

【新冠肺炎疫情防控】 2020年，成立疫情防控工作领导小组，统筹安排邮储银行恩施分行服务春耕生产工作。全州7个县（市）支行设立工作专班，统筹推进疫情防控及金融服务工作。疫情防控期间，所有自助机具全天候安全对外服务，对接财政局、民政局、人社局及医疗机构，全行代发紧急业务65.3万笔、金额2.13亿元，处理各县（市）救灾资金2552万元，财政支付资金1.97亿元。

（凌彬芯）

湖北恩施农村商业银行股份有限公司

【概况】 2020年，制定全州农商银行“十个全覆盖”战略，即支行党建引领全覆盖、全行微贷全员微贷全覆盖、千米商户扫码工程全覆盖、市县行不良贷款集中清收全覆盖、全年市县行对辖内营业机构序时审计全覆盖、智能柜台安装全覆盖、支行人员定岗全覆盖、大堂经理全覆盖、员工文明规范服务全覆盖、网点统一装修改造全覆盖。成功打造“优质存款客户领养”“微贷绝对主业”“千米商户扫码工程”“不良贷款集中清收”4张名片。公司在全州有8个经营性法人机构，营业网点136个，在岗员工1825人。全州农商银行存款余额458亿元，比年初净增62.6亿元，增幅15.8%。贷款余额299亿元，比年初净增35.9亿元，增幅13.7%，其中微贷余额64亿元，比年初净增38.4亿元，增幅149.8%。电子银行业务替代率89.02%，较年初提升6.76个百分点。

【新冠肺炎疫情防控】 2020年，新冠肺炎疫情防控期间，组建137个青年突击队参与社区服务708人次，组织捐款444.42万元，其中单位捐款390.17万元，员工捐款54.25万元。全州农商银行对辖内的抗疫重点保障企业、茶叶企业、新型农业主体、文旅企业等进行全面线上调查对接，建立“四张表”清单，支持复工复产，新投放贷款373户、6.1亿元，其中防疫重点保障企业贷款29户、1.45亿元，茶叶企业237户、2.17亿元，新型农业主体89户、1.64亿元，文旅企业18户、0.85亿元。创新“荆楚发展贷”“荆楚保医贷”“荆楚天使贷”“抗疫复工专用贷款”等六大系列信贷专属产品，利率最低4.05%，全年累计投放抗疫复工贷款75亿元。创新“非接触式放贷系统”，面审客户5000户，授信近8亿元。创新“烟农贷”，支持辖内烟农种植客户群体4600余户、9600多万元；创新“养猪易贷”，支持辖内生猪养殖客户700多户、近5000万元。

【抗洪救灾】 2020年，恩施市“7·17”及建始县“7·26”洪灾发生后，农商银行快速创新推出亲情商贷救灾贷款产品，帮助灾后重建，向恩施市513户受灾客户发放信用贷款5155万元，向建始县255户受灾客户发放信用贷款2499万元。

开展“万名员工进小微 金融服务我先行”活动。全年走访民营和小微企业客户8.8万户，结对帮扶3.3万户，新增授信31亿元，新投放贷款30亿元。为企业降息让利支持复工复产，全州农商银行调整2020年贷款利率定价政策，较上年同期下降1.43个百分点，累计让利3.12亿元。

【微贷转型】 2020年，除政策性贷款外，原则上实现乡镇所有支行新增贷款微贷全覆盖，城区支行符合微贷条件的新增贷款微贷全覆盖。推广运用扫码申贷平台，自主创新扫码申贷平台，每位员工一个二维码，真正实现全员微贷。全年通过扫码获客平台获客9.1万户，成功授信1.8万户、28亿元。恩施农商银行扫码申贷模式获得省联社肯定，在全省农商银行进行推广。陕西省联社到恩施农商银行学习扫码申贷推广技术。主动对接相关部门，开展机构客户批量服务。对接税务部门，为全州诚信纳税小微企业成功授信税 e 贷272户、2.8亿元。对接教育部门，支持民营教育行业客户近500户、融资需求近亿元。对接州住房公积金中心和政务局，创新研发公积金e贷，为全州缴纳住房公积金人员提供纯线上、秒放款贷款服务。开展专项服务推广活动，3月开展“感恩回馈月”专项活动，为医务人员发放“荆楚天使e贷”2401户、4.2亿元。10月开展“送码授信暖人心”活动，为辖内商户发放扫码流量贷3642户、2.6亿元。

【风险防控】 2020年，推进市县行不良贷款集中清收全覆盖，对于一定额度以上的不良贷款集中管理、专业清收，全年通过集中管理方式累计清收压降不良贷款5亿元。对重点、难点不良贷款户，实行班子成员包大户，大员攻大户，带头攻难关，争取当地党委、政府和各级部门的支持，大额贷款风险化解取得明显效果。落实延期还本付息政策，对符合延期还本付息政策要求的客户，做到能缓则缓、能延尽延，有效缓释风险。

【荣誉】 2020年，来凤农商银行获省总工会“湖北五一劳动奖状”、“2017—2019年度省级文明单位”和州“脱贫攻坚先进单位”。建始农商银行高坪支行被中国银行业协会表彰为“全国2018—2019年度银行业安全管理先进单位”，蝉联全省十佳先进县（市）农商银行。8个党支部获评全省农商行先进基层党组织。恩施农商银行驻利川市建南镇容貌坪村工作队被利川市委、市政府表彰为“驻村帮扶榜样”。

（章　磊）

保险业

州保险行业协会

【概况】 2020年，州保险行业协会会员单位（保险公司）发展到40个，其中财产保险公司22个，人身险公司15个，保险中介会员3个。全行业为2.2万人提供就业，保险企业缴纳税收合计1.6亿元。因受新冠肺炎疫情影响，6月22日，召开首次线上换届的会员大会，选举产生新一届理事会理事、会长、副会长、秘书长和监事。

【支持经济发展】 2020年，保险行业配合政府部门参与全州重大灾害的救援和查勘工作，为恩施屯堡马者村泥石流地质灾害、恩施市“7·17”和建始县“7·26”严重洪涝灾害等提供专业查勘队伍，协同做好灾后重建工作。推动环境污染强制责任保险承保1笔，保费3.1万元，提供风险保障500万元。承保安全生产责任保险241笔，收取保费478.7万元，承担风险保障8.5亿元，赔付25件，支付赔款182.5万元。承保食品安全责任保险668件，保费收入118.7万元，提供风险保障7.1亿元。全州大病保险参保人数335万人，实现应保尽保，太保人寿、中国人寿2个经办大病保险的公司收保费2.03亿元，赔付2.5万人，赔付金额2.5亿元。全年健康保险保费收入3.3亿元，理赔3.4亿元。同州扶贫办协作推进“防贫保”工作在8个县（市）落地，巩固扶贫攻坚成果。2020年，州保险纠纷人民调解委员会受理信访62件，当年成功调解43件，涉及调解金额53.3万余元。

【风险防控】 2020年，州保险行业协会对车险市场反映出的问题，组织沟通21个公司、100余次，协调11个公司、30余次、通报10个公司、20余次，约谈5个公司、7次，通过巡查、会议、约谈等形式推进自律工作，有效防止恩施车险市场恶性竞争蔓延，恩施保险市场合规整体反应情况优于全省其他地市。协会结合本地实际情况，对寿险市场“恶意投诉”全额退保问题进行调研，通过《恩施晚报》、“恩施在线”等媒体向公众进行风险提示。先后5次组织中国人寿、平安人寿、生命人寿、太保人寿主要负责人到问题较为严重的利川市进行现场办公。组织有利川监管组和利川市金融办参加的座谈会3次，商讨对策落实措施，11月，协会牵头将收集到的“非正常退保线索”正式向利川市公安部门报案。

【保险宣传】 2020年，州保险行业协会通过整合全行业宣传资源，与恩施日报社、恩施广播电视台、“恩施在线”等媒体联合制定印发年度宣传方案，主办专版、专栏、专题，开展专项宣传活动。引导会员公司参与“3·15”消费者权益保护教育宣传周、防范非法集资宣传教育月、“7·8”保险宣传公众宣传日等重大活动宣传。在各类媒体办专版专栏3期、微信推送信息3条、新闻网站发稿1篇、发专稿39篇、发新闻消息稿件416条、H5宣传3期，自办工作简报发信息34条次。

（吴素素）

保险公司

【中国人民财产保险股份有限公司恩施州分公司】 2020年，中国人民财产保险股份有限公司恩施州分公司辖内经营单位包括州分公司营业部、州分公司电子商务营销服务部、州分公司直属业务部、州分公司个人贷款保证保险业务部和县（市）支公司8个。全州各类性质用工857人，代理制保险营销员1969人。全年实现签单保费72645.34万元，其中车险48565.95万元，非车险24079.39万元。处理各类赔案70301笔，支付赔款49064.33万元，占全州保险行业赔款总额的46.45%。

上缴各项税款合计6719.19万元(含代收代缴车船使用税)。解决就业176人。

（周刚秋）

【中国人民人寿保险股份有限公司恩施中心支公司】 2020年，中国人民人寿保险股份有限公司恩施中心支公司下设8个县（市）支公司。截至2020年12月31日，累计实现规模保费收入29506.44万元。实现标准保费2404万元，计划达成率112.4%，比上年同期增长821万元，增长率52%，十年期以上高价值2250万元，达成率105.39%，比上年同期增长810万元，增长率56%。首年期交7256万元，计划达成率114.67%。在全州15个寿险公司中规模保费市场份额位居第五名。

（张冬敏）

【中国太平洋财产保险股份有限公司恩施中心支公司】 2020年，中国太平洋财产保险股份有限公司恩施中心支公司完成保费收入3.36亿元，保费增速8.07%，市场份额18.21%。全年处理各类赔案42013件，累计支付赔款1.63亿元。开通3G移动视频定损，实现事故现场、事故定损和后台监控中心的实时连接和数据传输，提高理赔时效。公司扶贫项目覆盖全州建档立卡贫困户约150万人，为各县（市）边缘户提供总保额3亿元的风险保障。“防贫保”产品为全州6个县的临贫、易贫人群提供托底保障。赠送恩施州公安系统在岗民警、辅警以及退休返聘在岗民警约5000人的新冠肺炎致残、身故、因公牺牲、意外伤害保险，总保额约3000万元。赠送恩施州约23190名扶贫干部的防疫保险，总保额约46亿元。赠送恩施州参与疫情救治工作的全体医护人员约31000人的身故保险，总保额约62亿元。恩施市“7·17”和建始县“7·26”洪涝灾害中，公司收到水淹车报案410件、财产综合险报案5件。车险结案件数410件，结案金额1950万元，财产综合险结案5件，结案金额5万元。结案率100%。

（杨 徐）

【中国太平洋人寿保险股份有限公司恩施中心支公司】 2020年，中国太平洋人寿保险股份有限公司恩施中心支公司实现总体保费收入5.36亿元，同比正增长。承办2020—2022年恩施州城乡居民大病保险A片区的恩施、巴东、来凤、咸丰4个县（市）大病保险服务业务，2020年A片区城乡居民参保人数为1682689人，合同总保费12620.17万元。开通微信和APP保单贷款自助办理渠道，有效支持客户复工复产和短期资金融通。全年有2.4万人次客户合计申请保单质押贷款金额9293.7万元，其中微信渠道申请件数占比89%，APP渠道申请件数占比10%。总公司对受新冠肺炎疫情影响较为严重的湖北分公司，额外推出对湖北客户的贷款日期在2020年6月30日前的保单，还款期限延长3个月，对延长期内利率按照正常利率计算等优惠政策。针对购买公司医疗险产品确诊新冠肺炎的客户，做出“5项取消”承诺：取消医院等级限制、取消等待期限制、取消特定传染病等免责事项、取消医保范围限制、取消医疗险免赔额/免赔天数/免赔比例。为参与湖北省新型冠状病毒救治工作的全体医护人员，包括外省支援湖北省前述救治工作的医护人员赠送保险保障，承保人员55万人；为全国公安系统保险期间在职在岗的民警、辅警及湖北省公安系统退休返聘在岗民警赠送保险保障，承保人员500万人。陈开红被集团公司授予“中国太保脱贫攻坚优秀个人”荣誉称号。

（尹 恒）

【天安财产保险股份有限公司恩施中心支公司】 2020年，天安财产保险股份有限公司恩施中心支公司下设来凤支公司、利川支公司、巴东支公司、咸丰支公司、建始支公司，年末恩施全辖正式员工57人。制定《2020年开门红业务发展激励方案》，全年实现非车险业务698.52万元，达成年初预算目标。全年立案2984件，结案2999件，当年结案率为100.5%。已决赔款1660.89万元，综合赔付率70.1%。落实反洗钱内控制度，开展宣传及培训工作10次，发放宣传手册。

（杨 霄）

交通 邮政 通信

Transportation, Postal Services and Telecommunication

交 通

交通运输管理

【概况】 截至2020年底，全州在册公路通车总里程29119千米（其中高速公路588千米，普通国省道3430千米，农村公路25101千米，不含未纳入交通统计的城市道路、机耕路、专用公路），公路网密度为121千米/百平方千米。有沪渝、沪蓉、恩来、恩黔、利万、宣鹤、建恩7条高速公路，通车里程588千米，实现“县县通高速”目标。在建鹤峰东、宣咸2条高速公路，里程约76千米。规划建恩北、利咸、巴张高速沪蓉沪渝连接段3条高速公路，里程约165千米。有7条国道、1509千米，达到二级公路以上标准的1111千米，在建和规划里程398千米。有26条省道、1921千米，达到二级公路以上标准的1201千米，在建和规划里程720千米。全州88个乡镇中有75个通达国省道二级公路。农村公路有县道2572千米、乡道11861千米、村道10668千米。所有行政村和聚居20户以上自然村通沥青水泥路，所有行政村通客运班车。有91个汽车客运站，在营71个，在建和规划20个。其中一级站2个、二级站12个、三级站11个、四级站8个、五级站42个、简易站10个、未核定站级6个。有11个物流园区，4个建成并投入运营、2个在建、5个正在进行招商等前期工作。全部建成后可实现年货物吞吐量3398万吨。有长江巴东港、清江恩施港2个省级重要港口，溇水鹤峰港、酉水来凤港2个省级一般港口（规划待建），各类港口泊位34个。有通航航道24条590千米（不含38.5千米长江主航道）。其中长江支流航道5条55千米，清江主航道110千米、支流航道7条235千米，鹤峰溇水航道58千米（在建），其他内河航道10条132千米。内河航道通航里程455.31千米，其中等级航道191.41千米。

【重点项目】 2020年，完成交通固定资产投资90.8亿元，占年度目标90亿元的101%，比上年下降11.8%。建恩、宣鹤高速于7月16日正式开通运营，实现“县县通高速”目标，鹤峰东段高速、宣咸高速全面开工建设。建恩北高速工可报告获省发改委批复，利咸高速工可报告通过省交通运输厅评估，巴张高速前期工作稳步推进，通道方案研究正在开展，启动沪蓉沪渝连接线工可研和相关专题报告编制。全年普通公路完成投资49.5亿元，推进国省干线公路建设，建成恩施市233省道卯山至太山庙段、宣恩县233省道太山庙至椿木营段、来凤县367省道猴栗堡至革勒车段3个项目，续建209国道龙凤坝至谭家坝段、318国道虎岔口至吉心段等19个项目，开工建设351国道恩施芭蕉至谢家土段（盛家坝段）、478省道打杵坳至汪营段（汪营绕镇段）等20个项目（路段）。推进普通公路“建养一体化”项目。截至2020年12月，完成7个项目包的招标工作并开工建设，总里程684千米，总投资142亿元。全州累计实施通硬化路820千米，实施农村公路安防工程1773千米，“美丽农村路”创建213条、2210千米，完成农村公路提档升级2200千米。推进水运站场建设，全年水运建设投资额36220万元，建成投产1个码头项目、主体工程完工3个项目、竣工验收3个项目。巴东港砂石集并中心3个5000吨级泊位建成投产。恩施港景阳港区老集镇综合码头工程、云坛口港区旅游码头一期工程、巴东港主城港区船舶污染物转运码头3个项目完成主体工程。恩施东升客运站、建始火车站客运站完成主体建设，咸丰综合客运枢纽站开工建设，巴东北站的前期工作正在进行土地报批。

【运输服务】 2020年，推进运输结构调整，巴东港砂石集并中心完成一期工程2个泊位的阶段性验收，州铁路公司谋划申报公铁联运二期项目。全州参与多式联运、甩挂运输的运输企业30个，甩挂运输牵引车、挂车数量151辆。开展“村村通客车”质量自查，完成全州客运站场在建和在营情况统计摸底及道路运输企业质量信誉考评工作。推广新能源公交车的应用，实施出租车行业改革，鼓励引导各出租车企业减免新冠肺炎疫情防控期间的承包费管理费，有效保障出租车行业的稳定。投入水毁灾害抢险保畅工作。统筹谋划综合交通安全生产专项整治三年行动，开展安全生产大检查、服务企业复工复产安全督导、安全生产月、安全考核考试、汛期公路应急保通保畅等专项行动，全州交通运输安全生产形势持续稳定。

【新冠肺炎疫情防控】 2020年，谋划组建应急人员运输、物资保障运输和机动车应急维修3支应急队伍，有效保障新冠肺炎疫情防控交通管制期间全州各类应急物资高效运输和故障车辆及时抢修，通过“12328”交通运输服务监督电话提供疫情防控交通咨询服务信息2305件次。科学统筹推进全州客运站、城市公交、出租车及班线客运等的有序恢复，及时解决企业在复工经营中存在问题，完成全州农民工外出务工“点对点”集中运输任务。加强常态化疫情防控工作的督导检查，对重点客运港站及交通运输工具的常态化疫情防控措施落实情况进行明察暗访，先后交办问题隐患18个，全部督促整改到位。州交通运输局机关党支部被州委、州政府表彰为抗疫工作“先进集体”和“先进基层党组织”。邮政恩施市分公司职工尹江被交通运输部表彰为“全国交通运输系统抗击新冠肺炎疫情先进个人”。

【优化交通营商环境】 2020年，制定《州交通运输局关于进一步优化营商环境工作措施》，明确8项具体工作任务。围绕构建综合立体交通，按照“打通大通道，畅通微循环”的思路，优化全州公路网络布局。加快运输结构的转型升级，推进综合立体交通体系的形成，深化“放管服”改革，推进事项清理，州级交通运输系统现有政务服务办理事项113项，全部实现网上办理。推进项目审批改革，精简审批环节。有序推进综合执法改革，改变多头执法、重复执法状况，完成州、县（市）交通运输综合执法队伍组建。12月1日，州交通运输综合执法支队举行挂牌仪式。

【交通脱贫攻坚】 2020年，全州新建通村组硬化路820千米，改扩建农村公路2200千米，实施安防工程1773千米，创建美丽农村路2210千米，如期完成交通运输部督办的5条省际出口路建设，交通脱贫攻坚“两通”兜底性任务全面完成。

【抗洪救灾】 2020年，迎战暴雨洪涝灾害，第一时间启动应急响应，投入抢险人员1.9万人次、机械7000台班，抢通国省干线公路114处、农村公路2879处，保障路网畅通运行。争取部、省灾后重建资金2.5亿元，将灾后重建与大中修养护工程结合，抓住夏秋路面施工“黄金期”，按政策简化招投标程序，完成国省道路面大中修221千米，车检平均PQI值达到93，利川、巴东等县（市）公路养护工作在全省排名提升。

【疫后复工复产】 2020年，新冠肺炎疫情防控进入常态化阶段后，交通运输系统统筹推进全州客货运输、公交、出租车等有序恢复，高效完成农民工外出务工“点对点”集中运输。迅速启动交通重点项目建设，全州29个续建交通重点项目3月底全部实现复工，一批新建项目及时开工，全年争取部、省补助投资35.1亿元。

【首次完成公路工程项目网上全流程电子化招投标工作】 2020年4月29日，479省道鹤峰县茅坝至梳背溪段改扩建工程（第TJ-02合同段K1+520-K3+400）项目完成开标评标工作，评标结果在州公共资源交易中心网站上进行公示，是全州首个公路工程项目实现网上全流程电子化招投标。

【全州交通运输工作会议】 2020年4月30日，全州交通运输工作电视电话会议召开，总结2019年工作，安排部署2020年工作。会上，宣读州人民政府关于表扬2019年度交通运输发展成绩突出县（市）的通报，咸丰县、宣恩县、恩施市、巴东县交通运输局和鄂西高速公路建设管理有限公司在会上作经验交流。

【建恩、宣鹤高速开通试运营】 2020年7月2日，省交通运输厅发布《省交通运输厅关于银川至北海高速公路建始（陇里）至恩施（罗针田）段等4条高速公路开通试运营和联网收费的通知》。其中银川至北海高速公路建始(陇里）至恩施（罗针田）段（建恩高速）、宜都至来凤高速公路鹤峰（容美）至宣恩（当阳坪）段（宣鹤高速）自2020年7月16日零时起，开通试运营，实施全国联网收费。恩施州实现“县县通高速”目标。

【建恩北高速公路项目挖沟放线工作启动】 2020年12月25日，建恩北高速公路项目挖沟放线工作在建始县长梁镇沙坝村启动。建恩北高速是安康至来凤高速公路（编号G6911）其中一段，起点位于建始县长梁镇沙坝村和巫山县红椿乡大坪村交界处（龙骨坡特长隧道内），接在建的安来高速重庆段，终点位于建始陇里，接已建成通车的安来高速建始至恩施段。该项目路线全长约10千米，采用设计速度80千米/小时、路基宽度25.5米的双向四车道高速公路标准建设，设桥梁4207米/6座、隧道3905.5米/3座，桥隧比81.2%，项目总投资约18.28亿元。

（王　郑）

高速公路

【概况】 至2020年底，全州高速公路累计通车7条588千米。7月16日，建恩高速、宣鹤高速通车试运营，全州实现“县县通高速”目标。鹤峰东段、宣咸高速完成所有前期工作，实现开工目标。全年高速公路项目累计完成固定资产投资约31.1亿元。建恩北高速完成前期所有专题报告审批、工程可行性

建恩高速公路白杨坪互通　　（州高路办 供稿）

研究报告批复、初步设计审查。利咸高速完成工可研招标、投资人招标、部分专题批复，启动勘察设计工作。巴张高速完成工可研招标，沪蓉沪渝连接线实质性开展工可研，启动招商引资工作。12 月 25 日，建恩北高速公路项目挖沟放线工作在建始县长梁镇沙坝村正式启动。

【重要会议】 2020 年 4 月 21 日，全州高速公路路网建设座谈会召开，会议听取全州高速公路及路网建设情况汇报，部署交通重点项目建设。会议强调要环环相扣推进，科学有序“并联”，全力推进高速公路及路网建设。12 月 1 日，全州高速公路项目建设调度会在咸丰县宣咸高速土建三标项目部召开。

（姚 慧）

公路建设管理养护

【概况】 2020 年，州公路管理局负责全州境内国省干线公路建设、公路养护等行业管理任务，下辖 8 个县（市）公路管理局，51 个公路养护管理站，2 个直属事业单位（州公路局工程处、巴东长江公路大桥管理局），1 个直属企业（恩施州华泰建设有限责任公司）。截至年底，全州通车里程达到 28531.535 千米，等级公路 28531.535 千米，其中一级公路 99.003 千米、二级公路 2453.468 千米、三级公路 720.8 千米、四级公路 25258.264 千米。沥青、水泥混凝土路面 24968.019 千米。公路桥梁 2175 座/80487.21 延米，其中特大桥 6 座/4163.8 延米、公路隧道 49 道/34094 延米。公路密度 118.58 千米/百平方千米。100%乡镇、100%行政村实现铺装路面。现有国道 1508.812 千米/7 条、省道 1921.493 千米/26 条。

【公路养护】 2020 年，全州国省干线公路完成路面大中修 221 千米，投资 1.75 亿元。341 省道鹤峰县境、209 国道宣恩县境地灾防治工程续建项目，318 国道恩施市境地灾防治项目在建，累计完成投资 0.48 亿元。全年危桥改造计划 30 座，续建项目 27 座，完工 32 座，投资 1583 万元。全年全州完成路面灌缝 1299.4 千米，坑槽修补 127781.2 平方米，清理水沟 19487.1 米，修复安防设施 11505 米，标线补划 115.6 千米，标牌更新和维护 934 块。国省干线路面使用性能指数为 85.23。

【公路水毁抢险】 2020 年，暴雨累计造成全州国省干线公路中断 126 处/23 条，路基损毁 70.7 万立方米/20.4 千米，沥青路面损毁 51.6 万平方米/75.2 千米，挡墙损毁 13.6 万立方米/115 处，涵洞损毁 8 道，边坡坍方 64.7 万立方米/792 处，造成经济损失约 2.19 亿元，其中 G318、G351、S341、S245、S233、S286 等线路损毁最为严重。全州公路部门累计投入挖掘机、装载机、工程车辆等抢险机械设备 2435 台次，投入人工 8741 人次，共计投入抢险保通资金约 4859.6 万元。

【养护站场、配套服务建设】 2020 年，完成国省干线公路服务区 1 个、公路停车区 5 个、养护管理站续建项目 3 个。2018—2020 年，省、州规划国省干线交通厕所 61 个，完成 56 个，另完成规划外交通厕所 11 个。完成服务设施（包括交通厕所）总投资 0.18 亿元。

【公路渡口】 巴东县南潭河汽车渡口是省道巴来线（S245）上的一个交通枢纽，是恩施州国省干线上保留的唯一的汽车专用渡口。位于清江中游，南靠清江泗淌坪，北依武落钟离山，东接水布垭大坝，西隔桃符口，起止桩号为 K75.146—K76.752。2020 年开班航次 2155 次，渡运车辆 2373 辆次，开展安全生产宣传 6 次，定期安全检查 20 次，安全隐患排查整改 25 次，日常安全演练 6 次。

【课题研究】 2020 年 12 月，“山区在役国省干线公路运营安全风险评估及预警研究”课题由省交通运输厅以《关于下达 2021 年交通运输科技项目计划的通知》批复立项，由州公路管理局会同武汉理工大学共同承担，项目研究的内容主要包括山区在役国省干线公路运营安全风险源辨识、运营安全风险评估指标体系构建、运营安全风险形成机理及评价方法、运营安全风险预警管理系统、运营风险防控体系优化措施研究 5 个方面内容。“大跨径混凝土拱桥超长悬臂转体关键技术研究”课题 2015 年 5 月由省公路管理局以《关于下达 2015 年科技项目补助资金计划安排的通知》批复立项，由州公路管理局会同武汉理工大学、中国瑞林工程技术有限公司、鹤峰县交通运输局共同承担，以鹤峰县 341 省道南渡江大桥建设为依托，截至 2020 年底，发表论文 5 篇，其中 SCI 收录 1 篇；“生态自密实混凝土材料设计与工程应用研究”课题同时立项，由州公路管理局会同武汉理工大学共同承担，以 325 省道（鸦来公路）鹤峰县城关至当阳坪段改扩建工程混凝土桥涵隧道混凝土工程为依托，截至 2020 年底，发表论文

13篇，申请专利3项。

【直属单位建设】 2020年，巴东长江公路大桥管理局负责巴东长江公路大桥的日常管理、监测监控、桥梁养护、路政管理等工作，保障巴东长江公路大桥的安全畅通。完成大桥经常检查182次，桥区基础设施安全隐患排查12次，协助开展桥梁定期检测1次。完成大桥主梁斜拉索锚头防水及桥墩钢质检修通道（平台）刷漆保养及桥区道路标志标牌的信息更新工作，完成大桥主梁部分底板、腹板裂缝及北岸接线路基沉降处置项目和部分斜拉索PE层开裂病害处置项目的施工。州华泰建设有限责任公司是州公路管理局直属路桥施工企业，2020年建设项目27个，合同金额103151.72万元，累计完成产值约27594.81万元。

（曾雅君）

【农村公路项目建设】 2020年，全州农村公路建设完成投资19.65亿元，新建农村公路820千米、改扩建2200千米。创建“四好农村路”示范线路1223千米、“美丽农村路”2210千米。建始高坪镇、宣恩椒园镇、巴东清太坪镇和咸丰黄金洞乡被省交通运输厅确定为2019年度“四好农村路”示范乡镇。建成宣恩县沙道沟镇红旗坪村至湖南界、来凤县百福司镇梅子坳村至湖南界、利川市建南镇乐福店至重庆界、恩施市龙凤坝镇青堡村至重庆市奉节县龙桥乡、建始县业州镇柏腊树村至重庆界等5条省际出口路，总规模61.6千米，总投资约12044万元。

【农村公路管理养护】 2020年，全州在册农村公路通车里程达24401.458千米，占全州在册公路通车总里程87.67%，其中县道2572.192千米、乡道11837.574千米、村道9991.692千米。所有行政村、撤并村、规模以上自然村全部通沥青水泥路，以县城为中心、乡镇为节点、村组为网点的农村公路交通网络体系基本形成。全年落实《国务院办公厅关于深化农村公路管理养护体制改革的意见》，明确县（市）政府为农村公路管养责任主体，按照“县道县管、乡村道乡村管”的原则，明确交通部门和乡镇人民政府农村公路养护管理的职责。全年省补助资金3561万元、全州配套资金5994.94万元用于农村公路养护，养护里程24896.67千米。完成农村公路安防工程项目1773千米、排水改善工程800千米。“三年消危”稳步推进，完成危桥改造25座。全年严重洪灾造成农村公路中断1893条，全州投入人员27107人次、机械10593台班，自筹资金21144万元，争取部、省灾后重建资金2146万元，抢通并修复农村公路1891条。推进预防性养护，开展公路病害大排查、大整治，根据病害程度有针对性采取灌缝、修补和表处等措施，用较小投入延长公路使用年限，发挥养护投资效能。推进安全生产专项整治三年行动。全州农村公路安全生产形势总体平稳。

【农村公路法制建设】 2020年，推进交通综合执法改革，平稳有序完成人员划转工作。开展农村公路法制宣传教育，与新冠肺炎疫情防控、普法释法及路域治理工作相结合开展“路政宣传月”活动。完善投诉渠道，全年来电、转办信访件办结率100%。

（张仕斌）

【荣誉】 2020年，州公路管理局获评“2017—2019年度湖北省文明单位”。咸丰县公路管理局获评“全国文明单位”。州公路管理局被省委组织部、省委老干部局、省人社厅表彰为“全省老干部工作先进集体”，被省公路管理局评为安全应急工作优秀单位。州公路管理局政策法规科科长张美俊被州委组织部、州人社局、州政府扶贫开发办公室给予事业单位工作人员脱贫攻坚专项记功奖励，提名2020年恩施州“最美家庭”。省委组织部、省人社厅、省政府扶贫开发办公室授予巴东县农村公路管理（交通物流发展）局湖北省事业单位脱贫攻坚专项记大功集体。恩施市、来凤县农路物流局获评全州事业单位脱贫攻坚专项奖励记功集体。州农村公路管理（交通物流发展）局驻柳池村工作队被恩施市委、市政府表彰为“2019年度工作突出工作队”。

（曾雅君 张仕斌）

道路运输管理

【概况】 2020年，受新冠肺炎疫情影响，全州道路运输累计完成客运量2344.1626万人、客运周转量118936.5316万人千米，同比下降40.05%、下降49.77%。完成货运量3673.9252万吨、货运周转量568215.6966万吨千米，同比下降20.98%、下降28.67%。

【道路运输】 2020年，全州道路班线客运企业稳定在89个、客车4734辆，旅游客运企业50个、车辆841辆，危货企业18个、车辆405辆，普通货运业（含个体）6867个、车辆8736辆。公交企业14个，车辆707辆(其中新能源车509台)。出租车企业18个，车辆1974辆。汽车维修企业928个。调整运输结构，注销恩施—北京等800千米以上客运班线23条、车辆23辆。清理规范长途客运接驳企业11个、线路49条、车辆142辆、接驳点9个。全州8个县（市）88个乡镇2494个行政村“村村通客车”实现全覆盖，农村客运车辆3144台，通村公交车辆303辆。开通农村客运班线994条，实行公交化线路改造177条。建设候车亭、招呼站2260个，有效解决人民群众出行“最后一公里”问题。新冠肺炎疫情防控期间，组建州、县各3支应急运输队伍（旅客疏运应急分队保障车辆246台、座位1739座，物资抢运应急分队保障车辆42台、载重量472.5吨位，防疫人员转运应急分队保障车辆99台、座位1641座），落实21个维修企业保障车辆应急维修，助推复工复产，恢复道路班线客运，采取“点对点、一站式”运输方式运输务工人员，向省内外运输农民工530趟、1.34万人。坚持常态化疫情防控，完成春运、新冠肺炎疫情防控全州医疗废物转运集中处理、新兵运输、节假日、中（高）考、防汛抗旱以及全州新冠肺炎疫情防控表彰大会等指令性运输保障任务，实现无较大以上安全责任事故、无重大服务质量投诉案件、无严重滞留旅客事件“三无”目标。

【城市客运】 2020年，全州新增和更新纯电动公交车66辆，新能源公交车达到509辆（纯电动公交车454辆，混动公交车55辆），占总数的72%，位居全省前列。服务民生，绿色发展，推动城乡客运一体化，实施农村客运公交化改造线路22条，推进城镇公交向周边延伸，扩大公交服务半径。来凤—龙山跨省级县（市）城际公交线路于8月正式开通运营，成为恩施州首条跨省城际公交线路。推进出租车行业稳定和健康发展，鼓励有条件的乡镇为群众提供公共交通服务，建始县高坪镇完成巡游出租车公司注册，首批10辆新能源出租车在年底投入运行。支持和规范网约车经营，网约车企业达11个，107辆网约车办理相关手续。

【站场建设】 2020年，全州客运站场建设累计完成投资8957.1万元，占年度计划6595万元的135.82%。恩施东升客运站、建始火车站客运站、沙道沟汽车客运站完成主体工程建设。咸丰综合客运枢纽站、巴东县汽车客运站、咸丰坪坝营旅游客运站疫后复工复建。巴东北站前期工作全面启动。

【维修检测】 2020年，全州汽车维修企业928户（其中一类维修企业42个、二类维修企业222个、三类维修企业664个），新增机动车维修企业10个，同比增长1%。机动车检测机构12个，新备案2个（利川市宏润检测站、来凤昶平机动车检测站），同比增长20%。配合环保部门，推进汽车行业危险废物清理工作。推进全州机动车维修行业市场专项整治，加强机动车污染治理，规范机动车排放检验和维修管理。264个一、二类汽车维修企业安装使用湖北省汽车维修电子健康档案系统，实现汽车维修数据有效上传，上传维修记录15.80万条，上传率达32.56%，出具汽车维修竣工出厂合格证5.466万张，数据上传、竣工出厂合格证使用同比分别提高4.5%、3.6%。全州12个机动车检测机构完成联网升级，实现货车环保、安检、综检“三检合一”。

【从业人员考试培训】 2020年，驾驶员报名学员7.91万人，30个驾校采取计时培训、按学时收费、先培训后付费等驾培服务模式。加强道路运输从业资格管理。组织客货、出租车驾驶员考试192场次，参考7314人次，合格4761人次，合格率65.1%。组织危货、剧毒运输驾驶员、押运员、装卸管理人员考试16场，参考533人次，合格344人次，合格率64.5%。州道路运输企业主要负责人和安全生产管理人员安全考核（两类人考核）工作发布计划14批次，共计659人报名，81人缺考，578人参加考核，合格人数292人（其中企业主要负责人91人、企业安全生产管理人员201人），合格率50.52%。从2020年6月1日起恢复《道路运输从业资格证》考试收费，严格按照标准当年收费32万元，全额纳入州财政局统一管理。9月1日，恩施州在全省率先取消道路货物运输（除危险货物运输）驾驶员从业资格证考试。

【安全管理】 2020年，全州道路运输行业发生道路客运行车事故5起，其中危险品运输行车事故1起，造成2人死亡、15人受伤，事故率与2019年同期持平、死亡率与2019年同期下降60%，全州道路运输安全生产总体形势基本稳定。加强动态监控、第三方监测、车辆联网联控、危险货物运输电子运单管理等手段，提高道路运输安全管控能力。落实企业主体责任，针对部分企业规模小、效益差、无法落实充足力量做好动态监控的“两客一危”企业，联合交警部门引导企业委托专业机构承担动态监控，督促企业腾出人力抓安全培训、隐患排查、问题查处，收到较好效果。指导督促企业对第三方监测反馈问题核查处理回复，全州2242辆“两客一危”车辆入网部级平台（旅游841台、三类以上班线1063台、危货运输338台），月平均上线率94.98%，企业对反馈问题核查处理和回复率逐月提高。州运输管理处抽查520辆车，反馈74条动态监控车辆涉嫌违规行为。全州18个道路危险货物运输企业实行电子运单管理，增加对危货运输事中监管能力。组织安全生产月活动和道路危险货物运输企业安全生产专项检查，发现各类隐患及时督促企业整改落实到位。

【政务服务】 2020年，省行政职权和服务事项认领及服务指南编制3.0系统录入事项45项，其中行政许可20项，行政确认9项，其他类权力（备案）16项。11项业务可实现“零跑腿”办理，24项为即办件（一次性办好）。新审批危货企业2个、省市际客运（旅游）企业3个，扩大经营范围（客运）4个，注销省市际客运企业1个，核发从业人员资格证8016个（客运350个、货运5188个、巡游出租1432个、网约车803个、危驾114个、危押125个、剧毒驾3个、剧毒押1个），恢复资格168个，外地转入资格证100个，补换发891个。落实“马上办、网上办、一次办、限时办、尽力办”的政务服务要求，1—12月窗口办件量28218件（其中网上申请办结967件），居州直单位第三，获2020年度“优秀窗口”称号。

（龚 怡）

港航管理

【概况】 2020年，全州内河通航里程455.31千米。港口5个，汽车渡口1处，人行渡口145处。全年累计完成港航建设投资3.622亿元。全州完成水路运输客运量28.04万人，比上年同期下降55.5%。完成水路运输货运量124.22万吨，比上年同期上升42.9%。完成港口货物吞吐量78万吨，比上年同期上升80%。截至年底，全州共有水运企业13个，拥有营运性运输船舶75艘，共67212总吨、载重吨70953吨、载客量6717人、功率26749千瓦。共有港口企业17个（其中港口客运6个、货运装卸企业11个），拥有船舶停靠泊位22个（其中千吨级泊位7个）。完成各类船舶法定检验业务371艘次、船舶登记业务47艘次。全州水上交通零事故，船舶安全面保持在100%，水上交通安全持续形势稳定。2020年，按照国家长江十年禁渔、禁捕退补的相关政策，195艘渔船全部拆解。完成交通执法改革任务，7月，根据州委编办、州交通运输局要求，划转3人到州交通运输综合行政执法支队。

【水上交通安全管理】 2020年，未发生水上交通事故，港口生产、水运工程持续保持“零”事故。推进“长期逃避海事监管船舶专项整治行动”“水上交通安全专项整治三年行动”。开展安全生产宣讲活动、事故警示教育活动、渡工免费安全培训活动等。严格船舶法定检验，严把新建船舶建造、现有船舶营运检验、乡镇客渡船年度检验质量关。加快推进巡航救助一体化建设，恩施大峡谷旅游公司、建始清江旅游公司组织开展“消防、救生”安全演练。与全省同步建成水上搜救应急管理系统并正常运行，145艘客渡船安装北斗监控终端，34艘客船安装AIS终端设备，基本实现对重点水域、重点船舶的动态视频监控“全覆盖”。全州组建8支水上应急救援队伍。利川锦屏渡口“3+2”学生安全渡运模式，实现学校、渡工、家长和乡镇政府、海事部门各司其职、无缝衔接。

【港航项目建设】 2020年1月，第三条内河航道项目鹤峰溇水航道整治工程开工，争取省补助资金1268万元。恩施港景阳港区老集镇综合码头工程、云坛口港区旅游码头一期工程、巴东港主城港区船舶污染物转运码头完成主体工程。巴东港砂石集并中心3个5000吨级建成投产。恩施港城区港区旅游码头、水布垭港区七一〇试验区码头、野三河港区野三峡景区配套码头工程取得竣工验收证书。5月，省政府批准同意开展规划局部调整工作，7月，恩施港局部调整专项规划环境影响评价获批。8月，州政府对恩施港总体规划局部调整专项规划予以批复，为恩施港青云崖旅游码头、船舶防污染码头等项目建设提供支撑。《巴东港总体规划（2015—2030年）》自2019年3月获批后，加快推进巴东港新一轮布局调整，主城港区西壤坡旅游客运码头、宝塔河港区鸿宇物流综合码头等重点项目落地。《来凤港总体规划（2018—2035年）》自2019年8月获批后，仙佛寺、卯洞2个码头航评、港口岸线由省交通运输厅予以批复。加快编制州“十四五”水运发展规划，梳理形成“十四五”水运项目库。推进航道养护，完成清江航道第三轮（2020—2023年）社会化养护招标工作，采取协议招租方式实现4艘航标艇、2艘趸船在航道养护中的保值增值，长江三峡库区湖北省支流（沿渡河、小溪河）航道纳入全省高等级航道养护范围。

【防治船舶污染】 2020年推进防治船舶污染工作，完成43艘400总吨及以上船舶、41艘100—400总吨船舶达标改造，完成港口船舶污染物接收转运处置设施建设任务。开展船舶和港口污染突出问题专项整治，交通、海事部门累计实施船舶防污染检查1216艘次，实施防污染类行政处罚31起。截至12月，港口企业投入资金380万元购买真空收油机3个、生活污水接收箱3个、生活垃圾接收桶（箱）120个，建造2艘生活油污水接收船。

【长江大保护】 2020年，巴东港主城港区船舶污染物接收码头于9月开工建设，完成港区集疏运道路，钢制趸船（45米×11米×2米）完成图审并开工建造。巴东港现有13座经营性码头（长江巴东港9座、清江恩施港4座）全部完成自身环保设施改造并经环保部门认定。国网供电公司投资960万元，完成长江巴东港2个3000吨级客运泊位岸电升级改造，具备供应岸电能力。开展为期1年的船舶和港口污染突出问题专项整治行动，“船e行”APP安装使用全面推广，电子联单制度有效落实。推进整顿长江段沿线港口岸线资源清理工作，需补办港口岸线使用审批手续的老码头纳入新一轮开发建设计划。8月，巴东县与湖北交投荆州投资开发股份有限公司签订《长江巴东港综合项目合作框架协议》，合作项目内容主要为巴东港客运旅游码头项目、巴东港货运综合码头（含煤码头整合）项目，在巴东港新一轮港口建设中，将需补办手续的老码头纳入整体开发，建成集约化港口。组织交通、发改、水利、生态环境部门对7个拟保留的公务码头进行会审并进行登记确认，编制公务码头岸线名录库并上报省交通运输厅备案。推进绿色港口建设，按照巴东港总体规划，主城港区原有的8个货运码头外迁宝塔河港区。巴东长江库岸综合整治提速。推进整治长江干线及清江非法码头专项工作，州长江干线非法码头根治且无反弹，清江库区经过巡查未发现非法码头存在。巴东港规划砂石集并中心1处，基本建成，除深水岸线已审待批外，其他专题均获批复。

【行政审批服务】 2020年，深化“放管服”改革，优化行政审批服务“四减”（减材料、减环节、减时限、减跑动次数）工作，72项行政审批事项中有22项业务可实现“零跑腿”办理，其余50项业务实现“最多跑一次”办理，57项业务办理时限为即办件，占比分别为31%、69%、79%。

（王树珍）

2020年10月31日，巴东港口岸电升级完成，停靠船舶用上岸电
（州港航管理局 供稿）

铁 路

【概况】 2020年，全州铁路工作做好沪渝蓉高铁宜昌—涪陵段前期工作，推进安恩张、恩黔及恩施旅游观光铁路项目进程，督导郑万铁路巴东段工程建设，开展路地协调服务工作，保障运营铁路安全高效运行。宜万铁路高坪火车站建成运营。受新冠肺炎疫情影响，全年共发送旅客359.98万人次，较上年下降52%，发送货物5.82万吨，较上年下降21.8%。

【高坪火车站建成运营】 2020年10月1日，宜万铁路新建高坪火车站建成运营。项目总投资3.28亿元，其中站内工程2.22亿元，站外1.06亿元。

【郑万铁路】 郑万铁路即河南郑州—重庆万州的高速铁路，途经巴东并在平阳坝设站，该线路在巴东县境内长约34千米，投资约47亿元。2016年12月开工，建设工期为6年。2020年，完成工程投资9.98亿元，占年度投资计划8亿元的124.7%，开工累计完成34亿元，占总投资47亿元的72.3%。9月，中铁建工集团入场启动巴东北站站房建设，推进巴东北站增加到发线存车线建设。

【沪渝蓉高铁宜昌—涪陵段】 沪渝蓉高铁宜昌—涪陵段即宜昌—恩施—涪陵高速铁路，是恩施州融入国家高速铁路网的里程碑项目。2020年4月，国家铁路集团公司启动新建宜昌—涪陵铁路勘察设计项目招标工作，6月23日开标。中铁二院为总体设计单位，与中铁四院、中铁大桥院、中铁咨询共同开展项目预可研至初步设计阶段的勘察设计工作。7月，各设计单位分别成立总体组，开展项目预可研编制工作，项目进入实质性推进阶段。

【安恩张铁路、恩黔铁路】 安恩张、恩黔铁路是恩施州进入国家中长期铁路网规划（2016—2030年）的铁路项目。2020年全国、全省“两会”期间，恩施州向大会提交两个项目的人大代表建议和政协委员提案材料，请求列入国家、省“十四五”规划，同时，把握中铁一院、二院、四院等设计单位到恩施州开展沪渝蓉高铁宜昌—涪陵段前期工作的历史机遇，就两个项目前期工作进行沟通对接，争取铁路专家、规划团队的专业指导和技术支持。8月28日，相关四省市发改委在重庆召开安恩张铁路联席会议，就下步争取工作进行会商，会议商定沿线各省市要将该项目纳入本省“十四五”规划，并以四省市人民政府名义联合致函国家发改委、国铁集团，积极争取将该项目纳入国家“十四五”规划，共同决定委托中铁二院再次开展预可行性研究。11月，州委副书记、州长刘芳震带队到省发改委、省政府就两个项目工作进行专题汇报争取。

【恩施旅游观光铁路】 恩施旅游观光铁路是全州重点推进项目，西起利川市城区，途径腾龙洞、大峡谷等重要景区，东至恩施市城区，线路全长约75千米，总投资约158亿元，其中铁路投资约123亿元，旅游综合体投资约35亿元。2019年12月26日，委托招标代理机构面向社会发布招标代理公告，定于2020年3月16日开标，受新冠肺炎疫情影响，项目社会投资合伙人招标工作中止，按州领导批示精神，待社会投资主体投资意愿明确后再重启该项工作。与中交机电局、中建三局、铁建城发、曲江文旅、上海中福、中金高通等公司就项目投融资问题进行磋商。开展资源巡查管控等工作，协调处理恩施市东方马者研学旅行实践基地项目涉及恩施旅游观光铁路相关事宜，确保旅游观光铁路项目推进与沿线其他项目开发统筹、互利推进。

【新冠肺炎疫情防控】 2020年，新冠肺炎疫情常态化防控后，协调国家铁路集团有限公司、武汉局集团公司、宜昌车务段等安排务工专列，“点对点、一站式”输送到省外务工人员，共开行务工专列3趟，累计发送恩施到浙江绍兴、杭州、余杭返岗务工人员1600余人。加强与铁路部门的沟通对接，推动列车复运，10月11日零时起，全国铁路实行新的列车运行图，经停恩施州列车车次达到104趟(动车81趟、普速列车23趟），恢复至疫情前的77%，其中宜万铁路开行92趟，黔张常铁路开行12趟。

【路地协调服务】 2020年，主要领导专程到武汉局集团公司协调车坝河水库引水工程输水管道下穿宜万铁路事宜，协调推动铁路沿线通信网络建设，召集铁路相关部门、网络通信运营商，召开全州铁路沿线网络建设对接会。11月，州委副书记、州长刘芳震带队到武汉局集团有限公司汇报恩施州铁路建设情况时，就铁路沿线通信网络事宜进行对接。

【安全生产监督管理】 2020年，印发《关于深入开展全州铁路安全专项治理三年行动实施方案》《关于做好2020年全州铁路交通安全生产工作的通知》，抓好全州铁路系统安全生产工作。联合州应急管理局、州消防救援支队、恩施火车站等部门开展物资铁路专用线物流园安全生产检查及治理，配合州护路办开展铁路沿线环境综合整治工作。

（杨斯然）

民用航空

【概况】 2020年，恩施机场安全生产形势平稳，各项安全指标持续达标，旅客满意度4.31，航班放行正常率达93.73%，同比增长0.3%。全年完成旅客吞吐量93.29万人次，运输起降8925架次，货邮吞吐量594.6吨，实现营业收入4707.3万元。开展消费扶贫，工会办理恩施旅游年卡，组织春秋游活动，通过“扶贫832”平台购买21.6万元消费扶贫产品。

【新冠肺炎疫情防控】 2020年，成立3支应急分队，完成抗疫运输保障12架次（4批次防疫物资抵恩，119名天津援恩医护人员抵离）。落实省、州、恩施市及民航防疫部署，协同地方工作专班持续完善防疫布局和常态化防疫措施，坚持“人、物、地”同防。

【运输生产】 2020年，受新冠肺炎疫情影响，机场停航62天，3月29日复航。8月，全面恢复国内航线。助推旅游复苏，多渠道、多频次开展航空市场宣传，推介“惠游湖北”“恩施旅游”，首次尝试抖音直播促销，9 月，旅客吞吐量在集团率先恢复正增长。全年新开 3 条航线，实现北京直航，运营航线增至 17 条、通航城市 21 个，冬春航季每周航班总量增长 19.1%。

【安全服务】 2020 年，修订 15 项制度 6 项预案，建立 SOP 标准模板。建立标准化培训课程体系，建成四类安检职鉴培训机构，开展“安康杯”技能竞赛和应急救援演练。提高“十九个一”清单工作质量，健全三级质控体系，协同地方健全“净空一张图”管理机制，成立机坪专业委员会，监装监卸落实到位，保持辖区责任鸟击“零”纪录，关键风险持续可控。

【基础设施】 2020 年，安防系统建设项目竣工投产，实现机场全景监控，信息系统有效整合，增强主动防御能力。安全设备设施更新改造项目完成主要工程建设，通导、灯光设备通过校验。供电专线改造采用“永久建设方案”，验收投用实现“双回路”。推进消防七级建设，主力消防泡沫车因新冠肺炎疫情影响未到货，替代车辆到位，营房及车库项目 12 月开工建设。推进机场迁建前期工作，围绕三年开工目标，成立工作专班。12 月 23 日，民航局调研恩施机场迁建工作。

【荣誉】 2020 年，恩施机场公司获民航局 2020 年重大运输工作先进集体表彰。2 个集体、4 名员工获集团抗疫先进集体和先进个人表彰，获集团“弘扬抗疫精神”演讲三等奖。在湖北辖区机坪业务技能竞赛中，获单项第一名、团体第二名。获评中国旅游协会民航旅游专业委员会颁发的“支线旅游机场示范单位”“2019 年度行业标准单位”。

（陈明浩）

交通物流

【概况】 2020 年，州交通物流系统优化营商环境，完善物流节点，推进交通物流持续融合发展。全年全州完成物流基础设施固定资产投资 7065 万元。全年争取交通物流专项补助资金 760 万元。3 月底，全州 105 个交通物流企业复工复产。恩施好又多华硒物流园建成并通过竣工验收。

【农村物流发展】 2020 年，加快县、乡、村三级农村物流网络节点体系建设。巴东县农村交通物流示范项目通过省物流局现场考核验收。咸丰县在县城建成电商物流配送中心，引进“小黄人”自动化分拣系统，开通运行 5 条物流运输专线，覆盖 11 个乡镇，建成“聚源乡村”及“菜鸟网络”2 套信息系统，为全县物流货运提供各项信息服务。鹤峰县邬阳农村综合运输服务站改造项目完成建设任务。

（张仕斌）

邮　　政

邮政管理

【概况】 2020 年，全州邮政业业务量累计完成 8.17 亿元，同比下降 0.75%，全州邮政业业务收入累计完成 8.98 亿元，同比增长 7.53%。快递业务量累计完成 0.15 亿件，同比增长 3.19%。快递业务投递量累计完成 1.12 亿件，同比增长 34.6%。快递业务收入累计完成 3.06 亿元，同比增长 6.35%。全行业保持安全平稳运行。11 月，州邮政管理局机关档案规范化管理通过“省一级”达标评估验收。州邮政管理局农村邮政综合服务平台建设、绿色发展 2 项典型情况分析报告直报工作受到国家邮政局表扬。

【新冠肺炎疫情防控】 2020 年，全州邮政业承运寄递疫情防控物资累计 2967.3 吨，发运防控物资累计 1568 车次。州邮政分公司组织党员突击队，参与医疗废弃物运输的危重任务。恩施京东、韵达，利川中通等企业向当地防疫一线工作人员捐赠大量防疫物资。州邮政分公司、顺丰，巴东捷风公司等支持疫情防控期间农特产品外销工作。

【电商与快递网络配送体系】 2020 年，州邮政管理局与州商务局、州政府扶贫开发办、州交通运输局、州供销社联合印发《县乡村三级电商与快递网络配送体系建设实施方案》，推动相关产业的发展政策及优势资源整合，实施网络共建、平台共用。全年全州快递分拨处理面积达到 5.79 万平方米。落实国家邮政局关于农村邮政综合服务平台建设工作部署，总结推广宣恩县建设经验，全州累计建成 408 个农村邮政综合服务平台站点。通过“邮政+快递”“快递超市”“快递+交通物流”“快递+电信”等模式推进“快递进村”，村级快递服务站点累计建成 1107 个，快递服务覆盖 1454 个行政村，占行政村总数 63%，其中巴东、鹤峰等县（市）超过 82%。

【城市快递末端服务体系】 2020 年，联合州住建局印发《关于落实城镇快递末端服务能力建设保障有关政策的通知》，州城落实新审批居民小区单独规划快递服务用房 1200 余平方米。恩施申通、百世、韵达、天天 4 个快递品牌建立城市快递集约化配送机制，在恩施城区实行集中配送，建成城区末端集中配送快递驿站 47 个。推进“快递五进”工程，重点在政府机关、企事业单位、商厦、写字楼等地面层或人流量较为集中的区域布放安装智能包裹柜和快件箱。2020 年，全州新增智能包裹柜、快件箱 12 组 1300 个格口。

【服务现代农业】 2020 年，开展“一市一品”农产品进城示范项目，指导邮政企业立足市场，将富硒茶、富硒小土豆、宣恩黄金梨和白柚、来凤生姜、巴东柑橘、鹤峰蜂蜜等多种农特产品纳入“一市一品”示范项目，基本覆盖全州所有县（市）。推动快递服务现代农业发展，全年全州邮政快递企业与农业企业、专业合作组织等建立合作关系，发展产、供、销一体化消费扶贫供应链服务，全行业全年发运茶叶、土豆、柑橘、腊肉等各类农产品 400 余万件，帮助实现产值超过 3 亿元。恩施柑橘、恩施玉露（茶叶）、富硒土豆 3 个项目获评“2020 年全省快递服务现代农业银牌项目”。

【寄递渠道安全监管】 2020 年，发挥全州各级寄递渠道安全管理领导小组工作机制作用，形成各级政法委牵头抓总，公安、市场监管等部门协作配合齐抓共管的工作格局，使邮政管理要求在县（市）和乡镇落地。联合公安部门继续推动落实基层派出所对辖区内寄递企业定期检查机制，实现涉行业风险隐患通报督办反馈机制，恩施市、巴东县开展寄递渠道隐患风险专项治理活动。全年开展6轮全覆盖联合检查，检查企业2564个次，发现并整改安全隐患1897处。完善邮政快递业安全生产协调领导工作机制，成立州邮政快递业安全生产协调领导小组。开展快递业务经营资质清理整顿专项行动，配合省邮政管理局做好企业快递业务经营许可延期工作，全年到期许可企业12个，其中延期办理8个，注销4个。推进“绿盾”工程建设。州邮政管理局完成网络和安全设备机房建设，完成视频联网和应急指挥融合通信调试，第一期视频联网接入20个邮政快递企业。

【落实寄递安全“三项制度”】 2020年，邮政快递业贯彻落实寄递安全“三项制度”（收寄验视、实名收寄、过机安检），州邮政管理局联合州公安局、州市场监督管理局、州国家安全局、州文旅局、州生态环境局等部门组成州邮政快递业综合执法队。通过日常检查、专题会议和培训、专项执法等方式，以未实名邮件跟踪倒查机制为抓手，开展实名收寄信息异常问题专项整治，落实收寄验视制度，率先在全省实现实名收寄全覆盖，系统实名率达99.53%。全州配备31台安检机，推动寄递企业X光安检机配置及执行应检必检工作要求。

【邮政普遍服务】 2020年，开展乡镇局所专项整治行动，抽查乡镇局所50处、建制村22处，重点检查全州唯一的单人局所（咸丰县朝阳寺邮政支局）和补白局所（建始县红岩寺邮政支局）。加强建制村投递监管，指导州邮政分公司出台考核办法。督促邮政企业解决剩余建制村投递频次不达标的问题，实现全州建制村投递频次100%达标。强化邮票印制、销售监督检查。

【“打黄扫非”工作】 2020年，督促邮政、快递企业落实主体责任，按照“谁经营、谁负责”的原则落实“四个强化”（强化工作组织、强化自查整改、强化企业安全主体责任及制度执行、强化重大活动期间临时管控措施落实）。开展专项行动，全州寄递企业自查网点500余处。通过随机调阅监控录像、调阅会议记录和业务系统，重点检查邮政快递企业“扫黄打非”责任制度建立情况、协议客户和大宗出版物寄递客户排查情况、执行寄递安全“三项制度”、落实安全管理主体责任情况、宣传公示情况、员工培训情况和“画像法”知晓情况。开展春节和“两会”期间出版物寄递清理整治行动，未发现非法出版物通过寄递渠道传播。

【依法治邮】 2020年，贯彻实施“七五”普法规划，实施《恩施州法治邮政建设规划纲要（2016—2020年）》，以《中华人民共和国邮政法》《湖北省邮政条例》《邮政业寄递安全监督管理办法》《禁止寄递物品管理规定》等为重点，在行业内及全社会加大普法宣传力度。落实信息公开制度，开展行政权力和服务事项清理并公示，接受社会监督。执行行政执法全过程记录等3项制度，落实行政执法“十条禁令”，促进规范公正文明执法和依法行政。严格执行“双随机、一公开”制度，全年检查邮政营业网点72个次，邮件处理场所7个次，快递网点179个次，下达限期整改通知书30份，行政约谈邮政快递企业12个次，立案查处7个次。

【优化营商环境】 2020年5月，州政府办公室印发《推进电子商务与快递物流协同发展十条措施》。8月，州邮政管理局联合州商务局、州交通运输局、州政府扶贫开发办、州供销联社等5个部门印发《恩施州电商与快递物流网络配送体系建设实施方案》，“完善乡村物流基础设施末端网络”被纳入《恩施州乡村振兴战略实施总体规划（2018—2022年）》，明确提出支持推进“快递下乡进村”工程，完善农村邮政快递末端网络建设。9月，州邮政管理局联合州住建局印发《关于落实城镇快递末端服务能力建设保障有关政策的通知》，为落实城镇快递末端服务能力建设有关政策，解决快递服务“最后100米”难题提供政策。州委将邮政业工作纳入当月重点督办内容，开展县（市）推进邮政业发展专项督查，督促限时政府落实相关政策措施和属地责任。12月，“快递进村”列入2020年乡村振兴工作要点及对县（市）考核内容。全年针对不同申请事项制作操作手册，实行“一次性告知”制，落实行政许可与备案事项全部上网办理，核发证件、文件资料全部免费寄达申请人，实现企业、群众办事“不上门、不跑路、一网通办、一次办好”。建立轻微违法行为“首次不罚清单”。

【快递市场秩序】 2020年，联合州快递行业协会出台《恩施州快递业信用评定方案（试行）》，开展行业信用评定工作。开展快递业务经营资质清理整顿专项行动，对未取得快递业务经营许可从事快递活动、开办快递分支机构及末端网点未备案等行为依法依规予以处罚。全面落实快递服务标准，开展乡镇投递服务质量整治行动。开展行业统计督查整改工作，对存在问题的9个企业下达限期整改通知书。

【全国邮政行业生态环境保护城市综合试点】 2020年，试点建设重点目标任务实现45毫米以下“瘦身胶带”封装比例98%，电商件不再二次包装率98%，各邮政快递企业全部使用可循环中转袋替代传统编织袋，与上级分拨中心直接交换所使用的可循环快件总包中转箱（袋）使用率100%（非直封），电子面单使用率100%，全州各邮政快递企业配备新能源运输车辆30台，符合标准的包装材料使用率97%，按照“一十井”字形规范封装操作比例97%，邮政快递网点快递包装回收箱配备668个，实现城乡全覆盖（除村级末端网点外）。州邮政管理局联合州发改委、州经信局、州生态环境局、州住建局、州商务局、州市场监督管理局等部门开展邮政快递业包装绿色治理三年（2020—2022年）行动，统筹行业绿色治理长期工作。开展绿色示范网点和绿色示范分拨中心评选，将绿色发展相关内容编入信用评定方案，加强对行业绿色发展的引导。联合州商务局、州快递行业协会、州电商协会加强生态环保宣传，引导上游电商企业参与快递包装绿色治理。

【荣誉】 2020年10月，州申通快递服务有限公司操作部组被国家邮政局、共青团中央授予“2019年度全国邮政行业青年安全生产示范岗”称号；州邮政分公司恩施市分公司渠道平台部尹江被交通运输部表彰为“全国交通运输系统抗击新冠肺炎疫情先进个人”。12月，州邮政管理局获评“2017—2019年度省级文明单位”。

（顿艳玲）

中国邮政集团有限公司恩施州分公司

【概况】 2020年，恩施邮政全年做好新冠肺炎疫情防控、防汛救灾、复工复产等工作，实现收入5.92亿元，居全省系统第六位，增幅7.68%，居全省第五位。财务状况持续向好，存量资金结存2654万元，比上年末增加1184万元。提升资金管控，改善寄递欠费管理，欠费绝对值比年初下降1285万元。推进“平安邮政”建设，实现全年零事故目标。确保全年资金零案件。完成52个工程项目审计，审减金额266万元，审减率12.56%。新建“省级示范职工小家”2个、“省级模范职工小家”6个，获全省邮政职工小家建设突出贡献奖、示范引领奖。2020年，典型宣传《小康梦圆、夕阳正红——恩施邮政退休干部陈泽维的战疫战贫故事》在全州“走向我们的小康生活”百姓宣讲活动中引起强烈反响，连续三年获“全省邮政党建工作示范单位”，连续两年在地方党建考评中获“优秀”。统一制定全州的薪酬分配办法，提高县（市）员工待遇。全州692名退休人员社会化管理平稳移交。

【新冠肺炎疫情防控】 2020年，在抗击新冠肺炎疫情期间，全州邮政累计接收发运防疫物资6.76万件（箱），投递党报党刊200余万件，配送生活物资、教辅资料23.86万件。外运积压农副产品超过65万件。被州政府纳入消费扶贫专班成员单位，出台《发挥邮政优势助力恩施州消费扶贫十条措施》，销售扶贫农产品5000万元，消费扶贫工作获“全州消费扶贫工作先进企业”称号。州分公司党委被集团公司表彰为“全国邮政系统抗击疫情先进基层党组织”，恩施市分公司渠道平台部尹江被交通运输部表彰为“全国交通运输系统抗击新冠肺炎疫情先进个人”。新华社、《中国交通报》、《湖北日报》等多个媒体报道恩施邮政抗疫事迹。

【普遍服务】 2020年，做好党报党刊投递等邮政服务和巡视专用信箱邮件寄递服务，确保零差错、零失误。开展普遍服务提质达标活动、专项整治活动，平信、普遍服务丢损率趋于零，建制村投递打卡基本达100%，县（市）党政机关当日见报率达100%，80个乡镇党政机关次日见报率达100%。举办各类培训35期，培训学员3568人/次，培训率达100%。做好星级创评工作，州分公司获评全省“2020年星级服务窗口（人员）创评活动先进单位”，利川清江大道和来凤解放路支局获评“四星级服务窗口”，2个支局获评“三星级服务窗口”，8名营业员获评“三星级及以上星级服务明星”。

【惠农合作】 2020年，完成935个合作社信息采集工作，极速达实现收入75万元，净增贷款1903.59万元，新增金融总资产2411万元，农产品销售1837.97万元。汽车产业链项目实现收入368万元，完成9场微车展活动。政务服务项目完成收入706.81万元。分销项目实现收入4122.66万元，其中分销收入3581.81万元，增幅13.8%，全省第五位。电商收入531.09万元，增幅13.8%，全省第一位。全年线上批销额4895万元，其中邮政“919电商节”期间自营批销完成1631万元，完成计划的125%。通过线上+线下、内部+外部方式，利用“学习强国”、邮乐网、“扶贫832”平台、抖音直播平台等，销售扶贫农产品5000万元，培育电商扶贫能手51人，打造万单大单品6个，电商扶贫得到地方政府肯定。医药市场项目成功开发元昌药业、重庆医药等12个医药公司和天后整形医美等同城大户，实现收入65.67万元。鹤峰探索村邮站、合作社联合运营、村社共建的惠农合作路径，并在站点间常年开展共享直播活动。宣恩探索推进邮快合作，将乡镇快递超市引入支局网点。恩施市利用施州大道支局的场地资源，探索政邮、警邮、税邮、商邮等便民综合服务模式。

【代理金融】 2020年，实现代理金融收入4.5亿元，居全省第六位，增幅8.9%。优化结构，新增综合资产43.51亿元，其中储蓄14.58亿元、保费19.51亿元、大理财10.03亿元。活期占比回升到40%以上，达40.56%，居全省第一位。完成中邮期交1.15亿元，新增高效基金2.03亿元。新增万元以上客户1.47万户。新增手机银行有效客户数9.13万户，客户渗透率38.29%，较年初提升4.66个百分点，电子交易替代率96.26%，居全省第一位。新增收单商户1.97万户。新增移动支付绑卡9.86万户，累计结存82.68万户，居全省第四位。新增邮储食堂会员13.64万户。新增邮储花呗2930户，居全省第一位。中间业务收入3025万元，增幅14.69%。保险收入1.05亿元，增幅18.25%。理财收入769.92万元，增幅75.73%。

【寄递业务】 2020年，实现收入5296.65万元，增幅3.5%，完成业务量592.5万件，增幅51.8%，业务量市占率为30.5%，同比提升7.5个百分点，排名全州同行业第一位。其中特快业务实现收入1436万元，快包业务实现收入2801万元，同比增幅28.69%，居全省第三位。国际业务实现收入33万元，物流业务实现收入870万元。出台《关于进一步推进恩施邮政寄递五大体系建设工作》等，健全业务营销、市场拓展体系，规范业务经营行为。调整站点布局，对恩施、宣恩等城区揽投部站进行重新布局、改造，恩施城区建设揽投站8个，释放城区站点效能，新增业务收入300余万元。全州支局网点实现收入1428万元，占寄递总收入的27%，成为新的增长点。优化网运组织，新增武汉—恩施—利川二干高铁邮路1条，新增恩施—利川三频邮路和恩施—鹤峰二频邮路，增加市内城区转趟频次。通过调整邮路运行模式、分拣模式、投递结算标准等措施，累计节约网运及各环节成本800余万元。陆运环节成本压降0.49元/吨千米，收寄环节成本压降4.15元/件，管理环节成本压降0.81元/件，内部处理环节成本优于目标值0.08元/件。

【基础建设】 2020年，投入近2800万元，完成建始、巴东综合楼维修改造。完成3个支局重建、5个支局装修改造。完成州分拣转运中心及电商物流园主体工程建设，5个县（市）处理中心场地升级改造。完成州分公司高清视频会议系统建设，部分支局高清监控改造。更新或新购一批集包、邮运车辆、移动终端、ITM、存折打印机等生产设施设备。新建成三农服务示范站点17个、标准站点3个，累计建成站点2572个，建成数字化优质站点650个、示范点75个、标准点345个，打造精品线路16条。叠加“金融+快包+电商+政务”多种功能，转介存款2749万元，收寄包裹5.16万件、代投包裹4万件，咸丰村邮站叠加鄂汇办APP全部功能，鹤峰官仓村邮站常年开展直播推销活动。

【对标进位】 2020年，州分公司获全省邮政“比学赶帮超”发展先进单位，恩施、利川、巴东、咸丰4个县（市）全省对标实现进位，9个（清江大道、来凤解放路、东城、咸丰解放路、施州大道、野三关、汪营、龙凤、团堡）支局进入全省百强，10个（清江大道、来凤解放路、东城、咸丰解施路、施州大道、野三关、汪营、龙凤、团堡、沙道沟）支局收入超过千万元。利川、咸丰、宣恩3个单位获全州“比学赶帮超”发展先进单位。

（牟 澎）

通 信

中国电信恩施分公司

【概况】 2020年，中国电信恩施分公司收入完成实绩超过6亿元，完成年初预算104.5%，收入预算完成率全省排名第一位。主营收入同比增长8.38%，收入增幅全省排名第二位。移动净增完成率142.3%，全省排名第一位。宽带净增完成率178.9%，全省排名第二位。天翼高清净增完成率125.6%，全省排名第一位。5G用户渗透率32.1%，渗透率全省排名第二位。“十三五”期间收入复合增长率达9.16%，全省最高。集团测评综合满意度居行业第一，保持领先。5个县（市）分公司被表彰为中国电信湖北公司2020年度十强县域公司，36个分局获中国电信湖北公司2020年度百优分局。分公司获中国电信湖北公司2020年度经营优秀单位、2020年中国电信湖北公司防汛抗灾保通信先进单位、2020年全州防汛救灾综合演练先进集体、2020年中国电信湖北公司价值提升进步最快分公司、2020年中国电信湖北公司网络与信息安全先进单位、2020年中国电信湖北公司脱贫攻坚先进集体、2020年中国电信湖北公司依法治企先进单位、全国模范职工之家。

【数字经济转型升级】 2020年，在5GSA商用部署的关键之年，创新探索5G、云计算、大数据、人工智能等新技术对于数字政府、智慧城市、工业物联、云网融合等领域的应用，加快以5G领衔的“新基建”建设步伐。恩施市纳入中国电信139个5G建设重点城市，投资4.36亿元建设独立组网5G基站552个。建成441个室外独立组网5G基站，实现恩施市中心城区5G网络全覆盖。全州其他7个县（市）重点区域建成111个室外独立组网5G基站，实现7个县（市）城区重点区域5G网络覆盖。协助完成协和医院和咸丰县人民医院开展全球首例5G+MR+云平台远程骨科手术。

【推广互联网云应用】 2020年，发挥基础网络和云网融合优势，依托“5G+云+AI”、“2+31+X”前沿技术，为全州互联网云应用贡献电信方案与电信智慧。推进国家“乡村振兴”战略和“数字乡村”发展战略，全州累计安装摄像头超过10万个，建成“平安乡村”村级平台1853个，平台接入摄像头超过6万个，平台用户位居全国第三，成功解决各类邻里纠纷50余件，协助公安机关破获失窃、交通肇事等案件10余件。服务“积社区小平安为社会大平安”，建成恩施州全域智慧社区管理平台5个。

【新冠肺炎疫情防控】 2020年，压实“确保通信网络不断、人民群众信息交互不断、社会通信交流不断”的通信企业政治责任，在抗击疫情关键时期出动保障客户工程师3960人，保障有线业务能力19210户，排查处理客户故障2943处，保障重要客户252个、专线电路252条、视频会议20场，紧急业务开通1005次，及时关停网吧197个，全州线上服务11.45万人，服务微信1.85万人，用户日均点击量突破1万，为400余个中小企业优惠减免费用超过1000万元。以各级基层党组织为堡垒成立疫情防控党员先锋队33个，以基层分局为单元成立战疫情、保通信、强服务党员先锋队50个，以线上服务为主体成立纵向一体化三级线上服务工作队210个，137名党员干部就近就地向所在村（社区）报到。

【电信便民服务】 2020年，发挥建设网络恩施、数字恩施、智慧恩施主力军作用，为广大用户提供5G直播云服务、免停机服务、线上自助服务、公益短信服务、境外人员安全提醒服务、来电名片服务、手机报服务、电视专题服务、通信保障服务、24小时热线服务、天翼云会议服务、医疗上云服务、天翼云直播课堂13项便民服务。响应国家“网络提速降费”政策，中小企业专线平均资费较上年底下降21.43%，中小企业宽带平均资费较上年底下降23.46%。落实防范打击通信信息诈骗，做好新入网用户实名登记，配合公安机关及时关停涉诈骚扰号码，通过大数据分析，发现异常号码自动关停，要求再次核验用户相关登记信息。围绕IP地址管理等10项重点任务开展工作，提升网络安全基础指标，定级备案准确规范，基线配置从76.73上升至96.53。顺利通过2020年州委、州政府组织的扶贫考核和暗查暗访，投入扶贫资金79.6万元，硬化定点扶贫村村级公路12千米，转移就业人数1197人。

（张 舸）

中国移动通信集团湖北有限公司恩施分公司

【概况】 截至2020年，中国移动通信集团湖北有限公司恩施分公司（简称恩施移动）总资产12.45亿元，2020年度上缴税款4991万元，在岗员工712人。组建州、县、乡、村立体多层次服务网络，建立社会渠道近600个、泛渠道300余个，开通热线电话、互联网、微信、码店等多种渠道，服务全州158万户移动用户和2.3万个政企单位。推进“法治移动”建设，提升依法治企和合规能力。开展安全生产三年专项行动，全年无重大安全事故发生。

【宽带网络建设】 2020年，围绕州委、州政府打造一流营商环境“全国一流、全省最优”目标，恩施移动4G网络建设持续保持领先，覆盖全州所有城区、乡镇及行政村，4G基站7067个，4G网络全域覆盖率99.25%。宜万铁路4G综合覆盖率92.39%，GSM全程成功率为92.31%。综合业务区有125个，城乡OTN开通率100%。传输机房283个，传输管道1305管程千米，宽带覆盖总量121万户。至年底，恩施移动完成第一批5G基站的开通，全州累计开通5G基站581个，完成州城主城区连续覆盖以及县城区部分场景、长江航道、恩施大峡谷景区等重要场景的覆盖。防范和化解网络安全风险，“断卡行动”取得阶段性成效，处置各类异常情况834起，处以现金考核和约谈整改的代理商32个，协助公安机关及时抓获目标对象，获州公安局通报表扬及省公司反诈专项工作先进一等奖。

【政务服务】 2020年，恩施移动布局“5G+DICT”行业应用，支持提升政务服务水平，推动信息归集共享，促进5G融入百业。为州委、州政府大院制定“智慧大院信息化”整体解决方案。为满足州应急指挥中心在对突发事件的应急处置中能及时有效的进行会商和指挥，制定可接入上级应急平台并提供决策支撑调用的综合应用。6月，来凤智慧城市视频监控和大数据运营中心软硬件设备ICT项目被中国通信企业协会评为“全国信息通信行业疫情防控与复工复产典型案例和解决方案”。

【新冠肺炎疫情防控】 2020年，恩施移动做好新冠肺炎疫情防控工作，累计出动通信保障人员6322人次、车辆1740辆次，抢修故障8388个，扩容站点246个，373个重保站点无一退服，225条重保专线无一中断，完成通信保障。助力复工复产复课，开通湖北民族大学附属民大医院、四川大学华西医院5G远程视频诊疗会议系统，推广红外测温热成像项目45个，为43个中小企业提供免费体验宽带和专线服务，为10余万中小学师生提供“停课不停学”服务，完成服务保障。255名党员干部员工参与群防群治。在疫情防控工作中有1个先进集体，1名先进个人受到省通信管理局表彰。

【抗洪救灾】 2020年7月，在全州特别是恩施城区、建始县严重洪涝灾害中，恩施移动累计出动2285人次、调集车辆1243辆次、便携油机956台次、卫星电话10部、卫星通信车2部、应急通信车3部、应急电源车3辆，有效保障重点区域的通信畅通。开通马者村5G应急基站，出动5G无人机抢修危险区域光缆，为抗灾一线提供通信保障，通过5G云直播、5G云监控系统为防汛指挥部提供技术支撑。

【精准扶贫】 2020年，恩施移动资费扶贫惠及17.4万移动贫困户，惠及率41.4%，在贫困山区建成4G基站178个。全年扶持12个贫困村，争取扶贫资金245万元，落实消费扶贫232万元。5月，恩施移动《党建统领抓扶贫，一统三治促摘帽》被中国移动通信集团有限公司评为“优秀扶贫案例”。

【荣誉】 2020年11月，恩施移动被中国通信企业协会表彰为“全国信息通信行业扶贫先进集体”。8月，恩施移动宣恩分公司政企客户中心主任王辉（驻宣恩县沙道沟镇二台坪村）被省总工会表彰为“湖北五一劳动奖章”。11月，恩施移动党委办公室副主任游光安（驻恩施市盛家坝镇大集场村）被中国通信企业协会表彰为“全国信息通信行业扶贫先进个人”。

（邓淑华）

中国联合网络通信有限公司恩施州分公司

【概况】 2020年，中国联合网络通信有限公司恩施州分公司（简称恩施联通）全年完成考核收入7.23亿元，同口径同比增幅6.5%，资产收益率（ROA）达16.7%，投资增收比为107.1%，投资占收比仅5.6%，行业过网市场份额达33.15%，政企行业项目实现突破，通过“抓大抢小”的上下联动，全年中标创新项目74个，中标金额累计达5494.22万元。

【网络建设】 2020年，全州基站总量为7739个，同比降低8.8%，3G基站3091个，4G基站4162个，5G基站达400个。3G、4G在市区、县城、乡镇覆盖率达98%，行政村、主要交通干线覆盖率达93%，5G网络中心城区覆盖率达95%，恩施州宽带端口总量为65.2万线，政企专线电路2588条，建设线路22898千米。

【网络优化】 2020年，4G网络接通率从99.82%上升到99.89%，掉线率从0.35%下降到0.27%。volte（面向手机和数据终端的高速无线通信标准）接通从99.53%上升到99.56%。3G无线接通率从98.80%上升到98.89%，语音掉话率0.2%下降到0.1%。固网网络优化，共计完成接入网网络隐患整治15次，结构隐患整治12次，OLT（连接光纤干线的终端设备）优化割接至自有机房2个，下线城域网大二层交换机13台，城域网累计扩容5次，OLT上联扩容135次，扩容改造8584个端口。传送网优化，完成18个骨干环段落中的17段OLP（光纤线路自动切换保护装置）保护。完成SDH（同步数字体系）设备退网91套，微波设备退网6跳，PDH设备2020年退网1端。恩施联通共计1417个2G基站全部完成退网，并完成7万用户的迁转升级，是湖北联通首个告别2G时代的分公司。

【客户服务】 2020年，恩施联通持续开展渠道星级评定、星级“服务明星”评选以及客户感知专项提升攻坚活动，快速改善客服服务指标。网络、业务产品、渠道触点、行业客户四大专业实时测评目标完成率均达100%，全年有效申诉率74.8件/百万用户。

【“划小改革”】 2020年，恩施联通依据湖北省分公司“划小改革再出发”指导思想，以全面数字化转型为导向，清晰划小改革路径，促进经营生产。市场线在恩施市、利川市实行综合网格片区管理制度，压实营销经理区域承包经营责任，落实一街（镇）一街（镇）长制度，经营发展与业绩关联。网络线健全实体网格和逻辑网格，成立4个专业网格+8个综合网格+10个逻辑网格，工作人员100%入格，补强网络线生产经营力量。

【新冠肺炎疫情防控】 2020年，恩施联通落实“欠费不停机”“停课不停学”等多项惠民举措，运用大数据、物联网、云计算、热成像测温等新技术助力疫情监测分析和企业复工复产。公司12个党支部全部参与“进社区入网格”活动，服务家庭数5000多个。保障疫情防控期间网络运行正常，向上级公司争取投资1.2亿元，缓解网络大面积拥塞问题。累计出动保障人员747人次，出动保障车辆327台次，巡检监控基站数74个，巡检线路150千米，排查处理故障505处。

【抗洪救灾】 2020年，恩施州遭遇多轮强降雨，城区和城郊多地被冲淹，导致光缆多处中断、基站大面积退服。恩施联通汛期累计出动保障人员1284人次，车辆523台次，动用发电油机997台。恩施市屯堡乡马者村发生特大滑坡险情后，恩施联通第一时间响应州应急指挥部要求，调集应急通信车、卫星通信车、卫星电话和保障人员，迅速开通345G业务，安排专人现场蹲守保障，保障应急指挥部紧急调度和周边群众通信联络需求，并向上争取“灾后重建”专项资金864万元，确保受灾区域在1个月内全部恢复通信。

【荣誉】 2020年，中国联通恩施州分公司先后获评 “湖北省工人先锋号”“全国文明单位”。中国联通恩施市分公司总经理刘妮娅被中国联通集团工会委员会表彰为“中国联通劳动模范”。

（冯 翔）

中国铁塔股份有限公司恩施州分公司

【概况】 2020年，中国铁塔恩施州分公司（简称恩施铁塔公司）重点聚焦5G建设，结合通信扶贫验收结果，继续提升村、组通信基础设施建设水平，扫除网络覆盖盲区，实现全州城区及农村4G网络深度覆盖，完成通信基础设施建设目标，推动恩施州电子信息产业的快速、持续发展。

【通信基础设施建设】 2020年，恩施铁塔公司重点聚焦5G建设，持续完成4G信号补盲工作，全州新建铁塔285座，统筹存量改造5G基站1378个，实现共享1366个，共享率99.13%。完成全州高速隧道4G信号补盲工作，累计投资91万元。与3个运营商协作，实现恩施全域4G网络覆盖率达96.33%、主要场景深度覆盖达98%以上、农村场景全覆盖达95%以上。

【通信保障】 2020年，在抗击新冠肺炎疫情、抗洪期间，为保证通信畅通，恩施铁塔公司出动应急保障油机61370台次、车辆20457辆次、人员4.09万人次，发电51142次，提供通信保障。助力新冠肺炎疫情防控期间“停课不停学”，恩施铁塔公司发挥通信基础设施建设统筹作用，联合3个运营商高效解决利川市柏杨镇响水滩学生在家上网课难的问题，同时，向全州各县（市）疫情防控指挥部提交请战书，为疫情防控提供技术支撑。恩施市屯堡乡马者村沙子坝大面积滑坡后，恩施铁塔立即赶往现场紧急安装应急智慧广播，保障指挥部应急指挥调度，应急建设突击队12小时快速完成马者应急处置指挥部楼面基站建设。

【资源共享】 2020年，利用铁塔高点优势和稳定电源优势，实现视联网共享，供州林业局、州环保局、州农业农村局、州公安局、州水利湖泊局、州应急局、州国土局、州住建局等单位使用。全年共享铁塔103基，减少土地占用7200平方米，减少钢铁消耗510余吨，减少投资5000余万元。结合退役电池梯次利用的先进经验，推动电池资源共享，主要应用于电池换电和不间断后备电源领域。全年为邮政、美团、银行、共享单车、医疗卫生、学校等行政企事业单位数据机房等提供服务。

【消费扶贫】 2020年，恩施铁塔公司落实《关于印发〈2020年恩施州春茶消费扶贫方案〉的通知》《州人民政府办公室关于印发恩施州开展消费扶贫助力打赢脱贫攻坚战实施方案的通知》《关于进一步深化旅游消费扶贫支持旅游产业恢复振兴的通知》等文件精神，全年采购金额累计107万元。

（田小维）

湖北广电网络恩施分公司

【概况】 湖北广电网络恩施分公司（原湖北省楚天视讯恩施分公司）是湖北广电网络信息股份有限公司下设的非独立法人分支机构，下设8个支公司、88个乡镇经营部（广播电视公共服务中心），在编员工320人。截至2020年12月，数字电视在网用户数48.09万户，宽带在网用户数20.10万户，OTT智宝盒在册用户数21.56万户，宽带电视新发展224户，全州广电网络资产7.48亿元。CCTV-17农业农村频道《攻坚日记》栏目以“四方石村的变迁”为题，每月一期对分公司所驻咸丰县四方石村扶贫“尖刀班”进行专题报道。楚天视讯利川支公司李德平被国家广播电视总局授予“全国新闻出版广播影视系统劳动模范”。

【产业发展】 2020年，加大光纤通村力度，全州2359个行政村通达2292个（除利川市特别偏远的村外全部通达），通村率97.2%，为全州“村村响”应急广播、综治视联网等集客工程和用户发展提供传输链路支撑。加大干网建设力度，恩施市、利川市、建始县、巴东县沿铁路干线建设竣工，建成州至相关县（市）、乡镇36芯的光纤干线传输通道。州传媒中心新核心数据机房建成并投入使用，与州广播电视台合作，采用“1+1+8”［省级平台+州级平台+县（市）平台］模式，参与州和县（市）融媒体建设。

【公共文化服务】 2020年，参与公共文化服务体系建设，落实国家、省、州广电部门的要求，抓好“村村响”“户户通”重大文化惠民工程的安装运维工作。“村村响”完成2919个村级广播室建设，安装大喇叭18816个、音柱7644个，完成安装任务。“户户通”安装55762套设备，安装开通率达97.7%。“村村响”终端开播的FM99广大村民喜闻乐听的对农广播节目。“村村响”“户户通”项目在防控宣传教育和“停课不停学”空中课堂覆盖中发挥作用，开通4个直播频道进行在线课堂教学，利用OTT平台对小学至高中的全部教学课程进行点播回看。为贫困户学生和留守儿童提供免费宽带，为宾馆用户减免部分收视费用。

【智慧广电建设】 2020年，推进智慧广电建设，参与智慧城市、信息产业链、公共文化服务建设。为推动恩施“智慧旅游”建设，开展“恩施州文旅局应急指挥调度系统平台项目”建设，将全州33个国家A级旅游景区视频资源接入州文旅局调度指挥中心，各县（市）旅游局参与搭建县（市）级旅游调度平台工作。与巴东明德外校再度合作，建设“智慧校园”。“智慧宣恩”项目作为2020年中央新增投资项目，成功入进入国家发改委支援湖北经济复苏统筹项目。

【转企改制】 2020年11月3日，州第八届人民政府第66次常务会议研究省楚天视讯网络有限公司恩施分公司州直转企改制人员安置工作，审议《省楚天视讯网络有限公司恩施分公司州直转企改制人员安置实施方案》。11月18日，州政府办公室下发《关于印发省楚天视讯网络有限公司恩施分公司州直转企改制人员安置实施方案的通知》。截至2020年12月30日，恩施分公司、支公司全面完成广电网络转企改制人员分流安置工作，有336人进入恩施分公司、支公司工作，另有劳务派遣人员27人、劳务外包人员有165人。

【安全播出】 2020年，恩施分公司在国家大型节庆活动、阻击新冠肺炎疫情、国家哀悼日等重要安全播出期间，特别是恩施分公司和建始、利川、来凤等支公司，在夏季遇到几十年甚至百年难遇的严重洪涝灾害面前，贯彻落实上级关于广播电视安全播出和安全生产的有关要求，确保广播电视安全播出万无一失。

（刘青岗）

住房和城乡建设

Housing and Urban and Rural Construction

综 述

【概况】 2020年，全州住房和城乡建设系统贯彻“六稳”“六保”工作要求，完成各类城镇基础设施重点项目投资近200亿元。报请州政府出台《关于有效应对疫情促进房地产业稳定发展的措施》《恩施州促进建筑业健康稳定发展措施》，组织编印《疫情期间中央和地方有关政策汇编》资料，开展“下沉企业·助企纾困”系列活动，推动建筑业和房地产业快速复苏向好。全年全州房屋建筑和市政基础设施工程新开工627项，总投资213.09亿元，连续五年全州建筑业产值增速涨幅呈上升趋势。全州房地产市场自5月起止滑上扬，全年完成商品房批准预售412.2万平方米，销售商品房住宅25033套、非住宅6779宗（含车位），销售面积达278.89万平方米。完成81个国家传统村落的挂牌保护，完成中国传统村落数字博物馆信息采集。恩施州成功申报成为全国首批传统村落集中连片保护利用示范地市。

【住房和城市建设主要指标】 2020年，全州棚户区改造2137套全部开工，开工率100%。基本建成4714套，完成计划任务（4573套）的103.1%。年末8个县（市）城市建成区面积119.81平方千米，比上年增加1.35平方千米，增长率1.14%。城区人口87.73万人，暂住人口11.07万人。建成区绿化覆盖面积5214.93公顷，建成区绿地面积4663.81公顷，建成区公共绿地（公园绿地）面积1665.31公顷。全州各类公园71个，公园面积969.44公顷。城市建成区道路长度735.47千米，面积1186.93万平方米，其中人行道面积255.87万平方米。公共停车场车位33143个，配建停车场车位26955个，路内停车位6243个。城市道路安装路灯58589盏，照明道路长度693.98千米，城市照明总用电量2795.96万千瓦时，装灯总功率7864.83千瓦。城市各类桥梁156座，其中大桥及特大桥19座、立交桥9座。城市建成区供水管道长度2461.15千米，供水水厂17座，综合生产能力51.70万立方米/日，年供水总量10558.15万立方米。用水人口97.38万人，用水户数389196户，其中家庭用户351403户，市政消火栓2232具。天然气供气管道长3353.91千米，全年天然气供气总量20207.2万立方米，总用气户数34.06万户，其中居民家庭用户33.15万户，用气人口70.19万人，天然气汽车加气站8座。液化石油气储气能力1052.25吨，供气总量6574.8吨。用气户数56552户，其中家庭用户54158户，用气人口24.56万人。道路清扫保洁面积1389.20万平方米，其中机械化清扫面积1125.05万平方米。各类公共厕所339座，其中三类以上333座。环卫专用车辆设备379辆，其中道路清扫保洁专用135辆，生活垃圾运输专用227辆。生活垃圾转运站40座，转运能力1210吨/日。城市生活垃圾无害化处理场10个（8个为卫生填埋场，2个餐厨垃圾处理站），无害化处理能力935吨/日。年生活垃圾清运及无害化处理量45.74万吨。建筑垃圾清运量682.68万吨。污水处理厂12座（均为二、三级），污水处理能力34.65万立方米/日。城市排水管道长度980.96千米，其中污水管道419.89千米、雨水管道198.86千米、雨合流污水管道362.21千米。污水排放总量8358.08万立方米，污水处理量7990万立方米；干污泥处理能力91.33吨/日，年干污泥产生量及处置量8646.38吨。提高全州城市（县城）市政公用设施水平（含暂住人口），建成区绿化覆盖率43.53%，绿地率38.9%，人均公园绿地面积16.86平方米。人均城市道路面积12.01平方米，建成区道路面积率9.65%，建成区排水管道密度8.16千米/平方千米。供水普及率98.56%，人均日生活用水量158.83升。燃气普及率95.9%。污水处理率95.6%，污水处理厂集中处理率93.57%。生活垃圾无害化处理率99.95%。

【生活垃圾焚烧发电项目建设】 2020年，推进恩施市、利川市、来凤县3个生活垃圾焚烧发电项目建设。水泥窑协同处置垃圾项目鹤峰县开工，巴东县投入试运行。垃圾处置“村收集、镇转运、县处理”的模式基本形成。

【厕所革命】 2018—2020年，全州累计新建改造城镇公厕633座（其中城区公厕257座、乡镇公厕376座），完成省定三年任务457座（其中城区任务184座、乡镇任务273座）的139%，完成州定任务599座（其中城区任务237座、乡镇任务362座）的106%。

【优化营商环境】 2020年，对标“全国一流、全省领先”的工作要求，聚焦市场主体的痛点、攻关的难点、推进的堵点，先后组织召开各类专题会、座谈会、调度会等近30余次，开展各类调研督导活动10余次，同时，报请州政府于5月19日、6月24日召开全州工程建设项目审批制度改革（简称“工改”）工作推进会，9月14日在鹤峰县召开实现“753”改革目标经验交流现场会，全域部署开展7—9月的“百日攻坚”行动，保证全州“工改”“753”目标和用水报装“321”、用气报装“310”等具体改革任务的落实。全年全州工改系统共计受理1500余个工程建设项目，项目数位列全省前列。与州大数据中心开发全州用水用气报装业务系统，在全省率先完成与省政务服务网和鄂汇办APP的对接，实现用水用气网上报装目标。

【安全生产】 2020年，推进安全生产专项整治“三年行动”，制定出台《恩施州超过一定规定危险性较大分部分项工程专家论证工作流程》。组织召开全州建筑起重机械设备安全管理平台线上培训，实行全州建筑起重机械设备信息化备案、报装、使用登记、拆卸和特种作业人员管理工作。加强燃气安全管理，印发《积极预防第三方施工破坏燃气管道七条措施》，建立第三方施工前的衔接机制、施工中的约束机制、施工破坏后的应急联动机制。全年安全生产总体态势持续平稳向好，建筑安全生产事故起数和死亡人数达到“双下降”的目标，燃气安全未发生亡人事故。全年未出现工地新冠肺炎疫情问题。

【州城重点项目建设】 2018—2020年，恩施州、恩施市共同谋划建设州城重点项目52项（2018年17项、2019年16项、2020年19项），总投资近115亿元。截至年底，完成6个城市公园、6条新建道路、8条道路绿化、9条人行道改造等一批打基础、管长远、惠民生的重点项目。

【巡视整改】 2020年，开展住建人防系统腐败问题、形式主义、官僚主义专项整治，推动中央脱贫攻坚专项巡视“回头看”反馈恩施州的52个信访问题，国家对省脱贫攻坚成效考核5个方面5个问题，省脱贫攻坚大排查反馈2个方面9个问题，恩施州污染防治攻坚战牵头任务16项、配合任务21项等问题的整改工作。开展“扫黑除恶行业清源行动”和涉稳矛盾风险化解“百日攻坚”工作。州涉稳矛盾风险“百日攻坚”工作指挥部共交办工程建设领域矛盾风险70件，化解64件，化解率91.4%。8个县（市）排查上报矛盾风险30件，化解29件，化解率96.7%。

【国家供水应急救援中心驰援恩施】 2020年7月17日，清江发生重大洪灾，恩施城区两个主要供水水厂、部分供水管网及小区二次加压泵房被淹受灾，40个二次供水加压泵站损坏，城区供水受到影响。7月21日，清江上游恩施市屯堡乡马者村沙子坝发生地质滑坡，大量泥沙流入清江，大龙潭水库原水浊度严重超标（浊度>4000NTU），无法生产供应自来水，市二水厂、三水厂停产，州城约85%的用户自来水停供，城区供水中断。7月21日，住建部供水应急救援中心华中基地火速集结驰援恩施，开展应急供水救援。13台应急救援车、40名专家和救援队员深夜出发，次日8点半抵达恩施，当晚开始向居民供水。救援队伍含1台通信指挥车、4台净水车、2台水质检测车、2台送水车、1台供水抢修车。日制水能力480吨，按每人每天4升水的标准，满足12万人基本用水需求。共计制水1459.5吨，为78台送水车装水，为恩施居民送水931.5吨。2台水质监测车累计检测204样次水质，所有检测结果合格。

（郑新民）

房地产业

【概况】 2020年，全州在建房地产项目173个。全年商品房施工面积1679.02万平方米，比上年增长15.9%。竣工面积79.45万平方米，增长8.3%。销售面积278.89万平方米，下降18.4%。待售面积57.73万平方米，增长67.1%。商品房销售额154.12亿元，下降15.0%，其中住宅销售额147.03亿元，下降11.3%。共有碧桂园、恒大、中梁、奥山等一大批企业入驻恩施州投资房地产，培育恩施众信、利川时代置业、建始阳光、来凤海玉等本地房地产开发企业，恩施第四代房产开始发展。至年底，全州房地产企业793个，其中房地产开发企业415个（一级资质1个、二级7个、三级31个、四级及暂定376个）；物业服务企业230个；经纪机构141个；估价机构7个。

【房地产企业复工复产】 2020年，全州房地产市场自5月止滑上扬。3月，开展房地产业因新冠肺炎疫情影响情况调研，指导州房地产业协会下发《关于做好全州房地产企业复工复产准备工作的通知》。3月9日，印发《关于做好全州房地产开发企业（中介机构）复工开工准备工作的提示函》。3月22日，州统一安排到县（市）企业复工复产一线开展督查，帮助企业解决问题，有序推进项目复工复产。至4月7日，全州173个房地产开发项目全部复工复产。4月28日，州政府出台《关于有效应对疫情促进房地产业稳定发展的措施》。拟定《恩施州商品房交付使用办法》，印发《恩施州商品房销售方案备案管理办法》《进一步规范房地产开发项目车位销售出租行为的通知》，与州市场监督管理局联合制发《恩施州车位预售合同》《恩施州车位现售合同》示范文本，有效规范房地产开发项目车位出租、出售行为，提升地下空间利用率。推动落实省、州关于新冠肺炎疫情防控各项惠企政策，落实物业企业疫情防控补助申报，组织全州8个县（市）的189个物业服务企业，通过全省物业服务企业疫情防控补助申报系统，申报补助资金694.3万元，涉及421个住宅小区。

【分类指导与监管】 2020年，加强对8个县（市）房地产市场监测月报分析，坚持交易信息日报制度，对新建商品房供应、成交，存量房成交情况统计监测，掌握全州市场运行。结合“双随机、一公开”，加强监管。依据住建部、省住建厅、州政府等各级要求，开展房地产开发企业、中介机构、物业企业抽检工作。对房地产中介机构、物业服务企业开展2018—2019年信用评价，对房地产开发企业进行资质年检。根据省住建厅《关于开展房地产开发、中介及物业服务市场秩序专项整治工作的通知》精神，持续对发布虚假房源信息和广告，恶意炒作哄抬房价等34种违规行为进行专项整治，向省厅上报2起房产中介领域典型案例，省住建厅网站发布。

【房产领域涉稳矛盾风险化解】 2020年，开展房地产领域矛盾风险“百日攻坚”行动，拟定《恩施州防范化解房地产市场风险专项方案》。至年底，交办的矛盾风险72件，化解66件，化解率为92%。系统排查矛盾风险32件，化解27件，化解率为84%。持续开展“行业清源”专项治理，按照职责，组织摸排房地产领域金融放贷风险。将非法集资案件线索移交公安部门立案调查，法院依法查封，裁定企业破产重组。推进信访积案化解，及时按属地原则交办县（市）单位办理，加快州级包保信访积案的化解。

【老旧建筑安全排查】 2020年7—8月，州住建局下发《关于切实强化全州住建系统安全生产进一步优化营商环境的通知》《关于组织开展老旧房屋安全排查整治工作的通知》，指导各县（市）开展工作。根据州直单位隐患排查情况，聘请专家对危房进行专业鉴定。共排查州直单位住宅楼56栋，非住宅楼82栋，总建筑面积19.54万平方米，涉及居住户1464户，对存在严重结构安全的50栋房屋送达安全排查通知书。

【苏马荡建设用地清理整顿】 2020年，督导利川市根据《省级工作专班关于苏马荡片区房地产项目违法违规用地等问题专项清理整治工作方案》等文件要求，持续开展苏马荡片区房地产项目违规建设及销售行为清理整改工作。至年底，54个未办理“建筑工程施工许可证”擅自开工建设的项目，有45个项目（占83.33%）缴纳共计1372.7万元罚款（占75%）。对20个未办理“商品房预售许可证”擅自销售的项目，没收14个项目共计4306436元违法所得。

【领导干部房产信息核查和办理】 2020年，落实上级委托的房产信息查核任务，全过程留痕监管，全年完成查核37批次、1000人次，其中，州委组织部委托查核30批次、972人，周边地市组织部委托查核7批次、23人。配合州公安局、州军分区完成干部职工政策性住房清理查询。

【“恩施州个人住房信息系统”建设和利用】 2020年，按照省、州提升房屋网签备案服务效能、优化营商环境要求，推进信息系统改造优化。10月，实现全州8个县（市）新建商品房、存量房网签备案等房地产信息，对接湖北政务网等。向州政务服务和大数据局提交《恩施州一体化智慧房产升级改造建设项目方案》，推进房产业务流程再造和系统重构，提高服务企业和市场监管水平。开展领导干部房产信息核查和办理建议提案，办理州人大代表建议和政协委员提案，9月，完成5件房地产类主办件，做到“见面率、答复率、满意率”100%。

【恩施房地产展示交易会】 2020年10月15—19日，主题为“家为圆梦起航”的2020年恩施房地产交易展示会在州文化中心广场举办。州城38个企业参加。截至10月19日12时，意向购房登记2121套，其他559间。网签成交住房716套，面积9.31万平方米，金额53458万元；其他37宗（含商业和车位），面积5076平方米，金额3876万元。

（郑新民）

城乡建设管理

【城乡生活污水治理】 2020年，全州有10个城区污水处理厂改扩建项目和1个污水处理厂新建项目，其中完成5个改扩建项目，剩余5个改扩建项目开工并完成时序进度。恩施市新建大沙坝污水处理厂通水试运行。全州8个县（市）乡镇污水治理项目通过省级验收，77个乡镇生活污水处理项目建成并试运行。

【城乡生活垃圾无害化处理工程】

2020年，先后制定下发《恩施州推进城乡生活垃圾分类工作实施方案》《恩施州农村生活垃圾治理工作方案》《餐厨垃圾全链条监管措施》《城市建筑垃圾治理工作方案》等文件，垃圾分类“进机关、进校园、进企业、进小区、进社区、进农村”，推进城乡生活垃圾无害化处理工作。城区40余个党政机关单位建成垃圾分类智能设施并投入使用，同步推进2个示范街道办、18个示范社区建设。州、县两级投入资金300余万元。以24个村为试点，探索农村生活垃圾分类“两次五分法”的“恩施模式”。8个县（市）建成5个标准化餐厨垃圾处理厂。推进水泥窑协同处置垃圾项目建设，鹤峰县开工，巴东县投入试运行。垃圾处置“村收集、镇转运、县处理”的模式基本形成。7月31日，恩施州城乡生活垃圾无害化治理工作经验在全省住建半年工作总结部署会上作交流发言。

【城市保洁】 2020年，落实城市深度保洁措施，增加清运频次，确保城区垃圾日产日清，恩施城区道路机扫率达90%，其他县（市）均达80%以上。全州共清运生活垃圾近50万吨，实行无害化处理，垃圾无害化处理率达100%。开展城市环境问题的排查整治，处置城区露天焚烧垃圾现象400余起，城区三个灶头及以上的餐饮服务单位油烟净化设施安装率达100%。严格落实“六不开工、五不上路”要求，有效治理城市扬尘，人居环境显著提升。开展城市体检，对人行道、广场、井盖等公共设施做到应修尽修确保完好，提升城市“颜值”。做好城市保洁供水应急处置，新冠肺炎疫情防控期间，全州住建、城管系统投入21.4万人次，出动作业车辆7000余台次，日均清理生活垃圾1300余吨。“7·17”恩施城洪涝灾害和“7·21”恩施市屯堡乡马者村沙子坝地质滑坡发生后，2天时间内完成恩施城区主要受灾路段的清淤清障和冲洗保洁作业，累计清除淤泥垃圾1.7万吨，5天时间内恢复市容市貌和城市供水，央视《新闻联播》《焦点访谈》进行报道。

【城市绿化美化】 2020年，擦亮国家级、省级“园林城市”招牌，恩施市投资1000万余元，实施城区园林绿化精细管养，完成旗望公路绿化工程建设、麻园河公园建设、航空大道绿化升级、红江桥美化升级工程、凤凰大桥涂装美化工程等10余处绿化美化项目。建始县完成业州大道、建始大道、火车站、G209国道红土坪立交桥段等区域的色块绿化、立体绿化工作。来凤县新增社区公园绿地面积2.3万平方米。全州城市建成区绿化覆盖率达43.35%，绿地率达38.93%，人均公园绿地面积达到16.86平方米。

【城市建设专项整治】 2020年，持续开展州城人行道专项整治行动、道路交通秩序整治行动、绿化美化亮化行动、市容环境卫生整治行动、建（构）筑物外观整治行动、清江河道整治行动、市政设施维护和专业市场治理等专项整治行动，全面落实第32个爱国卫生运动各项要求，开展“一把扫帚扫到底”活动和城乡环境卫生整治工作。州城“三绿”工作在2020年度全省住建工作大会上作交流发言，“见缝插绿增颜值、拆围透绿露新容、裸土复绿保生态”做法经验被省住建厅推介到《领导科学论坛》采用。各县（市）结合新冠肺炎疫情防控，开展爱国卫生运动、农贸市场专项整治、城市综合环境整治，不定期回访环保督察案件，加强渣土运输和裸露山体生态修复的监管。专项整治共劝导店外经营5万余起，劝导和暂扣流动摊点5.3万起，处置机动车违停行为3万余起，清理乱搭乱建、乱拉乱挂、乱倾乱倒等城市乱象3000余起，清理占道广告牌2000余处。

【村镇建设管理】 2020年，开展“擦亮小城镇”行动，恩施市盛家坝镇、利川市团堡镇、鹤峰县铁炉乡列入省级“擦亮小城镇”行动试点。开展乡镇生活污水治理和乡镇生活垃圾无害化处理工作。落实农村危房改造，全州完成“四类对象”危房改造6164户，其中，2019年完成列入2020年计划5456户，2020年动态新增708户，全面完成年度工作任务。完成乡镇生活污水治理，全州总处理规模81650吨/日，处理后出水达到一级A标准，新（改）建主、支管网725千米。8个县（市）均完成竣工验收和环保验收，州级委托第三方完成工作验收，所有项目均通过省级验收。

【农村生活垃圾治理】 2020年，督促县（市）、乡镇强化管理规范运行。对完成整治的非正规垃圾堆放点逐一现场复核，同步录入国家非正规垃圾堆放点排查整治信息系统的手机APP核查系统，对全州42个非正规垃圾堆放点整治进行二次销号。

【机构设置变化】 2020年7月，州住建局新设立城市管理科，与州“六城”同创指挥部办公室合署办公。撤销原州建筑安全监督站、州建设工程质量监督站，组建州城市管理综合执法支队，12月25日挂牌，为副县级事业单位。

（郑新民）

城镇燃气管理

【概况】 2020年，全州燃气行业保供运行总体平稳，没有发生燃气安全生产及取暖中毒亡人事故。推进用气报装“310”（三个环节、一项材料、“零跑腿”），全州统一开发供水供气报装系统，解决天然气企业数量多、规模小，开发报装系统难度大、成本高等难题。该系统8月初上线试运行，8月23日与省政务服务网对接，至年底，实现网上报装625件，居全省前列。完成省、州用气评价考核。

【天然气乡镇全覆盖攻坚行动】 2020年，根据《恩施州天然气乡镇全覆盖五年攻坚行动实施方案》，按照“宜管则管、宜罐则罐”的原则和在2023年底前将燃气利用加快延伸至乡镇集镇、中心村庄要求，加强服务督办。截至年底，全州88个乡镇、街道办事处、开发区，接入天然气的乡镇41个。建始县新铺设长梁镇、红岩寺镇、景阳镇集镇中压管道。恩施市崔坝集镇天然气乡镇覆盖项目完成招标程序。咸丰实施活龙坪至大路坝天然气输气管道工程，完成布管9千米，焊接7.6千米。完成鹤峰县康岭村天然气门站建设。来凤至鹤峰长输管道立项。全州液化石油气企业37个，其中2020年新建和在建5个，与天然气公司形成互补。6月21日，中国燃气控股有限公司与州政府签订战略合作框架协议书，拟投资约38.5亿元，通过暖居工程、农村微管网供气、充电设施等领域进行深度合作，拟建设10万户共1000万平方米的暖居工程项目，从2020—2025年分五年推进实施，将州城中央国际、福星城等17个民用小区作为第一批暖居示范小区。

【燃气行业三年专项整治】 2020年，启动燃气行业三年专项整治行动（2020年4月至2022年12月），分动员部署、排查整治、集中攻坚、巩固提升4个阶段。州燃气办与交通运输、市场监管等州城乡燃气安全生产专业委员会（简称燃安委）相关部门对接，推动工作联监联管联动落实。6月2日，全州城镇燃气安全管理工作座谈会召开，集中学习《城镇燃气安全生产专项整治三年行动方案》，动员部署相关工作。7月14日，全州住建行业半年工作总结会议召开，部署城镇燃气安全生产工作，督促各县（市）开展大检查、大排查、大整治，推进实施专项整治三年行动方案。7月以来，州住建局对8个县（市）的燃气安全生产工作进行督查检查，其中对州安委会5月督查发现燃气安全生产隐患问题整改情况进行“回头看”，实地监督核实隐患问题整改。采取网上报名审核、培训考试的方式，落实燃气从业人员岗位教育培训考核，培训238名燃气从业人员。

【液化石油气瓶和瓶装液化气安全专项整治】 2020年10—11月，联合开展液化石油气瓶和瓶装液化气安全专项整治行动。督促各液化气充装企业落实专项整治工作要求，建立问题隐患与整改责任2个清单，建好入站人员车辆登记、50公斤罐装液化气瓶实名制充装登记2个台账，形成罐装液化气经营闭环管理。开展燃气安全检查和问题隐患排查整改，排查整改安全隐患近百处。11月，聘请行业专家，成立州住建局带队的工作专班，集中半个月时间对全州37个液化气企业、22个天然气企业进行专题调研督导，下发工作督办书7份，现场督促整改问题隐患31个，整改销号率100%。州燃气办重点督办落实建立问题隐患和整改责任“两个清单”及整改。下发《关于全面规范燃气燃烧器具安装维修、使用管理的通知》，规范燃烧器具安装、维修市场秩序，消除相关安全隐患。加强安全知识和用气常识的宣传。推动省燃安委和州安委会交办和挂牌督办问题整改，指导督促巴东县住建局、宣恩县住建局完成省燃安委暗访交办的全部问题的整改。协同宣恩县安委会完成州安委会挂牌督办的宣恩民溢液化石油气相关问题整改。推进涉及州燃安办的相关问题的整改及规划编制等工作。

【联合执法检查】 2020年11月20日，会同州市场监管局联合召开全州特种设备安全监管工作视频会议，州燃气办对前阶段调研各县（市）燃气企业情况进行通报，部署相关工作。来凤、建始、巴东、利川4个县（市）协调市场监管、住建、城管、公安、交通等部门联合执法，查处非法储存经营液化石油气行为。巴东县查处1起地跨宜昌恩施两地的区域经营案件，州住建局派出工作组前往宜昌协调督导。利用信息化手段强化行业监管，变末端治理为源头管控。自2019年9月全州实施气瓶信息化以来，州燃气办下发专项整治三年行动实施方案，市场监管局主导，各成员单位联动推进。截至2020年底，全州气瓶监管系统录入“二维码”气瓶为36.7万只，完成进度85%。

（郑新民）

建筑业管理

【概况】 2020年，全州资质内建筑业企业完成总产值95.81亿元，比上年下降21.9%。建筑业增加值51.54亿元，下降24.2%。年末全州建筑施工企业共457个（含装饰装修企业）。其中一级施工总承包企业9个，二级施工总承包企业75个，三级施工总承包企业286个，商品混凝土生产企业34个，劳务企业53个。建材生产企业共17个，其中预拌砂浆生产企业3个，水泥生产企业4个，墙体材料企业10个。建设工程监理企业26个（含分公司），工程招标代理企业32个（含分公司），勘察设计企业34个（含分公司）。按照发放施工许可证口径统计，全年新建项目数627项，总投资213.09亿元。

【行业监管】 2020年，针对工期延误、人工材料价格上涨等问题，及时发布材料生产厂家、供应商名录，对主要建筑材料市场价格实行日监测，每月发布材料市场价，保持建筑材料市场稳定。出台《恩施州房屋建筑和市政基础设施工程项目关键岗位管理人员到岗履责监督管理办法（试行）》，通过监督检查，加强对项目关键岗位管理人员行为管理。对在建项目开展“双随机”检查，通过抽取的15项在建工程项目检查，下发整改通知6份，检查通报报送州政府主管领导，专题约谈建设单位和施工单位负责人，强化首要责任和主体责任，规范工程项目标后履约管理。制定出台《恩施州建筑市场信用管理办法》及其配套的《恩施州建筑市场企业良好行为记分标准》和《恩施州建筑市场企业不良行为记分标准》，推进建筑企业诚信体系建设。

【招标投标违法行为查处】 2020年，全州房屋建筑和市政工程全面实行电子招标投标，修改完善形成统一的招标文件示范文本，调整建筑业企业在业绩、奖项、财务指标等方面的要求，整治围标行为。调查处理州中心医院新区医院中心（一期）园林景观工程招投标活动中某公司弄虚作假问题，按相关规定给予行政处罚。开展建筑业企业资质动态核查工作，年初对34个未满足工程施工总承包最低资质标准的建筑业企业，责令3个月内进行整改。因新冠肺炎疫情影响，下发通知延长建筑业企业监督检查整改期限至4月15日，整改期限内19个建筑业企业提交整改材料并整改合格。

【重点项目调度】 2020年，由州住建局、恩施高新区、恩施市政府负责州城区重点项目的统筹指挥和综合协调。按照月汇报、季调度的工作安排，40个重点项目进展情况每月向州政府城乡建设专班主要领导书面报告，及时掌握情况，协调推进。全年召开重点项目调度会3次，参与开展重点项目建设暗访督查1次。

（郑新民）

生态环境

Ecological Environment

自然资源管理

【概况】　2020年，全州自然资源工作加强自然资源和规划管控，推进“两统一”（统一行使全民所有自然资源资产所有者职责，统一行使所有国土空间用途管制和生态保护修复职责）职责落实，为全州经济社会发展提供资源要素保障。“互联网+不动产登记”网办大厅运行，不动产登记历史遗留问题得到化解，恩施州、恩施市国土空间规划形成初步方案，第三次国土调查、河流和水利工程确权登记工作任务完成。省、州重点项目获批建设用地20032公顷，为2019年的1.7倍。“多规合一”“多测合一”平台建设基本完成，策划生成项目16个。耕地保护督察发现问题持续整改，全年全州35件违规违法案件立案查处，涉及土地面积4804公顷，其中耕地面积4484.89公顷。恩施市局、利川市局、建始县局、巴东县局、鹤峰县局、咸丰县唐崖镇国土资源所获得州委、州政府2020年抗洪抢险救灾突出集体表彰。8月25日，州机构编制委员会同意州国土资源执法监察支队更名为州自然资源和规划执法支队。

【国土空间用途管制】　2020年，实施建设用地审批和城乡规划许可“多审合一”“多证合一”改革，制定《恩施州建设用地审批和城乡规划许可“多审合一”改革实施方案》。全年办理州级预审项目5个，面积88.96公顷，其中耕地面积18.22公顷。为5个部级用地项目出具建设用地预审初审意见报告。全年审核上报建设用地项目209件（其中农用地转用20件），面积16336.32公顷，较上年增长40%，获得批复206件、20032.27公顷（其中农用地转用18件、578.21公顷），较上年增长66%。2020年，全州城乡建设用地增减挂钩项目立项4个，立项节余指标2050.47公顷，共验收41个批次，产生节余指标31279.78公顷(其中耕地12240.89公顷)。交易2270公顷，收益68108万元。“五天办结制”推动5个州级项目早落地、早开工建设。

【耕地保护监督】　2020年，将耕地保护责任纳入政府和县（市）自然资源和规划部门的综合目标考核内容，将耕地保有量和基本农田保护面积纳入县（市）经济社会发展综合目标、工作目标及领导任期目标考评及领导干部离任审计内容，实行耕地保护责任“一票否决”制。推进永久基本农田储备区建设，运用第三次国土调查成果，各县（市）上报划定永久基本农田储备区177540公顷（经省自然资源厅审核通过）。推进全州占补平衡项目工作，验收恩施市、利川市2个县（市）27个子项目，实际新增耕地4632.17公顷，其中水田89.78公顷。利川市东城街道、宣恩县椒园镇2个项目被纳入2020年度全域国土综合整治项目（省级试点项目）名单。

【国土空间生态修复】　2020年，推进环保督察“回头看”矿山生态问题整改，完成矿山治理面积189.86公顷，补植补种绿植41.86公顷，完成治理施工54个。推进长江干支流废弃露天矿山生态修复工作，根据《省自然资源厅关于加快推进湖北长江干支流废弃露天矿山生态修复工作的通知》部署安排，按照“一矿一策”的修复方案实施修复，71个矿山中，自然复绿7个，转建设用地11个，转再生产矿山3个，施工修复50个。推动绿色矿山建设，对开发利用水平低、矿山布局不合理的露天采石场整顿关闭，严格准入机制，新建矿山全部按照绿色矿山标准进行建设，将《矿山开采利用与生态复绿方案》作为矿业权新立审批前置条件，要求企业预存土地复垦费和地质环境恢复治理基金，矿山关闭后，经土地复垦及地质环境恢复治理验收合格后方可退还土地复垦费、地质环境恢复治理基金。

【自然资源开发利用】 2020年，全州供应建设用地1641宗，面积1008.51公顷，成交价款62.02亿元。其中招拍挂出让276宗，面积417.85公顷，出让价款56.75亿元；协议出让1103宗，面积95.60公顷，出让价款5.27亿元；划拨出让262宗，面积495.06公顷。推进存量建设用地消化处置，处置闲置土地0.24万公顷，处置率52.40%。处置批而未供土地0.69万公顷，处置率34.08%。建设完善城乡公示地价体系，全州8个县（市）启动集体农用地基准地价制定工作，启动宣恩县、来凤县、鹤峰县集体建设用地基准地价制定工作。州土地收购储备中心收储土地27.93公顷，出让土地13宗，面积52.56公顷，收益86981万元。

【不动产登记】 2020年，"互联网+不动产登记"网办大厅运行，依托政务服务网、鄂汇办APP，对接大数据中心，实现政务服务"一网通办、一次办结"，以"221"（将不动产登记申请、受理、审核、登簿、领证5个环节整合为申请受理、缴费领证2个环节，一般登记2个工作日办结，二手房转移登记和抵押登记1个工作日内办结）为目标，压缩时间，精简材料，为群众和企业办好事。支持新冠肺炎疫情防控常态化后企业迅速复工复产，开启绿色通道，成立工作专班"一对一"靠前服务，完成恩施蓝焙茶业有限公司、花枝山生态农业股份有限公司等92个企业的不动产权证办理，支持企业抵押融资超过10亿元。分类化解不动产登记历史遗留问题，2020年，全州62个房地产项目启动不动产登记办证工作，办理首次登记32592户，办理转移登记8306户。

【自然资源确权登记】 2020年，推进农村宅基地和集体建设用地确权登记发证，采用房地一体模式开展外业调查工作，全州完成房地一体宅基地权籍调查1099512宗，调查宗地面积18178.38公顷，调查房屋面积28144.38万平方千米。完成房地一体集体建设用地权籍调查10713宗，调查宗地面积626.72公顷，调查房屋面积652.19万平方千米。编制《恩施州自然资源统一确权登记实施方案》，完成长江干流自然资源所有权确权登记工作，通过自然资源部的交叉检查。

【自然资源调查监测】 2020年，完成第三次国土调查。8个县（市）均完成第三次国土调查统一时点更新外业调查及内业建库工作，统一时点更新成果均通过国家级内业核查和数据库质量检查。完成全州第三次国土调查流量分析报告，为国土空间规划编制、耕地保护等工作提供基础资料。推进全州耕地资源质量分类工作，完成生物多样性、"即可恢复"和"工程恢复"样点外业采集工作。

【矿产资源管理】 2020年，主动公开矿业权人勘查开采信息，全州应公示的204个采矿权和5个探矿权均按时按要求上网予以公示，公示率为100%。完成省级下发7个矿山、州级专项抽查5个矿山实地核查工作。推进矿产资源改革事项落实落地，印发《恩施州自然资源和规划局关于推进矿产资源管理改革有关事项的意见（试行）》，实行同一矿种同级管理，严格控制协议出让，全面实行竞争性出让，深入推进"净矿"出让。分级实施矿业权出让交易，印发《恩施州自然资源和规划局、恩施州公共资源交易中心关于分级实施矿业权出让交易工作的通知》，矿业权出让交易按照"谁出让、谁发布，谁交易、谁负责"的原则进行，为矿业权竞买人提供"安全、公开、规范、稳定、高效"的网上交易服务。加大建筑石料市场供应能力，2020年建筑石料产量共计1625.91万吨，其中企业生产1083.91万吨，尾矿尾渣利用量84万吨，重点项目利用红线内的建筑石料资源458万吨。

【地质灾害防治】 2020年，抓实地质灾害防治"四位一体"网格化管理，成功预报57起，避免经济损失约3200万元，紧急避让转移5300余人，避免群死群伤事故发生，其中恩施市屯堡乡马者村沙子坝成功预警案例被自然资源部和省自然资源厅列入典型成功预警案例。开展防治演练，全年各县（市）开展乡镇级演练25次，"屋场式"小型演练和培训165次，培训乡镇、村组干部和监测人员45次，参演人员和培训人员达2.6万余人。编制《恩施州地质灾害综合防治体系建设2020年度项目申报计划》，报省自然资源厅审查通过。

【测绘地理信息】 2020年，做好测绘资质审核，全年受理完成新单位注册6项、资质申请5项、基本信息变更2项、补充和修改数据17项、业务范围变更1项、资质升级1项、注销1项，合计33项。按照省自然资源厅要求开展2020年测绘资质和测绘成果质量"双随机、一公开"监督检查。启动州"互联网+不动产"信息平台建设，完成网上办事大厅建设，完成各部门信息共享，启用不动产电子证照，网上办事大厅在全州各县（市）上线。完成"多规合一"协同平台的建设，启动"多规合一""多测合一"信息平台建设，加快推进工程建设项目审批制度改革。

【行政复议与行政诉讼】 2020年，州自然资源和规划局新收行政复议案件15件（其中11件办结，2件即将办结，2件因申请人撤回申请，中止审理），结转上年度行政复议案件3件，新收行政应诉案件3件，结转自上年度行政应诉案件1件。

【信访工作】 2020年，州自然资源和规划局办理来信来访、上级交办转办、复查复核、阳光信访平台系统、自然资源部信访系统信访件279件，其中办理来信来访件100件，上级交办转办件53件，信访复核、复查16件，阳光信访平台系统信访件90件，自然资源部信访系统信访件20件。全部办结，办结率100%。

【法制宣传教育】 2020年，开展"七五"普法自查自纠，落实"谁执法谁普法"制度，利用"4·22"世界地球日、"5·12"防震减灾日、"6·25"全国土地日等重要时间节点，宣传自然资源和规划管理的相关法律法规。利用"报、网、端、微、屏"等媒体平台，通过图解、动漫、短视频、公益广告、网上答题等形式加大宣传力度。开展自然资源和规划法律法规“进企业、进农村、进机关、进校园、进社区、进网络”活动。

【开展卫片执法检查】 2020年，第一季度下发图斑6个，面积28.4公顷（耕地20.47公顷）。新增建设用地图斑5个，面积26公顷（耕地18.15公顷），其中合法图斑4个，面积21.2公顷（耕地13.48公顷）；违法图斑1个，面积4.8公顷（耕地4.67公顷）。全州全口径违法比例为18.46%，占耕比为25.73%，均为巴东县图斑，符合深度贫困县边建边报政策，全州扣减后违法比例为0%，占耕比为0%。第二季度下发图斑163个，面积1748.7公顷（耕地379.68公顷）。新增建设用地图斑114个，面积1461.7公顷（耕地259.21公顷），其中合法图斑99个，面积1389.2公顷（耕地230.97公顷）；违法图斑15个，面积72.5公顷（耕地28.24公顷）。全州全口径违法比例为4.96%，占耕比为10.89%，因15个违法图斑中巴东县图斑7个，符合深度贫困县边建边报政策，村民建房图斑3个，易迁安置项目3个，精准扶贫配套产业项目图斑1个，符合扣减政策，全州扣减后违法比例为0.38%，占耕比为1.87%。第三季度下发图斑545个，面积5994.4公顷（耕地面积2405.32公顷）。

【督察整改】 国家自然资源督察武汉局下发恩施州2018年土地例行督察问题310个，其中限期整改问题217个，持续整改问题93个。截至2020年12月22日，全州限期整改问题整改到位209个，整改到位率为96.31%。2019年耕地保护督察涉及执法整改问题9个，截至2020年12月22日，全部整改到位。

【违规别墅清查整改回头看行动】

2020年，全州对重点区域开展全域清理排查“回头看”，应排查重点区域382个，已排查重点区域382个，共排查项目数20137宗，排查率100%，其中属于村民自建自用房16448宗，已完成佐证资料收集、建档工作，其他类3689宗。经各县（市）集中研判、核查认定，符合“一案一册”政策项目数260宗，填写《排查清理信息表》，建立规范的工作台账，完成佐证资料收集、整理、建档，建档率100%。

【农村乱占耕地建房清查整改摸排】

2020年，全州开展全面摸排，设置98台咨询电话，组建2300个摸排小组，出动5617人，成立9个督导检查组，对照省整治办提取下发的图斑，以村组为基础单元逐个图斑开展实地核查摸排、收集佐证资料、拍摄现场照片。

【易地扶贫搬迁拆旧复垦】 2020年，全州易地扶贫搬迁拆旧复垦如期清零，累计形成城乡建设用地增减挂钩节余指标12.6万公顷，巴东、宣恩、来凤交易城乡建设用地增减挂钩节余指标2270公顷，收益6.81亿元。

（杨 颖）

国土空间规划

【概况】 2020年，全州有序推进国土空间规划。完成并上报全州8个县市国土空间开发保护现状评估工作，州政府第59次常务会审议通过并印发《恩施州推进国土空间规划体系建立并监督实施方案》，国土空间规划编制工作全面启动，完成州城相关规划的修改完善，做好村庄规划编制指导工作。

【国土空间规划编制】 2020年底，恩施州、恩施市国土规划编制完成资料收集、数据整理及“一张图”工作平台建设、县（市）及部门座谈工作，完成“双评价”、“双评估”、重大专题研究和生态保护红线评估工作，形成规划初步方案。其他7个县（市）完成设计单位招标。

【州城规划修改完善】 2020年，根据恩施市城市总规功能布局及各行政辖区管理需要，将恩施市中心城区18个片区控规合并为12个片区，完成12个片区控规修改完善工作。完成恩施市中心城区地下空间、社区公园、绿道等专项规划编制，以及山体保护专项规划及法定图则修改工作。

【村庄规划编制】 2020年，按照“多规合一”实用性村庄规划编制，全年完成102个美丽乡村规划编制，全州“多规合一”实用性村庄规划累计完成358个。对其他村庄原编制的村庄规划进行全面梳理，结合精准扶贫、乡村振兴、产业发展的要求，指导乡镇制定不同深度的村庄综合整治方案，有效衔接脱贫攻坚，指导乡村振兴建设。

（杨 颖）

水 文

【概况】 2020年，州水文局发送水雨情信息373万余条，20分钟到报率达95%以上，缺报率在2.31%以内，错报率小于0.1‰。发布洪水预报462份，合格率在90%以上，达到起报标准，无缺报。完成水利部水生态监测试点项目——清江水生态水环境监测工作。参与全省2019年度水资源简报、公报、水资源监测评价年鉴的编制。完成2019年度州及各县市水资源公报编制。开展州内重要河流及水库、跨界河流断面水质监测及水生态监测调查工作。完成2020年度全州水文资料整编工作。

【水文情报预报】 2020年，向各级党委和政府、防汛抗旱指挥部报送水情简报、旬报、月报、专报、土壤墒情信息简报等。共报送水雨情信息373万余条，报送水情日报368期、月报22期、旬报42期。全年发布洪水预报462份，洪水预警17次、水情信息快报12期、水情简报9期、水情专报12份、一周水情趋势预测232份，发布日常化预报86期，发送水情E信171期、水文信息播报184期、水情短信2.5万余条。5月19日起，向州、县（市）防汛办、恩施广播电视台、《恩施日报》、《恩施晚报》、恩施市门户网站等提供水文信息播报，社会公众可以通过恩施新闻联播、恩施硒都网、恩施周刊、乡村广播“村村响”、云上恩施、恩施水文门户网站及微信公众号等多种方式了解水文信息。

【水雨情监测】 2020年，恩施州气候异常，汛期（4月15日至10月15日）全州发生37轮较强降水过程，多地短历时暴雨重现期达到或超过百年一遇，其中6月入梅以后接连不断的强降水造成全州多地发生不同程度的洪涝灾害。全州年累计平均降水量1966.5毫米，较多年平均偏多3成，属丰水年份，为1956年来第二位。各县（市）年平均降水量在1578.9毫米（巴东）—2595.3毫米（鹤峰）之间，与历史同期相比均偏多2—5成。汛期（4月15日至10月15日）全州平均降水量为1588.4毫米，较常年同期偏多近4成，较上年同期偏多近1倍，较1998年、2016年同期偏多近1成。各县（市）平均降水量为1266.4毫米—2152.1毫米，较常年同期偏多3—6成。“梅雨期”自6月8日入梅至7月21日出梅，入梅时间较常年偏早近10天，长达43天（较常年平均偏多18天），降水呈现出持续性长、降水总量大、降水强度大、暴雨覆盖范围广、降水集中、暴雨场次多、降水次数多等特点。梅雨期全州累计平均降水量825.3毫米，较上年同期偏多近4倍，较常年同期偏多近2倍，排1986年以来第一，较1998年同期偏多近1成，较2016年同期偏多近3成。各县（市）累计平均降水量较常年同期均偏多1.6—2.6倍，较1998年同期偏多0—4成之间。2020年受入汛以后37轮强降水过程影响，清江、沅江、澧水、乌江、长江上游下段五大水系主要河流均发生较大洪水，水情变化均十分频繁。恩施、建始、宣恩、鹤峰、来凤城区河段及咸丰大河边河段多次超警戒。其中清江恩施水文站最高水位418.54米，超警戒水位5.21米，洪峰流量3800立方米每秒，洪水重现期为接近五十年一遇大洪水。广润河建始城关水文站最高水位560.70米，超警戒水位3.7米，洪峰流量1140立方米每秒，洪水重现期为超百年一遇特大洪水。造成恩施、建始境内及部分乡镇发生严重洪涝灾害，部分区域街道积水严重，多地发生山体滑坡、泥石流等灾害。全州主要河流年径流量均较常年偏多。其中清江恩施站年径流总量为33.23亿立方米，较常年偏多3成。清江利川站年径流量为5.093亿立方米，较常年偏多3成。广润河建始城关站年径流量为3.369亿立方米，较常年偏多5成。沿渡河石板坪站年径流量为6.289亿立方米，较常年偏多4成。溇水鹤峰站年径流量为10.59亿立方米，较常年偏多6成。唐崖河大河边站年径流量为20.02亿立方米，较常年偏多1倍。酉水来凤站年径流量为26.92亿立方米，较常年偏多6成。忠建河宣恩站年径流量为11.92亿立方米，较常年偏多6成。

2020年7月20日，州水文局应急监测队员在恩施市屯堡乡马者村滑坡体进行流量监测 （州水文局 供稿）

【水资源监测评价】 2020年，完成州内9个国家基本水文站单站还原计算，州内县套四级区单元供水量、用水量、耗水量的分析计算。全年编制完成县（市）水资源公报、流域水量分配、节水规划、水资源论证等各类报告20多个，主要有《鹤峰县水资源保护规划》《羊叉河蛇皮洞水库水量分配方案》《新建溪引水工程水资源论证报告》《恩施市城市垃圾发电项目水资源论证报告》《恩施州节水型社会建设规划》《恩施市节水型社会建设规划》《利川市节水型社会达标建设实施方案》《宣恩县节水型社会达标建设实施方案》等。开展恩施州用水量统计调查工作、来凤县农村安全饮水项目水资源论证报告编制工作。对实验室LIMS管理系统进行全面测试并上线运行，全年开展州内主要河流和水库32个断面、州内跨界河流25个断面的水质监测，每月按时向省水环境监测中心提供水质检测成果，质控合格率达100%。开展清江流域10个站点的常规水生态监测，全年完成3次水生态调查。通过湖北省水环境监测中心质量管理体系内部审核。

【水文资料整汇编】 2020年，完成全州水文资料整编工作，包括水位资料58站年、流量资料25站年、泥沙资料1站年、水温资料1站年、降水资料197站年、蒸发量资料4站年。开展测站规范化建设研究，完成《恩施水文测站规范化建设报告》编制。完成9个国家基本水文站超标洪水水位流量分析工作，编制完成《恩施州超标洪水水文应急测报预案》。开展水文站二维码智慧平台建设，加强水文信息化管理。开展水文测验质量管理和水文资料即时整编，完成2019年度水文资料归档入库工作。

【水文应急监测】 2020年，开展水文应急监测20余次，参与人员200余人次，施测流量500余次。突出体现在7月17日恩施市城区近五十年一遇大洪水应急监测、7月21日恩施市屯堡乡马者村沙子坝堰塞湖水文应急监测、7月26日建始城区超百年一遇特大洪水应急监测。11月9日，与省应急监测中心在恩施沐抚举办联合应急演练，提高工作人员在突发事件情况下的快速反应和实战技能。

【水文科技工作】 2020年，完成44项水文科技服务项目。主要完成《恩施市城区现状防洪能力分析》《恩施职院防洪影响评析报告》《姚家坪水库专题论证报告》《恩施市城市超标洪水防御预案》《鹤峰县城市超标洪水防御预案》《宣恩县城市超标洪水防御预案》《建始县城市超标洪水防御预案》《来凤县城市超标洪水防御预案》《恩施市城市防洪应急预案》等技术报告，举办水资源监测业务、水文遥测设备运维技术、水文情报预警预报及水文监测技术等业务培训班。

【水文水政监察】 2020年，联合县（市）水行政主管部门开展“世界水日”“中国水周”宣传纪念活动，加大水法律法规的宣传力度，营造依法保护水文监测环境和监测设施的良好氛围。全州各基层水文站点定期对管辖范围内的水文测报设施设备和水文监测环境开展巡检巡查活动。与鹤峰县住建局协调鸡公洞水文站水文设施设备因芭蕉河生态修复工程施工造成损毁恢复事宜，与利川市水利局等协调解决利川水文站水文测验设施设备因清江上游环境治理及生态保护项目建设造成损毁修复事宜。

【水文信息化建设】 2020年，开发实时水雨情水文信息查询系统、实时水雨情微信查询系统等应用程序，改版升级“恩施水文微信公众号”，新增恩施州水雨情统计类报表、水雨情信息纠错等功能，提高报汛准确性和时效性，便于社会公众查阅实时水雨情信息。其中实时水雨情水文信息查询系统、实时水雨情微信查询系统取得国家版权局计算机软件著作权登记证书。加强对全州山洪灾害防治项目水雨情自动监测站的运维管理，信息畅通率达95%以上。

【河（库）长制工作】 2020年，开展河流名录梳理、一河（库）一策编制、跨界河流水质检测、州级河流巡河、河流岸线保护利用规划等工作，指导各县（市）开展河流管理范围划定成果归档上图工作。承办全州河长制管理培训工作。州水文局、咸丰县水文局获评“州级示范单位”，张建华获评“州级示范人物”。

（袁勤坤）

气　　象

【概况】 2020年，全州气象部门融入地方中心工作，服务利川“7·15”特大暴雨、恩施“7·17”洪涝灾害、恩施“7·20”沙子坝滑坡、建始“7·26”特大洪水等重大灾害性天气过程，完成全年工作任务。对利川、咸丰、巴东3个县（市）气象局原主要负责人进行离任经济责任审计。配合省气象局党组第三巡察组完成对州气象局党组和利川、建始、巴东、宣恩、咸丰、来凤6个县（市）气象局的巡察。州气象台、利川市气象局被州委、州政府表彰为2020年抗洪抢险救灾表现突出集体表彰，陈如轩等6名气象干部职工被表彰为表现突出个人。州气象局在全省气象部门年度目标考评中位列第二名，在全省气象部门综合考评中获评“优秀单位”。党建、重大气象服务、气象科普宣传等工作得到省气象局通报表扬，马焱雷被省政府表彰为“湖北省科普先进工作者”。

【气候特点】 2020年，全州降水显著偏多，区域降水均值历史排名第二，汛期降水量异常偏多，降水集中期长，强降水过程频繁，极端性强，多站突破历史极值，日照显著偏少，空间分布东多西少，夏、秋季多寡照天气，年内气温偏高，暖冬特征明显，高温日数偏少，低温显著偏高。年内冬末和春季强对流天气频繁，时间出现偏早，1月5日出现冰雹，3月21—22日、3月26日、5月4日、5月18日等都出现局地冰雹、短时强降水和大风等强对流天气。夏季汛情严重，暴雨洪涝灾害频发，致灾性高。

【主要灾害气候事件】 2020年，冬季气候较异常，阶段性低温雨雪天气，对交通影响大。主要灾害天气是阶段性连阴雨（主要出现时段：2019年12月17—21日、2020年1月3—8日、22—24日、2月1—6日、24—28日），高海拔地区出现积雪和道路结冰，尤其是2020年1月暖湿气流相对活跃，多连阴雨天气，1月除7日、12日和30日外，其余时段基本维持低温阴雨天气，高海拔地区维持长时间的积雪和道路结冰现象。2月14—15日冷空气较强，气温骤降，大部地区过程降温幅度达10℃—14℃，州内高海拔地区有40站达到寒潮标准，伴随明显雨雪天气。受这几次雨雪天气的影响，高海拔山区的道路结冰和积雪对农业、电力等行业生产及人们的正常生活到带来不同程度的影响。春季和冬末冰雹天气频繁，时间出现偏早，出现局部雷暴、冰雹等强对流天气。最早出现在1月5日夜间至6日夜间，恩施州出现大部大雨，部分地区暴雨的强降水天气过程，此次强降水空间分布范围广，并伴随雷电天气现象。2月14日下午到夜间，建始、巴东局部出现冰雹、4—6级阵风和雷电天气，据州应急管理局统计，此次风雹天气造成建始、巴东2个县8个乡镇5754人受灾，农作物受灾面积317公顷，成灾225公顷，绝收面积106公顷。一般房屋受损69户，造成直接经济损失约227万元，其中农业经济损失224万元，家庭财产损失3万元。此外，3月21—22日、3月26日、5月4日、5月18日等都出现局地冰雹、短时强降水和大风等强对流天气，对小麦、油菜扬花授粉，以及春茶采摘等均不利，并造成一定的灾害。其中3月26日的风雹天气造成恩施市、利川市、建始县、巴东县4个县（市）14个乡镇农作物受灾面积2037公顷，成灾面积1383公顷，绝收面积580公顷，因灾造成农业损失1228.7万元。5月2日下午，鹤峰县发生冰雹灾害，5月4日傍晚，利川市、宣恩县、咸丰县、鹤峰县遭受到大雨及风雹灾害，2次风雹天气致使利川市、宣恩县、咸丰县、鹤峰县4个县（市）农作物受灾2804.66公顷，其中成灾面积1774.7公顷，绝收1164公顷，造成农业经济损失1864.4万元。3月27—30日，低山大部连续三天日平均气温低于12℃，出现“倒春寒”天气，高山地区出现冰冻天气，4月3—6日、19—22日出现阶段性连阴雨天气，4月13—14日高海拔地区出现低温霜冻，不利于农作物的生长发育，特别是4月13—14日、23日早间高山地区的低温冰冻天气对农业生产影响较大。根据州应急管理局提供的灾情资料，4月13—14日，鹤峰县部分乡镇持续受到低温霜冻灾害，造成7个乡镇、41个村、4265户、13482人受灾，共计804.17公顷农作物受损（其中438.03公顷头茶绝收），因灾造成直接经济损失1391.87万元。夏季，尤其是降水集中期，全州强降水过程频繁，雨量异常偏多，极端性强，重叠度高，致灾严重。降水集中期，全州出现10轮强降水天气过程，多为全州性区域性降水。

【重点项目建设】 2020年，州气象局实施高空探测业务整体搬迁项目建设，完善业务布局，开展气象大数据服务系统平台建设，全州8个县（市）完开展“强基工程”建设。完成全州气象观测质量管理体系建设工作，启动全州区域自动气象站升级改造工作。

【人工影响天气】 2020年，开展人工影响天气作业305次，其中高炮作业181次，用弹5612发；火箭作业124次，用弹261枚。减损超2亿元。提高人影现代化水平，截至年底，全年完成高炮自动化改造13门，累计完成高炮自动化改造39门。全年完成加装高炮安全锁定装置53套和火箭架安全锁定装置67套，实现全州人影作业发射装备加装安全锁定装置全覆盖。州公安局、州人影办联合继续开展人影安全检查工作，县（市）、乡（镇）二级同步开展人影安全联合检查，共同做好人影安全监管工作。继续购买社会化专业服务解决人影弹药储运难题。每年由州人影领导小组行文统一领导指挥全州人影工作，保障人影工作规范高效。每年人影作业期开始前，分别向武汉（中部战区）、成都（西部战区）、邵东（南部战区）空管部门申报全州人影作业点，每次作业开始前按区域划分向相关空管部门现场电话申请空域作业许可，确保空域安全。

【气象宣传】 2020年，州气象局报送的摄影作品《云语》获州委宣传部“五个一工程”提名奖。与省气象局共同创作的《暴雨来袭我们在》获第二届全国气象短视频大赛全国总决赛三等奖。张洪刚与马焱雷共同撰写的论文《气象新闻摄影探讨》被评为2020年省气象学会学术年会论文二等奖。在恩施“两会”、国家扶贫日（10月17日）期间，有10幅（组）气象扶贫工作图片入选恩施州扶贫攻坚摄影展。10月，气象出版社出版的《新中国气象事业70周年（湖北卷）》，采用恩施图片40张。在《中国气象报》（网）、新媒体发表稿件发稿49篇（幅），湖北省气象网发稿112篇（幅），在人民网、《湖北日报》（视界网、荆楚网、客户端）等发布稿件58篇（幅）。3月18—25日，围绕“3·23”世界气象日“气候与水”主题，采取“互联网+科普”模式，依托州气象局建成的省级科普教育基地，利用主流媒体、新媒体，进行气象科普宣传。组织科普图文、展板、书籍、宣传制品等，与各类媒体合作，介绍宣传恩施气象部门的“一馆（科普馆）一台（气象综合业务平台）一基地（大气综合探测基地）一中心（电视天气预报制作中心）”。6月11日，与荆门、宜昌等地联合开展“荆楚科普大讲堂—科技强国 气象万千”网络直播活动。建始县获评“中国生态康养金地”、恩施市获评“中国气候宜居城市”，全州7个旅游景区参与湖北省第二届“避暑旅游目的地”创建活动，启动全州“中国天然氧吧”气候品牌创建工作。

【行政审批】 2020年，州气象部门受理行政许可办理项7件（受理雷电防护装置设计审核事项4件、受理雷电防护装置竣工验收事项3件）。受理的许可事项全部通过省政务服务网办理，在承诺时限内办结。开展雷电灾害防御工作监督检查11次（部门单独检查3次、部门联合检查8次）。部门单独检查下达《整改通知书》3份，各级气象部门逐一复核整改情况。制定行政审批“四减”（减材料、减流程、减时限、减跑动次数）实施方案。州气象局行政审批事项再减少申请材料4份，全部1个工作日办结，申请人“零跑腿”，实现“一网通办一次办好”。将部门负责的雷电防护装置竣工验收纳入项目联合验收，减少企业办事环节，申请人“填一张表、进一扇门”即可办理雷电防护装置竣工验收。全年全州气象部门未实施行政处罚，未申请行政强制，未实施行政奖励。全州气象部门无行政复议和行政应诉案件。

【荣誉】 2020年，王俊杰在2020年湖北省气象科普讲解大赛中获二等奖，获省气象局表扬。在湖北省气象行业县级综合气象业务竞赛中，刘雅洁获个人全能奖第十名、应急气象观测单项奖第五名，张鹏宇获监测预警服务单项奖第三名，被省气象局通报表扬。宣恩县气象局被中国气象局表彰为全国气象部门创建模范机关先进单位，州气象台被省气象局表彰为湖北省气象部门2020年重大气象服务先进集体，马焱雷被省政府表彰为第五届湖北省科普先进工作者，张岸奎、刘庆被省气象局表彰为湖北省气象部门2020年重大气象服务先进个人。

（张洪刚）

地质资源勘查和保护利用

【地质找矿】 2020年，省地质二大队以鹤峰县走马地区为重点工作区，完成铜铅锌矿、锰矿及滑石矿找矿攻关。经过5年的努力，圈定王家界锰矿、万寺坪铜铅锌矿、大典河滑石矿及杨家坪滑石矿找矿靶区，在鄂西走马地区大塘坡期古气候、古海洋环境演化及锰质沉淀机理等方面取得更深研究。新增滑石矿资源量74.4万吨。启动矿产资源国情调查及新一轮矿产资源总体规划编制工作。

【清洁能源勘查】 2020年，为促进清洁能源开发利用和旅游产业提档升级，州政府和省地质局合作开展地热资源调查评价工作，由省地质二大队牵头，在恩施城区、咸丰县城区和来凤县城区启动专项调查。经过综合调查路政，形成对州域成热条件的初步认识，圈定12处找矿靶区。9月，首个地热深孔“恩热一井”在州城北小龙潭地区顺利开钻。

【农业地质】 2020年7月，省地质二大队牵头实施的恩施州全域富硒土壤资源调查项目结束，该项目完成州域1∶5万和重点区1∶1万地球化学调查，获取表层土壤、农作物等各类样品共280万条测试数据信息，查明全州耕地、园地、草地中天然富硒、富锌、富锗土壤面积358806.67公顷，占全部耕园草地面积的84%，具有富硒矿泉水开发潜力的水源地21处。

【旅游地质】 2020年12月，省地质二大队和省地科院联合实施的恩施州全域旅游地质调查项目完成。全州共登录地质旅游资源466处，其中基础地质大类26处（地层剖面景观类5处、构造剖面景观类3处、重要化石产地5处、重要岩矿石产地13处），地貌景观大类436处（岩土体地貌217处，水体地貌89处，构造地貌130处），地质灾害大类4处（地质灾害遗迹景观3处、地震遗迹景观1处）。全州8个县级行政区地质旅游资源单体分布均衡，开发潜力大。

【地质科研】 2020年，围绕富硒农业地质、鹤峰县走马地区南华系锰矿成矿规律等开展科研攻关，在《Applied Geochemistry》《地质学报》《地质论评》等期刊上发表学术论文10余篇，其中SCI收录2篇。

（刘斌忠）

水利和湖泊

【概况】 2020年，全州争取中央水利项目总投资48012万元，截至12月底完成投资47646万元，完成率为99.24%。7月，姚家平水利枢纽工程被列入2020—2022年国家重点推进的150项重大水利工程。恩施市杨柳溪、建始县蛇皮洞、巴东县田家坪重点水源水库工程建设有序推进，建始县金滩坪水源工程开工建设。投资58.18亿元的江坪河电站正式下闸蓄水2台机组并网发电。针对2020年洪水暴露的薄弱环节和安全保障存在的短板，将清江流域综合治理等6处防洪提升工程、恩施市大峡谷水厂等8个农村供水工程、鹤峰县洞长湾水库等8个水源工程，纳入《湖北省疫后重振补短板强功能“十大工程”三年行动方案（2020—2020年）》中的水利补短板工程，估算总投资59.5亿元。其中建始县马水河综合治理、花坪集镇排涝工程作为灾后重建项目先期下达省级财政专项补助资金1500万元。12月，省财政厅提前下达恩施州2021年中央水利发展资金1.98亿元，排名全省第四位。2020年底，15条（24段）规模以上河流、144条（164段）水利普查名录内规模以下河流、201座水库全部完成划界，划界成果纳入全省“水利一张图”，州级自然资源部门正在开展7条州级河流确权登记工作。全年全州水利系统处理网上信访件40件，当年信访件当年处理完成。全年没有发生大规模集体上访和群体性事件，全州水利设施建设、库区移民总体稳定。办结州人大代表建议6件，州政协提案3件，见面率、答复率、满意率均100%。

【饮水安全脱贫攻坚战】 2020年，围绕州委、州政府提出的“一管清水进农家”目标和州脱贫攻坚指挥部1号令中安全饮水问题“清零”要求，《州水利和湖泊局关于调整〈恩施州水利扶贫三年行动实施方案（2018—2020年）〉的通知》要求，查漏补缺，确保完成安全饮水工作。2015—2020年，连续六年推进基础设施补短板项目建设。利用烟草援建项目资金6.1亿元新建水源性水库4座，投入15.5亿元，建设蓄水池（窑）15097口，铺设输配水管网78691千米，解决147.4万人饮水安全问题。农村集中供水率达95.83%，自来水普及率达92.5%，8个县（市）全面达到国家现行标准下农村饮水安全脱贫标准，全州2514个村（社区），300多万农村居民喝上自来水、放心水。3月，州水利和湖泊局被州脱贫攻坚指挥部表彰为“扶贫先进集体”。

【编制“十四五”水安全保障规划】 2020年，编制“十四五”水安全保障规划，规划项目估算总投资规模900.75亿元。其中，防洪能力提升工程投资262.61亿元，占比29.15%；主要河湖及区域生态环境治理保护修复工程投资310.62亿元，占比34.48%；供水保障能力建设工程投资197.3亿元，占比21.9%；移民后扶项目投资62.72亿元，占比6.96%；水利信息化及其他工程投资67.51亿元，占比7.49%。

【推进“河（库）长制”】 2020年，全州5千米以上382条河流（河段）实现河长设置全覆盖，共有州级河长7名、县级河长84名、乡级河长604名、村级河长1547名、河流警长112名、民间河长527名、河流管理员893名、信息员1389名、保洁员1735名。271座注册水库均落实库长。落实巡河制度。推进“一河一策”治理，全州编制完成7条州级河流、93条县级河流、379条乡级河流“一河一策”方案和7个水库“一库一策”方案，督促完成年度治理任务。全州纳入省级清单管理的河流“四乱”问题45个，全部完成整改销号。各县（市）建立河流水库清漂保洁常态化管理机制，全州现有自动清漂船24艘，定期特别是在大雨涨水后及时组织保洁员清漂。建立流域生态补偿机制。州政府出台《恩施州跨界断面水质考核办法》《清江流域上下游横向生态保护补偿实施方案（试行）》，强化县（市）和部门责任，建立“成本共担、效益共享、合作共治”的清江流域保护和治理长效机制。6月8日，全州河库长制工作联席会议全体会议召开。

【河流水质】 2020年，全州纳入《恩施州水污染防治行动计划实施方案》的17个地表水考核断面、14个跨县（市）界断面、12个县城集中式饮用水水源地水质达标率均为100%，长江、清江出境断面稳定保持Ⅱ类水质及以上。恩施大沙坝、清江七要口断面均由2019年Ⅲ类提高到Ⅱ类，水质改善明显。在全国337个地级及以上城市国家地表水环境质量状况2020年度综合考核中，恩施州位列第27名，系恩施州首次也是全省唯一进入全国前30位的城市。

【河流综合治理】 2020年，实施酉水、郁江等长江重要支流防洪治理和蔡家河、清狮河等中小河流治理，全年完成投资1.27亿元，治理河长42.75千米。制定清江上游综合治理实施方案，整合治理保护项目36个，总投资40.6亿元，2020年底有3个项目完工，9个项目基本完工，14个项目正在实施。

【小微水体综合整治】 2020年，全州6150个小微水体落实“一长两员”（河长、保洁员、监督员）长效管护机制，通过加强管理和日常保洁，180个城区小微水体和5143个农村小微水体完成整治，整治率分别达100%和86%。

【水资源管理】 2020年，开展取水工程设施核查登记整改工作。印发《恩施州取水工程（设施）核查登记整改提升工作方案》，按保留类、整改类、退出类三大类对全州已建、在建取水工程进行分类登记。全州核查登记行政区域内各类取水工程设施955个，整改类取水工程216个，全部完成整改。州水利湖泊局严格按照规定申请、核定、调整和下达取水计划，向各州管取水户下达《2020年度取水计划的批复》，2020年州管取水户批复湖北省巴东县沿渡河电业发展有限公司等13个取水户2020年度取水总量875198万立方米。编制《恩施州中长期节水规划》，制定《恩施州节水行动方案》，合理确定节水各项工作目标，开展县域节水型社会创建。恩施市作为2019年第一批县域节水型社会通过省级验收，12月，水利部公布第三批县域节水型社会建设名单，恩施市顺利通过水利部复核。组织开展全州生产建设项目水土保持图斑核查，梳理排查疑似未批先建、未验先投、不依法履行水土保持义务项目192个，对发现的违法项目进行督办整改。实施坡耕地综合整治、清洁小流域、石漠化等治理工程建设，全年治理水土流失面积180.49平方千米。11月25日，中国水利水电出版社传媒集团和水利部宣传教育中心公布第二届“守护美丽河湖”获奖名单，咸丰县水利局“打造唐崖河风景区，一江春水绕唐崖”获得三等奖。州水利和湖泊局“河长制四级同守，清江水八百长绿”获得优秀奖。

【水旱灾害防御】 2020年，按照省水利厅和州委、州政府工作要求，履行水旱灾害防御分指挥部职责，抓好水旱灾害“建设、管理、防御”日常工作，有效应对“7·17”恩施市城区近五十年一遇大洪水、“7·21”恩施市沙子坝滑坡险情，“7·26”建始县超百年一遇特大洪水。通过政府采购明确技术支撑单位24小时负责设施设备维护工作。督促指导县（市）重新勘测划分山洪灾害严重危险区，合理划分山洪灾害重点村范围，恢复重建合理的山洪灾害简易雨量站，提高站点到报率和监测预警数据准确率，到报率提升至95%以上，未发生一起因山洪暴发导致的群死群伤事件。以“超标洪水不打乱仗，标准内洪水不出意外”为目标，加强超标洪水防御预案编制。恩施、建始、利川等6个县（市）以及州直车坝河水库管理处的超标洪水防御预案，6月投入使用。科学调度水库运行，汛期全州有23座大中型水库发挥重要拦洪作用。州、县两级聘任的专家库成员，在应对7月8日的鹤峰县溪坪河坪江电站水库险情、恩施市屯堡乡境内山体滑坡等重大险情中，历时10余天参与现场应急抢险。

【落实大中型水库移民后期扶持政策】 2020年，完成省纪委监委交办恩施州大中型水库移民后期扶持5738个问题、5946条线索的核查整改工作，核查整改率100%，查实违反政策问题线索79条，收缴违规资金23.261万元，追责问责13人，全面核查、更新全州大中型水库移民基础信息数据库。开展大中型水库移民直补政策落实情况专项治理，省厅下达大中型水库移民后期扶持资金12027万元，完成原迁移民直补资金兑现48145人、3011.49万元；实施后期扶持项目148个，完成项目117个、投资7088.58万元；实施移民培训122人，投资26.6万元。省水利厅下达三峡水库库区基金2531万元，核定三峡库区城镇困难职工11636人，发放资金465.48万元；实施项目5个，完成项目4个，使用资金1749.75万元。完成全州大中型水库移民后期扶持“十四五”规划编制初稿工作。

【移民搬迁安置】 2020年，完成建始县野三河水电站、建始县木桥河水库竣工阶段移民安置验收。指导利川市完成峡口塘电站分阶段蓄水移民安置自验收工作，移民搬迁安置31户、143人，拆迁房屋8026平方米，征地补偿145.8公顷，完成投资7867万元。完成姚家平水利枢纽工程移民实物指标调查大纲编制和审查批复，指导恩施、利川2个市完成实物指标调查。指导江坪河电站与库区滑坡体18户移民签订避让搬迁协议，拆除房屋13栋，兑付资金579.86万元；实施后续基础设施项目建设，投资7847万元，完成80%以上工程量，拨付资金5846.8万元；完成库区461米以内库面漂浮物清理。

【三峡后续项目工作】 2020年，省水利厅下达恩施州三峡后续项目23个，到位资金3.62亿元，完成投资2.64亿元。督促指导巴东县消化历年存量资金1.71亿元。全面清理检查三峡后续项目，涉及责任主体28个、项目151个，发现问题95个，立行立改45个，边建边改50个。完成2020—2025年三峡后续工作规划修编工作，谋划65个项目，项目总投资51.29亿元，申报专项资金25.48亿元。完成2021—2023年度三峡后续项目入库工作，水利部审核通过项目28个，项目总投资18.56亿元，专项补助资金9.37亿元。全年共批复恩施州实施三峡后续项目151个，完工125个，在建26个。三峡后续项目工作取得湖北省排名第二、三峡库区20个县排名第六的成绩。2020年全国对口支援三峡库区经贸洽谈会（简称“支洽会”）在宜昌举行，巴东县成功签约2个项目、总投资36亿元。

【北京对口支援巴东】 北京市全年对口支援巴东5813万元，援建项目12个，完工项目11个。其中金果坪乡茶叶基地及加工厂房项目投资400万元；巴东县神农中小学项目投资600万元，解决移民小区子女入学、超级大班等问题；野三关镇抗旱应急提水工程投资2000万元，解决野三关集镇及周边村近10万人用水难题；西壤坡社区巴山路移民群众活动中心投资900万元，化解移民小区停车难、无文化活动场等问题；大支坪镇骨科医院整治投资150万元，保护巴东“非遗”传承，缓解群众看病难题。北京市对口捐赠抗疫资金582万元，采购巴东农副产品1283万元。

【化解移民遗留问题】 2020年，完成水布垭和三峡库区移民结余资金使用22个项目的核查，消化结存资金1991万元。完成来凤县金龙滩水电站移民信访积案化解实施方案的编制和审查，兑现164户移民的补偿资金892.82万元。核查解决利川市大滩口水库54户、168人移民信访问题，新增26户、83人后扶直补资金3.36万元。争取省厅落实水布垭库区滑坡体避险解困资金849万元、大中型水库移民避险解困资金1860万元、水布垭库区移民遗留问题处理资金1711万元。

【水库管理】　2020年，在《恩施日报》公示全州水库安全管理“四大责任人”名单，小型水库防汛“三大责任人”网上培训完成率达100%，全州修编完成调度运用方案178个、应急抢险预案273个。加强病险水库管理，组织开展小型水库安全状况摸底调查，督促18座病险水库开展整改，完成整改14座。114座水库完成大坝安全鉴定，印发87座大坝安全鉴定报告，6座水库完成降等并获批复。印发77座小型水库除险加固工程竣工验收鉴定书。开展小型水库安全运行专项检查，制定2020年《恩施州小型水库安全运行专项检查实施方案》，专项检查达到全覆盖要求，对发现的157个水库的243个问题下发整改通知。根据中央生态环境保护督察“回头看”反馈意见整改工作方案要求，组织对全州饮用水源水库水质开展定期监测和公布。

【荣誉】　2020年10月，省河湖长制办公室通报碧水保卫战“示范建设行动”遴选成果名单，恩施州有85个河库、单位和个人被评为省级示范。其中长江巴东段、清江恩施州段［含各县（市）段］、唐崖河等7条河流（段）和车坝河水库被评为“湖北省幸福河湖示范”；恩施市、利川市、建始县3个县（市）被评为“湖北省河湖长制示范县”；州林业局、州水利和湖泊局、州自然资源和规划局、巴东县水利局等18个河长联系部门和有关单位被评为“湖北省河湖长制示范单位”；习覃、程凯、胡明义等20名官方河长，高健、彭丹、田天茂等6名民间河长，易发斌、冉啟武、吕鑫等30名河库保护工作人员被评为“湖北省河湖长制示范人物”。12月，州河湖长制办公室被省河湖长制办公室表彰为“湖北省河湖长制示范单位”“全省河湖长制重点工作成绩突出单位”，州水利湖泊局被表彰为全省碧水保卫战“示范建设行动”优秀组织单位，车坝河水库被表彰为“湖北省河湖长制示范水库”，州水政监察支队被表彰为“湖北省河湖长制示范单位”。

（狄　盖）

硒资源保护与开发

【概况】　2020年，全州硒食品精深加工企业2527个，总产值达154.41亿元，其中规模以上企业产值40.99亿元，规下企业产值113.43亿元。全州新增特色产业基地15333.33公顷，总面积465333.33公顷。新发布地方涉硒标准10项，新申报涉硒企业标准19件。新增国家地理标志证明商标2件，全州累计达35件。新建硒科普教育基地4个，全州累计达16个。全州新签约硒食品精深加工工业项目85个，总投资额52亿元。全州新开工硒食品精深加工产业项目27个，总投资额34.26亿元。新增恩施蓝焙茶业股份有限公司、恩施花枝山生态农业股份有限公司、湖北硒徕客文旅发展集团有限公司、湖北中恩生态农业科技有限公司4个硒科普基地。

【硒标准建设】　2020年，全州新发布《富硒八月瓜生产技术规程》《富硒青钱柳生产技术规程》等州级地方涉硒标准10项，新申报涉硒企业标准19项。湖北省地方标准《富有机硒食品硒含量要求》修订按省卫健委反馈意见完成三次修改。硒红茶、硒稻谷、硒乌龙茶、硒大蒜和硒藤茶5个州级涉硒标准化示范区通过验收。推进硒标准基础研究，与中科院的“硒与健康”合作项目已建立高纯度硒化合物和硒蛋白的合成技术，初步阐明不同种类硒化合物延缓细胞衰老的量效关系。

【硒认证体系】　2020年，硒食品安全追溯体系进入试运行阶段，全年170余个硒食品企业接入平台的录入系统，并对试用企业开展一对一培训。开展硒产品认证，有11个涉硒企业开展硒产品认证，涉及产品类型共计14个。全州全年新增经农业农村部认证“二品一标”（绿色食品、有机农产品和农产品地理标志）企业12个，新增认证产品90个，认证面积7333.33公顷，“唐崖茶”获得农产品地理标志认证，“利川红”“利川大黄”“恩施青钱柳”通过农产品地理标志省级现场评审。恩施特色聚硒植物——堇叶碎米荠新食品原料获国家卫健委批复，国家卫健委正式反馈油葡萄（山桐子）纳入普通食品管理。

【《关于推进硒食品精深加工产业集群高质量发展的意见》】　2020年8月13日，州委、州政府《关于推进硒食品精深加工产业集群高质量发展的意见》印发，文件明确未来全州硒食品精深加工产业集群发展的总体要求、发展目标和重点任务，以“绿色发展、集约发展、创新发展”为主线，将恩施建设成为“全国硒产业创新创造中心、国际硒产品集散交易中心、科学补硒宣传推广中心”，到2025年全州实现硒产业总产值1500亿元、硒食品精深加工产业产值300亿元的目标，从标准体系、科技支撑、主体培育、检测与认证体系、产品结构、品牌打造、营销模式、市场环境、要素供给和组织领导10个方面具体阐明各项任务。

【高层次人才特聘计划】　2020年10月，州硒资源保护与开发中心和武汉轻工大学签订《恩施州硒产业高层次人才特聘计划校地合作协议》，双方就硒产业发展战略、标准制修订、技术服务、企业培育等方面建立合作。组建涵盖产业规划、食品开发、硒基础研究等领域的14人高层次专家团队，协助恩施徕福硒业有限公司等6个企业合作共建硒产业有机硒示范基地，同恩施州国硒冷水渔业联合创建企校联合创新中心，联合恩施德源健康科技发展有限公司共建湖北省省级新型研发机构——植物高有机硒技术集成企校联合创新中心获得批准，启动富有机硒茶叶、硒旅融合田园综合体等示范基地建设，完成19项涉硒团体标准立项及5项涉硒团体标准的评审。

【“掌上硒博会”专场活动】 2020年5月17日，以第八个“全民科学补硒日”为契机，“掌上硒博会——爱心助力 硒品出山”大型网络展销活动在恩施州举办，江苏博领科技集团、南京庄泰健康产业集团分别与州内4个企业现场签订意向采购协议金额2000万元。截至活动当晚20时，成交6万余单，交易额达425万元。7月1日，在巴东县举办“掌上硒博会 秘境巴东行”直播带货硒品出山活动，线上和线下推介巴东硒产品，线上累计下单2.5万单，销售金额170万元。

【交流合作】 2020年6月4—6日，陕西省安康市人民政府副市长寇全安带队到恩施州考察硒产业发展情况。6月16—18日，省食品工业协会考察恩施州硒食品加工行业发展情况。8月27日，州人大常委会主任、州硒食品精深加工产业集群小组组长吕金施率团到安康市紫阳县考察调研硒产业，进行沟通交流。10月12日，“猪八戒网”到恩施调研考察硒产业发展情况，愿意在搭建金融服务平台、硒产品孵化器、数字硒品、产供销一体化运营等方面开展深度合作。

【参展招商】 2020年6月24日，组织全州11个涉硒企业参加2020年第六届中国·安康富硒产品博览会，16样茶样在“端午安康全国硒水鉴茶大赛”中获奖，其中省施鼎农业开发有限公司恩施硒茶（马家寨9号）、龙马生态农业开发有限公司恩施玉露获特等奖。10月16—18日，参加第三届中国乡村产业博览会，恩施徕福硒业有限公司产品徕福藤茶、湖北爱巴仁实业有限公司产品爱巴仁富硒核桃乳获“最具发展潜力特色富硒农产品奖”，硒多宝饮品集团股份有限公司、恩施硒圣植物科技有限公司以及恩施德源健康科技发展有限公司获“富硒科技突出贡献奖”，恩施市楚丰现代农业有限公司产品“十月获”富硒大米获“消费者最满意十大富硒农产品奖”。10月19—21日，州政府产业顾问丁文平带队到重庆、广西开展硒食品精深加工产业专题招商活动。11月11—14日，组织20余个涉硒企业参加第二届世界大健康博览会，涵盖硒粮油、硒饮料、硒保健食品等多个品类。11月20—22日，23个硒食品精深加工企业参加第二届中国（北京）国际富硒功能农业大会暨功能食品博览会和第二届中国硒产业（Se20）峰会年会，展会期间，恩施德源健康科技发展有限公司、恩施徕福硒业有限公司获“全国富硒产业重点企业”称号，利川市清江源米业有限责任公司“支罗贡米”在2020中国·好硒农产品系列推选活动中获“中国·好硒米”称号。12月5—7日，组织恩施5个涉硒企业参加富硒好产品走进上海活动暨第五届中国富硒农业发展大会。12月18—19日，参加在南京召开的首届全国功能农业发展大会暨南京国家农创园功能农业产业招商推介会，恩施获评“全国硒资源变硒产业十佳地区”。

（王敏 罗琼）

能源工作

【概况】 2020年，全州新增发电装机50.45万千瓦。清洁能源建设总装机突破460万千瓦，其中水电397万千瓦、风电54.71万千瓦、光伏5.6万千瓦、生物质发电3万千瓦、自备电厂1.71万千瓦。全州地区发电量（含水布垭水电站）113.63亿千瓦时（水布垭水电站49.77亿千瓦时），同比增长76.23%。其中水电103.07亿千瓦时，同比增加86.31%；风电9.27亿千瓦时，同比增长24.38%；自备电厂发电8585万千瓦时，同比减少7.38%；光伏发电4348万千瓦时，同比减少44.22%。建南气矿天然气产量达9341万立方米，同比下降6.59%。全州清洁能源产业实现综合产值77.37亿元，同比增长13.8%。

【安全供应】 2020年，电网方面，全州建成35—500千伏变电站207座（其中500千伏2座、220千伏13座、110千伏41座、35千伏151座），35—500千伏线路5806千米，形成500千伏为支撑、220千伏为枢纽、110千伏为骨架、35千伏为基础、10千伏及低压线路联接千家万户的电网体系。存量“卡口”和“低电压”问题全部得到解决，农网供电可靠率达99.8%，综合电压合格率达99.3%。燃气方面，天然气管网建设加快，县、乡燃气基础设施建设逐步推进，截至年底，全州接通天然气的乡镇45个（来凤4个、宣恩5个、咸丰6个、巴东2个、鹤峰2个、建始2个、恩施市11个、利川市13个），未通气乡镇45个。有14个乡镇的天然气管道部分埋设。建万、西气东输以及川气东送长输管道3个气源相互补充，能源输送和保障能力得到加强。

【清洁能源产业集群建设】 2020年，页岩气勘探开发取得进展，组建湖北页岩气投资公司，开创地方政府与中石化公司合作新模式。利川页岩气进入工业试采阶段，推进建始区块资源调查评价工作、咸丰区块矿权出让工作。江坪河水电、板桥风电建成并网，鹤峰走马风电首台机组并网发电成功，峡口塘水电工程土建主体完工，姚家平水利枢纽被纳入国家2020—2022年拟新开工的150个重大水利工程。

（瞿显超）

林　业

【概况】 2020年，全年累计完成林业投资7.4亿元，与省林业局对接中央支持湖北一揽子政策，申报森林防火、灾后重建等16个项目，成功获批12个，总投资64162万元。2020年，林业总产值2200亿元，其中第一产业915亿元，第二产业652亿元，第三产业571亿元，草原产业总产值62亿元。全州共有国家森林乡村62个，2020年创建省级森林城市1个。

【森林资源二类调查成果】 2020年，最新森林资源二类调查显示，全州森林覆盖率达70.14%，森林蓄积量约为13149万立方米，全州林地面积为179.4772万公顷，公益林面积为89.754万公顷，天然林面积为130.1774万公顷，其中乔木林地150.3978万公顷，竹林地8179.88公顷，灌木林地24.7225万公顷，未成林造林地2.915万公顷，苗圃地1168.36公顷，迹地3585.21公顷，宜林地3.61公顷，辅助生产林地1473.64公顷。

【造林绿化】 2020年，全州完成营造林78500公顷，其中新造林19833.33公顷，退化林修复6000公顷，森林抚育52666.67公顷。完成全民义务植树1318万株，占计划的200%。长江两岸造林绿化行动收官，完成造林1760公顷。裸露山体生态修复完成959.37公顷，占三年总计划的82%。完成乡村绿化4000公顷。

【自然保护地优化整合】 2020年，《恩施州自然保护地整合优化预案》通过国家林草局专家审核组评审。全州原有各类自然保护地58处整合为37处。其中自然保护区6处（国家级5处，省级1处），自然公园28处（森林自然公园22处，湿地自然公园3处，地质自然公园3处），风景名胜区3处（国家级1处，省级2处）。面积由原来的294458.81公顷优化到290651.81公顷，占全州总面积的12.09%。

【森林防火】 2020年，全州森林防火预警监测能力提升，推广使用防火码和森林防火督查系统，配备无人机20余台，高清云台30余个，生态护林员17300名，初步建成"天、地、站、人"四位一体的防火监测系统。在重点防火期间，累计开通118个基站和300万条短信定向发送与区域发送，全州自然保护地、国有林场、森林公园等未发生森林火灾，森林防火形势总体稳定。

【林业有害生物防治】 2020年，全州松材线虫病发生545.8公顷，分布在恩施市舞阳坝、六角亭、芭蕉，宣恩县万寨、高罗，来凤县三胡、旧司，咸丰大路坝、高乐山、清坪，利川谋道，建始业州，巴东县野三关、大支坪等14个街道（乡、镇）、215个小班。加拿大一枝黄花发生面积133.33公顷，全州各县（市）伐除枯死松树13万余株。全州林业有害生物成灾率0.37‰，无公害防治率95%，产地检疫率和调运检疫率均达100%。有效遏制松材线虫病疫情传播蔓延，全面完成年度防治目标指标任务。

【森林资源管护】 2020年，全州森林公安开展"打击破坏野生动物资源统一清查行动""打击整治破坏野生植物资源专项行动""平安荆楚行动""昆仑2020行动"等专项行动，全州全年接处警862起，出动车辆5234台次，出动警力14936人次，受理涉林案件576起，查处472起，其中刑事案件立案290起，破案211起。行政案件受理349起，查处344起。全州各县（市）《山体保护法定图则》和《山体保护专项规划》修编完成，全州684座规划区保护山体的山长、信息员全部落实，《恩施州山体保护条例实施细则》基本编制完成，加快山体保护法制化进程。

【人工养殖陆生野生动物依法妥善处置】 截至2020年7月底，全州166个人工陆生野生动物养殖企业（户）全部妥善处置，其中完成动物处置165个，转观赏类1个。分类处置陆生野生动物71055只（头、条、斤），兑现补偿资金2343.718万元，166个许可证件全部注销公告。签订退出协议率、处置完成率、许可证注销率、补偿资金到位率均达100%。

【脱贫攻坚生态补偿】 2020年，全州生态公益林补偿政策精准落实到户，落实到贫困户资金4507.78万元，涉及面积220360公顷，覆盖贫困户11.29万户。新一轮退耕还林补助精准落实到户，为3.22万户贫困户兑现退耕还林资金3813.7万元。生态护林员精准落实到人，全州共聘请生态护林员17850名，兑现管护费用7166.42万元。天然林停伐补助精准落实到户。全州天然林停伐面积为64万公顷，为6.56万户贫困户的114780公顷天然林兑现资金2367.35万元。

【优化营商环境】 2020年，印发《全州林业系统进一步做好优化营商环境工作的八条要求》，减材料、减环节、减时限、减跑动，优化营商环境。7月21日，组织各县（市）林业局长到咸丰县高乐山镇白岩村实地学习推广农民办理林木采伐许可证不出村典型经验。全州审核上报建设项目使用林地224宗、面积755.36公顷，获省林业局《使用林地审核同意书》183宗、面积613.56公顷，相比上年同期，上报宗数同比增长13.13%，保障州重点项目使用林地需要。

【林业项目储备】 2020年，通过整合全州林业系统资源，按季度申报重大项目，谋划湿地类项目2个、资金420万元，基础设施建设项目1个、资金461.5万元，国家级自然保护区项目5个、资金1368.9万元，珍稀濒危野生动植物保护与繁育基地项目7个、资金547万元。

【森林康养产业】 2020年，利川市、鹤峰县入选"2020年全国森林康养基地试点建设县（市、区）"。恩施市梭布垭石林景区森林康养基地和铜盆水森林康养基地、利川市旭舟森林康养基地、巴东县国有林场森林康养基地入选"2020年全国森林康养基地试点建设单位"。"绿水青山就是金山银山"示范县创建落户鹤峰县。

【全州国有林场现场调研暨工作会议】 2020年11月9—12日，全州国有林场现场调研暨工作会议召开，是天保工程实施20年以来，恩施州首次召开的国有林场专题工作会议。会议参观鹤峰县走马国有林场、宣恩县雪落寨国有林场、来凤县胡家坪国有林场和咸丰县坪坝营国有林场4个林场。会议号召全州国有林场谋划好"十四五"发展规划，遵循"资源不能送、阵地不能丢、红线不能破、性质不能变、地位不能降"的基本要求，保护好、发展好国有林场，推进国有林场振兴。

（游家栋）

自然资源保护区

湖北星斗山国家级自然保护区

【概况】 湖北星斗山国家级自然保护区位于利川市、恩施市和咸丰县境内，涉及9个乡镇、74个自然村，分为东部星斗山片和西部小河片，总面积68339公顷（其中核心区面积21165公顷、缓冲区面积14932公顷、实验区面积32242公顷)，属“森林生态系统和野生植物类型”自然保护区，是第三纪植物的“避难所”、华中天然植物园和种质基因库，是世界上水杉原生种群的唯一分布区，主要保护对象为典型的中亚热带森林生态系统、种类繁多的古老孑遗珍稀濒危野生植物及其生境、世界唯一现存的水杉原生种群及其模式产地、全国罕见的台湾杉原生群落、全国稀有的莼菜野生湖沼植物和种群数量丰富的珍稀野生动物。区内有维管束植物200科843属2033种，其中有国家Ⅰ级重点保护植物水杉、银杏、红豆杉、南方红豆杉、钟萼木、莼菜、珙桐、光叶珙桐等8种；Ⅱ级重点保护植物台湾杉等29种。有陆生脊椎动物378种，其中有国家Ⅰ级重点保护动物金钱豹、云豹、金雕、林麝4种，Ⅱ级重点保护动物猕猴等46种。

【资源管护】 2020年，落实星斗山管理局与3个县（市）人民政府就加强湖北星斗山国家级自然保护区建设管理的文件精神，执行共建共管。全年与地方党委政府座谈5次，召开联席会议1次。按照国家生态环境部下发的《人类活动动态遥感监测报告》，对卫星遥感监测的人类活动变化疑似问题进行实地详细核查和自查，共核实8处（其中核心区7处，缓冲区1处）。其他的省环保督察反馈问题、遥感影像核查问题和自查问题均已销号。对水杉母树再次开展全面调查，更新水杉母树数据库，制作悬挂500块水杉母树二维码保护牌，对1000余株水杉母树开展水杉色卷蛾的防治，继续建设谋道水杉母树基因保存园，开展100株水杉母树的扦插繁殖。开展黄金洞五谷坪杉木等保护设施建设，实施生态恢复。编制《湖北星斗山国家级自然保护区整合优化分述》，通过省级评审，国家林草局初审。

【森林防火】 2020年，落实森林防火责任制，坚持24小时值班，坚持每天零报告制度，组织森林防火专项督查。组织恩施、利川、咸丰3个县（市）林业局职工召开森林防火知识培训及森林火灾应急演练。加强对组建乡、村级专业森林消防队伍培训，确保队员掌握扑救森林火灾的技能和安全避险能力。进村入户宣传，发放《森林防火告知书》，做好学校森林防火宣传工作。投入14万元为站点及相邻村添置防火物资。保护区内全年没有火情出现。

【科研监测】 2020年，与福建省天敌生物防治技术有限公司合作，开展水杉色卷蛾综合防控技术研究。开展水杉母树病虫害无人机防治试验1289株。设置生态环境理化分析、森林病虫害分析和野生动物保护实验室3间，建立自动气象观测场1个。新安装红外线照相机50台，对专职护林员开展2次培训，共监测到30余种陆生野生动物。开展野生动物保护及疫源疫病防控知识培训近500人次，做好疫源疫病监测，全年保护区无疫情发生。

【项目建设】 2020年，组织专业技术人员开展水杉博物馆内部布展设计，9月完成建设招标。向省林业局申报2021年度中央财政国家级自然保护区补助项目，建设内容主要包括自然保护区信息化建设、水杉保护、设备购置维护、样地监测调查4个方面。编制保护区“十四五”规划方案（草案）报告。

（洪建峰）

星斗山水杉 （星斗山管理局 供稿）

湖北七姊妹山国家级自然保护区

【概况】 湖北七姊妹山国家级自然保护区位于宣恩县境内，北与恩施市河溪村交界，东北属宣恩县椿木营乡管辖，东与鹤峰县太平镇接壤，南与湖南八大公山国家级自然保护区核心区毗连，西与宣恩县长潭乡和沙道沟镇相连，地处北纬29°39′30″—30°05′15″，东经109°38′30″—109°47′00″。七姊妹山属森林生态系统类型自然保护区，主要保护以珙桐等珍稀动植物为主的森林生态系统和以泥炭藓沼泽湿地为主的湿地生态系统。总面积3.46万公顷，其中核心区1.17万公顷，缓冲区1.17万公顷，实验区1.13万公顷。森林覆盖率88.89%，林木绿化率93.2%。保护区内分布有5个植被型组，9个植被型，30个植物群系。分布有维管束植物175科762属2086种。其中蕨类植物35科78属281种，裸子植物8科17属23种，被子植物132科667属1782种。国家重点保护植物共28种，其中国家Ⅰ级重点保护植物8种，国家Ⅱ级重点保护植物20种。宣恩牛奶菜和宣恩盆距兰是保护区内有特有植物。苔藓植物34科58属80种。分布有脊椎动物28目97科395种，其中兽类8目25科73种，鸟类16目52科251种，两栖类2目10科32种，爬行类2目10科39种。其中国家Ⅰ级重点保护野生动物4种，国家Ⅱ级重点保护动物57种。中国濒危动物25种，中国特有种动物13种。七姊妹山保护区的251种鸟类中，区系成分为东洋种141种，占56.18%；古北种71种，占28.29%；广布种39种，占15.53%。兽类区系组成为：东洋种52种，占71.23%；古北种10种，占13.70%；广布种11种，占15.07%。2020年，参加世界自然联盟（IUCN）自然保护地

2020 年 4 月 7 日，湖北七姊妹山国家级自然保护区管理局和宣恩县人民政府联合举办以“爱鸟新时代，共建好生态”为主题的“爱鸟周”活动

（严益坪 摄）

绿色名录申报，通过绿色名录中国专家委员会（中国 EAGL）评估。

【资源管护】 2020 年，出台《关于做好新冠肺炎疫情防控期间野生动物管控和森林防火工作的通知》和《关于加强对陆生野生动物疫源疫病监测防控工作的提醒函》。督导落实消毒防疫、疫苗接种和动物检疫等防疫措施，保护区内无野猪非洲猪瘟疫情发生。聘用兼职护林员 36 人、生态护林员 161 名。配合宣恩县人民政府，完成保护区整合优化方案的拟定上报。配合省级重点项目宣鹤 220 千伏输变电工程穿越七姊妹山实验区项目申报的前期准备工作。打击破坏野生动植物资源涉林违法行为，依法劝返进入保护区人员 30 多人次，办理林业行政案件 5 起，刑事案件 2 起，查处涉林违法人员 7 人，收缴罚款 1.2 万元。

【森林防火】 2020 年，完善防火应急处置机制，加强防火督办检查。通过森林防火远程视频监控系统监测、防火无人机空中巡逻广播，地面人员巡护，加强监测预警工作。与辖区村民签订森林防火协议书 3000 份、张贴通告 3000 份、发放宣传手册 200 份、出动宣传车辆 400 多台次。对隐患进行排查清理，劝导制止烧杂草、秸秆等行为 30 多起。全年保护区无火情火警发生。

【监测调查】 2020 年，设置 18 条监测样线，布设红外监测相机 60 台，加强对野生动植物及其栖息地监测保护。完成七姊妹山自然保护区内野生植物调查报告，完成两栖、爬行类动物补充调查，制作动物标本 100 多份，对 186 棵古树名木进行挂牌保护。与湖北大学签署战略合作协议，成立“湖北大学研究生工作站”，在椿木营泥炭藓湿地建立亚热带高山湿地生态系统定位观测站。与湖北民族大学合作完成 6 公顷样地植物资源调查。保护区生态文明建设在中央电视台第七套《美丽中国·生态万里行》栏目宣传报道。

【社区管理】 2020 年，出台《七姊妹山系列注册商标使用管理办法》，授权辖区经济合作社和致富带头人使用七姊妹山商标。开展长潭河乡两溪河村与椿木营乡长槽村社区共建共管试点建设，成立共管委员会。建立矛盾纠纷层级调处机制，以解决因林权纠纷、生态公益林补偿、环保督察等引发问题为重点，从源头及时掌握可能引发的上访苗头动态性问题，全年未发生上访事件。完成保护区 2020 年度生态公益林补偿兑现工作，兑现生态公益林面积 2.9 万公顷，兑现总金额 597.26 万元。七姊妹山管理局获评“2017—2019 年度湖北省文明单位”。

【2020 年“爱鸟周”活动】 2020 年 4 月 7 日，宣恩县政府与湖北七姊妹山自然保护区管理局联合举办的 2020 年“爱鸟周”活动启动。该项工作是七姊妹山自然保护区管理局 2020 年的重要工作目标，活动展出 130 块以鸟类为主的野生动物展板，七姊妹山国家级自然保护区发放《鸟类的价值》和《爱鸟护鸟倡议书》各 5000 份。

【项目工作】 2020 年，保护区“十四五”规划编制，谋划重点项目 10 类，概算资金 2.04 亿元。启动科研监测用房项目建设。争取 2 批 2020 年中央财政国家级自然保护区补助资金 180 万元，加强科研、监测、巡护等建设。

（羿成宇）

湖北木林子国家级自然保护区

【概况】 湖北木林子国家级自然保护区位于鹤峰县北部，地处北纬 29°55′59″—30°10′47″，东经 109°59′30″—110°17′58″。涉及 5 个乡镇 27 个自然村，总面积为 20838 公顷。其中核心区面积 7634 公顷（占总面积 37%），缓冲区面积 5621 公顷（占总面积 27%），实验区面积 7583 公顷（占总面积 36%）。保护区处于中国地势第二阶梯向第三级阶梯的过渡地带，中亚热带气候，受冰川的影响较小，成陆时间早，由于没有受到第四季冰川运动袭击，是第三季植物区系重要的保存地，是第四季冰川运动孑遗植物的避难所，是温带向亚热带过渡地域植物区系的摇篮，蕴藏着丰富动植物种类，属自然生态系统类中的森林生态系统类型自然保护区。主要保护对象为中亚热带森林生态系统，伯乐树等 30 种国家重点保护野生植物及其群落，山顶山脊阔叶矮曲林带，云豹等 55 种国家重点保护野生动物及其栖息地，独花兰、天麻等 62 种野生兰科植物及其生境。木林子保护区共有维管植物 2689 种，隶属于 203 科 918 属，其中列入国际公约或国家保护的珍稀濒危植物共 153 种。国家重点保护野生植物有 30 种。保护区有陆生野生脊椎动物 302 种，隶属 26

目75科190属，其中国家重点保护种类55种。

【资源管护】 2020年，加强管护体系建设，新设立3个管护点，管护点达到13个。为管护员配发智能巡护终端设备，启动智能巡护系统。按要求持续开展“绿盾行动”，对发现的问题开展“回头看”，有效控制人类活动扩大。抓好森林防火工作，会同鹤峰县林业局采取分片集中方式，培训保护区范围村委会成员和生态护林员近500人次。对森林防火物资储备库进行全面盘查，与东洲村等有关单位联合举行森林防火应急演练，对非法采挖药材、树蔸等行为进行严厉查处。保护区整合优化预案编制工作完成，上报国家林业局审批。全年未发生重特大森林刑事案件和重特大森林火灾案件，林区秩序稳定。

【项目工作】 2020年，完成第一期基础设施建设项目投资1317.67万元，建成保护管理站4处、管护点7处、检查站2处、科研监测中心1处。谋划“十四五”规划编制工作，初步谋划项目10个，涉及资金6000万元。争取两批2020年中央财政国家级自然保护区补助资金180万元。

【科研宣教】 2020年，野生动物监测实现全覆盖并获取诸多珍贵影像资料，发现保护区新记录物种黄嘴栗啄木鸟，同时监测发现保护区黑熊种群和数量稳定增长，保护区中华斑羚、猕猴监测影像先后3次在中央电视台《秘境之眼》栏目播出，并入列《秘境之眼》红外相机调查项目，获赠红外相机50台。制作完成生物多样性实录——《野生动物篇》《古树名木篇》《珍稀植物篇》。“智慧木林子”信息化平台建设完成，保护区电子地图、古树名木数据和社区调查数据查询模块正常运行。参与“多美湖北、生命无限”生物多样性日云直播活动，与州生态环境局和鹤峰融媒体中心合作，推出生物多样性宣传专期公众号。珍稀植物园、苗圃、野外宣教点400余块植物标识牌安装完成。完成植物标本馆建设，近2000种植物标本整理入柜，填补保护区资源本底空白。木林子保护区宣教中心7月1日对外开放，迎接州内外参观考察团体70余批次。

（刘松柏　郭　琼）

湖北巴东金丝猴国家级自然保护区

【概况】 湖北巴东金丝猴保护区位于巴东县北部，大巴山东缘，处于中国西部高山向东部低山的过渡区域，北连神农架林区，东与兴山县接壤，南抵平阳坝河谷，属于野生生物类中的野生动物类型自然保护区，主要保护对象是以川金丝猴、金钱豹、金雕等为代表的野生动物及其栖息地，以珙桐、光叶珙桐、红豆杉等为代表的珍稀野生植物资源，以及保存完好的亚热带森林生态系统。保护区西距重庆巫山10千米，南距长江15千米，区内最高海拔3005米，最低海拔240米，地处北纬31°11′50″—31°24′40″，东经110°15′51″—110°29′59″，总面积20909.99公顷，其中核心区9580.38公顷，缓冲区3009.17公顷，实验区8320.44公顷。保护区林地面积18925.86公顷，占90.51%。非林地面积1984.13公顷，占9.49%。林地面积中，有林地面积12529.99公顷，占保护区总面积的59.9%，占林地面积的66.20%。森林覆盖率82.73%。保护区共涉及巴东县的沿渡河镇和溪丘湾乡2个乡镇的12个行政村。

【森林防火】 2020年，在重要节假日时段，在主要路口设卡检查，开展引导以鲜花换纸钱的文明祭祀活动等。确定8条重点巡护线路全天候巡护，逐户宣传。以小神农架村为试点，在主要区域建设集中祭祀点，倡导村民开展集中祭祀活动。森林重点防火期间，安排护林员全方位排查保护区内输电线路，沟通整改线路隐患。实行森林防火宣传“三个全覆盖”（宣传车宣传、宣传标识、巡护宣传全覆盖），重点防火期内，2个乡镇各固定1台宣传车进行巡回宣传。树立中型防火宣传牌9块，重点防火期分2次印制张贴森林防火戒严令1000余份，12月印制防火宣传画1000份，带防火宣传标语的一次性纸杯5万个。护林员常态化进行巡护宣传，巡护过程通过GPS定位，接受监督。在靠近一线位置建立4个防灭火物资储备点。

【资源管护】 2020年，制作树立保护区户外活动安全管理告示牌26块，在保护区重要位置安装红外相机120多部。11—12月，央视一套《秘境之眼》播出金丝猴保护区红外相机监测视频资料8期。6月，成立疫源疫病监测防控工作领导小组，制定工作方案，确定8名疫源疫病监测骨干人员，实现保护区疫源疫病巡护监测全覆盖。全年查处乱采滥挖野生植物行为2起，收缴红豆杉苗木15株，联合县森林执法大队查处1起无证采伐木材案件。与神农架国家公园管理局联合成立“自然遗产地共管委员会”，与神农架国家公园管理局木鱼管理处、神农顶管理处和下谷管护中心签订护林防火、资源管理联防联管协议。加入鄂西渝东毗邻地自然保护地联盟，每年派代表团参加联盟会议。保护区管理局与巴东县人民政府联合印发《关于加强湖北巴东金丝猴国家级自然保护区建设管理的意见》，组建共管委员会。2个保护管理站分别和所在地乡镇（沿渡河镇、溪丘湾乡）签订资源管护、森林防火联管协议。

【项目建设】 2020年，在保护区“十四五”规划编制中，谋划7大类计23个建设项目，其中保护管理工程类4个、科研监测工程类4个、科普教育工程类3个、社区共建类3个、旅游提升类3个、智慧转型工程类3个、基础设施建设类3个。保护与监测设施建设项目通过省发改委评审，申报国家级评审。

（谭怀龙　邓正双）

咸丰忠建河大鲵国家级自然保护区

【概况】 咸丰忠建河大鲵国家级自然保护区位于北纬29°19′28″—30°02′54″，东经108°37′08″—109°20′08″，在咸丰县高乐山镇、忠堡镇境内，保护区范围以忠建河干流源头至草坪（咸丰县与宣恩县交界处）39千米河段和沿河两岸所有支流58.74千米河段的历史最高水位线向外扩展50米为界。所属流域水系为长江流域清江支流的忠建河流域，忠建河发源于县内赵家山，在高乐山镇龙坪村黄草坪流入宣恩县，后注入清江。保护区总面积 1043.3 公顷，其中核心区面积 359.5 公顷、缓冲区 531.8 公顷、实验区 152 公顷，主要保护对象为大鲵（国家二级保护动物）及其生境。依据《咸丰忠建河大鲵国家级自然保护区实行全面禁捕的通告》《关于严厉打击从事电鱼、毒鱼、炸鱼等违法犯罪行为的通告》和长江流域十年禁捕政策等规定，2020 年确保保护区范围内无违法违规建筑和渔业活动。

【保护区设置沿革】 1987年1月，咸丰县政府将忠建河划定为大鲵自然保护区。1994 年 8 月 24 日，省政府办公厅批准建立湖北咸丰忠建河大鲵自然保护区，保护范围从白水坝乡新田沟村至草坪河段。2012 年 1 月 21 日，国务院办公厅批复咸丰忠建河大鲵自然保护区为国家级大鲵自然保护区。

【自然环境】 保护区鄂西南山区为云贵高原延伸部的武陵山余脉，海拔高程在 617—875 米之间。流域内气候温和，冬无严寒、夏无酷暑，雨量充沛。河床多处于山间峡谷地带，河谷为“U”型或“V”形，河床多石灰岩和卵石块，岩穴、暗河和溶洞较多，水质清新、无污染，每年 4—11 月水温变化范围是 9℃—23℃，水体的酸碱度值 8 左右。地质地貌特征为石灰岩区峰丛槽谷发育，碎屑岩区山坡较缓，构造剥蚀现象明显。境内植被资源多属于北、中亚热带落叶阔叶、常绿阔叶、落叶阔叶混交林和温性针叶林植被，具有明显的垂直梯度格局。保护区内已发现记录高低植物 423 种，森林覆盖率 80%，反映出溪流河谷生态系统的物种特征。有鱼类 5 目 9 科 40 种、浮游植物 8 门 60 属、浮游动物有 3 门 4 纲。两栖动物 2 目 8 科 26 种，甲壳类主要有青虾、溪蟹等。爬行动物 37 种、常见鸟类 20 余种、兽类 67 种、昆虫 1317 种。

【基础设施】 截至 2020 年底，保护区有办公楼 1 栋约 1000 平方米，大鲵救治救护基地 9000 平方米，安装标志、警示牌 200 个、界碑 200 个、金属围栏 3600 余米、建设巡护步道近 3000 米等。核心区展马河近 3 千米长的河道旁安装 24 小时视频在线监控监测系统，配备高清摄像头、高音喇叭、自动报警并播放语音设备，在忠建河干流青山坡至宣恩交界草坪段安装摄像头。

【监管保护】 2020 年，针对 2017 年“绿盾专项行动”突出问题进行回头看，保护区无新的违法行为和整改问题反弹。全年进行日常巡查 135 次，突出问题专项巡护 12 次。与咸丰县环保局等相关部门联合巡查 6 次。对涉及保护区范围的建设项目进行监管，全年对保护区内的村集镇、基本农田、矿业、人口、城市、设施建筑等调查核实 20 次，对调入调出的图斑进行比对 5 次，编制《恩施州咸丰县自然保护地整合优化预案》。

【宣传工作】 2020 年，结合“5·22”国际生物多样性日和州开展的“全国科普日”活动，制作动物资源宣传展板参加相关活动。协助拍摄《扎根荆南大地，守护碧水蓝天》专题宣传片。在人群集中地段张贴咸丰县政府出台的保护区禁捕公告和公安、渔政等部门联合打击电鱼等违法行为通告。在保护区范围利用宣传车流动宣传自然保护政策 100 余次，发出宣传资料 500 余份。

【增殖放流】 2020 年 12 月 28 日，保护区与咸丰县农业农村局渔政执法大队对黄金洞乡金洞寺、小村乡、清坪镇、高乐山镇龙坪水库河流进行增殖放流，其中对保护区缓冲区龙坪水库段投放 1200 条大鲵和 2000 公斤经济鱼类，促进保持水域生态平衡。

（陈李溶）

环境保护

环境质量和保护

【概况】 2020 年，全州生态环境保护工作以巩固环境质量为核心，创建“两山”实践创新基地，推进污染防治攻坚战、长江大保护十大标志性战役、中央和省生态环境保护督察反馈意见整改等重点工作。全州连续五年在生态省建设考核中获“优秀”等次。巴东县成功获得第四批“国家生态文明建设示范县”称号，全州 11 个乡镇、54 个村获“省级生态乡镇”“省级生态村”命名。截至 2020 年底，全州累计成功创建国家生态文明建设示范区 5 个，省级生态文明建设示范区实现全覆盖，累计建成省级以上生态乡镇 76 个，省级以上生态村 694 个。州生态环境局被国务院第二次全国污染源普查领导小组办公室评为“第二次全国污染源普查表现突出的集体”。州生态环境局及领导班子分别被省生态环境厅评为“优胜单位”、优秀等次。州生态环

2020 年 6 月 5 日，咸丰忠建河大鲵国家级自然保护区职工在高乐山镇开展生态环境保护法制宣传活动

（陈李溶 摄）

境局全年投资47.78万元，建立全州生态环境系统财务内部控制信息平台系统，规范各项经济业务办理流程。向州新冠肺炎疫情防控指挥部报送《关于统筹推进疫情防控和污染防治工作的情况报告》，得到州委书记肯定性批示。3月26日，州政府第55次常务会听取州生态环境局关于全州污染防治攻坚战暨生态文明建设示范创建工作情况汇报。8月17日，召开州八届人民政府第62次常务会议，专题研究部署生态环境保护“四位一体”整改工作。《恩施土家族苗族自治州饮用水水源地保护条例》9月1日正式施行。

【大气环境质量】 2020年，全州8个县（市）城区空气质量平均优良率为97.6%，较上年同期（96.4%）上升1.2个百分点，可吸入颗粒物（PM_{10}）均值为34微克/立方米，较上年同期（41微克/立方米）下降17.1%。细颗粒物（$PM_{2.5}$）浓度均值为23微克/立方米，较上年同期（26微克/立方米）下降11.5%。臭氧（O_3）日最大8小时第90百分位平均浓度为102微克/立方米，较上年同期（122微克/立方米）下降16.4%。州城恩施PM_{10}浓度均值为45微克/立方米，较上年同期（58微克/立方米）下降22.4%。恩施市、利川市、建始县、巴东县、宣恩县、咸丰县、来凤县、鹤峰县优良天数分别为352天、359天、339天、358天、348天、355天、342天、365天。优良天数达标率分别为96.4%、99.4%、96.3%、98.1%、96.7%、98.9%、95.5%、99.7%，与2019相比，恩施、巴东、宣恩、咸丰、鹤峰分别上升1.9%、4.4%、1.9%、1.1%、1.6%，利川、建始、来凤分别下降0.1%、0.4%、0.4%。可吸入颗粒物（PM_{10}）年均值依次分别为45微克/立方米、26微克/立方米、39微克/立方米、40微克/立方米、23微克/立方米、32微克/立方米、39微克/立方米、28微克/立方米，依次分别下降22.4%、23.5%、13.3%、16.7%、30.3%、11.1%、15.2%、9.7%。细颗粒物（$PM_{2.5}$）年均值分别为27微克/立方米、17微克/立方米、25微克/立方米、21微克/立方米、23微克/立方米、21微克/立方米、28微克/立方米、19微克/立方米，与2019相比，分别下降15.6%、10.5%、7.4%、32.3%、11.5%、16%、9.7%、9.5%。按照城市环境空气质量综合指数评价，空气质量监测结果由相对较好—相对较差的县（市）城区依次是：宣恩、利川、鹤峰、咸丰、来凤、巴东、建始、恩施。

【水环境质量】 2020年，对全州8个县（市）辖区内12个县级以上城镇集中式饮用水源地水质进行监测，水质达标率均为100%。对州内长江、神农溪、清江、郁江、唐崖河、酉水、溇水、马水河、沿渡河和忠建河等10条河流的17个地表水考核断面（8个国控断面、9个省控断面）、14个跨境断面开展水质监测。黄蜡石等8个国控断面水质类别全部为Ⅱ类。省控断面中，沿渡河神农洞断面水质为Ⅰ类，其余8个为Ⅱ类。14个跨境断面全部达标。清江七要口、恩施大沙坝断面水质由上年同期Ⅲ类提高到Ⅱ类，长江、清江出州境断面水质稳定保持在Ⅱ类以上类别。全州地表水国家考核断面水质首次进入全国地级及以上城市前30位，全省唯一。

【声环境质量】 2020年，全州8个县（市）区域环境噪声昼间平均等效声级范围为48.9—57.2分贝，平均值为53.8分贝，昼间区域环境噪声质量“较好”，与2019年相比降低0.5分贝，区域环境噪声质量变好。与2019年相比，8个县（市）中昼间区域环境噪声质量等级变好的县（市）有：巴东县、来凤县和鹤峰县，昼间区域环境噪声质量等级变差的县（市）有恩施市、利川市，其他县（市）昼间区域环境噪声质量等级保持稳定。全州8个县（市）各类功能区居住区（1类区）昼间达标率为86.4%，夜间达标率为69.7%。混合区（2类区）昼间达标率为96.7%，夜间达标率为86.7%。工业区（3类区）昼间达标率为100%，夜间达标率为95.8%。交通干线两侧区域（4a类区）昼间达标率为100%，夜间达标率为89.3%。铁路干线两侧区域（4b类区）昼间达标率为75%，夜间达标率为100%。道路交通噪声昼间平均等效声级范围为59.8—70.7分贝，平均值为66.7分贝，道路交通噪声强度“好”，与2019年相比降低1.7分贝，基本保持稳定。

【降水监测】 2020年，恩施市、利川市和咸丰县进行降水监测，3个县（市）采集降水样品数296个，其中酸雨样品数1个，酸雨检出率仅为0.3%，与2019年相比，保持稳定。

【总量减排】 2020年，全州落实减排任务目标责任制，推进工程减排、管理减排和结构减排，建立齐抓共管的部门联动机制，总量减排合力不断增强。2020年，全州化学需氧量、氨氮、二氧化硫、氮氧化物排放总量分别为37898.91吨、4591.87吨、12783.97吨、12030.41吨，较上年分别下降0.32%、0.21%、3.21%、4.41%，较2015年分别下降5.85%、3.71%、18.65%、12.15%。完成省下达的较2015年分别下降3%、3%、12%、10%目标任务。

【医疗废物处置】 2020年，全州累计收集转运医疗废物2529.75吨，全部得到安全处置。县（市）城区定点医院、隔离观察点医疗废物24小时转运处置，乡镇医院医疗废物48小时转运处置，全面落实医疗机构及设施环境监管与服务100%全覆盖，达到医疗废物、医疗污水及时有效收集和处理处置100%的工作要求。新冠肺炎疫情防控期间，全州出动检查人员3729人次，检查点位3866个次，出动监测人员1724人次，开展应急监测572次，确保全州生态环境质量安全。10月，州生态环境局被表彰为“恩施州抗击新冠肺炎疫情先进集体”。加快推进生态环境补短板工程项目建设，补齐恩施州医疗废物、危险废物收集处理短板，其中恩施市医疗废物处置补短板项目已入中央库，计划总投资5500万元，获得中央基建投资1100万元，正在进行项目选址；建始县办理土地开工手续并完成土地收储；鹤峰县项目征地工作完成，开展环评、地勘、设计；巴东县正在立项；利川市、宣恩县、咸丰县开展项目前期工作。

【创建“绿水青山就是金山银山”实践创新基地】 2020年，启动“绿水青山就是金山银山”（简称“两山”）实践创新基地创建。州委、州政府成立以州委书记任组长、州长任第一副组长的恩施州“两山”实践创新基地创建工作领导小组，领导小组下设工作专班，与州污染防治攻坚战指挥部办公室合署办公，日常工作由州生态环境局承担。12月29日，《恩施州“两山”基地建设实施方案》通过专家技术评审，同月完成“两山”实践创新基地推荐申报工作，争创国家第五批“绿水青山就是金山银山”实践创新基地。

【绿盾行动】 2020年，加强自然保护地监管，开展绿盾自然保护区监督检查专项行动，违法违规问题持续减少。国家下发恩施州国家级自然保护区遥感监测线索3条，经核实均不存在违法违规问题。绿盾行动开展以来，截至2020年底，发现涉国家级、省级自然保护区违法违规问题15个，全部整改到位。

【突出环境问题整改】 2020年，配合完成省第三生态环境保护督察组对恩施州开展“回头看”工作，省督察组交办的90件信访件均按时上报办理情况报告。第一轮中央生态环境保护督察反馈意见涉及恩施州35项整改任务，完成整改32项，其余3项达到序时进度。中央生态环境保护督察“回头看”及长江保护与湖泊开发专项督察反馈意见全州涉及19项，完成整改12项，其余7项达到序时进度。省环保督察整改反馈恩施州59项整改任务，全部完成整改（根据整改方案，其中37项需长期坚持、持续推进整改）。中央及省生态环境保护督察交办恩施州的507件信访件全部完成整改。

【优化营商环境】 2020年，全州生态环境部门持续深化“放管服”改革，抓好重点建设项目环评和全州工业园区规划环评工作。制定实施《恩施州生态环境系统更大力度优化营商环境激发市场活力十条具体措施》，简化行政审批，减材料3项、减环节6项、减时限2项、减跑路1项。全州将26个企业纳入执法正面清单管理，实行专人负责指导。严格执行环评“正面清单”，对65个项目实行环评豁免管理，对34个项目实行环评告知承诺制审批。落实重大项目建设环保服务工作，强化规划环评和项目环评联动，简化园区环评内容。统筹使用总量替代指标，支持重大项目建设，优化排污许可、排污权交易流程和服务。推行建设项目新增排污权交易承诺制，减少企业前期手续办理时间，安排11个企业进行排污权交易，交易总金额达148万元，对其中9个企业补贴排污权交易手续费。

【蓝天保卫战】 2020年，全州产业、能源、运输、用地结构调整持续优化，能源消费总量、单位地区生产总值能耗、煤炭消费比重等指标稳步下降。开展煤炭行业去产能工作，全州关停煤矿45个，化解过剩产能315万吨，谋划转型发展煤矿项目24个，完成关闭煤矿开展矿上环境恢复治理项目59个，完成省下达化解过剩产能任务。全州113个“散乱污”企业全部完成整治。34个工业企业无组织排放情况完成治理、17个工业炉窑治理项目完成整治，大中型矿山实施绿色矿山改造。加强机动车船污染防治，新能源和清洁能源车使用比例提高，全州43艘400总吨以上船舶全部完成防污改造，新登记注册新能源车5100余台。加强机动车排放检验机构及维修机构管理，全州完成5105台非道路移动机械摸底调查和编码登记，严格落实汽车排放检验与维护制度，州城建成2套机动车尾气遥感监测设施，有效遥感检测车辆19.7万辆次。全州累计报废注销老旧机动车4.5万余辆（含摩托车）。开展挥发性有机物整治专项行动，全州完成包装印刷、家具制造等行业治理400余个。全州县（市）建成区范围内542个公共机构食堂，1143个有3个以上灶头的饮食服务经营场所全部安装油烟净化设施。禁鞭管理、露天焚烧监管和秸秆综合利用得到加强。8个县（市）空气质量稳定达到国家二级标准。强化扬尘管控，各县（市）城区在建建筑工地达到“六个百分之百”要求，城区主要道路机扫率达80%以上。

【碧水保卫战暨长江大保护十大标志性战役】 2020年，全州8个省级工业园区生产废水实现污水集中处理，安装污染源自动监控系统。10座城区污水处理厂提标升级改造工程完成，77座乡镇生活污水处理项目建成运行，城镇生活污水处理厂污泥无害化处理处置率100%。核发排污许可证419个。化学需氧量、氨氮排放总量分别较2015年下降5.85%、3.71%。完成长江、清江干流781个入河排污口现场排查。77个乡镇垃圾中转站建成运行。完成建制村环境综合整治198个。累计建改农村户厕38.55万户，农户无害化卫生厕所普及率达91.85%。畜禽粪污综合利用率达94.12%，规模养殖场粪污处理设施装备配套率达96.69%，大型规模养殖场粪污处理设施装备配套率达100%。12个县级以上、146个乡镇及“千吨万人”规模集中式饮用水水源地划定保护区并完成规范化建设。农药和化肥使用量连续五年实现零增长，测土配方施肥技术覆盖率达92.05%，主要农作物测土配方施肥技术覆盖率达95.6%，农用残膜回收率达80%以上，秸秆综合利用率达到90%以上。开展水政执法1057人次，开展打击非法捕捞专项行动260次，上岸有证渔船195艘，安置渔民530人，放流经济类鱼苗5.9万公斤，大鲵2万余尾。建成省级以上自然保护地20个、国家重点生态功能区县（市）7个，湿地保护率达81.55%。精准灭荒总面积728.01公顷，累计完成人工造林357.13公顷，护堤护岸林建设186.67公顷，森林覆盖率为70.14%，较2015年（60.48%）提高9.66个百分点。累计完成裸露山体生态修复883.75公顷，矿山生态修复220个。累计完成石漠化防治9926.58公顷，“十三五”时期新增治理水土流失面积979平方千米。2020年用水总量4.0254亿立方米，其中工业用水量0.456亿立方米，万元GDP总值用水量40.81立方米（可比价），万元工业增加值用水量20.3立方米（可比价），分别较2015年下降41%、60%。清理整改水电站294座，242座小水电全部完成泄放设施改造。221个加油站、749个地下油罐全部完成防渗改造。4个沿江企业关闭1个，剩余3个关闭原生产线，设备去功能化。改造完成43艘400总吨及以上船舶、41艘100吨—

400总吨船舶。完成2个3000吨级客运泊位港口岸电建设任务。完成巴东县主城港区原有的8个货运码头以外任务。

【净土保卫战】 2020年，在对前期30个重点行业企业开展用地调查信息采集基础上，完成2个地块布点、采样、流转和分析检测。建立并更新全州疑似污染地块名录，涉及6个县（市）9个地块，均完成基础信息填报，5个地块完成土壤初步调查。制定重金属减排工程实施进展作战图，督导恩施山寨皮革有限公司完成重金属排放量下降74千克年度目标任务。按照持续推进涉镉等重金属重点行业企业污染源排查要求，对省厅下达给恩施州16个涉镉重点区域开展排查，未发现重金属重点行业企业、矿区及尾矿库。督导2个历史遗留涉镉企业完成涉镉整治。开展农用地环境分类管理，严格保护优先保护类耕地。组织恩施、利川、建始、巴东、咸丰5个产粮（油）大县（市）编制完成土壤环境保护方案。持续开展土壤污染治理与修复项目储备库建设，恩施、利川2个土壤污染防治项目分别获中央土壤污染防治专项资金800万元、700万元。

【农村环境污染防治】 2020年，全州实施建制村环境综合整治199个。“十三五”期间，全州累计实施建制村环境综合整治577个，完成比例100%。组织各县（市）以县域为单位，全面摸排农村生活污水治理情况，建立农村生活污水台账，完成农村生活污水治理专项规划编制。组织对全州原划定畜禽养殖禁养区进行调整，取消无法律法规依据划定禁养区151个、面积1670.106平方千米，重新科学规划畜禽养殖禁养区、限养区、适养区，河道全面禁养，规范畜禽养殖禁养区管理。对规模养殖场粪污处理设施装备配套情况、畜禽粪污还田利用情况及环境管理情况进行检查，检查养殖场488个，粪污处理设施符合要求412个，并对检查中发现的问题进行交办，责令限期整改。

【环境监管执法】 2020年，出动执法人员2968人次，检查污染源909个次，实施行政处罚25件，处罚金额240.114万元。加强环境执法与刑事司法联动，执行《中华人民共和国环境保护法》配套办法2件。新冠肺炎疫情防控期间，全州检查点位3866个次，其中医疗卫生机构、医疗废物处置、废水处置单位2416个次、医废集中处置单位（含医废运输车辆）384个次、复工复产企业778个次，检查水源地保护区71个、现场检查调处环境信访217件。出动检查人员3729人次，督促立行立改问题119个，全力保障辖区生态环境安全。全州“12369”环境违法行为有奖举报受理中心受理116件，电话受理44件，网络受理72件，全部办结。

【环境监测】 2020年，全州开展空气、水、土壤、噪声、降水等环境质量监测，在州生态环境局政务网站、“两微一端”平台、《恩施日报》等按时发布环境质量监测信息。加强环境监测质量管理，对全州8个县（市）环境监测站、在全州境内从事环境检测业务的第三方检测机构和机动车环保检测等公司，进行环境监测检测专项检查，检查结果通报全州，并督促存在问题单位按要求完成整改。完成长江经济带3个新建站、4座升级改造站点建设，联网到国家和省平台。7个县级以上集中式饮用水水源地自动监测简易站，6个完成建设并正常运行，并通过专家组验收，1个因大坝未建成蓄水暂未开工建设。加强重点污染源环境监测管理。国家平台向恩施州推送排污许可企业416个，完成自行监测信息填报及数据联网356个，联网率为85.6%。其中重点管理企业63个，完成自行监测信息填报及数据联网61个，联网率为95.2%。

【核与辐射管理】 2020年，开展“4·15”全民国家安全教育日核安全文化宣传贯彻工作，发放宣传资料300册，重点单位宣传展板36块，大屏滚动播放辐射安全与防护基础知识。开展辐射安全监督检查，督促164个核技术利用单位完成自查任务，接受国家对《国家核技术利用辐射安全监管系统》的两轮“数据质量核查”。优化项目服务，受理输变电项目3个、Ⅱ类射线装置DSA项目3个，配合完成“白鹤滩至江苏”800千伏特高压输电线路工程项目现场审核、国控辐射大气自动监测站竣工验收。督促完成环评登记表项目通信网络和Ⅲ类射线装置报备并完成验收监测，完善信息公开公示。辐射安全许可事项办理延续116个、变更51个、重新申领3个、新申领9个，注销1个。加强项目事中事后监管，辐射安全许可证持证率100%，全员培训100%，杜绝无证经营。

【危险废物管理】 2020年，开展工业固体废物、危险废物申报登记，危险废物规范化管理督查考核，做好涉核社会风险防患与化解，开展固体废物大排查，工业固体废物、危险废物申报登记等工作，全年全州有1338个涉危险废物单位完成申报登记，申报年产生量4525吨，申报率为99.04%，申报率均位于全省前列。

【环保宣传】 2020年，开展各类生态环保宣教活动，营造全民参与生态环保浓厚氛围，先后组织开展“4·15”全民国家安全教育日核安全宣传、国际生物多样性日、“六五”世界环境日、州政府《在线访谈》平台开设“县市长谈生态环保”专题等环保宣教活动。及时回复环球新闻华中网报道《私建水泥混凝土搅拌站、安全隐患威胁大》信息反映问题。全年回复网民留言24条。全年未发生生态环境保护热点舆情网络信息事件。8月，生态环境部办公厅发来表扬函，表扬州生态环境局政务微信账号为2020年优质账号。

【生态文明体制改革】 2020年，全州不断加大生态文明体制机制改革力度，生态环境损害赔偿制度改革、建立流域横向生态补偿机制、建立资源高效利用制度、强化土壤污染管控和修复、实施国家节水行动、开展邮政行业生态环境保护城市综合试点等一批生态文明体制机制改革项目进展顺利。全州监测监察执法垂直管理制度改革取得初步成效。改革后，全州增加州生态环境局高新区分局行政机构1个。9个生态环境综合执法机构设副县级公益一类事业单位支队1个，副科级公益一类事业单位大队8个。州生态环境局对各县（市）人财物实现统一管理，县（市）在编在岗人员实现应收尽收。县（市）分局全部设立党组。生态环境损害赔偿制度改革取得进展，坚持将该项工作纳入污染防治攻坚战督办内容。制定《州生态环境局2020年度参与州直其他单位改革项目任务清单》，切实履行改革领导小组办公室的职责。按要求完成生态损害赔偿制度改革调研任务。2020年，全州完成7起生态损害赔偿案件办理，州生态环境局直接参与办理案件3件，达成损害赔偿金5.6万元。

【“生态环保大讲堂”】 2020年，州生态环境局以视频会议形式举办15期“生态环保大讲堂”，全年组织3000多人次参加学习。课程包括《习近平谈治国理政》第三卷解读、坚决打赢污染防治攻坚战讲座、《中华人民共和国民法典》学习解读、政务礼仪、深入学习习近平总书记关于注重家庭家教家风建设的重要论述等，内容涵盖政治理论、业务知识、综合管理、行政执法等方面。

【世界环境日宣传活动】 2020年6月5日，开展“美丽恩施 我是行动者”为主题“六五”世界环境日宣传活动，召开新闻发布会，开展环保设施“云开放”，举办世界环境日专场演出线上直播等系列宣教活动，在《恩施日报》刊登州委书记、州长署名文章《坚持绿色发展 共建美丽恩施》，当日发放宣传印刷资料15900余份，推送环保短信10万余条，发放小礼品2500份。州生态环境局、利川分局、建始分局、咸丰分局分别拍摄小视频、MV，并通过州生态环境局网站、微信公众号、微博发布，产生点击量10万余人次。

【生态环境执法大练兵活动】 2020年6月28日，州生态环境局在全州范围内组织开展生态环境执法大练兵活动。此次练兵活动分期分批组织全州生态环境执法人员参加国家和省环境生态环境执法培训、监察岗位培训、全省重点污染源自动监控工作等业务培训，巴东县分局组织巴东县企业环境监察和信息公开培训会议。咸丰县分局组织企业环保法律培训，县内重点企业、医疗机构、规模化畜禽养殖场主要负责人80余人参加培训。恩施市分局开展涉危险废物检查82次，联合交运部门对全市汽修行业开展危险废物专项检查。组织开展危险废物专项整治，出动执法人员30人次对辖区内的农药销售经营单位进行抽查，检查农药销售经营单位15个。

【重要会议】 2020年5月13日，全州打好污染防治攻坚战暨生态文明建设示范创建工作会召开。5月20日，州污染防治攻坚战、长江大保护十大标志性战役及推进中央、省生态环保督察反馈问题整改工作指挥部办公室召开全州指挥部办公室主任会议。会议听取各县（市）指挥部办公室主任关于2020年以来工作进展情况，存在的主要问题及下步工作打算。会议通报全州环境质量方面、重点工作推进方面及各级指挥部办公室运行方面存在的问题。11月19日，2020年全州污染防治攻坚战暨大气污染防治强化管理推进会召开，会后对建始县、宣恩县、恩施市、利川市分管生态环保工作的副县（市）长就秸秆禁烧进行工作约谈。

（谭梦琪）

州环境监测中心

【概况】 2020年6月11日，州生态环境监测中心揭牌成立，隶属省生态环境厅直接管理，为统一行使生态环境质量监测、调查评价和考核职能，实行生态环境质量省级监测考核的公益一类事业单位，机构规格为副处级。全年开展大气环境质量监测、水环境质量监测、污染源监督性监测、新冠肺炎疫情防控期间应急监测等工作。

【大气环境质量监测】 2020年，对9个省控自动监测站点监测数据每日专人负责审核把关，全年审核数据47.3万个，每天根据省生态环境监测中心站预测模式下发的预测数据，结合全州气象状况开展未来7日空气质量预报，逢雨对恩施市城区、利川市和咸丰县4个降水监测点位开展降水pH、电导率、降水量及9种离子浓度指标监测工作。每月对恩施市城区2个降尘监测点位开展降尘监测工作。

【水环境质量监测】 2020年，对8个省控自动监测站点监测数据每日专人负责审核把关，全年审核数据10.5万个。每月对全州辖区10个省控断面、3个长江经济带断面、2个三峡库区水华预警和应急监测断面、8个县域生态考核断面开展监测并上报数据。完成国家总站采测分离样品分析月均400个以上样品监测工作，完成12个饮用水断面61项和饮用水109项全项目分析常规监测任务，水质达标率100%。协助完成落坡坝、南里渡桥水质自动站新建和洞坪、长沙河、景阳河、龙坪水质自动站升级改造工作。

【污染源监督性监测】 2020年，省生态环境保护督查“回头看”期间，配合省第三生态环境保护督察组，于9月21—30日对全州10个企业开展现场监测工作。

【其他环境质量监测】 2020年，新冠肺炎疫情防控期间，完成应急监测及水质调查任务共计40次。开展环境空气非甲烷总烃(NMHC)指标监测工作，完成饮用水源地周边土壤环境质量36个监测点位土壤环境监测工作，开展5个地下水监测点位水质监测，组织完成全州农村环境质量监测，对全州54个遥感监测地面核查点位开展野外核查及收集资料。

【质量管理】 2020年，按照省厅要求，完成州监测中心资质认定变更工作。重新编制州监测中心《质量手册》《程序文件》等质量管理体系文件。开展外控管理工作，完成对监测技术人员采取盲样、加标回收（现场加标回收）、密码样（现场密码样）等质控措施进行抽查考核。质量监督员每月开展对本室的质量监督工作。按时完成国家法定计量检定的仪器设备的检定和校准工作，完成国家总站、省站及省市场监督管理局下发的各项盲样考核工作。协助州生态环境局完成对恩施辖区内环境监测质量专项检查工作。

（黄光鑫）

科学技术

Science and Technology

综　述

【概况】　2020年，全州科技工作坚持“围绕产业链部署创新链，围绕创新链布局产业链”，聚焦“4+N”产业集群，组织开展关键共性技术攻关和研发。全年争取科技部“科技助力经济2020”专项6个，省级科技项目39个，支持资金2194.7万元。立项支持科技研发项目27个，安排资金1050万元。履行牵头创建申报国家高新区职责，推进创建国家高新区。全年高新产值29.67亿元，占地区生产总值的比重2.65%，同比持平；高新产值增速排名全省第五。全年组织29个企业申报国家高新技术企业，28个获得认定，全州高新技术企业总数62个，比上年净增8个，增长14.8%。全州新入库科技型中小企业91个，总数111个。全州新备案认定州级企校联合创新中心20个、省级企校联合创新中心6个。

2020年恩施州新认定高新技术企业一览表

表7

序号	所属地域	企业(单位)详细名称
1	高新区	州源惠科技开发有限公司
2	高新区	州师达电子信息科技有限公司
3	高新区	恩施市齐进节能建材工程有限公司
4	高新区	恩施市长源轴承制造有限公司
5	高新区	湖北和诺生物工程股份有限公司
6	高新区	恩施硒圣植物科技有限公司
7	恩施市	州联信科技发展有限公司
8	恩施市	恩施蓝焙茶业股份有限公司(恩施亲稀源硒茶产业发展有限公司)
9	恩施市	恩施市恩宁工程设备有限责任公司
10	恩施市	恩施徕福硒业有限公司
11	恩施市	湖北同广和新材料有限公司
12	恩施市	恩施德源健康科技发展有限公司
13	恩施市	湖北钜鑫工贸有限公司
14	恩施市	恩施清江生物工程有限公司
15	恩施市	湖北英孚电力有限公司
16	恩施市	恩施九州通中药发展有限公司
17	利川市	湖北香连药业有限责任公司
18	利川市	恩施诚实通中药材产业发展有限公司
19	利川市	湖北旭舟林农科技有限公司

续表 7

序 号	所属地域	企业(单位)详细名称
20	建始县	湖北圆通生物工程有限公司
21	建始县	恩施天天佳生物科技有限公司
22	建始县	智泰科技(湖北)有限公司
23	巴东县	时珍堂巴东药业有限公司
24	宣恩县	湖北博今电气有限公司
25	咸丰县	唐崖白叶茶科技(湖北)有限公司
26	咸丰县	咸丰县堰塘食品有限责任公司
27	咸丰县	湖北新农佳科技有限公司
28	来凤县	来凤县金凤建材工业有限责任公司

【科技项目】 2020 年，组织开展州级科技计划项目立项工作，立项支持科技计划项目 27 个，安排资金 1050 万元，其中硒食品精深加工领域 775 万元，生物医药领域 250 万元，分别占科研经费总额的 73.8%、23.8%。争取国家、省级科技资金，全年获得支持资金 2194.7 万元，比上年增长 44.7%。抢抓中央支持湖北发展一揽子政策机遇，6 个项目得到科技部专项支持，获得资金 300 万元；恩施德源健康科技发展有限公司、省中药材研究所获得重点专项立项，每项 200 万元。中科院上海生科院开展的“硒与健康”基础研究取得实质性进展。全年组织开展项目验收 8 场，验收项目 141 个，通过验收 137 个。

【科技主体培育】 2020 年，建立高新技术企业培育后备库，对入库企业予以重点培育。下发《关于组织开展 2020 年高新技术企业认定申报工作的通知》，部署 2020 年申报工作。组织县（市）和恩施高新区科经局及相关企业人员参加省科技厅组织的“科技助力高新技术企业发展”系列培训活动。制定《2020 年州科技局领导联系服务基层工作方案》，指导服务高新技术企业培育申报等工作。全州入库科技型中小企业 111 个，比上年增长 450%。州科技局获评 2019 年度湖北省高新技术企业认定管理工作先进集体，秦开伟获评先进个人。

【科技活动周】 2020年8月24日，由州科技局、州委宣传部、州卫健委、州科协联合主办，以“科技战疫创新强国”为主题的恩施州 2020 年科技活动周启动式举行。开展“新冠肺炎疫情科学防控”专题讲座、科技减灾防灾专题培训、“科学使者进农村”、科技孵化人才能力提升培训、东西部扶贫协作特色产业致富带头人培训、气象科普系列宣传、礼赞科技工作者宣传报道、参观科普教育基地和省级重点实验室等科技宣传和科技成果展示活动。全州有 100 多个单位参加本届科技活动周，300 多名专业技术人员、“三区”科技人才、科技特派员、科技工作者进社区、下农村、入学校开展科技普及、技术咨询、技术服务、科技培训、义诊等活动，参与群众 2 万余人。活动周期间，开展科技下乡 20 余次，发放各种科技宣传资料 4 万余份（册），科技咨询 5000 余人次，赠送农资及物品近 8 万元，义诊 500 多人次，为企业进行技术诊断 180 余项，开放科普基地 20 多个，举办各类培训、现场指导 10 余场。

2020 年 8 月 24 日，恩施州 2020 年科技活动周启动式在华龙城大酒店举行
（州科技局 供稿）

【科技创新政策法规集中宣传月活动】 2020 年 7 月 9 日，“恩施州科技创新政策法规集中宣传月”活动启动。活动采取州、市（县）联动，线上线下结合，重点宣传科技成果转化、高新技术企业认定、科技计划项目管理、科技企业孵化器等政策。将科技政策法规汇总成“政策工具包”在州科技局网站发布。

（马俊杰）

科技平台

【概况】 2020 年，恩施州认定备案省级、州级企校联合创新中心各 6 个、20 个，建成国家级科技企业孵化器 2 个、国家级众创空间 2 个，省级科技企业孵化器 2 个，省级众创空间 5 个，国家级星创天地 6 个，省级星创天地 7 个，州级星创天地 12 个，湖北省乡村振兴科技创新示范基地 4 个。按照新型科研机构建设要求，推进湖北省富硒产业技术研究院市场化运行改革。争取省科技厅同意恩施州建设湖北恩施道地药材产业技术研究院，支持鹤峰县建设有机茶产业研究院、来凤县建设藤茶产业研究院。

【星创天地】 2020年，恩施州武陵良繁星创天地、勤隆中药材星创天地、硒都农林科技星创天地、巴东县楠柏生态种养加旅星创天地4个星创天地被认定为省级星创天地。截至年底，全州共有国家级星创天地6个，省级星创天地7个。9月，启动州级星创天地认定申报工作，智慧助农星创天地等12个星创天地通过认定备案，每家星创天地给予5万元资金补助。

【4个基地名列湖北省乡村振兴科技创新示范基地】 2020年12月29日，省科技厅公布第一批省级乡村振兴科技创新示范基地名单，恩施州4个入选，分别是湖北建始地方猪养殖乡村振兴科技创新示范基地、湖北恩施富硒食品加工乡村振兴科技创新示范基地、湖北来凤油料加工乡村振兴科技创新示范基地、湖北建始富硒蔬菜加工乡村振兴科技创新示范基地。

（马俊杰）

科技成果

【概况】 2020年，在州域内实施科技政策宣传、技术服务队伍建设、科技成果转化精准对接、“联百校、转千果”科惠行动云推介等活动。全年组织5场科技政策宣传活动，征集并发布34条各类企业技术需求，登记62项省科技成果，获批2个湖北省科技成果转化中试研究基地，组织365个企业、2373人次参加13场“联百校、转千果”科惠行动云推介活动，促成19项科技成果转化落地，43人获技术登记员、技术经纪人资格，新增3个技术合同认定登记站点，完成7.46亿元技术合同认定登记额，获得2项省科学技术奖、1项中国技术市场协会金桥奖。

【科技成果登记】 2020年，按照各级、各类财政性科技计划（含专项）产生的科技成果应当登记，非财政投入产生的科技成果自愿登记的原则，2020年对恩施州内科技成果进行清理与登记，完成62项省科技成果登记。

2020年恩施州年科技成果一览表

表8

序号	成果名称	申报单位	登记点	登记号
1	土家织锦图案创作及色彩处理软件	湖北民族大学	州科技局	EK2020E240001000001
2	马铃薯硒营养强化技术研究	州农科院	州科技局	EK2020D240002000029
3	玉米新品种恩单532选育	州农科院	省科技厅成果处	EK2020C010116000394
4	一种酒香大豆乳清饮料及其生产工艺	湖北民族大学	州科技局	EK2020E240003000438
5	玉米新品种恩单525选育	州农科院	省科技厅成果处	EK2020C010323000882
6	玉米新品种粒玉2号选育	州农科院	省科技厅成果处	EK2020C010328000895
7	玉米新品种恩禾单1号选育	州农科院	省科技厅成果处	EK2020C010329000896
8	玉米新品种恩单588选育	州农科院	省科技厅成果处	EK2020C010330000897
9	厚朴（药用）高效栽培技术推广示范	州林业科学研究所	省科技厅成果处	EK2020B010362000968
10	富硒水稻品种选育及关键栽培技术研究	州农科院	州科技局	EK2020D240004001088
11	恩两优636	州农科院	省科技厅成果处	EK2020C010401001078
12	宜香优62	州农科院	省科技厅成果处	EK2020C010402001079
13	一种野葛种苗高效培育方法	省农业科学院中药材研究所	州科技局	EK2020E240005001089
14	金科优66	州农科院	省科技厅成果处	EK2020C010409001099
15	防治竹节参鼠害的组合物工艺设计系统	省农业科学院中药材研究所	州科技局	EK2020E240006001123
16	湖北荚蒾属植物种质资源收集与观赏性评价	州林业科学研究所	省科技厅成果处	EK2020A010416001108
17	川种优639	州农科院	省科技厅成果处	EK2020C010423001134
18	中百优65	州农科院	省科技厅成果处	EK2020C010424001135
19	恩施富硒区核桃林地土壤养分调查及富硒核桃开发利用	州林业科学研究所	州科技局	EK2020D240007001146
20	生物分子快速结晶设备和方法	湖北民族大学	州科技局	EK2020E240008001171
21	药用植物有效成分提取装置	湖北民族大学	州科技局	EK2020E240009001172
22	贡水白柚酵素饮品关键技术研究与开发	宣恩县富源农业发展有限公司	州科技局	EK2020D240010001180
23	水稻品种抽穗扬花期耐冷性鉴定与评价技术规程	州农科院	省科技厅成果处	EK2020B010447001195
24	一种提高十字花科聚硒作物产量及硒形态转化率方法	恩施德源健康科技发展有限公司	州科技局	EK2020E240011001185
25	马铃薯种质资源库	州农科院	省科技厅成果处	EK2020A010453001201
26	恩试529	州农科院	省科技厅成果处	EK2020C010456001204
27	高效经济林甜柿与富硒黄精立体栽培模式研究与示范	州大地生物科技研究所	省科技厅成果处	EK2020A010457001205

续表 8

序号	成果名称	申报单位	登记点	登记号
28	藤茶生产技术规程	州农科院	省科技厅成果处	EK2020A010473001292
29	坝漆良种选育与优质丰产栽培技术研究	州林业科学研究所	州科技局	EK2020D240013001222
30	藤茶富硒增产栽培技术研究与标准化生产试验示范	州农科院	州科技局	EK2020D240012001221
31	一种提取罐罐口防夹手装置	硒多宝饮品集团股份有限公司	州科技局	EK2020F240014001239
32	生产藤茶饮料前处理设备	硒多宝饮品集团股份有限公司	州科技局	EK2020F240015001240
33	制备富硒植物原饮杀菌釜系统	硒多宝饮品集团股份有限公司	州科技局	EK2020F240016001241
34	发芽箱及三叶木通种苗繁殖方法	恩施清江生物工程有限公司	州科技局	EK2020E240017001242
35	针毡式植物输液器及八月瓜硒富集栽培方法	恩施清江生物工程有限公司	州科技局	EK2020E240018001243
36	恩施黄牛、山羊富硒标准化养殖技术研究	州农科院	州科技局	EK2020D240019001244
37	富硒西兰花功能性产品研发与应用	恩施徕福硒业有限公司	州科技局	EK2020D240020001245
38	水溶性硒蛋白生产工艺研究	施恩（恩施）生物医药开发有限公司	州科技局	EK2020D240021001246
39	一种皇竹草浸种育苗系统设备	恩施徕福硒业有限公司	州科技局	EK2020E240022001250
40	一种皇竹草育苗方法	恩施徕福硒业有限公司	州科技局	EK2020E240023001251
41	利用微波辅助技术提取桂花浸膏研究	湖北来凤腾升香料化工有限公司	州科技局	EK2020D240024001280
42	来凤凤菊综合利用技术研究	湖北来凤腾升香料化工有限公司	州科技局	EK2020D240025001281
43	一种羟基高选择性保护方法	来凤腾升香料化工有限公司	州科技局	EK2020E240026001282
44	一种天然香料生产用过滤装置	湖北来凤腾升香料化工有限公司	州科技局	EK2020F240027001309
45	一种天然香料生产混合装置	湖北来凤腾升香料化工有限公司	州科技局	EK2020F240028001310
46	一种香料提取浓缩装置	湖北来凤腾升香料化工有限公司	州科技局	EK2020F240029001311
47	一种香料桶软管固定装置	湖北来凤腾升香料化工有限公司	州科技局	EK2020F240030001312
48	一种富硒蛋白粉的混合装置	恩施徕福硒业有限公司	州科技局	EK2020F240031001313
49	一种用于制备富硒堇叶碎米荠提取物破碎压榨结构	恩施徕福硒业有限公司	州科技局	EK2020F240032001314
50	一种富硒蔬菜种植大棚	恩施徕福硒业有限公司	州科技局	EK2020F240033001315
51	一种富硒植物饮料灌装结构	恩施徕福硒业有限公司	州科技局	EK2020F240034001316
52	一种天然香料生产用烘干转盘	湖北来凤腾升香料化工有限公司	州科技局	EK2020F240035001317
53	一种天然香料生产用研磨装置	来凤腾升香料化工有限公司	州科技局	EK2020F240036001318
54	一种天然香料生产用原料加热装置	湖北来凤腾升香料化工有限公司	州科技局	EK2020F240037001319
55	一种香料精油提取灌装一体设备	来凤腾升香料化工有限公司	州科技局	EK2020F240038001320
56	一种香料生产辅助分馏设备	来凤腾升香料化工有限公司	州科技局	EK2020F240039001321
57	一种香料生产用输送装置	来凤腾升香料化工有限公司	州科技局	EK2020F240040001322
58	一种香料生产用蒸馏装置	来凤腾升香料化工有限公司	州科技局	EK2020F240041001323
59	富硒甘薯种质资源的引进、筛选及评价的研究	州农科院	州科技局	EK2020D240042001324
60	复杂环境下可视化物联网关键技术及其在富硒生态农产品溯源系统中的应用研究	恩施徕福硒业有限公司	省科技厅成果处	EK2020A010484001331
61	一种水培方式生产甘薯脱毒种苗的方法	州农科院	州科技局	EK2020E240043001368
62	杜鹃兰种苗快繁技术研究及应用	鹤峰县绿峰林药专业合作社	州科技局	EK2020D240044001381

【科技奖励】 2020年，宣传各类科技奖励政策，组织申报推荐相关科技奖项。湖北民族大学主持的“民族传统风味食品现代加工关键技术创新及产业化”获得省科技进步奖二等奖，省农业科学院中药材研究所主持的“独活高效生产与质量控制技术研究与应用”获得省科技进步奖三等奖。州农业科学院崔清梅获得中国技术市场协会金桥奖个人二等奖。

【产、学、研合作】 2020年，为促进企业技术升级和科技成果转化，通过开展科技政策宣传、企业技术需求征集、科技成果发布、“联百校、转千果”科惠行动云推介以及高校院所、技术转移机构入企精准对接等活动，促成19项科技成果转化落地。

（马俊杰）

科技人才

【概况】 2020年，争取国家“三区”（边远贫困地区、边疆民族地区和革命老区）科技人才150名、省级科技特派员42名、选派州级科技特派员55名，县（市）级科技特派员413名，覆盖全州53个乡镇，服务各类农业企业和农村经济合作组织。培育州级重点创新团队10个，推荐省级双创战略团队7个，申报2020年度国家科技创新创业领军人才1名。

【科技特派员】 2020年7月，州科技局组织召开科技特派员选派工作座谈会，研究讨论《2020年度恩施州科技特派员选派方案》，启动选派工作。8月，结合各县（市）产业发展需求，经个人申请、派出单位推荐、县（市）科经局对接，公示无异议，认定2020年度恩施州科技特派员55名（其中湖北民族大学20名、恩施职业技术学院17名、州农科院7名、省农科院中药材研究所6名、州林业科学院3名、州农业局2名），按照每人每年8500元的补助标准，补助资金共46.75万元。

【农业科技服务】 2020年，组织10名科技人员到杭州市参加浙江省2020年对口支援科技业务创新人才培训班，组织16名科技人才参加2020年湖北省"三区"人才支持计划农村科技创业培训骨干培训班。全州"三区"科技人才、各级科技特派员围绕茶叶、畜牧、马铃薯、中药材、蔬菜、林果、木本油料等特色产业，推广应用新品种、新技术、新成果，针对产业发展过程中一些关键时段、关键环节进行技术指导和咨询培训，培训农民5000人，发放资料2万份，帮助解决技术问题140个。

（马俊杰）

农业科技

【概况】 2020年，以试验示范为抓手带动技术引领，推动品牌强农。开展高效模式及新品种试验示范，制定地方标准，围绕农业生产急需的新品种新技术，加大新品种引进、筛选、审定及示范推广，强化良种良法集成配套，"薯玉豆高效模式"被列入全省旱作高效模式并在全省进行培训交流。全年授权"恩施土豆"农产品地理标志企业89个，"恩施土豆"获得"我最喜爱的湖北品牌"电视大赛金奖，被中国绿色农业发展联盟等授予"2020全国绿色农业十大最具影响力地标品牌"。

【农业技术推广】 2020年，通过引导企业申报"恩施土豆"农产品地理标志授权并不断加强培训管理，授权企业89个，马铃薯基地单产水平、收购价格、产品外销数量和外销价格等都明显提升。牵头组织"恩施土豆"参加由湖北知识产权局、省广播电视台联合举办的"2020我最喜爱的湖北品牌"电视大赛，以预赛综合第一、决赛综合第四名获得金奖。"恩施土豆"被中国绿色农业发展联盟等授予"2020全国绿色农业十大最具影响力地标品牌"。开展恩施小杂粮的研究推广、省级薯玉X宽幅集成高效模式研究。先后组织及参与立项制定发布《马铃薯——玉米——大豆复合种植模式技术规程》《绿色食品 恩施土豆生产技术规程》《绿色食品 硒甜玉米生产技术规程》《绿色食品 硒板栗南瓜生产技术规程》《关口葡萄含硒绿色生产技术规程》。完成湖北省山区玉米新品种的抗病性鉴定3组30个品种，湖北省外引玉米新品种抗病性鉴定68个品种，联合体试验3组22个品种，玉米新品种区试及生产试验抗病性鉴定2组17个品种。牵头组织国家武陵山区水稻及恩施州水稻、玉米新品种区域试验，试验8组72个试点63个品种，推荐国省审定新品种5个，在部省品种试验评审会上作典型交流。结合农业农村部种业管理司定点扶贫，高标准完成农作物展示示范和抗逆性跟踪鉴评100个以上品种，开设抗病蔬菜新品种试验，市场销售种子抗性跟踪6组111个新品种，种子质量监督抽检238份，发芽检测合格率99%，海南田间纯度种植鉴定149份，合格率100%。

【农业科技培训】 2020年，完成基层农技人员知识更新培训541人（省调19人），高素质农民培训3317人，产业扶贫培训23315人，致富带头人培训1095人，农村实用技术培训40165人，线上培训306605人。实施"一村多名大学生"计划483名。

【马铃薯晚疫病监测预警】 2020年，省马铃薯晚疫病监测预警指挥中心发布中长期病虫情报2期，县（市）依托马铃薯晚疫病监测预警系统发布病虫情报12期。

（朱兴文）

重点科研院所

恩施州农业科学院

【概况】 2020年，州农业科学院（简称州农科院）承担各级科研课题67项，其中省部级34项，州级18项，院青年基金13项，横向合作2项，新上12项。"基于核心种质的四倍体马铃薯休眠期GWAS分析及全基因组选择体系构建"获国家自然科学地区基金立项，"马铃薯种质资源评价"获省科技基础条件平台建设项目立项，"鄂魔芋1号新品种示范基地建设"获省农业厅专项支持，"富硒发酵中草药饲料添加剂在鸡无抗养殖中的研究与应用"等2个课题获州科技专项支持。科研成果登记19项，与省农科院联合申报的"机采茶树鲜叶加工技术及关键装备研发与应用"获省科技进步二等奖，选育的10个作物新品种通过审（认）定，4项国家专利获受理，7项国家专利获授权，主持制定农业农村部行业标准2项，州地方标准15项，发表论文27篇，主（参）编科技专著3部。9月，承办全省农业科技"五个一"行动现场会暨"十四五"规划研讨会。州农科院获评"2017—2019年度湖北省文明单位"，被州委组织部、州人社局、州政府扶贫办表彰为州事业单位脱贫攻坚记功集体。

【科研创新平台建设】 2020年，州薯类工程技术研究中心、州茶叶工程技术研究中心获得平台补助经费支持，完成"恩施州脱毒马铃薯原原种基地建设""扶贫专项恩施州马铃薯原种生产""湖北恩施自治州国家茶叶区域性种苗繁育基地及智能化温室"项目。省富硒产业技术研究院完成注册。

【科研成果转化】 2020年，组织开展科技成果转化4项，科技服务转化25项，成果转化和技术服务费超过200万元。与州内35个经营主体开展对接服务，以"科研院所+公司+基地+农户”的模式向农业经营主体转化实施技术20余项。10个专业团队开展“大白菜根肿病防治技术”“硒蛋白中硒代氨基酸的检测”等10项“卡脖子”技术难题攻关，与恩施市花枝山茶叶专业合作社、省洪富农牧业有限公司等11个农业经营主体共同联合构建研发推广平台，在咸丰县忠堡镇马倌屯村、利川市汪营镇井坝村、恩施市屯堡乡鸦丘坪村等14个示范村开展科技行动，推广马铃薯优质高效生产技术、鄂魔芋1号、玉米新品种优化集成栽培、《基于活框养殖的恩施中蜂蜂蜜生产技术规程》等10项农业科技应用模式，将恩施市三岔镇三元坝村和龙凤镇青堡村列为乡村振兴科技示范村。

【科技服务】 2020年，派出21名“三区”人才、7名科技特派员、8名产业扶贫指导员、7名企业研发副总和特色产业顾问，指导项目实施、成果转化。组织科技下乡活动，先后派出科技专家215人次，服务3258人次。开展科技进村入户，培育提高一批农业技术人员和种植大户的科技素质，组织开展的“科技支农活动”得到州科协重点支持。

【科技人才】 2020年，与中国农科院博士后管委会签订《联合招收工作站博士后合作协议》，招进站博士2人。全年新进研究生、大学生8人。推荐国贴专家1人、省贴专家1人、专业技术3级岗位专家8人、西部之光访问学者1人、人才服务基层行动专家7人。

【重点工程建设】 2020年1月22日，农博园项目立项，其中“农业科技创新中心”于12月25日开工建设。农业科技示范园和“三基地”（天池山基地、两河口基地、海南南繁基地）建设有序推进，当年安排国债资金5934万元。

（杨真杭）

湖北省农业科学院中药材研究所

【概况】 2020年，湖北省农业科学院中药材研究所（简称“中药材研究所”）在研项目38项，落实到账经费698.36万元，“独活高效生产与质量控制技术研究与应用”获得省科技进步三等奖1项，评审省级地方标准1项，申报恩施州技术规程4项，授权发明专利6项、外观设计专利2项，申请发明专利27项，发表学术论文27篇（其中SCI5篇、核心期刊16篇）。1人获湘鄂赣第四届农业科研优秀青年，3人获2020药植论坛培根论文奖，副研究员郭坤元被共青团中央和人力资源部表彰为第20届“全国青年岗位能手”。

【平台建设】 2020年，“国家现代农业科技示范展示基地（武陵山）”获农业农村部批准立项，成为中药材研究所第一个国家级平台。“湖北省林下经济工程研究中心”获省发改委批准，湖北省药用植物种质资源库投入运行，编码入库种子1700份。完成国家中药材产业技术体系恩施综合试验站、湖北省茶与中药产业技术体系分配任务。加强华中药用植物园建设，投入资金26万余元完成商家湾排水沟渠、北园木瓜区排水沟渠、伸缩门建设、食堂和住宿楼维修等工作。完成华中药用植物园鄂州展示基地建设方案。新建物资储物仓库1个，约50平方米，采购3批仪器设备55台套，其中进口设备3台套。

【科技服务】 2020年，将省农业科技“五个一”行动与精准扶贫工作融合开展，在全省推广中药材新品种、新技术、新模式12项，推广中药材种植面积34353.33公顷。科研人员参与全省科技服务与精准扶贫工作，其中国家中药材产业扶贫行动专家3人，农业农村部定点扶贫县产业技术顾问6人，省科技特派员2人，省三区人才9人，院士专家企业行4人，州科技特派员6人，州人才服务基层专家5人，州产业扶贫（农技）指导员5人。在全省开展各类科技服务活动51场（次），培训基层技术人员、种植大户、农民共计1620人次，有效解决中药材生产中实际问题。完成科技成果转化项目20项，总金额209.2万元。

【“国家中药材产业技术体系恩施综合试验站”项目】 该项目属农业农村部现代农业产业技术体系项目。2017年立项以来，试验站以双河紫油厚朴新品种为核心配套集成良种繁育、高效栽培、生态种植、产地加工等技术，形成综合性成果“道地药材紫油厚朴标准化种植关键技术集成与应用”，获省科技成果推广一等奖，成为省生态种植模式的示范样板，在全省应用面积超过4万公顷。在武陵山区、秦巴山区、大别山区、幕阜山区4个集中连片特困山区，成功摸索出科技助力山区中药材产业发展的脱贫致富路。据不完全统计，恩施站助力全省20个县（市）、31个贫困村脱贫，为26个企业提供科技服务。

【“道地药材黄连、湖北贝母新品种培育及关键技术研究”项目】 2020年，开展黄连、湖北贝母的种质资源调查与收集，建立种质资源圃，从形态学、生理学、分子学、化学、质量、产量等方面进行种质资源评价，选出500个优势单株扩繁，建立株系圃，同时针对品种特性开展相关的配套栽培研究。

【“道地药材安全高效生产关键技术研究与示范”项目】 2020年，召开项目启动会，围绕黄连、湖北贝母2个重点品种开展3项重点工作：针对种质退化问题，开展系统选育研究，选出优良品系进行扩繁和品比试验、生产试验及示范；针对品质和产量下降等问题开展高效栽培、生态种植、绿色防控等关键技术研究，构建标准化种植技术体系，建立良种繁育基地和新品种（系）示范基地；针对产品效益低，附加值不高，开展产地鲜切加工和开发利用研究，研制出中药保健品、日化产品、中兽药饲料添加剂、生物源农药等产品。建立中药材生产、质量控制、产品研发技术体系，构建中药材产业链。

【“鄂西南山区道地药材种质资源保育与利用创新平台建设”项目】 2020年，收集湖北贝母、半夏、玄参、竹节参、白术、黄连、党参、重楼、大黄、贝母、木瓜等种质资源102份，在恩施市新塘乡下坝村、校场村建立相应资源圃予以保育，圃地面积2.13公顷。以重楼、竹节参、贝母、木瓜、大黄等为重点，开展鄂西南山区道地药材种子种苗繁育技术研究，其中重楼母本园避雨栽培及根茎切块繁殖，竹节参立体育苗，大黄的种子和子芽繁殖，白术、贝母、半夏、大黄的组织培养取得进展。完成以黄连、大黄、重楼、党参、木香、黄精等为主的鄂西南山区道地药材种子种苗生产核心示范基地建设，面积3.93公顷。在恩施州与相关中药材种植企业、合作社共建重楼、黄连、大黄、贝母等种子种苗生产示范基地30.53公顷。繁育种子种苗在恩施州及周边进行推广种植，面积合计365.33公顷。

【"道地药材药用大黄新品种选育及配套技术研究"项目】 2020年，开展药用大黄的种质资源调查与收集，建立种质资源圃，并从形态学、生理学、分子学、化学、质量、产量等方面进行种质资源评价，选出200个优势单株扩繁，建立株系圃，同时针对品种特性开展相关的配套技术研究。

【"中药材种子种苗繁育与产品研发"项目】 2020年，开展资源收集与保育、种子种苗繁育、制定技术规程、产品研发和技术培训。在华中药用植物园、恩施市天池山和利川开展黄连、竹节参、独活等道地药材种苗繁育基地建设，面积14.67公顷，在所内中药材繁育中心和组培中心分别开展白术、半夏、湖北贝母、石斛、大黄等中药材组织培养和设施育苗技术研究。与重庆市国家植物新品种测试分中心合作，进行白术和独活新品种DUS测试指南的研制。开发淫羊藿、黄连花精制饮片、富硒党参压片糖果、富硒速溶茶等产品。

（艾伦强）

2020年5月12日，省农业科学院在利川市调研黄连基地情况

（艾伦强 摄）

恩施州林业科学研究院

【概况】 州林业科学研究院（州林业科技推广站）是州林业局直属公益一类事业单位，省林业科技创新示范基地，州木本油料工程技术研究中心。2020年，有实验基地80公顷，产学研合作基地5个，珍稀木本植物园近4公顷，藏有木本植物标本1.2万余份，建有组织培养实验室、分析实验室及各种实验仪器设备100余套。累计获得科技成果41项，其中获国家级科技成果奖一等奖、二等奖各1项，省科技成果奖14项，州科技进步奖11项。

【林业科学研究】 2020年，承担省、州级科研项目《油茶高效栽培技术集成示范》《富硒核桃标准化栽培及精深加工关键技术研究》《珍贵树种楠木基于生理生态效应的培育经营关键技术研究》《珍贵楠木高效栽培技术推广示范》《武陵山区亚高山油茶品种筛选与栽培技术研究应用》等8项，登记科研成果《恩施富硒区核桃林地土壤养分调查及富硒核桃的开发利用》《厚朴（药用）高效栽培技术推广示范》2项，国家软件著作权《楠木适生区域相容性生长模型分析软件V1.0》1项，制定或参与制定湖北省地方标准《楠木人工林经营技术规程》《栾树栽培技术规程》2项，申请发明专利《于机器视觉的楠木育苗辅助装置和方法》《楠木种植用的全自动挖坑填土装置》2项，实用新型专利《一种基于机器视觉的楠木育苗装置》1项，发表相关科研论文《Characterization of the complete chloroplast genome of the Phoebe bournei》《油茶林下复合经营药材模式初探》《"油茶+丹参"复合经营技术及其效益分析》等5篇。建成楠木核心资源数据库，收集保存楠木种植资源8900余份，建成核桃标准化栽培示范基地3个，启动山桐子种植资源收集及母树园建设工作，与湖北民族大学联合培养硕士研究生1名。

【科技推广】 2020年，建成油茶高效栽培技术示范林26.67公顷，楠木高效栽培技术示范林33.33公顷。2名科技骨干任林业企业科技副总，有州级科技特派员3名，选派5名科技骨干参加林业科技服务。组织会议集中培训1次，全年累计培训林农800余人次，发放技术资料1000余份。参加科技活动周，开放鄂西树木园，设置讲解员1名，年接待访客600余人次。

（曾勇）

教　育

Education

教育管理

【概况】 2020 年，全州有各级各类学校 1231 所（不含 561 个小学教学点），其中幼儿园 578 所，义务教育学校 601 所（小学 456 所、初中 145 所），高中阶段学校 41 所（普通高中 29 所、中等职业学校 12 所），高等教育学校 3 所，特殊教育学校 8 所。在校学生 647705 人，其中学前教育 100837 人，义务教育 396259 人（小学 258285 人、初中 137974 人），高中阶段 105152 人（普通高中 71980 人、中等职业学校 33172 人），高等教育 44915 人，特殊教育 542 人。有教职工 45393 人，其中学前教育 10038 人，义务教育 25394 人（小学 14898 人、初中 10496 人），高中阶段教育 7083 人（普通高中 5732 人、中等职业学校 1351 人），高等教育 2723 人，特殊教育 155 人。

2020 年恩施州各级各类学校基本情况表

表 9

类　别	校　数（所）	毕业生数（人）	招生数（人）	在校学生（人）	毕业班人数（人）	教职工数（人）	
						总　数	专任教师数
一、普通高校	3	10457	16552	44915	10674	2723	2025
湖北民族大学	1	5307	8494	22215	5235	1502	1096
普　通		3762	5004	16511	3517	—	—
成　人		1333	3052	4784	1486	—	—
硕士研究生		212	438	920	232	—	—
湖北恩施学院	1	2787	4098	12754	2692	583	431
本　科		2285	2754	9231	1839	—	—
专　科		502	1344	3523	853	—	—
恩施职院	1	2363	3960	9946	2747	638	498
普　通		2264	3925	9846	2682	—	—
成　人		99	35	100	65	—	—
二、成人高校							
恩施电大（开放教育）							
其中：网络							
三、中等职业学校	12	8827	11045	33172	9573	1351	1232
四、普通中学	174	64333	71677	209954	68373	16228	14318
初　中	145	42829	45638	137974	46289	10496	9696
高　中	29	21504	26039	71980	22084	5732	4622
五、小　学	456	44527	37903	258285	47163	14898	14242
六、特殊教育	8	90	67	542	93	155	145
七、幼儿园	578	40116	39517	100837	43864	10038	4548
合　计	1231	168350	176761	647705	179740	45393	36510

说明：1. 不含人社部门管理学校　2. 州广播电视大学与州信息技术学校同属一校，州广播电视大学是省广播电视大学分校，不计入校数，未统计；州信息技术学校为普通中等职业技术学校，相关数据统计入中等职业学校

【新冠肺炎疫情防控】 2020年，在全省率先为255342名农村师生每月免费赠送20G上网流量，全州网络教学参学率达99.82%。开展以“同舟共济驱病毒，众志成城战疫情”为主题的征文征画活动，评选优秀作品1652件，推出“全州中小学生疫情防控空中课堂”专题栏目，参与量160.18万人次。在恩施高中举办疫情防控和突发事件应急处置模拟演练活动。开展春秋两次开学督查，抽查学校153所。与州卫健委联合出台《恩施州学校健康副校长选聘工作方案》，加强医校联合，逐校设立卫生（保健）室，配备专业卫生技术人员1169名，聘请专兼职保健教师2022人，设置学校留观室1847间，每校确定1所有发热门诊的定点医院。与州卫健委联合下发《关于进一步加强全州各级各类学校新冠肺炎疫情防控和冬春季多病同防的通知》。下发《关于做好全州中小学（幼儿园）2020年秋季学期末和寒假前后有关工作的通知》。

【教育扶贫】 2020年，与6个州直部门联合出台《恩施州家庭经济困难学生认定工作实施细则（试行）》。州本级争取社会资助资金超过1000万元。全年发放各类学生资助资金3.49亿元，惠及贫困家庭学生46.14万人次。与州人社局、州政府扶贫办联合出台《2020年杭州市·恩施州职业教育东西部扶贫协作工作方案》，争取杭州市各级各类教育帮扶资金4800余万元，捐赠图书、远程教育资源、教学设备等物品价值2000余万元，实施10余个教育基础设施建设项目，开展教师技能培训项目23期，培训教师10283人次。加强学校结对共建，杭州恩施两地结对学校增至130对。与杭州市互派教师开展一个月以上支教送教和跟岗学习活动199人次。配合杭州第一技师学院、杭州轻工技师学院在恩施州招收建档立卡贫困家庭学生200名。

【教师队伍建设】 2020年，完成农村义务教育学校教师招聘667人，银龄讲学计划招募讲学教师39人，继续实施农村教师定向委培，当年毕业考核合格上岗391人，新完成招生311人。组织教师参与“国培”“省培”项目2.9万余人次。与州委编办、州人社局、州财政局联合出台《关于加快推进中小学教师“县管校聘”管理改革的实施意见》。与州督查考评办联合出台《恩施州中小学教师减负工作实施方案》。

【办学条件改善】 2020年，实施各类教育建设项目440个，投入资金15.81亿元，建设面积99.76万平方米，新建教师周转房260套，全州新增学位7716个。全州新建、改扩建30所标准化幼儿园，新增学位1360个，30个城镇小区配套幼儿园治理全部完成，88个乡镇均建有公办中心幼儿园，实现全覆盖。全州投入义务教育薄弱环节改善与能力提升项目资金3.41亿元，农村“两类学校”办学条件持续改善。

【德育工作】 2020年，组织《道德与法治》《思想政治》教材培训活动，参训教师400余人。开展学校德育成果推介，遴选推送州内4所中小学的德育典型案例，线上、线下参与观摩学习2万余人次。下发《关于贯彻落实习近平总书记重要指示精神坚决制止校园餐饮浪费行为的通知》，将节约教育纳入德育课程的重要内容。推进协同育人，与州妇联联合出台《关于进一步加强家庭教育工作的实施意见》，每周定期在“恩施教育”“恩施教育科研”微信公众号推送“家爱学院”专家讲座。

【教育管理】 2020年，举办全州教育系统《中华人民共和国民法典》专题讲座，组织全州教育系统“4·15”国家安全教育日、“学宪法 讲宪法”、宪法宣传周等活动，通过“双随机、一公开”抽查学校92所。在全州开展规范民办学校办学行为专项清理整改工作，清理各级各类民办教育机构1211所，纳入整改问题数1712个。制定《2020年全州教育领域督导重点工作任务清单》，出台《2020年对县市人民政府履行教育职责评价工作方案》。

【教育督导】 2020年，制定《2020年全州教育领域督导重点工作任务清单》。出台《2020年对县市人民政府履行教育职责评价工作方案》，启动对县（市）履行教育职责评价工作，完成州政府2020年履行教育职责自评工作。加强督学责任区建设，遴选上报省教育厅责任督学挂牌督导典型案例53个。加强重点督导和经常性督导，开展新冠肺炎疫情防控暨校园复学复课督导4次，中高考考点组织考试防疫督导2次，校园安全督导1次。

【后勤管理】 2020年，建立由州学校安全与后勤管理办公室、县（市）教育局学校后勤管理办公室具体负责的学校后勤工作监管体制机制。发布《2020年恩施州中小学幼儿园关于进一步加强校园食品安全工作的通知》。州市场监管局、州教育局和州公安局联合制定《恩施州2020年春季学校开学疫情防控与食品安全隐患排查工作方案的通知》，制定全州学校食品药品安全工作督查事项及方法。州教育局与州市场监管局、州公安局、州卫健委联合下发《恩施州校园食品安全守护行动推进工作方案（2020—2022）》，制定《关于坚决制止校园餐饮浪费行为的工作方案》。

【语言文字工作】 2020年，组织完成全州普通话测试21场，人数8211人，其中社会人员3464人，学生4747人。组织“湖北省经典诵读朗诵会”系列活动。开展第23届全国推广普通话宣传周活动。开展少数民族教师、农村教师及青壮年农牧民培训工作，2个培训班共计500名学员。开展各级各类语言文字培训工作，优秀测试员人数59人，国家级普通话水平测试员4人。

【考试招生】 2020年，确保高考、学考、中考、教师资格考试等24项、292397人次的教育考试有序进行。在新冠肺炎疫情防控期间，结合实际取消中考体育、理化生实验操作考试，按满分计入考生中考成绩。首次平稳实施优质普通高中招生计划分配到校改革。首次联合省内其他14个市平稳组织实施普通高中四科学业水平合格性考试。争取省教育考试奖补资金1285.5万元，改扩建标准化考点23个、考场1623个，新建标准化考点2个、考场 290 个。州教育考试院被省教育考试院表彰为先进集体。

【学前教育】 2020 年，全州新建、改扩建 30 所标准化幼儿园，新增学位 1360 个，30 个城镇小区配套幼儿园治理全部完成，88 个乡镇均建有公办中心幼儿园，实现全覆盖。学前三年毛入园率达 82.73%，普惠性幼儿园覆盖率达到 81.31%。

【义务教育】 2020 年，全州投入义务教育薄弱环节改善与能力提升项目资金 3.41 亿元，农村“两类学校”（乡村小规模学校、乡村寄宿制学校）办学条件持续改善。规范招生源头控制，多措并举化解大班额，全州义务教育起始年级班额严格控制在 55 人以内，存量大班额占比 12.15%，比上年下降 9.3 个百分点。

【州委教育工作领导小组工作】 2020 年 4 月 20 日，州委对州委教育工作领导小组组成人员进行调整。领导小组先后召开全州统筹推进新冠肺炎疫情防控和教育工作会议、州委教育工作领导小组 2020 年第一次全体（扩大）会议、全州秋季学期开学暨学校安全工作视频会议、州委教育工作领导小组 2020 年第二次全体（扩大）会议，审定出台《中共恩施州委教育工作领导小组 2020 年工作要点》《关于深入学习贯彻〈深化新时代教育评价改革总体方案〉的通知》，推动形成“党委统一领导、党政齐抓共管、部门各负其责”的教育工作格局。

【教育信息化】 2020 年，启动恩施州智慧教育大数据平台（总投资 744 万元）一期项目建设。指导 6 所学校开展“湖北省数字校园示范校”试点工作，指导 12 所学校建立创客空间教室。全州教师在“教育信息化论文评选活动”中获国家级奖项 121 件、省级奖项 1710 件，19 所学校获优秀组织学校奖。全州教师在全省“教育信息化交流展示活动”中获奖 659 件，州电教装备站获“最佳组织奖”，恩施市电教装备站获“团体优胜奖”。恩施州学生参赛选手在全省“电脑制作活动”中获奖 106 件。开展全州第四届教育科研优秀成果、优秀学校、优秀个人评选工作，评选出教育科研优秀学校 20 所，先进个人 90 名，科研成果 23 件。

【职业教育】 2020 年，制定《恩施州人民政府关于加快发展现代职业教育的实施意见》和《恩施州职业教育集团建设方案》。开展全州中职学生技能大赛，评出州级奖项 317 件，选派 5 名教师（团队）参加全省职业院校教学能力大赛，获省级奖项 5 件，举办全州 2020 年“人人出彩，技能强国”职业教育活动周。

【荣誉】 2020 年，州语言文字工作委员会办公室被教育部、国家语言文字工作委员会表彰为“中国语言资源保护奖”先进集体。恩施市硒都民族实验小学教师田祥珍获评“湖北名师工作室”主持人。恩施市龙凤镇民族初级中学校长冯军获评第二届“荆楚教育名家”。恩施市新塘乡双河初级中学校长吴艳锋获“湖北五一劳动奖章”“荆楚好老师”荣誉。利川市团堡初中教师文轩获评 2020 年湖北“师德先进个人”、当选“湖北省艰苦地区专业技术人才”。鹤峰县邬阳乡栗子小学教师王延军当选“湖北省艰苦地区专业技术人才”。利川市建南中心学校校长覃福灵被教育部关心下一代工作委员会表彰为先进个人。建始县茅田民族中学学生毛先雨获教育部、中国福利会、中国宋庆龄基金会颁发的第十四届宋庆龄奖学金。

（曾怡心）

2020 年 11 月 9 日，恩施州职业教育活动周启动仪式

（恩施职业技术学院 供稿）

重点院校

湖北民族大学

【概况】 湖北民族大学是经教育部批准，以本科教育为主的省属普通本科院校，是湖北省重点建设高校，是国家民委和省政府共建高校，面向全国 23 个省（市、自治区）招生。2020 年，有全日制在校学生 1.7 万余人。有专任教师 1095 人，有博士学位 311 人，其中教授 133 人。有国家级、省级专家 50 余人。学校面积 106.67 公顷，教学科研仪器设备价值 2.42 亿元，藏书 180 余万册，电子图书 320 余万种。设有医学部、文学与传媒学院等 19 个院（部），1 所直属附属三级甲等综合医院（附属民大医院），2 所非直属附属三级甲等综合医院（附属恩施州中心医院、附属荆门市第一人民医院）。共 61 个本科专业，涵盖经济学、法学、教育学、文学、理学、工学、农学、医学、管理学、艺术学 10 个学科门类。有民族学、数学、化学工程与技术、林学、中医学、食品科学与工程、中国语言文学、马克思主义理论八个一级学科硕士点，有临床医学、中医、能源动力、新闻与传播、会计、翻译 6 个专业学位硕士点。学校获评“2017—2019 年度湖北省文

明单位（校园）”。

【学科专业】 2020 年，优化专业结构布局，提升学科建设水平，出台《本科专业调整工作方案》，获批省级一流本科专业建设点 5 个，第二学士学位专业 4 个，新申报本科专业 2 个，停招本科专业 4 个，优化应用型本科专业结构布局。完成学科团队组建，校院两级学科建设权责日益明晰。精心组织学位点申报，推荐上报 5 个硕士专业学位类别获公示。推进学科动态调整，增列翻译硕士专业学位类别，自主设置弹性体材料先进制造二级学科，撤销林特食品加工与开发二级学科。第五轮学科评估工作和专业学位水平评估工作进展顺利。

【人才培养】 2020 年，深化教育教学改革，提高人才培养质量，制定《课程建设管理办法》《优质课程认定办法》等文件，成功开展首届课程思政教学设计评选和第二届课程教学设计竞赛。获批国家级“线上一流课程”、国家级“线上线下混合式一流课程”各 1 门。获批国家级双创训练计划项目 25 项，省级双创训练计划项目 75 项。在各级各类学科竞赛中获得省级以上奖励 294 项，其中在全省大学生电子竞赛中获特等奖 2 项、一等奖 8 项、二等奖 4 项、三等奖 3 项，并获得本科组最高奖“TI 杯”。成功举办首届大学生创新创业节，通过组织专场招聘会、对接中央民族大学开展就业创业“一帮一”行动等方式，精准服务毕业生，帮扶事迹在央视新闻联播报道。

【科研工作】 2020 年，获批省部级以上项目 48 项，其中国家级项目 19 项。获批地厅级项目 80 余项。科研项目到账经费 3423.67 万元，其中横向科研到账经费 2292.48 万元，首次超过 2000 万元。获得省部级奖励 10 项，地厅级奖励 33 项。发表高水平学术论文 179 篇，SCI、SSCI、EI 收录 77 篇，出版学术专著 30 部。获授权专利 100 件，其中发明专利 19 件。先后选派 66 名专家参与“湖北省‘三区’科技人员专项计划”“院士专家企业行”“恩施州科技特派员”等活动，先后组织 42 名专家到州内 20 余个企业开展科技需求对接。

【教师队伍】 2020 年，全年新增博士 38 人，获批省政府津贴人员 1 人，湖北名师工作室 1 人，楚天学子 1 人，新聘 2 人为校内特聘教授，完成 111 人的专业技术职务聘任工作。新增学术骨干 59 人，其中第一层次 9 人，第二层次 16 人，第三层次 34 人。出台《教师师德失范行为负面清单及处理办法》。

【思想政治工作】 2020 年，制定《关于新时代推进思想政治工作的实施意见》《“课程思政”建设实施方案》《“教师思政”建设实施办法》等文件。召开思想政治工作大会，开展“五个思政”（学生思政、教师思政、课程思政、学科思政、环境思政）专项调研，举办全省“四史”（党史、新中国史、改革开放史、社会主义发展史）融入思政课教学研讨会以及“周一特别主题团日活动”和“青年马克思主义者培养工程”培训班。打造校园文化精品、红色文化艺术品牌、思政品牌课程，推进以“时代楷模”“共和国勋章”获得者张富清为原型创作的大型歌舞剧《深山老兵》创编工作。制定《关于加强铸牢中华民族共同体意识的实施方案》，通过成立铸牢中华民族共同体意识研究院，加强中华优秀文化宣传教育、课程教学体系建设等途径，增强铸牢中华民族共同体意识工作合力。成功举办第六届民族文化节，通过民族团结健身操比赛、民族团结大讲堂等活动，展示各民族优秀文化，促进交流交融。

【综合改革】 2020 年，“十四五”规划编制工作专班与校属各单位整体联动、统筹推进，建立规划体系。学习贯彻《深化新时代教育评价改革总体方案》，从 18 个方面明确学校任务清单。组织编制现行有效文件清单、权责清单、法律风险清单、普法责任清单“四项清单”，推进依法治教、依法办学、依法治校。加强内部管理，对职务职称评审、国有资产管理、实验室安全管理等 96 项规章制度进行“废、改、立”。医学技能实训中心和工程实验实训中心建设基本完成，推进“超轻弹性材料绿色制造产学研合作实验室金工实训教学楼”建设，博爱片区学生宿舍 3、4 栋改造完成，实施师范生技能实训创新中心一期工程，倍阅书店建成营业，推进智慧校园建设。全年争取中央直达新冠肺炎疫情防控专项资金 1354 万元、地方专项债券资金 6000 万元。

【新冠肺炎疫情防控】 2020 年，附属民大医院作为州定点救治医院，收治新冠肺炎病人占恩施市确诊患者 50%以上，在全州率先建成检测能力最大的 P2 实验室，派出 3 名医护人员驰援武汉金银潭医院，医院被授予“湖北五一劳动奖状”。坚持统筹疫情防控和教育教学，按照省教育厅的部署，开展线上教学。在超星平台累计新建课程 2567 门，运行班次 9762 个，上线教师 971 人，上线学生 14364 人，实现“教师不停教、学生不停学”的目标。坚持对师生进行健康监测。制定《开学及疫情防控方案》《疫情防控应急处置预案》等，确保疫情防控和教育教学“两不误”。

（刘 洋）

湖北民族大学科技学院

【概况】 湖北民族大学科技学院是经省人民政府批准设立、教育部审批确认的普通本科高校。2020 年，学校设有 7 个二级学院：医学院、经济与管理学院、文化与传媒学院、建筑与设计学院、音乐与体育学院、信息工程学院、马克思主义学院。学校面向全国 17 个省（市、自治区）招生，现有全日制在校生 12754 人。学校有省级一流本科专业 3 个，开设 19 个本科专业、9 个专科专业，初步形成以医学为重点，管理学、艺术学、工学等多学科协调发展的学科专业布局。

【招生与就业】 2020 年，招生计划 4754 人，其中本科 2121 人、专科 1858 人、专升本 775 人。实际报到 4108 人，其中本科 2018 人、专科 1345 人、专升本 745 人。2020 届毕业生 2373 人，其中本科 1835 人、专科 538 人。本科就业 1752 人，就业率 95.48%；专科就业 522 人，就业率 97.03%。平均就业率 95.83%。高品质就业 158 人，其中高薪就业 36 人、考公务员 7 人。考研49人，出国留学3人，升省重点本科63人。2018届本科毕业生唐杉获“长江学子”基层就业奖，入选2019年马云乡村师范生。

【人才培养】 2020年，完成21个本科专业、11个专科专业的人才培养方案修订工作，完成护理、财务、会计、计算机4个优势专业基于OBE理念的人才培养方案修订工作。签约实习基地47个，达成合作意向10个，学校有校外实习实训基地122个，校内10个，其中包括附属医院6个，教学医院3个。组织学生参加各类学科竞赛40余项，获奖153项，其中国家级6项、省级140项。具体参加第四届“国青杯”全国高校艺术设计作品大赛、第三届全国国防教育竞技大赛、第十届大学生电子商务“创新、创意与创业”挑战赛湖北省省赛、第十二届全国大学生广告艺术大赛湖北赛区、第八届全国高校数字艺术设计大赛、第十一届“蓝桥杯”全国软件和信息技术专业人才大赛个人赛等比赛。硒茶学院院长何洁获“湖北省技术能手”“荆楚工匠”荣誉称号。

【教师队伍】 2020年，招聘专职教职工115人。教师中研究生占比78%，双师型占比14%，双一流学校毕业占比41%，中高级职称13人。开展8次绩效专项培训解答会、1次绩效考核满意度调研，新人培训193人次。举行中高层、职能处室、二级学院、新教师5场座谈会。

【教育教学】 2020年，学校新增计算机应用技术、口腔医学技术和舞蹈表演3个专科专业。开展OBE导向的精彩课堂大赛，自由教师参与率达100%。确定18门专业课程进行课程思想政治改革试点，举办课程思政说课大赛、课程思政优秀教学案例评选活动和湖北省青教赛校内选拔赛。举办首届教学创新大赛，推荐2名教师参加省赛。推广TronClass平台，自有教师参与率95%，平台建课900余门，平台点击率6500余万次。推荐4个专业参评省级一流专业，其中会计学本科专业获批。推荐财务管理参评国家一流专业，推荐5门课程参评省级金课。建立“学生+专家+同行”的教学督导评价体系，被评教师覆盖率100%。建立评教反馈机制，包括教学工作会议通报，教学简报通报等，编发教学简报5期。围绕大创项目成立实践创新团队20个，拟定实践创新团队管理办法。

【科研工作】 2020年，设立青年教师发展基金，围绕OBE教育理念推进培养模式改革，立项校级教研项目30项，其中重点项目5项、一般项目15项、指导性项目10项。获批省级项目立项6项，其中规划性项目2项，指导性项目4项。教育部协同育人项目7项，资助经费55万元。横向课题2项，资助经费20万元。发表省级及以上科研论文87篇。完成21世纪应用型人才“十三五”规划教材1本，专著4部。

【团学工作】 2020年，做优团学（共青团学生会）活动“四大工程”（青春筑梦工程、青春强基工程、青年成长工程、青年人文工程），促进学生成长。推进“五心工程”（爱心、关心、暖心、耐心、安心）学生服务。学生综合事务大厅投入使用，实现7个对口学生职能部门的基础业务的一站式服务，优化学生办事流程13项，优化毕业生离校手续、新生报到手续等5项学生核心业务流程。学校获评团中央“2019年西部计划绩效考核优秀等次高校项目办”。学生谭林峰、刘朴获评“恩施州优秀共青团员”。团委书记陆玲、学生任利鑫、何鸿飞获评“恩施州优秀共青团干部”。团委文化与传媒学院总支部委员会及医学院总支部委员会获评“恩施州五四红旗团支部（总支）”。文化与传媒学院学生谭林峰获评“湖北省大学生自强之星”“中国大学生自强之星”。学校获评“希望工程‘只管向前’疫后支持项目”恩施州承办高校。

【教育助学】 2020年，学校为一线医务人员子女减免学费23万元，向4849名学生发放国家奖学金、国家励志奖学金、国家助学金、州政府定向班生活资助等910.3万元，向2681名学生发放资助281.95万元，发放红安基金会助学金2.4万元，办理生源地贷款1660余万元。

【特色办学】 2020年，学校有省级一流专业3个（护理学、会计学、财务管理），特色产业学院7个，分别为硒茶学院、中软国际大数据学院、华为云学院鲲鹏中心、未来数字学院、金蝶数智财税学院、湖北咿呀医疗投资管理股份有限公司医学人才定向培养基地、州美年华整形外科医院医学人才定向培养基地。有实验室169个，其中医学实验室47个，亮点实验室2个（医学虚拟仿真实训中心、数智财务综合实训中心），考研班、考编班、考公务员班、考证班等重点卓越班9个。以“茶和世界、共品

2020年5月10日，湖北民族大学科技学院协办恩施硒茶斗茶大赛暨首个国际茶日活动

（湖北民族大学科技学院 供稿）

共享，恩施硒茶、和而不同”为主题的“恩施硒茶斗茶赛暨首个国际茶日活动”和以“弘扬工匠精神、传承硒茶文化”为主题的2020年全州茶业职业技能大赛在学校举行。

【校园建设】 2020年，新征2.27公顷土地，取得不动产权证。与恩施市政府签署二期、三期46.67公顷土地项目投资框架协议，州政府向教育部出具二、三期46.67公顷土地征收的承诺函。新建西大门、体育馆、综合实验楼、14号学生公寓，办理20.18万平方米校舍的不动产权证。完成第3栋、8栋、9栋、10栋、11栋学生公寓楼升级改造。采购3560万元教学仪器设备、74万册纸质图书和36万册电子图书。

【新冠肺炎疫情防控】 2020年，学校分别向州教育系统、利川市捐赠总价值300350元的防疫物资，募集善款108034元捐赠给州红十字会。参与省民办高校战“疫”典型事迹《使命·担当·奉献》汇编。人民日报新媒体平台、中国新闻网、湖北教育信息网、荆楚网等媒体以《高校党员的旗帜在防疫一线高高飘扬》报道学校教师杨扬的事迹，杨扬在人民日报出版社抗疫特刊《我在阵地上——共产党员战疫手记》发表战疫文章，2019届优秀毕业生张宇宁《致敬95后最美“逆行者”恩施姑娘连夜赴武汉上抗疫一线》的事迹受到人民网、荆楚网、《楚天都市报》等媒体报道。医学院学生田燕子主动请缨到疑似病例隔离区医院一线援助新冠肺炎疫情防治工作，被州电视台、云上恩施等报道。建筑与设计学院8名学生创作的“感恩天津”系列海报，受到新华网、“学习强国”、《天津日报》、湖北广播电视台、《恩施日报》等关注和报道。

【独立学院转设工作】 2020年，根据《教育部办公厅印发的〈关于加快推进独立学院转设工作的实施方案〉的通知》要求，学校启动转设工作。9月27日，省教育厅转设评估专家组对学校进行实地考察、评估。11月25—26日，国家高评委专家组对学校进行实地考察、评估，考察评估主要分为三个环节：听取学校关于转设工作的相关表态发言和汇报，对学校进行实地考察，重点考察学校教学科研仪器设备及内涵建设。对转设相关支撑材料进行全面评估，重点评估土地、校舍、教学科研仪器设备、图书、师资和教学相关材料。

（陈加雄）

恩施职业技术学院

【概况】 2020年，学院拥有数控技术、计算机及应用、生物技术、建筑工程技术4个国家职业教育实训基地和旅游管理、畜牧兽医、生物制药3个省级示范性实训基地。占地52.67公顷，建筑面积36万平方米。教学仪器设备总值过亿元。在岗教职工729人（含自费编制88人），教师中具有硕士以上学位230人（其中博士8人），教授11人、副教授180人，享受国务院津贴专家1人、湖北名师1人、全国农业职教名师1人，湖北省师德先进个人1人，双师素质教师213人，2个省级教学团队。聘请中国工程院院士陈焕春等300多位知名专家、学者、企业家、能工巧匠担任客座教授和兼职教师。设11院2部，开办专业36个，在校学生1.81万人。全年学校总收入26259万元，事业收入4586万元，财政拨款21422万元，总支出26715万元。全年完成148个采购项目，预算资金2559.89万元，成交金额2429.63万元。1089名师生为新冠肺炎疫情防控捐款19.19万元，教职工为抗洪救灾捐款11.16万元、“扶贫日”捐款6.37万元，全校累计消费扶贫60余万元。12月4日，州商校并入恩施职院，12月31日，原州商校的人、财、物交接工作完成。

【教学工作】 2020年，完成园林技术和机电一体化技术省级特色专业验收。与杭州职业技术学院开展电梯工程技术专业“2+1”联合培养。投资1500万元新建10个实训室，投资120万元建设《恩施玉露制作技艺》等9门校级精品在线开放课程。新申报预防医学、中医学、早期教育3个国控专业，其中早期教育专业和预防医学专业成功获批。申报立项“1+X”证书制度试点19个，考核站点通过9个。组织“1+X”证书专业教师参加线上线下师资培训66人。完成4个X证书的培训与考试工作。按照教育部“停课不停学、停课不停教”的要求，451名教师运用智慧职教、学习通、钉钉等平台软件，组织451门课程的网络教学，全校277个班级1.4万名学生利用手机、电脑等终端参加4轮网课学习。

【教师队伍】 2020年，按程序开展职称评聘、“双师素质”认定和高校教师资格证认定工作。2次专项公开考试招聘教师45人。选派17名教师参加国家、省级培训。“一帮一”指导青年教师结对88对。教师获省级教学能力大赛三等奖3项，湖北省高校学生工作精品项目立项1项，“湖北工匠杯教师技能大赛”二、三等奖各1人次。

【科研工作】 2020年，落实“职业教育提质培优行动计划（2020—2023年）”，经省教育厅审定，学校承接高水平高职学校建设和高水平专业群建设等任务（项目）23个大项33小项，三年经费预算10415万元。立项校内科研项目20项、校内教研项目36项，评审结题校内教研项目17项。获准立项州科技计划支持项目1项，获准立项省教育科学规划一般课题3项。获州第九届社会科学优秀成果评选二等奖1项、三等奖2项。选派2020—2021年度科技特派员17人，获专项工作经费14.45万元。继续组织实施“三区”人才支持计划17人，获资助34万元。

【学生管理】 2020年，完成线上心理咨询系统建设，对全校学生进行心理普查2737人次，开展心理咨询59人次，访谈心理问题学生151人次，举办心理健康讲座及第一届“天天向上·身心健康”系列活动。专项清理2001年以来学生学籍学历信息，修改6228条，学籍整改228条。出台《恩施职业技术学院学生档案管理办法（试行）》，规范学生学籍及档案管理。出台《恩施职业技术学院国家奖学金实施办法（试行）》，通过奖金、助学金的发放，引导学生学会感恩。全年奖助学生29867人次，发放奖助学金3717.79万元。召开学校第三届团代会、学代会，激发全校团学组织活力，学校学生会组织改革评估工作通过团省委验收。建立党支部带动团支部包保校园环境区域美化净化工作机制。

【学生技能竞赛】 2020年，学生参加省人社厅、省教育厅组织的第46届技能大赛湖北选拔赛，获二等奖1项，参加中国通信学会组织的“深唐杯”比赛，获三等奖1项。合唱和舞蹈2个节目入围湖北省第七届大学生艺术节现场评选。参加湖北省高职高专院校“战疫情·暖人心”等活动，3人获一等奖，3人获二等奖，5人获三等奖。

【特色办学】 2020年，完成《中国特色高水平学校建设方案》和旅游管理等8个专业群建设方案的编制，将“双高校”建设同学校“十四五”规划相衔接，同“提质培优”计划项目相融合。巩固教学诊改成果，常态化开展教学诊改。对接恩施州“4+N”产业集群建设，服务州域经济社会发展。持续对接帮扶咸丰职校工作，推进中高职衔接。与宣恩县合作开设生物医药人才定向委培班，首届招生30人。组织2027名学生到立讯、达翔公司开展工学交替顶岗实习。

【招生与就业创业工作】 2020年，高职招录4079人，实际报到3931人。医学院面向初中毕业生招录942人，中职部招录1760人，为高职生培养后备生源。借助教育部“一帮一行动”平台，出台就业工作方案，与杭州职业技术学院共享就业创业相关资源，高职生就业率89.31%，专业相关度78.53%，用人单位满意度100%。落实2020届高职毕业生申报求职补贴，3人申报创业扶持。在“互联网”大学生创新创业大赛省级复赛职教赛道获铜奖1项。

【荣誉】 2020年，学院获评“2017—2019年度文明单位（校园）”。人文教育学院团总支被共青团中央表彰为“全国五四红旗团总支”。学生邓佳俊、谭威被共青团湖北省委授予“2019年湖北省大学生自强之星”，邓佳俊被共青团中央、全国学联授予“2019年中国大学生自强之星”。学生曾莉被共青团湖北省委表彰为“2020年度湖北‘本禹志愿服务队’抗疫特别个人”。

（吴江鑫）

恩施州广播电视大学

【概况】 州广播电视大学与州信息技术学校（中等职业教育）为“一个机构，两块牌子，一套班子”。2020年，坚持“开放教育规范提质，特色性发展中职教育，创新性发展非学历教育”办学思路，学校开放教育招生共计2068人，奥鹏教育招生56人，学校中职招生482人，中职在籍生1380余人。中职毕业生就业率达98%以上。

【教学工作】 2020年，规范学历继续教育教学和考试管理，搭建网上直播平台，新生开学典礼和面授课程网络可见，可以观看直播回放，通过开放教育2020年综合教学检查工作。按照“全面教育到位、全程跟踪到位、严格管理到位”的中职管理模式，突出德育课、实训课，注重学生的职业技能和人文素养的均衡发展，以就业为导向，抓校企合作，对接企业岗位需求。

【非学历教育】 2020年8月，聘请恩施市消防大队及恩施市食药局专业人员在州电大校园内举行三孔桥社区居民及商户消防演练与食品安全培训，80多户参加。指导利川、巴东等县（市）社区教育指导中心挂牌成立。12月，恩施市三孔桥社区教育学校挂牌，开展老街坊千里读书会大型表彰活动。

（周川鄂）

恩施州高级中学

【概况】 恩施州高级中学（简称恩施高中）位于恩施市龙凤镇。校园占地47.33公顷，建筑面积10万平方米。2020年有学生4174人，在编教职工350人，其中专任教师300人，行政后勤各类管理及服务人员50人。学校坚持“全省一流，全国知名”优质省级示范高中的办学目标，坚持做“有温度的教育、有高度的教研、有深度的教学”，办人民满意教育。学校获评“清华大学2020年优质生源中学”称号，获评北京大学首批“博雅人才共育基地”称号，获评“2017—2019年度湖北省文明单位（校园）”。全年组织5次特色实践和消费扶贫活动，支出50余万元，6月13日，《恩施日报》头版报道恩施高中“消费扶贫助农增收”。

【教学质量】 2020年，应对“新高考”和新冠肺炎疫情挑战，落实疫情防控要求，落实校领导包班和科任教师包保学生制度，开设AB班复课、“亲情驿站”、“心灵氧吧”，转变教育理念，改进教学方法，高考成绩稳步上升。2020年高考，一本上线率达92.1%，“211”及以上高校录取率达60%以上，28人被清华大学和北京大学录取，90人被武汉大学录取，91人被华中科

2020年12月5日，州广播电视大学开展社区教育活动

（州广播电视大学 供稿）

技大学录取。朱文杭以700分获全州理科状元，全省第9名。李屹凡以658分名列全州文科第2名，全省第3名。学校综合办学实力稳居全省省级示范高中前列。

【教学研究】 2020年，6名教师在湖北省2020年新冠肺炎疫情防控期间"停课不停学"线上教育教学优秀案例征集、2019年湖北省中小学德育优秀论文评选等活动中获省级一等奖。6名教师参与《湖北省中小学〈学科课程实施指导意见〉和〈学科教学指南〉》省教育重大研究项目研制，助力新高考改革。1名教师获恩施州第九届社会科学优秀成果奖。15名青年教师参加州教育局、州总工会联合组织的全州第二届教师教学技能竞赛，12人获得一等奖。

【网络教学】 2020年1月3日(农历正月初九)，恩施高中正式组织网络教学，制订《恩施高中在疫情防控期间开展网络教学的实施方案》《恩施高中网络教学管理要求》《恩施高中网络教学巡课方案》《疫情期间恩施高中网络教学温馨提醒》等制度，从技术保障、教学准备、网课教学、学生管理、师德师风、网络德育、效果监测、审核督查等各个环节周密部署，保障新冠肺炎疫情防控期间"停课不停学"。3月23日，《人民日报海外版》(第09版)以《一名高三老师的"网络主播"新体验》为题，报道恩施高中语文教师郑晓燕的网课体验，人民网、光明网、中共中央网络安全和信息化委员会办公室等网站转载。

【学生活动】 2020年，学校复学后，坚持"一手撑伞、一手工作"，开展新生军训、国防知识讲座，"弘扬伟大抗疫精神、擦亮最美青春底色"的体育科技艺术节，"纪念抗美援朝70周年、弘扬抗美援朝精神"的国旗下演讲，"生活从俭"的光盘行动，青年志愿者服务，励志讲座，心理咨询讲座，冬季阳光体育锻炼等丰富多彩的校园文化活动。11月30日，2名学生在"2020年青少年高校科学营"活动中，被中国科协青少年科技中心表彰为"优秀营员"，1名学生心得体会文章《科学破冰船》入选湖北省青少年科技中心编辑的《2020年湖北省青少年高校科学营优秀征文》。

【合作办学】 2020年9月5日，恩高芳华中学正式开学。学校由州教育局、恩施市政府、恩施高中与湖北交投鄂西生态新镇投资有限公司联合开办，恩施高中与湖北交投鄂西生态新镇投资有限公司具体管理。学校坐落于州高新技术产业园区，背靠望城坡，西接恩施北高速路出口，东临恩施火车站，总投资3.7亿元，占地8.47公顷，建筑面积82000平方米，招生规模3300余人。2020年，有初一和高一两个年级，师生1200余人，恩施高中选派教师8名(校长、副校长等管理人员3人，骨干教师5人)，实现管理、教师、学生"三个互通"。

【学生资助】 2020年，坚持扶贫与扶志扶智相结合，开办资助班7个，学生330人，落实普通高中免学费和国家助学金政策，并争取社会资助，确保贫困家庭学生应助尽助。

(彭志友)

湖北清外教育科技集团

【概况】 湖北清外教育科技集团(简称清外教育集团)由董事长李瑞成出资创办，原为恩施州清江外国语学校(2006年成立)，2019年10月发展成立湖北清外教育科技集团。有恩施许家坪校区、龙凤校区，利川校区，宣恩校区；来凤、利川、恩施3个清外幼儿园；清外文化艺术发展中心等7个培训机构，形成涵盖幼儿园、小学、初中、高中、社会培训机构于一体的办学格局，是恩施州大型民办教育集团。现有教职工1840人，其中专任教师1259人(含特级教师1人，高级教师161人，一级教师222人)，硕士研究生学历89人，本科学历1075人。在校学生17321人。集团总部设在州清江外国语学校许家坪校区。2020年，集团筹集救灾资金2133775.19元，其中董事长李瑞成、李拥军夫妇捐赠30万元，支持恩施州抗击新冠肺炎疫情；精准扶贫向宣恩县高罗镇向家坪村捐资86782元，其他支持精准扶贫费用20余万元。

【高考成绩】 2020年高考，恩施清外高中部文化类最高分607分，理科最高分642分。600分以上高分段理科7人，文科2人。一本上线163人，二本上线636人。补习班文科最高分566分；增分29分；理科600分，增分115分。文科补习班平均增分30分，最高增分95分；理科补习班平均增分65分，最高增分115分。宣恩清外高中部参加高考总人数289人，一本上线14人，本科上线145人，上线率50%。

【中考成绩】 2020年中考，恩施清外初中部考试成绩排名全州前10名4人，前50名19人，前100名40人，前500名171人，前1500名376人，前3000名580人。华师一附中招录7人。利川清外初中部全校512人参考，平均分601.05，无低分层学生。最高分696，位居全市第2名，在全市排名前10名5人，600分以上314人。宣恩清外初中部全校390人参考，在全县排名前10名5人，前100名40人，600分以上144人，平均分563.57。

【地理、生物会考】 2020年会考，恩施清外初中部有100分4人，95分298人，90分以上647人，85分以上859人，80分以上998人。利川清外初中部有594人参考，人均分85.58分，90分以上252人，80分以上457人，无低分。宣恩清外初中部有472人参考，全县最高分98分，95分以上42人，90分以上112人，高分率23.7%；80分以上265人，优分率56.1%。

【荣誉】 2020年，在省民办中小学幼儿园协会2019年年会暨幸福教育学习交流会上，清外教育集团总校校长姚源波获评"湖北省民办教育家型校长"，清外教育集团总校办公室主任刘军获评"湖北省感动荆楚民办教育工作者"。5月7日，恩施州清江外国语学校行政人力部被省总工会授予"湖北省工人先锋号"荣誉称号。

(林 艳)

文化 体育 旅游

Culture, Sports and Tourism

综　　述

【概况】　2020年，全州文化、体育、旅游系统以高质量发展为目标，做好新冠肺炎疫情防控工作，生态文化旅游产业加速复苏，文化、体育、广电事业推进发展。4月，全州旅游发展暨旅游安全工作会议召开，推动全州生态文化旅游业疫后重振。全年接待游客和综合收入分别恢复至2019年的49.16%和39.11%，游客接待恢复率略高于全国平均水平（全国恢复至47.9%）。开展线上线下群众文化活动，有效提升公共文化服务能力。推进武陵山（鄂西南）土家族苗族生态文化保护实验区建设。全国民族民间龙舟公开赛（宣恩站）暨水上运动会、利川山地马拉松、巴东冬泳、湖北省第二届冰雪大会等一批体育赛事活动成功举办。广播电视安全播出，意识形态风清气正。全州共有892个文化旅游经营单位，其中互联网上网服务营业场所351个，经营性互联网文化单位12个，娱乐市场193个，文艺表演团体99个，演出场所经营单位3个，演出经纪机构9个，国家AAA级及以上旅游景区32个，星级饭店52个，旅行社140个，持证播出机构9个，另有执证导游1241人。全州有公共图书馆9个，文化馆9个，博物馆8个。州文旅局脱贫攻坚所驻咸丰县坪坝营镇中坝村被授予"五个咸丰"建设突出贡献先进单位、"厕所革命"示范村、咸丰县2019—2020年妇女儿童之家示范点。所驻利川市忠路镇双寨村"尖刀班"被利川市委、市政府表彰为"驻村帮扶榜样"。

【行政许可事项】　2020年，受理行政许可事项申请件231件（其中旅行社设立申请件28件，电子导游证申请件199件，营业性演出许可证延期办理件1件、广播电视节目制作经营许可证初审申请件3件），办结231件，办结率为100%，受理行政备案申请48件，办结28件，办结率为100%。

【安全生产】　2020年，印发《全州文化旅游安全专项整治三年行动方案》《2020年文化旅游安全工作要点》，完善旅游安全每季度一调度，每季度一明察暗访工作机制。印发《关于加强旅游安全常态化督导工作的通知》，落实州委关于加强旅游安全常态化督导的工作要求，建立州委、州政府领导带部门包保县（市）工作机制，成立2个常态化督导工作组，不定期开展旅游安全常态化督导。印发《州市场管理局、州文旅游局关于加强新型游乐设施设备管理的通知》，配合市场监管部门开展新型游乐设施安全检查。印发《州气象局、州文旅局关于加强灾害性天气旅游安全风险防控工作的通知》，加强风险预警提示，提升旅游景区灾害性天气预警和防控能力。

【新冠肺炎疫情防控】　2020年，印发《关于做好新型冠状病毒感染的肺炎应对处置工作的通知》，落实文化旅游市场主体关闭工作，按要求做好数据信息报送工作。逐步复工复产后，印发《关于进一步加强疫情防控和安全生产工作的通知》，加强限制清单内文化旅游企业管控，畅通"12318"举报途径。有序推进市场主体恢复经营，印发《关于公共文化体育场馆、文化体育市场主体有序恢复开放经营的工作提示》《关于做好公共文化体育场馆、文化体育市场主体有序恢复开放经营和日常监管工作的通知》，指导各县（市）局按要求会同相关部门开展评估验收和日常监管。州新冠肺炎疫情防控指挥部成立文旅行业监管工作专班，工作情况每周报防控指挥部，问题隐患由州新冠肺炎疫情防控指挥部办公室交各县（市）整改。2020年，专班开展检查15轮次，检查文旅场所126个次，排查问题隐患148个，交办县

（市）工作提醒清单15份。

【旅游安全专项检查】 2020年4月22—27日，州旅游生产安全专业委员会（以下简称“州旅安委”）在全州范围内开展复工复产期间旅游安全检查。由州文旅局、州自然资源规划局、州市场监管局组成联合检查组，突出景区安全风险评估和地质灾害防治等重点，检查景区14个，发现37个问题隐患。州旅安委办公室印发《全州文化旅游市场常态化疫情防控暨第三季度旅游安全检查工作方案》，7月15—30日，州旅安委组成3个检查组，州纪委监委派驻州文旅局纪监组参与，突出安全责任体系、汛期安全、地质灾害防治、特种设备安全、文物消防安全等重点，对全州各县（市）文化旅游企业和文物保护单位开展汛期安全检查工作，检查34个市场经营主体，发现58个隐患问题。9月24日，州旅安委印发《2020年中秋国庆期间全州文化旅游安全检查专项行动方案》，组织专班对各县（市）安全生产和新冠肺炎疫情防控工作开展检查，重点检查各A级旅游景区安全机制、特种设备和新型游乐设施、食品安全等。9月25日至10月10日，州文旅局和州市场监管局领导带专班对全州各县（市）开展专项检查，检查文化旅游企业15个，发现57个问题隐患。专项检查发现的问题隐患均由州旅安委通报，由县（市）督促整改完成。

【旅游扶贫经验】 2020年，宣恩县《紧扣融合，全域旅游发展助力脱贫致富》入选世界旅游联盟旅游减贫案例。《支点》2020年1月刊载“恩施范本”特别策划，从脱贫攻坚、综合改革、东西部协作等方面总结提炼旅游扶贫工作经验、成效、启示。

【荣誉】 2020年，恩施市被中国民间文艺家协会命名为“中国土家族女儿会文化之乡”，被中国信息协会信息化发展研究院授予“《中国县域旅游竞争力报告2020》发布中国旅游百强县”，被文化和旅游部认定为“国家全域旅游示范区”，被中国登山协会认定为“全国青少年攀岩训练基地”。建始县花坪镇被省政府命名为“湖北旅游名镇”、利川市东城街道办事处白鹊山村被命名为“湖北旅游名村”。2020年1月，《利川木雕》省级传承人牟利忠、利川市飞强茶业公司首席制茶师邱建红被省人社厅表彰为“湖北省第四届首席技师”。11月，恩施大峡谷导服部经理谭桂英获评“全国劳动模范”。

（魏 娜）

文化艺术

【概况】 2020年，全州新建改扩建村级文体广场98个，新建提升群众文艺团队208支，新建提升群众健身队伍223支，开展线上线下文化艺术知识普及和培训2546场，新建健身步道56650步。州图书馆新馆建设完成初步设计。州文化馆启动数字文化馆建设，利川市、咸丰县数字文化馆建设基本完成。推进文化场馆免费开放工作，州图书馆累计服务12万人次，办理新证1031人，累计办证读者超过1.1万人，图书流通7万册次，新书采购7401种、24797册，接受捐赠图书1974册，共举办培训、讲座17次，培训人员8780人次。州文化馆恢复开馆后，举办公益性艺术培训班130场次。州博物馆恢复开馆后，开展线上线下社交活动47次，接待观众18740人次，其中未成年人15235人次。全年开展送戏下乡1137场。创作文艺作品109件。

【传统戏剧参加文艺展演】 2020年10月18日，恩施州传统戏剧堂戏、灯戏、傩戏、柳子戏参加由文旅部主办的“2020年戏曲百戏盛典（湖北折子戏专场）”活动。12月12—13日，南剧《活捉三郎》《宗归家训》，柳子戏《打仓救主》之《庙堂审案》参加省委宣传部组织的第二届荆楚名团聚江城展演活动。

【艺术创作】 2020年，省民族歌舞团创作表演的音乐剧《太阳照在屋顶上》在恩施大剧院首演，来凤县南剧团创作表演的以张富清为原型的大型南剧《本色》进入彩排。恩施市出版《谈焱焱歌词精选》。建始县创作《党旗飘扬的方向》《歌唱当年贺军长》《贺龙一心为工农》《三次见到贺军长》《我的金建始》5首红色革命歌曲。咸丰县编排南剧小戏《宗规家训》、传统南剧《杀狗惊妻》、《打神告庙》和舞蹈节目《舍》等。创作歌曲《长江滚滚》、曲艺《众志成诚抗疫情》、戏剧《战疫情》、朗诵《逆行者的精神永放光芒》等抗击疫情作品，其中《长江滚滚》作为湖北省抗击疫情文艺作品被省文旅厅推荐到“学习强国”平台展播。

【创建文化生态保护实验区】 2020年11月30日，州政府办公室印发武陵山区（鄂西南）土家族苗族文化生态保护实验区（恩施州）建设工作方案，成立实验区建设工作领导小组。各县（市）分别印发实验区建设工作方案，成立领导小组。11月，州文旅局印发《关于成立武陵山区鄂西南土家族苗族文化生态保护实验区建设工作恩施州督导工作专班的通知》，成立由州文旅局、州非遗中心以及非遗专家组成的督查专班，按照《武陵山区（鄂西南）土家族苗族文化生态保护实验区总体规划》的要求，对照验收标准，定期督办指导全州实验区建设情况。

【荆楚“红色文艺轻骑兵”文化惠民等演出活动】 2020年，受新冠肺炎疫情影响，主要采取“云上”“线上”展演，全年共计开展荆楚“红色文艺轻骑兵”送戏下乡1137场，其中戏曲进乡村589场。开展“与爱同行 惠游湖北”——“非遗进景区”“演出进景区”系列活动，全年开展演出活动96场，非遗进景区活动76场。

【公共文化服务体系建设】 2020年5月18—22日，组织工作专班对全州公共文化服务体系建设情况进行全面督查，形成督查报告。《加快推进公共文化服务体系建设实施方案》出台，将各县（市）公共文化服务体系建设存在问题以清单形式下发至县（市），对标对表整改。参与州委宣传部开展的村综合文化服务中心检查，对6个县（市）部分村级综合文化服务中心进行资金使用、基础设施建设、文体设备配置等方面的综合检查。开展全国第五次文化馆评估定级工作。11月9日，恩施州公共文化服务体系建设情况在“学习强国”推介。巴东县名列第三批湖北省公共文化服务体系示范区名单，宣恩县成为全省第四批公共文化服务体系示范区创建单位。

【线上文化活动】 2020年，州文化馆开展“群文云上大课堂”项目，培训辅导130余万人次（含在线浏览量）。州图书馆举办书香战疫系列活动，书说战“疫”之《本色英雄张富清》线上讲座活动在湖北省图书馆平台直播。恩施市以线上方式打造“三百”文化品牌，利川市推出线上活动40余期，建始县开展36期“全民艺术普及”活动，咸丰县开展“全县共读”线上读书打卡活动。

【广场舞比赛活动】 2020年8月，组织开展“文化力量·民间精彩”恩施州广场舞大赛，全州有参赛作品16件。9月28日，由省文旅厅、州政府主办，省群众艺术馆、州文游局、宣恩县政府承办的“文化力量·民间精彩”全省第五届群众广场舞集中展演暨“双进双促”行动启动仪式在宣恩县举行，恩施州选送作品《耍出土家新风采》获一等奖，《盘歌舞出幸福来》获二等奖。

【志愿服务】 2020年，组织开展“双进双促”（文旅志愿服务进景区、文化惠民活动进景区，促进文化传播、促进服务提升）行动。国庆节期间“双进双促”活动开展文化活动进景区40场次，惠及4万多游客和群众。10月1日，各大景区开展的《歌唱祖国》快闪活动，73支志愿服务队、3440人次开展旅游咨询、秩序维护、安全提醒、文明劝导等志愿服务，恩施大峡谷设立党员示范岗，恩施大峡谷、利川玉龙洞等景区免费为游客发放驱寒茶饮、雨衣、保暖披肩，恩施大峡谷、利川佛宝山景区推出“光盘”行动、免费换乘或体验旅游项目，树立文明旅游新风。

【群众文化创作】 2020年，抗击新冠肺炎疫情期间，全州群众文化工作者创作歌曲《知道我是谁》《长江滚滚》《联防联控战疫情》（三棒鼓）等200余件文艺作品。

（魏　娜）

文艺演出与文化展馆

湖北省民族歌舞团

【概况】 2020年，湖北省民族歌舞团自7月复工复产以来，以“我们的中国梦”文化进万家、精准扶贫、戏曲进校园、廉政宣教、党纪法规“十进十建”、“扫黑除恶”、禁毒、垃圾分类等为主题，组建荆楚“红色文艺轻骑兵”小分队，开展送戏下乡惠民演出200场次，惠及群众10多万人次。统筹整个文化广场的管理及运营，履行文化广场管理办公室各项职能。

【新冠肺炎疫情防控】 2020年3月30日，优秀青年歌手、省“金编钟”奖获得者易汉章联合声乐演员梁晓斌合作编创的抗击新冠肺炎疫情公益歌曲《请愿》发布。3月24日，组织荆楚“红色文艺轻骑兵”小分队为天津支援恩施州医疗队106名战疫英雄撤离返津送行。5—6月，利用团抖音号通过线上直播的方式，进行致敬防疫抗疫医护人员、党风廉政建设、安全生产月、环境保护周、农副产品推广、文化旅游宣传推介、儿童心理健康、戏曲进校园等文化惠民宣传活动。10月26日—28日，协助筹备州抗击新冠肺炎疫情表彰大会。

【文艺创作】 2020年，湖北省民族歌舞团新创作38件作品。8月，启动音乐、舞美、服装的设计及制作。8—9月，“与爱同行　惠游湖北”旅游驻演剧目——国家文旅部全球推介优秀音乐剧《黄四姐》在恩施大剧院展演。打造提升音乐剧《太阳照进山窝窝》（原名《太阳照在屋顶上》），12月3日—6日，在恩施大剧院试演4场，12月31日，省文联确定与州委宣传部一起联合出品该剧。

【文艺产业发展】 2020年，以“文艺+”模式促进文化产业多元发展，全年产业收入490.85万元。开通“湖北省民族歌舞团”官方抖音号，发布抖音作品131件，5月19日，采用线上演出、抖音直播的形式，推介全州旅游资源，6月8日，启动“硒哥哥带你云游恩施”活动，到8个县（市）景区实地直播探访，推介全州景点自然风光。

【文化交流】 2020年9月28日，为省文旅厅、州政府在宣恩县举办第五届全省群众广场舞集中展演暨“双进双促”启动仪式提供礼仪服务。11月3日，受邀参加“绽放”2020深圳福田区第七届主题文化馆艺术节，开展专场演出。11月6日，省民族歌舞团“红色文艺轻骑兵”

2020年11月9—13日，省民族歌舞团荆楚“红色文艺轻骑兵”小分队走进来凤县演出

（省民族歌舞团　供稿）

文化惠民演出走进十堰市竹溪县，为当地群众送去一场精美的文化盛宴。12月30日，省民族歌舞团优秀青年歌手、省音乐金编钟奖获得者易汉章《梦想的声音——易汉章跨年音乐会》在恩施大剧院举办。

【宣传工作】 2020年，省民族歌舞团微信公众号发布宣传推文95条，同步更新官方网站内容，进行百度百科、360百科中“湖北省民族歌舞团”词条修改和认证。“湖北省民族歌舞团（smg8223001）”官方抖音号全年吸粉26.4万，点赞量244.6万次，总浏览量破亿人次。

【荣誉】 2020年，音乐剧《黄四姐》获省第十届“屈原文艺奖”艺术奖。音乐剧《太阳照在屋顶上》被省委宣传部列入“2020年湖北省文艺精品创作指导性目录”。音乐剧《黄四姐》、舞蹈《土家魂》入选州第十三届精神文明建设“五个一工程”特别奖，歌曲《与你同在》、歌舞诗《龙船调的故乡》入选优秀作品奖。

（罗耀文）

州文化馆

【概况】 2020年，州群众文化系统含1个州直文化馆、8个县（市）文化馆。全州各级文化馆开展线上线下免费开放公益性艺术培训、文艺辅导累计服务群众266万人次。其中，州文化馆联合8个县（市）文化馆、非遗保护中心举办恩施州“群文云上大课堂”，累计服务群众134万人次。举办“清江清”“乐舞清江”“文化力量民间精彩”“凉城利川·欢乐一家亲”等群众文化品牌活动。挖掘恩施民族民间传统文化，打造音乐作品《摘朵栀子花》、舞蹈作品《幺妹儿的梦》、刻字作品《老屋记忆》等文艺精品。11月27日，州文化馆理事会成立并召开第一届理事会第一次理事会议。

【免费开放】 2020年，组织举办由州文旅局主办，州文化馆联合全州8个县（市）文化馆承办“群文云上大课堂”活动，利用抖音、微信等新媒体搭建的数字文化服务平台，提供8个文化服务项目，含民族民间舞蹈《连厢打出幸福来》、阳光女神培训、全能宝贝计划、乐理知识、传统舞蹈《地盘子》、民歌、摄影、根雕艺术等，直播55场，发布92个小视频，累计在线学习观看量134万人次。州文化馆副馆长覃红编排的恩施传统舞蹈《连厢打出幸福来》由省群艺馆推荐，被文旅部公共文化发展中心和中国文化馆协会授予“云上全民艺术普及V课”。在新冠肺炎疫情常态化防控下，开展“迎进门”文艺辅导，开设舞蹈、钢琴、古筝、模特、民歌表演唱、朗诵、美术、摄影8个线下公益性艺术培训班，服务群众5000人次。开展“送上门”流动文化服务，结合优化营商环境、“艺术温润心灵”群众文艺辅导、“荆楚红色文艺轻骑兵”、学雷锋文化志愿服务等，开展文化“五进”活动，组织文艺骨干到恩施土家女儿城、恩施大清江、建始地心谷、湖北民族大学、湖北民大附属小学、恩施芳华中学、恩施市第一中学、三孔桥社区、大桥路社区等开展文艺辅导，在宣恩县晓关乡开展“送福送春联”活动。州文化馆副研究馆员、驻咸丰县中坝村“尖刀班”成员谢春华，在中坝村坚持开展农村公益书法培训，全年累计培训27次，累计培训学员近400人次。

【“乐舞清江”群众文化品牌活动】 2020年，举办“乐舞清江·萌宝来了”线上少儿家庭才艺大比拼活动，参加承办“文化力量　民间精彩”全州广场舞大赛，州文化馆编创的作品《耍出土家新风采》、利川市文化馆的《盘歌舞出幸福来》被选送参加“文化力量　民间精彩”湖北省第五届广场舞大赛，分别获得一等奖、二等奖。举办恩施州2020年“五项五进”、“与爱同行　惠游恩施”、“双进双促”全民健身展演活动，通过“国家公共文化云”平台在线直播，在线观看量21万人。

【“清江清”群众文化展览活动】 2020年，举办恩施州党风廉政书画展、“杭情施意携手奔小康——杭州恩施美术作品交流展”、“开心一刻”湖北省首届刻字作品展、“山河无恙·未来可期”抗击新冠肺炎疫情书法美术摄影作品云展、“荆楚文艺轻骑兵”李乃蔚国画创作与鉴赏讲座，参与组织杭州西泠印社恩施州文化扶贫工作，开展西泠、恩施两地艺术家交流笔会活动。

【文艺创作】 2020年，舞蹈作品《耍出土家新风采》，在“文化力量　民间精彩”全省广场舞展演中获一等奖，入选恩施州第十三届精神文明建设“五个一工程”提名作品奖。音乐作品《摘朵栀子花》、舞蹈作品《幺妹儿的梦》入选湖北省优秀群众文艺作品，音乐作品《摘朵栀子花》入选2020年全省音乐创作“131”工程。刻字作品《老屋记忆》被山东美术馆收藏，入选恩施州第十三届精神文明建设“五个一工程”优秀作品奖。刻字作品《上德》《大匠之门》《巴盐古道》等参加湖北省刻字作品展。隶书对联《神州华夏联》受邀参加“群英战疫”湖北省书法家主题书法创作展。美术作品《齐心协力》《最美战疫》《抗疫组画》《净土》《最美逆行者》、书法作品《万众神州自撰联》入选参加“艺术温润心灵”湖北美术书法摄影抗疫作品展览，美术作品《北夷城即景》《旧铺》参加“杭情施意携手奔小康”美术作品交流展。出品抗疫歌曲MV《知道我是谁》《长江滚滚》。建始县文化馆策划录制MV《党旗飘扬的方向》在“学习强国”平台发布，获2020年湖北省“争做中国好网民”工程暨十二届网络文化节优秀网络文化作品。

【理论研究】 2020年，谢春华的论文《书学研究系列》获州第九届社会科学优秀成果奖二等奖。论文《新媒体时代“非遗”文化的呈现与传播》《“非遗+扶贫”的恩施实践》在国家级、省级期刊发表。

【业务技能大赛】 2020年，组织全州群众文化业务干部参加省文旅厅主办的全省群文系统业务技能大赛，宣恩县文化馆杨蓉的摄影作品《闹元宵》获一等奖，州文化馆谢丹的戏剧类电影片段《人证》、龙玲莉的音乐作品《玛依拉变奏曲》获二等奖，恩施市文化馆黄佳雯的舞蹈作品《唐印》、宣恩县文化馆张艳丽的摄影作品《要出新风采》获三等奖。

【申报参加第五次全国文化馆评估定级】 2020年，州文化馆系统共计9个单位申报参加第五次全国文化馆评估定级，州文化馆、利川、巴东、宣恩、咸丰、来凤6个馆申报国家一级文化馆，建始、鹤峰2个馆申报国家二级文化馆，恩施市申报国家三级文化馆。

（李　莉）

州博物馆

【概况】 2020年，因受新冠肺炎疫情影响，6月以后全州博物馆逐步恢复开馆，接待观众31.16万人次。州博物馆先后接待各地各级领导40余人次参观。全年全州各博物馆、纪念馆配合州博物馆，共征集反映全州各条战线“战疫防疫”见证物1066件（套），编号入藏996件（套）。宣恩县博物馆征集藏品33件（套）。州博物馆馆长董祖斌获省文博系统“抗击新冠肺炎突出贡献奖”。11月，州博物馆理事会成立大会暨第一次理事会议召开。12月，利川市文物事业管理局加挂“利川市博物馆”牌子，至此，全州8个县（市）均完善博物馆机构设置。12月，恩施市博物馆和鹤峰县博物馆被中国博物馆协会核定公布为第四批国家三级博物馆。

【陈列展览】 2020年，州博物馆固定展陈《恩施记忆》改造升级项目投资462万元，5月进场施工，12月底完成施工建设。来凤县博物馆增设基本陈列《张富清先进事迹展》，6月25日对外开放，该展览以“英雄无言 精彩人生”为主题，从战斗英雄、人民公仆、永葆初心、时代楷模4个部分展示，先后接待中央巡察组、中组部、中宣部、中央军委政治工作部、省纪委、省军区以及全州各级各部门参观。

【文化交流】 2020年，州博物馆推出原创展览《经纬大千——中国土家族西兰卡普主题展》到云南红河州博物馆、北京周口店遗址博物馆、宜昌博物馆展出，配合展览交流，举办《土家织锦——西兰卡普》学术讲座。联合恩施市文物局召开“2020年恩施州文博学会年会暨学术研讨会”，收集学术性文章51篇，编印论文集并组织评奖。

【学术研究】 2020年，根据州委、州政府要求，州博物馆启动《土家族源流研究》课题，邀请湖北大学、重庆师范大学、长江师范学院、吉首大学、武汉市文物考古研究专家教授为指导老师。编辑完成《中国博物馆文物图典·恩施卷》《恩施州博物馆精品文物之革命篇》2本学术书籍，发表学术论文或文章34篇，其中省级以上刊物发表2篇。论文《偏远地区博物馆举办临时展览的困境与思考——以湖北省恩施地区为例》获州第九届社会科学优秀成果三等奖。

【重要活动】 2020年，州博物馆开展“迎接返乡务工人员志愿者活动暨流动博物馆进火车站”“感受多彩民俗 传统文化非遗手作”“传承红色文化 聆听历史声音”“今冬拾色”等活动。创新活动内容，利用“互联网+”模式，开展线上教育活动。推出《武陵足音》《生态恩施》线上展览，观众足不出户“云游”博物馆。联合恩施广播电视台，推出“空中博物馆”系列活动，讲述文物故事，全年播出13期，获评省文博系统抗击新冠肺炎疫情期间“优秀线上教育案例”。结合旅游消费扶贫，开展“博物馆进景区”推介活动，与景区开展文化交流。恩施市博物馆开通抖音“恩施文博”，发布40条短视频，线上宣传恩施历史文化、文物古建筑、革命英雄故事等内容，直播“线上探访恩施老城文化，共享小城博物馆的历史与荣光”主题活动。建始县博物馆通过恩施广播电视台，直播推介建始文物资源。来凤县博物馆参与“恩施州文博大视野”直播宣传推介活动，与来凤县融媒体中心联合录制《国际博物馆日：记者带你探访张富清先进事迹展》《野外山洞发现百年秘密 神秘石碑揭开历史印记》电视节目。咸丰县博物馆开展“5·18”国际博物馆日线上活动，筹建“红六军团十八师突围长征过咸丰”原创展。宣恩县博物馆征集以“宣恩”为主题的原创短视频，举办“寻找最红的TA”短视频创作赛，讲好宣恩故事。

（龚艳萍）

州图书馆

【概况】 2020年，州图书馆投入购书经费85万元，采购新书24797册，现刊登记521种、7100册，接受捐赠图书1834种、2016册，其中地方文献19种、65册，文献总藏量845511册，数字资源量30TB。全年接待服务读者24.6万人次，其中馆内6万人次，馆外18.6万人次，网站点击量42.7万次。全年办理新证1300人，持证读者13054人。文献流通9.7万册次，其中馆内5.1万册次，馆外流通服务点4.6万册次。2020年，州图书馆被省图书馆授予“第五届长江读书节‘十佳阅读推广组织’称号”。在湖北省第十七届“童之趣”征文征画大赛中，州图书馆获“优秀组织奖”，选送征文获一等奖6篇，二等奖5篇，三等奖5篇、选送画作获一等奖5幅，二等奖11幅，三等奖4幅。11月27日，州图书馆第一届理事会第一次全体会议召开。年底完成州公共图书馆（新馆）初步设计。

【分馆建设】 2020年，州图书馆建成沙道沟、文化传媒、政法3个特色直属分馆，安装智能化设备，实现图书“通借通还”。全年建成5个直属分馆，调拨图书馆1.5万册。1月，沙道沟分馆在宣恩县沙道沟镇松坪安置点开馆，调拨图书3200余册；文化传媒分馆在州文旅局开馆，调拨图书2300余册。12月，政法分馆在州检察院开馆，调拨图书1000余册。

【优秀馆员说藏书】 2020年4月，州图书馆拍摄阅读推广视频“晚清恩施名人饶应祺及《新疆巡抚饶应祺稿本文献集成》”，视频取景州图书馆和三义宫巷饶应祺故居，以倒叙方式呈现饶应祺的为官历程，中央民族大学李德龙教授作评，诠释该书的内容和价值，展现并宣传恩施独特的人文风情。5月18日，视频参与《中国文化报》的线上栏目“名嘴说风物系列”之“优秀馆员说藏书”活动，并在文旅中国APP展播。

【太原市图书馆结对恩施州图书馆】 2020年2月，太原市图书馆与州图书馆结对“姊妹馆”，为州图书馆捐赠口罩、雨衣、消毒液、药品等抗击新冠肺炎疫情物资。9月，在宣恩县沙道沟镇举办的“与爱同行 相约乡读”2020全民阅读推广暨文化扶贫下基层活动现场，州文旅局、州图书馆与太原市文旅局、太原市图书馆视频连线，太原市图书馆为州图书馆沙道沟分馆、高罗分馆对口捐赠价值3万余元的学习、体育用品和数字资源，为安置点的留守儿童“送温暖、种文化”。

【“悦读恩施”阅读推广品牌】 2020年，“悦读恩施”阅读推广品牌依托州图书馆施南读书会、“童心童梦”读书会，在全民阅读、生态文明、家庭阅读、亲子活动以及乡村阅读领域，关爱留守儿童及特殊群体，通过大众讲坛、悦读自然、馆员领读、流通服务、心手相牵活动用书香温暖世界，用书香播种未来，助力乡村文化振兴，推进书香恩施建设。全年累计开展各类读者活动158次，服务读者18.6万人次。

【加入“全国生态文明建设示范市公共图书馆联合体”】 2020年8月6日，“全国生态文明建设示范市公共图书馆联合体”在浙江省湖州市图书馆成立。州图书馆作为全国22个创始成员馆之一参加成立大会，做客“学习强国”的“中央广播电视总台文艺之声”馆长访谈栏目，就有关绿水青山的生态文明，特别是在其基础上开展的生态阅读实践和百姓生活之间的关系与网友互动。

【征集抗击新冠肺炎资料】 2020年2月23日，州图书馆发出倡议，向社会征集抗击新冠肺炎的各类相关文献资料，客观真实地记录恩施州在抗击新冠肺炎疫情中的难忘历程和感人事迹以及人民生活的历史面貌，征集书法、绘画、征文、音视频等各类地方文献资料827件。

【图书馆智能设备服务“两会”】 2020年1月4—8日，恩施州“两会”期间，州图书馆在“两会”会场设立信息咨询服务点，提供图书馆智能设备，开通信用办证和图书自助借阅服务。代表、委员们体验智能借还、信用办证、刷脸借书等图书馆智慧化应用，现场为代表、委员们办理读者证102个，借阅图书500余册，下载电子文献300余次。

【读者云游图书馆活动】 2020年4月23日，州图书馆在世界读书日开展主题为“书香助力战疫 阅读通达未来”全民阅读系列活动，首次在云上恩施、抖音、FM99、FM94平台同步开启“云游图书馆”线上直播活动，州图书馆馆员通过镜头带领读者云游图书馆。州图书馆馆长做客FM94直播间与网友线上交流互动。

【民国文献清点整理】 2020年5月14日至6月15日，州图书馆利用抗击新冠肺炎疫情期间闭馆空档时间，开展民国文献的清点整理工作，对每种图书的书名、版本年代、册数进行电脑录入，然后按照类别排架上架，完成各类民国文献资料整理28146册。

【书香战“疫”直播讲书《本色英雄张富清》】 2020年6月27日，书说战“疫”之直播讲书《本色英雄张富清》在省图书馆直播间开讲，此次讲书活动由省图书馆主办，州图书馆承办，来凤县图书馆协办。讲书内容为《本色英雄张富清》(谭元斌著)，讲书人为来凤县图书馆馆员李树林，线上听众近7000人。

【全民阅读推广暨文化扶贫下基层活动】 2020年9月29日，由州委宣传部、省图书馆、州文旅局、宣恩县委宣传部指导，宣恩县文旅局、州公共图书馆阅读推广联盟主办，宣恩县沙道沟镇政府、州图书馆、宣恩县图书馆、州图书馆沙道沟分馆联合承办的“与爱同行 相约乡读”2020全民阅读推广暨文化扶贫下基层活动在宣恩县沙道沟镇举行，展出96块全民阅读展牌、428张全民阅读照片，州直及县直全民阅读活动小组成员单位、相关学校、居民2000余人现场参加活动。

（李光炼）

文物保护

【概况】 2020年，申报5个国保工程、26个省保工程立项计划，申报文物保护方案17个。实施完成总投资1136万元的唐崖土司城址消防工程和唐崖土司城址保护与环境整治（三期）工程，国家级文物保护单位大水井古建筑群消防和白蚁防治工程、鱼木寨白蚁防治工程、五里坪革命旧址环境整治工程，省级文物保护单位蒋家花园消防工程、如皋书院消防工程。申报唐崖土司城址安防监测设施提升工程，启动唐崖土司城址石质文物修缮项目勘察设计工作。启动国家级文物保护单位彭家寨防雷工程，省级文

2020年5月14日，州图书馆对馆藏民国文献进行清点、整理

（州图书馆 供稿）

物保护单位五阳书院展示利用工程、庆阳凉亭街修缮工程（一期）和消防工程、两河口苏维埃政府旧址消防工程等。省委、省政府办公厅印发《关于加强全省文物保护利用改革的工作措施》，省委书记应勇作出加强唐崖土司城址保护利用工作的批示。副省长张文兵专题调研唐崖土司城址保护利用工作，主持召开工作会议。州委、州政府成立唐崖土司城址保护利用工作领导小组。完成全州开发区、工业园区建设项目文物保护统一评价工作，获得省文旅厅批复。施州城址柳州城遗址调查勘探工作启动。州博物馆完成“恩施记忆”展厅改造升级工程和安防改造升级工程，甘肃博物馆等到恩施州交流展览。

【文物建筑火灾隐患排查整治】 2020年，州文旅局、州消防支队联合开展文物建筑火灾隐患排查整治工作，全州县级层面组成检查工作组8个，出动185人次，检查文物单位95处（国家级文物保护单位6处、省级文物保护单位42处、市县级文物保护单位47处）、博物馆和纪念馆9个。发现文物单位隐患和问题103项（国家级文物保护单位9项、省级文物保护单位43项、市县级文物保护单位51项），督促整改91项（国家级文物保护单位7项、省级文物保护单位34项、市县级文物保护单位50项）。发现博物馆隐患和问题13项，督促整改12项。州文旅局组成检查组4个，开展全州文物安全巡查2次，检查文物单位139处（国家级文物保护单位9处、省级文物保护单位62处、市县级文物保护单位68处）、博物馆和纪念馆9个。发现文物安全隐患问题121项（国家级文物保护单位6项、省级文物保护单位35项、市县级文物保护单位80项），督促整改73项（国家级文物保护单位6项、省级文物保护单位32项，市县级文物保护单位35项）。发现博物馆隐患和问题5项，督促整改3项。

（魏　娜）

【文物保护工程县（市）完成情况】

恩施市文物局完成沙地天主教堂修缮和中美空军俱乐部旧址二期维修工程，滚龙坝古建筑群修缮项目、何功伟烈士就义旧址修缮项目获省文旅厅批复同意实施，滚龙坝古建筑群消防工程和滚龙坝古墓群安防工程获省文旅厅批复立项，叶挺将军囚居旧址纪念馆改扩建项目获恩施市发改局批复立项。利川市文物局争取鱼木寨保护性设施建设工程、展示利用工程、安防工程，大水井古建筑群安防工程等国家文物保护专项资金1719万元，古墓葬安全防护等省级文物保护专项资金10万元，佛堂墓群安防工程、中共利川县第一个党支部修缮工程等州级文物保护专项资金38万元，龙水文庙消防工程、范家老屋修缮工程获省文化和旅游厅批复立项。建始县文物局完成万寿桥保养维护工程，建始直立人遗址安防工程、石柱观防雷工程获省文旅厅批复立项。来凤县文物局完成黄柏院落古戏楼、古石板维修工程，仙佛寺安防、危崖体局部加固工程，茶堰坪摆手堂抢救性修缮工程、张富清先进事迹展布展工程获省文旅厅批复立项，下达专项资金286.3万元，仙佛寺抢险加固工程（二期）项目获国家文物局批复立项。宣恩县博物馆争取庆阳凉亭街修缮工程（一期）、两河口县苏维埃政府旧址消防工程等项目专项资金330万元，完成彭家寨古建筑群安防工程及“平安文物”项目。鹤峰县文化遗产局完成中共湘鄂西中央分局警卫团暨王炳南囚居处旧址、中共湘鄂西中央分局旧址、红二军团军部旧址抢险加固工程，完成邬阳关“神兵”收编旧址征收及五里三路口接龙桥保护加固工程，4月，鹤峰县政府筹措资金1003万元，启动容美土司遗址保护配套设施建设及屏山环境整治项目，5月，完成鹤峰红三军军部旧址“贺龙在麻水”革命历史陈列馆主体建设和主题展览陈列。

【文物调查勘探】 2020年，为配合全州经济开发区“优化营商环境”建设，州博物馆整合资源，完成全州9个开发区（工业园）的文物调查、勘探，报告编制和专家评审工作。完成恩施民族体育运动中心和整体迁建恩施职业技术学院项目，恩施机场三岔镇二龙寺、李家坪和宣恩县万寨乡杨家湾三处预选址及利川市汪营镇镇区规划范围（利川硒食品加工产业园）文物调查和勘探工作。全州启动石窟寺调查工作。鹤峰县文化遗产局配合省文物考古研究所完成容美土司中府遗址考古勘探。

（龚艳萍）

非物质文化遗产

【概况】 截至2020年，全州共入选国家级非物质文化遗产（以下简称“非遗”）代表性项目名录15项，入选湖北省省级非物质文化遗产代表性项目名录66项，州人民政府公布州级非物质文化遗产代表性项目名录149项，8个县（市）人民政府公布县（市）级非物质文化遗产代表性项目名录589项。全州被命名的国家级非物质文化遗产项目代表性传承人12人，省级项目传承人86人，州政府公布州级传承人236人，8个县（市）公布县（市）级传承人987人。印发《恩施州州级非物质文化遗产代表性传承人认定与管理办法》，落实每人每年3000元的州级传承人补助。全州共建有传承基地53个，传习所60所，传统工艺振兴基地17个，民族文化进校园工程示范学校40所。

【保护和利用】 2020年，全州新增一批各级非物质文化遗产代表性项目名录。宣恩县建成非物质文化遗产展示馆，咸丰县在唐崖镇双河村建设1500平方米的石刻壁画、民俗体验馆、吊脚楼专题馆，恩施市启动市级非遗展示馆项目建设工作。全年举办非遗类培训11场。建立利川红扶贫就业工坊、利川市坝漆制作扶贫就业工坊、利川柏杨豆干制作扶贫就业工坊、建始桃片糕制作扶贫就业工坊、建始土家腊肉制作扶贫就业工坊、巴东天艺生漆制品有限公司、伍家台贡茶、民间绣活（宣恩土家族苗族绣花鞋垫）、凤头姜非遗扶贫就业工坊、宜红茶制作工坊、金阳豆豉制作工坊11个非遗工坊，涉及建档立卡贫困户2383户，贫困人口1万余人，直接为当地贫困户人均月增收2000多元。在恩施职业技术学院设立土家吊脚楼营造技艺、恩施玉露制作技艺、土家织锦西兰卡普等9个大师工作室。恩施市举办“相

2008—2020 年恩施州国家级非物质文化遗产代表性项目名录一览表

表 10

序 号	类 别	项目名称	申报地区
1	传统音乐	薅草锣鼓（宣恩薅草锣鼓）	宣恩县
2		土家族打溜子（鹤峰围鼓）	鹤峰县
3		江河号子（长江峡江号子）	巴东县
4		利川灯歌	利川市
5	传统舞蹈	土家族摆手舞（恩施摆手舞）	来凤县
6		肉连响	利川市
7		龙舞（地龙灯）	来凤县
8		土家族撒叶儿嗬	巴东县
9	传统戏剧	灯 戏	恩施市
10		傩戏（鹤峰傩戏、恩施傩戏）	鹤峰县、恩施市
11		南 剧	来凤县、咸丰县
12	曲艺	恩施扬琴	恩施市
13		三棒鼓	宣恩县
14	传统技艺	土家族吊脚楼营造技艺	咸丰县
15		绿茶制作技艺（恩施玉露制作技艺）	恩施市

2009—2020 年恩施州国家级非物质文化遗产项目代表性传承人一览表

表 11

序 号	类 别	姓 名	性 别	项目名称	申报地区
1	传统舞蹈	吴修富	男	肉连响	利川市
2		邓 斌	男	龙舞（地龙灯）	来凤县
3		彭承金	男	土家族摆手舞（恩施摆手舞）	来凤县
4		黄在秀	男	土家族撒叶儿嗬	巴东县
5	传统戏剧	孟永香	女	灯 戏	恩施市
6		蒋品三	男	傩戏（恩施傩戏）	恩施市
7		邓玉书	男	傩戏（恩施傩戏）	恩施市
8		杨道运	男	南 剧	咸丰县
9	传统音乐	冷浩然	男	薅草锣鼓（宣恩薅草锣鼓）	宣恩县
10		全友发	男	利川灯歌	利川市
11	传统技艺	万桃元	男	土家族吊脚楼营造技艺	咸丰县
12		杨胜伟	男	绿茶制作技艺（恩施玉露制作技艺）	恩施市

约女儿会，情定龙赶湖”为主题的女儿会，巴东县举办长江三峡纤夫文化旅游节等非遗与旅游融合的特色活动。完成恩施州 15 个国家级非遗项目宣传片《莫子是非遗》的拍摄，完成 2020 年公共数字文化资源建设项目恩施州地方戏专题片的拍摄。

【新增非物质文化遗产代表性项目名录】 2020 年 1 月 14 日，省政府公布第六批省级非物质文化遗产代表性项目名录和扩展项目名录，恩施州有代表性项目名录 1 项：传统音乐类宣恩县的宣恩花锣鼓。扩展项目名录 5 项：民俗类恩施州的婚俗（土家族传统婚俗），传统技艺类利川市的红茶制作技艺（利川红茶制作技艺）、鹤峰县的红茶制作技艺（鹤峰宜红茶制作技艺），传统舞蹈类建始县的龙舞（花坪火龙），传统美术类来凤县的民间绣活（土家绣花鞋垫）。10 月 15 日，州人民政府公布第七批州级非物质文化遗产代表性项目名录和扩展性项目名录 52 项，其中，非物质文化遗产代表性项目名录 23 项，非物质文化遗产代表性项目名录扩展性项目名录 29 项。12 月 18 日，“坝漆制作技艺”进入文旅部第五批国家级非物质文化遗产项目名录推荐项目公示名单。

【“文化和自然遗产日”活动】 2020 年，围绕四级非遗名录组织开展“我们都是非遗传承人”系列活动。全州线上活动共计发布短视频 600 多条，浏览量 270 万人次。发布线上非遗展共计 920 条，点击量 155 万人次。非遗专题电台节目累计听众 30 万人次。发放非遗相关宣传材料 1000 余份。恩施玉露制作技艺、木胎漆器髹饰技艺、利川红茶制作技艺相关保护单位参与湖北省非遗购物节，累计销售 9 万余元。发布《恩施文旅掌中宝》纸质版和电子版。咸丰县举办“文化和自然遗产日有奖竞答”。巴东县举办非物质文化遗产专题摄影作品展、巴东非遗短视频展播。建始县组织丝弦锣鼓、南乡锣鼓展演。

【抢救性记录】 2020年，配合省非物质文化遗产保护中心摄制专班开展恩施傩戏国家级传承人邓玉书、灯戏国家级传承人孟永香、利川灯歌国家级传承人全友发的抢救性记录。开展巴东堂戏省级传承人谭绍康、长江峡江号子省级传承人张厚彪、南剧省级传承人吴兆云、宣恩竹编省级传承人王义方、吊脚楼营造技艺省级传承人谢明贤，土家打溜子、傩戏、花鼓灯代表性传承人，省级非物质文化遗产代表性遗项目绕棺、板凳拳的抢救性记录工作。

【展示推介】 2020年，灯戏《雪山放羊》、傩戏《鲍秀英招亲》、柳子戏《打仓救主》和“巴东堂戏”演出队参加10月18日在江苏昆山举办的“2020年戏曲百戏盛典”。巴东“土家族撒叶儿嗬”表演队伍到长阳、五峰、资丘等地，开展为期5天的交流展示活动。举办“相约清江·缘起非遗”武陵山区（鄂西南）土家族撒叶儿嗬邀请赛，来自巴东、鹤峰、建始、五峰、长阳等县10支队伍参加。举办建始县第二届丝弦锣鼓大赛、鹤峰县第三届非物质文化遗产展示展演活动。

【宣传培训】 2020年，全州举办“非遗进景区”活动112次，发放《武陵山区（鄂西南）土家族苗族文化生态保护实验区（恩施州）非物质文化遗产简介及非物质文化遗产保护政策文件选编》《国家级文化生态保护实验区建设——政策文件汇编》《恩施市非物质文化遗产概览》等宣传资料2万余份。《恩施州非物质文化遗产名录图典》、《来凤县非物质文化遗产名录图典》、“文化巴东”非遗系列丛书（《巴东非物质文化遗产概览》《巴东堂戏剧目大全》《巴东皮影戏剧目精选》《土家族撒叶儿嗬普及教程》）、利川非遗丛书《利川民间文艺传承人小传》公开出版。持续开展进非遗进景区、进校园、进社区活动。摄制国家级项目宣传片《莫子是非遗》，摄制肉连响、利川灯歌、柏杨豆干制作技艺、十姊妹歌、民间绣活、竹编、剪纸、水磨漆器、木雕等州非物质文化遗产代表性项目宣传片，线上、线下播放。开展鹤峰县传统戏剧、草把龙、建始根木雕、高坪南乡锣鼓、恩施傩戏、灯戏、恩施扬琴、太阳河民歌、利川木雕的培训工作。

（刘　琪　魏　娜）

出　版

【概况】 2020年，州、县（市）充实“扫黄打非”工作人员，持续推进“扫黄打非”基层站点建设，实现“扫黄打非”工作站乡（镇）、村（社区）全覆盖。开展“清源”“净网”“固边”“护苗”“秋风”和涉新冠肺炎疫情“扫黄打非”6个专项行动，对出版物市场、印刷企业和网络环境进行巡查检查，开展出版物市场整治活动。对文化经营单位进行检查，加强“扫黄打非”案件查办和宣传。网上启动全民读书月。调查“农家书屋”开展情况，更新书目。做好出版发行行业主体服务工作。进行版权保护宣传，打击侵权盗版，持续推动软件正版化工作。

【“扫黄打非”】 2020年12月25日，在州委常委会上，“扫黄打非”作为意识形态工作的重要内容做情况汇报。在第四次意识形态联席会议上，相关单位专题学习省委宣传部、省“扫黄打非”办公室下发的《关于进一步落实意识形态工作责任制切实履行“扫黄打非”工作责任的实施方案》。州委宣传部双周例会必听取“扫黄打非”工作汇报，分管领导每周专题研究“扫黄打非”工作。州“扫黄打非”办公室召开全州工作会议，制定行动方案，部署“正道”“新风”集中行动，重点组织开展“清源”“净网”等6个专项行动，重要时间节点制定专门工作措施。加大和公安、检察院、法院等司法部门衔接沟通，督促案件查办，对重点印刷发行单位、校园周边文化市场进行巡查，开展检查20余次，出动执法人员1000多人次，对全州3000余个网站进行清理，发现非法网站63个。在部分重点学校、企业、景区建立“扫黄打非”工作点，建成基层站点2664个。建立区域协作机制，与湖南省湘西自治州对接，10月22日，举行2020年湘鄂（龙山—来凤）“扫黄打非”区域联防协作会议，签订联席机制协作书并开展协作检查。州“扫黄打非”办公室加大对各县（市）和相关部门的协调督促力度，全年查办各类“扫黄打非”案件20起，其中刑事案件3起、行政案件17起。省“扫黄打非”办公室采用恩施州信息20余篇，其中《恩施州创新举措抓实网上“扫黄打非”工作》被中国“扫黄打非”网采用。开展“4·26”世界知识产权日暨“绿书签2020”

2020年11月29日，州文化馆在女儿城开展“与爱同行 惠游湖北”恩施州非物质文化遗产代表性项目进景区宣传体验活动　（州文化馆 供稿）

宣传周活动，张贴“护苗2020绿书签行动”宣传海报和横幅2万余份、播放“扫黄打非”公益宣传片5万余条次。

【全民阅读】 2020年，州全民阅读活动领导小组办公室印发《“书香恩施”2020年“4·23”全民读书月方案》，明确活动主题为“全民阅读，书香战疫”，启动仪式在线上进行，依托州广播电视台抖音平台进行直播，实行“云分享+云阅读+云福利+云互动”模式。“4·23”全民阅读日上午，5000余人观看抖音直播，参与讨论者3000人次，云上恩施在线观看人数超过万人，在微信上发布“阅读征集令”，号召网民线上打卡，共计20331名阅读爱好者参与。“9·28”孔子诞辰日，由州全阅办组织、州图书馆具体承办的“与爱同行 相约乡读”活动在宣恩县沙道沟镇举行，山西太原市图书馆为留守儿童赠送关爱大礼包，州图书馆组织8辆流动图书车更新上架精品图书万余册，邀请长江读书节领读者诵读《国歌响起》。州全阅办、团州委、州教育局、州新闻出版局等单位制定并印发以“健康中国”为主题的《恩施州第二十届青少年爱国主义读书教育活动方案》。在全省青少年爱国主义读书教育活动中，恩施州代表队分获演讲项目中学组一等奖，小学组三等奖，才艺展示项目中学组二等奖，小学组三等奖，获最佳组织奖。州全阅办与州教育局联合开展“书香满假期，阅读伴成长”读书征文活动，活动对取得优异成绩的255部作品进行通报奖励。州全阅办在全民阅读月活动期间，向全州推荐《习近平在宁德》《习近平在厦门》等10本优秀书目，各类媒体平台开设阅读专栏，播放公益广告，广播FM99设立《苏说经典》栏目。全州组建“红色文艺轻骑兵小分队”，宣传教育展览、图书捐赠、送书下乡等延伸服务活动。

【“农家书屋”】 2020年，州新闻出版局对全州8个县（市）“农家书屋”现状和使用情况进行调查汇总，转发《农家书屋书目更新通知》，全州2400多个“农家书屋”均以县（市）为单位签订书目采购合同，更新书目。利用“农家书屋”开展读书征文、知识讲座、科技培训、政策宣讲、文艺交流等活动，宣恩县利用“农家书屋”建立4点半学堂，解决扶贫安置点上学孩子们下午放学后短期无人看管的“真空时间”。鹤峰县燕子镇新行村被中宣部印刷发行局选为“农家书屋助力双决宣传片”拍摄地，全州选出宋燚鑫、祝丹作为全州乡村阅读榜样向省推荐。

【版权保护】 2020年，州版权局联合州委网信办、州公安局制定印发《恩施州开展打击网络侵权盗版“剑网2020”专项行动方案》，从视听版权、电商版权、社交平台版权、在线教育版权和巩固重点领域版权治理成果5个方面开展打击网络侵权盗版工作。“4·26”世界知识产权日期间，张贴宣传海报、播放公益短片，8个县（市）销毁近年来查收的侵权盗版和各类非法出版物2万余份，累计查处各类侵权盗版案件15起。州推进正版软件工作领导小组印发《2020年恩施州推进正版软件工作实施方案》，确定工作重点和目标，对工作任务和要求进行明确；印发《关于做好2020年推进软件正版化工作自查工作的通知》，组织相关单位对机关内部正版软件使用情况开展自查，以查促改。

【行政审批】 2020年，州新闻出版局对所涉及各类行政办理事项进行调整优化，减少审批流程，提升审批效率，压缩审批时限，全年办理连续性内部资料性出版物准印证2份，一次性内部资料性出版物准印证17份，新批准办理包装装潢和其他印刷品印刷企业13个，对全州104个印刷企业、257个出版物发行单位以及35个连续性内部资料性出版物开展年审和换证工作。

（党国营）

广播电视

【概况】 2020年，全州广播电视工作统筹推进新冠肺炎疫情防控和事业发展，统筹“战疫”“战洪”“战贫”突出主题主线宣传，加强广播电视“头条”建设和网络视听“首页首屏首条”建设，做好新闻舆论引导。落实意识形态责任，落实安全保障，提升行业监管能力。提升广播电视公共服务，推进广播电视“村村响”“户户通”和无线数字覆盖等工程建设。州广播电视台搬迁至州文化中心传媒大楼，7个县（市）融媒体中心改革完成，基本形成“一次采集，多种生成、全平台发布”的全媒体综合平台。湖北广电网络恩施分公司（楚天视讯网络有限公司恩施分公司）改制完成，下设8个县（市）支公司、88个乡镇经营部，传输数字电视节目174套（标清120套、高清54套）。州广播电视台、利川融媒体中心获得2019年度全省广播电视节（栏）目创新创优项目扶持。州广播电视局获评2019年度省广播电视公益广告优秀组织机构。

【主题宣传】 2020年，组织“决胜全面小康·决战脱贫攻坚”荆楚风采大型主题采访、“村村讲村村响·五中全会在乡村”宣讲等主题活动，各级广播电视台播发相关消息近800条，系列报道近100条，展示宣传建党立国以来的伟大实践和发展成就，凝聚全州人民知党史、感党恩、跟党走的思想共识，营造积极发展的良好氛围。州广播电视台选送的《一生俭廉张富清》《绿水青山·我是行动者》作为优秀电视类节目推送到国家广电总局。微电影《正名》获省广电局“决战决胜脱贫攻坚 小康路上一个不能少”2020年湖北省网络视听最佳作品。

【行业监管】 2020年，落实意识形态主体责任，建立局、台、网工作联席例会制度，加强形势分析研判。开展境外卫星电视、违规播放广告、打击黑广播、净化网络视听空间等专项行动，加强“两微一端”、网络制播等移动互联网平台传播视听节目的监管，完成重要节假日，抗击新冠肺炎疫情表彰大会、国家公祭日等重要保障期的安全播出保障工作。对监听监看过程中发现的播放疑似违规广告和擅自增设广播节目的播出单位，下发违规整改通知书，对IP地址在州内的452个网站逐日巡查，清理辖区各广播电视播出机构信息，确保辖区无擅自增设频率频道、擅自改变频率频道定位（名称）行为，无变更台名、台称、呼号、台址、节目覆盖范围行为，辖区内播出机构无出租、转让播出时段行为。

【重点工程建设】 截至 2020 年底，全州安装开通“户户通”设备 564533 套，完成总任务 571025 套的 98.86%。“村村响”建成级平台 1 个，县级平台 8 个，乡镇平台 90 个，村级广播室 2919 个，安装音柱 7675 只，高音喇叭 18670 个。中央无线数字覆盖补点工程基本完成。来凤县、利川市、宣恩县、鹤峰县 588 个村被纳入 2020 年贫困地区民族自治州所辖县村综合文化服务中心广播覆盖工程建设范围并启动。巴东县应急广播体系试点建设有序推进，咸丰县应急广播体系试点建设方案获省广电局批准，启动招投标。

【公共服务】 2020 年，全州广播综合覆盖人口 310.41 万人，覆盖率 99.91%，电视综合人口 310.21 万人，覆盖率 99.85%。为确保农村智能广播村村响、长期响，州文旅局组成专班到州内 4 个县（市）8 个乡镇 20 个村专题调研，形成专题调研报告。州新冠肺炎疫情防控第 26 次视频调度会后，州文旅局指导各县（市）加强“村村响”管理主体、运维主体和节目运营主体责任落实，统筹推进各级广电部门做好保障服务，采取每日报送信息与现场督办相结合的方式，确保“村村响”正常响通率稳定在 90% 以上。

【州电影发行放映公司经营情况】 2020 年 1—7 月，农村公益电影放映处于停映，8 月初，中宣部国家电影局对影院逐步复工复映。截至 2020 年 12 月 15 日，全州农村公益电影放映 28533 场，城市广场电影放映 600 场，全面完成下达的公益电影放映任务，基本达到放映全覆盖，助推脱贫攻坚。各县（市）电影管理站认真选购影片，订购科教电影 25584 场、国产优秀电影故事片 25607 场。“百日百场”广场电影 8 月与农村公益电影同时复映，共放映 600 余场，观众 10 万人次，其中放映爱国主义教育电影 300 多场。

（魏 娜）

文化传媒

恩施日报社

【概况】 2020 年，恩施日报社（简称“报社”）加强党的建设，提高新闻舆论工作水平，推进媒体融合发展，建设学习型、创新型、活力型、服务型、法治型报社。在利川市、咸丰县、鹤峰县、建始县、巴东县 5 个县（市）成立记者站。为租用报社办公大楼的中小微企业减免抗击新冠肺炎疫情期间租金 416 万元，支持中小微企业疫后重振。

2020 年 7 月 19 日，党员干部下沉恩施市六角亭街道胜利街清淤泥、除垃圾

（杨顺丕 摄）

【习近平新时代中国特色社会主义思想宣传】 2020 年，报社全媒体及时刊发习近平总书记重要讲话、重要指示批示和党中央重大决策部署，及时报道全州各级党组织贯彻落实习近平总书记重要讲话、重要指示批示精神和党中央重大决策部署的具体行动，让习近平新时代中国特色社会主义思想深入人心。开辟“深入学习贯彻十九届五中全会精神”“彰显特色 突出绿色 提升成色 贯彻落实中共十九届五中全会、省委十一届八次全会精神和州委七届九次全会精神”“十九届五中全会精神宣讲进行时”等专栏，宣传会议精神，报道全州各级党组织学习贯彻落实具体行动。

【抗击新冠肺炎疫情宣传】 2020 年，报社全媒体开辟“深入贯彻习近平总书记在湖北考察疫情防控工作重要讲话精神”专栏，对全州贯彻落实习近平总书记重要讲话精神进行持续深入报道。开辟“党旗飘扬在抗疫一线”“众志成城抗疫情”“天津援恩战疫情”“抗疫一线群英谱”“社区战疫图”“坚决打赢疫情防控阻击战”“慎终如始战‘疫’情 全力以‘复’促发展”等专栏和专题，报道全州各级认真落实党中央、省委重大决策部署和要求，抗击新冠肺炎疫情取得的重大成效和成功做法、先进典型。

【防汛抗灾宣传】 2020 年 6—7 月，恩施州遭遇罕见汛情，报社全媒体开设“齐心协力防汛抗灾”“直击恩施抗洪救灾”“全力防汛救灾 推进灾后恢复重建”“人民至上 生命至上 众志成城保民生”“党旗飘扬在抗灾救灾一线”“州城大爱”专栏，及时报道州委、州政府决策部署，宣传防汛抗灾一线典型人物、典型事迹。

【经济社会发展宣传】 2020 年，《恩施日报》围绕全州奋力夺取新冠肺炎疫情防控和经济社会发展“双胜利”、旅游业疫后重振、打好民生保卫战和经济发展战、党建引领基层社会治理现代化等主题，组织策划“八个着力开新局——系列评论”专栏。持续推出“慎终如始战疫情 全力以‘复’促发展”专题和“八个着力开新局——项目建设”“全力推进旅游业疫后重振”等专栏，持续报道全州各地有序推进生产生活秩序全面恢复的新动态、新举措、新效果、新气象及好的做法与典型。开辟专栏、组织评论员文章，宣传州委七届九次全会精神。

【优化营商环境、基层社会治理宣传】 2020年，《恩施日报》刊发“打造营商环境升级版”和“党建引领基层社会治理现代化”系列评论员文章。报社全媒体开办“有呼必应 无事不扰——甘当服务企业的‘店小二’”“优化营商环境 县市在行动”专栏，全面报道全州各级各部门优化营商环境的举措、效果及典型。开辟“党旗飘扬在基层治理一线”“社区尖刀班故事”专栏，报道全州各级党组织和党员干部参与基层社会治理的做法、经验和效果。

【决战脱贫攻坚、决胜全面小康宣传】 2020年，恩施日报全媒体开办“决战脱贫攻坚 决胜全面小康”“走向我们的小康生活”等专栏，报道全州各地脱贫攻坚、实现全面小康的巨大变化。持续开办“杭州恩施携手奋进新时代——东西部扶贫协作壮歌行”专栏，报道杭州恩施两地开展东西部扶贫协作的特色亮点和典型经验。开辟“走向我们的小康生活——我的脱贫故事（我的扶贫故事）”“话脱贫成就 展三农新颜——‘听党话、感党恩、跟党走’”等专栏，反映全州脱贫攻坚具体成效。开辟“情暖大山——省‘616’工程对口支援恩施回眸”专栏，展示省“616”工程开展在恩施州取得的成就。

【“十三五”成就宣传】 2020年12月，报社全媒体开辟“奋进新时代 精彩‘十三五’”专栏，推出《奋进新时代 开启新征程——恩施州“十三五”经济社会发展成就巡礼》特刊，从绿色崛起、深化改革、脱贫攻坚、城市建设、民生福祉等方面全面盘点州“十三五”建设成就。

【典型宣传】 2020年6月，报社全媒体推出《把生命最后一抹阳光照进群众心坎——追记建始县纪委监委信访室主任朱泽斌》典型报道。9月21日，报社全媒体第一时间推出咸丰清坪镇纪委书记谢睿的重大典型人物报道《他用生命书写使命》，引起强烈反响，新华社、《中国纪检监察报》、《湖北日报》、人民网、新华社客户端、“学习强国”、中纪委官网等媒体转载。开辟“榜样引领 见贤思齐——深学热议谢睿同志先进事迹”专栏，将学习活动引向深入。在《恩施日报》开办“弘扬伟大抗疫精神——战疫英雄典型”专栏，重点报道恩施州获得国家级表彰的3个先进集体4个先进人物的典型事迹。

【上级媒体报道】 2020年，报社向新华社和新华网、“学习强国”学习平台、《湖北日报》等中央和省级媒体推荐反映恩施改革发展成果的新闻作品，“学习强国”学习平台全年采用报社推荐的稿件200多篇。承办以“氧生福地 硒游仙境”为主题的“百家媒体看恩施”采风活动，来自新华社、人民网、《天津日报》、《杭州日报》等近百家媒体的记者，发推文、发专版，宣传恩施州生态文化旅游资源、产业优势和旅游业新冠肺炎疫情后重振成效。新媒体“战疫”宣传阅读量、点击量突破3亿人次，现场云点击量600万人次，微信推文24小时点击量突破10万的有5条。

【媒体融合发展】 2020年3月，《恩施日报社改革工作运行机制、推进媒体融合发展实施方案》制定，打破《恩施日报》、《恩施晚报》、传统媒体和新兴媒体各自为政、条块分割、互不相融的状况，优化资源配置，构建全媒体（《恩施日报》、《恩施晚报》，恩施新闻网、州政府网，恩施发布、恩施日报和恩施晚报的3个微信公众号）统筹策划、一次采集、多种生成、多元传播的运行模式。报社自筹资金300万元，建设恩施日报·知恩客户端和融媒体指挥中心项目，构建全媒体传播体系。启动全员“一文一图一视频”新媒体技能培训，全年集中开展培训活动3次。

【州政府网站集约化平台项目】 2020年，根据州政府网站集约化建设方案，建设州政府网站统一信息资源库，与全省政府网站统一信息资源库实现全面对接。按政府网站集约化建设标准规范，完成州政府网站集约化平台改造项目，46个纳入国务院、省考核的政府网站完成数据补录及改版，顺利迁移至州政府网站集约化平台。依托集约化平台，以统一名称、统一栏目布局、统一格式体例、统一依申请公开功能设置、统一基层信息公开“五统一”为标准建设全州政府信息公开平台。对集约化平台进行Ipv6改造，实现Ipv6访问。

【新闻获奖】 2020年6月23日，湖北省新闻工作者协会公布第37届湖北新闻奖评选结果。恩施日报社选送作品获二等奖2件，三等奖2件。12月9—11日 湖北省记协时事版面专业委员会第25届年会暨2020年度时事好新闻评选活动在鄂州举行。《恩施日报》7件作品获奖，其中一等奖2件、二等奖3件、三等奖2件。

【报社印刷厂改革】 2020年，报社印刷厂改革完成人员划转、资产清查、财务审计等工作，注销报社印刷厂事业法人，组建报社印务发行中心，承担党报印刷、发行职责，在编人员不改变编制性质，连人带编划入报社，聘用人员转入恩施日报传媒集团，续签劳动合同。

【荣誉】 2020年7月10日，“恩施发布”连续三年获评“湖北十佳政务微信（市州）”。12月，经复查合格，报社获评“2017—2019年度湖北省文明单位”。州政府门户网站列全国地市政府门户网站58名，比上届前进3位。州政府网连续第5年跻身全国地市政府门户网站百强榜。9月，报社记者杜瑞芳获湖北省第七届“好记者讲好故事”比赛一等奖，陈航获三等奖。10月，报社记者杜瑞芳在全国新闻界第七届“好记者讲好故事”活动中获评“优秀选手”。12月15日，报社记者田代明被中国摄影家协会评为“抗击新冠肺炎疫情先进摄影工作者”。

（张 慧）

州广播电视台

【概况】 2020年，州广播电视台统筹推进新冠肺炎疫情防控和改革发展、宣传经营、媒体融合，提出“一二三四五”工作思路。即一个目标：打造全省具有强大影响力和竞争力的新型主流媒体，两个理念：全面安全是生命线理念，用心办台、用情待人理念，三个必须：必须始终牢记主流媒体的社会责任、必须始终保持艰苦奋斗的政治本色、必须始终发扬一往无前的工作作风，四种思维：创新发展思维、用户至上思维、移动优先思维、“互联网+思维”，五大工程：人才素质提升工程、宣传质量提高工程、改革转型提质工程、活动兴台提速工程、规范管理提效工程。实现建设“武陵山区一流、省内市州（除武汉市外）第一方阵的主流媒体”目标。州广播电视台被省广电局评为优秀传播机构。FM94交通音乐广播频率获国家广电总局审批，2月12日在新冠肺炎疫情防控关键时期开播，广播、电视、新媒体的“两频道两频率一平台”格局建成。

【抗击新冠肺炎疫情宣传】 2020年，广播、电视、新媒体大年初一恢复节目制作，推出《众志成城抗疫情》大型融媒体报道。融媒体新闻中心整合全台人力资源，成立报道小组，分到医院、隔离点、社区等地，宣传党中央重大决策部署落实情况，报道联防联控措施成效，宣传传染病预防办法，讲防疫抗疫一线故事，传播恩施抗击疫情最美声音。先后开设“众志成城抗疫情”“抗疫一线的共产党员”“‘天’佑恩施”“党旗领航阻击疫情”等专题专栏。方言版《恩施人抗击疫情22句要领》，H5《恩施承诺》《向在恩施抗疫中的战士们致敬》等原创新媒体产品引起较好社会反响。封闭管理期间，全媒体平台发布信息7000多条，累计阅读量超过17亿。3月起，开设“复工复产复市进行时”专栏，推出“我的复工日记”版块，通过走基层、讲故事，讲述企业复工复产故事。开设“复学复课进行时”专栏，关注全州初三学生、高三学生复学复课准备、开课情况。全媒体平台开设“全力推动旅游产业疫后重振”专栏，为旅游企业搭建宣传平台。

【抗洪救灾宣传】 2020年，全媒体平台加大防汛抗旱应急演练宣传力度，普及防汛避险应急知识。开设“水文信息”专栏，每天发布水文信息。7月16—17日，受强降雨影响，恩施多地受灾严重，各级各部门紧急行动，干部群众齐心协力奋战抗洪救灾一线。7月17日16时，恩施广播电视台开启《万众一心战洪灾》全媒体特别大直播，直击抗洪救灾一线。通过“现场连线+新闻播报+嘉宾访谈”的形式，连线全州各县（市）受灾严重现场，及时报道各地受灾和抢险救援情况，同时邀请水利、交通、疾控、农业农村等部门相关负责人就如何加强防范、如何正确应对洪涝灾害等内容进行解读。6小时直播，云上恩施浏览量77万，恩施广播电视台抖音号同步转播，实时观看人数14.7万人，第一时间展现全州人民战洪决心和万众一心的战洪力量。《万众一心战洪灾》全媒体特别大直播参评2020年度湖北广播电视节目奖获一等奖。

【脱贫攻坚宣传】 2020年，开设“‘尖刀班’在行动”“走向我们的小康生活”专栏，通过脱贫一线故事温暖人心、鼓舞士气，展示全州干部群众决战脱贫攻坚、苦干实干的战贫精神。开设“杭州·恩施东西部扶贫协作”专栏，宣传东西部协作扶贫成就，展现东西部扶贫协作经验和做法，提供脱贫攻坚杭恩样本。推出《情暖大山“616”工程对口支援恩施》系列报道，集中报道恩施在省“616”工程对口支援帮扶下，决战决胜脱贫攻坚走向全面小康的生动实践和历史巨变。

【主题宣传】 2020年，开办“深入贯彻落实中共十九届五中全会精神”“宣讲进行时”“点赞‘十三五’”“有呼必应 无事不扰 甘当服务企业的‘店小二’”“有呼必应 无事不扰 甘当服务企业的‘店小二’县市在行动”“主动作为 奋发有为 优化营商环境”“榜样引领 见贤思齐 深学热议谢睿同志先进事迹”等20多个专题专栏，广播电视新媒体同步推出，在全州上下凝聚推进恩施高质量发展强大合力。推出“恩施楷模”“生命之光”“最美鹤峰”主题宣传，关注残疾人、退役军人群体中自立自强、敬业奉献、孝老爱亲典型人物，通过他们的故事，凝聚向善向上正能量，弘扬社会主义核心价值观。

【上级媒体宣传】 2020年，电视台在央视发稿141条，其中《新闻联播》14条。在省台发稿477条，其中《湖北新闻》184条，全省排名前五名。广播在央广及湖北台共发稿2777分（条），全省排名第二。新媒体在国家级媒体发稿30条，省级媒体1619条，“学习强国”上发稿91条。

【舆论监督】 2020年，完成优化营商环境专题电视问政4场，其中州级2场，县（市）2场。FM99恩施综合广播《党风政风热线》栏目8名县（市）长、94个部门上线，帮助群众解答、解决热点、难点问题907个。《今晚九点半》《直播恩施》两档舆论监督栏目停播。

【媒体融合】 2020年，设施设备全面升级，立体信息发布渠道和融合传播格局形成。以“云上恩施”客户端为总平台，形成涵盖“云上恩施”官网，“恩施电视台”和“恩施交通音乐广播”微信公众号、头条号、抖音号、快手号、腾讯看点号等为一体的多元传播矩阵，新媒体总用户量超过500万，年度流量超过100亿。“融媒体指挥中心”发出指令，广播、电视、新媒体全平台跟进。建成省、州、县三级架构，云上恩施被指定为州级平台和县（市）融媒体中心建设的技术支撑平台。10月21日，全省广播电视媒体融合运营培训班在恩施举行，州广播电视台作经验交流。

【直播活动】 2020年，开展32场直播活动，1月19日，光耀恩施——2018—2019“感动恩施”年度人物致敬礼在州文化中心大剧院举行，通过播放故事短片、现场采访方式，展示张富清、邹炜、李勇、王海涛、王凌云、杨玉霞、杨胜伟、陈泽维、易满成、段丙英、谭建华的感人事迹。4月16日，“椿芽萌动 乡约九九”直播带货公益行动走进宣恩县珠山镇大坝沟村，FM99恩施新闻广播主持人化身带货主播，通过云上恩施、抖音、调频FM99、蜻蜓、喜马拉雅等平台，为观众、听友推介椿芽。4月18日，在抖音平台进行“湖北重启 抖来助力 州长带你硒游恩施”11小时大直播，向抖音用户推介恩施农副产品，收看人次超百万，推介价值千万元恩施农副产品出山。4月28日，“一红一绿”（“利川红”“恩施玉露”）香飘世界直播活动，推介恩施景区及恩施茶旅融合。6月1日，开展“知名民企湖北行 恩施州会客厅”直播活动，州政府产业顾问丁文平在州广播电视台直播间推介恩施。9月24日，“远方与诗尽在恩施 恩施我想对你说”大型音乐诗会用诗歌助力旅游业重振，传播恩施力量。12月3日，举办2020年度“生命之光”恩施故事报告会，为“自强之星”吴辉、陈兹方，“技能之星”郑本松、牟利忠，“相依之星”杨旭东、邓兴顺，“大爱之星”杨乾、王志照，“服务之星”严明军、邓彩琼颁奖，汪次凤等10人获提名奖。

【产业经营】 2020年，受突如其来新冠肺炎疫情影响，一季度经营收入断崖式下滑，同期环比下降72%。二季度开始，经营形势逐步好转。截至2020年12月31日，各平台经营创收工作完成预定目标。

【荣誉】 2020年，州广播电视台融媒体新闻中心被省广播电视局表彰为全省广播电视系统“抗击新冠肺炎疫情战役表现突出集体”。《接见老英雄，总书记对张富清说了啥？》获省新闻工作者协会“第37届湖北新闻奖”广播消息一等奖、电视消息一等奖，《回家过年》获省广播电视学会2019年度“湖北广播电视节目奖”电视广告公益类一等奖。州纪委监委、州广播电视台出品的《正名》获省“决战决胜脱贫攻坚 小康路上一个不少”2020年网络视听作品征集活动网络剧情类作品最佳微电影。

（程 云）

社会科学

【概况】 2020年，全州社科类研究会、协会、学会发展到40个，会员近1万人。在各类社科活动中，州社科联认真履职尽责，加强指导服务，推进全州社会科学工作健康发展。

【州社科课题评奖】 2020年，州社科联制定《第九届恩施土家族苗族自治州社会科学优秀成果奖评奖实施方案》《第九届恩施土家族苗族自治州社会科学优秀成果奖评奖实施细则》，在恩施新闻网、恩施文明网发布《关于开展恩施州第九届社会科学优秀成果评奖工作的通知》，收到课题200项，评选出州第九届社会科学优秀成果一等奖12项、二等奖20项、三等奖48项。联合恩施日报社推出3期《恩施日报·恩施社科》专版，刊登州

2020年恩施州第九届社会科学优秀成果获奖名单一览表

表12

奖项	类别	成果名称	成果申报者	申报者所在单位	合作者
一等奖共12项	著作类6项	民族自治地方产业结构优化升级与绿色转型实证研究 ——基于恩施州产业发展现状	张新平	湖北民族大学	曹骞 吴祖梅
		民族传统体育传承与发展模式研究	张辉	湖北民族大学	
		现代农业信息化理论与应用研究	罗兴武	湖北民族大学	
		教育、健康与经济增长 ——基于武陵山连片特困地区的分析	陈霞	湖北民族大学	
		中国区域合作中地方利益协调机制研究 ——兼析武陵山片区龙凤经济示范区的利益协调	冉艳辉	湖北民族大学	郑洲蓉
		肖秀菊教学研究文集	肖秀菊	州教育科学研究院	
	论文类6项	少数民族文化产业转化的矛盾张力研究 ——以恩施土家族“女儿会”文化为研究中心	毕曼	湖北民族大学	
		深度贫困地区脱贫攻坚路径研究 —— 以嵌入性理论为视角	谭俊峰	湖北民族大学	陈伟东
		土家族地区刑事和解实证研究 ——以恩施州鹤峰县检察院的实践为样本	蔡世鄂	湖北民族大学	谭远磊
		赋予地方立法权背景下自治州推进自治立法问题研究 ——以恩施州立法为视角	吕世安	州人大常委会办公室	谭艳军 庞青云 李俊
		中国绿色崛起的法治之道	穆华桂	州委党校	
		贫困山区村级集体经济发展现状分析与出路探讨 ——以湖北省恩施市为例	易善翔	利川市人民政府	廖建洲

续表 12

奖项	类别	成果名称	成果申报者	申报者所在单位	合作者
二等奖共20项	著作类6项	民族地区特色资源产业精准扶贫研究 ——以湖北恩施州为例	王孔敬	湖北民族大学	
		图像化时代的图文关系研究	李烨鑫	湖北民族大学	
		人类学视域下的民族传统体育研究	李金容	湖北民族大学	
		民族的符号:土家织锦文化遗产研究	冉红芳	湖北民族大学	
		民族自治地区财政运行研究 ——来自恩施州的实践	张建忠	湖北民族大学	卢秋声
		保险人缔约信息提供义务研究	李　勇	湖北民族大学	
	论文类14项	城镇化进程中民间文学类非物质文化遗产保护传承状况调查 ——以恩施州大路坝区和屯堡乡为例	李　莉	湖北民族大学	
		从"本真"文本到"拟真"符号 —— 西兰卡普的当代重构研究	向思全	湖北民族大学	
		国族建构与民族认同的博弈及互惠 ——民国时期武陵地区民族关系刍论	冯惠玲	湖北民族大学	陈心林
		色盲者权益保障探析	汪　燕	湖北民族大学	李奇峰
		民族地区金融惠农政策局限性及对策探讨	李华霖	湖北民族大学	
		打造动力变革内核 破题高质量发展 —— 推动恩施州动力变革问题研究	罗　黎	州统计局	
		基于"全域旅游"示范区建设背景下的民族地区实施"乡村振兴"战略的路径探索 —— 以湖北省恩施土家族苗族自治州为例	陈　烨	恩施职业技术学院	
		努力让每堂课都成为学生核心素养生长的沃土 —— 利川市"整体推进课堂革命实现学科立德树人"的实践与探索	徐光华	利川市教研培训中心	
		书学研究系列	谢春华	州文化馆	
		法治思维助力恩施富硒产业供给侧结构性改革	张　伟	恩施市委党校	
		乡村旅游助力精准扶贫的影响评价分析	马德华	建始县委党校	
		培育金融支农扶企新动能	田远佑	州金融学会	
		农村人口结构对乡村振兴的影响及对策 ——以恩施州为例	刘　欣	恩施州委党校	
		少数民族地区县域经济发展的实践探索 ——以湖北省恩施市为例	刘迪海	恩施高新区管委会	
三等奖共48项	著作类7项	民族英雄陈连升	田　方	恩施州委办公室	田开林
		悟道真假教育	张定成	恩施市第三高级中学	
		公共艺术音乐篇	刘洪莲	州教育科学研究院	龚永亮 李　梅
		恩施傩戏志	张金梅	湖北民族大学	
		互联网时代图书情报学科与实践的发展趋势研究	景爱霞	湖北民族大学	
		恩施文化简史	杨洪林	湖北民族大学	雷　翔 谭志满 邓　辉
		行业组织参与国家治理现代化研究	朱士华	湖北民族大学	
	论文类41项	民族地区主流媒体话语影响力调研与分析 ——以《恩施日报》为例	吴柳林	湖北民族大学	
		纪录片《中华的故事》的间性分析及反思	戴　蔚	湖北民族大学	
		民族地区校企协同创新信息服务平台建设初探	陈胡萍	湖北民族大学	
		城市少数民族流动人口生活方式变迁及社会适应 ——以湖北省为例	胡兆义	湖北民族大学	
		信息碎片化对高校学生思想政治教育的影响及对策分析	黄晶晶	湖北民族大学	
		上市公司内部控制缺陷认定标准:披露现状与完善对策	李庆玲	湖北民族大学	沈　烈
		"标本兼治"稳定"脱贫攻坚"战果 ——尽快在恩施市区设置科目三驾考考场建议的调查报告	黄德斌	湖北民族大学	余昭芬 周　劲
		土家族传统图案元素在室内软装中的应用研究	张建萍	湖北民族大学	熊　瑶

续表 12

奖 项	类 别	成果名称	成果申报者	申报者所在单位	合作者
三等奖共48项	论文类41项	创新人才培养模式 大力发展教育扶贫 ——以恩施职业技术学院“政府订单班”为例	王 昕	恩施职业技术学院	
		高职院校《马克思主义哲学原理》课程的功能定位	唐燕妮	恩施职业技术学院	
		偏远地区博物馆举办临时展览的困境与思考 ——以湖北省恩施地区为例	周 力	州博物馆	柳洪涛
		金融精准扶贫	胡飞扬	中国银行恩施分行	
		系统梳理 切实规划 ——部编本初中写作课程的校本化实施	毕文学	恩施市龙凤镇民族初级中学	
		创新机制 做规范有效的督导 ——湖北省恩施市实施督学责任区制度的探索与实践	曹道静	恩施市教育督导办公室	
		民族地区实施乡村振兴战略实践与探索 ——以湖北恩施市实践为例	周骅平	恩施市中等职业技术学校	周 昌
		对武陵山区实施易地扶贫搬迁的思考 ——以湖北恩施土家族苗族自治州易地搬迁扶贫集中安置为例	王廷徽	国家统计局恩施州调查队	赖红丹 段迪斯
		深化平台打造 实现更大作为 ——关于恩施市科协发展实践的思考	李华武	恩施市科学技术协会	
		教育信息化背景下慕课教育与远程教育的融合途径	段 炼	州广播电视大学	
		英国红茶文化的成因探析	邓 红	州广播电视大学	
		有效开展普法工作，提高群众法律意识	段 炼	建始县委党校	
		充分发挥党校在纯洁干部思想、构建良好政治生态中的作用	李玉华	恩施州委党校	
		乡村振兴背景下人民调解组织振兴的探索与实践 ——以恩施州为例	黄泽涛	州司法局	
		提升职教水平 服务县域经济	汪正玺	鹤峰县扶贫攻坚领导小组办公室	
		查办传销案件的五个难点问题	刘慎锐	州市场监管局	
		恩施州新能源公交车推广的现状、问题及政策建议	简 俊	恩施市公共汽车公司	万方炎
		压紧压实主体责任 保障通信设施安全	陈光平	恩施市科学技术和经济信息化局	姚志军
		对推进少数民族地区文化改革发展的思考 ——以湖北省恩施土家族苗族自治州恩施市基层文化建设为例	杨 光	恩施市文旅局	
		恩施州“高山”片区中药材产业发展研究 ——以恩施市红土乡为例	张 涛	恩施市红土乡党委	
		孩子们已经编不下去了！ ——谭邦和评2017高考作文题兼及作文教学的改革	彭志友	恩施高中	
		民族地区打赢脱贫攻坚硬战的实践创新与推进路径	吴秀忠	恩施市政协	
		民族贫困地区县域经济如何创新驱动发展 ——恩施市县域经济发展的实践与探索	向 华	恩施市统计局	涂正伟 郭卫华
		农民外出务工得失及引导对策	王 祎	恩施市红土乡人民政府	
		坚持创新发展 推进城市精细化管理	王 芳	恩施市城市建设管理局	余文霞
		加快房地产供给侧结构改革 推进民族区域经济发展 ——湖北省恩施市房地产业发展情况调查	黄远强	恩施市统计局	
		以社会共治推动教育法治化建设	张 玲	恩施市人大教工委	
		流通领域供给侧结构性改革新路径探索 ——基于湖北省恩施市消费品市场分析	罗永华	恩施市统计局	
		强化审计职能转变 提高政府投资审计质量 ——湖北省恩施市政府投资审计情况调查	廖建华	恩施市审计局	
		加强机关党建是提高新时代党执政能力的基础	廖光纯	州发改委	
		让传统工艺在乡村振兴中绽放活力 ——关于振兴恩施市传统工艺的思考	李晓玲	恩施市退役军人事务管理局	
		打好文化牌 复兴老城区	李文静	恩施市六角亭街道办事处	柳景国
		推进社区矫正工作 创新特殊人群管理	曾 军	来凤县人民政府	石光武

优秀社科课题、优秀调研论文。

【联合州委党校召开“全面建成小康社会”理论研讨会】 2020年7月，由州委党校、州扶贫开发办公室、州社会科学界联合会联合主办、咸丰县委党校具体承办的全面建成小康社会暨恩施州党校系统第31届理论研讨活动在咸丰县召开。省委党校、宜昌市委党校、重庆各区（县）委党校等有关单位参加会议。研讨会收到参评论文112篇，评出一等奖20篇、二等奖30篇、三等奖50篇，参与学者来自湘、渝、鄂三省市。

【专项课题调研】 2020年，州社科联组织州武陵山经济研究会社科专家参与调研的课题《民族地区优化营商环境的实践创新与推进路径研究》，在《学习月刊》2020年第10期刊发，同时在专送省领导参阅的内刊《决策咨询快报》2020年第18期刊发。组织湖北民族大学社科专家参与完成调研课题《游客体验满意度与旅游服务质量提升调研报告——来自鄂旅投高级别景区的调查》。

【《决战土店子》拍摄】 2020年，州社科联争取省社科联、湖北广播电视台《是这个理》理论栏目，在巴东县信陵镇土店子村开展调研，围绕脱贫攻坚主题拍摄《决战土店子》（上下集）电视专题片，作为“七一”献礼片，在全省同时段收视率排名第一。

【参加优秀成果评选】 2020年，在湖北省第十二届社会科学优秀成果奖评选活动中，恩施州相关社科优秀成果获得一等奖1项、二等奖1项、三等奖4项。其中，《乡村传播网络与共同体重建——少数民族乡村文化发展的传播社会学分析》获著作一等奖，《后现代语境下的翻译伦理研究》获著作二等奖，《有限责任公司股权转让限制问题研究》《土家族传统生态知识及其现代传承研究》获著作三等奖，“鄂西南旅游文化外宣翻译研究（系列论文）”和《建构有利于培育学生核心素养的现代课堂—利川市“整体推进深度改课凸显学科育人功能”的实践与思考》获论文三等奖。省社会科学院恩施分院与湖北民族大学联合课题组的调研成果《法治视野下民族地区“行为贫困”的表现、成因与对策》，获省社会科学院2019年度分院（所）优秀调研成果三等奖。

（张继华 瞿 静）

档 案

档案管理

【概况】 2020年，全州共有9个国家综合档案馆，其中恩施市、利川市、咸丰县、鹤峰县、建始县、来凤县6个县（市）新建档案馆投入使用，宣恩县档案馆于2020年6月竣工，通过住建部门的竣工验收，州档案馆新馆建设于2020年11月开工。全州各级综合档案馆现有馆藏档案1326个全宗，18.08万卷，62.56万件。其中，本年接收进馆档案1.26万卷，6.47万件。利川市档案馆珍藏有全套巴黎出版的《救国时报》152期（全国唯一），清乾隆四十八年至民国7年的利川五大水系之一梅子河治理万年账一套等珍贵档案资料。

【档案行政管理】 2020年，持续推进档案领域“互联网+放管服”改革。对湖北省政务服务系统、国家及省“互联网+监管”系统、恩施州智慧政务服务平台的相关事项，按照“应领尽领”的原则进行认领，提升政务服务“一张网”档案服务质效。根据信用体系建设相关要求，做好行政许可、行政处罚、行政确认、行政奖励和行政检查等信用信息填报、公示等工作，不断规范信用信息报送标准和流程。加强日常业务指导。指导各单位制定、修改完善档案“三合一”制度。以档案目标管理考评为抓手，坚持高标准严要求，促进各单位档案管理工作提质增效。全州已纳入档案目标管理考评单位2258个（省特级183个，省一级507个，省二级1568个），全年完成档案目标管理考评单位550个。

【重点工作业务指导】 2020年，州档案局参与建始县野三河水电站工程竣工验收阶段建设征地移民安置验收、建始县木桥河水库工程竣工阶段建设征地移民安置验收，恩施市档案局对2020年竣工验收的5个河道治理项目进行验收。鹤峰县对90个省、州、县重点建设项目进行档案登记。按照国家、省关于精准扶贫档案的有关要求，全州各级档案部门提供精准扶贫档案业务指导服务，对整理过程中存在的问题及时予以指导。各级档案部门相继印发关于做好新冠肺炎疫情防控档案收集整理工作的实施方案、通知、指导意见，明确疫情防控档案的收集范围，通过现场查看、电话、网络线上指导等多种方式加强指导。州档案局前往利川市、鹤峰县、巴东县等地现场查看疫情防控档案及土地确权档案的收集整理情况、生态环境部门机构改革中档案的处置情况。全州收集到疫情防控资料约11.7万余件，音像档案17.29G。利川市、来凤县面向社会公开发布疫情防控资料征集启事，州博物馆成立“抗疫见证物征集小分队”到24个乡镇、村（社区）和80个党政机关单位开展疫情防控资料收集工作。

【档案执法】 2020年，各地各单位通过支部主题党日、职工大会等学习《中华人民共和国档案法》《档案管理违法违纪行为处分规定》等档案法律法规。在“6·9”国际档案日、“12·4”宪法宣传日期间，利用电视、网络、电子显示屏等载体，通过布展板、设咨询台、发宣传单、开放展览等形式，对档案法律、法规知识进行广泛宣传，全州万余人次配合开展宣传活动。加大执法检查力度，开展档案执法检查，查处违规违法行为，将档案执法检查同档案达标考评工作有机结合起来，把查处违法违纪案件与建立健全档案管理工作机制结合起来，查处和预防并举。

【数字化建设】 2020年，全州各级档案馆（室）开展数字化建设。咸丰县数字档案馆建设项目申请并立项，由省档案馆投资，为湖北省“616”工程的重点项目，工程首期计划投资360万元，建设内容包括硬件设施、软件设施、信息资源和应用系统。利川市数字档案馆建设项目报市“十四五”规划审批。各机关、企事业单位档案室以“存量数字化、增量电子化”为目标，加大室存档案数字化力度。

【安全体系建设】 2020年7月17日，恩施州城遭受接近五十年一遇大洪水，内涝严重，州、市7个单位档案（在办文件资料）被淹受损。恩施州、市档案局第一时间现场了解情况、跟踪指导督办受损档案的抢救修复工作。按照国家档案局、省档案局和省档案馆领导、专家的现场调研指导意见，结合各单位实际情况，印发《中共恩施州委办公室关于切实做好因灾受损档案处置工作的通知》《恩施州档案局关于州公安局因灾受损档案抢救保护工作的提示》，联络、沟通，现场监督指导档案抢救修复工作，要求各单位做好受损档案的抢救修复工作。印发《恩施州档案局关于加强档案部门政务云平台档案信息安全管理工作的通知》，要求各级档案部门明确使用政务云平台的档案数据和业务范围，加强云平台安全管理，从源头上保证信息安全，确保档案信息零风险、零事故。在档案业务指导和目标考评等工作中，加强档案信息安全监督。

（康 蔚）

州档案馆

【概况】 2020年，州档案馆统筹开展档案服务与安全管理，持续推进异地跨馆查档工作，开展州级新冠肺炎疫情防控档案工作的指导与接收工作，抓好涉改单位和国企改革人事档案的指导接收，12月28日，州档案馆（新馆）建设项目开工，全年完成投资1500万元。完善档案安全设施设备，改造库房电路和网络布线，落实安全管理措施。6月11日，组织召开全州县（市）档案馆馆长业务工作座谈会。9月2—3日，省档案局组织专家组对州档案馆进行国家综合档案馆业务建设评价，州档案馆处于全省中等水平。全年参加37个州直单位的档案工作目标管理考评验收。8月3日，马兹河被州委、州政府表彰为“抗洪抢险表现突出个人”。

【档案接收和利用】 2020年，接收州新冠肺炎疫情防控指挥部11585件（本）文件资料，整理归档9612件。接收5个州直涉改单位档案5185卷、10939件、照片档案852张、原生电子文件1215件。征集291册图书、资料。接收州移动公司退休人员档案111卷。接待查档利用者936人次、调阅档案资料79964卷次、12401件次，复印档案资料6138页。帮助州内39名群众实现异地跨馆查档需求。

【档案鉴定和信息化】 2020年，制定《恩施州档案馆2020—2025年馆藏档案鉴定规划》，鉴定档案85卷、1941件，按程序确定开放69卷、1927件，控制16卷、14件。新增档案案卷级目录5296条、文件级目录27796条，档案原文300445幅。截至年底，州档案馆馆藏档案总量194352卷，应数字化档案152325卷，累计完成数字化档案140599卷、档案原文扫描9555191页，数字化率92.3%。

【机构职能调整】 2020年12月29日，州委编委同意增加州档案馆对县（市）及州直单位的业务指导职能。在《恩施州档案馆机构编制方案》的“主要职责”中新增“指导县市国家综合档案馆、州直机关团体企事业单位档案业务工作，负责州直单位的档案目标管理工作，开展全州国家综合档案馆业务交流工作，组织开展档案业务人员培训工作，负责全州电子档案工作。”同意将“档案接收征集科”更名为“档案指导接收征集科”。

（张 淋）

史志工作

【概况】 2020年，全州史志工作继续推进党史编撰与专题研究，开展旧志整理和湖北要览丛书编辑，完成全州地方综合年鉴“一年一鉴，公开出版”任务。推进史志成果转化，开展党史宣讲，办理州政协文史委关于抢抓时机统一组织编修村史的提案。

【党史编研】 2020年，完成《中国共产党恩施历史第三卷（1978—2002）》初稿，召开初稿审读会。审读县（市）党史正本书稿。审核《恩施州革命遗址遗迹综览》史实。完成《湖北省组织史资料（第六卷）》恩施州部分的校对、修改工作。出版《恩施州组织史资料（第六卷）》（内部资料性出版物）。开展《张富清同志先进事迹推介始末》口述史料专题征编工作，形成2万字的口述史料和300分钟的视频资料，撰写《恩施战“疫”纪略》文章报送省党史研究室。

【地方志编纂】 2020年，完成《增修施南府志（同治版）》校注工作，进入审读环节。指导县（市）要览编写，组织全州县（市）史志研究中心专业人员评审《咸丰要览》《宣恩要览》，《恩施州要览》由长江出版社出版。审读《恩施州传统文化村落历史文化丛书·利川卷》并参加评审。修改审定《恩施州优抚医院院志》纲目。

【年鉴工作】 2020年，抓好全州地方综合年鉴年度工作任务和相关规划工作任务的督办落实及业务指导。州及8个县（市）共9部地方综合年鉴2020卷公开出版，其中《恩施土家族苗族自治州年鉴（2020）》等7部年鉴纳入中国地方志指导小组贫困地区和民族地区年鉴资助工程，交由方志出版社出版，《利川年鉴（2020）》由长江出版社出版，《鹤峰年鉴（2020）》由三峡电子音像出版社出版。全州地方综合年鉴2019卷、2020卷全部实现“一年一鉴，公开出版”，如期完成《全国地方志事业发展规划纲要（2015—2020）》目标任务。转化年鉴成果发挥资政作用，编纂《恩施土家族苗族自治州年鉴（2020）·实用手册》（内部资料），发放年鉴编辑委员会相关单位和人员。完成《湖北年鉴（2020）》恩施州及8个县（市）撰稿。

【县（市）史志业务成果】 2020年，恩施市《熊家岩村志》《鹿子渡村志》《周家河村志》《五峰山村志》公开出版。建始县档案馆编辑出版《建始政区和机构沿革》《红色照京映清江》（内部资料性出版物）。12 月 19 日，由中南民族大学、中国民族史学会、利川市人民政府主办，中南民族大学民族学与社会学学院、利川市档案馆承办的"新时代巴蔓子精神研究暨利川市优秀传统文化保护传承学术研讨会"在武汉举行。

【宣传教育研究】 2020 年，州档案馆在州纪委机关和恩施市委党校宣讲恩施州革命斗争历史，参与州政协组织的革命遗址遗迹专题调研活动，参加省党史学会在黄冈举行的大别山精神研讨会，组织召开相关州直单位参加的湘鄂川黔革命根据地历史研究工作座谈会。

（张 淋）

体 育

【概况】 2020 年，根据体育场地常态化普查统计，全州体育场地总面积为 467.2681 万平方米，人均场地面积 1.38 平方米。体育场地共有 12523 个，其中室外体育场地有 11974 个，室内体育场地有 549 个。全州有 1997 个各类体育场所推行免费或低收费开放政策，累计开放时长 47.75 万小时，惠及群众 212 万人次。全州有州级体育协会 21 个，县（市）体育协会 128 个，共有协会会员 28 万余人，体育类民办非企业单位 32 个。全年州、县、乡、村四级举办各类群众赛事、一县一品赛事、百千万全民健身赛事等 1000 多场次。全州共有各级各类社会体育指导员 1.2 万余人，城市社区每万人拥有 3—6 名社会体育指导员，全州全年参加全民健身活动 230 万人次，全州体育人口占比 48.6%。12 月 9—12 日，100 余人参加的 2020 年全州卫健系统社会体育指导员培训班在州城恩施举办，探索推动形成体医结合的疾病管理与健康服务模式。

【体育基础设施建设】 2020 年，继续推进州民族体育运动中心建设项目。巴东、咸丰、鹤峰、建始体育中心建设项目被纳入湖北省体育设施补短板项目库。巴东体育中心完成可行性研究报告编制、地质详勘和工程设计等前期工作，江北全民健身中心项目建设建成开放。来凤县继续做好游泳中心（城市体育公园）建设前期工作，建设配套道路工程，投入建设资金 4000 余万元，主体工程游泳中心完成施工图设计。恩施城"7·17"洪灾，州民族体育馆受灾造成直接经济损失 400 余万元，累计投入 240 万元开展灾后自救，9 月 14 日恢复开馆。全年州本级筹集资金 1000 万元用于全州城乡体育基础设施建设。完成州老年体育协会活动中心维修工程项目。2019 年新全民健身示范工程于 2020 年 12 月底完成全部工程项目并投入运营。中央集中彩票公益金支持体育事业专项资金 40 万元用于农村体育场地设施改造升级，8 个项目落地恩施市并完成实施。全年省体育局支持恩施州建设新全民健身示范工程，3 个乡镇 A 类、7 个乡镇 B 类、7 个村级 A 类，资金合计 711 万元。

【群体赛事活动】 2020 年，恩施州出台《全民健身赛事活动管理机制（暂行）》。举办历时 4 个月、共有 14 个大项、全州 8 个县（市）参加的 2020 年恩施州"百千万"系列赛事活动。继续举办"一县一品"赛事活动，相继举办 2020 中国民族民间龙舟公开赛（宣恩站）暨贡水河水上运动会、2020 中国山地越野系列赛（湖北利川站）、2020 年中国恩施"梭布垭石林杯"十大拐自行车爬坡赛、"崇尚人人体育 共创美好生活"全民健身系列赛事（活动）2020 年湖北省游泳公开水域活动（巴东站）暨"畅游神农溪 横渡大三峡"冬泳邀请赛、坪坝营国家森林公园"520—1314"山地自行车极限爬坡挑战赛。2019 年巴东野三关高山森林国际半程马拉松获中国田径协会颁发的最美赛道特色赛事和银牌赛事 2 项大奖。抗击新冠肺炎疫情期间开展云上体育活动。2—4 月，暂停举办各类线下体育赛事活动，利用微信、QQ 等网络，指导群众居家健身，参加"健康湖北 你我同行"湖北省居家运动视频大赛、湖北百万人群健步走网络大赛和"宅家运动 点亮湖北"线上亲子运动会。4 月，恩施市开展百万人群健步走网络大赛，参加人数 4500 人。5 月，鹤峰县开展"健康鹤峰 携手同行"居家运动短视频大赛。8 月，恩施州、恩施市举办"云"上相聚战"疫"健身活动之 2020 年"全民健身日"启动式，云上恩施、恩施广播电视台官方抖音现场直播。8 月，恩施市举办"健身徒步走、快乐健康行"线上徒步活动。5—11 月，开展"五项五进"（五项：极拳"含大极剑"、八段锦、广场舞、健身操"含啦啦操"、广播体操。五进：进机关、进社区、进村庄、进学校、进企业）活动，组织 200 多人参加的全州线下教练员培训，321 场健身项目现场培训，覆盖机关、企业、村庄、社区、学校，受益人群 15120 人次。11 月 3 日，2020 年恩施州全民健身"五项五进""与爱同行 惠游恩施""双促双进"展演活动在州民族体育馆举行，来自全州各县（市）21 支代表队、400 余人参加，在"国家公共文化云"平台在线直播。11 月 21 日，"我要上全运"湖北省全民健身"五项五进"展演活动在孝感市举办，恩施州选派的 2 支代表队分别获得广播体操一等奖、啦啦操三等奖。全州各县（市）开展"8·8"全民健身日活动。9 月始，全州相继举办州邮政系统第十一届职工篮球运动会、"体彩杯"宣恩县第五届气排球赛、"工会杯"宣恩县第二届职工篮球联赛等、宣恩县李家河镇美丽乡村健康跑活动、恩施州"白衣天使"运动会、2020 年湖北省老年人重阳登高（持杖健走、健步走）活动（恩施州分会场）、第五届恩施州老年人乒乓球锦标赛、浪漫宣恩·甜蜜白柚自行车骑游活动、咸丰县第七届职工篮球赛、来凤县第 12 个全民健身日系列活动暨庆国庆·来凤县"老体育馆杯"系列比赛、全民健身月鹤峰县百千万赛事活动等。

【体质监测】 2020 年，国家第五次国民体质监测恩施州监测点在恩施市、利川市和建始县 3 个县（市）累计测试 4144 人，完成省级样本量测试任务。开展 2020 年全民健身活动状况调查，恩施市被抽中 13 个样本村，对 286 个样本进行调查问卷。

【体育场馆免费、低收费开放】2020 年，全州体育场馆有序恢复开放运营。州民族体育馆实行分时段免费、低收费开放，室内运动场地提供免费健身开放时间 12150 个小时，全年接待总人数 74695 人次，接待人次增长率 3%，其中免费低收费开放接待体育健身锻炼人群 31063 人次，增长率 4%。国家法定节假日开放接待体育健身锻炼人数 3556 人次，增长率 18.5%。正常开放接待体育健身锻炼 36641 人次，青少年培训 14800 人次。恩施市加强新冠肺炎疫情防控，所有体育场馆免费为市民开放，确保场馆开放时间每周不少于 35 小时。利川市清源体育场、利川体育馆、利川市传媒体育馆、利川市全民健身活动中心全天候对外开放。各乡镇、街道、社区、村健身设施全天候开放。来凤县"一场两馆"、宣恩县全民健身公园、咸丰县综训馆等公共体育场地设施坚持免费开放。其他县的县、乡、村各类公共体育设施均实现免费开放。

【体育人才培训】 2020 年 5 月 18 日，175 名州篮球协会注册裁判员参加 2020 年湖北省篮球裁判员网络在线培训（第二阶段）恩施州培训班。9 月，2020 年湖北省社会体育指导员科学健身公益行活动在恩施州举办 8 场、3000 多人的参加公益行培训活动。10 月 15 日，全州 100 多个机关、事业单位和体育协会的 300 余名健身爱好者参加全民健身战疫情活动之全民健身大讲堂荆楚行活动（恩施站）。11 月 7 日，200 多人参加州二级社会体育指导员培训班。11 月 19 日，120 多名乡镇文体中心基层一线体育工作人员参加州二级社会体育指导员提升培训班。11 月，恩施州 24 人参加省级社会体育指导员培训（健身气功、气排球等项目）。12 月 12 日，160 多名各级裁判员参加 2020 年州晋升气排球二级裁判员培训班。

【青少年体育】 2020 年，组织教练员参加"湖北省教练员提升工程"培训、中国足协青少年教练员线上培训和国家体育总局 2020 年全国各级各类体校、教练员管理人员培训班。落实加强武术搏击类项目监管工作。11—12 月，选派 4 名优秀基层教练员和体育教师参加在北京市举办 2020 年湖北省体育菁英培养基地教练员（体育教师）能力提升培训班，选派优秀青少年体育指导人员、中小学和幼儿园体育教师等 15 人参加在武汉市举行的 2020 年湖北省青少年体育冬夏令营专业技术人才培训班。全州共有 19 个国家级、省级青少年体育俱乐部，县（市）体育俱乐部 40 个，省级青少年足球训练中心 1 个，省级体育传统项目学校 3 所，省级足球特校 17 所。5 月，恩施市选送的熊奕熙被省水上运动管理中心聘为优秀运动员。9 月 19 日，中国登山协会授予利川市"全国青少年攀岩训练基地"，参训小选手陆钰澄获全省青少年攀岩锦标赛少年组难度赛第七名。咸丰县运动员刘哲煜萱获"银河六合杯"中国乒协国青·国少集训队湖北省选拔赛 7—8 岁少儿组女子单打第五名，被输送到武汉市体校参加集训和学习。10 月 23—25 日，州青运会乒乓球比赛在恩施市全民健身中心开赛，160 余名运动员参加。选派 94 名优秀青少年运动员参加 2020 年湖北青少年锦标赛的足球、乒乓球、游泳、拳击、举重、拳击、皮划艇、武术套路和武术散打项目，获得 3 块金牌，8 块银牌，5 块铜牌，乒乓球团体赛获得 2 个前八名。构建完善省、州共建体校的方案，确定由恩施州、市共建体校，形成《省州市共建恩施体育运动学校实施方案》，推行试点，恩施思源学校创建"湖北省青少年体育后备人才训练基地"。

【体育产业复工复产】 2020 年，组织 8 个县（市）体育产业工作人员参加国家体育总局组织的体育产业统计线上培训。完善恩施州体育产业名录库，全州体育产业名录中共有法人和产业单位 667 个，个体经营户 635 个。州民族体育馆为承租经营用房的中小微企业、个体工商户免减租金 52.75 万元。全州全年体育企业获得省级体育产业引导资金和纾困发展资金 180 万元。恩施绿葱坡滑雪及高山运动度假小镇入选"2020 中国体育旅游精品项目"精品景区（十佳），受邀在 2020 中国体育文化博览会、中国体育旅游博览会展示。10 月 31 日至 11 月 1 日，组织 5 个体育企业和 8 个县（市）体育产业工作人员参加武汉市青少年体育博览会和全省体育产业交流会，推介恩施州体育产业资源和青少年体育发展情况。11 月 29 日至 12 月 20 日，组织参加 4 次全省体育产业线上培训。12 月 3 日，组织参加 2020—2021 年度全国冰雪运动安全生产线上培训会。

【文化、体育、旅游融合发展】 2020 年，全州各项文化活动、体育赛事直接拉动旅游、餐饮、住宿、购物、交通等消费，推动复工复产。恩施市硒谷篮球公园、力海施博运动公园游泳馆、建始花坪鸡公岭飞拉达攀岩运动基地，恩施绿葱坡滑雪及高山运动度假小镇、建始江钓小镇、宣恩县椿木营运动休闲旅游区、咸丰坪坝营掠燕体育示范基地等重大户外休闲运动产业相关项目营业。野三关森林花海体育康养旅游度假区借助巴东高山森林国际半程马拉松赛的带动，巴人河景区将步道、自行车、徒步探险、皮划艇、水路两栖车等体育项目与景区独有的林、涧、峡谷等自然景观融合。"激情贡水·浪漫宣恩"为主题的"2020 中国民族民间龙舟公开赛（宣恩站）暨贡水河水上运动会"，开展水上音乐会、七夕河灯节、贡水河畔游墨达楼为主要内容的"浪漫宣恩·爱在七夕"等活动。利川市以白鹊山为核心，利用独特的自然资源和人文资源，开展体育竞赛表演、极限攀岩、冰雪观光、旅游康养等户外休闲运动，打造全国知名体育特色小镇。坪坝营国家森林公园"520—1314"山地自行车极限爬坡挑战赛推介国家 AAAA 级旅游景区坪坝营森林公园、世界文化遗产唐崖土司城等。

【校企合作】 2020 年 7 月 29 日，州文旅局与湖北民族大学签约，开展体育产业产学研合作，挂牌成立恩施州体育产业产学研基地，建设体育产业专家顾问库、州体育产业服务平台、国民体质监测平台、全民健身活动和赛事服务平台、州体育基础设施建设平台。10 月 15

日，建始花坪鸡公岭飞拉达体育发展有限公司与中国地质大学(武汉)体育学院签署战略合作协议。11月25日，绿葱坡滑雪场与湖北民族大学体育学院达成校企合作共识，挂牌成立“大学生实践创新基地”。

【体育彩票】 2020年，全州体育彩票销售门店431个，自2000—2020年全州累计销售40.83亿元。2020年恩施体彩累计销售4.39亿元，排全省第七位，市场占比51.04%。其中概率游戏销售2.25亿元，占51.25%，排全省第四位。竞猜游戏销售1.98亿元，占45.11%，排全省第九位。即开游戏销售1595万元，占3.64%，排全省第六位。

（魏　娜）

旅　　游

【概况】 2020年，因受新冠肺炎疫情影响，全州累计接待游客3499.24万人次，同比下降50.84%，累计实现旅游综合收入202.16亿元，同比下降61.89%。推进全域旅游示范区建设，贯彻落实《国家全域旅游示范区验收、认定和管理实施办法（试行）》《国家全域旅游示范区验收标准（试行）》，发挥县（市）创建主体作用，加强对标创建。2020年利川市成功创建成为第二批国家全域旅游示范区，全州国家全域旅游示范区达到2个。对8个县（市）创建国家全域旅游示范区情况开展自查，形成专题报告。州委七届九次全会将创建国家全域旅游示范区作为未来五年的发展目标之一。

【旅游资源统筹】 2020年，贯彻落实《恩施州旅游资源统筹管理办法（修订）》，加强旅游资源开发项目整改情况调度，利川龙船水乡民歌小镇、利川齐岳山综合度假区、建始百年信义生态旅游区、恩施清江生态文化旅游区（景阳）4个项目通过统筹论证，获得州政府批准。

【乡村旅游】 2020年，在全省乡村振兴考核中，恩施州乡村旅游考核进入第一方阵。建始县花坪镇、利川市白鹊山村分别被省政府命名为湖北旅游名镇、湖北旅游名村，恩施市二官寨村成为全国乡村旅游重点村。在州文旅局官方网站推出8个县（市）乡村旅游精品线路。

【红色旅游】 2020年，组织开展湘鄂川（渝）黔革命根据地红色旅游发展规划调研，争取政策支持。开展《2016—2020年全国红色旅游规划纲要》评估工作，总结红色旅游亮点、经验、创新点及主要做法。加强红色旅游景区建设，湖北店子坪红色旅游区成功创建成为国家AAA级旅游景区，指导鹤峰满山红国家AAAA级旅游景区提档升级。推出红色旅游精品线路，将红色旅游作为旅游消费扶贫的重点，拉动红色旅游发展。

【惠游湖北活动】 2020年，落实省委、省政府关于开展“与爱同行 惠游湖北”活动部署，推动旅游产业恢复振兴，9月以后游客接待同比增长“由负转正”。8月8日至12月31日，全州免门票的17个国家A级旅游景区累计入园游客309.17万人次，居全省第六名。团队入园140.11万人次，居全省第四名。

【旅游项目】 2020年，全州27个重大文旅项目计划总投资209.26亿元，累计完成投资57.51亿元，投资完成比27.48%。恩施土司城提档升级、鹿院坪生态景区等6个项目纳入全省新谋划旅游重大项目，完成项目转化年度目标任务。巴东绿葱坡滑雪场、中国土家泛博物馆（彭家寨）、恩施青云崖、建始高坪田园综合体等5个项目纳入全省“十四五”时期服务业重大工程项目。按照全州“十四五”时期规划项目库建设要求，州、县文旅部门报送在建、推进、策划类文旅项目205个，计划总投资1229亿元。

【招商引资】 2020年上半年，对照“比抓强促”工作要求，全州文旅系统筹备建立文化和旅游招商项目库，谋划文旅招商引资重点推介项目10个，预计投资总额88.38亿元。10月27日，在湖北省文化旅游业长三角（上海）招商引资推介会上签约3个文旅项目，签约金额52亿元。12月23日，咸丰唐崖土司城、巴东巴人河在湖北金融支持文旅产业发展项目对接会上，与投资商签订投资意向协议。

【东西部旅游扶贫协作】 2020年，持续开展“杭州人游恩施”活动，落实对所有杭州市民的景区优惠政策。配合州总工会、杭州市对口帮扶恩施州联络处开展杭州职工到恩施州开展疗休养活动，累计建成14个杭州市职工(劳模)疗休养基地。在杭州举办湖北省·恩施州文旅推介活动，各县（市）到杭州开展形式多样的市场推广活动。由浙商(杭商)投资的旅游企业利川时代开元酒店、巴东巴人河景区、宣恩锣圈岩休闲旅游景区等积极应对新冠肺炎疫情影响，有效运营。2020年，浙江佳冠投资有限公司追加1亿元投资扩建巴人河景区，宣恩锣圈岩休闲旅游区项目累计完成投资3.3亿元。9月，恩施州选派企业参加七届中国（杭州）国际电子商务博览会、2020年长三角乡村文旅创客大会。

【旅游厕所建设】 2018—2020年全州旅游厕所建设任务为169座，至2020年，累计建成旅游厕所181座，完成任务数的107.1%。2020年4—10月，开展全州旅游厕所等级评定及复核工作，最终评定A级旅游厕所118座，AA级旅游厕所92座，AAA级旅游厕所32座。

【支持旅行社经营】 2020年3月1日，印发《关于暂退部分旅游服务质量保证金支持我州旅行社应对经营困难的通知》，对接各银行和旅游企业，结合新冠肺炎疫情防控需要简化工作流程，实行网上申请、批量审批、快速办理，为87个旅行社暂退旅游质量服务保证金1292万元。8月25日，组织全州旅行社负责人开展惠游湖北旅行社专题培训。全年全州80个旅行社参加“与爱同行　惠游湖北”旅行社团队奖励活动，其中州内旅行社54个，州外旅行社26个。8月8日至12月31日活动期间，旅行社总申报团队数4513个，总人数289051人，申报金额1517.57万元，经过第三方审核小组和州文旅局审核小组审核通过并公示的团队人数279866人，金额1417.46万元。

【景区和旅游度假区建设】 2020年7月，宣恩狮子关旅游区成功创建国家AAAA级旅游景区。12月，利川腾龙洞成功创建国家AAAAA级旅游景区，全州国家AAAAA级旅游景区总数3个，总量与武汉、宜昌并列全省第一。利川佛宝山、咸丰唐崖土司城址景区开展创建国家AAAA级旅游景区，恩施鹿院坪、巴东野三关森林花海开展创建国家AAA级旅游景区。

【星级饭店建设】 2020年，印发《关于进一步规范星级饭店和A级旅行社管理工作的通知》，组织开展星级饭店和A级旅行社复核性检查和创建工作，全年取消6个星级饭店质量等级。咸丰未来城市酒店创建四星级旅游饭店通过初评，恩施瑞享国际酒店获省旅游饭店星评委通过初评，推荐至全国旅游星级饭店评定委员会。

【导游资格考试和比赛】 2020年11月14—15日，州文旅局组织恩施考点全国导游资格考试，全州542名考生参考。12月24—25日，由州文旅局、州总工会、共青团恩施州委、州妇联、咸丰县政府共同主办的2020年恩施州导游大赛在咸丰县坪坝营景区举办。

【全域旅游大数据平台建设】 2020年，恩施州全域旅游大数据平台在一期建设的基础上，二期项目于2020年4月10日完成公开招标，4月底启动建设，项目投资198万元(2020年4月至2022年4月)。通过州大数据中心数据共享交换平台对接2307个公安登记住宿信息数据和48.5万条酒店住宿登记信息，接入州全域旅游大数据平台，在综合视窗和旅游服务模块中展示月度入住统计及酒店信息。完成系统运行商业数据采购，已完成银联数据、全域及重点景区人流数据等以及OTA平台景区、酒店评论数据的采购，采购费用占二期总投资金额的51.5%。逐步完成异常数据报警功能及智能报告系统开发。2020年10月完成政务云服务器申请，进行数据备份、数据目录梳理工作，保障数据与系统的安全和稳定。

2020年7月，宣恩县狮子关旅游区

（蔚 明 摄）

【视频指挥调度系统建设】 2020年4月1日，恩施州景区视频指挥调度系统一期项目开始建设，至5月1日完成全州27个国家A级旅游景区（3个停业改造）共1000多路视频监控资源融合对接和8个县（市）文化和旅游局视频会议对接，总投资规模138万元。完成州景区视频指挥调度系统资产审计和与各县（市）文旅局系统设备管理使用协议的签订。州景区视频指挥调度系统实现对全域旅游景区景点的可监测监管、可指挥调度和可应急处置。

【“一部手机游恩施”】 2020年，因受新冠肺炎疫情影响，“一部手机游恩施”平台在6月重启，截至12月，平台累计预约游客356万人，入园292万人，累计释放恩施州免费门票价值约3.07亿元，微信会员过25万人（含恩施旅游年卡发行12万人）。“与爱同行 惠游湖北”活动中，“一部手机游恩施”作为官方预约入口，实现全州22个国家A级旅游景区、50多个星级酒店、100多个旅行社全覆盖，实现火车站、许家坪机场、恩施客运站等交通枢纽全覆盖。“一部手机游宣恩”8月上线。按照文旅部、省文旅厅要求，“一部手机游恩施”平台推出的“全网实名，分时预约”功能投入使用，初步实现以文旅大数据支持恩施州景区实现疫情防控、客群限流和安全生产工作，在兑现景区、旅行社奖补政策方面提供数据支撑。8月，“一部手机游恩施”进行改版升级，新增智能客服、图像识别等功能，提高游客体验。

（魏 娜）

市场营销

【概况】 2020年，通过省文旅厅对接央视、央视网、新浪、百度、“12306”等平台，宣传恩施州旅游，在央视推出32秒恩施州旅游形象广告片、大峡谷形象广告片、神农溪形象广告片，免费参加“云游美丽中国之云游湖北”直播节目、“灵秀湖北 因你动人”全省市州微博海报宣传、“12306”APP首页广告及景区介绍，百度话题营销，展示恩施州旅游品牌。州文旅局微博发起的旅拍大赛获评“2020年度湖北微博奋进之力”。州文旅局“健康湖北 硒游恩施”话题获“百度湖北热点事件”。恩施州获评中国文旅总评榜“2020年度最具民族风情目的地”，州文旅局获评中国文旅总评榜“2020年度全域旅游创建突出贡献奖”。

【国内市场营销】 2020年，在武汉社区楼宇电梯电视投放恩施州旅游形象宣传广告，在中国交通广播FM94.8湖北频率和湖北经典音乐广播FM103.8投放恩施州旅游广告及线性栏目，在利万高速、恩来高速、恩黔高速上的大牌投放恩施州旅游形象广告，在恩施机场和恩施火车站投放恩施州旅游形象广告和“与爱同行 惠游湖北”恩施州国家A级旅游景区门票免费预约平台二维码。

【媒体营销】 2020年，多个全国性媒体、全国多地政务官方微博联合报道恩施州文化旅游发展，微博话题阅读量累计4259.1万。本地政务微博、文旅局、景区、微博大V联动传播围绕医护优惠政策、节庆传播、文旅品牌传播，微博阅读量累计9296.4万人次。微博联动央视新闻、《人民日报》宣传文旅助农，恩施玉露销量创下1分钟卖出1.5万罐、伍家台贡茶销量1万罐业绩，微博直播观看量1.5亿人次。全年总计参与传播媒体、政务官博覆盖粉丝数4.1亿、恩施州文旅宣传微博阅读量3亿+人次。国庆双节之前上线“秋趣恩施邂逅美”微博话题，从民宿、民俗、美食景点等方向定向客源地湖北、重庆、杭州推介，整体曝光量886万人次。结合杭州线下推介会上线“杭情施意·恩施等你”线上推介会，定向杭州热搜和定向杭州网友投放恩施州宣传片以及互动送礼。举办恩施州旅拍大赛登上微博热搜，微博话题阅读量1.1亿人次，讨论量8314人次。通过百度平台发起“因为爱所以等待”“粽情又粽意，恩施欢迎你！”等话题互动，推出“抗击疫情 文旅行动”系列推文及其他115篇内容传播，展示传播恩施州文化和旅游百度品牌形象。“12306”APP购票平台上半年免费上一次开屏广告，向高铁用户发送含恩施州旅游形象广告的行程短信30万条。9月29日至10月7日，定向武汉发送含恩施州旅游形象广告的行程短信30万条。

【营销活动】 2020年8月8日，恩施州作为全省第一个外出开展营销的市州，组织8个县（市）文旅系统约150人的营销队伍，到武汉开展“高温快闪开 恩施等你来”快闪活动，现场发放宣传资料2万余份。10月21日，恩施州在杭州举办“与爱同行 惠游湖北”之杭情施意·恩施等你——2020年湖北省·恩施州文旅（杭州）推介活动。

【恩施旅游年卡】 截至2020年底，恩施州旅游年卡累计销售120105（工会112643）张，激活96275张，全年累计入园77205人次。通过工会会员带动，促进州内旅游消费，缓解旅游企业困难。通过全州工会系统与省内其他市州工会联系，拉动开展“湖北人游湖北”活动。

（魏 娜）

卫　生

Health

卫生管理

【概况】 2020 年，全州各级拥有医疗卫生机构 2966 个：医院 60 个，其中综合医院 29 个（三级综合医院 4 个）、中医医院 7 个（三级中医院 3 个）、中西医结合医院 2 个（三级中西医结合医院 1 个）、民族医院 2 个、专科医院 20 个。公共卫生服务机构 29 个。基层医疗卫生机构 2871 个，其中社区服务中心 7 个、乡镇卫生院 86 个、村卫生室 2226 个、诊所（卫生所、医务室）529 个、门诊部 15 个。其他医疗卫生机构 6 个。全州各级医疗机构拥有床位数 26669 张，每千常住人口拥有 7.72 张。全州卫生机构有人员 31128 人，其中卫生专业技术人员 24923 人，执业（含助理）医师 9287 人，每千常住人口拥有 2.69 人。注册护士 11979 人，每千常住人口拥有 3.47 人。拥有国家级重点专科 4 个，省级重点专科 100 个，州级重点专科 183 个。国医堂 91 个，名医堂 9 个，养生堂 8 个，知名中医工作室 34 个。

【医疗卫生体制改革】 2020 年，加强医共体建设，以 8 个县（市）综合医院、中医院为龙头，组建 12 个紧密型县域医共体，实现全州医联体医共体全覆盖。恩施市、利川市、宣恩县、咸丰县、来凤县 5 个县（市）医保局与县域医共体牵头单位签订医保基金协议。巴东县、建始县、鹤峰县 3 个县（市）医保局与医共体所有成员单位签订医保基金协议。全州按照疾病轻重程度和分级诊疗指南实行逐级转诊，构建急慢分治转诊机制，县域内就诊率接近 90%，乡村两级医疗机构承担 63.37%的诊疗量。推进公立医院绩效考核，组织州中心医院、湖北民族大学附属民大医院、恩施市中心医院、利川市人民医院完成三级公立医院 2019 年度绩效考核，建始县人民医院、巴东县人民医院、鹤峰县中心医院完成二级公立医院 2019 年度绩效考核。控制医疗费用不合理增长，差异化设定各级各类公立医院医疗费用控制指标，严格控制非治疗性营养性辅助药品使用，加强公立医院医疗费用监测和考核。

【医疗基础设施建设】 2020 年，争取中央预算内投资 2.044 亿元，用于 8 个县（市）各 1 个县级医院的医疗救治能力提升，分别是恩施市中心医院医技综合楼改扩建项目、利川市中医院医疗救治能力提升项目、建始县人民医院门诊医技大楼建设项目、巴东县第二人民医院医技内科综合楼建设项目、宣恩县中西医结合医院业务综合楼建设项目、鹤峰县传染病区建设项目、咸丰县人民医院发热门诊及隔离重症病房建设项目、来凤县人民医院感染科隔离病区建设项目。争取抗疫特别国债项目 90 个（卫健系统 85 个），国债资金 162077 万元，涵盖疾控体系建设、医疗救治体系建设、基层防控体系建设、院前急救体系建设和信息化平台建设“四体系一平台”，全部开工，截至 12 月 31 日，国债资金支付进度达 90.79%。

【医政管理】 2020 年，开展新冠肺炎患者救治工作，设置 12 个定点医院、1814 张床位，242 个医学观察点、6996 张床位，4050 名医务人员参与救治。分别由湖北民族大学附属民大医院、州中心医院集中救治重症、危重症患者，分片包保指导县（市）开展轻症和疑似患者救治。全州“四类人员”收治率达 100%，累计报告确诊病例 252 例、感染率 0.74/万，治愈出院 245 例、治愈率 97.22%，病亡 7 例、病亡率 2.78%。做好应对可能发生新冠肺炎疫情的医疗救治能力储备，全州 9 个定点医院储备床位 7106 张，其中重症监护床位 652 张。城区集中医学观察隔离点 37 个，床位 2666 张。组建 825 人医疗救治队、269 人后备医疗队和 859 人流调工作队。开展“大培训”线上培训22964人次，线下培训15897人次。全年全州建成核酸检测实验室24个。抓院感防控，全年开展11轮医疗机构院感督导。全州二级以上综合医院发热门诊总数23个，所有乡镇发热门诊均规范设置“三区两通道”和留观室。2月下旬以后逐步有序恢复全州医疗秩序。全州陆续成立32个州级医疗质控中心，在全省位居前列。加强社会办医，全州建成并运营民营医院45个，其中三级综合医院1个，三级专科医院3个。华龙总医院纳入州120急救中心管理平台，5个民营医疗机构纳入州直干部保健体检定点医院，华龙总医院、恩施亚菲亚妇产医院、慧宜医疗集团成为恩施州医学会副会长单位。抓行业行风建设，开展“卫健清风行动”，针对“黑救护车”问题，制定出台《恩施州非公立医疗机构协会院后非急救转运方案》，规范州城院后非急救转运工作。

【血液管理】 2020年，采集全血42010人次，血量69169.5U，同比上升0.91%。新冠肺炎康复者血浆采集8人次，共采集血浆3000毫升，供临床1400毫升，支援武汉血液中心1600毫升。全年临床供红细胞64667U、冷沉淀11696.25U、血浆28809.5U、血小板3887个治疗量，同比分别增长0.8%、7%、19.9%，血小板下降3.5%。血费报销406人，报销金额394572.5元。

【平安医院建设】 2020年，通过调解委员会调解医疗纠纷61起，调解成功比率达80%，医学会受理委托鉴定39起。二级、三级公立医院参保率达100%。全年申报省级平安医院建设先进个人4人，先进集体3个。恩施州被国家卫健委、中央政法委等十部委表彰为2018—2019年度全国平安医院工作表现突出地区。

【药政管理】 2020年，继续执行药品和高值医用药材网上采购政策。全州所有医疗机构药品和高值医用耗材均按照要求在省网上采购，按照采购的法律法规和程序进行，加强廉政风险防控和监管。推进国家基本药物制度。完成基本药物2019年中央财政项目资金绩效自评，确保国家基本药物在公立医院的主导地位，提高基本药物合理使用水平，保障公众基本用药需求。短缺药品保供稳价有关工作情况总结。参加国家药物政策和短缺药品培训班。10月中旬至11月中旬，州卫健委组织对省州属医疗机构、各县（市）卫健局组织对辖区内医疗机构开展以麻精药品为主的全州医疗机构安全用药现场指导检查。开展全省首批处方审核能力培训班。

【中医药管理】 2020年，通过推动恢复设置、争取国家项目等方式加强中医医院建设，来凤县中医院获编制部门批准并启动建设，鹤峰县、宣恩县中医医院主体工程完工，建始县中医医院建成并投入使用。州民族医院、宣恩县民族医院、来凤县民族医院成为新冠肺炎患者定点救治场所，全州中医药系统全程参与新冠肺炎疫情医疗救治工作，中药使用率达98.02%。宣恩县珠山镇卫生院国医堂建成后评审命名，全州90个基层医疗机构实现国医堂全覆盖。利川毛坝、恩施崔坝、巴东官渡口、宣恩晓关、来凤绿水、咸丰清坪等7个乡镇卫生院国医堂康复能力提升示范工程完成验收。启动“中医名师走基层”活动，帮助村医熟悉10个以上中医药应用方法、推广4类以上中医药适宜技术。落实州内3个三级中医院与4个县级中医院对口帮扶工作，促进被帮扶县级中医院的专科建设、人员培养、医院管理、远程诊疗等方面能力全面提升。启动恩施州中西医结合“西学中”人才工程，争取州级人才专项资金63万元支持西医学习中医，首期招收50名学员进行培养。承担省卫健委开展中医医术确有专长人员医师资格考核试点工作任务，经省级资格审核合格的36人参加试点考核。举办恩施州2020年中医康复技能操作比赛，来自全州各类医院和基层医疗卫生机构的32支代表队参赛，咸丰县小村乡卫生院联合代表队获得冠军。组织传统中医药知识申报州级非物质文化遗产名录，咸丰县苗医苗药、鹤峰县烧艾灸成功入选第七批州级非物质文化遗产名录，恩施市正骨疗法（罗氏正骨法）成功入选州级非物质文化遗产扩展项目名录。州民族医院被纳入国家第三批中医住院医师规范化培训基地名单，咸丰中医院被表彰为全国中医药系统2018—2020年改善医疗服务先进典型。

【基层卫生和公共卫生服务】 2020年，全州有村卫生室2226个，村医3160人，8个县（市）全部实施在岗和离岗乡村医生养老保险政策。继续开展家庭医生签约服务，建立居民健康档案，城乡居民规范化电子档案建档率为96.27%。全州免疫接种562550剂次。辖区内经上级定点医疗机构确诊并通知基层医疗卫生机构管理的肺结核患者3024人，已管理的肺结核患者3000人，重性精神病患者应管尽管，辖区内65岁以上老年人健康管理率为73.91%，高血压患者规范管理率为82.91%，糖尿病患者规范管理率为80.83%，老年人中医药健康管理率为71.64%，0—36个月儿童中医药健康管理率为81.28%。开展公共场所卫生、生活饮用水、医疗卫生、放射卫生等专项督查，全州卫生监督协管信息报告率为100%，传染病及突发公共卫生事件报告和处理率均为100%。以政府名义印发《州人民政府关于进一步加强基层卫生工作的实施意见》，深化基层医疗卫生机构综合改革。开展基层卫生综合改革省级联系点工作，启动优质服务基层行和社区医院建设试点工作，经省卫健委复核，确定恩施市为基层卫生综合改革省级联系点。全年优质服务基层行恩施州乡镇卫生院和社区卫生服务中心达到推荐标准6个，基本标准30个，社区医院建设试点合格单位1个。推进特色专科建设，来凤县翔凤镇社区卫生服务中心等5个基层医疗卫生机构积极开展中医康复、儿保等特色科室建设，通过科室差异化发展，提高基层医疗机构的医疗服务能力。

【健康恩施】 2020年，健康湖北省对州考核指标共13项。人均预期寿命78.55岁，个人卫生支出占比26.03%，国医堂建设覆盖率达100%，城乡居民达到《国民体质测定标准》合格以上的人数比例

90%，居民健康素养水平25.57%，县域内住院量占比稳步提升，落实在岗、离岗乡村医生养老保险政策、医保基金“总额预付、结余留用”政策，二级以上综合医院、乡镇卫生院发热门诊规范设置并有效运行，加强院前急救网络体系建设。

【爱国卫生】　2020年，开展“无疫乡镇”创建活动，助力抗击新冠肺炎疫情和洪灾。7月，恩施州遭受洪涝灾害，全州开展爱国卫生运动，及时搞好环境卫生，宣传灾后除害防病知识，落实病媒生物防制，保障洪灾后无大疫。2020年新申报创建13个国家卫生乡镇，待省级组织验收。完成8个省级卫生乡镇，394个省级卫生村，36个省级卫生社区，182个省级卫生先进单位创建工作。复审12个省级卫生乡镇。

【疾病预防控制】　2020年，开展HIV抗体筛查552519人次，占常住人口总数的16.36%，持续加强患者治疗管理力度，免费抗病毒治疗覆盖率达93.58%，治疗成功率达95.24%，重点人群防治艾滋病知识知晓率达96%。以县（市）为单位观察重点人群尿碘、盐碘水平以及甲状腺肿大率。对8—10岁儿童尿碘、盐碘含量，8—10岁儿童B超甲状腺肿大情况，孕妇尿碘、盐碘含量开展监测。在恩施市、建始县和利川市进行碘缺乏病复查工作，每县（市）按照东、西、南、北、中进行抽样，每县市采集盐样、尿样各300份样本，全州检测900份样本，3个县（市）各检测200名8—10岁儿童甲状腺肿大情况。各县（市）结核病实验室Gene Xpert分子生物学检测设备全部启用，截至12月31日，全州登记活动性结核病患者3128例，结核病患者病原学阳性率达53.48%，高危人群耐药筛查率达95%，新涂阳筛查率达83.72%，患者总体到位率达96.21%，利福平耐药患者纳入治疗率达75%。全州累计发现麻风病人2615人，期末存活者588人，有现症病人7例，其中在治4例（2020年新发2例），3例观察随访待判愈。

【食品安全国家标准跟踪评价】　2020年，全州申报食品企业标准74件，全部审核通过。配合州公共检验检测中心完成省卫生计生委综合监督局2020年3月下达的《富有机硒食品硒含量要求》食品安全地方标准修订项目。

【卫生应急】　2020年，新冠肺炎疫情进入常态化防控以后，参与州直单位各类复工复产复课疫情防控专班指导工作。完成全州卫健系统新冠肺炎疫情防控技能大比武的组织工作和州级桌面推演任务。10月，恩施州代表队在全省卫健系统新冠肺炎疫情防控职业技能竞赛中获得团体三等奖。

【职业健康】　2020年，完成1345个职业病危害现状调查表网络填报。完成尘肺病随访1807人，其中存活1307人，死亡500人，失访126人。做好尘肺病防治攻坚行动，用人单位申报率98.9%，定期检测率98.4%，接尘劳动者体检率96%，管理者培训率100%，劳动者培训3485人，培训率99%。开展尘毒危害专项治理工作，推进尘毒危害专项执法工作，对241个用人单位完成全覆盖监督检查。

【人口监测与家庭发展】　2020年，全州出生32218人，其中一孩12181人，二孩15650人，多孩4387人。男孩16751人，女孩15467人，出生人口性别比108.30（女为100）。全州现有母婴室131个。4月，全州申报10个普惠托育服务2020年中央投资项目，其中恩施市2个、建始县4个、宣恩县4个。申报托位896个，下达投资789万元。12月，恩施市成功创建全国计划生育优质服务先进县。持续开展关爱计生家庭女孩助学行动，59名贫困计生家庭女孩获得州级资助，资助金额17.7万元。分县（市）为全州3842名特殊困难计生家庭人员全员购买住院护理险。推进计生家庭意外伤害保险工作，保费金额突破1500万元，惠及15万多户计生家庭，计生群众受益水平明显提升。

【妇幼健康服务】　2020年，全州辖区活产数30972人，孕产妇死亡率3.23/10万，婴儿死亡率3.81‰，5岁以下儿童死亡率5.26‰，0—6岁儿童系统管理率为88.37%。持续规范开展免费孕前优生健康检查和免费婚前医学检查，继续实施预防艾滋病、梅毒和乙肝母婴传播、增补叶酸预防神经管缺陷、妇幼卫生监测、危重孕产妇监测、孕产妇健康管理、0—6岁儿童健康管理、出生医学证明管理、贫困地区儿童营养改善、贫困地区新生儿疾病筛查及听力筛查。开展湖北省贫困妇女“两癌”检查项目，完成宫颈癌检查44937人，任务完成率100.53%。乳腺癌检查45356人，任务完成率101.47%。组织开展孕产妇和新生儿死亡评审，三级计划生育手术并发症复核和州级鉴定，指导各县（市）开展病残儿医学鉴定工作。推进妇幼保健机构标准化建设，利川市“安全产房”投入使用，建始县、宣恩县、来凤县妇幼保健院完成改扩建或进行整体搬迁。

【卫生执法监督】　2020年，全州检查各类公共场所经营单位2089个，对全州150个放射诊疗单位新冠肺炎疫情防控期间的防护消毒进行监督与指导。为新进放射工作人员进行放射知识卫生培训。在游泳场所开放前和开放时，各县（市）监督机构和疾病预防控制机构对37个游泳场所水质进行抽检，并按标准进行全项目检测。全州抽取国抽双随机任务967单，完成878个，监督完成率90.80%。开展医疗美容机构新冠肺炎疫情防控工作情况调查，对全州医疗美容机构底数进行全面摸排，在全州范围内开展医疗美容机构专项督查全覆盖行动。开展母婴保健和计划生育技术专项监督检查。对检查中发现的问题下达监督意见书，责令及时整改，对违法行为立案查处。在全州范围内抽取中小学校、高校112所，按照学校卫生标准进行现场检测，对不合格的学校下发监督意见并督促整改到位。开展医疗废弃物专项整治工作，结合国抽“双随机”传染病防治检查、新冠肺炎疫情防控检查等督查工作，对全州1400余个医疗机构进行监督检查，检查发现全州各级医疗机构医疗废物处置回收基本达到全覆盖，按照要求执行医疗废物登记制度。提高医疗废物回收处置管理水平，全州回收处置医疗废物2287.97吨。对237所学校复学复课工作进行专题评估，对各学校复学复课全流程、全过程进行监督指导。推进企业复工复产。全州共计监督检查、排查复工复产企业1520个。

【卫生人才】 2020年，发布全州县、乡医疗卫生机构公开招聘岗位计划917个，组织实施全国卫生专业技术资格考试（6345人）、国家医师考试（1909人）、全国护士执业资格考试（1310人）恩施州考点考务工作。组织实施全州卫生技术高级职务任职资格水平能力测试（1218人）考务工作。组织恩施州卫生技术高级职务任职资格区域评审，正高级职称参评56人，通过39人。副高级职称参评355人，通过292人。继续开展中国—盖茨基金会农村基本卫生保健项目，举办健康扶贫帮扶暨基层卫生健康人才队伍能力提升、精准扶贫骨干村医、基层人才能力提升护士培训，联合州委组织部印发《恩施州基层卫生人才三年培训计划实施方案》，启动第二轮基层卫生人才三年培训计划，2020年州级培训乡镇卫生院公共卫生人员91名，骨干村医201名。开展基层医疗卫生机构骨干护士培训，全年州级培训基层护理人员93人。持续做好乡村医生订单定向培养工作，全年签约定向培养乡村医生60名。2017级助产专业定向培养毕业生39人全部安排就业。全年完成国家级、省级继续教育项目项目38个。举办州级项目40个。持续做好住院医师规范化培训工作，结业124人。

【宣传工作】 2020年，在"学习强国"、《人民日报》、新华社、新华网、湖北卫视、《湖北日报》、《恩施日报》等媒体刊发稿件1303条，其中省级以上442条。在《恩施日报》、恩施广播电视台等主流媒体开设《众志成城抗疫情》《"天"佑恩施》等专栏。典型示范引领，讲述全国抗击新冠肺炎疫情先进个人麻祖念、"逆行冲锋的巾帼"肖雪琴、"抗疫三朝元老"李小丹、写下"愿与每位患者在病房外相见"战地日记的护士朱倩等医务工作者的最美逆行故事，将5名村医的感人故事录制战疫微广播剧《村医》在恩施综合广播播出。科普引导公众科学抗疫，利用手机短信、"村村响"广播、流动宣传车、抖音、顺口溜、三句半、快板等宣传新冠肺炎疫情防控政策。据统计，全州开展新冠肺炎疫情防控健康知识讲座1000多场次，发放健康教育宣传资料50余万份，新媒体发布新冠肺炎疫情防控知识1672条、短信20余万条。天津医疗专家团队到宣恩和广州徐闻县援助宣恩抗疫物资、直升机空运抗疫物资等视频的抖音播放量超过100多万人次。2月6日，湖北电视台邀请湖北民族大学附属民大医院护士谭晓、周玲走进湖北卫视演播室，在黄金时段《众志成城抗疫情》专题节目进行访谈直播，全国收看人群达1.86亿。8月26日，全州卫健系统2020年中国医师节暨致敬"最美逆行者"演讲比赛，12名选手生动讲述新冠肺炎疫情防控期间医务人员的感人事迹，云直播观看人数10万余人次。9月，州卫健系统新冠肺炎疫情防控"技能大比武"举行，云直播观看人数近20万人次。在恩施广播电视台开设"健康恩施·你我同行"专栏，全年播出视频直播56期，专栏内刊发解读文章33条，累计浏览量20万人次。与《恩施日报》联合开办《健康恩施》周刊，报道恩施卫生健康动态，依托"卫生与健康惠民宣传文化巡演"，以舞蹈、歌曲、戏曲、小品等形式，宣传卫生健康惠民政策。

【行政审批】 2020年，优化行政审批流程与简化手续，将行政审批窗口52个事项归口为6大类统一窗口合办。办证时间从5个工作日压减至1个工作日。就医师、护士注册等进行"四减"[医（护）执业注册原则上由医疗机构统一办理，特殊情况由医疗机构委托医、护个人办理，乡镇由卫生院统一办理，不再要求提交相关证件复印件]。全年州本级接受各类咨询1.1万余件，受理各类审批事项3121件（含发放医师资格证书289件、护士资格证书133件、专业技术资格证书373件、医师信息修改资格证书163件）。

【信息化建设】 2020年，保障卫健系统内各信息平台正常运行，确保新冠肺炎疫情防控各项数据正常安全传输。全州自建的远程医疗服务平台上传诊断远程影像1.1万多例，远程会诊5例。完成全州急性胸痛救治中心项目、无偿献血信息平台建设升级项目建设，急性胸痛救治中心系统试运行期间共出具静态心电诊断报告1万余份，动态心电诊断报告138份。开展恩施州全民健康信息平台建设项目前期工作，制定方案并向州政务服务和大数据管理局及恩施州大数据中心进行项目申报。全年先后开展"涉疫情防控重点单位网络安全自查""公安部网络安全自查"等4次安全自查工作，未发生网络安全事件。

【健康扶贫】 2020年，纳入大病范畴30种，其中新增5种：膀胱癌、肾癌、卵巢癌、重性精神病、风湿性心脏病。据国家健康扶贫动态管理系统数据，截至12月31日，大病集中救治72674人，覆盖率99.7%。慢病签约服务152172人，覆盖率99.3%。重病兜底保障34863人，覆盖率100%。常见多发病救治162691人，覆盖率97.8%。落实2019年中央脱贫攻坚专项巡视"回头看"反馈问题、2019年国家对湖北省脱贫攻坚成效考核反馈问题和2019—2020上半年省对县党委和政府扶贫开发工作成效考核反馈问题等各类整改，全部按要求整改到位，年底实现贫困人口全部清零。

【东西部扶贫协作】 2020年，杭州共有63个医疗卫生单位对口支援恩施州90个医疗卫生单位。杭州市帮扶500万元用于开展恩施州区域病理中心、急性胸痛救治中心和无偿献血信息平台3个项目的建设，区域病理中心投入使用，急性胸痛中心通过终验，无偿献血信息平台基本完成，等待接入省级平台。利用杭州资源全面展开医疗卫生人才培训工作，主要开展村医培训、乡镇卫生院临床医生培训、临床业务技能培训和临床重点学科创建培训。截至12月，开展医卫人才培训7300人次、其中州本级1500人次。选派医务人员到杭州学习一个月以上148人，其中州本级19人。杭州方选派医务人员到恩施对口支援114人，其中州本级20人。2020年全州卫生健康系统接受杭州市各级各类资金、物资价值5017.5万元。

【荣誉】 2020年，州疾控中心被党中央、国务院表彰为“全国抗击新冠肺炎疫情先进集体”，州卫健委党组成员、公共卫生总师陈杨，州疾控中心公共卫生检验检测所副所长、主管技师吴小凤被省委、省政府表彰为“湖北省抗击新冠肺炎疫情先进个人”。4月7日，州委、州政府给予州卫健委公务员集体二等功奖励，州疾控中心、州中心医院给予记功奖励，陈思强等23名医护人员给予记功奖励。10月26日，2020年湖北省卫生健康系统新冠肺炎疫情防控职业技能竞赛中，恩施州代表队获得团体第三名，个人获奖数全省并列第一。

（谌　刚）

生物医药产业集群建设

【概况】 2020年，全州各级生物医药产业集群领导小组贯彻落实州委、州政府的决策部署，推进中药材种植、医药工业、医药流通、康体养生等发展，取得成效。但产业发展因受新冠肺炎疫情和自然灾情的影响，生物医药综合产值略有下降，全年产值145.61亿元，比上年下降8.9%。

【基地建设】 2020年，全州围绕16个重点品种，重点推进40个药材生产专业乡镇，200个药材生产千亩村和紫油厚朴百里长廊产业带建设。中药材留存面积96666.67公顷。新建中药材标准化示范基地23个、1133.33公顷，累计新发展中药材11133.33公顷，完成年初任务的139%。新建良种繁育基地175.33公顷，完成初任务的526%。建新品种（系）繁育示范基地共38公顷，完成计划任务的114%。

【企业培育】 2020年，全州重点培育规模以上生物医药企业9个，新增规模以上生物医药企业4个。培育八峰药化有限公司为新增产值过亿元生物医药企业。湖北一正药业获中药配方颗粒生产试点企业批件。对华阳药业、八峰药化、湖北晟美康药业等15个企业的生产进行多次技术指导，帮助企业复工复产。对医用防护物资生产企业进行跟踪服务，11个重点生物医药企业共入库税收7718.63万元，享受税费减免2456.65万元。

【园区建设】 2020年，生物医药产业园签约项目7个，总投资19.7亿元。开工建设项目3个，总投资5.3亿元。建成项目3个，总投资1.1亿元。与4个生物医药企业对接洽谈。完成生物医药项目土地征收和农用地转用约16.73公顷，收储项目用地近千亩。

【招商引资】 2020年，新签约项目33个，投资总额26.7亿元，开工项目12个，投产项目3个。其有中药材种植项目6个，初加工和中药饮片项目13个，医疗器械项目12个，中医院项目2个。外出招商6次，先后到9个省招商推介考察，上门对接生物医药及文旅康养企业21个。接待到恩施考察企业近20批次。组织近50个企业走出去参加3次健康博览会。

【康体养生】 2020年，将巴东绿葱坡滑雪场及高山运动度假小镇、恩施青云崖文旅项目、野三关高山硒养旅游度假区等项目作为州级、省级重点项目予以重点支持和调度，指导企业在谋划和建设项目过程中对接“大健康产业”发展趋势，注重游客对于“游”“健”的需求，发挥康养功能。推进华中药用植物园建设，投入资金108.6万元加强基础设施建设。

【平台建设】 2020年，投资9600万元在湖北民族大学建设“国家中药材质量监督检验中心”，完成中心大楼建设、实验室环境改造、仪器购置安装等工作，满足开展《中国药典》中药饮片部分616个品种40个参数检测需要。组织相关人员参加省级培训，有8人次取得内审员资格，3人取得监督员资格，3人取得安全员资格，4人取得授权签字人资格，4人取得质量（技术）负责人资格，8人取得检测员资格。中心可依次进入CMA认证、试运行、国家B类检测平台认证及CNAS认可申报等建设进程。加大高山片区产业投入，筹资近3000万元，推动恩施州高山片区（椿木营）中药材集散中心项目建设，年底完成清洗、初加工、仓储等设施建设，完成交易中心基础独立柱浇筑，集中购买中药材加工设备24台套，与多个市场主体洽谈合作。

【中药科研】 2020年，生物医药科研部门承担科研项目30多项，争取到账经费650万元，发表论文23篇。申请专利15项，授权专利8项，获软件著作权24项。制定省级地方标准1项，生产技术规程1项。获省级科技进步三等奖1项，获国家级展示基地1个。争取成果转化类项目16项。2020年，“利川大黄”通过国家农产品地理标志评审，全州中药材地理标志产品达12个。

（聂蜀露）

重点医院

恩施州中心医院

【概况】 2020年，州中心医院竞争力排名位居全国市州级三级医院百强（93名）、全国30个少数民族自治州三级医院榜首。医疗服务辐射半径覆盖毗邻的湖南、重庆、贵州等周边地区，是恩施州及周边地区第一所集医疗、科研、教学和保健于一体的三甲医院，湖北硒与人体健康研究院，武汉大学恩施临床学院，湖北民族大学附属医院，是综合医院、中医医院两个国家级住院医师规范化培训基地、湖北省住院医师规范化培训示范基地，是省三级优秀医院。医院编制床位1900张，实际开放病床2300张。全年完成医疗设备招标采购1000余台件，价值1.42亿元。设备维修维保2000余台件。新冠肺炎疫情防控期间接收捐赠医疗设备1000余台件。受新冠肺炎疫情影响，医疗服务人次下降，门（急）诊病人1233422人次，比上年同期下降23.3%。入院病人79361人次，比上年同期下降23.7%。开展手术27566台次，比上年同期下降10.9%。10月，医院新区医疗中心一期工程金龙院区投入使用，形成“一院三区（西医部、中医部、金龙院区）”发展格局。

【新冠肺炎疫情防控】 2020年，在新冠肺炎疫情阻击战中，严格落实疫情和院感防控措施，严格门（急）诊管理，疫情防控与医疗服务并重。科学采用中西医结合方式，先后收治新冠肺炎确诊患者36人，疑似患者38人，患者治愈率为97.3%。救治危重症患者19人。开展全州医疗机构院感防控视频网络培训5次，成立州新冠肺炎疫情防控督导队，实现医护人员“零感染”、在院患者“零感染”的“双零”工作目标。新冠肺炎确诊患者高治愈率、低死亡率在全省排位靠前。恢复正常诊疗活动后，医院统筹做好常态化疫情防控和医疗服务各项工作。

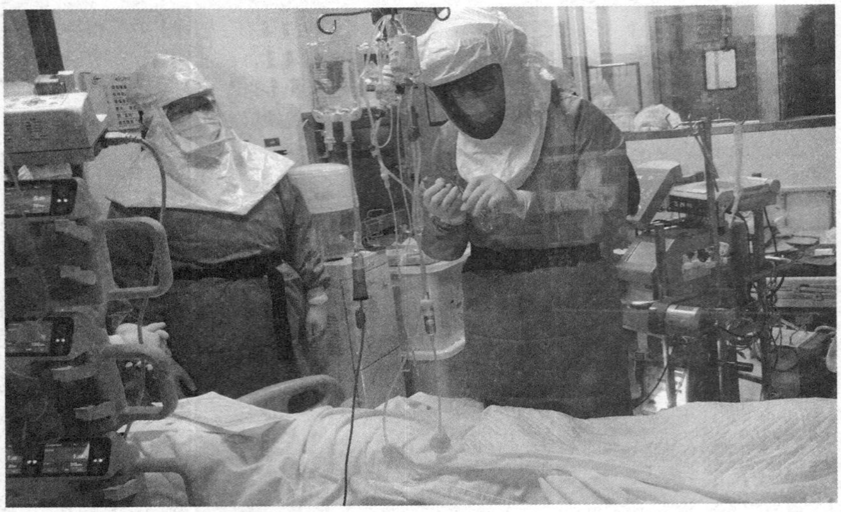

2020年2月26日，抗击新冠肺炎期间，州中心医院医疗团队和天津支援恩施的医疗专家一起成功进行全州唯一一例ECMO手术 （州中心医院 供稿）

【武陵山区域医疗中心建设】 2020年，分3个层次（“托管”、“医疗联合体”、“集团”其他一般成员单位）抓好州中心医院武陵山医疗集团相关工作。到年底，“武陵山医疗集团”成员医院增至68个，医疗联合体签约挂牌8个县（市）医院，推进龙凤医疗中心各项工作，托管恩施高中医务室。与天津医科大学总医院、天津市环湖医院、天津市胸科医院、天津市眼科医院4个医院签订战略合作协议或专科联盟协议。打赢“中医三甲”保卫战，推进“名医、名科、名院”战略，充实武陵山区域医疗中心内涵。依法合规稳步推进新区医疗中心建设， 10月1日，中心医院金龙院区妇儿医院开业应诊。

【落实医改政策】 2020年，持续发挥“四合理”（即合理检查、合理治疗、合理用药、合理收费）管控机制作用，严格控制医疗费用不合理增长。推进临床路径及其信息化管理。拓展门诊和住院特需服务业务范围，推进节假日手术管理。制定实施日间手术。抗击新冠肺炎特殊时期足额发放职工工资和奖励性绩效，发放2019年度5项奖励性补贴，首次顺利实施卫生技术高级职称医院自主评审工作。规范管理医用耗材，梳理医用耗材价格并询价，308个医用耗材价格调低，料占比为10.96%，同比下降1个百分点。推进医保管理、分级诊疗和双向转诊等政策落实，加强医疗联合体建设。

【质量管理】 2020年，临床路径入组率、病床使用率、病床周转次数均上升。住院超30天病例的管理、非计划再次手术的监管、医疗安全不良事件上报、转院转诊患者追踪随访工作较好落实。调整2020年平衡计分卡考核指标，各项结构性指标管控良好。引入病案首页质控系统，提高病案首页填写完好准确率。启动DRGs分析评价系统。建立职能部门对接临床医技科室的工作机制并有效运行。

【医疗业务发展】 2020年，获批开展“试管婴儿”技术即体外受精—胚胎移植、卵泡浆内单精子注射技术（IVF-ET、ICSI）。启动全科医学科、老年医学科、精准医学转化中心实验室，均运行良好。成功创建国家心衰中心、PCCM优秀单位。牵头成立医疗专科联盟9个，加入医疗专科联盟42个。引进医疗设备1869台件，价值约1.41亿元。截至2020年，共计35个专业涵盖43个临床医技科室创建成为西医或中医省级临床重点专科。组织开展新业务新技术101项。

【人才队伍建设】 2020年，招录（聘）各类工作人员177名。完成2020年度“胡萝卜”“南丁格尔”人才评选。申报2020年省“突出贡献”和省政府津贴专家2人。申报“西部之光访问学者”2人。制定“硒谷人才计划”，引进高学历人才3名。“青年人才成长工程”取得突出成效，申报国家自然科学基金项目9项，发表文章53篇，其中SCI论文16篇。

【教学、科研】 2020年，教学工作常态化推进，住培（住院医师规范化培训）及临床带教工作稳步发展。申报获得国家自然科学基金项目立项1项、省自然科学基金项目1项、州科技计划项目2项。申报获得国家级继续医学教育项目5项、省级26项。发表论文213篇，其中SCI论文28篇。2名到瑞典进修学习归国人员顺利开展分子实验，并申报相关领域课题。94人在省级及以上学会换届连任或新当选任职。提升住培教学质量。在西医国家住培基地飞行检查中获得好评。中医国家级住培基地申报成功。新申报教师资格证60人。新招收专硕研究生15名，13名专硕研究生顺利毕业。举办中医人才提升工程“西学中”培训班2期。承办州基层公共卫生人员培训班1期、骨干村医培训班2期，合计培训近200名学员。

【中医发展】 2020年，推广应用中医适宜技术，重点提高中医药治疗率和中药饮片、中医自制制剂、中药膏方、非药物中医诊疗手段的使用率，建立中药饮片使用的激励机制。中药制剂销量2416.82万元。通过中医三甲复审后，持续巩固中医三甲成果，重点支持培育康复医学中心、肛肠科、骨伤科等中医和民族医学特色专科建设发展，重视名医堂和治未病科建设，持续开展中医拜师大会，师承中医文化和技艺。

【硒与人体健康研究】 2020年，发挥湖北硒与人体健康研究院及医学实验中心的大平台、大数据作用，支持开展医学临床研究和“硒与人体健康”等领域的科学研究。副院长吴波被聘为“硒产业技术与健康中国创新平台联盟（国家级）”常务理事。全年硒研究相关论文发表13篇，其中SCI论文4篇，国家级期刊论文1篇，CSCD级别论文3篇，省级期刊论文5篇。与硒研究相关的科研立项12项，其中省级项目有2项，州级计划项目有2项，州级指导项目有8项。结题硒课题9项，推进科技成果转化多项。多次参加政府硒与人体健康研究汇报会，其中在第十五次中国营养学会微量元素营养分会上医院代表恩施州作专题发言。接待专家学者参观交流和各级政府在研究院调研参观活动。

【医疗服务】 2020年，落实新冠肺炎疫情防控、医疗救治、医疗保障、复工复产、复诊指导、疫情防控经验交流等工作，配合并开展全州伤残鉴定及监狱和法院委托的医学鉴定工作，开展临床医技科室满意度调查。加强病案归档、首页填写质量和负面信息校对工作。临床科室病案无纸化管理系统上线，为医院节约资金200余万元。加强对住院超30天病例、医疗安全不良事件、非计划再次手术病人的管理。继续实施专家集体论证研讨会制度，完成全科医学科分科、组建和开科。成功举办第三届医师节活动，持续开展义诊送医送药和干部保健活动。成功托管恩施高中医务室。开展“优质服务基层行活动”“新冠肺炎防控技能大比武活动”，“叙事护理”特色服务项目收效良好。启用武陵山区第一个中医护理门诊，成熟开展12项中医适宜技术，服务人次累计85.42万人次，经济收入3311.77万元。严格执行国家基本药物管理制度，纳入平衡计分卡考核管理，基药使用率逐步提高。25个科室取得国家药物/医疗器械临床试验资格，签署试验项目9项，价值177万元。医院网络及信息系统安全有序运行，推进软件正版化。医疗收费票据实现电子化，HRP系统建设，人、财、物一体化管理初见成效，DRGs系统、医技检查预约、门诊电子病历、移动查房等系统平稳运行，提升网络信息安全。全年医务人员拒收红包528人次，累计金额370588元，收到锦旗678面、感谢信495封、牌匾6块。

【公益服务】 2020年，全年募集“医疗助困慈善基金”553万余元，规范管理和使用713万余元，住院优惠减免443人次、12万元。其他大病救助4397人次、优惠金额559万元。精准扶贫门诊人次25人，减免金额1万元，精准扶贫对象住院73人次，减免金额15万元。全年到恩施市、利川市、建始县、宣恩县、来凤县开展授课、查房、会诊、手术等对口帮扶指导200余次。继续开展对口支援县（市）医院和选派专家驻宣恩武陵医院工作，对口支援建始县长梁镇石板山村卫生室、黄岩村卫生室及花坪镇崔家河村卫生室，开展“精准扶贫健康行”医疗慈善救助活动、大型义诊等公益活动和志愿服务。开展第八届“关爱农民工 新春献爱心”活动，惠及2万余人次，优惠金额200余万元。开展“爱心消费扶贫”助力脱贫攻坚活动，全院2600余名职工消费金额255.48万元。募集抗洪救灾爱心捐款14万余元汇入州慈善总会。

【宣传工作】 2020年，以医院微博、微信公众号、微信订阅号、医院官网（简称“三微一网”）为平台，1月26日至3月27日，以每天平均5篇的频率60天不间断在官方微信公众号上推送医院抗击新冠肺炎疫情信息。编印《武陵医苑》。在各级各类媒体发布医院新闻400余篇，其中国家级20篇、省级32篇，抗疫期间多篇宣传报道被“学习强国”平台、《人民日报》等国内主流媒体采用，《“诚信”回报“仁心”的鄂西故事》获第37届湖北新闻奖文字通讯二等奖。

【荣誉】 2020年，州中心医院被党中央、国务院、中央军委表彰为“全国抗击新冠肺炎疫情先进集体”，州中心医院党委被中共中央表彰为“先进基层党组织”。州中心医院获评“2019届中国医院竞争力地级城市医院100强”、“2019届中国医院竞争力智慧医院HIC300强”、“2020抗疫纪念——中国医院科学抗疫先进医疗队”、“2017—2019年度湖北省文明单位”、2019年度全省创建平安医院活动表现突出先进集体，全省老干部工作先进集体，2019年度全省反恐怖工作先进集体，2019年度全州平安建设（综治工作）优胜单位。医院新冠肺炎疫情防控志愿服务队被共青团中央，中国青年志愿者协会表彰为“抗击新冠肺炎疫情青年志愿服务先进集体”。谭丽获一线女医务人员“抗击新冠肺炎疫情全国三八红旗手”，李子明获“全国优秀共青团干部”，刘勇获全国卫生健康系统新冠肺炎疫情防控工作先进个人，李拓获武汉大学医学部“医学腾飞计划”突出贡献奖，刘琼丽获全省妇联系统先进工作者，杨武军、李德忠获“湖北省抗击新冠肺炎疫情先进个人”，刘勇获“2020感动湖北—最美医者”典型人物，李顺振、李洪强获“全州优秀共产党员”，李顺振、李洪强、向建军、黄海、田仁富、黄婉秋、彭婷获“恩施州抗击新冠肺炎疫情先进个人”，税丽丽家庭获湖北省文明家庭、荆楚抗疫最美家庭、恩施州抗击新冠肺炎疫情最美家庭。

（代文婷　李宽桥）

湖北民族大学附属民大医院

【概况】 湖北民族大学附属民大医院（简称民大医院）是武陵山地区一所集医疗、教学、科研、急救、防保、康复、培训为一体的高校直属附属医院、国家三级甲等综合医院、省卫生计生委直管医院。医院占地面积6.67公顷，建筑面积7万平方米，开放床位1200张。2020年，医院有直线加速器、3.0T磁共振、128层螺旋CT、1250MA大型数字减影X光机等总值3亿元的诊疗设备。有35个临床科室，10个医技科室，7个省级临床重点专科［风湿免疫科、儿科（建设）、肾病内科、中医肝病科、产科、病理科、护理］，33个州级重点专科，3个州级医疗中心（儿童医疗中心、风湿免疫性疾病诊疗中心、脑瘫儿童康复治疗中心），1个省级专科培训中心（血液净化）。医院是湖北民族大学临床医学院，有17个临床教研室，开设临床医学、护理学、医学影像技术、康复治疗学、中药学、中医学6个专业和临床医学、中医学2个一级学科硕士学位点，是国家级综合住院医师规范化培训基地和恩施州乡村医生培训基地。有职工1200人，其中高级职称140人、博士28人、硕士250人。2020年，收治新冠肺炎确诊患者31人。

【医疗质量】 2020年，在国家公布的国家三级公立医院绩效考核结果中，医院在全国所有三级公立医院中排名484位，较上年提升91名，其中CMI值全州第一，达到1.28。住院患者手术率和外科手术率同比上升4.58%。住院患者药占比同比降低2.24%。落实18项医疗核心制度督导，开展临床用血、危急值、手术安全、会诊制度等专项检查28次，检查病历956份，整改374个问题。规范首台手术开台、接台时间、手术排序，手术准时开台率达90%。全年审批重大疑难致残手术564例，组织疑难危重病人讨论93次。实现病案首页信息数据上传全流程闭环管理。开展院感目标性监测和全院综合检测，实施院感无纸化一级质控。成功开展省内地市级医院首例经导管主动脉瓣植入术（TAVI手术）、全州首例拇指手掌联合再造术、全州首例婴幼儿右半肝切除术、全州首例静脉输液港植入术等一系列先进技术。30多项新技术新业务跻身州内先进水平。多学科团队协作，先后成功救治新冠肺炎危重症患者、低体重急危重早产儿等重症患者。

【教学、科研】 2020年，开展多样化网络教学。成立专项整改专班，提升研究生培养质量。规范住院医生规范化培训学员带教管理，紧缺专业招录完成率均达100%。全科医学科独立成科。开展案例教学大赛、病历书写大赛和临床技能大赛，加大师资培训力度，提升教师教学水平和学员临床实践能力。《内科学进展》《外科学进展》《妇产科学进展》《儿科学进展》4门研究生课程获金课培育立项。获省住院医师规范化培训师资教学技能练兵三等奖。获校级教研课题立项2项。全年科研经费到账160万元。风湿免疫实验室在省科技厅考核中取得良好成绩，获省、州财政平台建设经费70万元。“硒与人体健康”重点研究项目取得进展。

【学科建设】 2020年，胸痛中心通过标准版认证。卒中中心以高分通过防治卒中中心现场评审。新增州介入微创呼吸学会、州医学影像技术学会、州男科学会3个主委单位。牵头成立州耳鼻咽喉头颈外科专科联盟、州早产儿专病联盟。打造民大医院胎儿心脏病一体化诊疗平台。呼吸内科通过全国呼吸与危重症学科规范化建设项目评审。建成全州检测能力最大的P2实验室。

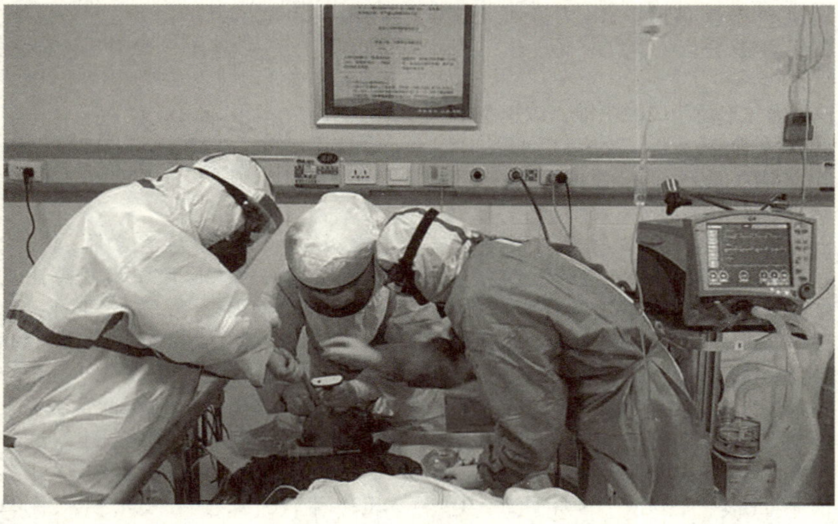

2020年2月，湖北民族大学附属民大医院医护人员正在救治新冠肺炎患者
（湖北民族大学附属民大医院 供稿）

【智慧医院】 2020年，民大医院成为全州第一个互联互通测评四级甲等医院。搭建电子票据平台，实现患者就诊、交费、票据交付全闭环电子化管理。投入使用HRP项目基础业务平台、科研基金管理、物流管理模块。建设在线问诊平台，服务患者1469人次。通过紫云急救信息系统实现院前急救与院内绿色通道无缝链接。利用5G技术，搭建院间讨论平台，开展危重症患者救治互联网会诊。

【医疗服务】 2020年，组建呼吸治疗护理、伤口造口失禁护理和慢病管理3个专科护理团队。实施护理目标管理，改进护理关键指标，保障患者安全。推广中医护理适宜技术，为患者提供优势特色护理服务。开展护理延伸服务和护理志愿者服务58次，护理团队在2020年首届湖北省医务社工与志愿服务案例大赛中获得一、二、三等奖，南丁格尔志愿服务分队获2020年度“活力团队奖”。开展服务质量月活动，从优化门诊就诊流程、门诊布局、改善职工精神风貌等11个方面入手，提升服务质量。打造入院服务中心，一站式办理入院手续，启用门诊电子病历和电子住院证，实现分时段预约诊疗、线上咨询。医教协同三区建设项目开工建设，发热门诊规范建设，呼吸与危重症医学科、检验科、输血科、病理科完成搬迁，儿科诊疗中心、院内花园、门诊广场电力迁改入地等项目完成改造。

【交流合作】 2020年，吸纳宣恩县中西医结合医院、咸丰县妇幼保健院、建始县第三医院成为民大医院医联体成员单位，形成12个单位共同发展的新格局。与县级医院开展精准专科共建，打造紧密医联体。承办2期全州骨干乡村医师培训班。开展基层巡讲、健康大讲堂进机关、线上课堂、社区义诊等活动。与22个企事业单位开展核酸检测和新冠肺炎疫情防控定点医院合作。与多个县级医院在胸痛中心、卒中中心、远程心电、病理诊断、影像诊断等方面合作。与四川大学华西医院、省妇幼保健院、杭州师范大学附属医院、天津医科大学总医院合作。

【荣誉】　2020年，民大医院获"湖北五一劳动奖状"，耳鼻咽喉科获"恩施州青年五四奖章集体"。谭晓获评"抗击新冠肺炎疫情全国三八红旗手"，张朝贵、杨华家庭获评"全国抗疫最美家庭"，杨华被中央文明办及国家卫健委联合授予"中国好医生"，谭晓、周玲获"湖北省抗击新冠肺炎疫情先进个人"，胡家美、杨春黎、田国红、漆红艳、谢丹凤获"恩施州抗击新冠肺炎疫情先进个人"。

（李　阳）

恩施州优抚医院

【概况】　2020年，州优抚医院为隶属州退役军人事务局二级单位，公益一类事业单位，由"三院四中心"构成，即州优抚医院、州优抚医院附属民康医院、州精神病人福利院和州精神卫生中心、州优抚疗养中心、州失能老人养护中心、州精神病残疾康复技术指导中心。全年收治住院患者2781人次，出院2149人次，日均占用床位657张，门诊就医37994人次。失能老人养护中心出院23人，日均占床数75人。司法精神病鉴定72例、劳动鉴定7例、智力测定181例。公安强制隔离戒毒年初结转217人，新入院138人，期满出院50人。司法强制隔离戒毒所年初结转302人，新入1人，出院218人。美沙酮门诊新入组治疗3人，重入组79人，全年服药病人总数为59人，门诊人次5468人次。贯彻落实国家医疗、医药、医保改革政策，药品、耗材落实集中采购及带量采购政策，药品零差价销售。

【精神公共卫生】　2020年，全州在册严重精神障碍患者17162例，平均报告患病率为5.08‰，规范管理率92.33%，面访率92.97%，服药率68.08%，规律服药率44.22%。通过核查系统数据，要求各县（市）单位对录入不及时、信息录入有误等进行修改，提高数据质量。6月，精神公共卫生科到全州各县（市）对严重精神障碍管理治疗工作检查督导，完成全州在管严重精神障碍患者有暴力行为和风险、无监护或弱监护患者的调查摸底，反馈相关部门，强化监护，避免安全事故。

【医养结合服务】　2020年，州失能老人养护中心日均占用床位75人，续签养老合同87份，新入住养老签订合同5份，新建入住托养档案92份，基础护理合格率96%。老年人能力评估100人次，托养老人健康体检91人次，托养老人档案归档109份，协助老人网上社会养老年度审核认证32人。州失能老人养护中心被国家卫健委评为第三届全国"敬老文明号"。

【基础建设】　2020年，州精神病人福利院建设项目主体及内部装修装饰工程完工，疫后复工启动附属工程招标建设。根据州新冠肺炎疫情防控指挥部要求，投资50万元新建医院大门及隔离带，规范分区布局。使用抗疫特别国债资金1000万元，改建PCR实验室、附属民康医院发热门诊及新冠肺炎疫情防控调度室，配置CT、核酸检测设备及发热门诊必要急救设备。

【对口支援】　2020年，杭州市第七人民医院派出6批次16名专业技术人员到州优抚医院开展教学查房指导，每批次一个月，共计授课17次，参训人员1000人次。州优抚医院派出专业技术人员4名为期半年、5名为期一个月到杭州市第七人民医院开展进修学习。全年开展远程会诊13次，为78名患者提供免费会诊，疑难讨论。与杭州市第七人民医院续签三年对口帮扶框架协议，开展对口帮扶工作。9月11日，举行"杭州市七院名医工作室"挂牌仪式，联合杭州市七院专家在州城举办国家级精神卫生新进展培训班，系统培训全州从事精神疾病管理及医护人员。

【新冠肺炎疫情防控】　2020年，新冠肺炎疫情防控期间，门诊就诊9822人次，收治入院381人次，接听心理热线电话852人次，全院68名医师及医技人员通过"微医生"线上诊疗327人次。严把院感防控关，院感防控知识培训69次，累计培训2398人次。参与全州中小学复课复学心理疏导。医院抽调5名医护专家支援恩施市、宣恩县开展重性精神障碍患者救治。

（彭贻龙）

社会生活

Civil Life

民政工作

【概况】 2020年，全州累计支出社会救助资金145535.72万元，同比增加46041.01万元，上升46.27%。其中，城市低保6556.65万元，同比增加1476.41万元，上升29.06%；农村低保116715.78万元，同比增加44316.34万元，上升61.21%。城市特困救助供养585.56万元，同比增加160万元，上升37.6%。农村特困救助供养16367.04万元，同比增加1485.42万元，上升9.98%。临时救助5310.69万元，同比减少1397.16万元，下降20.83%。年末全州共有各类提供住宿的社会服务机构126个，社会服务床位1.58万张，其中公办福利院床位12345张，民办养老机构床位3157张，儿童服务床位120张。截至年底，全州社会组织登记2438个。全州有城市公益性公墓3个、农村公益性公墓5个、城市经营性公墓6个。做好全州基层社会治理、婚姻登记、区划地名等工作。12月，州民政局养老服务和儿童福利科被民政部表彰为“全国民政系统抗击新冠肺炎疫情先进集体”。

【城乡低保】 2020年，全州有农村低保对象127679户、23.52万人，占全州326.69万农业人口的7.2%，占建档立卡贫困人口109.9万人的21.4%。现有城市低保5628户、8293人，城市低保月人均补助水平为651.54元，同比增长36.22%，达到城市低保标准的103%（全州城市低保标准为月人均635元）。农村低保月人均补助水平达到416.81元，同比增长33.59%，达到农村低保标准的114 %（全州农村低保标准为年人均4380元）。

【特困供养】 2020年，城市特困供养标准统一提高到1270元/人·月，其中基本生活费826元，照料护理费444元。全州城市特困供养对象323人，其中集中供养168人，分散供养155人。农村特困供养标准统一提高到8760元/人·年，其中基本生活费5694元，照料护理费3066元。全州农村特困供养对象17334人，其中集中供养3390人，分散供养13944人。加强福利院安全管理，落实福利机构风险管控和隐患排查，完成“平安工程”建设任务。

【临时救助】 2020年，建立乡镇（街道）临时救助备用金制度，全州全年累计支出临时救助资金5310.69万元，同比减少1397.16万元，下降20.83%。救助35563人次，人均救助1493.32元。

【流浪乞讨救助管理】 2020年，提升生活无着流浪乞讨人员救助管理服务和专项行动及三年消防整治行动，重点抓好综合治理、源头治理，建立流浪乞讨人员源头治理和回归稳固机制，建立州、县（市）两级生活无着落的流浪乞讨人员救助管理联席会议制度，严格落实属地管理职责，加强部门协作，统筹推进工作落实。2020年救助生活无着落的流浪乞讨人员2098人次。

【孤儿养育】 2020年，按照孤儿养育标准自然增长机制，散居孤儿养育标准提高到1270元/人·月，机构集中供养孤儿养育标准提高到2032元/人·月。根据2019年省民政厅等12个部门下发的《关于进一步加强事实无人抚养儿童保障工作的实施意见》规定，自2020年1月起，将全州符合条件的儿童纳入事实无人抚养儿童生活保障，全州共有事实无人抚养儿童524人。

【残疾人两项补贴】 2020年，全州6.7万人享受困难残疾人生活补贴，发放困难残疾人生活补贴资金4032万元，6.5万人享受重度残疾人护理补贴，发放重度残疾人护理补贴资金7804万元。因新冠肺炎疫情影响，根据鄂防指发〔2020〕171号文件规定，2020年3—6月，重度残疾人的护理补贴标准和生活补贴标准每月分别提高50元，全州增发困难残疾人生活补贴资金1306万元，增发重度残疾人护理补贴资金1280万元，做到应享尽享。

【"三留守"人员服务】 2020年，全州有留守老人33643名，留守儿童42309名，留守妇女15529人，困境儿童33359名。全州配备91名乡镇儿童督导员、2499名村（居）儿童主任，达到全覆盖。建立"关爱到家、探访到家、保护到家"的"三到家"工作机制，与州公安局、州教育局、团州委和州妇联联合出台《关于进一步落实农村"三留守"人员关爱保护工作的通知》。在全州开展"政策宣讲进村（居）"宣讲活动，对农村留守儿童和困境儿童开展政策宣传、监护监督、生活帮扶等关心关爱工作。全年开展"政策宣讲进村（居）"活动1369场次，37275人次参加。

【养老服务】 2020年，公办福利院床位12345张，民办养老机构床位3157张，每千名老人床位达到35.4张。完成农村福利院"平安工程"和"冬暖工程"任务，安装空调1788台，解决特困供养老人冬季取暖问题。印发《恩施州特困人员供养服务机构改造提升三年行动实施方案（2020—2022年）》，恩施市、宣恩县、咸丰县特困供养服务机构管理体制机制改革创新试点工作取得阶段性成效。开展养老机构新冠肺炎疫情防控、消防安全、食品安全大检查。开展高龄津贴问题专项核查整改工作，依托救助系统开发高龄津贴发放管理系统，全州80周岁及以上的老人88500人，发放高龄津贴5431.30万元。

【慈善活动】 2020年，在全州8个县（市）、13个乡镇建立39个慈善组织，湖北民族大学、恩施职业技术学院、州老干局成立3支慈善义工服务队。全州在民政部门注册登记的社会工作服务机构28个。截至年底，全州志愿者注册总人数440576人，占常住人口的13.05%。全年获得省级社会组织发展和培育引导资金468万元。实施2个"三区计划"项目、4个"牵手计划"项目，19个省级财政支持的社会工作和志愿方服务项目。新冠肺炎疫情突如其来，全州接受疫情专项捐赠资金近1.5亿元，接受捐赠实物148695件，包括口罩、手套、隔离服、防护服、大米等。捐赠款物第一时间分配到州中心医院、州民大附属医院、华龙总医院、州疾控中心和8个县（市）等疫情防控一线。州慈善总会接受洪涝灾害捐赠救助金4000万元，惠及灾民157万余人。接收慈善扶贫款4000万元用于28项产业扶贫项目。

【福彩事业】 2020年，全州累计销售福利彩票41145万元，完成考核目标任务的111%，总销量排名全省第3位，筹集福彩公益金1.23亿多元。

【基层社会治理】 截至2020年底，全州村民委员会2305个，城乡社区207个，其中新成立10个社区，村改成社区3个。建立2305个村民委员会和监督委员会，配齐配强村（居）"两委"成员、村务监督委员会成员。开展州、县、乡三级培训，全州近1.3万名村"两委"成员达到全员轮训，对村（社区）干部开展社会工作专业知识培训。村（居）务公开达到全覆盖。全州不断巩固深化村级事务公开阳光工程，完善党务、村务、财务"三公开"制度，实现公开经常化、制度化和规范化。有6个县（市）制定村务公开目录，3个县（市）对村务公开目录进行修订。全州建立村务公开栏2305个，207个社区严格对照湖北省《村务公开名录》，实现每季度进行1次村务公开。对涉及组织建设、公共服务、脱贫攻坚、工程项目等重大事件，召开村民代表会议或者村小组会议进行即时公开。村规民约（居民公约）实现全覆盖，2512条村规民约（居民公约）全部收集到州民政局备案。开展以村规民约为主要内容的积分制试点，通过"爱心超市积分手册""科学技术垃圾分类""红黑榜公布"等形式，村民从自身做起，促进乡风文明建设和提高城乡基层社会治理水平。

【社区建设】 2020年，全州207个城乡社区，实现城市综合服务设施达标覆盖率100%。全州建成1425个易地扶贫搬迁集中安置点，集中安置46707户、154955人，1000人以上大型集中安置点有16个。在易地扶贫搬迁集中安置点新成立10个社区，纳入社区管理60个，其中综合服务设施面积1000平方米以上的35个。纳入村管理1365个，其中综合服务设施面积500平方米以上的714个。《搬得出 稳得住 能融入——恩施民政服务易地搬迁有新招》在《中国社会报》报道，被"学习强国"予以推介。

【城市社区工作者职业体系建设】 截至2020年，全州城市社区工作者职业体系基本建立，州及8个县（市）制定出台相关实施方案或实施办法，从范围对象、员额配备、基本职责、选任聘用、薪酬待遇、劳动合同、教育管理、考核激励等方面进行明确规定。全州8个县（市）主城区87个社区原有社区工作人员1326人，新划定网格783个，核定社区工作者员额1388人，其中"两委"588人、社区专职工作者员额800人，新增社区工作者62人。全州选任聘用1129人，其中原有社区工作人员通过考核、考试实行转任的有928人，向社会公开招聘社区专职工作者201人，"两委"成员487人，专职社区工作人员642人。恩施市、来凤县、建始县在民政局增设专门负责社区工作者队伍建设的内设机构。恩施市民政局增设城乡社区治理股，建始县民政局增设社区治理股，来凤县民政局成立公益一类二级事业单位"社区服务中心"。

【区划与地名工作】 2020年，全州现辖恩施、利川2个县级市，建始、巴东、宣恩、咸丰、来凤、鹤峰6个县。乡级单位88个，其中街道5个，镇54个，乡29个（含4个民族乡）。涉及省级行政区域界线2条，市州行政区域界线2条，县级行政区域界线13条。2020年，启动乡（镇、街道）级行政区域界线勘定工作。4月14日，经省人民政府批准，利川市文斗乡更名为文斗镇。推进第二次全国地名普查成果转化利用，州地名志编纂委员会、州民政局编纂完成《恩施州地名志》。12月15日，由州民政局监制、州城乡规划设计研究院编制的新版《恩施土家族苗族自治州行政区划图》出版。

【州级社会组织管理】 2020年，新登记州级社会组织登记3个，其中社会团体3个。加强登记管理，开展综合执法，注销登记2个，变更登记8个，登记合格率100%。开展年检工作，91个州级社会组织完成年检，年检合格率100%。开展等级评估，州直30个社会组织评定为AAA及以上组织。申报中央和省级财政资金支持社会组织参与社会服务项目，获得批准项目1个，项目资金60万元。11月17日，在恩施市举办1期州直社会组织党建业务培训班。

【深化社会组织管理体制改革】 2020年，开展行业协会商会和行政机关脱钩改革"回头看"，在行业协会商会中推行诚信自律承诺制度，州级行业协会商会均与业务主管单位和登记管理机关签订《诚信自律承诺书》，加强运用"双随机、一公开""互联网+监管"，健全信用体系建设。持续开展民办非单位"非营利性"和社会组织涉企收费专项整治行动，购买服务开展相关审计，规范会费管理，引导督促社会组织共同参与优化营商环境。

【州级社会组织参与扶贫】 2020年，印发《2020年全州社会组织参与脱贫攻坚工作实施方案》《2020年杭恩两地社会组织扶贫协作工作方案》，引入杭州35个社会组织支持恩施脱贫攻坚，捐赠帮扶资金达610余万元。引导州内700多个社会组织持续参与脱贫攻坚，投入帮扶资金6185.98万元，直接受益贫困人员151114人。

【婚姻、收养登记】 2020年，全州办理婚姻登记39107对(例)，结婚类19924对，离婚类10318对，补发类8865对（例），登记合格率为100%。规范收养程序，保护儿童的合法权益，严格按照《省民政厅关于印发〈湖北省收养工作评估规范（试行）〉的通知》要求，依法开展收养能力评估，出具收养能力评估报告。全年全州办理国内公民收养登记19例。

【殡葬管理】 2020年，编制《恩施州城乡公益性公墓建设专项规划（2020—2035）》专项规划，到2025年，基本建立覆盖全州城乡居民的现代公益性公墓服务体系，基本满足群众殡葬需求，引导节地生态发展，形成绿色殡葬移风易俗新风尚。出台《关于做好新冠肺炎疫情期间逝者殡葬善后工作的实施方案》。推进殡葬项目建设，州政府投入240万元采取以奖代补方式支持试点建设，咸丰县殡葬服务中心年内投入运营，恩施市、来凤县城市公墓和殡仪服务中心、宣恩县殡仪馆扩建、建始县乡镇公益性公墓、巴东县殡仪服务中心等项目建设取得进展。全州持续开展"活人墓"（生题碑）、大碑大墓、"三沿五区"、散埋乱葬、不易降解四大专项整治行动，各县（市）重点开展不易降解祭祀用品的整治工作。推行公墓集体祭扫，经营商家全面禁售不易降解祭祀用品，改变逢春节和清明"青山白化"的现象。

【居民家庭经济状况核对】 2020年，建设和维护州级居民家庭经济状况核对平台，按月填报《全国核对机构工作情况统计平台》，提交至省核对中心。按月审核县（市）填报的《全国核对机构工作情况统计平台》数据，与州直相关部门协调，开展信息采集工作。利用省级平台资源，对全州城乡低保、城乡特困供养对象进行个人所得税、工商登记、机动车登记、人社参保、人社退保、死亡情况、房产登记7项信息在线核对，全州2020年度比对城市低保19588户次、49055人次，农村低保84430户次、207550人次，城乡特困供养人员1405人次。经核实退出对象：城市低保1022户、1819人，农村低保5822户、13390人，特困供养对象8人。通过居民家庭经济状况核对平台按月向省级核对机构提交核对请求，并将省级核对机构反馈的核对结果分发给各县（市）。

（蒋红梅）

社会保障

就业创业

【概况】 2020年，全州全年城镇新增就业3.75万人，城镇登记失业率为3.53%，城镇失业人员再就业1.18万人，就业困难人员再就业0.78万人，扶持创业0.48万人，带动就业1.34万人；全州外出农民工89.21万人，其中省内乡外就业32.28万人，省外就业56.87万人；聚焦疫后重振，稳定就业形势，"点对点、一站式"服务44.2万余名农民工返岗，开通湖北首趟农民工外出务工动车和东西部扶贫协作专列；提请州人民政府印发《恩施州抓创业促产业稳就业实施方案》，实施"能人返乡、专家联姻、博士引进"三项行动，从源头抓创业促产业稳就业，全州建成创业孵化示范基地省级1个、州级7个，省级返乡创业2个示范县、4个示范园，3个博士后工作站。为2958个企业返还失业保险费稳岗补贴4259.13万元。举办线上线下招聘会233场，提供岗位42.9万余个；服务州内立讯等重点企业招工4600余人。推进高校毕业生就业，举办系列专场招聘累计提供岗位1.5万余个，发放求职创业补贴1419.8万元。公益性岗位吸纳就业困难人员3064人次。100%落实退捕渔民转产就业。推进劳务协作，以"恩杭"协作为抓手开展"恩施月嫂""恩施护工"等劳务品牌培训47期、4938人次，培训贫困村致富带头人2440人；在72个杭州企业建立"东西部扶贫协作劳务输出就业基地"。

【创新提出"抓创业促产业稳就业"工作思路】 2020年7月，提请州政府印发《恩施州抓创业促产业稳就业实施方案的通知》，实施"能人返乡、专家联姻、博士引进"3项行动，从源头抓创业促产业稳就业，实现稳就业工作三大转变，一是由原来主要针对末端就业困难人员提供就业援助，转变为抓创业，从源头增加岗位供给；二是由利用人口红利促就业，转变为利用优质人力资源红利促创业稳就业；三是由单纯依靠财政资金抓就业，转变为撬动金融资金、工商资本、民间社会资本共促创业稳就业。

（莫长锐）

【农村劳动力转移就业】 2020年，恩施州开展“点对点、一站式”输送农民工就业，向浙江、广东、福建、上海等省市和省内武汉、宜昌、仙桃、鄂州、黄石等地市，通过专列、包车等方式集中输送，共输送44.2万人，其中贫困劳动力26.4万人，近95%的农民工实现疫后返岗。其中3月18日，湖北首趟农民工外出务工动车输送547人到绍兴市返岗就业，3月21日，首趟东西部扶贫协作专列输送1071人到杭州市返岗就业，央视新闻、《湖北日报》、人民网、新华网、《环球时报》、中国扶贫网等30多个媒体进行报道。推进易地扶贫搬迁安置点“就业扶贫车间”配套建设，全州易地扶贫搬迁安置点配建扶贫车间266个，其中50户以上的安置点配建扶贫车间194个，带动7000余户搬迁户就业增收。开展线上、线下招聘，搭建全域就业平台，通过微信公众号累计发布就业岗位信息97期，举办线上、线下招聘会236场，服务企业9756个，提供就业岗位54.7万余个。联合扶贫部门，通过驻村“尖刀班”将就业岗位宣传到村到户，促进贫困劳动力转移就业。

【支持重点企业复工复产】 2020年，全州为立讯、达翔、太楚、洲际等重点企业累计输送劳动力4733人，稳定在岗3362人。根据州人社局《关于在疫情防控期间开展复工复产企业上岗培训的通知》要求，全州开展疫情防控期间复工复产培训约1.05万人。对疫情防控期间开工生产、配送疫情防控急需物资的企业，符合条件的按2000元/人给予一次性吸纳就业补贴，为全州53个企业、652人发放补贴资金130.4万元。全年全州企业发放吸纳就业一次性补贴216.9万元。

【重点群体就业】 2020年，支持高校毕业生就业，为湖北民族大学、湖北民族大学科技学院、恩施职业技术学院的2020届和2021届高校毕业生（提前发放）1.29万人发放一次性求职创业补贴1419.6万元。2020年，全州新增见习基地96个，就业见习人数共计468人，发放见习补贴125.08万元，组织各高校大学生参加全省“大学生求职大赛”，开展高校毕业生就业服务校园行网络招聘会等活动，245个企业参会，提供就业岗位9336个。恩施州3所高校应届毕业生8948人，就业7711人，就业率86.18%。做好退捕渔民转产就业，全州退捕渔民总数530人、195条渔船，集中分布在巴东县，其中劳动年龄人员434人，60岁以上享受养老保险待遇94人，死亡2人。有就业能力和就业意愿的406人，已转产安置406人，安置率100%。开发公益性岗位保困难就业人员兜底就业。开发各类公益岗位，优先安排劳动能力弱、就业有困难的建档立卡搬迁人口就业，打造护林、护路、绿化、保洁、保安、扶残助残、养老护理、水利工程管护等扶贫类、基层公共服务类公益岗位。全州实有公益性岗位人数3041人。经与恩施监狱、恩施职业技术学院以及省就业局的多次对接，采用视频教学和现场技能操作方法，成功完成即将刑满释放监狱服刑人员职业技能培训工作。

【创业创新】 2020年，推荐申报2个示范县、5个示范园、13个示范项目，有1个示范县、3个示范园、10个示范项目获得省级项目资金支持。与州委组织部，团州委联合举办第二届人才创新创业大赛。组织第四届“中国创翼”创业创新大赛恩施赛区赛事活动，恩施州推荐的湖北和润农业发展有限公司（金果梨配套种植项目）获得省级大赛一等奖，代表湖北省参加全国创新创业大赛决赛。推进创业担保贷款工作，全州共发放创业担保贷款2890笔、5亿元。落实返乡创业一次性补贴政策，全州为794名人员发放一次性创业补贴245.8万元，其中建档立卡贫困人员504人、补贴100.8万元，返乡创业人员273人、补贴136.5万元，高校毕业生17人、补贴8.5万元。

【优化就业环境】 2020年，贯彻落实国务院及部、省有关稳就业保居民就业的一揽子政策，州政府印发《关于应对新冠肺炎疫情影响做好稳就业工作的十条措施》。执行“不见面、零接触”，通过电话、短信、微信、QQ群、公告等方式一对一、点对点主动与企业对接，第一批稳岗返还从工作启动到资金发放只用14个工作日，全年全州3159个企业失业保险费稳岗返还4487.73万元，惠及员工9.32万人。灵活就业社保补贴工作进驻市民之家后，群众办理补贴手续只需携带身份证和社会保障卡即可，实现“即来即办，下月享受补贴”，全州受理11083人次申领就业困难人员灵活就业社保补贴，累计发放补贴4056.37万元，惠及9560人。实现失业保险待遇全程网办，完成与国家社会保险公共服务平台、湖北政务服务网对接等，失业人员网上申请，经办机构网上处理、网上发放。全年全州通过线上平台审核失业保险金2.68万人，审核通过429人；审核失业补助金2.08万人，审核通过2136人。建立政策落实工作任务清单，每月调度政策落实进度，确保各项政策有效落实。

【就业创业培训】 2020年，受新冠肺炎疫情影响，就业部门通过“创业培训+直播带货”“创业培训+就业指导”“创业意识+就业技能培训”等形式帮助解决供销难题。全年全州7118人参与各类创业培训，补贴人数6984人，补贴资金约231万元；就业技能培训补贴人数9.74万人，补贴资金4665.9万元，针对企业开展岗前培训309人，补贴资金21万元。推进职业技能提升行动，针对高新区重点企业用工需求和特点，组织开展以工代训培训，培训备案人数约2.74万人，组织以工代训工作专班送政策进企业，在高新区设立以工代训经办办公室，开展复工复产培训。开展就业技能线上培训，推广免费线上培训平台，宣传线上培训补贴政策，全州实名注册的培训备案人数1.36万人。组织公共卫生辅导服务员培训，会同州卫健委组织企业职工、社区防疫一线工作人员、乡村医生等参训，免费培训人数7198人。

【劳务协作】 2020年4月27日，杭州市、恩施州2020年劳务协作就业扶贫线上面试签约会在州公共就业和人才服务局人力资源市场举行。9月23日，2020“浙江—湖北”东西部劳务协作专场招聘会在恩施州召开，浙江、湖北149个企业进场招聘，提供就业岗位1.15万个，同时举办“杭情施意·双创共建”后疫情时代创业形势分享沙龙。引导恩施圣玛丽、巾帼家政服务公司等市场主体与杭州巾帼西丽集团公司等开展合作，开展“恩施月嫂”“恩施护工”“恩施司机”等劳务品牌培训。全州组织开展东西部劳务协作培训47期，培训4938人，其中建档立卡贫困人员3974人次，培训贫困村致富带头人2440人。技能扶贫定单班从建档立卡贫困家庭中招录198名应届初中毕业生到杭州市第一技师学院、轻工学院就读学习，已累计输送599名学生。

【隶属管理技工学校】 2020年，州人社局隶属管理3所民办技工学校，分别为恩施州民族技工学校、利川民族技工学校和咸丰县民族技工学校。州民族技工学校有校区2个，占地面积3.67公顷，建筑面积2万平方米。有在校学生1327人，其中2020年招生545人，在校专职教师45人，设专业15个。利川民族技工学校占地面积8991平方米，建筑面积12000平方米。有在校学生1213人，其中2020年招生575人，在校专职教师41人，开设17个专业，其中特色重点专业5个，分别为计算机网络运用、汽车驾驶、汽车维修、幼儿教育、护理专业。咸丰县民族技工学校占地面积1.47公顷，建筑面积14260平方米。有在校学生450人，其中2020年招生260人，在校专职教师17人，兼职教师3人，开设专业7个。

【恩施州新增1个博士后科研工作站】 2020年12月，恩施德源健康科技发展有限公司被人社部、全国博士后管理委员会批准设立博士后科研工作站。至此，恩施州博士后科研工作站达到3个。恩施州另外设立博士后科研工作站的单位分别是恩施州农科院和湖北省八峰药化股份有限公司。

【恩施州启动职业技能等级认定机构评估工作】 2020年7月30日，恩施州、恩施市人社部门对恩施州民族技工学校、恩施市泽众职业培训学校有限公司、恩施硒茶培训学校有限公司3个申报机构进行评估，启动恩施州首批职业技能等级认定机构评估工作。人社部技能人才评价专家、华中师范大学测量与评价研究中心教授彭瑜，省人社厅技能人才评价专家、华中农业大学教授黄友谊，湖北大学职业技术学院高级讲师刘晓芬，州、恩施市相关行业主管部门、行业协会及技能人才评价专家参加评估。经综合评估，3个参评机构被一致认为具备开展职业技能等级认定条件。

【恩施州2人获“湖北省技术能手”称号】 2020年9月，建始县茨泉宾馆有限责任公司中式烹调师、高级技师李军武，恩施集美硒茶文化有限公司茶艺师、高级技师何洁被省人民政府命名为“湖北省技术能手”。

（莫长锐 卢 亚 李世琦）

社会保险

【概况】 2020年，全州城镇职工基本养老保险参保人数57.19万人，其中企业参保人数44.62万人；机关事业单位参保人数12.57万人；城乡居民社会养老保险参保人数212万人，其中农村居民参保人数208.71万人；工伤保险参保人数23.95万人，其中农民工参保3.68万人；失业保险参保人数17.41万人。全面落实降低社会保险费率政策，全州继续执行职工养老保险单位缴费16%的政策。统筹推进社会保险参保扩面，全年各类社保保险参保比上年同期扩面增加7.9万余人。全面落实退捕渔民基本养老保险政策。加快推进养老工伤保险“省级统筹”，指导县（市）顺利开展数据清理工作。

【阶段性免征企业社会保险费】 2020年，为应对新冠肺炎疫情对企业的影响，根据《湖北省人力资源和社会保险厅、湖北省财政厅、国家税务总局湖北省税务局关于我省阶段性免征企业社会保险费的实施意见》精神，及时出台《关于落实阶段性免征企业社会保险费的通知》，免征恩施州内各类大中小微型企业、以单位方式参保的个体工商户以及按企业方式参保的民办非企业单位和社会团体等各类社会组织单位缴纳的社会保险费。全州免征企业社会保险涉及单位8377个，参保人员13.13万人，免征金额61131.5万元。

【恩施州“一网通办”社会保险业务操作培训会】 2020年5月27日，恩施州人社系统“一网通办”社会保险业务操作培训会召开，各县（市）人社系统网办操作人员通过视频方式参加培训学习。

【恩施州工伤保险实现州级统筹】 2020年11月12日，州人社局联合州财政局印发《关于实施〈恩施州工伤保险州级统筹实施办法（试行）〉若干问题的处理意见》，就全州工伤保险统一政策、统一收费标准、统一支付、统一基金管理的工作进行细化和明确。

（莫长锐）

劳动保障

【概况】 2020年，恩施州进一步夯实“4+3”模式（“4”即农民工工资准备金、农民工工资银行代发、农民工实名制信息化管理、农民工欠薪银行代偿四项制度；“3”即联席会议、追责问责、失信惩戒三项机制），贯彻落实《保障农民工工资支付条例》，抓好年度考核和定期督查，依托信息化建设和信用管理，推进保障农民工工资支付工作。8月，《一套组合拳打赢攻坚战——恩施州探索治欠保支“4+3”模式纪实》在人社部主办的“全国党员干部现代远程教育”平台播出。9月，省劳动保障监察总队到宣恩县和咸丰县调研《保障农民工工资支付条例》落实情况。10月，人社部中国劳动和社会保障科学研究院就《保障农民工工资支付条例》落实情况到恩施州开展示范调研。2020年，州劳动保障监察局被国务院表彰为“全国优秀农民工工作先进集体”。

【劳动监察】 2020年，州委、州政府将保障农民工工资支付工作列为州委工作要点，写入政府工作报告，纳入对县（市）党政领导班子和领导小组成员单位的政绩目标考核和督查调研内容。州委、州政府将保障农民工工资支付工作作为恩施州2020年唯一的特色工作项目上报省委组织部。构建以信用为基础的保障农民工工资支付新机制，对建设单位、施工单位等各类市场主体保障农民工工资支付工作开展情况进行动态信用评级，自动实时计算信用分数、划分信用等级。优化升级恩施州建设领域保障农民工工资支付管理系统，在加强银行按月代发、预警信息、数据统计等原有功能基础上，新增信用动态评级、工伤保险备案、手机APP等功能。全州各级劳动保障监察机构受理、办结投诉举报案件98件，案件办结率为100%。以“双随机、一公开”的方式开展执法检查，抽取执法检查人员348人次，随机抽查对象174个，抽查次数9次，抽查结果公开数174次。开展根治欠薪冬季专项行动。

【根治欠薪冬季专项行动】 2020年11月23日，国务院、湖北省根治拖欠农民工工资工作领导小组相继召开根治欠薪冬季专项行动动员部署电视电话会议。会后，恩施州第一时间召开会议，贯彻落实，安排部署。专项行动制发动态报告11期、工作通报3期、交办函12件，检查用人单位542个，涉嫌欠薪的用人单位51个，初步核实欠薪约418万元，督促发放农民工工资约565万元。

【举办《保障农民工工资支付条例》线上培训】 2020年8月28日，恩施州举办《保障农民工工资支付条例》线上培训，中国人民大学劳动关系研究所教授在线授课，州、县（市）根治拖欠农民工工资工作领导小组成员单位工作人员及部分建设单位、施工企业代表参加培训。

（莫长锐）

医疗保障

【概况】 2020年，全州医疗保障部门坚守医保基金安全底线，按照保基本、广覆盖、可持续原则开展工作，国家和省关于深化医疗保障制度改革和基金监管体系改革的各项任务得到有效落实，医保基金使用效率显著提高，全州参保群众医疗保障水平稳步提升。全年全州参加基本医疗保险3742259人。其中参加职工医保335727人，基金收入15.63亿元，支出12.63亿元；参加居民医保3406532人，基金收入28.62亿元，支出27.21亿元。年度医保指数考核全省排名第四，其中基金监管工作全省排名第一。

【职工医保与生育保险合并实施】 2020年1月1日，全州生育保险和职工基本医疗保险合并实施，全州生育保险政策实现参保登记、基金征缴和管理、医疗服务管理、经办和信息服务“四统一”，州直单位职工开始享受生育保险政策。经统计，全年全州享受生育保险待遇职工10933人次，报销生育医疗费用1708万元，拨付生育津贴3294万元。

【居民医保门诊统筹】 2020年1月1日，全州城乡居民基本医疗保险执行门诊统筹政策，取消个人账户配置，门诊医疗费实行门诊统筹管理。经统计，全年全州共计3978601人次享受待遇，医保统筹报销超1亿元，相较于配置个人账户，节约基金超2亿元，提高居民医保基金使用效率。

【居民医保州级统筹】 2020年9月，州政府出台《恩施州城乡居民基本医疗保险州级统筹实施办法》，并召开专题会议安排部署州级统筹重点工作，明确从2020年10月1日开始实施城乡居民基本医保州级统筹。12月4日，州委编委批准州医保局待遇保障科加挂州级统筹办公室牌子，明确相关职能职责。州医保局制定《恩施州城乡居民基本医疗保险州级统筹基金收支管理规程》，对基金账目管理、基金收入归集上解、基金支出、基金结余、监督检查等重点内容、关键环节、具体流程进行规范，统一医保基金支出户开设。

【谈判药纳入医保报销】 2020年，继续推进谈判药纳入医保报销落地实施。严格执行国家谈判药品纳入医保报销范围的政策规定，将国家谈判药先行自付比例统一确定为25%，全州二级以上医疗机构和部分药店按要求配备抗癌药、谈判药，并将部分罕见病用药纳入门诊报销，保障参保患者用药需求，患者有更多优质新药可供选择，提升基本医保的保障能力。

【医保支付方式改革】 2020年，重新梳理全州按病种收付费疾病病种，根据药品器械集采降价情况，调整降低部分病种的收费标准。在鹤峰县试点推行县域内紧密性医共体医保基金总额预付、结余留用，合理超支分担，优化县域内医疗资源配置。

【药械带量采购】 2020年，推进药械带量采购工作落实，报州编办同意，在全省率先成立州药械联合招采办公室（简称“联采办”），设在局机关医药价格服务科办公，制定《恩施州落实国家带量采购药品工作规则》《恩施州公立医疗机构药品采购工作规定》等制度，施行集采台账管理，做到公立医疗机构100%参与，配送企业100%送达，州联采办100%及时付款。全年分三批落实国家组织的112种药品和1种医用耗材以及湖北省组织的4种医用耗材的集采使用工作，平均降价54%，最高降价96%。从完成的国家集采第一批25种药品第一周期使用情况看，节约购药资金3931万元。其中为群众减轻购药负担1769万元，减少医保基金支出2162万元。

【基金监管方式创新】 2020年，持续加强基金监管制度建设，制定《全面推行行政执法“三项制度”实施方案》《医疗保障基金监管“双随机、一公开”抽查工作实施细则》《医疗保障信用信息管理办法》。创新基金监管方式，通过引入商保公司、信息公司和会计师事务所组成联合检查组，对全州一级定点医疗机构开展全覆盖检查，发现问题线索 896 条，涉嫌违规金额 1355.29 万元。承接全省基金监管创新试点任务，成立医保行政执法人员、商业保险公司、信息公司、会计师事务所、律师事务所组成“五位一体”检查组，对全省四大片区之一的恩施州、襄阳、十堰、荆门、宜昌、神农架片区定点医疗机构的医保基金使用管理情况进行抽查复查，取得成效。注重智能化监管，开发医保智能稽核人脸识别信息系统，定点医药机构可以对参保患者进行人脸识别，防止“冒名顶替”和盗刷医保卡等违规行为。

【打击欺诈骗保】 2020 年，州政府成立由政府分管领导任组长，医保、卫健、财政、市场监管、公安、司法等部门负责人为成员的打击欺诈骗保工作领导小组，对全州打击欺诈骗保工作统一领导，统一调度。组织开展打击欺诈骗保宣传教育月活动，经常性开展医保基金监管法律法规和政策宣传解读，州内主要媒体、医保经办机构和定点医药机构同步展开宣传。重视举报投诉，加强社会监督。制定《恩施州欺诈骗取医疗保障基金行为举报奖励实施细则》，将举报奖励资金列入财政预算，公布举报投诉电话，抓好举报投诉案件查处，做到事事有回音，件件有落实。根据使用医保基金主体的不同，有序开展规范定点医疗机构使用医保基金行为、规范医疗保障经办机构使用医保基金 2 个专项治理，加强全州经办机构和定点医院的内部管理。针对群众反映强烈的医用耗材价格虚高问题，州医保局、州卫健委、州市场监管局联合开展骨科高值医用耗材专项整治行动。安徽省太和县多个医院骗保案件曝光后，州迅速开展定点医疗机构专项治理“回头看”活动，重点打击处理诱导住院和虚假住院问题。全年全州累计处理违法违规定点医药机构 1603 个，处理违法违规参保人员 408 人，罚扣和追回医保基金 7111.14 万元。其中定点医药机构 7066.01 万元、个人 45.13 万元。暂停医保服务机构 35 个，解除医保服务协议 8 个，约谈 623 个，责令限期整改 249 个，通报批评 248 个，主动公开曝光 404 例，移交司法机关涉嫌犯罪嫌疑人 9 人。

【医保扶贫】 2020 年，继续按照“两不愁三保障”（农村贫困人口不愁吃、不愁穿，义务教育、基本医疗和住房安全有保障）要求推进医保行业扶贫工作，州、县两级医保部门脱贫攻坚工作领导小组明确分工，统筹推进，做到定期研究研判，按月对县（市）医保扶贫工作进行调度，并将医保扶贫工作列入脱贫攻坚驻村“尖刀班”每月工作重点，由各级脱贫攻坚指挥部定期进行督办提醒。严把贫困人口享受医保待遇政策口径，既不降低标准，又不吊高胃口，做到“四个全覆盖”，即贫困人口参保全覆盖、个人缴费资助全覆盖、“985”（待遇农村贫困人口在县域内住院，政策范围内医疗费用个人实际报销比例达到 90%左右，大病、特殊慢性门诊医疗费用个人实际报销比例达 80%左右，年度个人负担政策范围内医疗费用控制在 5000 元以内）全覆盖、慢病筛查全覆盖，贫困患者在县域内住院治疗，政策范围内实际补偿比达到 90%以上，门诊特殊慢性病实际补偿在 89%左右。推进分级诊疗制度和目录外费用占比“3810”（贫困人口省内住院政策外费用一旦超过规定比例，费用将由医疗机构埋单。规定比例为县域内一级医院 3%以内，县域内二、三级医院 8%以内，县域外三级 10%以内）控费措施，降低贫困患者的就医负担。全年全州报销贫困人口住院费 232765 人次、10.85 亿元，大病、慢性病门诊医疗费 280394 人次、2.07 亿元。恩施州医保行业扶贫工作经验在全省 2020 年医疗保障工作会议上作交流发言，全州医保系统脱贫攻坚工作获得州级集体记功表彰 1 次、县级集体表彰 4 次，获得国家级个人表彰 1 人次、省级个人表彰 3 人次、州级个人表彰 2 人次、县级个人表彰 9 人次。

【新冠肺炎疫情防控】 2020 年，全力保障新冠肺炎疫情防控，做到“两个确保”，即对新冠肺炎确诊和疑似患者一律实行先救治后结算，确保患者不因费用问题得不到及时救治，确保定点医疗机构不因医保总额预算管理规定影响救治，推行医保经办“不见面办”“网上办”“延期办”，实施“长处方”制度，保障慢性病患者长期用药需求。提前为定点医药机构预拨基金，全年预拨医保基金 11.1 亿元，其中新冠肺炎救治费用专项预拨 6190 万元，保障医疗机构正常运转。全年报销新冠肺炎确诊和疑似患者门诊及住院医疗费用 2980 人次、1396 万元。出台减征缓缴政策，对全州企业减半征收职工医保费用，对困难企业和个人实施最长 6 个月的医疗保险费缓交政策，全年减征企业职工医保的单位缴费部分 7281 万元。

【优化服务环境】 2020 年，依据“时间最短、服务最佳、效率最高”原则，为企业及参保群众提供全方位、一站式服务。重新清理 28 项医保政务服务事项，全部进驻州政务服务中心，实现“一窗通办”。按照“四减”要求，大幅度压减政务服务事项所需证明材料，精简办事环节，下放办理权限，缩减办理时间，推行“跑一次”和“一网通办”，所有医保政务服务事项在省局承诺时限 516 天基础上压缩到 176 天。对医保定点医疗机构全面实行医保基金总额预付，减轻医疗机构垫资压力。及时办理医保基金结算，组织全州医保经办机构开展医保未结算费用清理，督促及时履约。将医疗机构医保定点评估时限由过去不超过 3 个月压缩为不超过 40 个工作日。对公立医疗机构和民营医疗机构协议管理基金分配一视同仁，建立针对各类医药企业的主动服务工作机制，帮助企业排忧解难。

【支持基层医疗卫生机构发展】 2020 年，继续按照 2019 年确定标准向全州基层医疗卫生机构支付一般诊疗费，全年累计支付 5900 余万元，促进分级诊疗制度的落实。全州村医年均收入增长 1 万元以上，一定程度上缓解村医“招不进、留不住”的难题。

（杨　彪）

住房公积金

【概况】 2020 年，州住房公积金中心有 1 个直属营业部，8 个县（市）

分别设立不具法人资格的办事处，全州公积金系统坚持定位“房住不炒”，围绕州住房公积金管理委员会六届四次会议审议通过的归集、贷款、增值收益等业务指标精准施策，实现业务指标持续增长。

【住房公积金归集】 2020年，累计归集34.69亿元，完成计划任务30亿元的115.63%，比上年同期增长6.67%，当年新增缴存单位312个，比上年增长26.83%，新增缴存人数9057人。归集总额达到216.48亿元，归集余额107.55亿元。

【住房公积金提取】 2020年，累计提取21.05亿元，提取率60.68%，比上年增长6%，其中住房消费类提取348934人次，提取金额16.96亿元，在提取总额中占比80.47%。

【住房公积金贷款】 2020年，为促进全州经济社会发展和房地产市场健康发展，在满足首套刚需的基础上，合理满足缴存职工改善型住房需求，对三套房严格禁贷。全年发放贷款5215笔、20.06亿元，完成省厅任务18亿元的111.44%，在全州住房贷款机构中排名第二。贷款总额160.13亿元，贷款余额93.18亿元，个贷率86.64%。

【住房公积金增值收益】 2020年，实现增值收益1.58亿元，比上年1.47亿元增加1100万元，完成省厅任务0.65亿元的243%。

【信息化建设】 2020年，继续加大对信息建设的投入，优化完善核心业务系统，全年优化业务模块117个。按照州政务局、大数据中心的要求，及时完成与大数据中心的平台数据对接，按时推送营商环境所需数据，开通“四通一联”（一网通办、一窗通办、全州通办、跨省通办、一事联办）。

【优化营商环境】 2020年，出台阶段性惠民政策，落实缓缴政策、执行降低缴存比例政策、延长办理时限、保障职工合理提取需求提高年度租赁额度、贷款不作逾期处理5项支持措施，为17个企业单位办理缓缴和降比缴存业务，少缴缓缴金额300万元，有效降低企业运行成本。出台4项惠企政策，即降低按揭贷款保证金比例，由5%下降到2.5%，企业少缴保证金2000万元，退还历史保证金8281.15万元，有效缓解企业的资金压力；加大按揭贷款发放力度，建立贷款资金统筹机制，及时筹措可用资金，根据各委托银行贷款轮候情况，通盘安排分配放贷资金，保证贷款资金及时发放到位；降低开发企业准入资质要求，允许有实力、有信誉的暂定开发资质企业开发的项目准入；降低项目准入形象进度，设计为7层以下达到主体封顶，7层以上达到三分之一且不得少于7层。推进服务“四减”，简化期房按揭项目准入和开办企业缴存登记资料要件，减少按揭贷款保证金返还业务环节。

【政策调整】 2020年，根据国家、省相关政策规定和州住房公积金管理工作实际，对个人提取、贷款业务调整5项政策：取消“因本人或家庭成员（夫妻、父母、子女）患重大疾病、发生不可预见重特大事故提取住房公积金”；规范与单位终止劳动人事关系提取住房公积金，将“辞职、辞退、开除等原因与单位终止劳动人事关系提取住房公积金”调整为“完全丧失劳动能力，并与单位终止劳动关系提取住房公积金”；缴存职工因辞职、辞退、开除等原因与单位解除或终止劳动关系的，先办理个人账户封存，账户封存期间，在异地开立住房公积金账户并稳定缴存半年以上的，办理异地转移接续手续，在本地开立住房公积金账户的，办理同城转移手续，未继续缴存的，封存满半年后销户提取；开展个人期房组合贷款业务和贷款缩期业务；降低按揭贷款保证金比例并释放部分保证金。

（钱　莉）

退役军人事务

【概况】 2020年，全州退役军人事务工作统筹推进新冠肺炎疫情防控、抗洪抢险、双拥创建和退役军人工作，新冠肺炎疫情防控做到全系统干部职工及优抚医院、光荣院等18个优抚事业单位零感染。2020年在全省退役军人工作考核中恩施州获市州第一名，多项工作经验被省退役军人事务厅印发简报在全省推广。2020年，抗击新冠肺炎疫情期间涌现退役军人龚涛、陈潜、覃丰等“请战”雷神山的逆行者，全州退役军人捐赠款物377万元，全州退役军人积极投身志愿服务等。

【服务体系建设】 2020年，州、县、乡、村四级退役军人服务中心（站）“五有”（有机构、有编制、有人员、有经费、有保障）标准落实到位，州及恩施市、利川市、咸丰县服务中心配备业务用车，州、县（市）全部达到“四室一厅”（信访接待室、法律咨询室、心理疏导室、活动室、服务大厅）、乡镇普遍达到“一窗三室”（服务窗口、阅览室、活动室、档案室）建设要求，全州全面创建星级示范型服务中心（站）。全年州财政安排资金2000万元支持州优抚医院建设，省级社会保障领域以奖代补资金州本级全部安排到退役军人事务领域，推动优抚事业单位发展。

【优待抚恤】 2020年，为优抚对象发放抚恤补助金1.41亿元。从8月1日起调整提高抚恤补助标准，调标涨幅10%以上。发放义务兵家庭优待金4600余万元。1—9月，为优抚对象发放物价补贴3130.22万元，其中3—6月的物价补贴加倍发放，发放人员范围扩大。全年补评残疾人员，审批带病回乡退役军人，免费为残疾军人配置康复器具。

【双拥创建】 2020年，先后召开双拥工作领导小组全体会议、双拥创建推进会，全州上下形成党委领导、政府主导、部门协作、军地配合、群众参与的双拥工作体系。创新打造双拥文化实体，恩施市规划建设八一主题广场、利川市打造双拥文化公园、建始县打造双拥主题街、巴东县打造双拥文化公园和双拥文化手绘墙、宣恩县打造双拥文化长廊。制作双拥公益视频在“学习强国”、州级主流媒体、城区大屏幕播出，提升全州双拥工作知名度。开展悬挂光荣牌工作，为现役军人登门送达喜报。巴东打造“穿红军衣、走红军路、吃红军饭、听红军故事”金果坪红色精品教育品牌。10月21日，恩施州首次被全国双拥工作领导小组、退役军人事务部、中央军委政治工作部授予“全国双拥模范城”荣誉称号。11月26日，巴东县、来凤县被命名为“全省双拥模范县”。州退役军人事务局被省委、省政府、省军区表彰为“全省拥军优属先进单位”。

【走访慰问】 2020年，走访慰问优抚对象。州退役军人事务局投入资金17.3万元，对常态化联系退役军人、困难退役军人、部分退役军人企业代表及先进典型进行集中走访慰问。新冠肺炎疫情防控期间为军医家属解决生活困难被中央电视台报道。开展“情系边海防”走访部队官兵家属工作，全州走访慰问88人，解决实际困难10件。州、县（市）退役军人事务局主要领导带队走访慰问抗战老兵34人，为抗美援朝老战士发放纪念章515枚。投入资金890.16万元，为退役军人和其他优抚对象解决医疗、住房等困难。

【退役军人接收安置】 2020年，全州接收退役士兵和复员干部推行“阳光安置”，通过量化退役士兵服役表现，全部安置到位。

【落实保险接续工作】 2020年，办理全州部分退役士兵保险接续工作，医疗保险到达退休年龄的全部办结。

【退役军人就业创业】 2020年，联合州人社局等8个部门印发《恩施州促进退役军人就业创业实施办法》，依法依规落实退役军人就业创业税收、信贷等优惠政策，扶持退役军人就业创业。举办有影响力的退役军人专场招聘会20余场次，提供岗位需求信息2万多个。开展湖北省首届“军创杯”退役军人创业创新大赛恩施州初赛，全州9个退役军人创办企业脱颖而出。鹤峰县退役军人宋庆礼创办的湖北佳媛生态农业有限公司在全省比赛中获三等奖。开展退役军人职业技能培训，全年自主就业退役士兵参加学历教育和职业技能培训人数为647人。组织退役军人参与高职扩招，恩施职业技术学院高职扩招退役军人计划单列110人，参加学历提升继续教育。

【自主择业军转干部服务保障】 2020年，全州为自主择业军转干部落实由地方财政支付的医疗保险，发放节日慰问金10.6万元，健康体检支付资金2.55万元。对全州企业军转干部进行走访慰问。解决下岗失业、久病至困、重大疾病救助69人次，解决资金17.3万元，自愿参加体检支出资金26.08万元。

【落实军休“两个待遇”】 2020年，接收伤残退休士官。全州军休人员按月足额发放离退休费和各项生活补贴，落实“两个待遇”。加强军休人员思想建设，新冠肺炎疫情防控期间，利川军休干部王凤祥将10万元积蓄全部捐献。完善医疗保障机制，解决军休人员和无经济收入家属、遗属医疗保障。组织军休人员体检，完善军休人员健康档案。组织开展文体活动，丰富军休人员文化生活，4名军休人员参与省退役军人事务厅开展的“笔墨光影——时代赞歌”书画摄影大赛。

【烈士公祭日活动】 2020年清明节期间，按照新冠肺炎疫情防控要求，创新开展网上祭扫、代为祭扫等活动，全州各级烈士陵园组织代为祭扫70余次。州及各县（市）都举行烈士公祭活动。烈士纪念设施普查工作完成5000余条信息的采集校对。经省政府批准，评定向雪飞、龚芳清2人为烈士。

【成立关爱退役军人协会】 2020年8月31日，州关爱退役军人协会第一届第一次会员（代表）大会召开，选举产生第一届理事会。州退役军人事务局现场分别与中国银行、建设银行签订《拥军优抚合作协议》。2个银行为退役军人办理专属银行卡、提供优先优惠服务和信贷等支持。

【退役军人志愿服务】 2020年8月31日，恩施州举行退役军人志愿服务队成立授旗仪式，在全省率先完成建立退役军人志愿服务组织。联合共青团恩施州委，以整体申报分级注册的形式，州、县、乡三级196支退役军人志愿服务队和“张富清突击队”在“志愿中国管理服务平台”上同步注册成立。通过《恩施日报》、恩施新闻网等媒体发出倡议书和招募公告，向退役军人宣传加入志愿服务组织。

【先进典型宣传】 2020年，联合州委宣传部等4个部门评选“恩施楷模·最美退役军人”7名，获评“荆楚楷模·最美退役军人”1名。全州370名“兵支书”成为基层自治组织“领头雁”。根据《退役军人事务部办公厅关于开展“走进新时代退役军人——不忘兵之初　模范‘兵支书’微视频大赛的通知”》精神，恩施市退役军人事务局《我的爸爸是一名村支书》、《恩施老兵守初心　决战贫困立新功》、利川市退役军人事务局《新时代最美“兵支书”》、《走进新时代最美退役军人》，鹤峰县退役军人事务局《永不磨灭的党员初心和军人本色》，咸丰县退役军人事务局《倾情空山岭》6部展示优秀“兵支书”事迹的微视频在全省“兵支书”微视频大赛中获奖，其中鹤峰县退役军人事务局《永不磨灭的党员初心和军人本色》获全国三等奖。

【重要会议】 2020年4月3日，恩施州通过视频会议系统召开全州双拥创建推进会暨退役军人事务工作会议，会议传达全国、全省双拥工作领导小组会议精神及全省退役军人工作会议精神，总结2019年度工作，安排部署2020年工作。5月4日，召开退役军人事务工作领导小组暨双拥工作领导小组会议，会议听取全州退役军人事务工作及双拥工作情况汇报，审议《州委退役军人事务工作领导小组2020年工作要点》和《恩施州2020年拥军优属拥政爱民工作要点》。审定全省双拥模范城（县）推荐名单和全省拥军优属拥政爱民先进单位、先进个人推荐名单。研究决定成立恩施州关爱退役军人协会，将退役军人工作纳入县（市）年度目标考核体系，并部署今后一段时期重点工作。11月11日，在巴东县召开全州退役军人服务体系建设现场会暨重点工作推进会，落实省退役军人事务厅开展“基层基础基本建设年”活动，全面推进退役军人服务中心（站）规范化建设，现场参观学习茶店子镇、信陵镇等乡镇、村（社区）退役军人服务站建设。

（李　丹）

老龄工作

【概况】　2020 年，恩施州 60 岁以上老人 72 万人，占总人口 18%。80 岁以上老人 8.85 万人，占总人口的 2.21%。经济困难的高龄、失能老人 12878 名，占老年人数的 1.83%。留守老人 33643 名，占老年人数的 4.8%。空巢、失能、留守等特殊困难老年人数量持续增加。

【政策落实】　2020 年，办理老年优待证 9122 张。二级及以上综合性医院数量全部规范设置老年人就医“绿色通道”，二级以上综合医院开设老年医学科比例为 35%。城乡社区老年协会覆盖率达 90%以上。城区老年人免费乘坐城市公交政策基本实现全覆盖。宣恩县为经济困难的高龄、失能等老年人购买基本健康医疗服务。

【医养养老】　2020 年末，恩施州有医养结合机构 6 个，养老服务机构 124 所，失能养护中心 1 所，城市福利院 8 所，农村福利院 91 所，民办养老机构 24 所，城市社区居家养老服务中心 97 个，农村老年人互助照料中心 1324 个。全州养老总床位 26139 张，每千名老人拥有床位 35.93 张。

【百岁老人情况】　2020 年，恩施州共有百岁老人 134 人，占老年人口比重 0.00019%，其中恩施市 29 人、利川市 30 人、建始县 18 人、巴东县 18 人、宣恩县 9 人、咸丰县 11 人、来凤县 9 人、鹤峰县 10 人。各县（市）按照不同标准对百岁老人发放高龄津贴，恩施市、利川市、建始县、咸丰县、来凤县标准为 500 元/月；巴东县 200 元/月并按照1000元/年发放春节慰问金；宣恩县 400 元/月；鹤峰县年满 100 周岁的老年人，标准为 10000 元/年，100 周岁以上，每增加 1 岁，标准年递增 1000 元。

（谌　刚）

居民生活

城镇居民生活

【城镇居民收入】　2020 年，恩施州城镇常住居民人均可支配收入为 30930 元，比上年减少 631 元，下降 2%，扣除价格因素后实际下降 4.1%。

2020 年恩施州城镇常住居民人均可支配收入情况表

表 13

指　标	2020 年		2019 年		2020 年比 2019 年		
	绝对额（元）	构　成（%）	绝对额（元）	构　成（%）	增加额（元）	增　幅（%）	贡献率（%）
全年可支配收入	30930	100	31561	100	-631	-2.0	100
1.工资性收入	18520	59.9	18684	59.2	-164	-0.9	26.0
2.经营净收入	3925	12.7	4069	12.9	-144	-3.5	22.8
3.财产净收入	2585	8.4	2625	8.3	-40	-1.5	6.3
4.转移净收入	5900	19.0	6183	19.6	-283	-4.6	44.9

2020 年，恩施州城镇常住居民人均可支配收入比全国平均水平 43834 元低 29.4%，比全省平均水平 36706 元低 15.7%，在全省 17 个市州中（含直管市和林区，下同），绝对额排第十五位，增幅排第七位。

2020 年全国、全省及省内各市州城镇常住居民人均可支配收入情况表

表 14

地　区	2020 年		2019 年		2020 年	
	绝对额（元）	市州位次	绝对额（元）	市州位次	增　幅（%）	市州位次
全　国	43834	—	42359	—	3.5	—
全　省	36706	—	37601	—	-2.4	—
武汉市	50362	1	51706	1	-2.6	12
黄石市	37912	2	38725	2	-2.1	8
十堰市	32771	11	33577	11	-2.4	10
宜昌市	37232	4	38463	3	-3.2	15
襄阳市	37707	3	37297	4	1.1	4
鄂州市	35025	8	34541	9	1.4	3
荆门市	35958	5	36805	5	-2.3	9

续表 14

地 区	2020 年		2019 年		2020 年	
	绝对额(元)	市州位次	绝对额(元)	市州位次	增 幅(%)	市州位次
孝感市	35374	7	35695	7	-0.9	5
荆州市	34474	9	35910	6	-4.0	16
黄冈市	30826	16	31812	14.	-3.1	14
咸宁市	32394	12	33191	12	-2.4	11
随州市	30587	17	31961	13	-4.3	17
恩施州	30930	15	31561	16	-2.0	7
仙桃市	35750	6	34541	9	3.5	2
潜江市	33623	10	34627	8	-2.9	13
天门市	31308	14	31753	15	-1.4	6
神农架	32203	13	30728	17	4.8	1

说明：表中增幅只保留 1 位小数使部分市州表现数值相同，但其位次按计算增幅数值排列

在武陵山区 6 个市（州、区）中，恩施州城镇常住居民人均可支配收入绝对额排第三位，增幅排第六位。

2020 年武陵山市(州、区)城镇常住居民人均可支配收入情况表

表 15

地 区	绝对额(元)	绝对额位次	增 幅(%)	增幅位次
湖南省湘西州	27853	6	4.1	4
湖南省张家界市	27884	5	4.0	5
湖南省怀化市	30329	4	4.2	3
重庆市黔江区	37335	1	5.7	1
贵州省铜仁市	32158	2	5.1	2
湖北省恩施州	30930	3	-2.0	6

【城镇居民消费】 2020 年，恩施州城镇居民人均生活消费支出为 21898 元，比上年减少 1353 元，下降 5.8%。城镇居民恩格尔系数为 36.5%。

2020 年恩施州城镇常住居民人均生活消费支出情况表

表 16

指 标	2020 年		2019 年		2020 年比 2019 年增减(±)	
	绝对额(元)	构 成(%)	绝对额(元)	构 成(%)	绝对额(元)	幅 度(%)
生活消费支出	21898	100	23251	100	-1353	-5.8
1.食品烟酒	7999	36.5	7609	32.7	390	5.1
2.衣着	1775	8.1	2061	8.9	-286	-13.9
3.居住	4496	20.5	4753	20.4	-257	-5.4
4.生活用品及服务	1369	6.3	1452	6.3	-83	-5.7
5.交通通信	2370	10.8	2511	10.8	-141	-5.6
6.教育文化娱乐	2078	9.5	2607	11.2	-529	-20.3
7.医疗保健	1386	6.3	1752	7.5	-366	-20.9
8.其他用品和服务	425	2	506	2.2	-81	-16.0

农村居民生活

【农村居民收入】 2020 年，恩施州农村常住居民人均可支配收入为 11887 元，比上年增加 267 元，增长 2.3%，扣除价格因素后实际增长 0.1%。

2020 年恩施州农村常住居民人均可支配收入情况表

表 17

指 标	2020 年		2019 年		2020 年比 2019 年		
	绝对额(元)	构 成(%)	绝对额(元)	构 成(%)	增加额(元)	增 幅(%)	贡献率
全年可支配收入	11887	100	11620	100	267	2.3	100
1.工资性收入	3130	26.3	3574	30.8	-444	-12.4	-166.3
2.经营净收入	6012	50.6	4973	42.8	1039	20.9	389.2
3.财产净收入	168	1.4	157	1.3	11	7.0	4.1
4.转移净收入	2577	21.7	2916	25.1	-339	-11.6	-127.0

2020 年，恩施州农村常住居民人均可支配收入比全国平均水平 17131 元低 30.6%，比全省平均水平 16306 元低 27.1%，在全省 17 个市州中，绝对额排第十五位，增幅排第三位。

2020 年全国、全省及省内各市州农村常住居民人均可支配收入情况表

表 18

地 区	2020 年		2019 年		2020 年	
	绝对额(元)	市州位次	绝对额(元)	市州位次	增 幅(%)	市州位次
全 国	17131	—	16021	—	6.9	—
全 省	16306	—	16391	—	-0.5	—
武汉市	24057	1	24776	1	-2.9	17
黄石市	16549	12	16516	13	0.2	8
十堰市	11731	16	11378	16	3.1	2
宜昌市	18515	7	18134	9	2.1	5
襄阳市	18422	8	18933	6	-2.7	13
鄂州市	18792	6	19313	5	-2.7	14
荆门市	19980	3	20556	2	-2.8	15
孝感市	17090	11	17510	11	-2.4	11
荆州市	18817	5	18893	7	-0.4	9
黄冈市	14693	14	14490	14	1.4	6
咸宁市	16359	13	16591	12	-1.4	10
随州市	17624	10	18094	10	-2.6	12
恩施州	11887	15	11620	15	2.3	3
仙桃市	20647	2	19891	3	3.8	1
潜江市	18948	4	19494	4	-2.8	16
天门市	18356	9	18138	8	1.2	7
神农架	11417	17	11171	17	2.2	4

说明：表中增幅只保留 1 位小数使部分市州表现数值相同，但其位次按计算增幅数值排列

2020 年，恩施州农村常住居民人均可支配收入在武陵山地区 6 个市（州、区）中，绝对额排第三位，增幅排第六位。

2020 年武陵山市(州、区)农村常住居民人均可支配收入情况表

表 19

地 区	绝对额(元)	绝对额位次	增 幅(%)	增幅位次
湖南省湘西州	11242	5	11.9	1
湖南省张家界市	11538	4	10.1	3
湖南省怀化市	11990	2	10.3	2
重庆市黔江区	14104	1	8.7	4
贵州省铜仁市	11100	6	8.2	5
湖北省恩施州	11887	3	2.3	6

【农村居民消费】 2020年，恩施州农村居民人均生活消费支出为10061元，比上年增加181元，增长1.8%。农村居民恩格尔系数为41.7%。

2020年恩施州农村常住居民人均生活消费支出情况表

表20

指 标	2020年		2019年		2020年比2019年增减(±)	
	绝对额(元)	构 成(%)	绝对额(元)	构 成(%)	绝对额(元)	幅 度(%)
生活消费支出	10061	100	9880	100	181	1.8
1.食品烟酒	4197	41.7	3888	39.4	309	7.9
2.衣着	588	5.8	643	6.5	-55	-8.6
3.居住	1986	19.7	1862	18.9	124	6.7
4.生活用品及服务	714	7.1	701	7.1	13	1.9
5.交通通信	804	8	815	8.2	-11	-1.3
6.教育文化娱乐	807	8	909	9.2	-102	-11.2
7.医疗保健	808	8.1	901	9.1	-93	-10.3
8.其他用品和服务	157	1.6	161	1.6	-4	-2.5

（周大开）

市场价格运行

【概况】 2020年，恩施州CPI指数自年初开始持续下降，呈“前高后低”状态。1月累计上涨5.3%，12月累计上涨2.2%，涨幅收窄3.1个百分点。全年累计涨幅2.2%，低于全国2.5%、湖北省2.7%的水平，与湖北省其他县（市）相比，处于靠后位置，仅高于随州。其中，食品烟酒价格上涨9.8%，非食品烟酒价格下降1.2%；消费品价格指数上涨4.1%，服务价格指数下降1.1%，工业品价格指数下降1.3%，涨幅均较年初有不同程度的下跌。八大类消费品“五涨三跌”，食品烟酒类累计涨幅达9.8%，影响CPI上涨3.05个百分点，其中食品价格上涨12.5%，影响CPI上涨2.56个百分点，教育文化娱乐类上涨1.7%，医疗保健类、其他用品及服务类、生活用品及服务类分别上涨0.7%、0.3%、0.2%，与三季度相比有所收窄，稳中有降；下降的三类分别为：衣着类下降0.6%，居住类下降3.1%，交通和通信类分别下降4%。从整体来看，恩施州2020年的CPI指数的累计比呈直线型缓慢下行，而环比、同比指数则波动明显，均自5月起大幅上涨，至7月达顶点，随着新冠肺炎疫情防控取得明显成效，经济社会发展复苏，居民消费需求缓慢增长，7—10月逐步下降，年底受极寒天气及成本上升影响，CPI环比、同比均到11月触底反弹，由降转涨。从环比来看，价格也有较为明显的波动，但年初、年末指数相差仅0.1个百分点，期中分别在4月、7月、11月有明显拐点，其原因为疫情防控期间消费较少，加之市场稳供保价，指数持续下行；4月部分行业逐步恢复，指数上涨；7月因洪涝灾害等原因导致价格指数上涨明显，此后缓慢下降，12月接近年底，居民对于肉类、蔬菜的需求量增加，价格上涨。从同比看，2020年食品烟酒类的CPI指数上半年均在高位运行，下半年则持续下行，与上年同期相比，1月食品烟酒价格上涨16.2%，12月的食品烟酒价格上涨1.5%，涨幅收窄14.7个百分点。从环比看，食品烟酒类价格全年虽有波动，但整体较为平稳，除7月因洪涝灾害原因影响肉类、蔬菜价格上涨导致指数上涨，达全年最高点，其余月份涨跌互现，11月因元旦春节“双节”因素影响，对食品烟酒类的需求量大幅增加，造成价格上涨。

（单位：%）

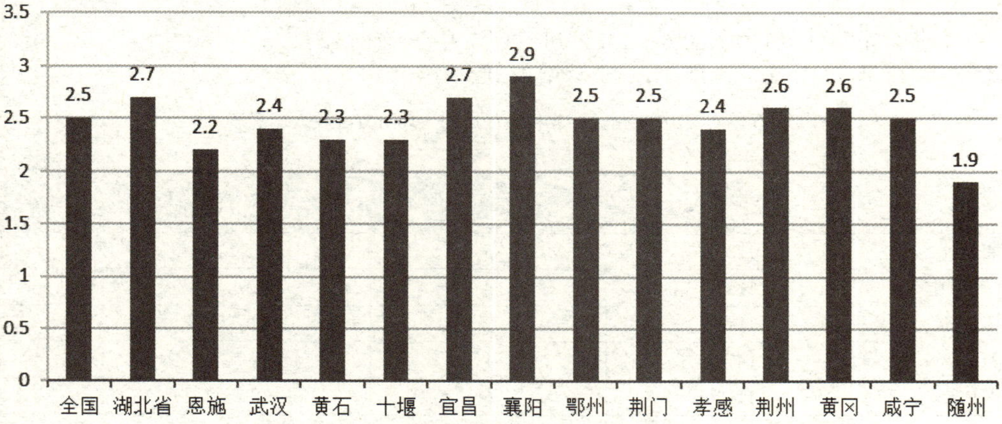

图1 2020年恩施州CPI累计涨幅与全国全省及部分地市对比图

【猪肉累计价格指数】　自2020年2月起，猪肉价格累计指数直线下滑，由年初的上涨120.8%跌至12月的下降45.8%，涨幅收窄75个百分点，下跌趋势明显。从环比看，猪肉价格一季度相对平稳，6月开始由下降8.1%转为上涨4.7%，主要是6—7月的洪涝灾害导致交通受阻、产能减损，且暴雨过后生猪容易发生疫病，因此致使猪肉价格上涨。二、三季度有小幅波动，11月后由于接近元旦、春节，消费需求加大，加之本地有春节前熏制腊肉、灌制香肠等储存年货的习惯，对猪肉的需求较大幅度增长，价格有所反弹，因此环比指数由11月的下降7.5%至12月上涨9.4%，涨幅扩大了16.9个百分点，上涨势头迅猛。从同比看，猪肉价格则呈明显下降的趋势。主要是2019年下半年恩施州猪肉价格一直高位运行，但从2020年2月以来则缓慢下降，涨幅缩窄，由1月的上涨120.8%至12月的下降1.9%，涨幅收窄122.7个百分点，特别是自2020年7月以来的价格呈直线式下滑，再加上2019年三季度猪肉价格基本处于全年顶峰值，因此与上年同期相比，价格下降幅度明显。

【鲜菜价格】　2020年，州鲜菜价格全年价格涨跌幅度较大，波动较为明显。12月由于临近元旦、春节等节假日，加上受持续低温天气影响，生产、储存、运输等成本增加，鲜菜价格累计上涨4.9%，拉动CPI总指数上涨0.13%。从同比来看，鲜菜类5月价格同比指数下降21.9%，为全年最低点，随之呈V字型直线上涨，三、四季度则稳中有降，主要是受新冠肺炎疫情与洪涝灾害的双重影响，蔬菜价格一直高位运行，随着下半年疫情影响减弱，秋季蔬菜上市，价格逐步恢复平稳，因此与上年同期相比，四季度的价格降幅较大，由10月的上涨27.3%至12月上涨9.1%，涨幅收窄18.2个百分点。从环比来看，恩施州一、二季度的价格走势与同比基本保持一致，5月后环比指数一路上扬，7月至年底呈波浪式下降，主要由于7月遭遇严重水灾，蔬菜的运输、生产销售等受到严重影响，上涨幅度偏高。随着时间推移，所造成的影响逐渐减小，拉动价格上涨的因素减弱，随着秋季蔬菜的上市，鲜菜价格随之回落。但进入冬季后，新鲜蔬菜产量减少、运输成本增加，12月后因元旦、春节因素对蔬菜的需求量增大，环比由11月的下降7.8%至12月的上涨5.3%，涨幅扩大13.1个百分点。

【教育文化和娱乐类价格】　2020年，州教育文化和娱乐类价格累计上涨1.7%，推动CPI总指数上涨0.21个百分点。9月开学后，幼儿教育与部分民办学校的费用有较大幅度的增长，受新冠肺炎疫情影响，物价上涨、成本增加，因此除义务教育阶段的小学、初中学费和公立高中、大学学费价格保持不变外，各学校相继上调学费。2020年州学前教育和高等教育累计上涨4.1%、5.7%，分别影响CPI总指数上涨0.02、0.16个百分点。由于恩施州文化娱乐服务及旅游受疫情负面影响严重，文化娱乐服务累计下降4.5%，影响CPI总指数下降0.05个百分点；旅游价格指数累计下降6.7%，影响CPI总指数下降0.13个百分点，在一定程度上抑制了教育文化和娱乐类的价格指数过高过快上涨。恩施州2020年上半年旅游业累计上涨2.2%，到年底则累计下降6.7%，除新冠肺炎疫情带来的影响未完全消除外，还由于从8月8日起至年底，湖北举办“与爱同行　惠游湖北”活动，全省A级旅游景区门票向全国游客免费开放，旅行社相应下调到本地旅游路线的价格稳定客源，因此自8月起累计涨幅持续下降。

【交通和通信类价格】　2020年，州交通和通信类价格累计下降4.0%，影响CPI总指数下降0.41个百分点。其中由于受新冠肺炎疫情防控期间车市遇冷，汽车生产企业停工停产、疫情之后库存清仓等因素影响，交通工具类下降4.8%，影响CPI总指数下降0.11个百分点；2020年国家相继下调成品油价格，汽油、柴油大幅降价，恩施州交通工具用燃料下降14.1%，影响CPI总指数下降0.24个百分点。交通费下降2.2%，影响CPI总指数下降0.03个百分点，主要是受机票价格下降影响明显，飞机票由1月的累计上涨8.4%，到12月累计下降16.9%，涨幅收窄25.3个百分点。

【居住类价格】　2020年，全州居住类价格累计下降3.1%，影响CPI总指数下降0.66个百分点。其中私房房租下降7.2%，自有住房下降4.7%。1—3月由于春节及新冠肺炎疫情因素影响，私房房租及自有住房价格指数无变化，但从4月起，全州居住类价格指数持续下降。原因有受新冠肺炎疫情影响，部分实体小商铺关停、中小型个体经营者经营困难，全州4月起对出租房屋的治安管理力度加大，房屋中介对出租房业务的力度减小等，租房人数减少，房源增加，价格下降。

（潘　倩）

县（市）

Cities and Counties

恩施市

【概况】 恩施市是恩施州首府，位于湖北省西南部、武陵山北部，清江中上游，北纬29°50′33″—30°39′30″、东经109°4′48″—109°58′42″。东邻建始，西接利川，南毗鹤峰、宣恩、咸丰，北连重庆奉节。市域东西横距86.5千米、南北纵距90.2千米，全县面积3967.38平方千米。全市5千米以上河流68条，其中发源于市域内58条，地表水资源量42亿立方米，入境水量41亿立方米，出境水量70亿立方米，年平均径流量42亿立方米，天然落差38—68.5米，水能资源理论蕴藏量75.6万千瓦，技术可开发量为69.8万千瓦，经济可开发量为57.27万千瓦。全市投产运行的水电站39座，总装机容量34.78万千瓦。已发现矿产43种，探明具有D级以上储量的矿产10种，产地18处，其中硒资源蕴藏量居全国首位，具有分布广、储量大、埋藏浅等特点。全市有高低等植物199科929属2447种，有红豆杉、珙桐等国家重点保护植物33种。恩施市为首批国家全域旅游示范区，有旅游景区11个，包括国家AAAAA级旅游景区1个（恩施大峡谷）、国家AAAA级旅游景区3个（恩施土司城、梭布垭石林、土家女儿城）、国家AAA级旅游景区4个（龙麟宫、枫香坡、清江源、二官寨），非A级旅游景区3个（大清江、鹿院坪、麂子渡）。有中共鄂西特委旧址、叶挺将军囚居旧址等重要革命遗址。全市有中国传统村落12个、国家森林公园2个、国家地质公园1个、中国历史文化名村1个、省旅游名镇1个，有130个旅行社、17个星级饭店、1000余个民宿。

2020年，全市实现地区生产总值356.99亿元，扣除价格因素，同比下降4.1%。其中第一产业实现增加值34.43亿元，同比增长0.6%；第二产业实现增加值128.46亿元，同比下降7.3%；第三产业实现增加值194.1亿元，同比下降2%。三次产业结构比为9.6∶36.0∶54.4。

【区划、人口】 2020年，全市辖7个乡、6个镇、3个街道、1个风景区管理处和172个行政村、36个社区。年末全市户籍总人口81.68万人，其中男性人口41.82万人、女性人口39.86万人。性别比为104.9（女性为100）。当年出生人口6801人，当年死亡人口4750人，人口出生率7.63‰，人口死亡率5.33‰，人口自然增长率2.3‰。年末60岁以上老年人口15.72万人，占总人口的19.25%（户籍人口以公安人口统计口径，出生和死亡人口以卫健部门统计口径）。按农业口径分，全市乡村人口为64.69万人，乡村户数19.2万户。

【农业】 2020年，全年实现农林牧渔业总产值63.09亿元，扣除价格因素，同比增长0.88%；农林牧渔业增加值完成36.19亿元，同比增长0.7%，其中农林牧渔业服务业增加值完成1.76亿元，同比增长3%。全年粮食产量20.56万吨，同比下降1.7%。其中夏粮产量5.5万吨，比上年增长10.4%；秋粮产量15.06万吨，比上年下降5.4%。蔬菜（含魔芋）产量61.1万吨，比上年下降1%。油料产量2.09万吨，比上年增长3.2%。烟叶产量0.58万吨，比上年下降1.4%。茶叶产量2.68万吨，比上年增长1%。水果产量3.48万吨，比上年下降14.4%。药材产值1.39亿元，比上年下降11%。畜牧业生产发展平稳，全年生猪出栏64.37万头，比上年增长5.3%；牛出栏1.63万头，下降7.4%；羊出栏8.35万只，下降14.4%；家禽出笼210.22万只，增长3.3%；禽蛋产量0.58万吨，增长13.3%。水产品生产形势向好。水产品总产量637吨，比上年增长26.9%。

【工业、建筑业】 2020年，全市规模以上工业企业73个，实现工

2020 年恩施市乡(镇、街道、管理处)基本情况表

表 21

乡(镇、街道、管理处)	全县面积(平方千米)	总户数(户)	总人口(人)	村、社区(个)			村(居)民小组(个)	党委书记,乡(镇)长、主任(12 月底在职)
				小计	村	社区		
新塘乡	408.45	16028	49737	13	10	3	124	张晓军 袁铭方
红土乡	228.72	14815	45413	13	11	2	97	张涛 王祎
沙地乡	190.28	12552	34129	10	9	1	97	戴锐 赵林
太阳河乡	247.77	7381	21214	13	12	1	72	张丽红 钟辉
屯堡乡	350.00	23557	76463	14	13	1	123	雷世军 马承恩
白果乡	324.50	9809	29643	12	11	1	66	胡志 彭钦钊
芭蕉侗族乡	284.77	19874	63932	18	17	1	150	龙慧 张义
三岔镇	249.02	14858	41062	13	12	1	65	查忠权 谭海鹰
崔家坝镇	222.77	13850	40437	12	11	1	108	钟迎松 薛成功
白杨坪镇	249.21	20070	60729	13	12	1	120	张金元 陈坦
板桥镇	339.24	7570	22148	5	4	1	34	郭永伦 蒲晓斌
龙凤镇	277.05	23645	69516	19	18	1	148	程俊毅 涂家
盛家坝镇	369.18	13191	37958	11	10	1	130	李华军 徐瑞
六角亭街道	81.52	17584	46704	9	3	6	21	李文静 陈竹
小渡船街道	28.67	20155	49219	8	4	4	62	付定平 黄鹤
舞阳坝街道	116.13	49019	128455	19	10	9	90	史光武 程凯
大峡谷风景区管理处	—	—	—	6	5	1	46	向异华 黄猛
合计	3967.30	283958	816759	208	172	36	1553	—

业总产值 51.67 亿元，比上年增长 0.1%。全部工业增加值实现 115.91 亿元，可比下降 4.7%。其中规模以上工业增加值可比增长 2.3%。规模以上工业（不含恩施卷烟厂和州市供电公司数据）实现营业收入 51.65 亿元，同比下降 1%。实现利润总额 5.11 亿元，实现利税总额 5.54 亿元。从业人员年平均人数 7361 人，同比下降 0.4%。建筑业有所下降，全市拥有资质等级三级及以上建筑企业 49 个，其中一级建筑资质 2 个，二级建筑资质 16 个，三级建筑资质 14 个，二级装修资质 11 个，三级装修资质 5 个，建筑业劳务企业 1 个。全年实现建筑业总产值 43.64 亿元，比上年下降 27.9%。

【交通、通信】 2020 年，全市境内拥有四级及以上公路里程 4530 千米，按管理级别分：国道 282 千米、省道 359 千米、县道 428 千米、乡道 2587 千米、村道路 874 千米。按技术等级分：一级公路 29 千米、二级公路 418 千米、三级公路 134 千米、四级公路 3949 千米。年末拥有公共汽车营运车辆数 257 辆（328 标台），营运线路 35 条，营运线路总长度 388 千米，全年客运量 7.92 万人次，实现营运收入 3990 万元。市内客运出租汽车 840 辆。年末拥有固定电话用户 3.15 万户，拥有移动电话用户 115.64 万户，宽带网用户 31.09 万户。

【市场主体】 2020 年，全市实有各类市场主体（含内资、私营、个体、农民专业合作社）7.66 万户，比上年底增长 13 %，注册资本（金）总额 939.69 亿元，比上年底增长 12%。其中企业类市场主体 2.24 万户，注册资本（金）827.32 亿元，比上年底增长 14% 和 11%；个体工商户 5.22 万户，注册资金 80.57 亿元，比上年底增长 12% 和 18%；农民专业合作社 2057 户，出资总额 31.80 亿元，比上年底增长 6% 和 8%。

【固定资产投资、房地产】 2020 年，全社会固定资产投资完成额比上年下降 16.5%（不含农户）。其中 5000 万元以上项目投资 57.55 亿元，下降 21.6%；房地产开发投资 63.25 亿元，下降 10.9%。全年城镇投资施工项目 235 个，其中当年新开工项目 91 个。全年商品房销售面积 122.91 万平方米，同比下降 17.7%，其中住宅销售 119.66 万平方米，同比下降 13.6%。实现商品房销售额 72.96 亿元，同比下降 19.4%。

【贸易】 2020 年，全市实现社会消费品零售总额 163.82 亿元，同比下降 27.2%。其中批发零售业零售额 126.95 亿元，下降 23.3%；住宿餐饮业零售额 36.87 亿元，下降 38%。全年实现进出口额 1601.7 万美元，下降 6.4%。其中出口额 1543.6 万美元，下降 6.6%。市场物价平稳运行，居民消费价格总指数比上年上涨 2.2 个百分点。商品零售价格总指数比上年上涨 1.2 个百分点。全年新签约亿元以上产业项目 27 个，设备投资 1000 万元至 1 亿元的工业项目签约 20 个。新开工亿元以上产业项目 13 个，项目投资完成率为 29.7%。全年实际到位境内省外资金 26.86 亿元。全年实际利用外资 568 万美元，较上年下降 33.8%。

【财政、金融】 2020 年，全市（含恩施高新区）实现财政总收入

25.32亿元，较上年下降27.5%，其中一般公共预算收入16.18亿元，下降29.2%。分部门收入分别为：税务部门22.46亿元，下降26.3%；财政部门2.86亿元，下降35.8%。一般公共预算收入中税收收入13.32亿元，占比82.3%。全年公共财政预算支出94.72亿元，增长8.6%。

不含恩施高新区，全年完成财政总收入22.21亿元，下降28.9%，其中一般公共预算收入14.19亿元，下降30.3%。分部门收入分别为：税务部门19.43亿元，下降27.7%；财政部门2.77亿元，下降36.3%。一般公共预算收入中税收收入11.42亿元，占比80.5%。全年公共财政预算支出90.99亿元，增长8.8%。

年末全市金融机构人民币存款余额564.94亿元，比上年末增长10.4%，其中城乡居民储蓄存款余额328.7亿元，比上年末增长25.9%。金融机构人民币贷款余额575.99亿元，比上年末增长8.9%。贷存比101.96%。

【科技、教育、卫生】 2020年，全年高新产业企业实现增加值202233万元，占全市地区生产总值的比重为5.7%。登记备案省企校联合创新中心3个、申报认定州工程技术中心2个。组织申报认定省“三区”人才21名、承接省法人科技特派员团队2个、州科技特派员14名、省“院士专家行”专家4名、州“科技副总”专家6名、选派市级科技特派员139名。完成技术合同交易额登记1.23亿元。全年获得专利授权473件，其中发明专利58件。年末有效注册商标总量9395件。全年新增商标申请总量3271件，新增注册总量1718件。全市辖区拥有幼儿园117所，小学107所，初级中学27所（含九年一贯制学校4所），高级中学9所（含十二年一贯制学校3所）。中等职业学校5所，特殊教育学校1所，乡村教学点77个。学前教育幼儿园在园人数24809人，小学在校学生53017人，普通初中在校学生30852人，普通高中在校学生20826人。特殊教育学校在校学生109人。学前教育拥有教职工2675人，其中专任教师1128人。小学教育拥有教职工4305人，其中专任教师3643人。初级中学拥有教职工3821人，其中专任教师3010人。高级中学拥有教职工2940人，其中专任教师2212人。全市辖区拥有卫生机构356个，其中医院18个、乡镇卫生院及社区卫生服务中心17个，村及城区卫生室（所）179个，其他卫生机构6个。全年财政直接用于卫生健康支出9.11亿元。全市辖区医疗机构年末拥有医疗床位8305张，拥有卫生技术人员8198人，其中执业（助理）医师2873人、注册护士4284人。

【文化、体育、旅游】 2020年，全市有技艺国家级非物质文化遗产代表性项目名录4项（恩施傩戏、恩施灯戏、恩施扬琴、恩施玉露制作），省级非物质文化遗产代表性项目名录13项，州级非物质文化遗产代表性项目名录36项，市级非物质文化遗产代表性项目名录76项。公布命名非物质文化遗产代表性传承人222名。全市有“施州城址”国家级文物保护单位1处，有武圣宫、文昌祠、连珠塔及叶挺将军囚居旧址等省级文物保护单位10处13个文物点，州、市级文物保护单位29处，一般文物点167处，馆藏文物2800件，其中国家一、二、三级珍贵文物48件。有中国历史文化名村1处、中国传统村落12处、中国少数民族特色村寨9处，湖北省历史文化名镇1处。3月，恩施市被中国民协公布为“中国土家族女儿会文化之乡”。全市建有17个乡镇办(处)、208个村（社区）综合文化服务中心、243个农家书屋，文体广场、文化活动室全覆盖。农村智能广播“村村响”工程建成1个市级播控监测平台、17个乡镇传输平台、190个村级广播室，安装喇叭3212个、音柱243个。广播电视“户户通”安装122631户。全市有文艺团队50余支，培训文艺骨干1万余人。全市人均体育场地面积1.8平方米，行政村（社区）体育健身工程或健身点实现全覆盖，市区、乡镇15分钟健身圈覆盖率达100%，公共体育设施免费或低收费开放率达100%。全年接待国内外旅游总人数946.99万人次，比上年下降60.1%；全年实现旅游综合收入75.77亿元，下降62.2%。

【社会保障】 2020年，城镇新增就业人数4831人，城镇登记失业人数7109人，城镇登记失业率为4.1%。参加各种社会保险人数139.77万人，其中，企业基本养老保险11.77万人，机关事业单位基本养老保险2.06万人，城乡居民养老保险38.26万人，城镇职工基本医疗保险10.64万人，城乡居民医疗保险65.08万人，失业保险4.47万人，工伤保险7.49万人。全年征收各种社会保险基金173959万元。全年社会救助城乡居民最低生活保障人数35287人，低保户数16384户。其中城市居民最低生活保障人数2423人，低保户数1571户；农村居民最低生活保障人数32864人，低保户数14813户。农村特困人员救助供养3320人，城市特困人员救助供养84人。临时救助2102人次。

【城市建设】 2020年，全年完成市政公用设施建设投资12.22亿元。其中城区道路桥梁建设投资8.61亿元、园林绿化建设投资0.92亿元、供水新扩建投资1.04亿元、污水处理及管网建设投资1.65亿元。年末城区面积120平方千米，其中建成区面积41.5平方千米。本年新增城市道路16.71千米，年末城市道路长度220.75千米。本年新增城市道路面积37.17万平方米，年末城市道路面积达349.5万平方米。年末安装路灯道路长度217.27千米，年末道路照明灯19029盏。年末公共停车场停车位数14981个，配建停车场停车位数12680个。年末城区绿化覆盖面积2680公顷，其中建成区1797.85公顷，建成区绿化覆盖率43.3%。年末城区园林绿地面积2210公顷，其中建成区1616.42公顷。城区公园6个，面积198公顷。新增供水管道长度32千米，年末供水管道长度1353.12千米，综合生产能力17.3万立方米/日，全年供水总量4725.85万立方米。用水户数174236户，用水人口28.2万人。城市饮用水水质综合合格率100%。年末天然气供气管道长度1369千米，储气能力14.5万立方米，全年供气总量10516.91万立方米，用气户数134913户，用气人口 24.8 万人。液化石油气储气能力 380 吨，全年供气总量 950 吨，用气户数 7215 户，用气人口 2.88 万人。年末拥有市容环卫专用车辆 133 辆，道路清扫保洁面积 398 万平方米，年清运生活垃圾 16.87 万吨，清运建筑垃圾 321 万吨，生活垃圾无害化处理率 100%。全年污水排放总量 3340 万立方米，污水处理量 3050.33 万立方米，污水处理率 91.3%。各类公共厕所 121 个。

【资源环境】 全年能源消耗总量 123.26 万吨标准煤，比上年下降 1.84%。单位 GDP 能耗 0.3787 吨标准煤/万元，比上年增长 2.35%。单位工业增加值能耗（等价值）比上年下降 14.26%。单位 GDP 电能消耗 474.15 千瓦时/万元，比上年增长 8.2%。主要污染物总量减排完成省、州下达任务目标，全年空气质量优良天数达 352 天（其中优 211 天，良 141 天），城区饮用水源水质达标率为 100%。森林覆盖率为 65.96%。

【应急管理】 2020 年，发生火灾事故 325 起，无人员伤亡，损失金额 58.71 万元。全年工矿商贸企业安全事故发生 1 起，死亡 1 人，损失金额 170.9 万元。全年生产安全事故 5 起，死亡人数 5 人，损失金额 789.53 万元，亿元 GDP 生产安全事故死亡率 0.014 人/亿元。全年累计降雨量创 1986 年有记录以来历史最高位，全市遭受 10 次自然灾害，其中 8 次洪涝灾害、1 次风雹灾害、1 次山体崩塌灾害。受灾人口 33 万余人，因灾死亡 1 人，因灾受伤 4 人，紧急转移安置 41386 人，农作物受灾面积 5135 公顷，倒塌房屋 1181 间，受灾人口 33 万余人次，直接经济损失 17.7 亿元。

【脱贫攻坚】 截至 2020 年，全市 55054 户、175688 人贫困群众全部实现稳定脱贫（2020 年脱贫 753 户、1620 人），486 户、1565 人边缘易致贫对象风险全部消除，145 个贫困村全部出列，顺利通过国家脱贫验收及脱贫攻坚普查，全市实现脱贫“摘帽”，消除绝对贫困现象。按照“一摘四不摘”和投入力度不减的原则，全市统筹整合资金 10.59 亿元，精准用于 722 个脱贫攻坚补短板项目建设。资助贫困家庭学生 4.24 万人次，建成农村公路 33.27 千米，特色产业带动贫困户 5.05 万户，社会保障兜底 5.67 万人次，帮助 7.23 万贫困人口就业。落实边缘户、脱贫监测户“1+1+1”包保责任（1 名领导干部+1 名村“尖刀班”干部+1 名结对帮扶干部），有效防止返贫和新致贫。开展消费扶贫活动，累计销售各类特色产品 10 亿余元。450 个市场主体入驻“扶贫 832”平台，2341 种商品上线销售，销售额超过 1 亿元。洞下槽、二官寨 2 个州级乡村振兴试点取得成效。抢抓国家宅基地制度改革试点机遇，打造 3 条示范生态走廊（大峡谷、恩鹤线、双龙线），梯次培育 7 个市级试点，推动脱贫攻坚与乡村振兴有效衔接。

【荣誉】 2020 年，恩施市被省委、省政府表彰为“2019 年全省县域经济工作考核成绩突出单位”，获省委、省政府“2019 年至 2020 年上半年县党委和政府扶贫开发工作成效第三名”，被省政府授予“金融信用县市合格单位”，被水利部认定为“第三批节水型社会建设达标县”，被中国民间文艺家协会命名为“中国土家族女儿会文化之乡”，被省政府表彰为“第七届城镇规划建设管理‘楚天杯’创建先进单位”，集体林地承包经营权退出机制工作被国家林业和草原局确定为全国集体林业综合改革试验典型案例。舞阳坝街道办事处党委书记史光武被中共中央、国务院、中央军委表彰为“全国抗击新冠肺炎疫情先进个人”。市中心医院党委被省委、省政府表彰为“湖北省抗击新冠肺炎疫情先进集体”；市中心医院主治医师田晓虹，市公安局小渡船派出所副所长、四级警长熊诗桥被表彰为“湖北省抗击新冠肺炎疫情先进个人”。市人武部董高被中宣部、中央军委政治工作部授予“最美新时代革命军人”，市民政局党组书记、局长高登国被民政部表彰为“全国民政系统抗击新冠肺炎疫情先进个人”，市市容环卫管理局环卫职工何正华、李佳被省政府表彰为“优秀环卫工人”，市社会保险管理局副局长张昌桂被省人社厅表彰为“湖北省人社系统先进个人”，市疾病预防控制中心健康教育科科长赵小燕、重大疾病科工作人员向蓉被中国疾病预防控制中心慢性非传染病预防控制中心表彰为“突出贡献先进个人”，州生态环境局恩施市分局滕松柏、鄢冰、刘乐被国务院第二次全国污染源普查领导小组办公室表彰为“国务院第二次全国污染源普查表现突出的个人”。

（姚懿予）

利川市

【概况】 利川市位于鄂西南隅，地跨北纬 29°42′—30°39′，东经 108°21′—109°18′。东与恩施市接壤，南与咸丰县毗连，西南与重庆黔江、彭水两区县相邻，由西至北依次与重庆石柱、万州、云阳、奉节诸区县毗连，为清江、郁江发源地。东西距宽 92 千米，南北长 105 千米，全县面积 4606 平方千米，是恩施州面积最大的县级市。水能资源理论蕴藏量 70 万千瓦，可开发量 50 万千瓦。风能资源蕴藏量 180 万千瓦，可开发量 120 万千瓦。矿产资源门类齐全，天然气、卤水、煤炭、生物礁、石膏、石灰石蕴藏量较大。有维管植物 200 科 843 属 2033 种，其中有国家一级保护树种 7 种，二级保护树种 36 种。境内盛产坝漆、黄连、莼菜、山药，是地球上的珍稀孑遗树种水杉树的发祥地，位于谋道集镇东南的水杉古树，是地球上已知的最大、最古老的一棵水杉母树，树龄 500 余年，人称“天下第一杉”。有野生动物 300 余种，家畜家禽 10 余种。位于毛坝镇东南部的星斗山，植被区系庞杂，起源古老，植物种类丰富，是国家级自然保护区。2020 年，全市有国家 AAAAA 级旅游景区 1 个，AAAA 级旅游景区 3 个。全市有古遗址 16 处、古墓葬 18 处、古建筑 32 处、石窟寺及石刻 10 处、近现代重要史迹 18 处。其中大水井古建筑群、鱼木寨为全国重点文物保护单位。太平塘摩崖题刻、石龙寺、如膏书院、三元堂、花梨岭天主教堂、范家老屋、中共湘鄂西前敌委员会旧址、谢家老屋等 18

处为省级文物保护单位，鞍山古墓群、永顺桥、中共湘鄂西中央分局十字路会议旧址3处为州级文物保护单位，支罗遗址等71处为市级文物保护单位。

2020年，全市完成地区生产总值199.15亿元，比上年下降4.9%。其中，第一产业增加值41.26亿元，增长0.6%；第二产业增加值30.59亿元，下降5.6%；第三产业增加值127.3亿元，下降6.5%。三次产业结构比为20.72：15.36：63.92。

【区划、人口】 2020年，全市辖14个乡（镇、街道）、545个村、40个社区、5818个村民小组。年末全市户籍总人口为91.95万人，比上年末增加709人。全年人口出生率为8.11‰，人口死亡率为6.03‰，人口自然增长率为2.08‰。出生人口性别比107（女性为100）。据第六次人口普查资料，全市户籍人口89.91万人，其中，土家族47.13万人，占52.43%；苗族5.46万人，占6.07%。

【农业】 2020年，全市农林牧渔业总产值742107万元，扣除价格因素，比上年增长0.9%。其中农业总产值401192万元、林业总产值49497万元、畜牧业总产值238130万元、渔业总产值3535万元，农林牧渔业及辅助活动总产值49753万元。农林牧渔业增加值433962万元，比上年增长0.7%。其中农业增加值258790万元、林业增加值26802万元、畜牧业增加值124793万元、渔业增加值2212万元、农林牧渔业及辅助活动增加值21365万元。全年粮食种植面积7.69万公顷，比上年增加446.67公顷。粮食总产量31.34万吨，比上年减少0.6万吨，下降1.9%。油料产量1.49万吨，比上年增长0.2%。烟叶产量0.75万吨，比上年增长2.2%。蔬菜产量77.58万吨，比上年下降0.2%。茶叶产量2.14万吨，比上年下降2.8%。园林水果产量4.76万吨，比上年下降2.2%。12月2日，忠路镇杨家坡“生耕甘露”茶园获得德米特有机认证，成为中国第一个通过德米特认证的有机茶园。全年猪牛羊禽肉产量4万吨，比上年增长7.8%，其中猪肉产量3.37万吨，比上年增长11.6%；禽蛋产量1.19万吨，比上年增长26.6%。年末生猪存栏36.95万头，比上年增长113.5%；生猪出栏43.92万头，比上年增长11.1%。

2020年利川市乡(镇、街道、开发区)基本情况表

表22

乡(镇、街道、开发区)	全县面积(平方千米)	总户数(户)	总人口(人)	村、社区(个)	粮食产量(吨)	党委书记,乡(镇)长、主任(12月底在职)
都亭街道	30.09	32725	71568	14	1557	吴兴灿 闫鹏飞
东城街道	91.16	16647	37649	18	8042	熊大昌 向 阳
柏杨坝镇	579.93	26150	88451	58	44457	佘 军 张志权
谋道镇	338.27	25090	71339	56	24198	陈建平 邓永宝
忠路镇	513.62	29688	84235	61	30376	覃征操
团堡镇	447.72	23074	69605	57	13572	张文生 谭 彪
汪营镇	355.02	36711	102251	53	34644	朱定攀 熊 伟
建南镇	325.95	24219	72846	54	29180	梁凤翔 陈伦峰
文斗镇	431.89	24410	73364	56	32934	李中革 李同生
元堡乡	266.16	12424	35874	26	10093	陈显祥 叶志坚
凉雾乡	419.04	24720	72487	45	24668	黄佑东 张全胜
毛坝镇	325.42	14727	42358	44	6315	谢 意 陈 粟
南坪乡	148.46	19999	60921	21	37648	周德燕 周远宗
沙溪乡	292.86	12922	36574	22	15703	刘玲芳 杨海明
福宝山生态综合开发区	39.94	—	—	—	40	赵玉超
湖北利川经济开发区	—	—	—	—	—	易善翔 熊大昌
合 计	4605.53	323506	919522	585	313427	—

说明：粮食产量因四舍五入，各乡镇分项之和不一定等于合计数

【工业、建筑业】 2020年，全部工业增加值18.22亿元，比上年下降9.5%。规模以上工业企业42个，规模以上工业增加值增长1.2%，全年规模以上工业产销率为97%，每百元营业收入中的成本72.76元，比上年增加0.69元；营业收入利润率15.8%，下降0.5个百分点。每百元营业收入中的费用11.53元，增加0.56元。每百元资产实现的年营业收入56.6元，减少5.9元。资产负债率50.5%，下降0.4个百分点。全年全市实现建筑业增加值12.55亿元，比上年增长3.6%。全市具有资质等级建筑业企业29个，完成建筑业总产值14.8亿元。

【服务业】 2020年，批发和零售业增加值13.29亿元，比上年下降13.1%。交通运输、仓储和邮政业增加值7.05亿元，下降19.2%。住

宿和餐饮业增加值7.08亿元，下降31.1%。金融业增加值13.16亿元，增长5.4%。房地产业增加值32.21亿元，增长1.9%。其他服务业增加值52.2亿元，下降4.5%。

【交通、邮政、通信】 2020年末，全市公路通车里程5997.42千米。等级公路5676.67千米，比上年增加177.3千米。6月9日，重庆市万州五桥机场利川候机楼投入营运。全年邮政业务总量13205万元，比上年增长6.2%。快递业务收入862万元，比上年下降8.1%。电信业务总量4.80亿元。年末全市固定电话用户3.4万户。移动电话用户62.46万户。固定宽带接入用户20.21万户。

【固定资产投资、房地产】 2020年，固定资产投资比上年下降17.1%，其中民间投资完成53.35亿元，下降21.4%。工业项目投资完成13.08亿元，下降13.6%。工业技改项目投资完成2.98亿元，增长41.8%。分产业看，第一产业投资下降78.4%，第二产业投资下降13.6%，第三产业投资下降16.4%。商品房施工面积381万平方米，增长13.4%。竣工面积37万平方米，增长105.6%。销售面积74.2万平方米，下降10.6%。待售面积26万平方米，增长116.7%。全年商品房销售额43.3亿元，下降2%，其中住宅销售额42.6亿元，下降11.4%。

【贸易】 2020年，社会消费品零售总额933679万元，比上年下降27.2%。分地域看，城镇社会消费品零售额673183万元，乡村社会消费品零售额260496万元。分消费类型看，批发零售业销售额830041万元，下降27.1%；住宿餐饮业营业额103638万元，下降28.2%。全年引进省外资金114484万元，比上年下降65.8%。全年外贸进出口总额1402万美元，比上年下降15.4%。

【财政、金融】 2020年，地方财政总收入172975万元，比上年下降21.1%，其中地方一般公共财政预算收入87701万元，下降26.6%。在地方一般公共预算收入中，税收收入71047万元，下降18.4%。全年一般公共预算支出712308万元，下降1.9%。年末金融机构存款余额298.59亿元，比上年末增加23.68亿元，增长8.6%。其中住户存款234.01亿元，增长13.5%。年末金融机构贷款余额228.62亿元，比上年末增加27.96亿元，增长13.9%。

【科技、教育、卫生】 2020年，全市13个高新技术产业企业实现增加值41766万元，占全市地区生产总值比重为2.1%。全年获得专利授权151件，其中发明专利授权2件。年末有效注册商标4193件。全年新注册商标831件。全市地理标志商标7件，地理标志保护产品4件。全市有幼儿园142所，在园幼儿23226人。小学114所，毕业11774人，招生9616人，在校学生68334人。初中26所，毕业11255人，招生11679人，在校学生35764人。高中5所，毕业4860人，招生5906人，在校16281人。年末全市有卫生机构699个，其中医院8个，卫生院13个，妇幼保健院1个，疾病预防控制中心（防疫站）1个。卫生技术人员4552人，其中执业（助理）医师1730人，注册护士2214人，药师171人，技师190人。实有床位数5274张。

【文化、体育、旅游】 全市公共图书馆1个，藏书22.34万册。文化馆1个，乡镇综合文化服务中心14个，村（社区）综合文化服务中心584个，村级文化活动广场584个，百姓舞台584个。全市有体育场馆5个，全民健身中心1个，体育运动学校1所。中国登山协会授予利川市为全国青少年攀岩训练基地，9月20日，成功举办2020中国山马越野系列赛（湖北利川站）。2020年，接待游客950万人次，比上年下降47.2%；旅游综合收入352265万元，下降67.6%。全市国家A级旅游景区6个，腾龙洞获得批准成为国家AAAAA级旅游景区。利川市成功创建国家全域旅游示范区。全市3星级及以上饭店10个。

【居民生活】 2020年，城镇常住居民人均可支配收入30892元，下降1.7%，扣除价格因素，实际下降3.8%。农村常住居民人均可支配收入11791元，增长2.2%，扣除价格因素，与上年持平。城镇常住居民人均消费支出21871元，下降5.5%，扣除价格因素，实际下降7.5%。农村常住居民人均消费支出9980元，增长1.8%，扣除价格因素，实际下降0.4%。

【社会保障】 2020年末，全市参加基本养老保险55.6万人，其中城镇职工基本养老保险参保人数6.25万人，城乡居民基本养老保险参保人数47.26万人。医疗保险参保人数83.59万人，其中城镇职工基本医疗保险参保人数4.91万人，城乡居民基本医疗保险参保人数78.68万人。失业保险参保人数3.39万人。工伤保险参保人数3.07万人。生育保险参保人数3.16万人。年末收养性社会福利单位18个，床位1929张。年末有1377人享受城市最低生活保障，68219人享受农村最低生活保障，全市特困供养3855人，全年临时救助2717人。

【资源环境】 2020年，全社会用电量87581万千瓦时，增长3%，其中工业用电量26230万千瓦时，同比下降7.7%。年末耕地面积111100公顷。全年完成人工造林1420公顷，森林覆盖率为68.4%。全市自然保护区1个，总面积455.06公顷。全市城区空气质量优良天数359天，优良率为99.4%。

【应急管理】 2020年，发生各类安全生产事故3起，死亡人数3人，直接经济损失351.5万元。发生火灾事故186起，死亡人数零人，直接经济损失120万元。

【脱贫攻坚】 2020年，全市减贫688户、1887人，全面完成剩余贫困人口脱贫任务，基本公共服务领域主要指标接近全省平均水平，农村居民人均可支配收入、基本公共服务主要领域指标接近全国平均水平。全年巩固拓展脱贫攻坚成效，应对新冠肺炎疫情防控、疫后重振、防汛救灾，落实脱贫攻坚责任，研究部署推进脱贫攻坚与乡村振兴有效衔接。组织召开15次市委常委会会议、6次市政府常务会议、13 次调度会、22 次专题会研究部署脱贫攻坚相关工作。全市有 4830 名村级“尖刀班”成员驻村开展精准扶贫工作。克服新冠肺炎疫情和自然灾情影响，开展技能培训和专项招聘活动，对外出务工人员“点对点”集中输送，针对新冠肺炎疫情影响开发公益性岗位，鼓励引导返乡创业能人吸纳劳动力就业。全年全市脱贫劳动力务工就业人数 65439 人，较上年增加 1038 人。抓好复工复产，推进特色产业发展，全市茶叶面积扩展到 1.69 万公顷，发展烟叶 0.4 万公顷、粮油 8.2 万公顷，新建黄连、大黄等中药材基地超过 0.2 万公顷。组织金融机构为市场主体提供信贷支持，向农业市场主体发放贷款 4250 万元。实施“复苏市场提振消费”行动，全年全市茶叶、莼菜、土豆、山药、大米、果蔬、豆干等农特产品实现销售额 13.79 亿元，其中“扶贫 832”平台线上销售 1.87 亿元。全年项目库规划扶贫项目 1641 个、20.4 亿元。统筹整合财政涉农资金 15.5 亿元，实现扶贫资金项目精准化管理，发挥项目效益。全年在国家级、省级媒体上发表扶贫类宣传报道 150 余篇，中国社会科学出版社出版的《中国脱贫攻坚调研报告——恩施州利川篇》获评“习近平总书记关于扶贫工作的重要论述学习研究成果征集活动”优秀奖。

【巴蔓子历史文化课题研究】 2020 年 12 月 19 日，新时代巴蔓子精神研究暨利川市传统文化保护传承学术研讨会在武汉召开，来自中国社会科学院、中国民族史学会、武汉大学、西南大学、云南大学等地近 30 名专家参会，讨论议题有巴蔓子精神、利川市巴蔓子历史文化遗存、巴蔓子文化开发利用、利川市传统文化保护传承，并探讨巴蔓子故里、族系、葬身地、姓氏等。利川市政府与中南民族大学成立巴蔓子暨利川市优秀传统文化研究院。人民网、中国社会科学网、今日头条、《潇湘晨报》、《湖北日报》、《农村新报》等大众媒体和自媒体发稿 80 余篇，点击量逾千万。巴蔓子历史文化课题研究组完成《巴蔓子文献集成》，收录研究考评 22 篇、古籍史料 13 篇、民间口承文学 12 篇、传播宣传 13 篇。《巴蔓子探微》出版。

【2020 云上“利川人”大会】 2020 年 4 月 6 日，“双招双引·利纳百川”为主题的 2020 云上“利川人”大会举行，签约 8 个招商项目，金额 9.2 亿元，签约 4 个银企对接项目，金额 1.42 亿元。签约项目涉及产业技术研究院投资、农业开发建设、生态农业产业园投资等方面。

【荣誉】 2020 年，利川市被中国登山协会表彰为 2020 中国山马越野系列赛——湖北利川站“杰出贡献奖”、被评为全国青少年攀岩训练基地。谋道镇被全国爱国卫生运动委员会表彰为“2017—2019 周期国家卫生乡镇”，市道路运输管理所被人社部、交通运输部表彰为“全国交通运输系统先进集体”，湖北嘉润茶叶有限公司杨家坡有机循环茶叶基地被全国妇联评为“全国巾帼脱贫示范基地”，东城派出所副所长杨蓥被中共中央、国务院、中央军委表彰为“全国抗击新冠肺炎疫情先进个人”。市疾病预防控制中心党支部被省委、省政府表彰为“湖北省抗击新冠肺炎疫情先进集体”；市人民医院呼吸内科主任、主治医师胡晓华，都亭街道办事处普庵社区党委书记李维臣被表彰为“湖北省抗击新冠肺炎疫情先进个人”。市发改局局长向益猛获 2020 年国家发改委表彰为“‘十三五’奋进易地搬迁干部”称号，市司法局杨仕文被司法部表彰为“全国公共法律服务工作先进个人”，市消防大队专职消防员邓韬被应急管理部消防救援局表彰为“全国 119 消防先进个人”，东城街道办事处王家湾社区党支部书记、主任李友亮被民政部表彰为“全国抗击新冠肺炎疫情优秀城乡社区工作者”，城管执法局党组书记、局长向华杰被住房和城乡建设部表彰为“全国住房和城乡建设系统抗击新冠肺炎疫情先进个人”，楚天视讯利川支公司李德平被国家广播电视总局评为“全国新闻出版广播影视系统劳动模范”。

（郭娜娜）

建始县

【概况】 建始县位于鄂西南山区北部，地跨北纬 30°06′—30°54′，东经 109°32′—110°12′。东连巴东县，以野三河为界；西接恩施市，以太阳河为界；南邻鹤峰县，以长河、茶辽河为界；北与重庆市奉节、巫山两县接壤。县域南北长 89 千米，东西最宽 64.5 千米，最窄处 12.5 千米。全县面积 2665.78 平方千米。县境内水资源丰富，多年平均来水量 40 亿立方米，平均径流深 886.7 毫米，多年平均径流量 26.4 亿立方米（清江除外）。地表水共有大小河流 121 条，总长 986.1 千米，分别属清江水系和长江三峡南岸。全县水能资源理论蕴藏量 24.3 万千瓦，可开发量 17 万千瓦。建有水库 33 座，总库容 14744.15 万立方米，其中中型水库有 4 座。已发现的有开采价值的矿藏有煤、硫、铁、硒、铅、锌、石灰石、陶土、硅石、耐火土、铝土、紫色砂岩、大理石、东湖砂岩、石英砂岩、五花岩、磷石、石膏等 20 种，占全县已发现矿产 109 种的 19%。建始县是全国 141 个重点产煤县之一，土壤平均硒水平含量 17.7ppm。县境内有维管植物 205 科 1120 属 4650 种，其中蕨类植物 395 种、裸子植物 80 种、被子植物 4175 种。国家一级保护植物有珙桐、红豆杉，水杉、银杏等，有一级古树 41 株。县境内有野生动物 316 种，其中兽类 62 种，鸟类 207 种，两栖类有 23 种，爬行动物 24 种。有国家Ⅰ级重点保护动物中华秋沙鸭、白颈长尾雉、林麝。有全国重点文物保护单位 1 处（建始直立人遗址），省级文物保护单位 5 处（五阳书院、石柱观、头坝堰崖墓群、景阳天主教堂、花果坪化石产地），州级文物保护单位 9 处，县级文物保护单位 29 处。有革命遗址、遗迹 73 处。2020 年，龙坪乡店子坪成功创建国家 AAA 级旅游景区，景江生态文化旅游区项目和百年信义旅游项目通过州级审批，中国气象学会授予建始县“建始·中国生态气候康养金地”，花坪镇成功创建省旅游名镇。

2020年，全县实现地区生产总值116.43亿元，同比下降5%。第一产业增加值26.3亿元，增长0.8%；第二产业增加值18.17亿元，下降16.9%；第三产业增加值71.96亿元，下降2.6%。占全县生产总值的61.8%。城镇常住居民年末人均可支配收入29229元，比上年下降1.5%。农村常住居民人均可支配收入11806元，增长2.1%。

【区划、人口】 2020年，全县有3个乡、7个镇、367个行政村、43个社区。年末户籍人口50.79万人，其中城镇人口13.2万人、乡村人口37.59人。全年出生3725人，其中男性1934人、女性1791人，出生率7.06‰。死亡3625人，死亡率6.87‰。

【农业】 2020年，全县农林牧渔业增加值完成27.53亿元，同比增长0.9%。全年粮食种植面积4.93万公顷，同比增长0.5%，其中谷物种植面积2.7万公顷，增加1300公顷；豆类种植面积3166公顷；薯类种植面积1.9万公顷。全年粮食产量20.42万吨，其中夏粮产量4.99万吨、秋粮产量15.43万吨。全年茶叶产量893吨，比上年增长7.5%。各类园林水果产量2.64万吨，增加0.27万吨。核桃、板栗等食用坚果产量1208吨。蔬菜及食用菌产量21.95万吨，比上年增长2.3%。中药材当年采收面积1852公顷，产量1.37万吨。年末生猪存栏34.19万头，增长25.7%；能繁母猪存栏3.6万头，增长27.2%。生猪出栏43.29万头，下降5.2%。牛出栏3882头，下降0.5%。羊出栏14.8万头，下降11.8%。家禽出笼179.11万只，增长0.8%。猪牛羊禽肉类产量3.9万吨。禽蛋产量6060吨，增长12%。全年水产品产量293吨，比上年下降3.3%，淡水养殖面积31公顷。

2020年建始县乡（镇）基本情况表

表23

乡（镇）	全县面积（平方千米）	年末耕地面积（公顷）	总户数（户）	年末总人口（人）	村、社区（个）	村（居）民小组（个）	党委书记、乡（镇）长（12月底在职）
业州镇	372.84	6756	42011	112422	54	530	吕宗鲁 冉云峰
长梁镇	398.14	6456	26646	78705	66	566	谭　明 鄢浩然
茅田乡	210.71	2864	7661	21020	29	232	冯成碧 范　妮
龙坪乡	228.28	3556	8871	27043	29	267	米敦文 王勤富
三里乡	172.19	2578	14224	44630	37	343	胡北平 汤雅成
高坪镇	259.80	6210	17354	52930	42	345	金　鑫 朱翠萍
红岩寺镇	86.00	1890	6438	20194	15	134	姚建军 熊　健
花坪镇	405.67	6786	18048	56082	57	539	向　帆 陈　伟
景阳镇	160.39	3541	13195	39577	32	261	姚代武 谢小虎
官店镇	371.76	6123	16318	54262	49	380	毛传顺 刘　伟
合　计	2665.78	46760	170766	506865	410	3597	—

【工业、建筑业】 2020年，工业增加值12.84亿元，下降11.4%。年末规模以上工业企业28个，增加值同比下降5.4%，在规模以上工业中，采矿业下降27%，制造业下降7.6%，电力、热力燃气及水生产和供应业增长64.9%。纺织业、医疗制造业和制鞋业分别拉动规模以上工业增长4%、2.4%和8.5%。非金属矿物制品业全年下降31.7%。全年建筑业增加值5.9亿元，下降25.2%。年末全年具有总承包和专业承包资质建筑企业17个，完成总产值10.43亿元，减少27.7%。

【固定资产投资、房地产】 2020年，全年固定资产投资（不含农户）同比下降39.5%。制造业投资同比下降0.9%，其中医药制造业投资增长19.2%、通用设备制造业增长25.5%。房地产开发投资下降3.8%，商品房销售面积下降18.6%，实现商品房销售额7.3亿元。

【贸易】 2020年，实现社会消费品零售总额62.11亿元，比上年下降26.7%，其中限额以上企业实现消费品零售额3.56亿元，下降14.4%。限额以上批发和零售业销售额4.74亿元，限额以上住宿和餐饮业营业额4169万元。限额以上单位粮油类、肉禽蛋类、蔬菜类、中西药类商品分别增长24.7%、15.9%、15.7%和22.5%。金银珠宝类、体育娱乐用品类及汽车等升级类商品分别增长2%、1.4%和12.4%。全年引进省外境内资金11.08亿元，实际利用外资338万美元，外贸出口总额288万美元。

【财政、金融】 2020年，完成地方财政总收入9.94亿元。一般公共预算收入4.93亿元，占地方财政总收入的49.5%。全年一般公共预算支出53.5亿元，同比增长9.9%，其中民生支出45.26亿元，同比增长7.8%，民生支出占比84.6%；一般公共服务支出、社会保障和就业支出、卫生健康支出和城乡社区支出分别增长30%、13.7%、36.7%和79.9%。全年金融机构存款余额152.68亿元，同比增长8.2%，比年初增加11.55亿元。其中住户存款125.8亿元，定期及其他存款占住户存款的59.9%；非金融企业存款9.6亿元，同比下降39.7%；广义政府存款中的财政性存款2.6亿元。全县金融机构贷款余额96.67亿元，同比增长8.6%，比年初增加7.68亿元。住户贷款52.55亿元，其中短期贷款中的消费贷款4.54亿元，占短期贷款的25.8%；中长期贷款中的经营贷款8.71亿元，同比增长12.1%。

【交通、通信】 2020年，全县公路里程3794千米，公交车线路19条，公共汽车经营车辆增至268辆，较上年增加176辆。年末实有出租汽车数110辆，较上年增长10%。行政村客运班车通达率100%。年末全县机动车保有量101820辆，其中汽车保有量59896辆。全年新增小型汽车3532辆。8月12日，高坪镇被省交通运输厅评为2019年度全省“四好农村路”示范乡镇。固定电话年末用户12.7万户，较上年减少0.8%。移动电话年末用户39.44万户，互联网宽带年末接入用户16.12万户。固定互联网宽带接入用户普及率和移动互联网宽带接入用户普及率分别为38.16%和84.59%。

【科技、教育、卫生】 2020年，年末全县拥有发明专利11件，申请专利216项，增长24.1%，专利授权159件。转化专利4件，其中实用新型专利3件，发明1件。新增注册商标390件，累计注册有效商标2328件。培育知识产权试点示范建设企业5个。全年处理商标侵权投诉举报案件7件，立案查处商标侵权案件2件。全县有学校165所，其中普通中学18所，中等职业学校1所，小学146所。在校学生52150人，其中普通中学学生22211人，中等职业学校学生3395人，小学学生26544人。全县有幼儿园70所，在园幼儿10676人。有专任教师3482名，其中普通中学1564名，中职191名，小学1727名。学龄儿童入学率、九年义务教育完成率均达100%。全县有医疗卫生机构420个，比上年增加11个。医疗卫生机构床位3219张。有卫生工作人员3151人，卫生技术人员2455人，其中执业（助理）医师869人，注册护士1216人。县疾控中心、县妇幼保健院PCR实验室投入运营，县中医院建成P2实验室，县人民医院传染病大楼开工建设。组建96人的医疗救治应急工作队及后备队，配备39名核酸检测人员，129名核酸采样人员，储备1556名流调专业人员及流调协查员。

【文化、旅游】 2020年，全年创作战疫歌曲《中国加油》《众志成城战疫情》《同舟共济渡难关》3首，组织“文化进万家”、“非遗过大年”、“建始好人”颁奖活动等12场次，成功承办“文艺助农奔小康”2020年中国第三届农民丰收节主题活动，开展“送戏下乡”“戏曲进乡村进校园”活动57场次。实现旅游综合收入16.5亿元，接待游客330万人次。店子坪成功创建国家AAA级旅游景区，花坪镇获评湖北省旅游名镇。

【社会保障】 2020年，参加养老保险人数34.6万人，增长3.5%，其中城乡居民养老保险人数27.7万人。基本医疗保险参保人数46.9万人，其中城镇职工参保人数2.9万人。参加失业保险人数1.09万人，较上年减少763人。参加生育保险人数2.1万人，较上年增加8380人。最低生活保障对象28786人，其中城镇居民保障对象1032人。农户五保户供养对象2541人，抚恤优抚对象3419人，医疗救助41840人次，救助灾民113162人次。年末全县社会福利收养性单位床位数1765张，较上年增加364张。全年销售社会福利彩票4138万元，筹集社会福利彩票公益金246万元，直接接受社会捐赠4590万元。城镇新增就业5801人，城镇失业人员再就业850人，就业困难人员再就业575人，扶持创业664人，带动就业950人。城镇登记失业率3.25%，新增高校毕业生就业701人。

【脱贫攻坚】 2020年，全县实现整县脱贫摘帽，全县650户1602人留存建档立卡贫困人口全部达到脱贫标准。脱贫不稳定户508户、1459人，收入超过国家扶贫标准。边缘易致贫户466户1434人，主要致贫风险全部消除。

【资源环境】 2020年，全县有省级生态乡镇9个，较上年增加2个，省级生态村74个，新增7个。全年平均气温15.8℃，年日照百分率为30%。年平均空气湿度79%。城区空气质量优良天数339天，优良率96.3%。全县主要河流水质总体良好，国控断面与非国控断面达标率为100%。全县1个县级和18个乡镇集中式水源地水质达标率为100%。年末森林面积17.925万公顷，森林蓄积量1268万立方米，森林覆盖率为67.24%。完成人工造林657公顷，封山育林2287公顷，退化林修复600公顷，人工更新4公顷，森林抚育6000公顷。石漠化综合治理人工造林160公顷，当年新封育林1269公顷。12月9日，省环境保护委员会认定建始县为“湖北省生态文明建设示范县”。

【建恩高速公路通车】 2020年7月16日零时，恩施至建始高速公路通车试运营，实施全国联网收费。通车后州城恩施到建始县城的车程由70分钟缩短为35分钟。建恩高速公路是银川至百色高速公路的联络线安来高速公路建始（陇里）至恩施（罗针田）段，全长74.211千米，其中主线长70.695千米，设立建始北、建始东、白杨坪、龙凤坝、恩施大峡谷、恩施北6个匝道收费站，建始、杉木坝2对服务区和恩施1对停车区。

【荣誉】 2020年，建始县人民医院被省委、省政府表彰为“湖北省抗击新冠肺炎疫情先进集体”，业州镇政府副镇长向峰、县中医医院医师何欢被表彰为“湖北省抗击新冠肺炎疫情先进个人”。龙坪乡党委委员、副乡长、店子坪村支部书记王光国被交通运输部、中华全国总工会评为“2019年感动交通十大年度人物”。县农业植物保护站高级农艺师刘传清被农业农村部办公厅表彰为“全国最美农技员”。县科学技术协会党组书记、主席汪奉天被省政府表彰为“湖北省科普先进工作者”。县人社局基金监督股股长聂小兰被省人社厅表彰为“湖北省人社系统先进个人”。县信访局副局长陈美林被省人社厅、省信访局表彰为“2018—2020年度全省信访工作先进个人”。高坪镇畜牧兽医服务中心畜牧师刘羽柏、长梁中心学校教师金函平、花坪镇农业技术服务中心周光彦、龙坪林业管理站侯明富被省委组织部、省人社厅评为“2019年湖北省艰苦地区专业技术人才奉献岗位计划人选”。长梁镇龙潭村妇联主席李忠香获评

“全省妇联系统劳动模范”。

（*汪德君　杨金碧*）

巴东县

【概况】 巴东县位于恩施州东北部，地跨北纬30°13′—31°28′、东经110°04′—110°32′。东连湖北省兴山县、秭归县、长阳县，南接湖北省五峰县、鹤峰县，西临湖北省建始县、重庆市巫山县，北靠神农架林区。边界线全长529千米，其中省界80千米、县界449千米。全县面积3352平方千米。全县河流落差大，水能资源丰富，多年平均径流量为33.05亿立方米，多年平均径流深为903.2毫米，地下水10.84亿立方米。水能理论蕴藏量24.12万千瓦，可利用量15.47万千瓦，平均每平方千米45.04千瓦。全县已探明矿产种类23个、矿产地93处，其中大型铁矿床1处、中型煤矿床2处、中型铁矿床4处。煤炭、铁矿、石灰石、硅石为四大骨干矿产，其中煤炭总储量8727万吨。全县已知的蕨类和种子植物有166科734属1870多种，全县高等植物不少于2000种，其中第三世纪前后孑遗、残遗及特有稀有植物50余种。全县野生动物和驯养动物品种多，其中有18种脊椎动物受国家保护。已知的鱼类有9目16科63种。旅游资源有神农溪、巴人河、巫峡口、无源洞、邓玉麟将军故里、寇准公园、森林花海、小神农架自然保护区、水布垭等自然风光，有古遗址、古墓群、古建筑等文化遗址，有“杀官夺印旧址”“九峰岩农民起义军旧址”“巴归兴县委扩大会议旧址”“贺龙旧居”“段德昌殉难处”“巴东县革命烈士陵园”等革命历史纪念地。

2020年，全县完成地区生产总值125.28亿元，扣除价格因素，同比下降3.1%。其中，第一产业增加值25.28亿元，增长0.6%；第二产业增加值31.51亿元，增长7.3%；第三产业增加值68.50亿元，下降9%。三次产业结构调整为20.2:25.2:54.6。第一产业占比较上年增加2.4个百分点，第二产业占比较上年增加0.5个百分点，第三产业占比较上年下降2.9个百分点。

【区划、人口】 2020年，全县辖2个乡、10个镇、1个经济开发区、294个村29个社区。年末全县户籍总户数188241户，户籍总人数48.44万人。其中男性人口25.19万人，占比52%；女性人口23.24万人，占比48%。全县出生人口3715人，出生率6.99‰；死亡人口3718人，死亡率7.66‰，人口自然增长率下降0.67‰。

2020年巴东县乡(镇)基本情况表

表24

乡(镇)	全县面积(公顷)	年末耕地总资源(公顷)	总户数(户)	年末总人口(人)	村、社区(个)			村(居)民小组(个)	粮食产量(吨)	公共财政收入(万元)	党委书记、乡(镇)长(12月底在职)
					小计	村	社区				
东瀼口镇	10906.25	2299.23	9891	26264	16	14	2	174	10698	402	王发堂　张绪刚
溪丘湾乡	26452.47	4969.5	17380	45204	33	33	0	284	20836	1081	舒显伟　李　初
沿渡河镇	48462.92	6455.83	18820	49548	39	36	3	445	24366	895	黄祖贵　贾旺刚
官渡口镇	32762.08	6214.74	21004	57936	41	35	6	421	23550	1055	熊学红　肖　辉
茶店子镇	26626.2	5220.27	13162	33365	32	32	0	311	12937	1006	宋　良　郑爱华
绿葱坡镇	28063.17	5975.92	8527	23546	22	21	1	274	9957	450	田恒勇　谭先吾
大支坪镇	21177.5	3173.81	7823	21293	15	15	0	221	11000	295	向　明　谭　红
野三关镇	52914.07	10227.93	28646	70138	33	26	7	637	33332	5449	伍晓锋　谭联才
清太坪镇	27923.18	5278.17	15214	39580	32	31	1	329	17838	360	裴成龙　陈君琪
水布垭镇	32877.85	6497.67	17877	45421	30	28	2	406	20925	785	田祚立　贺齐政
金果坪乡	18227.63	3191.68	8361	24213	14	14	0	171	11961	365	王　卿　卢宗旺
信陵镇	8768.87	1135.06	21554	47878	16	9	7	131	3583	5998	焦旭东　万运泰
合　计	335162.19	60639.81	188241	484386	323	294	29	3804	200983	47092	—

【市场主体】 2020年，全县有市场主体注册户数35452户，同比增长14.2%。其中企业6654户、个体工商户26309户、农村专业合作社2489户。有市场主体注册资本金307亿元，同比增长13.2%。第一产业有市场主体5006户，占总数的14.1%；第二产业有市场主体3754户，占总数的10.6%；第三产业有市场主体26692户，占总数的75.3%。

【农业】 2020年，常用耕地面积60640公顷，有效灌溉面积3740公顷，旱涝保收面积19007公顷。全年农村用电量5091.14万千瓦时，农用化肥施用量(折纯)38910.33吨。全年农林牧渔业实现总产值46.79亿元，同比增长1%。其中种植业总产值24.94亿元，增长5.7%；林业总产值2.99亿元，下降3.2%；牧业总产值15.81亿元，下降2.3%；渔业总产值547万元，下降0.9%；农林牧渔服务业总产值2.99亿元，增长4.2%。全年实现农林牧渔业增加值26.57亿元，增长0.8%。全年粮食播种面积60526.67公顷，同比增长1.4%。粮食产量20.10万吨，增长0.6%。蔬菜播种面积16406.67公顷，同比增长1.6%。蔬菜产量33.20万吨，增长2.1%。中草药材播种面积12893.33公顷，增长9.2%。烟叶播种面积3060公顷，产量5873.78

吨。油料种植面积15206.67公顷，产量2.53万吨。茶叶面积10700公顷，同比增长4.5%。茶叶产量3486.05吨，增长2.4%。全县农副产品加工业产值52900万元，同比下降27.2%。全年荒山荒沙造林面积393公顷，有林地造林面积21公顷，更新造林面积95公顷，森林抚育面积6667公顷。全年生猪出栏44.30万头，同比下降3.2%。生猪存栏36.82万头，增长52.2%。牛出栏3140头，下降1.4%。羊出栏15.64万只，下降13.2%。家禽出笼100.83万只，增长2.9%。肉类产量3.86万吨，下降2.8%。禽蛋产量0.78万吨，增长6.7%。水产品产量66.4吨，下降57.7%。2020年末，全县农村劳动力资源26.54万人，农村从业人员24.88万人，农村外出从业人员8.62万人。

【工业、建筑业】 2020年，全县规模以上工业企业32个，较上年减少4个。全年累计完成规模工业总产值27.93亿元，同比增长36.3%。完成规模工业增加值13.84亿元，增长61.5%。在总产值中，轻工业完成产值5.63亿元，同比减少31%。重工业完成产值22.30亿元，增长80.9%。完成工业销售产值总计27.76亿元，增长36.5%。规模工业产品销售率为99.6%，较上年增加0.6个百分点。全县规模工业产值完成情况分行业涉及15个种类，其中酒、饮料和精制茶制造业完成1.3亿元，同比下降42%。木质家具制造完成0.33亿元，下降36.9%。中药饮片加工产值完成1.02亿元，下降43.5%。电力生产完成18.36亿元，增长107.9%。全年规模以上工业企业主营业务收入13.19亿元，同比下降35.8%。全县资质以上建筑企业24个，较上年增加7个。资质以上建筑企业总产值11.63亿元，同比增长2.8%；全口径建筑业增加值9.61亿元，下降18.6%。

【服务业】 2020年，全县完成批发和零售业增加值8.79亿元，同比下降12.8%。交通运输、仓储和邮政业增加值4.73亿元，下降25%。住宿和餐饮业增加值2.31亿元，下降31.8%。金融业增加值8.57亿元，增长8.1%。房地产业增加值13.62亿元，增长10%。其他服务业增加值28.92亿元，下降12.1%。

【交通、邮政、通信】 2020年，全县公路里程5840.60千米，其中等级公路里程4770.30千米，包含高速公路里程70.30千米。公路货运量和客运量分别为99万吨和113万人，水路货运量和客运量分别为124.22万吨和21.24万人，物流企业24个。在国务院扶贫办社会扶贫司评选的“志愿者扶贫案例50佳”中，《巴东县东顺伟业博爱之光——记恩施州巴东县东顺伟业出租车有限公司志愿服务者团队》案例入选。全年实现移动业务营业收入13785万元，同比增长1.5%。联通业务营业收入5380.29万元，增长3.9%。邮电业务营业收入6179万元，增长4.6%。电信业务营业收入7145.33万元，增长15.6%。年末固定电话用户20150户，同比下降30.5%，移动电话用户367930户，增长1.2%，互联网宽带接入用户501603户，增长16.6%。固定宽带家庭普及率71.6%，较上年增加9.3个百分点，移动宽带用户普及率85.8%，增加12.57个百分点，互联网普及率101.6%，增加14.04个百分点。

【固定资产投资、房地产】 2020年，固定资产投资累计同比下降18.1%。其中工业投资下降27.2%，工业技改投资增长36.1%，房地产开发投资增长230.3%。分产业看，第一产业投资同比下降56.9%，第二产业投资下降27.2%，第三产业投资下降11.4%。全年商品房施工面积373970平方米，同比增长112.2%。竣工面积12700平方米，下降25.7%。销售面积125702平方米，增长43.9%。空置面积3800平方米，下降92.3%。商品房销售额57589万元，增长81.2%，其中住宅销售额52313万元，增长64.6%。

【贸易】 2020年，全县完成社会消费零售总额63.24亿元，同比下降25.8%。按经营地统计，城镇消费品零售额51.89亿元，同比下降25.7%；乡村消费品零售额11.35亿元，下降26%。分行业看，批发业零售额13.03亿元，同比下降17.7%；零售业零售额44.39亿元，下降27.1%；住宿业零售额1.38亿元，下降29.6%；餐饮业零售额4.44亿元，下降31.6%。2020年全县利用外资495万美元，对外贸易进出口额1135.6万美元，同比下降6.8%，其中出口额1135.6万美元，下降4.7%。

【财政、金融】 2020年，全县累计完成地方财政总收入7.67亿元，同比下降25.7%，其中公共财政预算收入4.71亿元，下降29.9%。全年公共财政预算支出61.96亿元，同比增长7.3%。其中医疗卫生支出6.34亿元，增长15.1%；教育支出8.62亿元，增长0.9%；公共文化财政支出0.87亿元，增长3%。年末全县金融机构人民币存款余额183.64亿元，同比增长11.1%，其中住户储蓄存款余额130.73亿元，增长13.7%。金融机构人民币贷款余额95.09亿元，增长17.3%，其中农业及支农贷款余额68.24亿元，增长6.1%。金融机构网点数49个。

【科技、教育、卫生】 2020年，全县共拥有各类专业技术人员数5121人，其中中级专业技术人员数3459人、农业技术人员294人。全县拥有各类学校77所，其中中等职业学校1所、普通中学25所、小学50所、特殊教育学校1所。在校学生总数（不含特校）53722人，专任教师总数3854人。幼儿园75所，在园幼儿数9970人。农村义务教育专任教师本科及以上学历比例为70%，学前三年毛入园率为86%，小学学龄儿童净入学率、小学五年巩固率、初中阶段毛入学率、初中三年巩固率均为100%，九年义务教育巩固率为99%，高中阶段毛入学率为94%。平均受教育年限6年，劳动人口平均受教育年限（16—65岁）10.7年，6岁及以上人口人均受教育年限8年。成人识字率为90%，青壮年（15—50岁）文盲率为零。九年义务教育（普通小学、普通初中）在校学生数41627人，高中阶段在校学生数为12148人。全县有医疗卫生机构数444个，其中医院5个、卫生院12个、疾病预防控制中心1个、妇幼保健院1个、村卫生室346个。医疗卫生机构床位数2499张，卫生工作人员3020人。医疗卫生机构技术人员2615人，其中执业（助理）医师990人、注册护士880人、卫生防疫人员62人。农村卫生厕所普及率100%，医院病床使用率67%，新生儿死亡率1.84‰，甲乙类法定报告传染病发病率419.29/10万。每千人口卫生技术人员5.45人，每千人口医疗卫生机构床位数5.21张，平均预算寿命78.27岁。

【文化、体育、旅游】 2020年，全县拥有公共图书馆和体育场各1个，公共图书馆总藏书量111027千册。广播覆盖率为99.8%，电视覆盖率为99.9%。全县累计接待游客470.77万人次，同比下降54.9%，其中入境游客0.17万人次，下降99.6%。旅游综合收入28.26亿元，同比下降64.7%，其中旅游外汇收入21.35万美元，下降99.5%。国家AAA级以上旅游景区景点6个，星级饭店数11个，星级客房数822间，文物保护区130个。

【居民生活】 全年居民消费价格上涨2.2%，比上年回落0.9个百分点。构成居民消费价格的八大类商品价格涨跌幅度为：食品烟酒价格上涨9.8%、衣着价格下跌0.6%、居住价格下跌3.1%、生活用品及服务价格上涨0.2%、交通和通信价格下跌4%、教育文化和娱乐价格上涨1.7%、医疗保健价格上涨0.7%、其他用品和服务价格上涨0.3%。全年商品零售价格上涨1.2%，比上年回落0.7个百分点。

【社会保障】 2020年，全县城镇登记失业率3.49%，比上年同期提高2.39个百分点（逆指标）。城镇登记失业人员为1390人，其中女性708人。城镇新增就业人数5687人，下岗再就业人数2429人。年末离休、退休、退职人员数23315人。全县城镇职工基本养老保险参保人数42911人，较上年增加789人。城乡居民基本养老保险参保人数325626人，增加12132人。失业保险参保人数15270人，增加1223人。工伤保险参保人数16998人，减少749人。养老、失业、工伤保险基金当年支出额为96801.47万元，较上年增加10085.53万元。全县提供住宿的社会工作机构14个，床位数1315个，社区服务机构总数306个，城市居民最低生活保障人数770人，农村居民最低生活保障人数30709人。2020年，基本建成棚户区800套，累计发放住房租赁补贴51户。

【城市建设】 2020年，城市道路长度93.16千米，城市道路面积104.87千平方米，排水管道长度78.88千米。垃圾处理站13个，城市生活垃圾无害化处理率100%，处理能力100吨/日。用水人口7.3万人，城市供水总量536.7万立方米，其中居民家庭用水202.79万吨，污水处理厂数12座，城市污水处理率95%。园林绿地面积347.7公顷，公共绿地面积260.5公顷，城市公园绿地面积142.3公顷，建成区绿化覆盖率43.8%。

【环境保护】 2020年，全县年末森林面积216478公顷，森林覆盖率为64.6%。截至年底，全县有自然保护区2个，保护区面积22665.94公顷。

【应急管理】 2020年，全年各类安全生产事故起数1起，各类安全生产事故死亡人数1人。全年发生刑事案件665件，同比增长15%，破案145件，下降5%。交通事故发生数4968起，下降3%，损失额506.6万元，下降6%。

【脱贫攻坚】 2020年，全县扶贫资金统筹投入12.95亿元，专项投入5.73亿元，当年减少农村贫困人口数1498人。贫困发生率为零，比上年下降0.34个百分点。

【“中国·恩施首届茶盐古道文化艺术节暨茶店驿站开街仪式”】 2020年7月17日，“中国·恩施首届茶盐古道文化艺术节暨茶店驿站开街仪式”在巴东县茶店子镇举办，开展茶盐古道文化艺术演出、茶文化沙龙及茶品鉴和土家风情篝火晚会等活动。茶店驿站项目位于茶店子镇朱砂土村，由巴东众有实业有限公司投资20亿元建设。

【荣誉】 2020年，巴东县被生态环境部认定为“国家级生态文明建设示范县”。县人民医院感染科护士长莫晓婧被中共中央、国务院、中央军委表彰为“全国抗击新冠肺炎疫情先进个人”。县卫生健康局被省委、省政府表彰为“湖北省抗击新冠肺炎疫情先进集体”；县中医医院外科副护士长，护师赵蓉春，县社会福利院院长、管理九级黄华被表彰为“湖北省抗击新冠肺炎疫情先进个人”。县青龙大道消防救援站副站长苏辉被应急管理部表彰为“国家综合性消防救援队伍抗击新冠肺炎疫情先进个人”。县司法局公共法律服务管理股股长胡瑜被司法部表彰为“全国法律援助工作先进个人”。县第三方人民调解委员会主任黄再军被司法部表彰为“全国模范人民调解员”。县住建局邓学奎被住房和城乡建设部表彰为“全国住房和城乡建设系统抗击新冠肺炎疫情先进个人”。县市场监督管理局野三关市场监督管理所所长邓习胜被国家市场监督管理总局表彰为“全国市场监管系统抗击新冠肺炎疫情先进个人”。溪丘湾乡政府民政办贾继含被省人社厅、省残疾人联合会表彰为“湖北省残联系统先进工作者”。

（沈丽萍）

宣恩县

【概况】 宣恩县位于恩施州南部，地处北纬29°32′46″—30°13′36″，东经109°10′50″—109°55′52″。东接鹤峰，西南邻咸丰、来凤，东北、西北及北部与恩施市交界，东南与湖南省龙山、桑植等县接壤。南北长73.9千米，东西宽71.5千米。全县面积2737.20平方千米。县境内两大水系（贡水、酉水）4条主要河流的水能理论蕴藏量为55万千瓦，勘察论证可开发量为40万千瓦，占理论蕴藏量的73%。探明的矿有33种，矿产地（矿点）132处。主要矿种有煤矿、铜矿、铁矿、铅锌矿、硫铁矿、炭质页岩、石英矿、白云岩、生物大理石、石灰岩、菊花石、黑滑石、紫砂陶土等。县境内有维管类植物176科763属2085种，其中蕨类植物36科80属281种；裸子植物8科16属22种；被子植物132科667属1782种，国家重点保护植物28种。有脊椎动物28目97科395种，其中兽类8目25科73种，鸟类16目52科251种，两栖类2目10科32

种，爬行类2目10科39种。属于国家一级重点保护野生动物的有4种（其中鸟类1种、兽类3种）。按国家标准《旅游资源分类、调查与评价》（GB/T18972 — 2003）中旅游资源的分类分级系统，在旅游资源类型的八大主类31个亚类和155个基本类型中，宣恩县旅游资源八大主类齐全，31个亚类中宣恩县有22个亚类，占71%；在155个基本类型中，宣恩县有58个，占37%。有2个国家AAAA级旅游景区：宣恩伍家台乡村休闲度假区、狮子关旅游区。

2020年，全县实现生产总值79.73亿元，比上年下降2%。其中第一产业增加值21.16亿元，增长0.6%；第二产业增加值10.51亿元，下降4.3%；第三产业增加值48.05亿元，下降2.4%。三次产业结构比为26.5：13.2：60.3。

【区划、人口】 2020年，宣恩县辖珠山镇、椒园镇、沙道沟镇、李家河镇、高罗镇、晓关侗族乡、万寨乡、长潭河侗族乡、椿木营乡，1个工业园区（副县级），17个社区、276个村，164个居民小组、2653个村民小组。2020年末全县户籍人口35.71万人。其中男性18.73万人，占总人口的52.5%；女性16.97万人，占总人口的47.5%。全年出生人口2802人，出生率为7.39‰；人口死亡率为1.60‰；人口自然增长率为5.79‰。

【市场主体】 2020年末，全县实有市场主体24076户，比上年增长2.41%。其中企业类市场主体4070户、个体工商户19038户、农民专业合作社968户。全年新登记各类市场主体3077户，增长22%。其中新登记企业类市场主体753户，增长48.5%。

【农业】 2020年，农林牧渔业实现总产值38.82亿元，扣除价格因素，比上年增长0.9%。农林牧渔业实现增加值22.15亿元，增长0.7%。全年粮食种植面积30846.67公顷，粮食总产量11.77万吨。全年油料产量6864吨，比上年增长0.8%。烟叶产量5779吨，增长2.8%。蔬菜产量151292万吨，增长1.2%。茶叶产量18510吨，增长1.5%。水果产量122053吨，增长9.5%。年末特色农业基地64533.33公顷，较“十二五”期末增长13.3%。“一村一品”专业村122个，伍家台贡茶入选“中欧地理标志协定”第二批保护名录。全年畜禽肉产量28530吨，比上年下降26.4%。其中猪肉产量24871吨，比上年下降28.3%；禽蛋产量3844吨，比上年增长4.7%。年末生猪存栏、出栏分别为22.44、30.49万头，分别下降27.7%、31.2%。

2020年宣恩县乡（镇）基本情况表

表25

乡（镇）	全县面积（平方千米）	年末常用耕地面积（公顷）	粮食作物播种面积（公顷）	粮食产量（吨）	总户数（户）	年末总人口（人）	村、社区（个）			居民小组（个）	村民小组（个）	党委书记、乡（镇）长（12月底在职）
							小计	村	社区			
珠山镇	163.78	1601	2369	9773	16900	45748	24	16	8	71	150	曾伟 戴青
椒园镇	175.98	1363	1894	6517	8352	25833	22	21	1	15	188	袁永灿 向莲花
沙道沟镇	649.96	4281	5365	21384	21975	66471	51	49	2	27	522	朱朝春 秦正才
万寨乡	183.57	2253	2805	10652	9717	29952	25	24	1	5	244	谭华军 张艳丽
晓关侗族乡	421.38	4265	4670	17776	14584	42201	41	40	1	9	439	唐猛 黄义
李家河镇	216.79	3337	3665	15714	14724	52312	41	40	1	13	353	明关祝 熊茂平
长潭河侗族乡	432.71	3720	4368	15160	13479	37018	40	39	1	10	361	龚家邦 夏涛
高罗镇	287.19	2643	4400	16816	14513	45315	33	32	1	10	312	彭超 陈涛
椿木营乡	205.84	1323	1314	3887	4527	12200	16	15	1	4	84	谢迭胜 徐兆海
合计	2737.20	24785	30850	117678	118771	357050	293	276	17	164	2653	—

【工业、建筑业】 2020年，全县工业增加值7.41亿元，比上年增长0.6%。全县规模以上工业增加值增长10.1%。全年规模以上工业品产销率105.1%。每百元营业收入中的成本80.73元，比上年减少1.29元。营业收入利润率7.2%，提高2.93个百分点。每百元营业收入中的费用13.69元，减少1.25元。单位成本费用94.42元，减少2.54元。每百元资产实现的年营业收入124.5元，增加18.6元。资产负债率49.4%，下降3.5个百分点。全年资质内建筑业企业完成总产值4.01亿元，比上年下降9.7%。建筑业增加值3.11亿元，下降16.5%。

【服务业】 2020年，批发和零售业增加值7.86亿元，比上年下降14.5%。交通运输、仓储和邮政业增加值1.99亿元，下降37.4%。住宿和餐饮业增加值1.79亿元，下降34.5%。金融业增加值5.63亿元，增长2.3%。房地产业增加值9.79亿元，增长3.5%。其他营利性服务业增加值7.66亿元，增长28.6%。

【交通、邮政、通信】 2020年末，全县公路通车里程6682千米，其中境内二级以上高等级公路里程405.54千米。当年新增及改扩建公路里程54.55千米。年末实有公共汽（电）车营运车辆数34辆，实有出租汽车数63辆。全年运输旅客111.59万人次。全年完成邮政业务总量32.42万件，完成邮政函件业务2.12万件，快递业务收入326.49

万元。年末全县固定电话用户 9437 户，移动电话用户 272175 户。

【固定资产投资、房地产】 2020 年，固定资产投资比上年下降 11.7%。分产业看，第一产业投资下降 100%；第二产业投资增长 18.3%；第三产业投资下降 17.6%。民间投资增长 4.8%。全年房屋施工面积 83.1 万平方米，比上年增长 6.2%。竣工面积 1.98 万平方米，增长 186.9%。商品房销售面积 14.05 万平方米，下降 26.6%。待售面积 3 万平方米，增长 239.2%。商品房销售额 7.13 亿元，下降 25.8%，其中住宅销售额 6.44 亿元，下降 27.9%。

【贸易】 2020 年，全县实现社会消费品零售总额 47.17 亿元，比上年下降 25%。其中批发零售业销售额 42.05 亿元，下降 24.5%；住宿餐饮业营业额 5.12 亿元，下降 28.6%。实际外商直接投资 387 万美元。对外贸易出口额 1276 万美元，增长 12.9%。

【财政、金融】 2020 年，地方财政总收入 4.70 亿元，比上年下降 18.8%，其中地方一般公共预算收入 3.06 亿元，下降 22.8%。在地方一般公共预算收入中，税收收入 2.22 亿元，下降 24.2%。全年一般公共预算支出 42.67 亿元，增长 14.9%。其中，教育支出 5.34 亿元，增长 1.1%；卫生健康支出 4.88 亿元，增长 24.9%；社会保障和就业支出 5.62 亿元，增长 11.6%；灾害防治及应急管理支出 0.54 亿元，增长 36.9%；农林水支出 11.57 亿元，增长 48.7%。年末全县金融机构人民币存款余额 108.73 亿元，同比增长 8.7%。金融机构人民币贷款余额 76.77 亿元，增长 13.2%。金融存贷比达 70.6%，较同期提高 2.9 个百分点。

【科技、教育、卫生】 2020 年，全县高新产业企业实现增加值 10462 万元，占全县地区生产总值比重为 1.3%。全年获得专利授权 82 件。其中发明专利 1 件、实用新型专利 38 件、外观设计 43 件。全县有中小学 54 所，其中高中阶段学校 3 所，初级中学 10 所，小学 40 所（含教学点 5 个），特殊教育学校 1 所。全县有幼儿园 47 所，其中公办园 6 所、民办园 41 所。小学附属幼儿园 14 个。基础教育学生 44680 人。其中幼儿园在园人数（含附设幼儿班）8175 人，小学在校人数 21330 人，初中在校人数 10774 人，普通高中在校人数 4354 人，特校在校人数 47 人，中等职业技术学校在校人数 1686 人。全县有医疗卫生健康服务机构 281 个，实有床位 1626 张。执业（助理）医师 595 人，注册护士 1089 人。

【文化、体育、旅游】 2020 年，全县有作协、音协、舞协、摄协、书协、美协、民协、诗联学会 8 个协会，共有会员 912 人。全县广播电视人口综合覆盖率达 99.82%，全县 9 个乡镇 276 个村，2653 个村民小组，安装无线调频广播发射机 113 台、多模音柱 388 个、多模收扩机 1895 个，大喇叭 3790 个。新建成图书馆 1 个，建筑面积 4937 平方米，馆藏图书 13.53 万册。在“仙山贡水，浪漫宣恩”旅游区内举办各类文化体育活动，2020 年贡水河水上运动升级为国家级全民赛事，举办 2020 中国民族民间龙舟公开赛（宣恩站），贡水河水上运动会获“中国国际广告节广告主奖·2020 年度整合营销金奖”。“仙山烤活鱼·贡水推豆腐”成为知名美食地标，宣恩全域旅游入选世界旅游联盟 2020 年减贫案例。先后开展“体彩杯”宣恩县第五届气排球赛、“工会杯”宣恩县第二届职工篮球联赛、“工会杯”羽毛球赛、“工会杯”宣恩县第二届 5 人制职工足球赛、美丽乡村长跑活动等全民健身活动。全年累计接待游客 275.2 万人次，实现旅游综合收入 11.8 亿元，同比分别下降 8.5%、19.7%。开展“仙山贡水，浪漫宣恩”国家 AAAA 级旅游景区创建，年末全县有国家 AAAA 级旅游景区 2 个。

【居民生活】 2020 年，农村常住居民人均可支配收入 11684 元，比上年增长 2.5%，人均生活消费支出 9889 元，增长 2.1%。城镇常住居民人均可支配收入 28825 元，下降 2.1%，人均生活消费支出 20408 元，下降 5.9%。

【社会保障】 2020 年，全县城镇职工基本养老保险参保 44394 人，城乡居民社会养老保险参保 191306 人，工伤保险参保 14879 人，失业保险参保 10025 人。城镇登记失业率为 3.70%。全年城镇新增就业人员 3080 人。城镇失业人员再就业 1453 人，城乡劳动者就业培训 6628 人。

【城市建设】 2020 年，城市生活垃圾无害化处理率 100%，有垃圾处理站 2 个。建成区绿化覆盖率 42.16%，城市人均公园绿地面积 17.04 平方米。

【资源环境】 2020 年，全社会用电量 3.75 亿千瓦时，增长 10.2%。其中工业用电量 0.83 亿千瓦时，增长 10.4%。全县年末森林面积 184088.2 公顷，森林覆盖率达 77.72%。自然保护区面积 34550 公顷。全县空气质量优良天数为 348 天，优良率为 96.7%。可吸入颗粒物（PM_{10}）浓度均值为 23 微克/立方米，比上年下降 11.5%。

【应急管理】 2020 年，共发生生产安全事故 2 起，死亡 2 人，未发生较大及以上生产安全事故，实现“一无一降”目标。共遭受 8 次自然灾害袭击（2 次冰雹灾害、6 次洪涝灾害），因灾造成直接经济损失 2.7 亿元，占地区生产总值的 3.4%。

【脱贫攻坚】 2020 年，制定《宣恩县 2020 年脱贫攻坚作战方案》，落实各级党政“一把手”负总责，坚持县领导包片、县直单位和乡（镇）领导包村、村“尖刀班”和帮扶干部包组包户的责任机制，坚持县精准扶贫指挥部半月一调度，乡镇前线指挥部一周一调度，村“尖刀班”每周碰头调度的工作机制，压实各级主体责任。中央财政专项扶贫资金投入 17504 万元，省级财政专项扶贫资金投入 1914 万元。上年留存贫困户 15 户、43 人于 2020 年 11 月全部脱贫。8 月通过全国脱贫攻坚普查、省级 2019—2020 上半年脱贫攻坚成效考核和第三方评估。围绕“两不愁三保障”标准，全年有 195 个村实施扶贫项目，覆盖农户 56790 户，扶持人口181728人，获得扶贫贷款农户4189户。全年全县发展特色农业产业4848.13公顷。其中，新建以茶叶、特色水果、中药材等为主的长效产业1520.73公顷，带动贫困户1617户；发展以烟叶、马铃薯等为主的短期作物3327.4公顷，带动贫困户1287户；落实住房保障工程，投入资金203.75万元，实施农村危房改造131户。持续落实生态扶贫政策，发放护林员补助640万元，生态公益林补偿资金2531.47万元。贫困人口劳务输出37345人，比上年增加5.36%。组织开展专场招聘会56场，2500余名就业困难人员在县内企业就近就业。做好就业扶贫补助政策落实，对1.4万人发放交通、生活补助554万元。新增认定8个企业为就业扶贫车间，年末全县有就业扶贫车间14个，共计吸纳就业900人，其中贫困劳动力394人，对扶贫车间发放就业补贴资金65万元。杭州市西湖区、中国铁塔公司、省农业农村厅、省人保财险公司、中铁大桥局、省盐业公司等13个定点帮扶单位、9个“616”工程对口帮扶单位及荆州市区域协作单位继续帮扶宣恩。杭州市西湖区2020年在产业发展、劳务和人才合作、补齐民生短板等方面帮扶资金5700万元。全年各类平台累计销售扶贫产品4.4亿元。开展“活水计划”和“扶贫日”活动，10.7万人次参与线上捐款，筹集资金236万元。全县56个集中安置点总计安置33945人，集中安置率95%。利用东西部扶贫协作资金支持黑茶、贡水白柚等特色产业建设，直接带动安置点周边941户贫困家庭就业。设立保洁、保安、河道管理员等公益性岗位，惠及易迁对象253人，确保“搬得出”“稳得住”“能致富”。2020年宣恩县被湖北省易地扶贫搬迁工作领导小组评为先进集体，国家发改委作为典型案例通报。

【墨达楼建成开放】 2020年1月18日，墨达楼揭牌，正式对外开放，该项目属宣恩县城镇棚户区（城中村）建设项目兴隆老街片区的一部分，2018年9月20日开工建设，2019年8月7日主体建成，总投资2500万元。墨达楼位于贡水河南岸，整体建筑依山体由低向高呈五梯台进式，有85道门，100个窗户，160根顶梁柱，500余扇雕花门窗等组成。总高38.8米、宽31米，占地约2374平方米，建筑总面积3415平方米。南方穿斗式纯榫卯结构，布局错落有致，楼中有阁，阁上有亭，回廊相连。两条南北向百步台阶、两条疏散道路和四条庭园路对外相连，与兴隆大道各方向四通八达，楼前东侧过街天桥接凌波桥，连接贡水河南北两岸。

【萨玛长潭侗乡民俗文化体验及漂流项目签约】 2020年4月3日下午，总投资2.5亿元的萨玛长潭侗乡民俗文化体验及漂流项目正式签约。项目包括长潭河侗族乡两溪河村山羊溪河段至兴隆村村委会河段河道漂流，并在山羊溪建设生态坝、生态河堤，同时对沿河河道疏浚治理，打造水上乐园及侗乡民宿体验区，全程约8千米，漂流时间约120分钟。

【宣鹤高速公路通车】 宣恩至鹤峰高速公路是《湖北省“十二五”高速公路规划》“七纵五横三环”中“五横”的一段，是湖北宜都至来凤高速的重要组成部分，恩施州内途经鹤峰、宣恩、来凤等县，亦称鹤来高速，宣鹤高速公路起于鹤峰县艾蒿坪，经太平镇、毛坝至分水岭，跨车洞河，经雪落寨、沙道沟镇，在宣恩县当阳坪与恩来高速公路相连，路线总长55.63千米，其中宣恩段31千米。总投资65.7亿元，其中宣恩段35.9亿元。主线设计速度每小时80千米，双向四车道，路基宽度24.5米。宣恩段有桥梁28座，隧道13座。在沙道沟设“互通收费站+服务区”。2015年12月18日开工建设，2019年12月底通过交工验收，达到通车条件。2020年7月通车运营，并实施全国联网收费。

【2020中国民族民间龙舟公开赛（宣恩站）暨贡水河水上运动会】
2020年8月24—27日，由省体育局指导，中国少数民族体育协会、州政府主办，以“激情贡水·浪漫宣恩”为主题的2020中国民族民间龙舟公开赛（宣恩站）暨贡水河水上运动会在宣恩举行，龙舟赛正式升格为国家级民族体育赛事。公开赛共设龙舟竞赛、水上排球、水上拔河、游泳等项目。共108个单位、2400余名运动员参赛，其中省外单位5个，州外省内单位8个，县外州内单位44个，龙舟比赛队伍37支，水上拔河队伍64支，水上气排球队伍75支。

【湖北省观鸟基地】 2020年11月11日，宣恩贡水河国家湿地公园被湖北省野生动物保护协会授予“湖北省观鸟基地”。贡水河国家湿地公园境内鸟类资源丰富，发现的野生鸟类共有17目46科152种，占湖北省鸟类总数的30%以上。其中国家重点保护野生鸟类共有21种，如中华秋沙鸭、金雕、红腹角雉等。根据鸟类居留情况，湿地公园鸟类以留鸟居多，共77种，占鸟类物种总数的50.66%；夏候鸟41种，占26.97%；冬候鸟18种，占11.84%；旅鸟15种，占9.87%。

【荣誉】 2020年，宣恩县中西医结合医院（沙道沟镇中心卫生院）院长麻祖念被中共中央、国务院、中央军委表彰为“全国抗击新冠肺炎疫情先进个人”。县疾病预防控制中心被省委、省政府表彰为“湖北省抗击新冠肺炎疫情先进集体”；县人民医院感染科主任、主治医师褚天奎，县委宣传部副部长（新华社签约摄影师）宋文被表彰为“湖北省抗击新冠肺炎疫情先进个人”。宣恩红云果蔬种植专业合作社及良栋生态农业有限公司卢云家庭获评“荆楚脱贫攻坚最美家庭”，高罗镇龙河村黄海艳家庭获评“湖北省文明家庭”，万寨乡金龙坪村党支部书记、宣恩县孔氏茶业有限公司总经理孔家刚获评“恩施楷模·最美退役军人”。

（江安鸣）

咸丰县

【概况】 咸丰县位于恩施州西南部，云贵高原东延武陵山余脉与大巴山之间，地处北纬29°19′28″—30°2′54″，东经108°37′8″—109°20′8″。东接宣恩，东南邻来凤，南与重庆酉阳接壤，西界重庆黔江，北连利川，东北接恩施市。南北长80.38千米，东西宽68.95千米。全县面积2550平方千米。县内河流分属乌江、清江、沅江三大水系，主要有忠建河、曲江、龙洞河、南河、青狮河、龙嘴河、蛇盘溪、冷水河、白家河、唐崖河。境内湖泊主要有小南海和汪大海，小南海距咸丰县城西75千米，为全国保护完好的地震遗址之一。全县有地表水资源23.85亿立方米，多年平均入境客水7.56亿立方米，多年平均每平方千米产水量93.97万立方米。测算县水能蕴藏量为24.68万千瓦，可开发量为22.85万千瓦（水电装机容量14.2365万千瓦）。县境内已开发利用和发现的矿产有煤炭、石煤、铝土矿、高岭土、耐水性黏土、硅矿、磷矿、铁矿、铅锌矿、铜矿、汞矿、萤石矿、重晶石、白云石、大理石、石灰石等20余种。县境内有木本植物100余科300多属1000余种，其中属国家一级保护植物有9种。挂牌保护古树名木619株。现已发现草本植物160多科900多种，拥有珙桐、古杜鹃、南方红豆杉、红豆杉（所有种）、水杉、银杏、秃松（台湾杉）、伯乐树、苏铁、银杉等10多种世界级珍品树种群落。野生动物有52科376余种，有林麝（獐子）、白鹤、金钱豹、中华虎凤蝶等国家一级重点保护野生动物5种。有坪坝营国家森林公园、忠建河大鲵国家级自然保护区。自然景观资源主要有坪坝营生态旅游区、唐崖河旅游资源带、小南海地震遗址区、二仙岩高山湿地、县城及城郊旅游资源区。人文景观资源主要有唐崖土司城遗址(世界文化遗产)，严家祠堂、十字路风雨凉桥、蒋家花园、飞凤楼、黄金洞炼硝场遗址、大寨坪遗址，秦国镛、温朝钟故居等。另有忠堡大捷遗址、大村会议旧址、龙潭司暴动、贺龙收编黑洞神兵、鄂川边独立团遗址等革命历史遗址。

2020年，全县实现地区生产总值93.14亿元，比上年下降5%。其中，第一产业实现增加值21.76亿元，增长0.5%；第二产业实现增加值10.54亿元，下降30.7%，其中工业实现增加值6.64亿元，下降23.0%；第三产业实现增加值60.84亿元，增长0.6%。三次产业结构比为23.4：11.3：65.3。

【区划、人口】 2020年，咸丰县辖10个乡镇、1个区工委，263个村、17个社区。年末全县共143288户，户籍总人口385212人，其中男性203078人、女性182134人。全年出生人口2971人，死亡人口2489人。

2020年咸丰县乡(镇、区工委)基本情况表

表26

乡（镇、区工委）	全县面积（平方千米）	年末耕地面积(公顷)	总户数（户）	年末户籍总人口（人）	村、社区(个)			村(居)民小组(个)	党委书记，乡(镇)长、主任（12月底在职）
					小计	村	社区		
高乐山镇	322	5054	33830	79438	41	35	6	377	尹健康 张宏武
忠堡镇	140	1880	6547	16806	13	12	1	86	李成舟 罗朝远
朝阳寺镇	83	1357	5500	14803	8	7	1	57	孟 奎 曾胜阳
清坪镇	305	8071	16652	45631	35	34	1	248	杨 俊 杨建平
坪坝营镇	347	6240	19850	57960	43	41	2	425	赵红敏 彭明舟
曲江镇	182	3383	11940	33272	22	21	1	127	严克远 刘兴华
黄金洞乡	215	3924	9447	25801	21	20	1	148	何 祥 杨万明
小村乡	224	3263	7302	21897	13	12	1	108	田 毅 吴 娟
唐崖镇	318	6170	15318	41277	38	37	1	356	蔡 玲 张 进
活龙坪乡	314	7382	13826	38955	38	37	1	427	谭 皓 刘 平
大路坝区工委	100	1420	3076	9372	8	7	1	40	田守兵 甘 露
合 计	2550	48144	143288	385212	280	263	17	2399	—

说明：耕地面积来自县国土资源局2018年度土地变更调查

【农业】 2020年，实现农林牧渔业总产值40.68亿元，按可比价格计算，比上年增长0.85%，其中农业产值21.05亿元、林业产值2.66亿元、牧业产值14.14亿元、渔业产值0.09亿元，农林牧渔服务业产值2.74亿元。实现农林牧渔业增加值22.93亿元，按可比价格计算，比上年增长0.65%；农林牧渔服务业增加值1.17亿元，增长3.58%。主要农产品产量平稳增长，粮食播种面积45480公顷，比上年增长0.09%；总产量19.82万吨，比上年下降1.58%。油料播种面积7013.33公顷，比上年下降1.93%；总产量1.87万吨，比上年下降4.66%。烟叶（未加工烟草）播种面积3680公顷，比上年增长0.24%；总产量0.59万吨，比上年增长0.95%。蔬菜播种面积18680公顷，比上年下降0.37%；总产量26.64万吨，比上年下降0.38%。药材面积16986.67公顷，比上年下降0.48%。年末实有茶园面积18866.67公顷，其中可采摘面积12753.33公顷，全年茶叶产量1.11万吨，比上年增长7.99%。各类果园面积16006.67公顷，比上年增长2.87%。园林水果总产量2.19万吨，比上年下降4.02%。年内出栏肥猪30.95万头，比上年下降31.57%，猪肉总产量2.51万吨。年末生猪存栏30.92万头，比上年增长15.98%。其中能

繁母猪存栏3.12万头，比上年增长22.83%。年末牛存栏2.2万头，羊存栏1.1万只。全县通汽车的村263个，通电话的村263个，自来水受益的村263个。化肥施用量（折纯量）34786万吨，比上年下降0.9%。精准扶贫，2020年有建档立卡43796户、149357人，累计脱贫43796户、149357人，脱贫66个村。加强农村基础设施建设。解决34.1万农村人口饮水安全问题，农村饮水安全普及率达100%。

【工业】 2020年，全县实现工业增加值6.64亿元，扣除价格因素比上年下降23%，在全县生产总值中的比重为7.1%。全县规模以上工业企业26个，实现规模以上工业总产值7.34亿元，增加值扣除价格因素比上年下降34.2%。全县规模以上工业企业全年实现主营业务收入69834.2万元，实现利润总额8657.5万元，工业品产销率96.99%。全县全社会用电量37789万度，比上年增长4.2%，其中工业用电7662万千瓦时，比上年下降27.4%。

【固定资产投资、房地产】 2020年，全年完成固定资产投资12.4987亿元。全县审批许可房地产开发项目13宗，批准预售面积21.822万平方米。截至年底，全县商品房库存面积38.692万平方米，消化周期35.31月，其中住宅库存26.085万平方米，消化周期24.8月。

【贸易】 2020年，实现社会消费品零售总额49.54亿元，比上年下降24.1%。按经营地统计，城镇消费品零售额39.83亿元，比上年下降24%。乡村消费品零售额9.71亿元，比上年下降24.3%。

【财政、金融】 2020年，实现地方财政总收入54947万元，比上年下降32.4%。地方一般公共预算收入28018万元，比上年下降40.8%，其中税收收入21273万元，比上年下降39.5%。全年一般预算支出423139万元，同比增长0.8%。2020年12月末，全县有银行机构37个，其中县级银行机构9个。农商行、邮政储蓄银行网点覆盖全县11个乡镇（区）。自助柜员机111台，其中附行式74台，离行式37台。有银行从业人员478人，其中县级银行机构241人。全县银行各项存款余额145.24亿元，比年初增加19.23亿元，增长15.26%，高于全州平均增速5.33个百分点，增幅居全州第一位。各项贷款余额91.33亿元，比年初增加10.95亿元，增长13.63%，高于全州平均增速2.37个百分点。不良贷款余额2.04亿元，比年初增加0.04亿元，增幅2%。不良贷款占比2.23%，比年初下降0.25个百分点。全县有保险机构33个。按机构级次划分：县级保险机构18个、乡镇网点15个。按机构业务属性划分：财产险机构15个，其中县级财产险公司10个、乡镇网点5个。人寿险机构18个，其中县级寿险公司8个、乡镇机构10个。全县有保险从业人员2127人，其中财险732人、寿险1395人。按用工形式分：正式员工144人，其中财险104人、寿险40人。派遣员工58人，其中财险53人、寿险5人。营销人员1925人，其中财险575人、寿险1350人。实现保费收入3.89亿元，比上年增长1.7%。其中财险1.29亿元，同比减少1.53%；寿险2.6亿元，同比增长3.17%。理赔及给付支出1.05亿元，比上年下降20.45个百分点，其中财险理赔支出0.68元，比上年增长13.33个百分点；寿险理赔及给付支出0.37亿元，比上年下降48.61个百分点。

【教育、卫生】 2020年末，全县有各类学校63所（不含幼儿园及教学点），其中中等职业技术学校1所，普通中学18所（含九年一贯制学校5所、高中2所），完全小学43所，特殊教育学校1所。有普通高中专任教师289人，中等职业教育专任教师139人，普通初中专任教师1148人（含九年一贯制学校专任教师数），小学专任教师1172人，特殊教育学校专任教师4人。全县在校学生49379人（不含幼儿园），其中高中在校学生4765人，中等职业学校在校生3873人，普通初中在校生19629人（含九年一贯制学校在校学生），小学在校生21075人，特殊教育在校生37人。全县初中适龄人员入学率达100%，初中三年巩固率达100%。全县幼儿园38所，专任教师334人，在校学生9792人。2020年末，全县有医疗卫生机构391所，其中县级公立医院2所，公共卫生机构2所，民营医院5个，乡镇卫生院11个，村卫生室274个，个体诊所97个（含药店举办的中医坐堂诊所17个）。开放床位2146张。县人民医院、县中医医院为二级甲等医院，产权公有化村卫生室217个。全县拥有执业（助理）医师821人，注册护士880人，每千人拥有病床5.8张、执业医师2.6人、卫生技术人员5.7人。全县出生总人数为3087人，出生人口性别比为107.74（女性为100）。全县拥有医疗卫生机构358个（含村卫生室）。卫生机构床位数2452张。

【交通】 2020年，全县通车公路里程4145千米，其中国道98千米，省道125千米，市道357千米，乡道1241千米，村道2324千米。农村通公路行政村比重达100%。

【文化、旅游】 2020年，全县艺术表演团队5个，艺术专业院团1个，影剧院1个，公共图书馆1个，文化馆1个，博物馆1个，乡镇综合文化站（中心）11个，村（社区）综合文化服务中心277个。5月20日23时06分，时长44分钟的《中国影像方志》湖北卷咸丰篇在中央电视台科教频道播出。全年旅游接待人数377.89万人次，比上年下降44.2%，实现旅游综合收入27.05亿元，比上年下降56.2%。

【城镇建设】 2020年，实施新城建设、老城改造、村镇建设。实施项目37个，总投资约85.71亿元，全年计划完成投资29.38亿元，实际完成投资25.78亿元。咸丰新城道路建设，总建设里程6.7千米。老城污水治理实现主管网全线贯通，建设里程8.5千米，厂区进入试运行。实施市政连接线2处，建成农贸市场1处。推动实施老旧小区改造项目13个，总投资2.23亿元，下达中央补助资金7301万元。8个乡镇集镇生活污水治理全覆盖PPP项目完成验收，6个垃圾填埋场经省对接后明确4个为备用。

【居民生活】 2020年，城镇常住居民人均可支配收入29162元，比上年下降 1.4%。人均生活消费性支出 20646 元，比上年下降 5.3%。农村常住居民人均可支配收入 11720 元，比上年增长 2.1%。人均生活消费性支出 9920 元，比上年增长 1.7%。

【社会保障】 2020 年，全县农村从业人员合计 17.32 万人，其中农村外出从业人员 7.55 万人，比上年减少 0.08 万人，占乡村从业人员总数的 43.6%。基本养老保险参保人数 250282 人，其中城镇基本养老保险参保人数 47770 人，城乡居民基本养老保险参保人数 202512 人。基本医疗保险参保人数 361469 人，其中城乡居民基本医疗保险人数 338019 人，工伤保险参保人数 20644 人，失业保险参保人数 13576 人，生育保险参保人数 23450 人。各种社会福利收养性事业单位 12 个。全年最低生活保障人数 28893 人、保障支出 17162.2 万元。2020 年，推动建设棚改安置区 4 个，总投资 13 亿元，完成投资 5.97 亿元。全县 1922 套公租房全部分配完毕，贯标系统基础数据于 2020 年 11 月基本录入完毕。全年完成动态新增“四类对象”农村危房改造 155 户，拨付资金 231 万元，完成率以及资金兑付比例均达 100%。

【应急管理】 2020 年，全县发生各类生产安全事故 6 起，死亡 8 人，直接经济损失 527.4922 万元。遭受较为集中的自然灾害 9 次，受灾人口 33.6 万人次，直接经济损失 1.98 亿元。

【脱贫攻坚】 2020 年，围绕“户脱贫、村出列、县摘帽”目标任务，坚持“六个精准”“五个一批”，因地制宜打造“五基一动力”咸丰扶贫模式，发展基础产业、改善基础设施、提升基本公共服务、推进基层社会治理、加强基层党建、激发贫困群众内生动力，举全县之力，尽锐出战、精准发力，脱贫攻坚取得决定性胜利。经县级自评申请、州级初审、省级审核和第三方机构专项评估检查，咸丰县符合贫困县退出的程序和标准，于 2020 年 4 月实现整县脱贫摘帽。2020 年 7—8 月接受国家脱贫攻坚普查，普查数据质量优良。在 2020 年 10 月开展的国务院扶贫办建档立卡数据质量第三方评估检查中取得较好成绩。截至 2020 年 12 月底，全县累计脱贫 43796 户、149357 人，66 个重点贫困村全部出列，综合贫困率由 2014 年的 39.67%下降为零。

【“唐崖茶”入选农业农村部农产品地理标志登记名单】 2020 年 2 月，咸丰“唐崖茶”通过逐级申报审核，并经中国绿色食品发展中心审查和组织专家评审，正式入选农业农村部农产品地理标志登记名单。“唐崖茶”公共品牌标识由牌坊、石马、玄武山、唐崖河组合形成。咸丰县茶叶协会对外发布《唐崖白茶标准》《唐崖绿茶标准》《唐崖红茶标准》，对县域内茶叶企业生产的“唐崖茶”品牌标准等级和包装进行统一规范。截至 2020 年 12 月，全县有茶园 18866.67 公顷，可采摘面积 14333.33 公顷。以白叶 1 号、槠叶齐、龙井 43 等为主导品种，其中白叶 1 号有 8666.67 公顷，槠叶齐有 5333.33 公顷，龙井 43 有 2333.33 公顷，主要分布在 9 个乡镇。茶叶种植户 4.85 万户、14.9 万人，其中贫困户 2.8 万户、8 万余人。县内有茶叶企业（合作社）106 个，其中有 SC 认证企业 35 个，规模以上企业 8 个，省级龙头企业 4 个，州级龙头企业 10 个。茶叶加工用工近 5000 人，常年采茶用工 3 万余人。全年全县茶叶企业收购鲜叶 5.1 万吨，茶农实现收入 10.2 亿元。生产干茶 11145 吨，产值 17.01 亿元，其中绿茶 6269 吨，产值 10.21 亿元；红茶 3109 吨，产值 4.16 亿元；黑茶 1014 吨，产值 0.14 亿元；乌龙茶 671 吨，产值 2.36 亿元；白茶 62 吨，产值 990 万元。销售干茶 10982 吨，销售额过 16.7 亿元。

（陈江陵）

来凤县

【概况】 来凤县地处鄂西南最南端，地处北纬 29°06′15″—29°41′05″，东经 109°01′00″—109°25′45″之间。东南邻湖南省龙山县，西南毗重庆市酉阳县，东北与宣恩县接壤，西北与咸丰县相连，素有“一脚踏三省”之称。县城所在地翔凤镇。县境东西距长 42.5 千米，南北距长 61.3 千米。全县面积 1342.05 平方千米。来凤县河流属长江流域沅江水系酉水北源，境内溪河密布，有 5 千米以上河流 27 条，总长 500 余千米，较大溪流 38 条，总长 138.6 千米，流域面积在 100 平方千米以上的较大河流有 5 条。酉水干流在境内流程约 100 千米，来凤县金龙滩以上控制流域面积 4119 平方千米，境内汇水面积 1332 平方千米。来凤县水能资源年平均水资源总量约为 42.069 亿立方米。可开发利用水量约为 23.1 亿立方米。理论蕴藏量为 19.2 万千瓦，经济开发量 18.37 万千瓦。开发利用 21 处，装机 12.4045 万千瓦。全县建成中小型水库 55 座，其中中型 4 座。来凤县矿产资源主要有已开采的煤炭、重晶石、萤石、方解石等；“来页 1 井”设计井深 1050 米，其优质页岩段平均含气量为每吨 2.856 立方米，甲烷含量平均达 99%；铅、锌、铁、锰、紫砂陶土、耐火黏土、大理石等零星矿产资源有待地质详查。全县有植物资源 161 科 706 种。其中乔木树种 51 科 237 种，灌木树种 40 科 128 种，木质藤本 10 科 20 种，野生草本 60 科 321 种。动物资源有脊椎动物 68 科 213 种，其中哺乳动物 17 科 50 种，爬行动物 5 科 20 种，鸟类 33 科 90 种，两栖动物 4 科 10 种，鱼类 9 科 43 种。仙佛寺是全国重点文物保护单位，百福司地质公园有世界级地质遗迹 1 处，国家级地质遗迹 3 处，省级地质遗迹 21 处。舍米湖摆手堂保存完好，摆手舞、地龙灯、南剧为国家级非物质文化遗产，土家油茶汤是独具特色的东方茶文化，土家织锦西兰卡普是土家族艺术奇葩。金丝桐油、凤头生姜、松花皮蛋、大头菜、宝石花漆筷、古杨梅、藤茶独具特色。来凤县先后获“中国最美生态文化旅游名县”“中国土家人文艺术名都”“武陵山自驾游基地”“中国民间文化艺术之乡”称号，被省旅游产业发展委员会命名为“湖北旅游强县”，百福司镇是湖北旅游名镇，国家 AAAA 级旅游景区有仙佛寺、杨梅古寨景区。

2020 年，全县完成地区生产总值 82.08 亿元，比上年下降 4.8%。其中第一产业增加值 17.04 亿元，增长 0.3%；第二产业增加值 11.85 亿元，下降 15.6%；第三产业增加值 53.19 亿元，下降 2.9%。三次产业结构为 20.8∶14.4∶64.8。

【区划、人口】 2020 年，来凤县辖 2 个乡、6 个镇、1 个省级经济开发区，12 个社区、184 个行政村。年末全县户籍人口 334680 人。其中男性 173931 人，占总人口的 52%；女性 160749 人，占总人口的 48%。全年出生人口 3095 人，出生率为 8.66‰。人口自然增长率为 2.57‰。据全国第六次人口普查，来凤县土家族占总人口 34%，苗族占总人口 20%。来凤县土家族大姓为覃、田、向、冉、白、彭，苗族大姓为张、吴、杨、廖、石、龙。

2020 年来凤县乡（镇）基本情况表

表 27

乡（镇）	全县面积（平方千米）	常用耕地面积（公顷）	年末林地面积（公顷）	总户数（户）	年末总人口（人）	村、社区（个）			粮食产量（吨）	公共财政收入（万元）	党委书记、乡（镇）长（12 月底在职）
						小计	村	社区			
翔凤镇	137.77	4434	6043.76	32594	103700	32	27	5	16722	3819.9	张庆军 田征西
绿水镇	115.48	3038	5718.41	7377	25512	18	17	1	11672	969.5	满涛 黄孜
漫水乡	133.58	3298	9069.64	6311	23343	14	13	1	11920	410.2	向峰 宋宇
百福司镇	190.14	5426	12417.40	9589	31467	24	23	1	19041	577.5	向雪峰 刘继任
旧司镇	198.54	5037	13814.44	14844	49124	33	32	1	22494	376.6	刘阳 李尚海
大河镇	324.85	6952	24240.99	15970	51022	41	40	1	21472	623.0	赵军 冯建华
三胡乡	125.42	2896	7957.96	9153	30280	16	15	1	15578	457.8	龙显著 杨耀武
革勒车镇	116.27	3255	7693.95	6270	20232	18	17	1	11713	373.1	黄仕华 徐骏
合计	1342.05	34336	86956.55	102108	334680	196	184	12	130612	7607.6	—

说明：上述年末林地面积统计不含国有胡家坪林场 2456.49 公顷。全县面积和常用耕地面积为自然资源管理部门统计数据，总户数和总人口为公安部门统计数据，社区和村民委员会为民政部门统计数据

【农业】 2020 年，年末耕地总资源 34333.33 公顷。全年粮食种植面积 28740 公顷，比上年增长 0.1%。油料种植面积 5500 公顷，比上年下降 0.5%。药材种植面积 2606.67 公顷，比上年下降 0.5%。烟叶种植面积 380 公顷，比上年增长 5.6%。蔬菜种植面积 6340 公顷，比上年下降 0.6%。来凤藤茶、来凤姜入选湖北省农产品区域公用品牌二十强，成功创建来凤藤茶全国绿色食品原料标准化生产基地。旧司农园被评为国家现代农业科技示范展示基地，挂牌武陵山国家高素质农民培训中心、农业农村部管理干部学院实践教研基地。全年农林牧渔业总产值 311308 万元，比上年增长 0.7%。

【工业、建筑业】 2020 年，规模以上工业企业 24 个，完成工业总产值 97563 万元，同比下降 16.2%。实现销售产值 92755 万元，同比下降 19.2%。规模以上工业增加值同比下降 15.4%。全县规模以上工业企业实现营业收入 109668 万元，同比下降 17.9%（同企业口径）。实现营业利润 3855 万元，同比下降 55.8%（同企业口径）。资产总计 211368 万元，同比下降 0.2%（同企业口径）。负债总额 110216 万元，同比下降 1.9%（同企业口径）。全县具有资质等级以上的建筑企业 11 个，完成总产值 12814 万元，同比下降 23.7%。建筑业增加值 19115 万元，扣除价格因素下降 34.8%。

【固定资产投资、房地产】 2020 年，固定资产投资同比下降 15.2%。年末全县一套表上报本地法人房地产开发企业 18 个。商品房施工面积 133.57 万平方米，同比增长 2.4%。商品房竣工面积 25.79 万平方米，同比下降 19%。商品房销售面积 23.50 万平方米，同比下降 20.4%。商品房销售额 111082 万元，同比下降 20.8%。

【贸易】 2020 年，全县限额以上商贸企业 34 个。其中批发企业 3 个、零售企业 23 个、住宿企业 5 个、餐饮企业 3 个。完成社会消费品零售总额 445186 万元，同比下降 27.6%，其中限额以上商贸企业完成 34655 万元、限额以下商贸企业完成 410531 万元。按销售地分：城镇零售额 313415 万元，同比下降 27.7%；乡村零售额 131771 万元，同比下降 27.2%。按行业分：批发业销售额 76684 万元，同比下降 15.2%；零售业销售额 324408 万元，同比下降 26.7%；住宿业营业额 10862 万元，同比下降 40.2%。餐饮业营业额 33232 万元，同比下降 47.6%。全年外贸出口总额 41.6 万美元，同比下降 93.6%。

【财政、金融】 2020 年，全县实现财政总收入 73498 万元，下降 21.9%。其中地方公共预算收入 29558 万元，下降 30%。税收收入占地方公共预算收入比重 78.8%。年末全县金融机构各项存款余额 1178684 万元，比年初增加 124457 万元，比年初增长 11.8%。其中住户存款 979572 万元，比年初增加 130746 万元，比年初增长 15.4%；非金融机构企业存款 101647 万元，比年初增加 6347 万元，比年初增长 6.7%；广义政府存款 97427 万元，比年初减少 12846 万元，比年初下降 11.6%；境外存款 33 万元，比年初增加 13 万元，比年初增长

66.4%。金融机构各项人民币贷款余额 881419 万元，比年初增加 88864 万元，比年初增长 11.2%。其中住户贷款 414202 万元，比年初增加 38736 万元，比年初增长 10.3%；非金融企业及机关团体贷款 467217 万元，比年初增加 50128 万元，比年初增长 12%。

【交通、通信】 2020 年，来宣咸高速公路、242 国道等 9 个交通重点项目有序推进。全县固定电话用户 0.87 万户，移动电话用户 26.19 万户，计算机互联网用户 8.83 万户。

【科技、教育、卫生】 2020 年，高新技术产业企业实现增加值 14978 万元，占生产总值比重为 1.8%。全县学校总数 56 所，其中小学 45 所、普通中学 10 所、职业学校 1 所。年末全县专任教师总数 2368 人，其中小学教师 1278 人、中学教师 991 人、职业学校教师 99 人。在校学生总数 46151 人，其中小学在校生 25518 人、普通中学在校生 19227 人、职业学校在校生 1406 人。全县幼儿园 49 所，在园幼儿数 10227 人。全县小学适龄儿童净入学率 100%，初中三年巩固率 98%。持续优化义务教育布局调整，思源中学、高平中学建成投用，开办来凤一中初中部等 3 所公办初中，职校迁建主体工程基本完工。推进城区学校扩容，实施义务教育划片招生、就近入学、均衡分班，义务教育均衡发展通过国家评估验收，在全州率先实现每个乡镇建成 1 所公办幼儿园。全县各级医疗卫生机构 208 个，床位数 1895 张。卫生技术人员 1867 人，其中执业（助理）医师 659 人，注册护士 879 人。全县婴儿死亡率 4.33‰，5 岁以下儿童死亡率 5.56‰。卫生资源总量持续增长。每千人口床位数 7.21 张，每千人口卫生技术人员 7.46 人。县、乡、村三级卫生服务体系不断完善，中心医院（新区）医技综合大楼投入使用，新改建村卫生室 97 个，村卫生室标准化建设实现全覆盖。

【文化、旅游】 2020 年，全县剧场、影剧院 2 个，公共图书馆 1 个。县图书馆创建国家一级馆，县级公共文化场所继续免费开放，村级文体广场实现全覆盖，南剧《初心》到北京展演。全年旅游综合收入 39981 万元，同比下降 76.3%。接待游客 97.6 万人次，同比下降 70.4%。成功举办杨梅文化节、全省“5·19”中国旅游日、全国河钓大赛、三省边区龙舟赛。来凤入选首批“荆楚文旅名县”创建县市。

【居民生活】 2020 年，农村常住居民人均可支配收入 11639 元，同比增长 2.6%，人均生活消费支出 9851 元，同比增长 2.1%。城镇常住居民人均可支配收入 29715 元，同比下降 2%，人均生活消费支出 21038 元，同比下降 5.9%。

【社会保障】 2020 年，全县机关事业单位养老保险参保人数 48194 人，城乡居民社会养老保险参保人数 142641 人。城镇职工基本医疗保险参保人数 19642 人，城乡居民基本医疗保险参保人数 281899 人。工伤保险参保人数 14295 人，生育保险参保人数 13162 人，失业保险参保人数 7085 人。全年就业人员 19.9 万人，其中城镇就业人员 2.23 万人。年末城镇登记失业人员 796 人，城镇登记失业率为 3.1%。年末全县社会福利收养性单位 13 个，收养性床位 1633 张。全县城镇低保人数 884 人，农村低保人数 17569 人。

【资源环境】 2020 年，全社会用电量 43371 万千瓦时，增长 5.6%。工业用电量 12337 万千瓦时，下降 11.6%。农村人居环境整治三年行动成效明显，农村生活垃圾清运率、无害化处理率 90%以上，创建 13 个垃圾分类示范村，百福司镇入选国家卫生乡镇，石桥村入选中国美丽休闲乡村，兴安村入选全国文明村，冷水溪村列入国家改善农村人居环境示范村，观音坪等 16 个村落名列国家传统村落保护名录，土家寨村等 3 个村入选全省美丽乡村典型示范村，黄柏园村等 8 个村入选省级文明村。年末全县森林覆盖率 60.43%。自然保护区 6 个，总面积为 25223 公顷。坚持生态优先、绿色发展。县城及乡集镇规划区实现全面禁鞭，主要污染物排放量实现减排目标，城区空气质量持续改善，年均优良率 93.5%以上，水质监测断面和集中式饮用水水源地水质达标率 100%。

【应急管理】 2020 年，刑事案件立案数 1232 件。交通事故发生数 3734 起，损失额 427.01 万元。推进平安来凤建设，乡镇综治中心实体化运行。开展“扫黑除恶”专项斗争，全面打好禁毒人民战争。强化消防、危化品、特种设备、食品药品等重点行业领域安全监管。

【脱贫攻坚】 2020 年 7 月，来凤县通过国家脱贫攻坚普查。11 月，完成剩余贫困人口 39 户、148 人的脱贫验收工作，贫困人口全部脱贫。2019 年结转项目 25 个，涉及资金 2336.1 万元，完工报账。全年实施中央、省、州、县四级财政专项扶贫资金项目 342 个，安排资金 26974 万元，完工 323 个，在建 14 个。全县 25 个扶贫车间开工复工，吸纳农村富余劳动力就业 972 人，其中建档立卡贫困人口 489 人。贫困劳动力外出务工 30510 人，发放一次性交通补贴 7525 人、147.76 万元，发放生活补助 20491 人、409.82 万元。就近就业安置公益性岗位 1362 个。开展农技人才和农村创业致富带头人培训 15 期 742 人。落实党中央支持湖北疫后重振一揽子政策，利用“凤凰出山”“引凤出山”等消费扶贫平台销售农特产品 2700 万余元。利用工会福利鼓励干部职工采购来凤农特产品计 332.03 万元。组织农特产品和供应商入驻“扶贫 832”平台，平台上线供应商 73 个，上传扶贫产品 578 个，订单金额 7820 万元，激活预算单位交易账号 134 个，完成采购金额 1099 万元，“直播带货”实现销售收入 400 余万元，全县农副产品线上线下销售总额超过 2 亿元。安排产业发展资金 1.13 亿元，发展“两茶一果一菇一蜂”特色主导产业。投资 850 万元发展生态文化旅游产业，带动贫困户 669 户。新增发放扶贫小额信贷 397 户、1732.18 万元。组织 12 个农民合作社和 1 个家庭农场争取省级项目扶持资金 550 万元。成立 99 个家庭医生签约服务团队，签约服务 110306 人，其中建档立卡贫困人口 47563 人，为 27440 人建档立卡贫困人口进行健康体检。落实合作帮扶，农业农村部落实帮扶资金7362万元，引进企业1个，企业实际投资额超过8000万元。东西部扶贫协作帮扶资金5500万元，实施帮扶项目3批45个。省内对口帮扶落实帮扶资金4327万元。

【学习老英雄张富清】 2020年1月15日，中央电视台摄制组走进来凤，拍摄"国家勋章和国家荣誉称号"系列公益宣传片《张富清篇》。1月19日，受省委书记委托，省委常委、组织部部长王瑞连代表省委专程到来凤县，看望慰问"共和国勋章"获得者、全国优秀共产党员张富清。5月11日，由中宣部宣传教育局组织编写的《时代楷模·2019——张富清》一书出版发行。5月17日，张富清获颁"感动中国2019年度人物"。6月10日，张富清当选2019"荆楚楷模"年度人物。6月27日，由省图书馆主办、州图书馆承办、来凤县图书馆协办的书说战"疫"之直播讲书《本色英雄张富清》在湖北省图书馆"CCtalk"直播间开讲，现场听众7000余人。7月6日，电视剧《功勋（张富清单元）》剧组到来凤进行选景和前期准备工作。

【荣誉】 2020年，来凤县被省环境保护委员会授予"湖北省生态文明建设示范县"。共青团来凤县委员会被共青团中央评为"全国西部计划优秀等次县级项目办"。湖北来凤农村商业银行股份有限公司被省总工会授予"湖北五一劳动奖状"。县中心医院神经内科被省总工会表彰为"湖北省工人先锋号"。县第二实验小学"曾志梅名师工作室"被省教育厅表彰为2019年"湖北名师工作室"。县妇幼保健院爱心母婴室被省总工会命名为"湖北省示范爱心母婴室"。县中心医院被省委、省政府表彰为"湖北省抗击新冠肺炎疫情先进集体"；县中心医院感染科主任、副主任医师王芳，县第二实验小学教务处副主任、漫水乡兴隆坳村"尖刀班"班长、驻村第一书记、高级教师陈小民被表彰为"湖北省抗击新冠肺炎疫情先进个人"。中国建设银行来凤县支行离休干部张富清获"感动中国2019年度人物"，被省委宣传部授予"2019'荆楚楷模'"。百福司镇派出所所长彭馥被表彰为"全国抗击新冠肺炎疫情三八红旗手""荆楚时代女性榜——战疫玫瑰"。旧司镇农园果蔬专业合作社理事长向辉被国务院扶贫开发领导小组授予"全国脱贫攻坚奖创新奖"。

（田　禅）

鹤峰县

【概况】 鹤峰县位于恩施州东南部，地处北纬29°38′—30°14′，东经109°45—110°38′。东北邻湖北省五峰县，东南与湖南省石门县、桑植县接壤，西靠宣恩县、恩施市，北连建始县、巴东县。县境东西最大跨度85千米，南北最大跨度67千米。全县面积2868平方千米。境内河溪分属澧水、清江、沅水三大水系。全县水资源平均总量为52.7143亿立方米。鹤峰县境内发现各类矿产31种，矿产地及矿点106处，其中查明资源储量的矿产15种（上省表矿产6种）。主要矿种有煤、铁、钒、硫铁矿、磷矿、电石用灰岩等。另外，铜多金属、水泥用灰岩、高岭土、化工及建材类非金属矿产均有分布。全县有植物206科943属2797种（包括种下分类群及重要的栽培种），其中蕨类植物35科76属283种，种子植物171科867属2514种。属于国家重点保护野生植物30种，其中国家Ⅰ级保护植物有红豆杉、南方红豆杉、伯乐树、珙桐、光叶珙桐和银杏6种。有陆生野生脊椎动物26目75科190属302种。其中哺乳纲8目23科53属78种，鸟纲14目35科98属155种，爬行纲2目10科29属45种，两栖纲2目7科10属24种。属于国家级重点保护种类共有55种，其中Ⅰ级有云豹、金雕、林麝等5种。旅游资源有溇水峡谷、董家河、屏山、五龙山和木林子国家级自然保护区等。有各级文物保护单位100多处，列入全国重点文物保护单位的有"容美土司遗址"、"五里坪革命旧址"。傩戏、打溜子为国家级非物质文化遗产，柳子戏、满堂音、鹤峰山歌、鹤峰花鼓灯为省级非物质文化遗产。鹤峰县是全国一类革命老区县，段德昌、王炳南、贺英等先烈长眠于鹤峰满山红湘鄂边苏区鹤峰革命烈士陵园。全县革命文物共71处。

2020年，全县完成县域生产总值64.91亿元，按可比价格计算，同比下降4.6%。其中第一产业完成增加值15.16亿元，增长0.5%；第二产业完成增加值，10.65亿元，下降10.5%；第三产业完成增加值39.10亿元，下降4.2%。三次产业结构由"十二五"期末的20.5∶42.4∶37.1调整为23.4∶16.4∶60.2，第一产业占比上升2.9个百分点，第二产业占比降低26个百分点，第三产业占比上升23.1个百分点。

【区划、人口】 2020年，鹤峰县辖5个镇、4个乡、1个经济开发

2020年鹤峰县乡(镇)基本情况表

表28

乡（镇）	全县面积（平方千米）	常用耕地面积(公顷)	总户数（万户）	户籍总人口数(人)	村、社区(个)			村(居)民小组(个)	财政收入（万元）	党委书记、乡(镇)长（12月底在职）
					小计	村	社区			
铁炉白族乡	227.8	1172	0.50	14935	12	12	0	104	121	谷成辉　龚丽娜
走马镇	502.8	5186	1.75	46803	36	33	2	237	2801	黄凤协　陈　刚
五里乡	375.5	2816	0.73	21894	22	21	1	167	132	刘万红　覃　辉
燕子镇	369.9	3539	0.84	21766	30	29	1	192	2015	陈卫锋　蔡彬权
下坪乡	160.7	1403	0.52	14849	14	13	1	87	303	米惠莲　杨年武

续表 28

乡(镇)	全县面积(平方千米)	常用耕地面积(公顷)	总户数(万户)	户籍总人口数(人)	村、社区(个)			村(居)民小组(个)	财政收入(万元)	党委书记、乡(镇)长(12月底在职)
					小计	村	社区			
邬阳乡	186.1	1737	0.54	15134	17	16	1	147	433	刘迪成 徐斌
中营镇	415.5	4264	0.84	23031	34	32	2	179	314	向诗兵 田洪波
太平镇	320.1	1841	0.61	16553	19	18	1	90	1213	危俊 李勉进
容美镇	309.8	2375	1.72	41703	35	31	4	163	12931	黄宏启 张道勇
合计	2868.3	24333	8.04	216668	219	205	13	1366		—

区，13 个城镇社区，205 个行政村。年末全县户籍总人口 216668 人，其中男性112511人，占总人口的51.93%；女性104157人，占总人口的48.07%，性别比 108（女性为 100）。年内人口出生率 6.82‰，死亡率 4.69‰，人口自然增长率 2.13‰。据全国第六次人口普查，全县常住人口 199892 人，全县户籍人口（包含户口待定的人）221038 人，全县常住人口中，土家族 138002 人，占 69.04%；苗族 5311 人，占 2.66%。

【市场主体】 2020 年，全县年末实有市场主体 19425 户，比上年增长 7.9%，其中实有企业类市场主体 2983 户、实有个体工商户 15484 户、农民专业合作社 958 户。全年新登记各类市场主体2539户，增长25.6%，其中新登记企业类市场主体455户，增长 2.2%。

【农业】 2020 年末，耕地总资源 24110 公顷，常用耕地面积 24110 公顷。全年农作物播种面积 43550 公顷，其中粮食作物种植面积 17810 公顷、经济作物种植面积 25710 公顷。全县农林牧渔业总产值 27.87 亿元，同比增长 11.21%。其中农业产值15.20亿元，同比增长10.14%；林业产值1.78亿元，同比下降10.10%；牧业产值8.93亿元，同比增长20.35%；渔业产值0.06亿元，同比下降25%；农林牧渔服务业产值 1.90 亿元，同比增长 6.74%。全年油料产量 5062 吨，下降 0.01%；烟叶产量 2648 吨，下降 29.39%；蔬菜产量 220791 吨，增长 4.58%；茶叶产量 37308 吨，增长 6.47%；茶园面积 25226 公顷，同比增长 1.71%，其中采摘面积 20180 公顷，同比增长 4.15%；园林水果产量1.09万吨，增长6.38%。推进特色富农产业发展，全年完成硒食品精深加工产值约 16 亿元，组织全县 24 个企业参加恩施州掌上硒博会、（驻马店）中国农产品加工投资洽谈会、武陵山区贫困山区农产品产销对接暨 2020 年中国农民丰收金秋节消费季湖北专场等活动；组织全县农产品加工企业参与网上富硒食品直销活动；配合参与首届国际茶日系列活动，组织全县 19 个企业、23 个茶样参与国际茶日评比活动，其中“走马红”红茶获得金奖，“古茶树”绿茶获得银奖。“两品一标”续展认证 1 个绿色食品。开展州级龙头企业监测申报工作，新申报 9 个企业，鹤峰县州级龙头企业已有 19 个。全年粮食总播种面积稳定在 17840 公顷，其中水稻 766.67 公顷、玉米 9066.67 公顷、马铃薯 5746.67 公顷、红薯 1680 公顷、大豆及秋杂粮 580 公顷，与 2019 年相比粮食种植面积增加 286.67 公顷，粮食总产量 7.7 万吨，人均粮食占有量 300 公斤以上。全县油菜播种面积2953.3 公顷，油菜籽平均单产达 125.3 公斤，总产达到 5763.8 吨，比上年增产 124.8 吨，增幅 2.21%。水果种植总面积 1866.67 公顷，新发展冬桃 133.3 公顷、葡萄 66.67 公顷、猕猴桃 66.67 公顷，老果园改造 33.33 公顷，引进和推广猕猴桃与葡萄新品种 33.33 公顷，建标准化优质葡萄基地 3 个，新增无籽椪柑 33.33 公顷，容美千亩梨生产基地全面完成，水果专业合作社 8 个。水果总产量 3.5 万吨，产值 8400 万元，同比增长 17.8%；果农现金收入 7000 万元，比上年增加 1200 万元。中药材种植总面积 15633 公顷，中药材基地 12 个，药材专业合作社 15 个，产值 1.2 亿元，为农民提供现金收入达 6800 万元。全年农作物绿色防控面积达 38538 公顷，粮油作物绿色防控覆盖率达 44.3%，经济作物绿色防控覆盖率达 67.2%，粮食和经济作物病虫危害损失率分别控制在 5%以下、6%以下。全年蔬菜播种面积稳定在 1000 公顷，与上年持平，比“十二五”末增加 1133.3 公顷，增长 11.33%；实现总产量 29 万吨，比上年减产 17.14%，与“十二五”末持平。实现总产值 5.8 亿元，比上年增加 16%，为农民提供现金收入 2.6 亿元，比上年增长 30%。全县生猪存栏 13.1 万头，其中能繁母猪 0.89 万头，生猪出栏 15.76 万头；肉牛存栏 0.4 万头，出栏 0.27 万头；山羊存栏 3.5 万只，出栏 3.9 万只；家禽存笼 46.1 万羽，出笼 36.7 万羽；中蜂存笼 5.1 万群。全年全县肉类总产量 15137.75 吨、禽蛋产量 3175.51 吨、中蜂产蜜 204.95 吨，畜牧业综合产值约 5.796 亿元，较上年畜牧业综合产值 5.06 亿元有所提升。

【工业、建筑业】 2020 年，全县工业企业发展到 551 个，重点培育成长型工业企业 14 个，新进规企业 2 个，小进规 6 个，规模以上工业企业达 36 个（不包含 6 个小进规企业），规模以上工业增加值增长 10.4%。规模以上工业产销率为 93.6%，其中税收过千万企业 1 个（八峰药化），产值过亿元以上企业 3 个（八峰药化、鑫农、东狮茶叶）；9000 万元至 1 亿元之间企业 3 个（青翠源、华新水泥、溇水水电）；产值 8000 万元以下的 29 个。每百元营业收入中的成本 82.4 元，比上年增加 3.83 元；营业收入利润率 3.97%，同比下降 3.73 个百分点；每百元资产实现的年营业收入 20.29 元，同比下降 45.2 元；资产负债率 67.17%，同比增加 20.87 个百分点。全县资质建筑企业产值同比下降 54.5%；实现增加值 1.78 亿元，可比价格下降 52.9%，占第二产业增加值的 10.7%。

【固定资产投资、房地产】 2020年，全县固定资产投资额同比下降23.4%，其中房地产开发投资同比增长31.6%。全年商品房施工面积同比增长14.7%，商品房销售面积同比下降64.7%，销售额同比下降52.6%，其中住宅销售额同比下降64.6%。

【贸易】 2020年，实现社会消费品零售总额38.82亿元，同比下降23.8%（按第四次全国经济普查调整数据为基数计算）。其中批发零售业33.59亿元、住宿餐饮业5.23亿元，分别同比下降23.5%、25.8%。全年批发零售和住宿餐饮业实现增加值8.95亿元，同比下降18.52%，占第三产业的22.88%。全年实现出口总额2469万美元，同比增长130.2%。实际利用外资518万美元。

【财政、金融】 2020年，完成财政总收入2.93亿元，同比下降33.5%。地方公共预算收入1.95亿元，同比下降37.7%，其中税收收入1.33亿元，同比下降45.1%。全年财政支出31.17亿元，同比增长10.5%。其中一般公共服务支出36601万元，同比增长10.49%；公共安全支出10591万元，同比增长2.20%；教育支出46405万元，同比增长10.91%；科学技术支出2861万元，同比增长0.21%；社会保障和就业支出50327万元，同比增长2.31%；卫生健康支出34327万元，同比增长21.97%；节能环保支出11337万元，同比增长0.26%；城乡社区支出8551万元，同比增长17.23%。年末金融机构各项存款余额86.21亿元，比年初增加6.28亿元。其中住户存款余额71亿元，比年初增加11.08亿元；非金融企业存款余额7.84亿元，比年初减少2.53亿元。各项贷款余额45.10亿元，比年初增加5.90亿元。其中住户贷款20.40亿元，比年初增加1.53亿元；非金融企业及机关团体贷款24.69亿元，比年初增加4.37亿元。

【交通、通信】 2020年，全县公路总里程2961.7千米，其中高等级公路330.5千米，农村通公路行政村占比100%；公交车路数10路，实有公共汽（电）车运营车26辆，实有出租汽车50辆。全年广播综合人口覆盖率99.9%，电视覆盖率99.9%。全县范围新发展光纤宽带用户总计超过7000户，免费实行宽带提速10000余户。全县1366个自然村（组）中有1157个自然村(组)开通光纤宽带，通光率达85%。农户集中连片居住20户以上的规模自然村实现通光全覆盖。全年全县新增建设4G基站23个、5G基站28个。4G网络县域覆盖率100%。

【科技、教育、卫生】 2020年，全年高新技术产业增加值为7350万元，占生产总值比重为1.13%。全年获得专利授权68件，其中发明专利1件、实用新型专利37件、外观设计30件。全县组织20余个企业先后参加由省科技厅组织的省内11所高校举办的"'科惠行'2020高校科技成果推介会专场"；组织州内高校院所4名专家学者与县内4个企业开展技术对接，内容涉及生物医药、中药材种植、农产品加工等方面，深化校企合作。全年共登记科技成果15项，其中登记项目验收成果3项，专利成果12项；登记认定技术合同21项，登记技术合同交易额6063万元。2020年，全县有各类学校64所，其中普通中学15所、中等职校1所、小学47所、特殊学校1所。年末全县专任教师1555人，在校学生17617人，其中普通中学在校学生6508人、中等职校在校学生1331人、小学在校学生9742人、特殊学校36人。全县幼儿园26所，在园幼儿3807人。学龄适龄儿童净入学率100%，小学学生辍学率为零。初中毕业生升学率100%，初中生辍学率为零。初中毕业生升学率98.9%，高中毕业生升学率91.1%。九年义务教育完成率100%。年末拥有卫生机构165个，卫生机构床位1009张，医院病床使用率70%；卫生技术人员1068人，其中执业医师449人、注册护士431人、卫生防疫人员70人。

【文化、旅游】 2020年末，全县有影剧院2个，公共图书馆1个，图书室226个，公共图书馆图书总藏量12万册。全年旅游接待人数50.5万人次，同比下降78.9%，实现国内旅游综合收入3.47亿元，同比下降73.9%。

【居民生活】 2020年，城镇常住居民人均可支配收入29297元，比上年减少632元，同比下降2.1%。农村常住居民人均可支配收入12480元，比上年增加327元，同比增长2.7%。

【社会保障】 2020年末，全县参加城镇基本养老保险人数3.8万人，参加农村养老保险人数12.1万人，参加失业保险人数0.8万人，工伤保险人数1万人。全县就业人员4.14万人，城镇登记失业率4.32%。年末各种社会福利性收养单位11个，收养人数271人，农村社会救济人数13565人，其中农村居民最低生活保障人数7629人，城镇居民最低生活保障人数478人。

【资源环境】 2020年，全社会用电量31005.5万千瓦时，比上年增长2.5%，其中工业用电量7515万千瓦时，比上年下降8.4%。年末全县森林覆盖率82.7%，森林面积23.67万公顷，自然保护区面积20838公顷。城区空气质量优良天数为365天，城区空气质量优良率99.7%。12月28日，省绿化委员会、省林业局批准鹤峰县为"湖北省森林城市"。鹤峰县被省林业局确定为"绿水青山就是金山银山"示范县创建单位，鹤峰县被中国林业产业联合会确定为第六批全国森林康养基地试点建设县（市、区）。

【城市建设】 2020年，鹤峰县城乡市政基础设施建设项目共计14个，其中续建类项目5个，新建项目9个。5个项目竣工投入使用，总投资3.065亿元。其中鹤峰县九龙广场工程完成竣工验收并投入使用，占地面积约9750平方米；鹤峰县生资片区广场工程完成竣工验收并投入使用，用地面积约7000平方米，总建筑面积约7500平方米。

【应急管理】 2020年，全县发生生产安全事故2起、死亡2人（事故起数和死亡人数与上年同期相比均持平），其中工矿商贸行业发生一般生产安全事故1起、死亡1人，道路交通事故1起、死亡1人。

2020年7月16日，宣鹤高速公路通车　　（湖北交通鄂西建设公司 供稿）

【脱贫攻坚】 2020年，按照“两不愁三保障”标准，全县7.07万贫困人口全部脱贫，51个贫困村全部出列，通过国家脱贫验收及脱贫攻坚普查。全县统筹捆绑涉农资金54685万元用于脱贫攻坚后期建设，其中基础设施26569万元、产业发展13316万元、易地扶贫搬迁3678万元、发展教育4149万元、生态补偿2858万元、社会保障3218万元、其他897万元。全县新增以茶叶、烟叶、箬叶、蔬菜和畜牧业为主的特色产业933.33公顷，特色产业带动贫困户22409户、带动比率98.7%；全县545个新型农业经营主体投身脱贫攻坚，带动贫困户比率80%。全县“点对点”组织劳务输出贫困劳动力1454人，贫困人口外出就业2.31万人，是上年的105%；开发贫困人口就近就业公益性岗位3036个。全县市场主体入驻“扶贫832”平台110个、上架农产品586个，入驻社会扶贫网湖北特色馆62个、上架农产品455个。开展消费扶贫，累计销售鹤峰特色农产品9243万元。为贫困户兑现退耕还林、生态公益林、天然林停伐补偿资金1.5万户次、1515万元。全县新建道地药材特色小镇3个、药材重点村10个，惠及贫困户1500户；对带动贫困户发展特色产业的市场主体持续给予金融支持，新增贴息贷款5笔、370万元，累计贷款达到705笔、3.14亿元、贴息944万元；为贫困户新增小额信贷2056笔、9083万元，累计达到9766笔、4.59亿元，贴息2527万元。全县13个村级光伏电站全部顺利并网发电，收益70.53万元，设置公益性岗位75个，是应设岗位的174%。光伏扶贫发电收益的80%用于贫困人口公益岗位工资和参加村级公益事业建设的劳务费用支出。全年资助贫困家庭学生2.64万人次、1579.6万元，“雨露计划”资助3353人次、838.25万元，全县有农村低保4039户、7629人。杭州帮扶财政资金5630万元，实施项目33个，直接辐射带动贫困人口4673人发展产业和就业增收；新增8个东部企业落户鹤峰（在鹤东部企业共17个），新增投资额13630万元，吸纳贫困人口118人就业，利益联结带动贫困人口1079人。

【宣鹤高速通车试运营】 2020年7月16日零时，宣恩至鹤峰高速公路通车试运营，实施全国联网收费。通车后鹤峰县城到恩施州城的车程由3小时缩短至1.5小时。宣鹤高速东接宜来高速公路五峰至鹤峰段（在建），西连恩来高速公路当阳坪互通，全长55.628千米，全程隧道17座、桥梁45座（单向），设立鹤峰西、沙道沟2个匝道收费站和沙道沟1对服务区。

【荣誉】 2020年，鹤峰县被中国蜂产业协会表彰为“蜂业扶贫先进县”，县政府被省委、省政府表彰为“2017—2019湖北省文明单位”，鹤峰县燕子镇人民调解委员会获评“全国模范人民调解委员会”。鹤峰县中心医院被省委、省政府表彰为“湖北省抗击新冠肺炎疫情先进集体”；县中心医院副院长、副主任医师张恩力，容美镇铭创餐饮服务有限公司董事长刘选明被表彰为“湖北省抗击新冠肺炎疫情先进个人”。县一中学生部姗姗被团中央表彰为“全国优秀共青团员”，共青团鹤峰县委、县少先队总辅导员黄家菊被团省委表彰为“全省优秀共青团干部”，县消防救援大队钱元辉被省委宣传部、省消防救援总队表彰为“荆楚楷模·最美消防卫士”，县中心医院党委书记骆渊海被省总工会授予“湖北五一劳动奖章”、被省委组织部、省人社厅和省政府扶贫开发办公室授予“脱贫攻坚记大功者”，县中心医院党委副书记、副院长张恩力被省委表彰为“全省优秀共产党员”，县中心医院党委委员、重症医学科主任秦宏勇被省总工会办公室、省卫生健康委员会办公室表彰为“湖北医德之星”，燕子镇人社中心主任罗明被省人社厅表彰为“全省人社系统先进个人”。

（李悟珍 王 西）

人　物

Figures

先进人物

【史光武】 2020年9月，被中共中央、国务院、中央军委表彰为“全国抗击新冠肺炎疫情先进个人”。男，土家族，1971年出生，恩施市舞阳坝街道办事处党委书记。自1月22日起，他组织全体党员干部抗击新冠肺炎疫情，第一时间组建指挥部、第一时间摸排疫情、第一时间采取防控行动。召集全办防控会议30余次，在疫情防控一线成立防疫临时党支部19个、临时党小组88个，组建宣传小分队，采取“宣传单”“小喇叭”“敲门窗”等形式，到网格、村庄、楼栋，广泛宣传疫情防控知识和疫情摸排，及时通报疫情动态，发动和组织群众，落实联防联控措施，构筑群防群治的严密防线。疫情防控攻坚的两个多月里，他白天在卡口、小区、重点区域场所巡查，晚上在指挥部研判疫情数据，每天工作到深夜。他以身作则，带队关心慰问群众，亲自协调解决小区值守卡口的照明、热水和取暖问题；为帮助群众解决生活难题，他组织成立213个党员“配送队”“爱心跑跑”，为群众代买生活物资，送货上门，保障居家民众基本生活需求，提供人文关怀和心理疏导。在他的精心组织下，舞阳坝街道办事处辖区240个居民小区、7.11万户、31.71万名居民，除外地输入病例外，无一例本土感染病例，辖区社会安定有序。疫情防控转入常态化后，适时动态调整防控措施，有序推动复工复产复市复学，推动疫后经济重振。

【麻祖念】 2020年9月，被中共中央、国务院、中央军委表彰为“全国抗击新冠肺炎疫情先进个人”。男，土家族，1979年出生，宣恩县中西医结合医院院长（宣恩县沙道沟镇中心卫生院院长）。宣恩县南三乡（镇）户籍人口近20万人，在汉务工及工作人员占全县涉汉人员的一半以上，在新闻媒体报道武汉因新型冠状病毒感染导致出现疫情的早期，他敏锐觉察到临近春节是人员返乡高峰，结合新冠肺炎疫情防控形势，在节前迅速主持召开疫情防控工作会议，制订工作方案，在全县最早安排村医摸排筛查返乡人员，发挥防控“哨点”作用。他作为集中救治定点医院院长、专家组组长，在春节前迅速转换18间普通病房作为隔离病房使用，12天时间修建完成建筑面积近600平方米的临时救治病房，组建感染科；担任宣恩县严重精神障碍患者集中救治医院院长，用4天时间完成救治医院组建工作，保障严重精神障碍碍患者得到及时有效救治；及时组建血液透析和孕产妇救治工作专班，确保疫情防控期间南三乡（镇）40名透析患者进行正常透析、15名新生儿平安顺利出生。他坚持靠前指挥，召开疫情防控工作专题会议30余次实时研判部署；参加专家会诊、院内防控督查，有效控制传染源；吃住在办公室，几乎每天工作至凌晨两点以后，连续奋战60余天没有回家。他以敏锐的意识、周密的部署、高度的责任、无私的奉献，彰显了抗疫逆行中的医者初心和一名共产党员的为民情怀。

【莫晓婧】 2020年9月，被中共中央、国务院、中央军委表彰为“全国抗击新冠肺炎疫情先进个人”。女，1974年出生，巴东县人民医院感染科护士长。2020年春节，面对突如其来的新冠肺炎疫情，46岁的她克服爱人术后恢复期、女儿临近高考无人照顾等困难，带领护理团队，与疫情竞速、与死神对峙，每天工作16小时以上，挂着能量吊瓶仍不下战疫一线，护理发热患者走出隔离病区、确诊病人全部康复出院，确保进入隔离病区的医务人员无一例感染，用实际行动诠释了“南丁格尔”精神的内涵。1月20日，莫晓婧接到做好新冠肺炎患者接诊治疗准备工作的紧急通知，当时的她对新冠肺炎知之甚少，凭着多年从事感染科护理工作的经验，她从网络媒体上查阅大量新冠肺炎资料，针对性了解其特性，会同相关人员制定详细的护理计划、工作制度和院感防控方案，对新组建的20多名护理专班人员进行业务培训，紧急筹备2间单独隔离病房。1月23日起，莫晓婧便开始"两点一线"的生活，奔忙在新冠肺炎患者护理一线，再没回过自己的家。在有序开展好医护工作的同时，她与患者交心谈心，开展心理辅导，无微不至地照顾与关怀，在患者眼中，她是耐心细致、温暖亲切的"白衣天使"。2020年，她获得"湖北五一劳动奖章"。

【杨 鎏】 2020年9月，被中共中央、国务院、中央军委表彰为"全国抗击新冠肺炎疫情先进个人"。男，苗族，1983年出生，中共党员，大学文化，利川市公安局东城派出所副所长。在新冠肺炎疫情阻击战中，他敢于担当、勇于拼搏、甘于奉献，将工作职责化为满腔热情，倾洒在防疫一线的每一刻每一处，用工作实效为利川抗疫作出贡献，用实际行动维护利川经济社会大局的平安稳定。疫情防控期间，他主要担负值班备勤、社会面防控和战时防控等多项工作。在执勤卡口、医学集中隔离观察点、街面巡查、火车站值守点。虽然爱人在距离城区10余千米的乡镇工作，年仅10岁的幼女随年迈的爷爷奶奶生活在乡下，但他不分昼夜，坚守岗位。他发挥个人专长，和好友结合实际工作，坚持信息主导、综合防控、数据盯防的原则，自主研发"利川市公安局卡口查验系统"，在市内各省界高速卡口、火车站、汽车站广泛运用，不仅减少各卡口边界查验工作量，让人员车辆快速通行，而且让信息汇总一目了然。针对国（境）外有旅居史的人员查控难度大，他废寝忘食攻关，升级系统功能，实现数据高度加密和高风险人员自动预警功能，减少人工核查接触。查验系统被全州各地借鉴推广。他始终扎根基层一线，先后荣立个人二等功1次、三等功2次。2020年5月，他被评为恩施2020年第一期"恩施楷模"。

（莫长锐）

【林 丽】 2020年11月，被中共中央、国务院表彰为"全国劳动模范"。女，1972年1月生，中共党员，大学专科，国网湖北省电力有限公司咸丰县供电公司网格员。林丽到咸丰县供电公司工作后，17年如一日，用心工作、用情服务、用爱待人，为大山里的百姓带去无数感动。每每面对群众托付，林丽都竭尽所能完成。片区有用电隐患或是出现用电故障，她总是在第一时间解决。只要了解到村民短时手头不宽裕，她都会默默垫支电费……一件件平凡的小事和善举，使林丽赢得服务片区群众的信赖和敬重，"有难事儿找林妹儿"成为群众心声。她先后获"全国民族团结进步模范个人""全国五一劳动奖章""全国五一巾帼标兵""湖北省岗位学雷锋标兵""国家电网公司特等劳模"等荣誉。

【陈兹方】 2020年11月，被中共中央、国务院表彰为"全国劳动模范"。男，土家族，1989年3月生，群众，初中，巴东县水布垭镇杨家垭村农民。他出生在巴东县偏远山村，先天失去双臂。9个月时父亲因脑中风突然离世。为了减轻家庭负担，陈兹方学会用脚洗澡、穿衣、锯柴、种烤烟、干农活，学习用手机上网，了解外面的世界。2016年，他萌生开网店的想法。从最开始恳求乡亲们赊山货和土特产出售，到乡亲们主动请求帮忙卖货，几个月时间，"陈兹方铺子"发展起来，2019年的销售额达到300万元。他还带领乡亲们一起脱贫致富，先后帮助200多农户销售土豆、腊肉、脐橙等土特产，直接为老百姓增收500多万元。他的励志故事被中央电视台、新华社、《湖北日报》、《恩施日报》等70多家媒体报道。

【谭桂英】 2020年11月，被中共中央、国务院表彰为"全国劳动模范"。女，1982年1月出生，中共党员，现任恩施大峡谷旅游开发有限公司市场营销部导服组副经理。谭桂英作为一名土生土长的恩施大峡谷人，见证大峡谷景区开发给家乡带来的深刻变化。她立志扎根家乡，坚守初心，为家乡从贫困走向富裕贡献个人力量。2006年，在外打工的她回到家乡，开始她的导游路。2009年，她成为一名景区讲解员，2011年通过国家级导游考试。利用业余时间，谭桂英完成恩施大峡谷景区导游词第三版撰写。她先后获得"恩施优秀游""最佳讲解奖""十佳导游""金牌导游"等奖项，获"湖北省劳动模范""全国旅游系统劳动模范""荆楚楷模"等荣誉。

【谷 新】 2020年11月，被中共中央、国务院表彰为"全国先进工作者"。女，1967年9月生，中共党员，大学本科，州中心医院妇产科主任，正高级职称。谷新从医31年，现为省妇产科学会委员、省医师协会妇产科分会常务委员、省预防医学会妇科疾病委员会常务委员、省生物工程学会盆底重建专业委员会常务委员、州医学会妇产科分会主任委员、州妇科与产科质量控制中心主任，州中心医院甲等"胡萝卜"人才。她技术精湛，努力钻研业务，率先在全州开展多项新业务技术，为广大患者开启一扇扇生命之门；她几十年如一日，带领州中心医院妇产科队伍，为恩施州乃至武陵山区女性同胞健康保驾护航，被患者誉为"生命的保护神"。

（曾 冬）

【部姗姗】 2020年4月28日，被共青团中央授予"全国优秀共青团员"称号。女，蒙古族，鹤峰人，2004年1月出生，鹤峰县第一高级中学学生。她在学习中，勤奋刻苦，追求上进，全面发展。在思想上，认真学习社会主义荣辱观和科学发展观，积极乐观向上。她在生活中，乐于助人，善良勤劳，保持良好的生活习惯和正直的作风。在新冠肺炎疫情防控期间，通过网课努力学习，落实"延课不延学"计划，参加共青团组织的网上学习活动，加强共青团员之间的学习交流。2016至2017学年度中，她被评为"鹤峰县优秀学生"；2017年，获鹤峰县"我家最美故事季亲子阅读主题实践活动"优秀奖；2018年，获"湖北省优秀共青团员"、"湖北省最美中学生"称号。

【李子明】 2020年4月28日，被共青团中央授予“全国优秀共青团干部”称号。男，土家族，鹤峰人，1985年9月出生，中共党员，硕士研究生，2009年7月参加工作，现任州中心医院团委书记、纪检监察室主任。他从事共青团工作8年，坚持“党建带团建”工作思路，落实“全团抓思想政治引领”工作部署，推进基层团组织规范化建设。到团员及青年职工中了解青年的思想动态，帮助解决实际困难。组织单身青年参加联谊相亲、户外团练等活动，参加医护志愿服务活动。新冠肺炎疫情防控期间，他连续60余天以院为家，组织185名青年医护人员成立“青年突击队”冲锋在一线。号召全院团员青年参加志愿服务，组织近800人的志愿者队伍，开展测量体温、搬运物资、后勤保障等工作，共计服务1400余人次，服务时长累计达1.5万小时，转运物资100余吨。协调接收经共青团恩施州委接洽、转交的社会捐赠仪器、物资、善款，单笔最多的物资20余吨。撰写发表新闻稿件15篇，其中参与撰写的《不辜负每一份爱与奉献》在《中国纪检监察报》头版刊载。他先后获得“全省优秀共青团干部”等省、州及院内各项荣誉称号15项。

（岳 楠）

【彭 馥】 2020年9月，被全国妇联表彰为“抗击新冠肺炎疫情全国三八红旗手”。女，土家族，1986年出生，中共党员，2006年参加工作，现任来凤县公安局百福司派出所所长。新冠肺炎疫情突如其来，彭馥将有限警力分为卡口值守、交通巡查、应急处突、纠纷调解4个小组，实行24小时勤务模式，推出“民警+村干部+义务治安巡防队员”工作模式，激发共治共建、群防群控的内生动力，每天除带班值守12小时外，她带领开展防疫宣传劝导，使群众主动配合支持防疫工作。百福司镇一脚踏三省，与湖南龙山、重庆酉阳相邻，有10个离省通道，彭馥要求值守民警严守卡口，严防疫情输入和扩散。因措施到位，疫情防控期间，百福司镇未出现一例确诊和疑似病例。2020年4月，她被来凤县委组织部记“个人三等功”；被州妇联通报表扬为在新冠肺炎疫情防控中表现突出的女性先进个人；7月，被省妇联授予“荆楚时代女性榜——战疫玫瑰”荣誉称号；被公安部评为全国公安系统“抗击新冠肺炎疫情先进个人”；2020年11月，被省精神文明建设委员会办公室评为“先进个人”。

【姜晓玲】 2020年9月，被全国妇联表彰为“抗击新冠肺炎疫情全国三八红旗手”。女，土家族，1973年出生，中共党员，1991年参加工作，现任建始县高坪镇望坪社区副书记、主任、妇联主席。新冠肺炎疫情防控期间，在疫情防控难度大、人员不足的情况下，她带领丈夫和上大学的女儿逆行而上，共同抗疫，驻守望坪社区。以拍“全家福”的方式，做到望坪社区19个小组，近5000人，1300多户的摸排不漏一户、不漏一人。她积极联系电信、联通、移动公司为村民排查网络通信不通畅问题，为社区孤儿送去米面油盐，为在家学习的学生及时送去书本、练习册。从清晨到半夜，姜晓玲每天都会接到许多电话，老人心脏病急需就医、村民生孩子急需联系……对村民的大小事她从不懈怠，从不厌烦，始终以高度的责任感和热情认真对待、积极处理。她以干练的作风、认真的态度、高度的责任心和为民的情怀书写她的抗疫故事。7月，她被省妇联表彰为“荆楚时代女性榜——战疫玫瑰”。

（黎 玲）

【谭 丽】 2020年9月，被全国妇联表彰为“抗击新冠肺炎疫情全国三八红旗手”。女，土家族，1983年出生，2005年参加工作，现任恩施州中心医院中医部外三科、重症监护室护士长。在日常工作中她秉承“干一行，爱一行，钻一行，精一行”，勤练技术，以身作则，兢兢业业。特别是在危重病人的抢救护理上，更是身先士卒，无论身在何地，无论白天黑夜，只要病人需要，她总会出现在病房里。在她的带领下，全科护理人员将病人的需要放在首位，努力提升专业技能，完善各项护理工作，得到患者一致好评。2月3日，她进驻新冠肺炎病区后，在极短的时间里迅速适应新环境，带领梯队成员组建隔离病区重症监护病房，接管重危病人，时刻考验着专业素质。危重的病情、极强的传染性没有让她退缩，她与队员们带着信念与勇气，同时间赛跑，与病魔较量，在重症病房里上演了一幕幕精彩的“降魔大战”。在护理、治疗新冠患者的同时，如何做好医护人员的个人防护，保证医护人员的安全也是悬在她头顶上的一把利剑。每一项操作的流程她都要反复推敲，确保万无一失；每一样物品的进出都要经过她详细的检查，以免交叉感染；每一位医护人员进入病房前都要经过她从头到脚的查看，保证防护用品穿戴完好。在她和她的团队进驻期间，实现“患者零死亡，医护人员零感染”的目标。

（代文婷）

【谭 晓】 2020年9月，被全国妇联表彰为“抗击新冠肺炎疫情全国三八红旗手”。女，土家族，1981年出生，中共党员，2011年参加工作，现任湖北民族大学附属民大医院重症医学科医师。她是第一批支援武汉新冠肺炎疫情防控的ICU医生，农历正月二十九，她和同事组成湖北民族大学附属民大医院援汉医疗队前往收治新冠肺炎最早最危重患者的金银潭医院抗击新冠肺炎疫情。到达武汉后，她被安排在南七楼ICU医疗小组一线管理病人。当时医疗资源缺乏、医护人手不足，每天6点多就起床，7点半熟悉病人的病情，有时候甚至工作到晚上七八点才下班。她穿着几层不透气的防护服，连续每天工作八个小时以上。每天结束工作后，还与在恩施的同事讨论、交流信息，帮助更好地把握病情。抱着“疫情不退不归”的信念，克服重重困难，她奋战67个日日夜夜，完成各项任务。9月，她被省委、省政府表彰为“湖北省抗击新冠肺炎疫情先进个人”、被省委表彰为“全省优秀共产党员”；11月，被湖北省医院协会评为“2020感动湖北最美医者——抗疫典型人物”。

（李 阳）

新闻人物

【罗建波】 2020年，被中央文明办评为1月敬业奉献类“中国好人”。男，土家族，1979年7月出生，本科学历，中共党员，利川市公安局刑侦大队大队长。2000年参加工作后，指挥侦破4000余起案件，亲手抓获犯罪嫌疑人800余人。步入不惑之年的他从警18年，徒手夺刀解救人质。从父亲手中接棒，追回逃亡23年的命案逃犯。

【汪明菊】 2020年，被中央文明办评为2—7月敬业奉献“中国好人”。女，苗族，1973年2月出生，中共党员，现任宣恩县珠山镇上湖塘社区党总支书记、主任。自1997年参加工作以来，汪明菊一直扎根基层，是群众心里的“知心人”，是社区运转的“万金油”。新冠肺炎疫情防控期间，她身先士卒带领小区300余名党员干部筑牢疫情防控“堤坝”。

【陈光明】 2020年，被中央文明办评为2—7月敬业奉献类“中国好人”。男，土家族，1962年9月生，高中文化，恩施市屯堡乡沙子坝村人。6月8日以来，恩施市持续遭受特大暴雨长时间侵袭。7月20日凌晨，恩施沙子坝发生有纪录以来恩施市最大面积滑坡。21日凌晨，恩施沙子坝再次发生滑坡泥石流，滑坡体随后堵塞河流形成堰塞湖。由于陈光明的预警及时，从预警到灾害发生前，共撤离影响区内群众315户、1339名，过程中无一人伤亡。

【谢睿（1981—2020）】 2020年，被中央文明办评为10月敬业奉献类“中国好人”。男，土家族，大学本科学历，湖北咸丰人，1981年8月出生，2006年8月参加工作，2013年6月加入中国共产党，生前任咸丰县清坪镇党委委员、纪委书记、县监察委员会派出清坪镇监察室主任。先后在咸丰县民族中学、鹤峰县中营镇、咸丰县清坪镇等单位工作。2020年9月15日，谢睿在清坪镇龙潭司村检查精准扶贫工作时，不幸因公牺牲，年仅39岁。他主动联系包保全镇5个最偏远、基础最薄弱的村。协调驻村工作队多方筹资建设小河大桥，解决近万人多年来的过河难题。他到村民小组、进院坝开群众会，善做群众工作。新冠肺炎疫情突如其来，他立即到疫情防控一线组织开展群防群控。2020年咸丰县遭遇特大暴雨，他加入防汛救灾突击队，冒着大雨排查河流沿线隐患和风险点。面对纪检监察体制改革，他主动申请参与留置案件办理，深入学习监察执法业务，不厌其烦、推心置腹做好干部思想工作。他始终秉持公心，用好执纪监督利剑，敢于善于斗争，他所在镇的党风廉政建设工作在全县党风廉政建设考核中名列前茅。他获评“荆楚楷模”2—10月上榜人物；团湖北省委、省青年联合会追授“湖北青年五四奖章”，共青团恩施州委、州青年联合会追授“恩施州青年五四奖章”；中共咸丰县委、恩施州委、湖北省委相继追授他为“优秀共产党员”。

【朱泽斌（1972—2020）】 2020年，被中央文明办评为11月敬业奉献类“中国好人”。男，土家族，1972年8月出生，湖北建始人，生前系建始县纪委监委信访室主任、正科级纪检监察员。1999年10月参加工作，2020年5月，因患肝癌医治无效离世，享年48岁。任信访室主任近4年时间，共处理信访件1553件，为群众解决大量合理诉求。新冠肺炎疫情防控期间，朱泽斌让同事安心居家，自己一个人坚守在信访一线，52天未曾休息。

【陈锋】 2020年，被中央文明委授予第五届全国未成年人思想道德建设工作先进工作者。男，汉族，现任恩施市实验小学校长，中共党员。1989年从师范毕业，陈锋主动到边远山村学校任教，用心教学，以情育人，用爱点亮山村孩子的希望，以无怨无悔的坚守和付出实现该校多年重点高中升学的“零”突破。2017年，作为校长的他带头参与农村学区校的科学“走教”教学，常常自己购买小实验器材和孩子们一起制作科学学具、科学实验与科学考察，体验科学的乐趣，让农村孩子们爱上科学。此外，还承担和组织多次送教送培、城乡手拉手活动，为实现城乡教育均衡发展不懈努力。

【孙孝妮】 2020年10月31日，获评2020年全国“特别关注孝心少年”，参加中央电视台“全国最美孝心少年”颁奖典礼。女，宣恩县万寨乡罗针田村4组人，宣恩县民族实验中学学生。7岁时，父母离异。为一家人生计，懂事的她学会分担与感恩，成为家里的小主人。小学6年时间，放学回家还要背柴、摘茶、煮饭等，在照顾家庭的同时，孙孝妮的学习成绩没有落下，在班上一直名列前茅，多次获得“学习标兵”“学习之星”“优秀班干部”等称号。

（邓恒 唐敏）

革命烈士名录

【康先成（?—1936）】 男，原恩施县济安乡木栗园人（现为恩施市新塘乡木栗园村）。生前系恩施县苏维埃政府副主席。1933年5月，贺龙领导的红三军在济安（原双河）上坝成立恩施县苏维埃政府，康先成因在革命斗争中积极、干练、勇敢，深受群众拥护和红军信任，被选为木栗园区苏维埃政府主席，之后又当选为恩施县苏维埃政府副主席。在县苏维埃政府存在的两个多月时间里，康先成坚持同国民党团防做斗争，打土豪劣绅，组织群众减租减息支援前线，先后将15吨粮食和食盐运送至鹤峰麻水的红三军军部，将收缴的45匹洋布缝制成衣服送给红军。1936年7月，国民党宣恩团防总指挥唐协成纠集恩施、宣恩两县边界的民团武装合袭木栗园区。康先成与红军留守人员带领游击队和赤卫队利用有利地形伏击敌人，取得木栗园红色政权保卫战胜利。7月下旬，恩施县境内的革命根据地新塘、双河被国民党军队占领，红军被迫转移，康先成留下坚持斗争。1936年夏某夜，国民党新塘团总傅卫风的数十名团丁包围康先成家，康先成突围时中枪受伤，以瓦片回击敌人，被团丁枪弹射击，英勇牺牲。2019年3月18日，省政府根据《革命烈士褒扬条例》第三条第4项“因执行革命任务遭敌人杀害的”规定的情形，评定康先成为烈士。

【向雪飞（1975—2016）】 男，土家族，1975年12月出生，来凤县翔凤镇人，中共党员，生前系任来凤县漫水乡派出所所长。2016年7月13日凌晨，在来凤县西水缘宾馆抓捕毒贩和吸毒人员行动中，献出了宝贵的生命。2016年9月被中国文明委评为“中国好人”，10月被公安部授予“二级英模”荣誉称号。2020年3月19日，省政府根据《烈士褒扬条例》第八条第一款规定情形，评定向雪飞为烈士。

【龚芳清（1897—1934）】 曾用名龚方清，男，1897年4月25日出生，鹤峰县邬阳乡龚家垭村（甘溪坪）人。1929年参加红军后，英勇作战、擅长用枪、屡立战功，任红四军第五路指挥第38团营长职务。1931年，龚芳清在龚家垭与团防陆明清作战时左腿重伤，被送回家中养伤。1934年腊月二十七日，因叛徒的出卖，他在邬阳乡龚家垭村被团防抓捕，被严刑逼供，但他宁死不屈，最终惨遭敌人杀害。2020年11月24日，省政府根据1950年《革命军人牺牲、病故褒恤暂行条例》第三条“革命军人因参战、公干牺牲者（被俘不屈慷慨就义或被特务暗杀等）均得称烈士”的规定精神，评定龚芳清为烈士。

（李 丹）

辞世人物

【李家友（1935—2020）】 1935年6月出生，男，湖北南漳人，州政协原副主席，因病医治无效于2020年1月16日逝世。他于1950年11月参加工作，1954年3月加入中国共产党。1950年11月至1973年2月，先后在恩施地委农工部、地委办公室工作。1981年10月至1984年1月任州委政研室副主任。1984年1月至1989年6月任州委副秘书长兼政研室主任。1989年6月至1992年5月任州委副秘书长。1992年5月至1997年7月任州政协第二届、第三届委员会副主席，1997年7月退休。

【刘启政（1930—2020）】 1930年1月出生，男，山西晋城人，中共党员州人大常委会原副主任，因病医治无效于2020年11月16日逝世。他1947年8月参加革命工作，1948年11月入党。1947年8月在中原野战军第四纵队参军，担任战士、兵站排级工作员等职。1948年5月至1949年3月先后在河南省南阳军分区、南阳专署财政科、镇平县财政科等地工作。1949年3月至1953年12月在省税务局工作。1954年12月至1955年8月在省委党校学习。1955年8月至1964年12月在恩施地委专署工作，先后任财政局副局长、农村部科长。1964年12月至1970年5月在宣恩县工作，先后任县委副书记、革委会主任等职。1970年5月至1973年10月先后在恩施地区林业局、农业局工作，任局长。1973年10月至1980年12月在来凤县工作，先后任县委副书记、书记、县革委会主任等职。1980年12月任恩施地区行署副专员。1983年12月当选为州第一届人大常委会副主任。1994年1月离休。

（魏宏庆）

附　录

Appendix

主要组织机构及负责人

（2020 年 12 月 31 日在职）

中共恩施州委员会

书　记　　柯　俊
副书记　　刘芳震（土家族）
　　　　　夏锡璠（土家族）
常　委　　柯　俊
　　　　　刘芳震（土家族）
　　　　　夏锡璠（土家族）
　　　　　吕　星
　　　　　沙玉山（回族）
　　　　　尹　达
　　　　　涂元玲（女，土家族）
　　　　　丁　辉
　　　　　张　淼（女）
　　　　　夏锡璠（土家族）
　　　　　龚鸿斌
　　　　　吴槐庆（挂职）
　　　　　李　岩（挂职）
秘书长　　夏锡璠（土家族）
副秘书长　匡乐轩（土家族）
　　　　　吴远东
　　　　　曾召辉（苗族）
　　　　　向　辉（土家族）
　　　　　向定山（土家族）
　　　　　胡　铭
　　　　　杨　峻
　　　　　李永太

恩施州人大常委会

主　任　　吕金施
副主任　　邓正平（土家族）
　　　　　陈学明（苗族）
　　　　　王小平
　　　　　张在勇
　　　　　向红林（女，土家族）
秘书长　　向文虎（土家族）
副秘书长　刘海燕
　　　　　唐登峰（土家族）
　　　　　杨局成
　　　　　卓万俊（土家族）

恩施州人民政府

州　长　　刘芳震（土家族）
副州长　　丁　辉
　　　　　吴槐庆（挂职）
　　　　　李　岩（挂职）
　　　　　田金培（土家族）
　　　　　张勇强
　　　　　高敬佩（女，苗族）
　　　　　孔发阶
秘书长　　周辉军（土家族）
副秘书长　李国庆
　　　　　余和平（土家族）
　　　　　刘　琳（女，苗族）
　　　　　谭鉴锡（土家族）
　　　　　周兴发（土家族）
　　　　　王　兵（土家族）
　　　　　姚洪华（挂职）

政协恩施州委员会

主　席　　刘建平（土家族）
副主席　　张全榜（土家族）
　　　　　谭建军（蒙古族）
　　　　　王继刚
　　　　　刘晓冰（女，土家族）
　　　　　何义发
　　　　　向前进（土家族）
　　　　　邢祖训
　　　　　单艳平（土家族）
秘书长　　张树香（女，土家族）
副秘书长　谭志国（土家族）
　　　　　段绪慧（女，土家族）
　　　　　冉崇柳（土家族）

中共恩施州纪律检查委员会、监察委员会

纪律检查委员会

书　记　　吕　星
副书记　　石遵广
　　　　　王　峰
常　委　　吕　星
　　　　　石遵广
　　　　　王　峰
　　　　　李木林
　　　　　向宏明
　　　　　严　芳（女）

州监察委员会

主　任　　吕　星

副主任　石遵广
　　　　王　峰
委　员　李木林
　　　　李　君
　　　　向宏明
　　　　牟泽忠

法　院

州中级人民法院
党组书记、院长
　　　　许一鸣

检察院

州人民检察院
党组书记、检察长
　　　　刘恒明

州委工作机关

州委办公室(州委国安办、州档案局)
主　任　匡乐轩

州委组织部(州公务员局、州委两新工委)
部　长　尹　达

州委宣传部[州文明办、州政府新闻办、州新闻出版局(州版权局)]
部　长　张　淼

州委统战部[州委台办(州政府台办)、州政府侨办]
部　长　涂元玲

州委政法委
书　记　柯东海

州委政策研究室(州委改革办、州委财经办、州政府研究室)
主　任　向定山

州委网络安全和信息化委员会办公室(州网信办)
主　任　周　清

州委外事工作委员会办公室(州政府外办)
主　任　邓习猛

州委机构编制委员会办公室
主　任　秦顺富

州委直属机关工作委员会
书　记　夏锡璠

州委巡察工作领导小组办公室
主　任　李培军

州信访局
局　长　向　辉

州国家保密局
局　长　单　雷

州委老干部局
局　长　杨　华

州督查考评办公室
主　任　曾召辉

州人大常委会工作(办事)机构

常委会办公室
机关党组书记、办公室主任
　　　　向文虎

法制工作委员会
主　任　吕世安

民族宗教侨务外事工作委员会
主　任　汪　敏

监察和司法工作委员会
主　任　卓俊杰

财政经济工作委员会
主　任　杨安明

农村工作委员会
主　任　朱克清

教育科学文化卫生工作委员会
主　任　朱德云

环境资源保护工作委员会
主　任　马天平

社会建设工作委员会
主　任　(空缺)

预算工作委员会
主　任　唐洪贵

代表选举人事任免工作委员会
主　任　卢群林

法规研究室(规范性文件备案审查室)
主　任　邓明才

政府工作部门

州政府办公室
机关党组书记、办公室主任
　　　　周辉军

州政务服务和大数据管理局(州公共资源交易监管局)
党组书记、局长　周后培

州民族宗教事务委员会
党组书记、主任　向莉萍

州退役军人事务局(州委退役军人办)
党组书记、局长　任伦杰

州应急管理局
党组书记、局长　程　飞

州公安局
党委书记、局长　孔发阶

州司法局(州委依法治州办)
党组书记、局长　万雪峰

州经济和信息化局(州委军民融合办)
党组书记、局长　向应才

州农业农村局(州委农办)
党组书记、局长　汪　云

州商务局(州招商局)
党组书记　田　首
局　长　张远虚

州人民政府扶贫开发办公室
党组书记、主任　向金洲

州发展和改革委员会(州粮食局、州能源局)
党组书记、主任　杨天龙

州财政局
党组书记、局长　张安俊

州审计局(州委审计办)
党组书记、局长　王新国

州统计局
党组书记、局长　侯　斌

州人民政府国有资产监督管理委员会
党委书记、主任 姚茂易

州市场监督管理局(州知识产权局)
党组书记 段怀刚
局 长 张紫阳

州地方金融工作局(州金融办)
党组书记、局长 王 牟

州交通运输局
党组书记、局长 杨盛僚

州自然资源和规划局
党组书记 吴时刚
局 长 雷纯忠

州林业局
党组书记、局长 邓升志

州水利和湖泊局(州河湖长制办公室)
党组书记、局长 刘 剑

州生态环境局
党组书记、局长 黄 波

州住房和城乡建设局(州人防办)
党组书记、局长 向 辉

州科学技术局(州国防动员委员会科技动员办公室)
党组书记、局长 郭玉锋

州教育局(州委教育领导小组秘书组、州人民政府教育督导室)
党组书记、局长 严 斌

州文化和旅游局(州广电局、州体育局)
党组书记、局 长 刘俐萍

州卫生健康委员会(州中医药局)
党组书记、主任 杨祖旺

州人力资源和社会保障局
党组书记、局长 郑开廷

州医疗保障局
党组书记 吴耀先
局 长 许 强

州民政局
党组书记、局长 黎华辉

州政协工作(办事)机构

州政协办公室
机关党组书记、办公室主任 张树香

提案委员会
主 任 孙兴无

经济委员会
主 任 蔡 平

农业和农村委员会
主 任 陈明海

教科卫体委员会
主 任 (空缺)

人口资源环境委员会
主 任 黄本维

民族宗教委员会
主 任 (空缺)

社会法制港澳台侨外事委员会
主 任 部志中

文化文史和学习委员会
主 任 曾凡培

委员工作委员会
主 任 谭德明

民主党派

中国国民党革命委员会恩施州委员会
主 委 许 强

中国民主同盟恩施州第四届委员会
主 委 何义发

中国民主建国会恩施州委员会
主 委 谭建军

中国民主促进会恩施州总支部委员会
主 委 陈晓燕

中国农工民主党恩施州委员会
主 委 杨德华

群众团体

州总工会
主 席 涂元玲
党组书记 李 新

共青团恩施州委
书 记 沈浩然

州妇女联合会
党组书记、主席 王兰英

州工商联
主 席 王继刚
党组书记 张 蓉

州科学技术协会
党组书记、主席 向子明

州残疾人联合会
党组书记、理事长 包首玉

州红十字会
会 长 高敬佩

州委、州政府派出机构

州委恩施高新技术产业园区工作委员会(恩施高新技术产业园区管理委员会)
工委书记 丁 辉
管委会主任 黄 敏

特殊经济组织

州供销合作社联合社
党组书记 滕晓东
主 任 向仕莲

州委直属事业单位

州委党校(州社会主义学院、州民族干部学校、州行政学院)
第一校长 柯 俊
校 长 尹 达
州社会主义学院院长 涂元玲
州行政学院院长 丁 辉

恩施日报社
党委书记、社长 粟 勇

州档案馆(州史志研究中心)
馆 长 覃遵国

州机关事务服务中心
主 任 胡友清

州广播电视台
台　长　　　　贾继播

州政府直属事业单位

州住房公积金中心
党组书记、主任　　刘国文

州公共资源交易中心（州政府采购中心）
党组书记、主任　　谭立文

州公共检验检测中心（国家硒检中心）
党组书记、主任　　邓　勇

州畜牧兽医服务中心
党组书记、主任　　王新林

州硒资源保护与开发中心
党组书记、主任　　张祖清

州大数据中心
党组书记、主任　　陈朝晖

部门所属行政单位

州森林公安局
局　长　　　　黄家斌

州强制隔离戒毒所
所　长　　　　杨　军
政　委　　　　熊　峰

部门所属事业单位

州委组织部党员教育中心
主　任　　　　（空缺）

州委理论信息中心
主　任　　　　黄希俊

州纪委监委警示教育基地
主　任　　　　向极怀

州政府驻武汉办事处
主　任　　　　符金操

州政府驻北京联络处
主　任　　　　董兴培

湖北鹤峰革命纪念地管理中心
主　任　　　　汪　娟

州农业综合执法支队
支队长　　　　（空缺）

州农业科学院（湖北恩施中国南方马铃薯研究中心 州硒应用技术与产品开发研究所）
党委书记　　　　王　波
院长、中心主任　　李卫东

州城市管理综合执法支队
支队长　　　　董兴来

州不动产登记中心
主　任　　　　冯　强

湖北星斗山国家级自然保护区管理局
局　长　　　　黄照林

湖北七姊妹山国家级自然保护区管理局
局　长　　　　罗永生

湖北木林子国家级自然保护区管理局
局　长　　　　肖刚清

湖北巴东金丝猴国家级自然保护区
局　长　　　　钱才东

湖北恩施腾龙洞大峡谷国家地质公园管理局
局　长　　　　谭志雄

州生态环境保护综合执法支队
支队长　　　　朱熙锋

州公路管理局
党委书记、局长　　王　勇

州高速公路建设委员会办公室
主　任　　　　杨盛僚

州道路运输管理处
主　任　　　　陈文虎

州港航管理局
局　长　　　　（空缺）

州农村公路管理局（州交通物流发展局）
局　长　　　　陈宇峰

州铁路建设委员会办公室
主　任　　　　刘天林

州交通运输综合执法支队
支队长　　　　朱一进

州市场监管综合行政执法支队
支队长　　　　（空缺）

州发展和改革研究中心
主　任　　　　李秀萍

州会计事务管理局
局　长　　　　陆贤忠

州非税收入管理局
局　长　　　　陈元斌

州财政监督局
局　长　　　　张　洁

恩施职业技术学院
党委书记　　　　戴清堂
院　长　　　　张　捷

州广播电视大学
党委书记、校长　　田中华

州高级中学
党委书记、校长　　谭　斌

州中心医院
党委书记　　　　李　拓
院　长　　　　琚兆清

州药业产业化领导小组办公室
主　任　　　　（空缺）

州妇幼保健计划生育服务中心
主　任　　　　石思蓉

州疾控中心
主　任　　　　彭再生

州卫生计生综合监督执法局
局　长　　　　（空缺）

州优抚医院
院　长　　　　王　勇

州文化和旅游市场综合执法支队
支队长　　　　（空缺）

湖北省民族歌舞团
党委书记、团长　　燕　冰

湖北恩施唐崖土司城遗址管理处
党工委书记、主任（空缺）

州社会保险管理局
局　长　　　　（空缺）

州公共就业和人才服务局
局　长　　陶文胜

州人事考试院
院　长　　陈妮芳

州贸促会
会　长　　王祥群

州属国有企业

州高新投资开发有限责任公司
总经理　　吴小军

州国有资本投资运营有限公司
党委书记、董事长　胡会清
总经理　　范　涌

州农发融资担保股份有限公司
董事长　　冉茂林

州平安押运公司
党委书记、董事长　张孝斌

州硒康牧业
董事长、总经理　魏　凯

垂直（代管）单位和其他机构

州税务局
党委书记、局长　黄成元

州气象局
党组书记、局长　姜玉印

恩施海关
关　长　　邱国强

省地质局第二地质大队
党委书记、队长　杨波涌

恩施监狱
党委书记、监狱长　胡晓山

州消防救援支队
支队长　　彭青松
政治委员　　胡　涛

国家统计局恩施州调查队
党组书记、队长　吴立锋

湖北省农科院中药材研究所
党委书记、所长　刘翠君

州水文水资源勘测局（省水环境监测中心恩施分中心）
党委书记、局长　杨松元

州生态环境监测中心
主　任　　张念胜

国网恩施供电公司
总经理　　宋全清
党委书记　　邱　炜

国电恩施水电开发有限公司
执行董事、总经理　宫贵朝
党委书记　　徐胜军

湖北能源集团齐岳山风电有限公司
总经理　　何　君

湖北广电网络恩施分公司
党委书记、总经理　赵明政

州邮政管理局
党组书记、局长　钱国栋

中国邮政集团公司恩施州分公司
总经理　　李茂山

中国电信恩施分公司
党委书记、总经理　胡玉辉

中国移动通信集团湖北有限公司恩施分公司
党委书记、总经理　熊　胜

中国联合网络通信有限公司恩施州分公司
党委书记、总经理　刘学锋

中国铁塔恩施州分公司
总经理　　胡　平

州烟草专卖局（公司）
党组书记、局长（经理）
　　谭志平

湖北烟草金叶复烤有限责任公司
党组书记、总经理　程瑞武

湖北中烟工业有限责任公司恩施卷烟厂
党委书记　　刘华豫

中石化恩施石油分公司
经　理　　谭逢文
党委书记　　王志东

中国石油湖北恩施销售分公司
党委书记、总经理　马朝军

恩施盐业分公司
党委书记、总经理　陈家乐

恩施机场公司
总经理　　覃遵勇
党委书记　　聂成志

湖北民族大学
党委书记　　吴建清
校　长　　顿祖义

湖北民族大学附属民大医院
党委书记　　谭庆丰
院　长　　刘伦志

湖北民族大学科技学院
董事长　　马凤余
党委书记　　覃红斌
校　长　　廖　云

湖北清外教育科技集团
董事长　　李瑞成

中国人民银行恩施州中心支行
党委书记、行长　许　波

州银保监分局
党委书记、局长　姜　涛

中国工商银行股份有限公司恩施分行
党委书记、行长　张文锋

中国建设银行股份有限公司恩施分行
党委书记、行长　薛实高

中国农业银行股份有限公司恩施分行
党委书记、行长　（空缺）

中国银行股份有限公司恩施分行
党委书记、行长　周建峰

中国农业发展银行恩施州分行
党委书记、行长　熊　华

中国邮政储蓄银行股份有限公司恩施州分行
党委书记、行长　张　涛

湖北恩施农村商业银行股份有限公司
党委书记、董事长　何　涛
行　长　　彭　辉

恩施兴福村镇银行
董事长　徐　燕
行　长　张宏飞

中国人民财产保险股份有限公司恩施州分公司
党委书记、总经理　王　辉

中国人民人寿保险股份有限公司恩施中心支公司
总经理　鄂爱国

中国太平洋财产保险股份有限公司恩施中心支公司
党委书记、总经理　钟　宇

中国太平洋人寿保险股份有限公司恩施中心支公司
副总经理(主持工作)　刘春艳

天安财产保险恩施中心支公司
总经理　李明锦

州老促会
会　长　于德海

州保险行业协会
会　长　陈银桥

州企业联合会(企业家协会)
会　长　谭隆泽

县(市)

恩施市

中共恩施市委员会
书　记　向前进(土家族)
副书记　苏　勇(土家族)
　郭亚妮(女,苗族)
常　委　向前进(土家族)
　苏　勇(土家族)
　郭亚妮(女,苗族)
　谭祖沧(土家族)
　谢　奎(土家族)
　冉茂和(土家族)
　姚洪华(挂职)
　田贵周(土家族)
　任建华(土家族)
　徐　卫
　汪业民
　宋传福

恩施市人大常委会
主　任　刘　凡
副主任　金德钧(土家族)
　余秋红(女)
　黎昔品(侗族)
　王学渊(土家族)
　杨　帆(土家族)
　万亨东(土家族)

恩施市人民政府
市　长　苏　勇(土家族)
副市长　田贵周(土家族)
　姚洪华
　张友刚(土家族)
　杨凯军
　何永福
　徐贵尧(女,土家族)
　张　娟(女,彝族)
　柳海龙(土家族)
　董晓明(土家族)

政协恩施市委员会
主　席　郑晓斌(土家族)
副主席　蔡万高(土家族)
　崔宇辉
　李家忠
　刘庆华(女,土家族)
　吴秀忠(土家族)

利川市

中共利川市委员会
书　记　沙玉山(回族)
副书记　易善翔(土家族)
　赵秀峰(土家族)
常　委　沙玉山(回族)
　易善翔(土家族)
　赵秀峰(土家族)
　刘言成(土家族)
　谢世鸿(土家族)
　刘　勇(女,土家族)
　顾　问
　何文建
　吴建华
　曾建辉
　周　霆
　彭必武(土家族)

利川市人大常委会
主　任　蒋代成(土家族)
副主任　周峥嵘(女)
　王　梅(女,土家族)
　黄佑军
　汤明田(土家族)
　肖耀俊(土家族)

利川市人民政府
市　长　易善翔(土家族)
副市长　何文建
　吴建华(挂职)
　彭必武(土家族)
　李学森(挂职)
　洪　超(土家族)
　张也俏(挂职)
　谭忠友(蒙古族)
　黄建国
　周　毅(土家族)

政协利川市委员会
主　席　卢智绘(土家族)
副主席　郭莉萍(女)
　肖传武
　周志刚(土家族)
　王代轩(土家族)

建始县

中共建始县委员会
书　记　向红林(女,土家族)
副书记　张渊平
　蔡　倞
常　委　向红林(女,土家族)
　张渊平
　蔡　倞
　周和平(土家族)
　陈久奎(土家族)
　胡永康
　张作明
　汪　栾(挂职)
　许　刚(挂职)
　张　媛(女,土家族)
　李世祥
　田真明
　刘友权(土家族)

建始县人大常委会
主　任　吴以忠(土家族)
副主任　汪　平
　胡文江
　米敦文(土家族)

建始县人民政府
县　长　张渊平
副县长　张作明
　汪　栾(挂职)
　许　刚(挂职)
　曾玉平

周爱华（女，土家族）
陈万胜（土家族）
孙玉斌（土家族）
赖栋才（挂职）
姚永红

政协建始县委员会

主　席　　曾凡忠（侗族）
副主席　　柳毓廷（土家族）
张　华（女）
颜昌泉（土家族）
李　丽（女）

巴东县

中共巴东县委员会

书　记　　单艳平（土家族）
副书记　　郭　玲（女，土家族）
谭若峰
常　委　　单艳平（土家族）
郭　玲（女，土家族）
谭若峰
熊　翔（土家族）
唐其锐
牟来举（土家族）
伍晓锋（土家族）
贾继建
韦　锋（挂职）
李庆锋
肖谨诚（土家族）
张　情
董新华（挂职）

巴东县人大常委会

主　任　　向　东（女，土家族）
副主任　　师　艺
潘世奎（土家族）
王德曙（土家族）
唐　耘（女）
易开美（土家族）
谭文胜（土家族）

巴东县人民政府

县　长　　郭　玲（女，土家族）
副县长　　熊　翔
韦　锋（挂职）
董新华（挂职）
黄艳妮（女，土家族）
雷玉龙（土家族）
李斯君（挂职）
皮剑飞（土家族）
贺申富（土家族）
黄祖贵（土家族）

政协巴东县委员会

主　席　　王国玮（土家族）
副主席　　向凤英（女，土家族）
李　闯（土家族）
刘传谊（土家族）
向孔辉（土家族）
向秀忠（土家族）

宣恩县

中共宣恩县委员会

书　记　　刘智勇
副书记　　习　覃（女，土家族）
刘红艳（女，土家族）
常　委　　刘智勇
习　覃（女，土家族）
刘红艳（女，土家族）
曾志敏（土家族）
周志斌
邵爱华（土家族）
覃国锋（土家族）
赖于明
姚元文（侗族）
刘　勇
张通军
裘　凯

宣恩县人大常委会

主　任　　唐　斌（土家族）
副主任　　覃正彪（土家族）
史红珍（女，土家族）
乾维德（土家族）
李　川（土家族）
黄光华
朱朝春（土家族）

宣恩县人民政府

县　长　　习　覃（女，土家族）
副县长　　邵爱华（土家族）
裘　凯（挂职）
向建强（土家族）
胡晓洪（侗族）
向重臣（土家族）
卢　军（土家族）
刘伯松（挂职）
张建设（挂职）

政协宣恩县委员会

主　席　　黄同元（土家族）
副主席　　黄玉贤（土家族）
钟昌泽（侗族）
陶　华（女，土家族）
姚　敏（侗族）
李明然

咸丰县

中共咸丰县委员会

书　记　　郑东来（苗族）
副书记　　杨　皓（苗族）
李　娟（女，土家族）
县委常委　　郑东来（苗族）
杨　皓（苗族）
李　娟（女，土家族）
卢小志
梁爱民（土家族）
宋爱军（土家族）
刘拥军
宋庆平
田应贵（土家族）
万玉强
张志奇
郑　颖（挂职）

咸丰县人大常委会

主　任　　欧阳开平（土家族）
副主任　　蔡红萍（女，朝鲜族）
张建清
邓启胜（土家族）
曾永国（土家族）
邓　华（女，苗族）
谭　皓（土家族）

咸丰县人民政府

县　长　　杨　皓（苗族）
副县长　　宋庆平
郑　颖（挂职）
黄光英（女，土家族）
杨志高（土家族）
李品颢（土家族）
张政祥（土家族）
连　庆（挂职）
李红斌（挂职）

政协咸丰县委员会

主　席　　邹玉萍（女，苗族）
副主席　　黎生华（土家族）
李方胜（土家族）
徐子轩（土家族）
刘玉学（土家族）
严克远（土家族）

来凤县

中共来凤县委员会

书　记　　邢祖训
副书记　　李　伟（土家族）

洪家进(土家族)
常　委　邢祖训
李　伟(土家族)
洪家进(土家族)
朱传杰(土家族)
费国华(土家族)
刘　涛(土家族)
甘应绪(土家族)
林正高(苗族)
熊　庆(土家族)
刘　洋
林　林(挂职)

来凤县人大常委会
主　任　邓家斌
副主任　彭远仪(土家族)
赵昌青(土家族)
向清堂(土家族)
蔡　勇(苗族)
张　钧(苗族)

来凤县人民政府
县　长　李　伟(土家族)
副县长　费国华(土家族)
林　林(挂职)
牟林炎(土家族)
田　慧(女,土家族)
曾　军(苗族)
汪建敏

黄祥平(苗族)
宋文建(挂职)
陈英明(挂职)

政协来凤县委员会
主　席　田延初(土家族)
副主席　向　莉(女,土家族)
彭云宪(土家族)
廖金芳(女,土家族)
滕建刚(苗族)
张冠华(苗族)

鹤峰县

中共鹤峰县委员会
书　记　王小平
副书记　彭元洪
覃正炜
常　委　王小平
彭元洪(土家族)
覃正炜(土家族)
颜琳华(女)
王　闯(土家族)
刘支皇(土家族)
胡明义(蒙古族)
程志强(挂职)
杨　驹(土家族)
黄凤协(土家族)

阳如海(苗族)

鹤峰县人大常委会
主　任　罗申贵(土家族)
副主任　陶拥政
杨振凡(苗族)
向宏安(土家族)
王红艳(女,白族)
章银华(女,土家族)
彭远明(土家族)

鹤峰县人民政府
县　长　彭元洪(土家族)
副县长　王　闯(土家族)
程志强(挂职)
覃长玉(女,土家族)
林　洪(土家族)
谭何华(土家族)
熊　敏(土家族)
陈栋良(挂职)
朱海东(挂职)

政协鹤峰县委员会
主　席　张真炎(土家族)
副主席　夏德术(苗族)
夏依忠(苗族)
郑　平(土家族)
张甄秀(女,土家族)

重要法规

恩施土家族苗族自治州饮用水水源地保护条例

(2019 年 11 月 22 日恩施土家族苗族自治州第八届人民代表大会常务委员会第十九次会议通过,
2020 年 6 月 3 日湖北省第十三届人民代表大会常务委员会第十六次会议批准)

第一章　总则

第一条　为了加强饮用水水源地保护，保障饮用水安全，维护公众身体健康与生命安全，推进生态文明建设，根据《中华人民共和国水污染防治法》《湖北省水污染防治条例》《湖北省清江流域水生态环境保护条例》等法律、法规的规定，结合本州实际，制定本条例。

第二条　本条例适用于本州行政区域内城乡集中式和分散式饮用水水源地保护。

集中式饮用水水源地是指日供水规模一百吨以上或者服务人口一千人以上的饮用水水源地。分散式饮用水水源地是指日供水规模一百吨以下且服务人口一千人以下的饮用水水源地。

第三条　饮用水水源地保护应当遵循科学规划、预防为主、系统治理、严格监管、损害担责的原则，实行政府负责、部门协作、社会参与的工作机制。

第四条　州人民政府对本行政区域内饮用水水源地保护工作负总责，县（市）人民政府对本行政区域内饮用水水源地保护工作负责，实行目标责任制和考核评价制度。

州、县（市）人民政府应当将饮用水水源地保护工作纳入国民经济和社会发展规划，将保护经费纳入本级财政预算。

乡（镇）人民政府负责本行政区域内饮用水水源地保护相关工作。

村（居）民委员会协助开展饮用水水源地保护工作，鼓励将饮用水水源地保护纳入村规民约、居民公约。

第五条 生态环境主管部门对本行政区域内饮用水水源地保护工作实施统一监督管理。

水行政、农业农村、林业、卫生健康、自然资源和规划、住房和城乡建设、公安、交通运输及其他相关主管部门应当按照各自职责做好饮用水水源地保护工作。

第六条 州、县（市）人民政府应当建立饮用水水源地保护生态补偿机制，合理确定补偿范围、对象、标准、方式，统筹安排补偿资金。

第七条 州、县（市）、乡（镇）人民政府应当建立饮用水水源地保护信息公开制度，加强饮用水水源地保护法律法规和知识的宣传教育，增强公众保护意识，引导公众参与饮用水水源地保护工作。

任何单位和个人都有保护饮用水水源地的义务，可以依法对污染损害饮用水水源地的行为进行检举。

州、县（市）、乡（镇）人民政府应当对在饮用水水源地保护工作中有显著成绩的单位和个人，给予表彰和奖励。

第二章 保护范围

第八条 县（市）、乡（镇）人民政府应当组织开展饮用水水源地的调查工作，按照水量充足、水质优良、风险可控的原则确定饮用水水源地。

集中式饮用水水源地和服务人口五百人以上的分散式饮用水水源地，由县（市）人民政府确定；服务人口五百人以下的分散式饮用水水源地，由乡（镇）人民政府确定。

跨行政区域饮用水水源地的确定，由县（市）、乡（镇）人民政府协商；协商不成的，报请共同的上一级人民政府确定。

第九条 集中式饮用水水源地应当划定保护区。饮用水水源保护区分为一级保护区和二级保护区；必要时，可以在饮用水水源保护区外围划定一定的区域作为准保护区。州、县（市）人民政府应当提出饮用水水源保护区划定方案，按程序报请批准。

县（市）人民政府应当对服务人口五百人以上的分散式饮用水水源地划定保护范围，报州人民政府备案。国家和省有规定的从其规定。

乡（镇）人民政府可以根据实际情况对服务人口五百人以下的分散式饮用水水源地划定保护范围，报县（市）人民政府备案。国家和省有规定的从其规定。

州、县（市）人民政府应当建立饮用水水源保护区和保护范围名录，并向社会公布。

第十条 因公共利益需要，调整饮用水水源保护区和保护范围的，应当按照原划定程序报请批准或者备案。

第十一条 州、县（市）人民政府应当在饮用水水源保护区和保护范围边界设立符合国家标准的地理界标和明显的警示标志。

州、县（市）人民政府应当在饮用水水源一级保护区设置隔离防护设施，实行封闭式管理。

任何单位和个人不得擅自移动、损毁饮用水水源保护区和保护范围边界的地理界标、警示标志和隔离防护设施。

第三章 保护措施

第十二条 在集中式饮用水地表水源准保护区内，禁止下列行为：

（一）新建、扩建对水体污染严重的建设项目，改建增加排污量的建设项目；

（二）向水域倾倒粪便、工业废渣、生活垃圾和其他废弃物；

（三）贮存、堆放可能造成水体污染的化工原料、危险化学品、有毒有害污染物；

（四）使用剧毒、高残留农药；

（五）炸鱼、毒鱼、电鱼；

（六）围栏围网养殖、投肥（粪）养殖；

（七）破坏水源涵养林、护岸林、与保护饮用水水源相关植被的活动；

（八）违反法律、法规规定的其他行为。

准保护区内已建成的污染严重的建设项目，由生态环境主管部门责令改正；拒不改正或改正不达标的，报经有批准权的人民政府批准，责令停业、关闭。

第十三条 在集中式饮用水地表水源二级保护区内，除本条例第十二条规定外，还应当禁止下列行为：

（一）新建、改建、扩建排放污染物的建设项目；

（二）设置排污口；

（三）设立装卸垃圾、粪便、油类和有毒物品的码头；

（四）建设畜禽养殖场（小区）；

（五）水上游乐活动；

（六）使用农药，丢弃农药、农药包装物或者清洗施用农药的器械；

（七）采石、采矿、取土；

（八）违反法律、法规规定的其他行为。

二级保护区内从事农业生产活动的，应当科学合理使用化肥、农膜等农业投入品，防止污染饮用水水源地；从事旅游活动的，应当采取防治污染的措施。

已建成的排放污染物的建设项目，报经有批准权的人民政府批准，责令拆除或者关闭。

第十四条 在集中式饮用水地表水源一级保护区内，除本条例第十三条规定外，还应当禁止下列行为：

（一）新建、改建、扩建与供水设施和保护饮用水水源地无关的建设项目；

（二）设置与供水无关的码头，停泊与保护饮用水水源地无关的船舶；

（三）使用化肥；

（四）建造坟墓；

（五）丢弃、掩埋动物尸体；

（六）旅游、游泳、垂钓及其他可能污染饮用水水体的活动；

（七）违反法律、法规规定的其他行为。

一级保护区内已建成的与供水设施和保护饮用水水源地无关的建设项目，报经有批准权的人民政府批准，责令拆除或者关闭。

一级保护区内原有居民，由县（市）人民政府组织搬迁、安置。

一级保护区内不得新增农业种植和经济林种植，已有的应当退耕复绿。

第十五条　在分散式饮用水地表水源保护范围内禁止下列行为：

（一）修建渗水的厕所、畜禽圈舍、化粪池、垃圾池；

（二）在饮用水水体清洗装贮过油类、有毒污染物的车辆或者容器；

（三）建设有污染物排放的畜禽养殖场（小区）；

（四）擅自建造坟墓；

（五）丢弃、掩埋未经过无害化处理的动物尸体；

（六）违反法律、法规规定的其他行为。

有前款行为之一的，当地村（居）民委员会可以要求行为人停止违法行为，消除危害；拒不停止的，报告生态环境主管部门依法处理。

保护范围内已建成的污染严重的建设项目，由生态环境主管部门责令改正；拒不改正或改正不达标的，报经有批准权的人民政府批准，责令停业、关闭。

第十六条　饮用水地下水源保护区和保护范围内，应当遵守下列规定：

（一）人工回灌补给地下水和农田灌溉的水质应当符合国家规定的标准；

（二）从事地质钻探、隧道挖掘、地下施工、地下勘探等活动，应当采取防止污染和破坏的措施；

（三）从事可能严重破坏饮用水水源地环境的爆破及其他活动，应当采取防治措施；

（四）法律、法规规定的其他行为。

第十七条　鼓励村（居）民委员会、村（居）民对服务人口五百人以下的分散式饮用水水源地进行保护，防止水井、山泉、塘堰等饮用水水源地受到污染、破坏。

第十八条　对穿越饮用水水源保护区和保护范围的公路，公安、交通运输主管部门应当按照各自职责设置警示标志、电子监控、隔离防护和事故应急处理设施。

未经公安机关批准，装载危险化学品的车辆不得进入饮用水水源保护区和保护范围；经公安机关批准，装载危险化学品的车辆进入饮用水水源保护区和保护范围的，应当采取安全防护措施，配备必要的防护用品和应急救援器材，防止发生事故污染饮用水水源地。

第十九条　州、县（市）、乡（镇）人民政府应当在饮用水水源保护区和保护范围内，开展植树造林、封山育林，实施湿地、水源涵养林等生态环境治理与保护工程。

第二十条　州、县（市）、乡（镇）人民政府应当支持在符合条件的分散式饮用水水源地兴建集中供水工程，推进饮用水安全城乡一体化建设。

州、县（市）、乡（镇）人民政府应当鼓励社会资本参与饮用水水源地建设和保护工作。

第四章　监督管理

第二十一条　州、县（市）人民政府应当建立由政府负责人召集、生态环境主管部门承担日常工作的饮用水水源地保护工作联席会议制度，协调解决重大问题，开展联合检测、联合执法、应急联动、信息通报等工作。

县（市）、乡（镇）人民政府应当鼓励和支持村（居）民委员会、村（居）民对服务人口五百人以下的分散式饮用水水源地建立自治机制，加强饮用水水源地保护。

第二十二条　州、县（市）人民政府应当组织编制本行政区域饮用水水源地突发环境事件应急预案。重点水污染物排放单位、饮用水供水单位应当制定相应的突发事件应急方案，报所在地县（市）人民政府及生态环境主管部门备案，并定期进行演练。

第二十三条　生态环境主管部门应当制定饮用水水源保护区和保护范围划定方案，定期对饮用水水源地的环境状况进行评估，对影响饮用水水源地环境违法行为进行调查处理，督促重点水污染物排放单位、供水单位编制饮用水水源地突发事件应急方案，指导开展应急演练，组织实施饮用水水源地环境保护目标责任制考核评价工作。

第二十四条　水行政主管部门应当负责饮用水水源保护区和保护范围内饮用水资源利用、节约和保护工作，加强农村饮用水工程建设的监督管理。

第二十五条　农业农村主管部门应当负责饮用水水源保护区和保护范围内农药、化肥、农膜、畜禽粪便及其他农业废弃物使用、处置的监督管理。

第二十六条　林业主管部门应当负责饮用水水源保护区和保护范围内湿地、水源涵养林、护岸林的建设和生态修复，对林地资源的保护、利用和建设等进行监督管理。

第二十七条　卫生健康主管部门应当负责饮用水水源保护区和保护范围内卫生防疫工作，监督医疗机构废水无害化处理。

第二十八条　自然资源和规划主管部门应当严格控制饮用水水源保护区和保护范围内建设用地，对地质环境状况进行监督管理，配合相关部门做好饮用水地下水源地污染监测、防治工作。

第二十九条　住房和城乡建设主管部门应当组织对饮用水水源保护区和保护范围内生活垃圾进行清扫、收集、运输和处理，组织建设与保护饮用水水源地有关的城镇污水集中处理设施及配套管网，对城镇污水集中处理设施运营进行监督管理。

第三十条　州、县（市）人民政府应当组织生态环境、水行政等主管部门和供水单位，建立饮用水水源地日常巡查机制，依法处置影响饮用水水源地安全的行为。

第三十一条　生态环境、水行政、卫生健康、住房与城乡建设主管部门，应当按照各自职责对饮用水水质、水量等进行监测，及时发布监测信息。

第五章　法律责任

第三十二条 违反本条例，法律法规有规定的，从其规定。

第三十三条 违反本条例第十一条第三款规定的，由生态环境主管部门责令停止违法行为，恢复原状；情节严重的，处两千元以上一万元以下罚款。

第三十四条 违反本条例第十二条第一款规定的，按下列规定处理：

（一）违反第一项规定的，由生态环境主管部门责令停止违法行为；项目未建成或者未投入使用的，处十万元以上二十万元以下罚款；项目已建成并投入使用的，处二十万元以上五十万元以下罚款。

（二）违反第二项、第三项规定的，由生态环境主管部门责令停止违法行为，限期采取治理措施，消除污染，处二万元以上二十万元以下罚款。逾期不采取治理措施，经催告仍不采取治理措施或者没有治理能力的，生态环境主管部门可以指定有治理能力的单位代为治理，所需费用由违法者承担。

（三）违反第四项规定的，由农业农村主管部门给予警告，责令改正；拒不改正的，公告违法单位名称和个人姓名；造成严重后果的，对个人可以并处一百元以上五百元以下的罚款，对农业生产经营组织可以并处一万元以上三万元以下的罚款。

（四）违反第五项规定的，由农业农村主管部门依法没收渔获物、违法所得及渔具，并处五万元以下罚款。

（五）违反第六项规定围栏围网养殖的，由农业农村主管部门责令限期拆除，没收违法所得；逾期不拆除的，由农业农村主管部门依法确定有关单位代为拆除，所需费用由违法者承担，并处一万元以上五万元以下罚款。投肥（粪）养殖的，由生态环境主管部门责令停止违法行为，没收违法所得，并处五万元以上十万元以下罚款；经处罚后再次投肥（粪）养殖的，处十万元以上三十万元以下罚款，由发证机关吊销养殖证。

（六）违反第七项规定破坏水源涵养林、护岸林、与水源保护相关的其他植被的，由林业主管部门责令停止违法行为，补种破坏株数一倍以上三倍以下的树木，可以处破坏涵养林、护岸林、植被价值三倍以上五倍以下罚款。

第三十五条 违反本条例第十三条第一款规定的，按下列规定处理：

（一）违反第一项、第三项规定的，按照第三十四条第一项规定处罚。

（二）违反第二项规定的，由县（市）人民政府责令拆除，处十万元以上五十万元以下罚款；逾期不拆除，经催告仍不拆除的，依法强制拆除，所需费用由违法者承担，处五十万元以上一百万元以下罚款，并可以责令停产整治。

（三）违反第四项规定的，由生态环境主管部门责令停止违法行为，处十万元以上五十万元以下罚款，并报经有批准权的人民政府批准，责令拆除或者关闭。

（四）违反第五项规定的，由生态环境主管部门责令停止违法行为，处两万元以上十万元以下罚款。

（五）违反第六项规定的，按照第三十四条第三项规定处罚。

（六）违反第七项规定的，由自然资源和规划主管部门责令停止违法行为，采取补救措施，处一万元以上五万元以下的罚款。

第三十六条 违反本条例第十四条第一款规定的，按下列规定处理：

（一）违反第一项、第二项规定的，按照第三十四条第一项规定处罚。

（二）违反第三项规定的，按照第三十四条第三项规定处罚。

（三）违反第四项规定的，由民政主管部门责令改正，对直接责任人处一千元以下罚款。

（四）违反第五项规定的，由生态环境主管部门责令改正，处一千元以上三千元以下罚款。

（五）违反第六项规定的，由生态环境主管部门责令停止违法行为，处两万元以上十万元以下罚款。在饮用水水源一级保护区内游泳、垂钓及从事其他可能污染水体的活动的，由生态环境主管部门责令停止违法行为，处每人五百元以下罚款。

第三十七条 违反本条例第十五条第一款规定的，按下列规定处理：

（一）违反第一项、第二项规定的，由生态环境主管部门责令停止违法行为，限期采取治理措施，消除污染，处二万元以上二十万元以下罚款；逾期不采取治理措施的，生态环境主管部门可以指定有治理能力的单位代为治理，所需费用由违法者承担。

（二）违反第三项规定的，由生态环境主管部门责令停止违法行为，处三万元以上十万元以下罚款，并报经有批准权的人民政府批准，责令拆除或者关闭。

（三）违反第四项规定的，按照第三十六条第三项规定处罚。

（四）违反第五项规定的，由动物卫生监督部门责令无害化处理，所需处理费用由违法者承担，处五百元以上一千元以下罚款；情节严重的，处一千元以上三千元以下的罚款。

第三十八条 违反本条例第十八条规定的，由公安机关责令改正，处五万元以上十万元以下罚款；构成违反治安管理行为的，依法给予治安管理处罚；构成犯罪的，依法追究刑事责任。

第三十九条 州、县（市）、乡（镇）人民政府、有关部门及其工作人员不履行本条例规定的职责，由其所在单位、主管部门、上级机关、监察机关对直接负责的主管人员和其他直接责任人员依法给予处分；构成犯罪的，依法追究刑事责任。

第六章　附　则

第四十条 本条例自2020年9月1日起施行。

（州人大常委会办公室 供稿）

中共恩施州委、恩施州人民政府2020年文件目录选登

恩施州发

1号 中共恩施州委、恩施州人民政府关于抓好“三农”领域重点工作确保同步全面建成小康社会的实施意见

2号 中共恩施州委关于印发《中共恩施州委常委会2020年工作要点》的通知

3号 中共恩施州委、恩施州人民政府印发《关于更大力度优化营商环境激发市场主体活力的工作方案》的通知

4号 中共恩施州委印发《恩施州贯彻落实〈中共湖北省委关于落实促进中部地区崛起战略推动高质量发展的意见〉的具体措施》的通知

5号 中共恩施州委、恩施州人民政府关于印发《恩施州乡村振兴战略实施总体规划(2018—2022年)》的通知

6号 中共恩施州委、恩施州人民政府关于推进恩施州硒食品精深加工产业集群高质量发展的意见

7号 中共恩施州委、恩施州人民政府关于推进疾病预防控制体系改革和公共卫生体系建设的实施意见

8号 中共恩施州委、恩施州人民政府印发《关于加强全州食品安全工作的十条措施》的通知

9号 中共恩施州委、恩施州人民政府关于进一步完善村社区“尖刀班”工作机制推进基层治理创新发展的意见

10号 中共恩施州委关于加强新时代人大工作和建设的实施意见

11号 中共恩施州委关于制定全州国民经济和社会发展第十四个五年规划和二〇三五远景目标的建议

恩施州文

12号 中共恩施州委、恩施州人民政府关于2019年度落实生态环境主体责任情况的报告

13号 中共恩施州委、恩施州人民政府关于天津市对口支援恩施州开展新冠肺炎防治工作情况的报告

15号 中共恩施州委、恩施州人民政府关于恩施州脱贫攻坚工作推进情况的报告

21号 中共恩施州委、恩施州人民政府关于表彰2019年“比招商、抓项目、强产业、促进位”工作先进集体和个人的决定

24号 中共恩施州委关于应勇同志恩施州调研交办事项办理情况的报告

33号 中共恩施州委、恩施州人民政府关于表扬在2020年抗洪抢险救灾中表现突出的集体和个人的通报

42号 中共恩施州委、恩施州人民政府关于表彰恩施州抗击新冠肺炎疫情先进个人和先进集体的决定

45号 中共恩施州委关于“不忘初心、牢记使命”主题教育整治整改任务落实情况的报告

53号 中共恩施州委关于2020年党风廉政建设主体责任情况的报告

56号 中共恩施州委关于2020年抓党建工作情况的报告

57号 中共恩施州委关于2020年度工作总结的报告

恩施州办文

6号 州委办公室、州政府办公室关于印发《2020年度州领导联系点安排表》的通知

7号 中共恩施州委办公室关于印发《州委理论学习中心组2020年度理论学习计划》的通知

9号 州委办公室、州政府办公室关于印发《恩施州“比招商、抓项目、强产业、促进位”推动恩施高质量发展实施方案》的通知

13号 中共恩施州委办公室关于应勇同志恩施州调研交办事项办理情况的报告

19号 州委办公室、州政府办公室关于严格贯彻落实领导干部自然资源资产离任审计规定精神的通知

27号 中共恩施州委办公室印发《关于加强全州党员教育培训工作的实施方案》的通知

恩施州办发

3号 中共恩施州委办公室印发《贯彻落实〈中共湖北省委关于贯彻落实党的十九届四中全会精神推进省域治理现代化的决定〉的任务分工方案》的通知

5号 州委办公室、州政府办公室关于印发《涉企

会议、调研、检查活动报批备案制度》的通知

6号 州委办公室、州政府办公室印发《关于深化新时代党建引领加强基层社会治理的实施方案》等4个实施方案的通知

7号 中共恩施州委办公室关于贯彻落实《湖北省党委（党组）运用监督执纪“第一种形态”落实主体责任办法》的通知

9号 州委办公室 州政府办公室关于印发《改革完善疾病预防控制体系重点任务责任清单》等5个责任清单的通知

13号 中共恩施州委办公室印发《关于巩固深化全州“不忘初心、牢记使命”主题教育成果的若干措施》的通知

（刘广达）

恩施州政府令

4号 恩施土家族苗族自治州农业生产化学投入品管理办法

恩施州政规

1号 关于进一步加强基层卫生工作的实施意见

2号 关于印发《〈恩施许家坪机场航行服务程序净空保护区域一体化图〉使用管理办法》的通知

3号 关于印发恩施州促进建筑业健康稳定发展措施的通知

4号 关于印发《恩施州城乡居民基本医疗保险州级统筹实施办法》的通知

5号 关于恩施州长江流域重点水域禁捕退捕工作的通告

6号 关于印发恩施州新增工业用地“标准地”出让工作指引（试行）的通知

7号 关于进一步严厉打击非法捕捞行为的通告

8号 关于规范架空电力线路保护区林木种植确保电力设施安全的通告

9号 关于加强防雷安全管理工作的通知

恩施州政发

1号 关于认真做好第七次人口普查工作的通知

2号 关于利用财政资金激励金融资本支持工业经济加快发展的实施意见

3号 关于公布州级证明事项取消和保留清单的通知

4号 关于印发恩施州推进国土空间规划体系建设并监督实施的方案的通知

5号 关于银北高速建恩段和宜来高速鹤宣段通车试运营的通告

6号 关于印发《恩施土家族苗族自治州人民政府工作规则》的通知

7号 关于推动林业产业高质量发展的指导意见

8号 关于调整州畜牧兽医服务中心、州大数据中心管理体制的通知

9号 关于进一步明确州城建设项目监管工作职责的通知

10号 关于公布第七批州级非物质文化遗产代表性名录和扩展项目名录的通知

11号 关于印发恩施州国有资本投资、运营公司改革试点实施方案的通知

12号 关于推动畜牧业高质量发展的意见

13号 关于公布州级证明事项取消和保留清单的通知

14号 关于公布行政规范性文件清理结果的通知

15号 关于对农业农村部第十二批扶贫联络组记公务员集体二等功的决定

16号 关于对杭州市帮扶恩施州工作队记公务员集体二等功的决定

恩施州政办发

1号 关于印发2020年《政府工作报告》重点工作责任分解的通知

2号 关于下达恩施州2020年重点项目建设计划的通知

3号 关于分解落实《湖北省促进经济社会加快发展若干政策措施》等文件任务的通知

4号 关于印发恩施州人民政府及其部门任命的国家工作人员宪法宣誓实施办法的通知

6号 印发关于应对新冠肺炎疫情影响做好稳就业工作十条措施的通知

7号 关于印发2020年杭州市恩施州东西部扶贫协作工作要点的通知

8号 印发关于提高全州政府系统执行力的十七项措施的通知

9号 印发关于有效应对疫情促进房地产业稳定发展措施的通知

10号 关于印发恩施州推进电子商务与快递物流协同发展十条措施的通知

12号 关于印发恩施州推进数字政府建设实施方案的通知

13号 关于调整2020年全州社会救助标准的通知

14号 印发关于稳定粮食生产保障粮食安全具体措施的通知

15号 关于印发恩施州公路桥梁三年消危行动方案的通知

16号 关于印发恩施州推进资本市场发展助力疫后重建六条措施的通知

18号 关于印发恩施州行政执法主体资格确认和行政执法人员资格清理工作方案的通知

19号 关于印发恩施州人民政府2020年立法工作计划的通知

20号 关于印发恩施州抓创业促产业稳就业实施方案的通知

21号 关于加快推进5G通信基础设施建设及应用的通知

23 号 关于加快推进慈善事业健康发展的通知

26 号 关于印发恩施州推进马铃薯产业高质量发展行动方案（2021—2025 年）的通知

27 号 关于印发恩施州推进更高水平气象现代化助力高质量发展工作实施方案的通知

28 号 关于印发恩施州跨界断面水质考核办法(修订版）的通知

29 号 关于印发恩施州高标准农田建设和水利补短板强功能三年行动方案（2020—2022 年）的通知

30 号 关于印发清江流域上下游横向生态保护补偿实施方案（试行）的通知

33 号 关于印发恩施州推进政务服务“全州通办”工作实施方案的通知

恩施州政函

32 号 关于表扬 2019 年度交通运输发展成绩突出县市的通报

110 号 关于 2019 年度全州安全生产和消防工作责任目标考核结果的通报

118 号 关于授予有关企业恩施州东西部扶贫协作示范单位称号的通报

131 号 关于恩施州第九届社会科学优秀成果评选结果的通报

（符 斌）

专 文

2020 年恩施州新冠肺炎疫情防控综述

2020 年，恩施州迅速打响新冠肺炎疫情防控阻击战。全州自 2020 年 2 月 29 日后无新增确诊病例，累计报告确诊病例 252 例，其中输入病例 134 例、占 53.17%，118 例本地病例中二代病例 108 例、三代病例 9 例、四代病例 1 例，未发生社区流行。治愈出院 245 例、病亡 7 例，病亡率 2.78%、感染率 0.74/万、收治率 100%、治愈率 97.22%，取得“收治率百分之百、感染率全省最低、病亡率低、治愈率高”的决定性成果，为湖北保卫战、全国疫情防控阻击战取得重大战略成果作出恩施贡献、展现恩施担当。

科学谋划抓统筹

成立州、县、乡三级疫情防控指挥部，实行指挥长统筹指挥、副指挥长分块负责，强化扁平化管理，确保全州上下“一盘棋”。在防控策略上做到统筹谋划。坚持因势而谋、应势而动、顺势而变，针对疫情发展态势和阶段性特点，及时调整防控策略。前期采取“外防输入、内防扩散”，中期采取“外防输入、内防遗漏”，后期采取“外防输入、内防反弹”，做到科学决策、精准施策，为疫情防控赢得主动、抢占先机。在工作机制上做到统筹推进。坚持问题导向、目标导向、效果导向，建立“先一线调研、后碰头会商、再统筹调度”推进机制，先后召开 24 次指挥长会议、24 次视频调度会议统筹部署全州疫情防控工作。

严防死守抓阻隔

春节前后，逾 17 万人从武汉及其周边地区返回恩施，防控难度大、责任压力重。全州上下自始至终将抓阻隔作为重中之重，采取最全面、最严格、最彻底的防控举措，坚决隔离传染源头、阻断传播途径。开展筛查甄别，先后开展三轮大排查和一次“回头看”，累计排查 20 万人。扩大核酸检测范围，实行“五个必检”（疑似病例；武汉及周边地区返乡人员有发热、干咳等症状者；确诊病例密切接触者；发热门诊收治的不能排除感染的发热留观病人；其他肺部影像学检查、血液检测有异常者)。组建客运站场防控专班，加强机场、火车站、汽车站等重点场所疫情防控工作，落实健康码、行程卡查验，严格来恩返恩人员隔离防控措施，严防境外疫情输入。坚持党建引领、“战时化、组织化、制度化”三化协同、州、县、乡、村四级联动、“村（社区）、网格、卡点、楼栋、住户、个人”六控合一，织密联防联控、群防群治工作网络。1.97 万名扶贫“尖刀班”就地转为疫情防控“尖刀班”，正月初一中午前全部下沉到驻点村；1.5 万名机关干部职工组成社区“尖刀班”，正月初五下沉到城镇社区；2.5 万名干部职工正月初七就地就近参与疫情防控；402 万名各族群众积极响应号召，自觉居家防护，不出门、不聚集、不聚餐，缓办红事 4262 件、简办白事 3143 件；50 多个志愿服务组织和 2 万多名志愿者自发投身疫情防控，开展物资分发、代购配送及心理咨询。全州上下戮力同心、众志成城，构筑起疫情防控的铜墙铁壁，有效阻止疫情蔓延扩散。

不惜代价抓救治

全州整合定点医院 12 个、床位 1814 张，设置医学观察点 242 个、床位 6996 张，组织 4050 名医护人员一线救治，组建 59 支、984 人的应急机动救治队随时待命。加强医疗资源统筹，坚持分类施策、关口前移，从疫情开始就将所有重症、危重症患者集中到州中心医院、湖北民族大学附属民大医院救治，两家医院分片包保指导县（市）开展轻症和疑似患者救治，并根据疫情防控形势变化适时调整救治体系。严格出院标准，实行全周期服务，从 2 月 17 日开始，对治愈人员实行 14 天在院康复隔离，有严重基础性疾病的继续在院康复治疗，出院后实行 14 天居家休养，并建立随访复诊机制，开展中药发放、综合评估、康复指导、心理辅导、定时复诊等工作，进一步延伸收治链条。坚持“积极争取调、千方百计购、科学节约用”，多渠道筹集医疗防护物资，很快实现从“严重短缺”到“紧平衡”，再到“动态平衡”“足额保障”。疫情“战时”阶段，州疫情防控指挥部共筹集并发放口罩近 980 万只、防护服 18 万余套、隔离衣和手术衣 15 万余件、手套 100 万余双。对新冠肺炎治疗执行特殊医疗保障政策，患者救治费用全部由医保报销、政府兜底，确诊住院患者人均费用 7.03 万元，重症患者人均费用 14.43 万元。

千方百计抓保障

始终将保障群众基本生活作为重要任务，坚持疫情防控和促生产保供给“两手抓”。全州成品粮油库存量始终在省定保供线以上，市场米面粮油肉菜蛋奶供应充足，煤电气油供应稳定，物价维持较低水平。2 月和 3 月，全州累计销售成品粮 17475 吨，食用油 2528 吨；日成品粮库存由 4400 吨增至 24000 吨，城镇人口可供天数由 8 天增至 46 天，食用油库存由 1300 吨增至 2800 吨，可供天数由 17 天增至 37 天。创新配送方式，组织村（社区）“尖刀班”、小区物业、社区工作者等，为群众代购、配送生活必需品，搞好留守家庭、残疾人员、生活困难群体的生活物资保障，推出“爱心礼包”等特殊配送服务，确保人民群众基本生活不受影响。做好困难群众兜底保障工作，按照城市人员不低于 500 元、农村人员不低于 300 元的省定标准，及时下拨生活救助金，对滞留在恩施州的外地人员、流浪乞讨人员等，无条件收留安置，悉心照顾，全年累计发放社会救助资金、临时救助资金 14.6 亿元。统筹抓好疫情、舆情、社情工作，全面开展风险隐患排查化解“百日攻坚”行动，积极组建心理服务团队，对隔离收治病人及家属、长期居家群众、奋战一线的医护人员和社区工作者等开展心理疏导和心理援助服务，积极化解疫后综合症，社会大局和谐稳定。总共 134 名天津市援恩医疗队员千里驰援，全力协助救危重、控轻症、抓阻隔、慰民众，部分中直单位和兄弟省市、社会组织、爱心企业、爱心人士等踊跃捐款捐物，为恩施州疫情防控做出重大贡献。

持之以恒抓防控

疫情防控进入常态化以来，全州不断完善常态化精准防控和局部应急处置相结合的工作机制，疫情防控决定性成果得到巩固拓展。各级指挥部始终保持现有防控指挥体系不变、班子不撤、人员不散、工作不乱，确保疫情防控取得良好成效。始终把好“外防输入”关，抓好客运站场、电子围栏、社区排查三个重点，多部门协作落实严格闭环管理防输入。在高速公路出入口、省际国省道设立 40 个冷链食品查验点，对进口冷链食品严格落实管理。坚持每天开展肉类及生鲜类冷链食品、生产加工、贮存运输、经营销售等环节和医疗机构等场所从业人员、产品及环境检测，累计检测 130202 份，核酸检测结果均为阴性。开展应检尽检，11 月 20 日，在全省率先完成 13 类重点人群首次检测，累计开展核酸检测 1279987 人份。持续做好冬春季多发传染性疾病综合防控，对全州学校食堂从业人员和托幼机构保育员开学前和高发季节开展诺如病毒检测，全州完成检测 10726 人。全州党政机关、二级以上医院、大型宾馆酒店和便民政务服务中心均配备红外测温设备，养老院、福利院、监狱、看守所等特殊场所严格实行封闭管理，商场、超市等密闭场所严格落实测体温、戴口罩、手消毒等措施，各零售药店均就近与发热门诊建立点对点协作机制，全州居民戴口罩指数保持在 80%左右。做好应急队伍储备和准备，全州共组建流调队伍 3384 人，医疗救治队伍 2820 人，核酸采样队伍 6376 人。州及各县（市）均有 2 个定点医院，各定点医院按照不少于总床位数 20%要求做好隔离床位储备。严格按照每县（市）不少于 350 个房间准备集中医学观察隔离点，全州共储备集中医学观察隔离房间 4303 个。核酸检测实验室增加到 24 个，8 个县（市）均已建成至少 2 个核酸检测实验室。持续开展常态化“人、物、地”同防督导检查，下发责任清单和工作提示 65 份，进一步压实各方工作责任。

全力以赴抓重振

准确把握疫情形势阶段性变化，因时因势调整工作着力点和应对举措，成立 10 个工作专班，实施分区分级、分类分时精准防控策略，逐步建立同疫情防控相适应的经济社会运行秩序。优先支持贫困劳动力务工就业，实行“点对点”“一站式”包车服务，累计帮助 44.3 万名贫困群众外出就业，城镇新增就业 4.2 万人。不失时机组织春耕生产，分时下地、分户劳作、分散干活，精准调度、点对点配送农资 25.91 万吨，春播面积稳中有增，春茶实现产销“两旺”、量质“双增”，做到不误农时、不误农事、不误增收。对重点项目、重点企业实行州、县领导专班帮扶、机关干部蹲点帮扶，帮助解决员工招聘、原材料供应、产品外运、流动资金短缺等问题，推动企业加快复工复产复市。坚持将旅游复苏作为疫后重振的重要引擎，出台促进旅游产业“振兴八条”措施，开展“与爱同行 惠游湖北”“恩施人游恩施”等活动。全年累计接待游客3499.24万人次，累计实现旅游综合收入202.16亿元。推进消费扶贫行动，累计销售恩施农副产品超过150亿元，6个县（市）进入“扶贫832”平台全国县域成交额前10名。抢抓中央支持湖北一揽子政策机遇，全年共争取中省预算内资金16.96亿元，争取2020年抗疫特别国债16.2亿元、专项债券17.78亿元，发行企业债券9.5亿元。争取省财政拨付补助款共计292.7亿元；获减收综合财力补助19.5亿元、疫情防控转移支付补助资金28.16亿元。贯彻落实省“优化营商环境30条”，开展优化营商环境“十项行动”，带动市场主体逆势稳增，新登记企业类市场主体增长7.94%。全州经济恢复好于预期，多项指标排名全省前列，地区生产总值增幅位居全省第一位，规模以上工业增加值、农村居民人均可支配收入实现正增长，增幅分别位居全省第1位和第三位。在“停课不停学不停教”基础上，分批分次复学复课，高考中考顺利进行，9月，全州1220所学校全面开学。州委七届八次全会审议通过《贯彻落实〈中共湖北省委关于贯彻落实党的十九届四中全会精神推进省域治理现代化的决定〉的任务分工方案》《中共恩施州委、恩施州人民政府关于推进疾病预防控制体系改革和公共卫生体系建设的实施意见》，全州疾控体系改革和公共卫生服务体系建设取得明显成效。

（州疫情防控指挥部办公室 供稿）

2020年恩施州获得全国、湖北省抗击新冠肺炎疫情先进集体表彰情况表

表29

获奖单位	获奖名称	授奖单位	获奖时间
州中心医院党委	全国抗击新冠肺炎疫情先进集体	中共中央、国务院、中央军委	2020年9月
州疾病预防控制中心	全国抗击新冠肺炎疫情先进集体	中共中央、国务院、中央军委	2020年9月
恩施市中心医院党委	湖北省抗击新冠肺炎疫情先进集体	湖北省委、省政府	2020年9月
利川市疾病预防控制中心党支部	湖北省抗击新冠肺炎疫情先进集体	湖北省委、省政府	2020年9月
建始县人民医院	湖北省抗击新冠肺炎疫情先进集体	湖北省委、省政府	2020年9月
巴东县卫生健康局	湖北省抗击新冠肺炎疫情先进集体	湖北省委、省政府	2020年9月
宣恩县疾病预防控制中心	湖北省抗击新冠肺炎疫情先进集体	湖北省委、省政府	2020年9月
咸丰县卫生健康局	湖北省抗击新冠肺炎疫情先进集体	湖北省委、省政府	2020年9月
来凤县中心医院	湖北省抗击新冠肺炎疫情先进集体	湖北省委、省政府	2020年9月
鹤峰县中心医院	湖北省抗击新冠肺炎疫情先进集体	湖北省委、省政府	2020年9月

2020年恩施州获得全国、湖北省抗击新冠肺炎疫情先进个人表彰情况表

表30

姓　名	单位与职务	获奖名称	授奖单位	获奖时间
莫晓婧（女）	巴东县人民医院感染科护士长	全国抗击新冠肺炎疫情先进个人	中共中央、国务院、中央军委	2020年9月
麻祖念	宣恩县中西医结合医院（沙道沟镇中心卫生院）院长	全国抗击新冠肺炎疫情先进个人	中共中央、国务院、中央军委	2020年9月
杨　蓥	利川市公安局东城派出所副所长	全国抗击新冠肺炎疫情先进个人	中共中央、国务院、中央军委	2020年9月
史光武	恩施市舞阳坝街道办事处党委书记	全国抗击新冠肺炎疫情先进个人	中共中央、国务院、中央军委	2020年9月

2020年恩施州获得全国、湖北省抗击新冠肺炎疫情先进个人表彰情况表

续表30

姓　名	单位与职务	获奖名称	授奖单位	获奖时间
杨武军	州中心医院外三科主任，主任医师	湖北省抗击新冠肺炎疫情先进个人	湖北省委、省政府	2020年9月
李德忠	州中心医院西医部急诊中心主任，副主任医师	湖北省抗击新冠肺炎疫情先进个人	湖北省委、省政府	2020年9月
谭　晓（女）	湖北民族大学附属民大医院主治医师	湖北省抗击新冠肺炎疫情先进个人	湖北省委、省政府	2020年9月
周　玲（女）	湖北民族大学附属民大医院重症医学科副护士长，主管护师	湖北省抗击新冠肺炎疫情先进个人	湖北省委、省政府	2020年9月
田晓虹	恩施市中心医院主治医师	湖北省抗击新冠肺炎疫情先进个人	湖北省委、省政府	2020年9月
胡晓华（女）	利川市人民医院呼吸内科主任，主治医师	湖北省抗击新冠肺炎疫情先进个人	湖北省委、省政府	2020年9月
何　欢（女）	建始县中医医院医师	湖北省抗击新冠肺炎疫情先进个人	湖北省委、省政府	2020年9月
赵蓉春（女）	巴东县中医医院外科副护士长，护师	湖北省抗击新冠肺炎疫情先进个人	湖北省委、省政府	2020年9月
褚天奎	宣恩县人民医院感染科主任，主治医师	湖北省抗击新冠肺炎疫情先进个人	湖北省委、省政府	2020年9月
屈　捷	咸丰县人民医院感染科副主任，医师	湖北省抗击新冠肺炎疫情先进个人	湖北省委、省政府	2020年9月
王　芳（女）	来凤县中心医院感染科主任，副主任医师	湖北省抗击新冠肺炎疫情先进个人	湖北省委、省政府	2020年9月
张恩力	鹤峰县中心医院副院长，副主任医师	湖北省抗击新冠肺炎疫情先进个人	湖北省委、省政府	2020年9月
陈　杨	州卫健委医政药政与体制改革科科长	湖北省抗击新冠肺炎疫情先进个人	湖北省委、省政府	2020年9月
孙　涛	州政府办公室秘书三科科长（州新冠肺炎疫情防控指挥部物资保障组工作人员）	湖北省抗击新冠肺炎疫情先进个人	湖北省委、省政府	2020年9月
吴小凤（女）	州疾病预防控制中心公共卫生检验检测所副所长，主管技师	湖北省抗击新冠肺炎疫情先进个人	湖北省委、省政府	2020年9月
熊诗桥	恩施市公安局小渡船派出所副所长，四级警长	湖北省抗击新冠肺炎疫情先进个人	湖北省委、省政府	2020年9月
李维臣	利川市都亭街道办事处普庵社区党委书记	湖北省抗击新冠肺炎疫情先进个人	湖北省委、省政府	2020年9月
向　峰	建始县业州镇人民政府副镇长	湖北省抗击新冠肺炎疫情先进个人	湖北省委、省政府	2020年9月
黄　华	巴东县社会福利院院长，管理九级	湖北省抗击新冠肺炎疫情先进个人	湖北省委、省政府	2020年9月
宋　文	宣恩县委宣传部副部长（新华社签约摄影师）	湖北省抗击新冠肺炎疫情先进个人	湖北省委、省政府	2020年9月
王浩霖	咸丰县交通运输综合执法大队大队长	湖北省抗击新冠肺炎疫情先进个人	湖北省委、省政府	2020年9月
陈小民	来凤县第二实验小学教务处副主任、漫水乡兴隆坳村“尖刀班”班长、驻村第一书记，高级教师	湖北省抗击新冠肺炎疫情先进个人	湖北省委、省政府	2020年9月
刘选明	鹤峰县容美镇铭创餐饮服务有限公司董事长	湖北省抗击新冠肺炎疫情先进个人	湖北省委、省政府	2020年9月

（州人社局 供稿）

2020 年恩施州获得全国、湖北省先进基层党组织表彰情况表

表 31

获奖单位	获奖名称	授奖单位	获奖时间
州中心医院党委	全国先进基层党组织	中共中央	2020 年 9 月
恩施市中心医院党委	湖北省先进基层党组织	湖北省委	2020 年 9 月
利川市疾病预防控制中心党支部	湖北省先进基层党组织	湖北省委	2020 年 9 月

2020 年恩施州获得湖北省优秀共产党员表彰情况表

表 32

姓　名	单位与职务	获奖名称	授奖单位	获奖时间
谭　晓（女）	湖北民族大学附属民大医院主治医师	湖北省优秀共产党员	湖北省委	2020 年 9 月
陈小民	来凤县第二实验小学教务处副主任、漫水乡兴隆坳村“尖刀班”班长、驻村第一书记，高级教师	湖北省优秀共产党员	湖北省委	2020 年 9 月
张恩力	鹤峰县中心医院党委副书记、副院长，副主任医师	湖北省优秀共产党员	湖北省委	2020 年 9 月

（州委组织部　供稿）

2020 年恩施州防汛救灾工作综述

2020 年，恩施州先后发生风雹、低温冷冻、暴雨洪涝、山体崩塌等 21 次较大自然灾害，造成人员伤亡、大面积农作物受灾、大量基础设施损毁。据县（市）核报数据，全州共计 171.86 万人次受灾，因灾死亡 13 人，因灾失踪 1 人，紧急转移安置 13.18 万人次，需紧急生活救助 4.93 万人，需过渡性救助 0.52 万人；倒塌农房 515 户、2107 间，严损农房 2318 户、5654 间，一般损坏农房 7503 户、16541 间；农作物受灾面积 76790 公顷，成灾面积 47540 公顷，绝收面积 23960 公顷；因灾造成直接经济损失 39.08 亿元，给人民群众生产生活带来巨大影响。特别是入梅以来，全州先后遭遇 10 轮强降雨，累计降雨量创 1986 年有记录以来历史最高位。州城恩施遭遇近五十年一遇大洪水、建始县城遭遇超百年一遇特大洪水，恩施市沙子坝、巴东县水布垭滑坡灾害引起社会各界广泛关注。

重大灾情事件

一、巴东县水布垭滑坡

6 月 28 日，巴东县遭遇四轮强降雨袭击后，水布垭镇再次迎来 140 毫米强降雨。6 月 29 日上午 10 时许，巴东县水布垭镇长岭村四组发生山体滑坡，滑坡方量约 124 万立方米，影响水布垭镇麻石坪、长岭 2 个村。滑坡毁坏 6 户、4 栋共 23 间民房，紧急转移 40 户、123 人、监测居住 6 户、16 人；省道 S364（五巴线）K93+400 米处垮塌，五巴线中断，水柳线一座 35 千伏铁塔倒塌（未挂线通电）。直接经济损失超千万元。

二、恩施市城区内涝

受 7 月 15 日以来的持续强降雨影响，7 月 17 日，恩施城区遭遇近五十年一遇大洪水，造成城区 3 个办事处、1 个镇的 18 个社区和村受灾，城区淹没面积达 11 平方千米；损毁水、电、通信等设备 3000 多台（套），致使近 5 万户居民停电停水；城区 4000 多户居民、2000 多户个体工商户受灾，损失近 9 亿元。全市洪灾共造成直接经济损失 14.29 亿元。

三、恩施市沙子坝滑坡

7 月 15 日以来连续的强降雨，诱发恩施屯堡乡马者村沙子坝地质变形，7 月 17 日，沙子坝地质灾害点监测员陈光明发现裂缝及时上报。7 月 21 日清晨 5 时 30 分，沙子坝山体滑坡，滑入清江形成堰塞湖险情。省、州、市、镇采取有效措施，紧急转移群众，未造成人员伤亡。10 时许，堰塞体开始自然过流。本次地质灾害滑坡，累计造成200余公顷农田被毁，100栋房屋、4.8千米道路、2千米水渠及电力通信等基础设施严重受损，2045户、8731名影响区群众被紧急转移。同时，受滑坡影响，清江下游大龙潭水库原水浊度严重超标，致使恩施州城部分水厂设备受损，州城85%用户用水受到严重影响。

四、建始县城区内涝

7月26日凌晨3时起至7时，建始县城区广润河水位陡涨5.86米，洪峰水位达到560.70米，超警戒水位3.70米，相应最大洪峰流量1190立方米/秒，为超百年一遇特大洪水。此次灾害过程造成业州、长梁、茅田、龙坪等乡镇16万余人受灾，紧急组织转移和动员紧急避险6万余人，临时安置救助800余人；因灾死亡5人，失联1人；住房受损95户、222间（其中倒塌16户、46间，严重受损33户、85间，一般受损46户、91间）；农作物受灾面积2897余公顷，成灾1235公顷，绝收320公顷；部分商铺被淹；部分国、省道及农村公路冲毁；部分供水、供电和通信设施受损。

防汛救灾

灾情发生后，省委、省政府高度重视，省直单位、其他市和社会各界紧急驰援恩施州救灾工作。

一、理顺机制，压实责任

一是压实党政责任。按照州委、州政府主要领导提出“十个要”（排查要到位、预案要管用、演练要有力、储备要充实、机制要完善、宣传要加强、水库安全要确保、山洪防御要加强、城区防洪要重视、地质灾害要严防），“九个到位”（预案完善到位、汛情预判到位、责任落实到位、隐患排查到位、底数掌握到位、应急准备到位、技术支撑到位、人员值守到位、应急处置到位）的工作要求，构建州、县、乡、村四级防汛抗旱责任体系，将责任细化压实到防汛全过程、各层级，到组织、到单位、到基层、到个人。新冠肺炎疫情防控期间，将重点防洪工程作为“停不得”工程优先复工，3处河堤、5处水库汛前完成除险加固。二是明晰部门责任。州委编委印发文件，明确划分应急、水利、自然资源等10个部门防汛救灾的职责边界，确保各部门各负其责、共同履责。建立自然灾害风险日会商、月总结、月研判机制，在主汛期每日归集气象、水文、水利部门数据，每日会商研判水雨情，每月月底总结当月水雨情灾害情况，研判次月汛情和灾害风险，报州防汛抗旱指挥部领导决策，倒逼各级各部门落实防汛责任。三是落实乡村责任。应急响应期间，乡镇防汛抗旱指挥长坐镇指挥，及时会商研判，安排部署防范应对工作。立足早发现、早处置、早转移，各村委会、尖刀班干部7月31日前取消休假，组织干部群众普查隐患，对房前屋后隐患“每日两查”。各乡镇、村建立隐患台账，整改闭环销号。各行政村落实2名气象信息员，信息员接到预警第一时间通知到户到人，遇险情第一时间组织转移群众。

二、补齐短板，提升防汛救灾能力

一是抓好隐患排查整改。州防汛抗旱指挥部办公室先后组织2次防汛督查检查，发现451个问题和隐患，全部督促整改到位，提升防汛本质安全能力。二是抓好信息化建设。组织对水利专网、山洪灾害站点及山洪预警平台及时进行保障维护，监测预警系统正常运行率达100%、站点在线率达92%以上。气象、水利、水文、大数据中心等部门实现监测数据信息互通共享。三是抓好队伍建设，提升救援实战能力。建立以消防、武警为主体，矿山救护和各部门专业救援力量为基础，民兵、社会救援力量为补充的应急救援队伍，主要救援队伍完成大型专业防汛抢险设备配备，完成防汛抢险物资储备5.7万件。各级各部门组织各类应急演练182次，州防汛抗旱指挥部组织的防汛救灾综合演练实现4大现场互联互动、17个贴近实战的科目同步进行，85家单位协调联动，拉练救援队伍，提升实战能力。

三、整体联动，全力抢险救灾

面对灾情，各级党委、政府果断决策，各级防汛及时响应，党员干部下沉参与，坚决打赢防汛救灾的人民战争。一是及时响应，严肃纪律。根据汛情、灾情实际，州防汛抗旱指挥部第一时间会商研判，启动防汛应急响应，并根据汛情走势果断提升响应等级2次。州减灾委员会启动自然灾害救助应急响应1次，提升响应等级1次。7月17日，恩施城区遭遇严重洪灾，州委主要领导果断决策，明确在防汛Ⅱ级应急响应期间按Ⅰ级应急响应机制运行，各县（市）委书记、县（市）长进驻防汛抗旱指挥部，调度防汛抢险工作。各级各部门严格落实24小时防汛带班值班、信息归口报送、物资紧急调度等制度，确保万无一失。二是闻汛而动，全员战汛。大灾面前，一呼百应。全州上下勠力同心，同灾害斗争，与时间赛跑，巴东县水布垭滑坡、恩施城区严重洪涝、恩施市沙子坝滑坡未造成人员伤亡。特别是在州城恩施严重洪涝灾害面前，州防汛抗旱指挥部一声号令，23名社区包保领导、85名社区“大党委”第一书记、1533名社区“尖刀班”成员、2万余名党员第一时间赶赴灾情一线，开展拉网排查，紧急转移群众，确保州城恩施安全。恩施市沙子坝滑坡发生后，75名专家紧急赶赴现场，1260名救援人员集结待命，600余件救援设施设备调往一线，8700余名涉险群众安全转移，各路技术力量支撑信息化互联、全天候监测，打赢了灾害救援的人民战争。三是以人为本，全力救灾。灾情发生后，全州应急部门及时派出工作组，深入灾区查灾核灾，指导救灾工作。完成灾情快报153期，为省、州领导科学决策、灾情评估和灾后重建提供有力的数据支撑。积极争取和下拨防汛救灾资金2.31亿元，调拨帐篷、折叠床、衣被等物资3.5万件，完成受灾群众救助4.79万人次。推动巨灾保险理赔试点，完成赔付2260万元。

（州应急管理局 供稿）

2013—2020年恩施州脱贫攻坚工作综述

2013年以来，恩施州始终将脱贫攻坚作为重大政治任务和第一民生工程来抓，举全州之力落实“六个精准”（扶贫对象精准、措施到户精准、项目安排精准、资金使用精准、因村派人精准、脱贫成效精准），实施“五个一批”（发展生产脱贫一批、易地搬迁脱贫一批、生态补偿脱贫一批、发展教育脱贫一批、社会保障兜底一批），推进“八个到村到户”（干部力量下沉到村到户、精准识别佐证到村到户、基础设施提升到村到户、特色产业发展到村到户、人居环境整治到村到户、项目资金安排到村到户、惠民政策落实到村到户、群众工作深入到村到户），实施“六大提升工程”，努力实现“六个清零”（安全饮水问题清零、危房改造任务清零、涉贫信访问题清零、补短板项目建设清零、集体经济空壳村清零、各类问题整改清零）“六个全覆盖”（产业就业全覆盖、惠民政策全覆盖、走访贫困全覆盖、人居环境整治全覆盖、乡风文明引领全覆盖、基层党建提升全覆盖），全面完成脱贫攻坚总体任务，取得决定性成效。截至2020年底，实现8个贫困县退出、729个贫困村出列、109.9万贫困人口脱贫。农村常住居民人均可支配收入由2013年的6364元增长到11887元，年均增长9.34%，在省委、省政府对市州党委政府扶贫开发工作成效考核中，恩施州连续四年进入第一方阵，受到省委、省政府通报表扬。

工作举措

一、扛牢政治责任，举全州之力决战贫困

州委、州政府坚决扛起脱贫攻坚政治责任。2013年以来，共召开州委常委会52次、州政府常务会48次、州扶贫开发领导小组和州指挥部调度会98次，深入学习贯彻习近平总书记关于脱贫攻坚系列重要指示和视察湖北重要讲话精神，中共中央、国务院《关于打赢脱贫攻坚战的决定》等重要文件精神及省委、省政府的决策部署，研究落实全州脱贫攻坚各项工作。实行州领导包县、县领导包乡镇、乡镇领导包村、干部包户负责制，州、县“四大家”领导驻点抓扶贫，每年两次书面向州委报告履行脱贫攻坚政治责任情况。坚持州、县、乡、村四级书记一起抓，按照“市县抓落实”要求，强化党政“一把手”负总责的领导责任制，明确各级党政“一把手”是第一责任人。州委、州政府每两个月、县（市）党委政府每月专题研究一次脱贫工作，县（市）委书记、县（市）长每月至少5个工作日专抓扶贫工作。扎实开展“遍访贫困”行动，州委书记、州长遍访贫困乡镇，8个县（市）党委书记、县（市）长遍访贫困村，88个乡镇党委书记、乡镇长和所有村党组织书记遍访贫困户。近三年来，州委书记柯俊明察暗访531个村，州长刘芳震明察暗访362个村。

二、健全攻坚体系，科学谋篇布局

按照中共中央、国务院《关于打赢脱贫攻坚战的决定》《关于打赢脱贫攻坚战三年行动的指导意见》等文件精神，结合恩施实际，不断完善指挥体系、政策体系、工作体系、保障体系、考评体系等，建立起适合“作战”需要的灵活顺畅工作机制，确保机制灵活、指挥有力。

指挥体系。成立州脱贫攻坚指挥部，州委书记任政委，州长任指挥长，下设指挥部办公室负责日常工作，州委副书记兼任指挥部办公室主任，分管副州长兼任指挥部办公室常务副主任，抽调35名优秀年轻干部到指挥部办公室工作。县（市）成立由县（市）委书记任政委、县（市）长任指挥长的脱贫攻坚指挥部，乡镇成立由包乡镇的县领导担任前线指挥部指挥长、乡镇党委书记、乡镇长任副指挥长的脱贫攻坚前线指挥部，集中精力在乡镇坐镇指挥。

坚持科学调度。州脱贫攻坚指挥部实行每月一调度，县（市）每半月一调度，乡镇每周一调度，村“尖刀班”每周碰头学习两次。2018年以来，州脱贫攻坚指挥部先后就产业扶贫、安全饮水、基础设施补短板项目、东西部扶贫协作、农村人居环境整治、脱贫攻坚电视问政和扶贫领域各类问题整改等进行专题调度。

坚持一线督战。组建8支督战队，常驻乡村“一线督战”。按照“独立开展工作、不打招呼、不陪同、不接待”的要求，坚持每村必到、重点户必到、存疑户必到，对县脱贫攻坚指挥部、乡镇前线指挥部、村“尖刀班”的工作情况进行明察暗访，及时发现问题，及时交办问题，限期整改问题。结合每月工作重点，州脱贫攻坚指挥部坚持分月部署村“尖刀班”重点工作任务，以督战推进工作落实。2018年以来，共下发指挥部令12期、“尖刀班”重点工作任务29期、督战令35期、战报31期。

政策体系。以《中共恩施州委 恩施州人民政府关于全力推进精准扶贫精准脱贫的决定》为统揽，配套出台《恩施州精准扶贫“五个一批”工作指导意见》《关于进一步做好旅游扶贫工作的意见》《关于加快推进电商扶贫工程的实施意见》《关于整合财政金融政策推进产业扶贫的意见》《关于深化医疗保障精准扶贫工作的通知》《关于创新保险扶贫机制助推脱贫攻坚工作的实施意见》《恩施州决战深度贫困实施方案》《恩施州交通脱贫攻坚作战方案》《恩施州精准扶贫农村饮水安全实施方案》《恩施州电力基础设施扶贫方案》《恩施州精准脱贫社会保障兜底专项行动实施方案》《关于打赢脱贫攻坚战三年行动的实施方案》《关于实施“一村一品+”行动，发展山地高效农业的指导意见》《恩施州关于针对脱贫攻坚重点对象实施精准帮扶工作方案》等文件，建立起“1+N+M”（以《中共恩施州委 恩施州人民政府关于全力推进精准扶贫精准脱贫的决定》为统揽，配套出台多项系列文件）政策支撑体系。

工作体系。州脱贫攻坚指挥部办公室下设易地扶贫搬迁、发展生产脱贫、生态补偿扶贫、发展教育扶贫、社会保障兜底扶贫、资金整合、东西部扶贫协作、金融扶贫、基础设施发展、“四县五乡”和西南片区综合扶贫、健康扶贫11个工作组，分别由1名州领导牵头，明确11个行业主管部门为牵头单位，分项落实行业扶贫具体任务。

坚持放手、放权，赋予乡镇前线指挥部脱贫项目实施最终决定权和对不作为、慢作为、乱作为干部临机处置权、优秀干部任用建议权，对本乡镇脱贫攻坚工作中出现的困难和问题自主研究、自主决策，特别重大问题上报各县（市）脱贫攻坚指挥部研究决定，确保各县（市）自主决策提高工作效率，放手推进脱贫攻坚各项工作。

聚焦“建强、用足、管好”目标，统筹脱贫攻坚一线力量组建驻村“尖刀班”，并明确“尖刀班”由村“两委”、驻村工作队和包村干部组成，推动形成了驻村脱产扶贫新格局。全州派出村“尖刀班”2438个、驻村干部19737人，实行岗位在村、工作在村、吃住在村，每月在村工作不少于20天，集中精力推进脱贫攻坚各项工作落实。实行州、县直单位“一把手”对驻村帮扶工作负总责，2018年，对鹤峰、宣恩、来凤3个攻坚摘帽的县建立州直、县直单位“一把手”驻村帮扶 “4+1”工作机制（一周在村工作4天，在单位工作1天，或每月在村工作不少于16天）。2019年，对恩施、利川、建始、巴东、咸丰5个攻坚摘帽的县（市）建立州直、县直单位“一把手”驻村帮扶“3+2”工作机制（一周在村工作3天，在单位工作2天，或每月在村工作不少于12天）。2020年，所有州直、县直单位主要领导严格执行“2+3”工作模式（一周在村工作2天，在单位工作3天，或每月在村工作不少于8天），结对帮扶干部每年走访帮扶对象不少于4次。

保障体系。2013年以来，全州共投入精准扶贫资金758.05亿元。其中统筹整合财政涉农资金448.29亿元，包括全州各级财政专项扶贫资金57.57亿元［州本级投入17.92亿元、县（市）投入39.65亿元］，有效保障脱贫攻坚资金需求。“五个一批”共投入扶贫资金379.83亿元，其中，发展生产脱贫一批投入81.85亿元、易地扶贫搬迁脱贫一批投入170.11亿元、生态补偿脱贫一批投入16.88亿元、发展教育脱贫一批投入36.88亿元、社会保障兜底一批投入74.1亿元。基础设施和补短板项目投入378.22亿元。

落实驻村工作队经费保障，为驻村工作队员落实每人每月500元驻村补助、每人每天50元差旅生活补贴、每人每年300元人身意外伤害保险，保障驻村工作队工作生活条件。

提高干部“七种能力”（政治能力、调查研究能力、科学决策能力、改革攻坚能力、应急处突能力、群众工作能力、抓落实能力）。2017年以来，全州集中开展州、县、乡三级扶贫干部大培训。由州、县领导及行业部门主要领导上台讲授精准脱贫的要求、标准、政策、方法等，先后对7.5万余名扶贫干部开展多轮业务培训。搭建政策学习平台，建立《恩施扶贫》《杭情施意》微信公众号和扶贫网站，累计编发扶贫新闻、政策法规、学习培训等信息1万余条，方便干部群众及时准确掌握政策。

考评体系。大幅提升精准脱贫在年度综合考核中的权重，有效发挥考核指挥棒的作用。加强对县（市）精准扶贫目标责任制考评、州直单位驻村扶贫和行业扶贫目标责任制考评，制订《恩施州县市精准扶贫目标责任制考评指标方案》《恩施州州直单位驻村扶贫和行业扶贫目标责任制考评工作方案》等考核评价方案，坚持最严格的考评标准。加强对州直驻村工作队日常考核，不定期抽查落实驻村工作情况，作为年终考核的依据。加强对州脱贫攻坚指挥部办公室干部的考评，实行周调度和工作清单制，百分制和加减分制考核到人，开展评先表模与向州委组织部推荐优秀干部相结合，激励专职扶贫干部全身心投入脱贫攻坚。

坚持激励与奖惩并重，运用考核结果实施奖惩，对每年在精准扶贫考核中排名前三名的县（市）予以奖励。其中2015年对鹤峰县、恩施市、建始县分别奖励500万元、300万元、200万元，2016年对鹤峰县、咸丰县、恩施市、利川市分别奖励500万元、300万元、200万元、200万元，2017年对恩施市、利川市、鹤峰县、咸丰县分别奖励500万元、500万元、300万元、200万元。对2017年驻村工作排名前20名的州直单位予以通报表扬，同时将20名州直单位的驻村工作队长和优秀队员名单报州委组织部，作为提拔重用、表彰奖励的重要依据。2018年4月，对10个在全州2017年度州直单位驻村扶贫（行业扶贫）考评排名靠后的单位主要负责人进行集中约谈，督促更好履行驻村帮扶（行业扶贫）责任。

三、强化精准施策，着力解决“两不愁三保障”突出问题

落实“八个到村到户”，推进“六个清零”，提升“六个全覆盖”，开展以“十看村、十看户”为主要内容的脱贫攻坚“回头看”工作。到村看路、看电、看网、看卫生室、看学校、看群众服务活动场所、看产业发展、看村集体经济收入、看易地搬迁安置点、看群众工作，到户看安全饮水、看安全住房、看产业就业、看教育扶贫、看健康扶贫、看助残政策、看兜底保障、看其他政策、看人居环境、看群众情绪。汇总形成村、户补短板清单，将工作任务明确到人，将完成时限明确到天，逐一整改销号，确保以最实攻坚举措，决战决胜脱贫攻坚。

义务教育有保障。落实双线控辍保学责任，确保除身体原因不具备学习条件对象以外，贫困家庭义务教育阶段适龄学生不失学辍学，全州义务教育阶段入学率为100%、初中三年巩固率为100%。累计发放各类教育资助资金19.02亿元，惠及贫困学生184.53万人次；累计投入全面改薄资金22.06亿元，全面改善义务教育薄弱学校基本办学条件；累计招录农村义务教育学校教师3971人、定向培养1675人，优化乡村教师队伍建设；普通高中定向招生专项计划惠及贫困家庭学生9404人，享受扶贫专项计划293人。

基本医疗有保障。农村低保、特困救助、困难残疾人缴纳基本医疗保险由财政全额补贴，其他贫困人口由财政补贴50%，贫困人口基本医疗保险参保率为100%，实现贫困人口大病保险、补充保险、医疗救助全覆盖。累计资助参保金额2.54亿元，其中2018年按50%标准资助861343人、7752.08万元，按100%标准资助207307人、3731.53万元；2019年按50%标准资助885640人、9742.07万元，按100%标准资助191088人、4203.94万元。做好重病兜底保障，2017年救治2125人，覆盖率为70.7%；2018年救治22381人，覆盖率为98.4%；2019年救治33136人，覆盖率为100%；2020年1至9月救治35318人，覆盖率为99.7%。开展慢性病签约服务，以乡镇为单位集中开展慢性病筛查，落实慢性病门诊补贴。2017年734564人，签约率为79.7%；2018年964920人，签约率为88.15%；2019年1004383人，签约率为90.82%；2020年上半年888285人，签约率为80.68%。集中开展大病救治，2017年21106人，覆盖率为83.1%；2018年47245人，覆盖率为97.1%；2019年70935人，覆盖率为100%；2020年上半年75454人，覆盖率为99.3%。

住房安全有保障。推进易地扶贫搬迁。严守人均25平方米、搬迁户建房不负债、建新必须拆旧三条红线，建设好安置小区，配套好产业项目，谋划好致富路径。全州易地扶贫搬迁规模为72805户、242843人，实现搬迁工程建设完工率、搬迁户入住率、旧房拆除率3个100%的目标，全面完成省定搬迁任务。累计建成6户以上集中安置点1425个，其中3000人以上安置点3个，占全省50%；800人以上安置点33个，占全省63.4%。应拆已拆旧房59980户，全部实现复垦复绿，可产生土地增减挂钩结余指标3200公顷。统筹推进农村危房改造。突出“四类”重点对象，统筹兼顾其他对象，分门别类推进农村危房改造。累计实施“四类”重点对象危房改造9.54万户、非“四类”对象危房改造近3万户，基本实现农村“人不住危房、危房不住人”。

解决饮水安全。按照“一管清水进农家”的要求，采取集中供水和分散供水相结合方式，实施农村饮水安全巩固提升工程，州财政每年安排1000万元用于农村饮水安全“以奖代补”，全州共建成农村饮水工程1.29万处，累计解决147.4万人饮水安全问题，实现现行标准下的安全饮水问题“清零”。

兜底保障底线。统筹各类保障措施，低保、特困救助、重病、重残等特殊困难群体做到应保尽保、应兜尽兜，累计发放兜底保障资金425282.72万元（其中：发放农村低保补助金329897.14万元、农村特困供养救助金64360.1万元、临时救助金31025.48万元）。农村低保月人均补助水平由115.33元提升至447.03元，增长287.61%。临时救助人均补助水平由848.52元提升至1363.54元，增长60.69%。18.43万人享受困难残疾人生活补贴，发放资金9164万元。21.54万人享受重度残疾人护理补贴，发放资金2.35亿元。

四、补齐短板弱项，着力夯实脱贫基础

按照“各村补短板工作实际需要多少钱就筹多少钱”的要求，集中项目、资金等要素向贫困村、贫困人口倾斜，加快补齐农村交通、用电、通信等基础设施短板。

农村公路。按照“县县通高速、乡乡通二级路、村村通沥青（水泥）路、多数自然村通沥青（水泥）路”要求，解决农村交通问题。累计投入资金119.8亿元，新建、改建农村公路2.19万千米（通村组硬化路1.97万千米、通组砂石路2238千米），建设农村公路安防工程1.67万千米，完成农村公路危桥改造153座，新建桥梁6197延米，实现县县通高速公路、“村村通客车”，人民群众“出行难、行路难、运输难”问题得到有效解决。

农村电网。按照“确保农村生活用电稳定、有生产用电需求的地方不卡口”的要求，解决农村安全用电问题。新建改造10千伏线路9192千米、配变台区10060个、增容113.9万千伏安，解决农村低电压和生产用电卡口问题。

通信网络。按照“光纤宽带通村到户、4G网络全域覆盖”要求，解决农村通信问题。建成4G基站1.64万个，实现村村通有线宽带和4G网络。

产业扶贫。坚持以县为单元谋划、以村为单元实施，持续开展消除产业“空白村”“空白户”行动，实施“一村一品＋”（即＋特色、规模、主体、订单、设施、科技、项目、政策）行动，推动扶贫产业发展到村到户，确保有劳动能力的贫困户每户有“一长两短”产业项目。探索形成一个主导产业，对接一个专业合作社、一个金融工作站，联结一个龙头企业，带动若干户贫困户的“121+X”（每个贫困村明确1个主导产业，对接2个合作组织，联结1个龙头企业，带动若干贫困户）产业扶贫模式，全州特色产业基地面积465333.33公顷，比2015年增加132000公顷，农民人均近0.15公顷；发展农业龙头企业、农民专业合作社、家庭农场等新型经营主体1.65万个。

就业扶贫。实施“三乡工程”（市民下乡、能人回乡、企业兴乡）、“草根创业计划”，组织贫困劳动力参加创业就业培训，落实创业就业优惠政策，采取“扶贫车间”和公益岗位等方式，促进有劳动能力的贫困人口就地就近就业创业。全州精准扶贫就业创业培训42.6万人次，发放补贴1.28亿元（其中建档立卡人员24.78万人次，发放培训补贴7400多万元），实现对有培训意愿的建档立卡贫困人口应训尽训全覆盖。城镇共计新增就业23.34万人，失业人员再就业4.3万人，援助就业困难人员就业2.3万人。每年预算专项创业扶持资金5000多万元，实施精准扶贫创业扶持项目和“草根创业计划”，累计扶持项目890个，发放创业担保贷款11.68亿元，新增创业1.99万人，创业带动就业6.79万人。2020年，按照“抗疫情（新冠肺炎疫情）、稳就业、促增长、助脱贫”工作思路，由村（社区）“尖刀班”收集汇总外出务工需求，人社部门提供岗位和招聘服务，县（市）组建强有力的服务专班，采取“点对点”包车运送等方式，全力保障外出务工人员安全有序返岗就业，全州外出务工贫困人口39.3万人，比2019年增加1.51万人。

旅游扶贫。以创建国家全域旅游示范区为抓手，发展休闲农业、观光农业、乡村旅游、民宿旅游，创建4个省级农村产业融合发展试点示范乡镇、55个农村产业融合示范村、23个省级休闲农业与乡村旅游示范点，102个贫困村建成乡村旅游产业，星级农家乐共计2474个，特色民宿共计3000多个，乡村旅游产业每年承载10万余名农民就业，拉动城乡居民收入年均增长10%以上。探索实施“文旅融合”“景区开发”“乡村旅游”“特色民宿”“养生度假”“旅游消费”等“旅游+”扶贫模式，带动40万群众吃上“旅游饭”。

生态扶贫。采取聘用生态护林员和“合作社+管护+贫困户”模式，吸纳贫困人口参与管护增收，让更多的贫困户享受保护生态红利。累计投入16.43亿元，惠及贫困人口75.4万人（生态公益林44.8万人、退耕还林30.6万人），49172名贫困人口纳入生态护林员（按每人每年4000元标准发放管护费）。

电商扶贫。8个县（市）均成功创建全国电子商务进农村示范县，729个贫困村建成服务站491个，电商产业直接带动贫困人口就业2万人以上，间接辐射带动贫困群众增收近20万人。

金融扶贫。对符合贷款条件的建档立卡贫困户发放“5万元以下、期限3年以内、免担保免抵押、基准利率放贷、财政贴息、县建风险补偿金”的信用贷款。累计发放扶贫小额信贷68.48亿元，其中直接发放贫困户贷款43.05亿元，帮助7.5万余户贫困户发展致富产业；发放“新型农业经营主体+建档立卡贫困户”贷款25.43亿元，带动帮扶贫困户8.3万余户。

光伏扶贫。全州累计实施光伏扶贫项目309个，电站容量4.08万千瓦，全部纳入国家补贴目录，惠及365个村（其中281个贫困村），6979户。光伏扶贫总投资3.87亿元，其中政府出资8267.44万元、帮扶和捐献资金3.04亿元。

消费扶贫。2020年，全州共有1666个供应商7796个扶贫产品在“扶贫832”平台注册，州、县两级1660个预算单位完成激活注册，通过东西部扶贫协作、天津对口支援、网络直播带货、“百企千品进央企”、其他电商平台、扶贫村定点采购、机关食堂采购等方式销售恩施农副产品114.59亿元，带动50余万名贫困群众实现稳定增收，多项指标位列全国全省前列。杭州市累计帮助恩施销售各类农特产品8.1亿元，带动贫困人口5.54万人次。其中采购、销售经过认定的扶贫产品3.39亿元，带动贫困人口1.55万人次。

五、抢抓帮扶机遇，着力深化社会扶贫

持续推进东西部扶贫协作、中央单位定点扶贫和各类社会扶贫行动，形成决战脱贫攻坚强大合力。

推进东西部扶贫协作。2016年底，中央将恩施州纳入国家东西部扶贫协作范围，明确由杭州市结对帮扶。浙江湖北两省、杭州恩施两地加强组织领导，抓好工作落实，党政频繁互访，各界良性互动，取得显著成效。2018年和2019年，杭州市、恩施州连续两年在国家扶贫成效考核中获“综合评价好”的等次，共同进入全国第一方阵。2019年，杭州市帮扶恩施州工作队获“湖北省民族团结进步先进集体”称号。2017年以来，杭州8个区与恩施州8个县（市）结对，56个乡镇（街道）、65个贫困村（社区）、56所医院、83所学校结对帮扶。杭州市累计帮扶财政资金10.94亿元，实施项目872个，组织社会帮扶资金1.9552亿元，帮助3.4万名贫困人口实现稳定就业。

主动对接中央单位定点扶贫。2016年以来，农业农村部、国家电网公司、中国铁塔股份有限公司、中国国新控股有限公司、武汉大学、华中农业大学6个中央单位，累计帮扶资金12.5亿元，实施项目513个，组织社会帮扶资金7000万元，惠及贫困人口33.34万人。

认真落实省委“616”工程和省内部分市对口支援工作。省委持续实施“616”工程［1名省领导牵头、6个省直单位参加、对口支援省内1个民族县（市）、每年至少办成6件较大实事］，恩施州主动对接、以干求助，67个省直部门、省内高校及科研单位、省内重点企业、省级示范高中、省级三甲医院倾情帮扶、倾力支持，累计投入资金182.4亿元，帮扶项目近3000个。

引导社会力量参与扶贫。推进“千企帮千村”行动，探索形成“政府引导、产业主导、合作社带动、龙头企业带动、能人大户带动”帮扶模式，1634个民营企业结对帮扶1135个村，729个贫困村实现全覆盖，共投入资金17.39亿元，带动脱贫25.58万人。用好中国社会扶贫网，动员慈善组织、志愿者组织、爱心企业、爱心人士等社会力量积极参与脱贫攻坚，营造全社会帮贫扶困浓厚氛围。

六、认真组织准备，抓好脱贫攻坚普查

恩施州成立州委分管领导任组长的普查领导小组，通过召开推进会、调度会等方式，掌握县（市）进展情况，研究解决具体困难问题，从巩固脱贫质量、做好清查摸底、做好数据采集、做好组织谋划等方面作出详尽安排部署。州扶贫办选派专人到州国调队合署办公，共同做好普查系列工作。研究出台《关于做好脱贫攻坚普查有关基础工作的通知》《关于明确恩施州脱贫攻坚普查差旅费报销标准的通知》《恩施州脱贫攻坚普查后勤保障指导意见》等，为普查各项准备工作及普查人员吃、住、行、管理提出指导意见；细化制定工作对接、普查培训、清查摸底等系列工作方案，形成较为完备的普查工作体系。做好“四员”（普查员、普查指导员、审核验收员和普查引导员）选调及培训。按照“四员”选调标准，明确普查“四员”8282人。2020年6—7月，州、县两级周密组织师资力量，通过多层级、多轮次集中培训的方式对各级普查相关人员进行业务培训，提前一天组织完成全州3668名现场普查人员线上考试，普查人员基本业务能力素质达标。按规定完成现场登记和审核验收。7月20日正式进驻至8月底，8个异地普查组严格按照普查方案要求，在规定时间内完成现场登记工作任务。审核验收组严格按照国家、省有关要求和普查制度安排，在集中审核验收阶段加班加点，认真开展数据比对分析和疑点核实，顺利通过省和国家验收。州普查领导小组组建4个普查指导组进行全面指导和质量抽查，强化普查数据质量、遵规守纪和安全防范。从国家脱贫攻坚普查事后质量抽查组在恩施州抽查3个村90户反馈情况看，恩施州脱贫攻坚普查登记质量较高。

七、坚持统筹兼顾，着力问题整改清零

各级党委（党组）切实扛起问题整改政治责任，

以中央脱贫攻坚专项巡视反馈问题整改为统领，统筹推进国家对省扶贫开发成效考核、财政资金绩效、专项审计、省对市县扶贫开发成效考核等各类反馈问题整改。坚持原因不查清不放过、整改不彻底不放过、问题不清零不放过、群众不满意不放过，坚持实事求是，对各类问题综合研判，点上问题点对点整改，普遍性问题举一反三整改。建立重大问题“双签双交办”工作机制［即州委书记与州长两人签字，向属地县（市）和主管部门双向交办］，按照“一个问题、一个牵头单位、一个工作专班”要求，州、县建台账，乡（镇）、村列清单，统筹推进问题整改“清零”。加强跟踪问效，严禁弄虚作假，严防形式主义，保证同类问题不重复发生。

中央专项巡视及“回头看”反馈问题整改。2018年10月17日至11月30日，中央第二巡视组对湖北省开展脱贫攻坚专项巡视。共反馈4类14项56个问题，涉及恩施州6个具体问题（关于2015年工作方案中脱贫攻坚主体责任“降格落实”，2016年鹤峰县部分重点贫困村村级集体经济弄虚作假的问题，关于鹤峰县、来凤县部分村级组织需要上级党组织下派书记的问题，关于来凤县2018年2月举办脱贫攻坚颁奖晚会、宣恩县对2016年中央巡视“回头看”反馈意见未追责问责问题，关于州、县纪委监委对来凤县百福司镇违规套取危改资金“按兵不动”的问题）。全州举一反三排查的50个具体问题以及中央脱贫攻坚专项巡视“回头看”反馈的3类8项17个问题均已完成整改。

国家对省脱贫攻坚成效考核反馈问题整改。2019年5月28日，2018年度国家对湖北省脱贫攻坚成效考核反馈8类40个问题，点名涉及恩施州的6类23个具体问题，已全部完成整改，其中已完成并长期坚持6个。2020年4月，2019年度国家对湖北省脱贫攻坚成效考核反馈6类29个问题，点名涉及恩施州4类11个具体问题，已全部完成整改，其中3个已整改并长期坚持。

省对市县脱贫攻坚成效考核反馈问题整改。2019年6月，2018年度湖北省对市县脱贫攻坚成效考核反馈点名涉及恩施州8类68个具体问题，已全部完成整改，已完成并长期坚持10个。

专项审计和省委专项巡视反馈问题整改。专项审计反馈恩施州存在的107个问题，已完成整改。2017年8—10月，省委专项巡视组对恩施州8个县（市）开展扶贫领域专项巡视，2018年2月13日反馈恩施州8个县（市）在“扶贫政策多变和检查报表繁杂”、“落实扶贫政策不精不准不实”和“扶贫资金使用管理和项目建设存在的突出问题”三个方面存在的25个具体问题，均已完成整改。

八、坚持党建引领，着力提升基层党建

坚持将脱贫攻坚与加强基层党组织建设紧密结合起来，用优惠政策吸引人、用良好待遇留住人。从2018年开始，每村配备3名以上定额补贴干部，共投入2.7亿元保障村干部待遇。从2020年开始，乡镇公务员招考指标1/3定向招录村主职干部。主职干部年均报酬4万元、副职3万元。出台《恩施州发展新型村级集体经济的意见》，每年从州级党建工作经费和涉农专项资金中安排1000万元支持发展壮大村级集体经济，通过资源开发、资产运营、资金使用、服务创收、产业带动、土地经营、股份合作、异地发展等模式增加集体经济收入，确保贫困村有稳定的集体经济收入来源。坚持在脱贫攻坚战线培养、锻炼、发现、使用干部，共提拔重用晋升县级干部229人、科级干部近2000人。特别是新冠肺炎疫情防控期间，脱贫攻坚“尖刀班”就地转化为疫情防控“尖刀班”，1.97万名“尖刀班”成员正月初一中午12点前下沉驻点村、1.5万名机关干部职工正月初五下沉社区、2.5万名干部职工正月初七就近参与新冠肺炎疫情防控，他们冲锋在前、排查隐患、严防死守、服务群众，体现基层党组织的凝聚力和战斗力，在全州疫情防控工作中发挥至关重要的作用。坚持典型示范引领，选树脱贫攻坚典型996个，老英雄张富清获得“共和国勋章”，“愚公支书”王光国获得“2018年全国脱贫攻坚奖奋进奖”、董高获得“2019年全国脱贫攻坚奖创新奖”、向辉获得“2020年全国脱贫攻坚奖创新奖”。坚持乡风文明引领，发挥村规民约作用，做好群众工作，开展健康向上文化体育活动，创建文明户、卫生户，评选脱贫之星、最美农户，注重扶志、扶智，激发群众内生动力，引领群众争先创优。加强脱贫攻坚监督执纪问责，建立脱贫攻坚指挥部定期向纪委监委移交问题线索机制，查处一批典型案例，收到警示一片的效果。

主要经验

一、坚持举全州之力，推进脱贫攻坚

恩施州委、州政府坚决贯彻落实党中央脱贫攻坚系列重大部署和省委工作要求，严格落实脱贫攻坚“一把手”负责制，形成一级抓一级、层层抓落实的领导体制和责任体系。坚持州、县主要领导带头落实脱贫攻坚第一责任人责任，常年到乡镇、村组、农户暗访督查，在精准扶贫工作上倾注一半以上工作精力。坚持州、县“四大家”领导负责督促落实分管领域行业扶贫任务，对所联系县（市）、乡镇脱贫摘帽结果承担领导责任。坚持调整优化驻村帮扶力量，将精兵强将向深度贫困县和深度贫困村倾斜，州、县直单位“一把手”认真落实行业扶贫主体责任，对驻村帮扶工作负总责，对所驻村脱贫验收结果承担重要领导责任。坚持干部力量向脱贫攻坚主战场聚集，派驻工作队、组建“尖刀班”，将驻村干部和村干部拧成一股绳，心往一块想、劲往一处使，责任和压力一同承担，有效破解基层工作力量不足难题。坚持州、县本级财政扶贫资金投入只增不减，多措并举强化脱贫攻坚资金保障。

二、坚持系统化科学谋篇布局

2015年11月29日，中共中央、国务院出台《关于打赢脱贫攻坚战的决定》之后，州委、州政府围绕落实脱贫攻坚决策部署，分年度研究出台工作要点或作战方案，对每年脱贫攻坚工作进行安排部署。特别是2017年以来，连续三年以州脱贫攻坚指挥“1号令”分别下发脱贫攻坚年度作战方案，相继明确“八个到村到户”“六个清零”“六个全覆盖”“六大提升工程”年度目标任务，有序推进脱贫攻坚各项工作。2018年，《恩施州“八个到村到户”提高脱贫质量》的工作经验在省委办公厅《工作简报》第六期刊发，得到省委主要领导肯定和省政府分管领导签批。2019 年，《恩施州脱贫攻坚工作推进情况的报告》得到省委、省政府相关领导批示，肯定恩施州“尖刀班”“八个到村到户”“东西部扶贫协作”等工作经验。

三、坚持高效执行，提升基层治理能力

打好脱贫攻坚战，关键在人。全州各级指挥部及时有力执行党委政府决策部署，2 万余名驻村“尖刀班”干部扎根一线工作，8 个暗访督导组常年进村入户指导督导，88 个乡镇前线指挥部领导坐镇一线，从责任上、机制上打通工作落实“最后一公里”，确保脱贫攻坚各项工作部署和政策措施及时准确地贯彻落实，进一步加快工作节奏，提高工作质量。全州派驻工作队、组建“尖刀班”，打造出强有力的一线执行团队，在抓好脱贫攻坚各项具体工作落实的同时，探索出一条以群众工作为抓手，集宣传动员、教育引导、服务凝聚为一体的有效推动农村发展、维护农村稳定、快速处置突发情况的基层治理路子，极大地提高农村基层党组织战斗力，培养锻炼一大批干部，党群干群关系空前密切，党的执政基础进一步夯实。

四、坚持紧盯产业、就业、创业，夯实脱贫根基

恩施州始终坚持从战略和全局高度，聚焦产业、就业、创业，以贫困群众持续稳定增收为目标，举全力一以贯之推进产业、就业、创业扶贫，加快夯实贫困群众稳定脱贫和逐步致富物质基础。落实《关于实施“一村一品+”行动发展山地高效农业的指导意见》，推动各村产业发展实现一村一品。对有劳动能力的贫困人口实行产业奖补，引导贫困群众“应种尽种”“应养尽养”，发展脱贫产业，确保扶贫扶到点上、扶到根上。坚持将产业扶贫纳入县（市）党政领导班子目标考核和县（市）党政“一把手”离任审计，引导各县（市）发展长期稳定的脱贫产业项目。通过将建档立卡贫困户绑在产业链上，完善贫困村（户）与龙头企业的利益联结机制，鼓励贫困户以资金、土地、山林入股和定单生产等方式，带动越来越多的贫困户参与扶贫产业发展，实现增收脱贫。全力推进就业扶贫，实施技能脱贫专项行动，按规定落实职业培训补贴政策，实现所有贫困村技能培训全覆盖、有培训需求的“两后生”（初、高中毕业后未继续升学人员）参训率达到 100%。累计设置近 3 万个公益岗位，定向瞄准贫困家庭劳动力参与生态护林、保洁、治安、护路、管水、扶残助残、养老护理等，增加劳务收入。加大政策奖补力度，鼓励支持本地有能力特别是打工返乡的贫困户积极创业，创办领办扶贫项目和产业。

五、坚持统筹推进各类问题整改

坚持问题导向，以中央脱贫攻坚专项巡视反馈问题整改为统领，聚焦年度脱贫攻坚任务目标，统筹推进各类问题整改，实现清零销号。一是坚持提升政治站位。中央脱贫攻坚专项巡视是对恩施州脱贫攻坚工作的一次严肃政治体检，对照中央巡视反馈问题清单，坚持自下而上检视问题、自上而下剖析问题，从政治责任、思想认识、工作落实上深刻剖析问题根源，采取行之有效的措施，一条一条抓整改落实，一件一件抓清零销号，以问题整改推动脱贫攻坚责任落实、政策落实、工作落实。二是坚持统筹推进。针对中央脱贫攻坚专项巡视、国家对省扶贫开发成效考核、财政资金绩效、专项审计、省对市县扶贫开发成效考核反馈恩施州所有问题，分门别类逐项建立问题整改清单，结合恩施实际，举一反三、主动排查、全面自查，逐项研究制定整改措施，以工作责任清单模式明确责任领导、责任单位和完成时限。三是坚持建章立制。州委制定下发《关于全面对标中央巡视要求进一步强化脱贫攻坚“州县抓落实”工作责任机制的通知》《关于明确州委常委牵头负责联系县市脱贫攻坚工作的通知》《关于建立重点工作推进机制的通知》《关于明确州委常委牵头负责联系县市脱贫攻坚工作的通知》等文件，健全完善符合恩施实际的政策制度，防范各类问题重复发生。

六、坚持以“钉钉子回脚”精神，抓细抓实干部作风

按照“转作风、敢担当、善作为、抓落实”要求，以“不摘穷帽就摘官帽”“脱几层皮”的决心和干劲、“钉钉子回脚”的作风，集中力量解决扶贫领域责任落实不够到位、工作措施不够精准、工作作风不够扎实等突出问题，严实作风，保工作落实。一是领导带头示范。州、县领导常年进村入户暗访检查，采取不发通知、不打招呼、不听汇报、不准陪同、直奔一线的“四不一直”方式，开展脱贫攻坚暗访抽查、突击检查、调研督查，到农户看锅里煮的、碗柜里放的、衣柜里挂的、床上铺的都有些什么，问群众家里还有什么问题、困难和需求，还有什么意见和想法，通过贴近群众生活、运用群众方法、顺应群众需求、解决群众实际问题，带动广大干部转变作风。二是开展暗访督导。分阶段组建脱贫攻坚暗访督导组，不定期开展暗访督查，促进各级做到领导到位、人员到位、作风到位、纪律到位、工作到位。三是开展电视问政。聚焦扶贫领域作风突出问题，累计举办 3 期电视问政，较真碰硬，公开曝光 68 个问题，有力促进各级扶贫干部作风扎实、工作务实。四是紧盯问题不放松。州委、州政府主要领导和分管扶贫领导，对问题集中、群众意见较大的乡镇、村组开展多轮“解剖麻雀”行动，强化跟踪问效，严肃追责问责，推动各类问题整改落实。

（州脱贫攻坚指挥部办公室　供稿）

经济分析报告

知识产权发展报告（节选）

一、商标品牌发展情况

2020年,全州申请商标8343件,同比增长24.96%,注册商标4639件,同比增长23.46%,申请量和注册量均居全省17个地市州第七位。全州新申请商标第一产业占比30.24%,第二产业占比33.22%,第三产业占比36.54%。2020年,国家知识产权局商标业务恩施州受理窗口业务办理申请量174件,商标申请总量175件,商标注册总量12件。截至12月31日,全州累计商标申请41167件,有效注册商标24244件,每万户市场主体注册商标拥有735.4件,现有中国驰名商标5件,地理标志商标35件,地理标志保护产品24件。有农产品商标8398件、茶叶商标2355件、药材商标732件、旅游业商标613件、服务业商标7335件、涉硒商标299件。2018—2020年的注册量占1980年以来商标注册总量的60%。继“恩施硒茶”“利川红”地理标志商标2019年成功注册后,2020年6月28日成功注册“恩施土豆”地理标志商标。随着“恩施硒茶”“恩施玉露”“利川红”“恩施土豆”等重点商标的成功注册,全州区域公用品牌框架逐渐形成。恩施品牌影响力扩大。“恩施土豆”“利川红”在2020年“我喜爱的湖北品牌”电视大赛中获得金奖,“恩施玉露”获得银奖。“伍家台贡茶”“利川山药”在“第二届湖北地理标志大会暨品牌培育创新大赛”中获得银奖。

（单位:件）

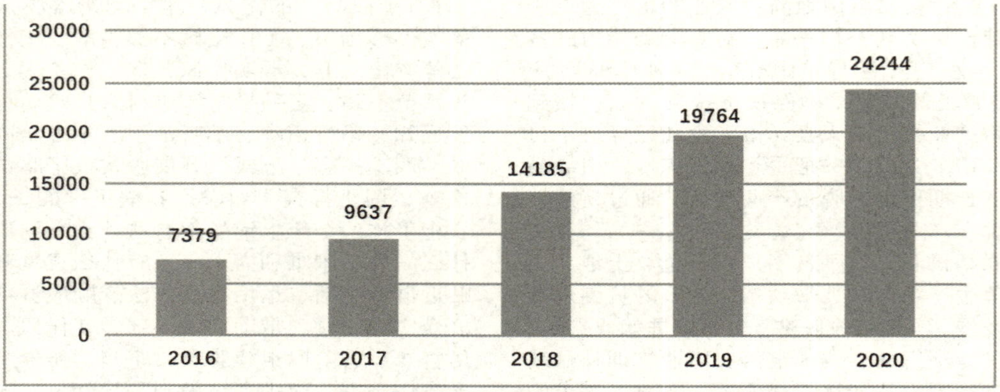

图2 2016—2020年恩施州有效商标注册年度变化图

恩施州商标注册情况统计表

表33

县 （市）	年度申请量(件)	年度注册量(件)	有效注册标总量(件)	市场主体户数	拥有有效注册商标占比(%)
恩施市	3271	1718	9395	76089	12.35
利川市	1491	913	4274	64315	6.65
巴东县	873	561	2625	34001	7.72
建始县	725	468	2403	40033	6.00
宣恩县	616	278	1582	23987	6.60
咸丰县	466	256	1466	26813	5.47
鹤峰县	466	274	1425	19436	7.33
来凤县	435	171	1074	40548	2.65
合 计	8343	4639	24244	325222	7.45

说明：1. 数据截至2020年12月31日，按年度注册量排序。 2. 市场主体户数不含州直市场主体3065户

（一）重点商标

截至 2020 年 12 月 31 日，全州共有中国驰名商标 5 件，分别是恩施玉露茶产业协会注册的“恩施玉露”、宣恩伍家台贡茶产业协会注册的“伍家台贡茶”、湖北三峡酒业有限公司注册的“三峡”、湖北长友现代农业股份有限公司注册的“长友”和湖北大派食品集团有限公司注册的“大派”，其中“恩施玉露”“伍家台贡茶”既是地理标志保护产品，又是地理标志商标，也是中国驰名商标。

全州共有涉硒注册商标 299 件，自 2012 年以来，只新增“恩施硒茶”1 件涉硒商标。涉硒商标涉及商品国际分类 5 个类别，主要分布在茶、茶饮料、不含酒精饮料、含酒精饮料（啤酒除外）、米（包括五谷杂粮）、未加工的谷物及农产品等。

全州累计注册农产品商标 8398 件，涉及商品国际分类 4 个类别，主要分布在茶、茶饮料、肉、非活的家禽、蛋品、食用油脂、米（包括五谷杂粮）等。有茶叶注册商标 2355 件，其中茶叶商标有 10 件是地理标志商标，实现州内每个县至少拥有 1 件茶叶类地理标志商标的目标。分别是：恩施硒茶、恩施富硒茶、恩施玉露、利川工夫红茶、马坡茶、巴东郡贡茶、伍家台贡茶、咸丰帝茶、来凤藤茶、鹤峰绿茶。有药材注册商标 732 件，涉及商品国际分类 1 个类别，主要分布在第五类的中药药材，药酒等。

全州共有旅游业注册商标 613 件，涉及商品国际分类 2 个类别，主要分布在旅行安排、单一服务等；有服务业注册商标 7335 件，涉及商品国际分类 10 个类别，主要分布在广告、提供食物和饮料服务、临时住宿等。

（二）地理标志

截至 2020 年 12 月 31 日，全州共有地理标志商标 35 件，在全省 17 个地市中排名第七位，其中巴东县 7 件、恩施市 7 件、利川市 7 件、来凤县 6 件、宣恩县 4 件、咸丰县 2 件、建始县 1 件、鹤峰县 1 件。2020 年度新增 2 件地理标志商标，6 月 28 日，“恩施土豆”地理标志商标注册成功，10 月 14 日，“巴东椪柑”地理标志商标注册成功。

恩施州地理标志商标情况表

表 34

序　号	地理标志商标	商标注册人	辖　区	国际分类	核定使用商品
1	恩施富硒茶	恩施市茶业协会	恩施市	30	茶
2	恩施玉露	恩施市茶业协会	恩施市	30	茶
3	恩施黄牛	恩施市黄牛产业协会	恩施市	29	牛肉(肉)
4	恩施黄牛	恩施市黄牛产业协会	恩施市	31	活牛(活动物)
5	板桥党参	恩施市本草药业产业协会	恩施市	5	党参
6	恩施硒茶	恩施市茶业协会	恩施市	30	茶
7	恩施土豆	恩施州农业技术推广中心	恩施市	31	新鲜土豆
8	利川山药 LICHUAN YAM	利川市团堡镇蔬菜协会	利川市	31	山药(食用植物根)
9	利川黄连 LICHUAN COPTIS	湖北省利川市黄连协会	利川市	5	黄连
10	利川工夫红茶	利川市茶产业协会	利川市	30	茶
11	利川红	利川市茶产业协会	利川市	30	红茶
12	利川天上坪甘蓝	利川市蔬菜行业协会	利川市	31	甘蓝(俗称"包菜")
13	利川天上坪大白菜	利川市蔬菜行业协会	利川市	31	大白菜
14	利川天上坪白萝卜	利川市蔬菜行业协会	利川市	31	白萝卜
15	巴东大蒜	巴东县大蒜专业技术协会	巴东县	29	大蒜(腌制蔬菜)
16	巴东大蒜	巴东县大蒜专业技术协会	巴东县	31	大蒜(新鲜蔬菜)
17	巴东五香豆腐干	巴东县豆制品行业协会	巴东县	29	豆腐干
18	巴东郡贡茶	巴东县经济作物技术推广站	巴东县	30	茶
19	巴东红三叶	巴东县牧工商技术服务中心	巴东县	31	红三叶种籽(植物种籽)、 红三叶鲜草(饲料)、 红三叶干草(饲料)、 红三叶草粉(饲料)
20	巴东独活	巴东县中药材行业协会	巴东县	5	独活(药用植物根)

续表 34

序　号	地理标志商标	商标注册人	辖　区	国际分类	核定使用商品
21	巴东椪柑	巴东县经济作物技术推广站	巴东县	31	椪柑(新鲜水果)
22	来凤藤茶	来凤县优质农产品产销协会	来凤县	30	藤茶
23	来凤姜	来凤姜产业发展管理协会	来凤县	29	腌制姜
24	来凤姜	来凤姜产业发展管理协会	来凤县	31	生姜(新鲜蔬菜)
25	来凤金丝桐油	来凤县金丝桐油协会	来凤县	4	桐油
26	来凤松花皮蛋	来凤县优质农产品产销协会	来凤县	29	皮蛋(松花蛋)
27	来凤大头菜	来凤县优质农产品产销协会	来凤县	29	大头菜
28	伍家台贡茶	宣恩伍家台贡茶产业协会	宣恩县	30	茶叶
29	黄坪黄金梨	宣恩县黄坪黄金梨产业协会	宣恩县	31	黄金梨(新鲜水果)
30	贡水白柚	宣恩县贡水白柚协会	宣恩县	31	白柚(新鲜水果)
31	宣恩贡米	宣恩县贡米产业协会	宣恩县	30	大米
32	小村红衣米花生	咸丰县小村红衣米花生协会	咸丰县	29	加工过的花生
33	小村红衣米花生	咸丰县小村红衣米花生协会	咸丰县	31	新鲜花生
34	马坡茶	建始县三里乡农业技术服务中心	建始县	30	茶
35	鹤峰绿茶	鹤峰县茶叶产业协会	鹤峰县	30	茶

说明：截至 2020 年 12 月 31 日

截至 2020 年 12 月 31 日，全州共有地理标志保护产品 24 件，在全省 17 个地市州排名第 3 位。其中按产品产地范围划分，恩施州 2 件、恩施市 4 件、利川市 4 件、来凤县 4 件、宣恩县 4 件、巴东县 2 件、鹤峰县 2 件、建始县 1 件、咸丰县 1 件。

恩施州地理标志保护产品情况表

表 35

序 号	产品名称	产地范围
1	恩施黑猪肉	恩施州
2	恩施黄牛肉	
3	恩施紫油厚朴	恩施市
4	板桥党参	
5	恩施玉露	
6	恩施马铃薯	
7	利川黄连	利川市
8	利川莼菜	
9	利川山药	
10	利川工夫红茶	
11	伍家台贡茶	宣恩县
12	贡水白柚	
13	宣恩火腿	
14	宣恩贡米	
15	来凤凤头姜	来凤县
16	来凤藤茶	
17	来凤漆筷	
18	来凤金丝桐油	

续表 35

序 号	产品名称	产地范围
19	巴东玄参	巴东县
20	巴东独活	
21	鹤峰茶	鹤峰县
22	鹤峰葛仙米	
23	景阳鸡	建始县
24	咸丰白术	咸丰县

说明：截至 2020 年 12 月 31 日

截至 2020 年 12 月 31 日，全州共有农产品地理标志（农业农村部认证）12 件，其中按产品产地范围划分，恩施州 1 件、恩施市 1 件、利川市 1 件、宣恩县 1 件、鹤峰县 2 件、建始县 4 件、咸丰县 2 件。

恩施州农产品地理标志统计表

表 36

序 号	名 称	申请人全称	年产量(吨)	县(市)	品种类别
1	恩施土豆	恩施州农业技术推广中心	1700000	恩施州	马铃薯
2	恩施玉露	恩施玉露茶产业协会	3500	恩施市	茶 叶
3	建始厚朴	建始县前进林业专业合作社	3000	建始县	其 他
4	关口葡萄	建始县益寿果品专业合作社联合社	1000	建始县	水 果
5	建始猕猴桃		8000	建始县	水 果
6	马坡茶	建始县马坡明珠茶业专业合作社	600	建始县	茶 叶
7	伍家台贡茶	宣恩贡茶产业协会	4460	宣恩县	茶 叶
8	唐崖茶	咸丰县茶产业协会	8000	咸丰县	茶 叶
9	小村红衣米花生	小村红衣米花生专业合作社	450	咸丰县	花 生
10	鹤峰茶	鹤峰县茶叶产业协会	10422	鹤峰县	茶 叶
11	走马葛仙米	湖北省鹤峰县优质农产品协会	10	鹤峰县	其 他
12	利川红	利川市茶产业协会	5	利川市	茶 叶

说明：截至 2020 年 12 月 31 日

截至 2020 年 12 月 31 日，地理标志保护产品用标产品数量 24 件，核准用标企业 34 个，有效核准用标企业 32 个，2 个在 2020 年正式注销。换标企业 31 个，未换标企业 1 个（正在注销中），换标率 96.9%，实有核准用标产品 13 件。地理标志商标用标数量 35 件，有效商标数量 35 件，换标商标无，换标企业无。

恩施州地理标志保护产品专用标志合法使用人信息一览表

表 37

序 号	保护产品名称	使用人名称	使用人地址	辖 区	核准(变更)公告号
1	恩施黄牛肉	湖北省思乐牧业集团有限公司	恩施市后山湾 111 号	恩施市	2015 年第 109 号
2	恩施黄牛肉	湖北犇跃农业发展有限公司	恩施市盛家坝乡龙洞河盖顶	恩施市	2017 年第 76 号
3	恩施黑猪肉	湖北省思乐牧业集团有限公司	恩施市后山湾 111 号	恩施市	2015 年第 109 号
4	恩施玉露	恩施市润邦国际富硒茶业有限公司	恩施市芭蕉侗族乡居委会	恩施市	2007 年第 117 号

恩施州地理标志保护产品专用标志合法使用人信息一览表

续表 37

序号	保护产品名称	使用人名称	使用人地址	辖区	核准（变更）公告号
5	板桥党参	恩施市峰岚板桥党参有限公司	恩施市板桥镇沿河路	恩施市	2008 年第 134 号
6	利川莼菜	湖北天佛食品有限公司	利川市经济开发区工业园内	利川市	2005 年第 210 号
7	利川莼菜	利川市山野食品有限责任公司	利川市农业科技园	利川市	2016 年第 87 号
8	利川莼菜	利川市睡芙生态农业开发有限公司	利川市凉雾乡铁炉寨村 2 组	利川市	2020 年第 365 号
9	利川山药	利川市山野食品有限责任公司	利川市农业科技园	利川市	2008 年第 93 号
10	利川山药	利川奥龙医药生化有限公司	利川市南环大道 99 号	利川市	2012 年第 70 号
11	景阳鸡	建始县青龙食品有限责任公司	建始县景阳镇马鞍山村 6 组	建始县	2013 年第 118 号
12	恩施黄牛肉	恩施广惠农业开发有限公司	建始县长梁乡天生桥社区 4 组	建始县	2017 年第 21 号
13	伍家台贡茶	宣恩县伍台昌臣茶业有限公司	宣恩县万寨乡伍家台村 6 组	宣恩县	2009 年第 80 号
14	伍家台贡茶	宣恩县清江名流实业有限公司	宣恩县万寨乡板场村 5 组	宣恩县	2009 年第 80 号
15	伍家台贡茶	恩施州伍家台富硒贡茶有限责任公司	宣恩县工业园莲花坝片区	宣恩县	2009 年第 80 号
16	伍家台贡茶	宣恩宜红贡茶有限公司	宣恩县椒园工业园区	宣恩县	2009 年第 80 号
17	伍家台贡茶	湖北康乾贡羽茶业有限公司	宣恩县珠山镇解放街 11 号	宣恩县	2010 年第 67 号
18	伍家台贡茶	宣恩县皇贡茶业有限公司	宣恩县万寨大河坝村	宣恩县	2010 年第 67 号
19	伍家台贡茶	宣恩县七姊妹山茶业专业合作社	宣恩县长潭河侗族乡中坝村 10 组	宣恩县	2010 年第 67 号
20.	伍家台贡茶	宣恩县晓关侗族乡维民茶叶专业合作社	宣恩县晓关乡桐子营村 3 组	宣恩县	2010 年第 67 号
21	伍家台贡茶	宣恩县宣桃茶叶有限公司	宣恩县椒园工业园区	宣恩县	2010 年第 67 号
22	伍家台贡茶	宣恩县椒园采花茶叶专业合作社	宣恩县椒园镇庆阳坝村 1 组	宣恩县	2011 年第 157 号
23	伍家台贡茶	湖北绿可生态茶业有限公司	宣恩县万寨乡大河坝村 8 组	宣恩县	2011 年第 157 号
24	伍家台贡茶	宣恩县宝泰贡茶有限公司	宣恩县珠山镇沿河北路 2 号	宣恩县	2011 年第 157 号
25	宣恩贡米	宣恩县珠山粮食购销公司	宣恩县珠山镇建设路 18 号	宣恩县	2019 年第 305 号
26	宣恩贡米	宣恩县沙道粮食购销公司	宣恩县沙道集镇	宣恩县	2019 年第 305 号
27	来凤藤茶	来凤金祈藤茶生物有限公司	来凤县经济开发区桂花树工业园	来凤县	2013 年第 165 号
28	来凤漆筷	湖北宝石花工艺品有限公司	来凤县翔凤镇桂花树工业园	来凤县	2008 年第 134 号
29	金丝桐油	来凤四海现代农业发展有限责任公司	来凤县桂花树工业园区	来凤县	2009 年第 105 号
30	鹤峰茶	湖北省鹤峰县翠泉茶业有限公司	鹤峰县中营镇北佳集镇	鹤峰县	2017 年第 58 号
31	鹤峰茶	湖北省鹤峰鑫农茶业有限公司	鹤峰县走马镇花桥村 5 组	鹤峰县	2017 年第 58 号

说明：截至 2020 年 12 月 31 日

二、专利发展基本情况

2020 年全州专利授权 1327 件，其中发明 71 件、实用新型 765 件、外观设计 491 件。全州共有 84 个企业获得专利授权，全州企业专利授权 442 件，占全州专利授权总量的 33.31%，企业发明专利授权 39 件，占全州发明专利授权总量的 54.93%。全州共有 19 个企业专利授权量超过 8 件。截至 12 月 31 日，全州万人发明专利拥有量 0.88 件。2020 年全州 8 个县（市）专利授权量前三名是：恩施市 472 件，建始县 175 件，利川市 169 件。全年全州专利有效发明量 300 件，其中恩施市 215 件，利川市 24 件，建始县 11 件，巴东县 6 件，宣恩县 6 件，咸丰县 12 件，来凤县 16 件，鹤峰县 10 件。

2020 年恩施州专利授权情况统计表

表 38　　单位：件

县（市）	专利授权数	专利类型			权利人类型				
		发 明	实用新型	外观设计	个 人	科研单位	工矿企业	机关团体	大专院校
恩施市	472	58	342	72	119	13	224	12	104
利川市	169	3	85	81	158	0	11	0	0
建始县	175	0	62	113	147	0	28	0	0
巴东县	82	1	38	43	64	0	18	0	0
宣恩县	152	3	110	39	88	0	64	0	0
咸丰县	113	1	52	60	71	0	40	2	0
来凤县	96	4	39	53	60	0	35	1	0
鹤峰县	68	1	37	30	46	0	22	0	0
合 计	1327	71	765	491	753	13	442	15	104

2020 年恩施州重要工业企业专利授权情况表

表 39　　单位：件

单 位	授权总量	发明授权	县（市）
湖北启源科技有限公司	27	0	宣恩县
来凤县金凤建材工业有限责任公司	18	2	来凤县
湖北省八峰药化股份有限公司	18	0	鹤峰县
湖北创偲诺电气科技股份有限公司	17	1	恩施市
恩施圣希源生物科技有限公司	17	0	恩施市
恩施市齐进节能建材工程有限公司	15	0	恩施市
恩施市长源轴承制造有限公司	15	0	恩施市
湖北来凤腾升香料化工有限公司	15	0	来凤县
恩施杰锐电力工程有限公司	14	0	恩施市
恩施市锦华生物工程有限责任公司	14	0	恩施市
咸丰县堰塘食品有限责任公司	12	1	咸丰县
湖北博今电气有限公司	11	1	宣恩县
建始食达好农产品工贸有限公司	10	0	建始县
建始县泰丰水泥有限责任公司	10	0	建始县
湖北仁和康源农业有限公司	9	0	咸丰县
湖北省烟草公司恩施州公司	8	1	恩施市
恩施硒圣植物科技有限公司	8	0	恩施市
湖北长马新材料科技有限公司	8	0	巴东县
恩施景泰节能建材有限公司	8	0	恩施市

三、存在的问题

（一）专用标志的品牌助推作用发挥不够。全州现有地理标志商标 35 件，地理标志保护产品 24 件，在全省乃至全国 30 个少数民族自治州排名均靠前。但是，全州地理标志专用标志使用率不高，现有地理标志商标用标率为零，地理标志保护产品实际还有 11 件产品没有用标人，导致专用标志助推品牌发展作用不够。

（二）以“一红一绿”为代表的重点品牌亟待保护。2020 年上半年，州市场监管局对“利川红”“恩施玉露”（简称“一红一绿”）品牌保护情况进行专题调研。恩施州内和武汉市场商标侵权现象严重，主要问题表现在：劣质产品充斥市场，正版份额较低。产品真假难辨，商标侵权严重。

（三）全州专利工作基础薄弱。企业专利创造能力不强，全州高新技术企业仅有 50 余个，大部分企业自主创新能力明显不足，产品技术含量普遍偏低，缺乏市场竞争力，企业知识产权意识不足。专利中介服务明显不足。全州没有专利中介服务机构。县（市）在知识产权执法上存在短板，主要表现为执法体制还未完全理顺，执法人员业务不够熟练。

（州市场监督管理局 供稿）

统计资料

2020 年全国 30 个少数民族自治州主要经济指标统计表

表 40　　　　单位：亿元、%

自治州	地区生产总值	位次	地区生产总值增幅	位次	第一产业增加值	第二产业增加值	其中：工业增加值	第三产业增加值
延边	726.86	13	0.5	26	66.27	241.68	186.98	418.90
恩施	1117.70	11	-4.2	29	202.39	252.28	202.06	663.03
湘西	725.11	14	2.2	22	111.68	204.25	164.29	409.18
阿坝	411.75	18	3.3	19	82.07	96.45	79.52	233.23
甘孜	410.61	19	3.6	17	80.67	105.34	—	224.60
凉山	1733.15	3	3.9	16	406.74	559.55	465.59	766.86
黔西南	1353.40	8	4.7	11	249.35	462.99	337.70	641.06
黔东南	1191.52	9	4.5	12	244.81	258.53	140.07	688.18
黔南	1595.40	4	4.0	15	254.73	563.29	429.24	777.38
楚雄	1372.16	7	6.0	3	261.93	545.89	336.07	564.33
红河	2417.48	1	5.2	8	344.78	940.45	603.09	1132.25
文山	1185.12	10	5.4	5	241.28	396.78	229.44	547.06
西双版纳	604.18	16	3.6	17	138.26	151.56	71.87	314.36
大理	1484.04	5	2.0	24	338.96	405.94	274.28	739.15
德宏	575.54	17	7.9	1	120.41	121.52	67.68	333.60
怒江	210.73	24	7.1	2	30.63	74.01	38.23	106.09
迪庆	266.94	22	5.1	10	18.46	102.67	69.18	145.81
临夏	331.30	21	5.2	8	53.70	61.30	28.90	216.30
甘南	219.06	23	1.6	25	44.05	29.15	22.74	145.86
海北	95.09	28	0.5	26	29.61	15.87	9.8	49.60
黄南	109.4	27	5.3	6	30.3	27.6	—	51.5
海南	181.6	25	2.9	21	49.2	75.2	62.4	57.1
果洛	48.90	29	2.1	23	9.77	14.73	—	24.40
玉树	—	—	—	—	—	—	—	—
海西	619.8	15	-2.1	28	41.5	392.0	—	186.4
昌吉	1387.25	6	5.3	6	242.45	581.28	431.75	563.51
博尔塔拉	377.14	20	5.7	4	82.25	101.31	56.02	193.58
巴音郭楞	1106.3	12	3.1	20	179.0	547.0	464.3	380.3
克孜勒苏	169.24	26	4.1	14	17.98	48.79	24.87	102.47
伊犁	2338.1	2	4.4	13	582.5	579.4	354.7	1176.2

续表 40 单位：%

自治州	第一产业比重	第二产业比重	其中：工业占比	第三产业比重	规模工业增加值增幅	位次	固定资产投资增幅	位次
延边	9.1	33.2	25.7	57.6	2.5	24	9.5	17
恩施	18.1	22.6	18.1	59.3	9.7	8	-22.1	27
湘西	15.4	28.2	22.7	56.4	4.5	20	6.1	21
阿坝	19.9	23.4	19.3	56.6	5.1	19	12.3	15
甘孜	19.6	25.7	—	54.7	8.5	11	-0.2	24
凉山	23.5	32.3	26.9	44.2	5.9	15	12.4	13
黔西南	18.4	34.2	25.0	47.4	5.7	16	7.5	19
黔东南	20.5	21.7	11.8	57.8	4.1	22	2.5	23
黔南	16.0	35.3	26.9	48.7	4.5	20	-5.0	26
楚雄	19.1	39.8	24.5	41.1	7.2	13	13.6	11
红河	14.3	38.9	24.9	46.8	6.1	14	6.0	22
文山	20.4	33.5	19.4	46.2	9.6	9	-3.6	25
西双版纳	22.9	25.1	11.9	52.0	-2.4	26	12.9	12
大理	22.8	27.4	18.5	49.8	-7.6	29	9.0	18
德宏	20.9	21.1	11.8	58.0	10.2	6	15.5	8
怒江	14.5	35.1	18.1	50.3	1.7	25	11.0	16
迪庆	6.9	38.5	25.9	54.6	10.1	7	6.4	20
临夏	16.2	18.5	8.7	65.3	11.4	5	27.0	6
甘南	20.1	13.3	10.4	66.6	8.5	11	-22.8	28
海北	31.1	16.7	10.3	52.2	9.6	9	12.4	13
黄南	—	—	—	—	14.7	4	14.1	10
海南	—	—	—	—	5.5	17	36.1	5
果洛	20.0	30.1	-	49.9	70.8	1	14.2	9
玉树	—	—	—	—	—	—	—	—
海西	6.7	63.2	—	30.1	-5.0	27	-24.9	29
昌吉	17.5	41.9	31.1	40.6	17.0	2	40.5	3
博尔塔拉	21.8	26.9	14.9	51.3	16.9	3	52.8	1
巴音郭楞	16.2	49.4	42.0	34.4	3.3	23	25.10	7
克孜勒苏	10.6	28.8	14.7	60.5	-5.6	28	36.8	4
伊犁	24.9	24.8	15.2	50.3	5.3	18	46.30	2

续表 40 单位：亿元、%

自治州	社会消费品零售总额	位 次	社会消费品零售总额增幅	位 次	地方一般公共预算收入	位 次	地方一般公共预算收入增幅	位 次
延 边	319	10	-12.3	22	58.71	14	1.0	23
恩 施	562.59	6	-26.3	29	57.65	15	-28.5	28
湘 西	243.47	12	-3.8	11	64.47	12	0.5	24
阿 坝	96.81	17	-4.2	14	28.73	20	8.8	9
甘 孜	114.31	15	-4.3	15	40.11	17	17.6	5
凉 山	678.23	2	-3.8	11	160.28	2	4.4	15
黔西南	—	—	5.4	1	113.13	5	3.1	16
黔东南	—	—	2.5	4	62.47	13	2.9	20
黔 南	643.46	3	3.6	2	111.05	6	0.4	25
楚 雄	518.66	7	-3.7	10	90.28	8	3.0	19
红 河	883.01	1	-0.2	8	151.25	3	2.1	21
文 山	578.16	5	-9.2	20	65.66	11	3.1	16
西双版纳	272.52	11	-12.9	23	35.81	18	3.1	16
大 理	607.60	4	-3.9	13	108.48	7	5.0	14
德 宏	328.18	9	3.4	3	42.31	16	5.5	12
怒 江	36.62	22	-14.4	24	—	—	—	—
迪 庆	66.22	19	-7.4	18	15.01	23	6.4	11
临 夏	106.70	16	0.7	7	19.20	21	17.1	6
甘 南	44.86	20	-5.6	16	10.47	25	-0.2	26
海 北	27.07	25	-0.8	9	5.41	26	44.2	1
黄 南	14.50	26	1.0	6	4.74	27	36.2	3
海 南	31.58	24	-6.4	17	13.70	24	34.6	4
果 洛	10.21	27	1.1	5	2.69	28	42.4	2
玉 树	—	—	—	—	—	—	—	—
海 西	79.67	18	-14.6	25	75.85	10	13.8	7
昌 吉	224.27	13	-16.5	26	143.13	4	5.2	13
博尔塔拉	44.18	21	-16.8	27	28.89	19	13.4	8
巴音郭楞	217	14	-24.7	28	88	9	1.4	22
克孜勒苏	34.86	23	-7.7	19	16.01	22	8.5	10
伊 犁	405	8	-9.5	21	169	1	-5.2	27

续表 40　　　　单位：元、%

自治州	农村常住居民人均可支配收入	位次	农村常住居民人均可支配收入增幅	位次	城镇居民人均可支配收入	位次	城镇居民人均可支配收入增幅	位次
延 边	13585	11	8.5	8	28872	24	2.5	24
恩 施	11887	18	2.3	28	30930	22	-2.0	28
湘 西	11242	20	11.9	1	27853	25	4.1	13
阿 坝	15539	5	9.0	4	37011	6	4.3	11
甘 孜	13967	9	9.0	4	36521	8	4.8	6
凉 山	15232	7	9.5	3	34636	13	4.8	6
黔西南	11441	19	8.6	7	35154	11	5.5	1
黔东南	11082	21	8.3	9	34520	15	5.4	2
黔 南	12876	14	8.1	12	35634	9	4.9	5
楚 雄	12861	15	7.0	21	38285	3	3.8	18
红 河	13580	12	8.0	14	37500	4	3.6	19
文 山	12001	17	7.8	16	33709	18	3.3	20
西双版纳	15463	6	6.8	24	33147	20	3.9	16
大 理	13645	10	7.7	17	38435	2	3.9	16
德 宏	12356	16	8.3	9	32770	21	4.1	13
怒 江	7810	28	9.0	4	27506	27	3.2	22
迪 庆	10088	23	6.8	24	38547	1	3.3	20
临 夏	8113	27	8.0	14	23338	28	4.3	11
甘 南	9129	25	8.2	11	27656	26	4.0	15
海 北	14842	8	6.7	26	35487	10	4.6	8
黄 南	10708	22	7.6	19	35021	12	5.4	2
海 南	13380	13	7.0	21	34529	14	4.4	10
果 洛	9848	24	7.7	17	37328	5	5.3	4
玉 树	—	—	—	—	—	—	—	—
海 西	16107	4	7.0	21	36806	7	4.5	9
昌 吉	20640	1	7.4	20	34024	17	0.3	25
博尔塔拉	18978	3	8.1	12	34276	16	2.6	23
巴音郭楞	19060	2	6.3	27	33592	19	0.3	25
克孜勒苏	8907	26	10.6	2	29918	23	-0.8	27
伊 犁	—	—	—	—	—	—	—	—

（州统计局　供稿）

2020年武陵山六地市主要经济指标统计表

表41　　　　单位：亿元、元、%

指标 \ 地市	湘西州	张家界市	怀化市	黔江区	铜仁市	恩施州
地区生产总值	725.11	556.68	1671.87	245.16	1327.79	1117.70
位 次	4	5	1	6	2	3
地区生产总值增幅	2.2	2.0	3.9	3.9	4.4	-4.2
位 次	4	5	2	2	1	6
一产业增加值	111.68	82.15	260.37	32.20	289.39	202.39
位 次	4	5	2	6	1	3
一产业增加值增幅	4.0	3.8	4.1	4.9	6.7	0.6
位 次	4	5	3	2	1	6
二产业增加值	204.25	87.24	477.98	86.26	332.58	252.28
位 次	4	5	1	6	2	3
二产业增加值增幅	3.1	3.8	5.4	2.6	3.2	-8.1
位 次	4	2	1	5	3	6
三产业增加值	409.18	387.29	933.52	126.70	705.82	663.03
位 次	4	5	1	6	2	3
三产业增加值增幅	1.4	1.3	3.0	4.5	4.0	-3.7
位 次	4	5	3	1	2	6
规模工业增加值增幅	4.5	2.9	5.6	3.7	2.3	9.7
位 次	3	5	2	4	6	1
旅游综合收入	461.00	568.95	527.00	145.00	—	202.16
位 次	3	1	2	5	—	4
旅游综合收入增幅	-12.4	-31.5	13.0	-9.4	35.0	-61.9
位 次	4	5	2	3	1	6
固定资产投资增幅	6.1	6.0	9.2	-45	3.0	-22.1
位 次	2	3	1	6	4	5
地方一般公共预算收入	64.47	32.13	99.57	26.06	64.67	57.65
位 次	3	5	1	6	2	4
地方一般公共预算收入增幅	0.5	-14.8	4.5	15.4	1.8	-28.5
位 次	4	5	2	1	3	6
地方一般公共预算支出	357.82	198.35	481.77	68.53	459.03	469.71
位 次	4	5	1	6	3	2
一般公共预算支出增幅	1.8	5.5	2.4	6.8	3.7	5.3
位 次	6	2	5	1	4	3

续表 41　　　　单位：亿元、元、%

指标＼地市	湘西州	张家界市	怀化市	黔江区	铜仁市	恩施州
农村常住居民人均可支配收入(元)	11242	11538	11990	14104	11100	11887
位次	5	4	2	1	6	3
农村常住居民人均可支配收入增幅	11.9	10.1	10.3	8.7	8.2	2.3
位次	1	3	2	4	5	6
城镇常住居民人均可支配收入(元)	27853	27884	30329	37335	32158	30930
位次	6	5	4	1	2	3
城镇常住居民人均可支配收入增幅	4.1	4.0	4.2	5.7	5.1	-2.0
位次	4	5	3	1	2	6
社会消费品零售总额	243.47	196.97	606.99	131.14	633.58	562.59
位次	4	5	2	6	1	3
社会消费品零售总额增幅	-3.8	-4.5	-2.4	-6.6	5.3	-26.3
位次	3	4	2	5	1	6
金融机构存款余额	1305.87	939.01	2295.78	295.22	1441.97	1662.73
位次	4	5	1	6	3	2
金融存款余额增幅	8.1	8.0	9.3	11.3	5.2	10.4
位次	4	5	3	1	6	2
住户存款余额	902.69	590.48	1738.38	197.96	948.91	1173.81
位次	4	5	1	6	3	2
住户存款余额增幅	9.6	8.6	11.2	13.4	11.6	15.2
位次	5	6	4	2	3	1
金融机构贷款余额	1081.75	914.59	1518.13	349.78	1740.22	1297.71
位次	4	5	2	6	1	3
金融贷款余额增幅	24.6	17.2	18.6	19.9	17.2	11.3
位次	1	4	3	2	4	6

说明：金融存贷款余额为人民币口径

（州统计局　供稿）

索　引

说明:

1. 本索引采用主题分析方法，按索引名称首字的汉语拼音字母顺序排列。
2. 索引名称后的阿拉伯数字表示内容所在的页码，数字后的a、b、c表示该页码的左、中、右栏。
3. 为方便检索，恩施州发生的事件名称和相关单位名称前的“恩施州”三个字，除非产生歧义，均省略。

A

B

C

D

E

F

G

H

K

L

M

R

S

T

W

X

Y

Z